U0152022

文史哲學集成

陳振孫之生平及其著述研究

何廣棪著

文史哲出版社印行

國立中央圖書館出版品預行編目資料

陳振孫之生平及其著述研究 / 何廣棪著. -- 初版. -- 臺北市 : 文史哲, 民82
面 ; 公分. -- (文史哲學集成 ; 285)
參考書目:面
ISBN 957-547-212-8(平裝)

1. (宋) 陳振孫 - 學識 - 目錄學 2. (宋) 陳振孫 - 傳記

029.75 82002592

㉘⑤ 文史哲學集成

陳振孫之生平及其著述研究

著者：何廣棪
出版者：文史哲出版社
登記證字號：行政院新聞局局版臺業字五三三七號
發行人：彭正雄
發行所：文史哲出版社
印刷者：文史哲出版社
台北市羅斯福路一段七十二巷四號
郵撥〇五一二八八一二彭正雄帳戶
電話：三五一一〇二八
實價新台幣六五〇元
中華民國八十二年十月初版

ISBN 957-547-212-8

陳振孫之生平及其著述研究 目錄

第一章　序論

第一節　陳振孫於宋代目錄學史上之地位

清人王鳴盛於其所撰著之《十七史商榷》卷一《史記》一《史記集解分八十卷》條有云：

「目錄之學，學中第一緊要事，必從此問塗，方能得其門而入，然此事非苦學精究，質之良師，未易明也。自宋之晁公武，下迄明之焦弱侯一輩人，皆學識未高，未足剖斷古書之真僞、是非，辨其本之佳惡，校其譌謬也。有某氏者，藏書最稱奧博，自誇其家藏宋刻開元本《史記》，升老子於《列傳》首，居伯夷上；又自誇集諸宋板《史記》共成一書，凡一百三十卷，小大長短咸備；因李沂公取桐絲精者雜綴爲一琴，名百衲琴，故亦戲名此爲《百衲史記》。但《百衲》本既分一百三十卷，而開元本分卷若干，其爲仍裴駰之舊乎？抑已改之乎？某之學不足以知此，竟未嘗討論及之。如某之探奇訪秘，多見多聞，較儉陋者，誠不可同日語。惜其未有學識，枉見如許奇秘古本，竟不能有所發明，以開益後人。如某但可云能藏書，未敢許爲能校書、能讀書也。

或問予曰：『讀書但當求其意理，卷帙離合，有何關係？而子齗齗若此。』予笑而不能答。」案：如王氏此條所言，治學問塗於目錄之學誠第一緊要事，然非苦學精究，並質之良師，則未易明此學也。蓋學識未高，固未足剖斷古書之眞僞、是非，亦無能辨校板本之佳惡、訛謬。即如王氏所指斥清代某氏者，雖藏書最稱奧博，然學不足以知此，故一生枉見甚多奇秘古本，竟不能有所發明，以開益來學。故若鳴盛所指斥之某氏者，謂之能藏書則可，倘許之爲能校書、能讀書，則期期以爲不可矣。

有宋學術至發達，即就目錄學一種而論，亦冠絕各代，不惟著述繁富，且甚具創闢之力，殊非明清二代所能及也。宋世之官私藏書目錄，今仍見載者有《崇文總目》、《秘書省續編到四庫闕書目》、《中興館閣書目輯考》、《通志．藝文略》、《郡齋讀書志》、《遂初堂書目》、《直齋書錄解題》、《文獻通考．經籍考》、《玉海．藝文》、《宋史．藝文志》諸書，惜多散佚。故《四庫全書總目》卷八十五《史部》四十一《目錄類》一載：

「《崇文總目》十二卷，《永樂大典》本　宋王堯臣等奉敕。……宋人官私書目，存於今者四家，晁氏、陳氏二《目》，諸家藉爲考證之資；而尤袤《遂初堂書目》及此書，則若存若亡，是亦有說無說之明效矣。」

《四庫全書總目》謂「宋人官私書目，存於今者四家」，其說未盡諦，不備論。①至四家在目錄學史上之成就如何，《四庫全書總目》嘗分論之。其論《崇文總目》曰：

「今觀其書，載籍浩繁，牴牾誠所難保。然數千年著作之目，總匯於斯。百世而下，藉以驗存佚、辨真贋、核同異，固不失爲册府之驪淵，藝林之玉圃也。」②

又論《郡齋讀書志》曰：

「《郡齋讀書志》四卷，宋晁公武撰。《後志》二卷，亦公武所撰，趙希弁重編。《附志》一卷，則希弁所續輯也。……淳祐己酉，鄱陽黎安朝守袁州，因令希弁即其家所藏書目參校，刪其重複，摭所未有，益爲《附志》一卷，而重刻之，是爲袁本。時南充游鈞守衢州，亦取公武門人姚應績所編蜀本刊傳，是爲衢本。當時二書並行於世。……馬端臨作《經籍考》，全以是書及陳氏《書錄解題》爲據。以此本與《經籍考》互校，往往乖迕不合，如《京房易傳》，此本僅注三十餘字，而馬氏所引，其文多至十倍。又如《宋太祖實錄》、《太宗實錄》、《建康實錄》、《汲冢周書》之類，此《志》本僅述其撰人時代及卷數而止，而馬氏所引，尚有考據、議論凡數十言。其餘文之多寡、詞之增損互異者，不可勝數。又希弁《考異》稱：袁本《毘陵易傳》，衢本作《東坡易傳》；袁本《芸閣先生易解》，衢本作《呂氏章句》。今《經籍考》所題，並同衢本，似馬端臨原據衢本採掇。然如《晉公談錄》、《六祖壇經》之類，希弁《考異》稱袁本所載而衢本所遺者，今《經籍考》實並引晁氏之說，則當時亦兼用袁本。疑此書已經後人刪削，不特衢本不可復見，即袁本亦非盡舊文，故與馬氏所引，不能一一符合歟？又《前志・子部・序錄》稱：九曰《小說類》，十曰《天文曆算類》，十一曰《兵家類》，十二曰《刑家類》，十三曰《雜藝類》，十四曰《醫家類》，十五曰《神仙類》，十六曰《釋家類》，而《志》中所列《小説類．鷄跖集》後即爲《群仙會真記》、《王氏神仙傳》、葛洪《神仙傳》三種，是《天文曆算》等五類全佚，而《神仙類》亦脱其標目，則其他類之殘闕，蓋可例推矣。然書雖非舊，而梗概仍存，終爲考證者所取資也。」③

其又論《遂初堂書目》曰：

「《遂初堂書目》一卷，《兩江總督採進》本　宋尤袤撰。……其書分經爲九門，曰《經總類》、《周易類》、《尚書類》、《詩類》、《禮類》、《樂類》、《春秋類》、《論語孝經孟子類》、《小學類》；分史爲十八門，曰《正史類》、《編年類》、《雜史類》、《故事類》、《雜傳類》、《僞史類》、《國史類》、《本朝雜史類》、《本朝故事類》、《本朝雜傳類》、《實錄類》、《職官類》、《儀注類》、《刑法類》、《姓氏類》、《史學類》、《目錄類》、《地理類》；分子爲十二門，曰《儒家類》、《雜家類》、《道家類》、《釋家類》、《農家類》、《兵家類》、《數術家類》、《小説家類》、《雜藝類》、《語錄類》、《類書類》、《醫書類》；分集爲五門，曰《別集類》、《章奏類》、《總集類》、《文史類》、《樂典類》。其例略與《史志》同，惟一書而兼載數本，以資互考，則與《史志》小異耳。諸書解題，檢馬氏《經籍考》，無一條引及袤説，知原本如是。惟不載卷數及撰人，則疑傳寫者所删削，非其原書耳。其子部別立《譜錄》一門，以收香譜、石譜、蟹錄之無類可附者，爲例最善。間有分類未安者，如《元經》本史，而入《儒家》；《錦帶》本類書，而入《農家》；《琵琶錄》本雜藝，而入《樂》之類。亦有一書偶然複見者，如《大曆浙東聯句》，一入《別集》，一入《總集》之類。又有姓名譌異者，如《玉瀾集》本朱槔作，而稱朱喬年之類。然宋人目錄存於今者，《崇文總目》已無完書，惟此與晁公武《志》爲最古，固考證家之所必稽矣。」④

至其論《直齋書錄解題》則曰：

「《直齋書錄解題》二十二卷，《永樂大典》本 宋陳振孫撰。……《癸辛雜識》又稱：近年惟直齋陳氏書最多，蓋嘗仕於莆，傳錄夾漈鄭氏、方氏、林氏、吳氏舊書，至五萬一千一百八十餘卷，且仿《讀書志》作解題，極其精詳云云。則振孫此書，在宋末已爲世所重矣。其例以歷代典籍分爲五十三類，各詳其卷帙多少、撰人名氏，而品題其得失，故曰「解題」。雖不標經、史、子、集之目，而核其所列，經之類凡十，史之類凡十六，子之類凡二十，集之類凡七，實仍不外乎四部之說也。馬端臨《經籍考》惟據此書及《讀書志》成編。……方今聖天子稽古右文，蒐羅遺籍，列於《四庫》之中，浩如煙海。此區區一家之書，誠不足以當萬一。然古書之不傳於今者，得藉是以求其崖略；其傳於今者，得藉是以辨其真僞，核其異同，亦考證之所必資，不可廢也。」⑤

案：倘將《四庫全書總目》以上所評四家細加分析，固應以《解題》成就最大，而地位至崇也。蓋以：

（一）《崇文總目》雖「不失爲册府之驪淵、藝林之玉圃」，然「牴牾誠所難保」。

（二）《郡齋讀書志》有袁本與衢本，二書雖並行於世，而有所異同。取《讀書志》與馬端臨《經籍志》互校，則「往往乖迕不合」，以《經籍志》據衢本故也。《讀書志》又「經後人刪削」，書已「非盡舊文」，且「《天文曆算》等五類全佚」、「《神仙類》亦脫標目」，僅存梗概，殘闕固不鮮矣。

（三）《遂初堂書目》全書無解題，分類又未安，且一書有複見者，姓名有譌異者。雖其書頗記板本，可資互考，又立《譜錄》一門，爲例最善，然瑜不掩瑕也。

（四）惟《解題》一書，「宋末已爲世所重」，分類又細密，每書均詳記卷帙、撰人，品題得失，功用至宏。故讀此書不惟知古書之崖略，且可藉之以辨眞僞，核異同也。

觀上四點，則《四庫全書總目》視《解題》爲四書之冠，固是不爭之論矣。且清人盧文弨《新訂直齋書錄解題跋》亦云：

「直齋陳氏《書錄解題》二十二卷，《四庫》館新從《永樂大典》中鈔出以行，其持論甚正，如《顏氏家訓》，以其崇尚釋氏之故，不列於儒家；又以前《志》取樂府、教坊、琵琶、羯鼓等書，皆充《樂類》，與聖經並列爲非，當入於子錄《雜藝》之前；又言『白玉蟾輩，何可使及吾門』。其人殆棱棱嶽嶽，識見大過人者，不獨甄綜之富，考訂之勤也。」⑥

張宗泰《跋陳振孫書錄解題》一文更曰：

「《書錄解題》敘述諸書源流，州分部居，議論明切，爲藏書家著錄之準。」⑦

考盧、張二氏所推譽直齋與《解題》者，宗旨與《四庫全書總目》符同，而其所言又可略補《四庫總目》所未及也。余嘗細考《解題》所以能卓爾不群，高踞宋代現存目錄書籍首冠之故，其因由殆即《十七史商榷》王鳴盛所述。蓋直齋學識既高，又能苦學精究；藏書既奧博，又善讀書、校書。故其於探奇訪秘，多見多聞之後，乃發憤著爲《解題》一書。其書足以剖斷古書之眞僞與是非，辨校板本之佳惡與訛謬，發明既富，開益後人之處遂多。是故盧氏許直齋「識見大過人」，張氏評其所著「議論明切」，《四庫總目》更譽之不絕口，稱讚《解題》一書「亦考證之所必資，不可廢也」。綜上所論，則直齋高踞宋代目錄學史上之地位，殆可覘之。

第二節　前人對陳振孫生平及其著述之研究

由宋末以迄近世，前人對陳振孫之研究，多偏重於《解題》一書；而於直齋之生平、爵里及《解題》以外之著述，則留意者已寥若晨星；至言研究並撰成專著流布，俾可與時賢切磋討論，則更有如鳳毛麟角，屈指可數矣。

詳細研治直齋生平、爵里者，南宋以來均無其人，然卻保存若干甚可寶貴之史料，洪咨夔《平齋文集》卷第十八《外制》二有《軍器監簿陳振孫除諸王宮大小學教授制》，張淏《會稽續志》卷二《提舉題名》條嘗記直齋知台州、任浙東提舉兼改知嘉興府事，徐元杰《楳埜集》卷七有《陳振孫授國子司業制》，劉克莊《後村先生大全集》卷七十五《外制》有《故通奉大夫寶章閣待制致仕陳振孫贈光祿大夫》，周密《齊東野語》卷八有《嘲覓薦舉》、《義絕合離》兩條，卷十七有《朱唐交奏本末》條，周密《癸辛雜識》別集下有《嵩之起復》條等均是。明人王鏊《姑蘇志》卷四十二、清人鄭元慶所撰《湖錄》、厲鶚《宋詩紀事》卷六十五、錢泰吉《甘泉鄉人稿·曝書雜記》卷下《陳直齋事迹》條，及地方志書如《吳興備志》、《浙江通志》、《溧水縣志》、《莆田縣志》暨總集《吳都文粹續集》之屬，亦均載有直齋生平、宦歷之資料。惜上述各書所載材料，頗見支離，無法藉知直齋畢生行誼之全貌。清季陸心源《宋史翼》卷二十九有《陳振孫傳》，所載史料亦寥落；陳壽祺撰《宋目錄家晁公武陳振孫傳》，見刊《國粹學報》第六十八期，文雖頗長，亦鮮新知。殆緣晚清與宋世相去六、七百載，可以爲之資者已甚微歟？近世新會陳樂素先生撰成《直齋書錄解題作者陳振孫》一文，刊諸民國三十五年十一月二十日《大公報·文史周刊》，分《本名》、《述作》、《年歷》、《言行》四端，以考直齋之名里年代、生平出處，搜采雖較陸、陳二氏爲完備，惜亦零斷不全，所考且未盡恰當。台灣國立政治大學教授喬衍琯先生亦嘗撰《陳振孫傳略》，民國六十九年五月刊諸《國立政治大學學報》第四十一期，其年六月又出版《陳振孫學記》一書，書中第一章爲《傳略》，下分《生平》、《仕履》、《言行》三節以記述直齋行事。觀其所撰，多采錄陳樂素之文以成篇，雖少有創獲，亦殊可惋也。至台灣中國文化學院中國文學研究所研究生謝素行亦曾以《陳振孫及其直齋書錄解題》爲題，撰寫碩士論文。其論文第一章爲《陳振孫之生平》，惟中所述直齋家世與經歷，究未出陳壽祺、陳樂素二氏之所撰，所謂自《檜》以下，其文更無足觀矣。

自宋以降，研治《解題》者，則代不乏人。宋元之世，周密《齊東野語》卷十二《書籍之厄》條已推譽之，謂直齋「倣《讀書志》作解題，極其精詳」；吳師道《吳禮部詩話》論及《淵明集》亦徵引《解題》爲說；周、吳所述，均可視作研治此書而有所論述之嚆矢。馬端臨撰《文獻通考・經籍考》，全據此書及《郡齋讀書志》，則此書之典核可知。至隨齋批注《解題》，其有所批注皆附於條後，於拾遺補闕，至有所裨，固直齋之功臣矣；然李慈銘《越縵堂讀書記》卷十一以「淺陋」譏隨齋，則殊未當。要之，自《解題》成書後，作系統之研治而有所述作者，實以隨齋啓其端。元、明之際，宋濂之《諸子辨》、胡應麟之《四部正譌》則常於卷中引用《解題》資料，是知宋、胡二氏皆曾深研《解題》，用力既久，故能左右逢源，取用其書之資料也。淸世講求考證之學，研治《解題》者更衆。《四庫》館臣曾從《大典》錄出《解題》詳加校訂，定爲二十二卷，此事無論矣。猶可列舉者，如盧文弨《新訂直齋書錄解題》，重定此書原次爲五十六卷，其功至偉。又如沈叔埏《頤綵堂文集》卷八《書直齋書錄解題後》，此文考出隨齋乃程棨之號，足補《提要》之闕略，並糾正錢大昕《養新錄》之錯誤，亦甚見工力。再如張宗泰《魯巖所學集》卷六，卷中凡五跋《解題》，審正舛訛之處亦復不少。至於邵懿辰《四庫簡明目錄標注・史部・目錄類》、陳鱣《簡莊綴文》卷三《直齋書錄解題跋》、吳壽暘《拜經樓藏書題跋記》卷三、張金吾《愛日精廬藏書志》卷二十、瞿鏞《鐵琴銅劍樓書目》卷十二、丁丙《善本書室藏書志》卷十四及繆荃孫《藝風堂藏書記》卷五，上述諸書皆嘗考訂《解題》之不同板刻，貢獻亦鉅。王先謙《虛受堂書札》卷一《又與筱珊》函中，使用《大典》本以校藝風所藏二十卷之舊鈔本，發明亦富。延於近世，研治《解題》者，當以陳樂素、喬衍琯二先生爲鉅子，其所貢獻庶可謂突過前人。陳氏旣撰《直齋書錄解題作者陳振孫》一文，該文第二節爲《述作》，節中詳據《解題》一書，以畧論直齋之學術。其後喬衍琯撰《陳振孫學記》及《陳振孫的學術思想》諸文，其著多本樂素，惟沒其出處，殊可異也。一九八四年，陳氏另撰《略論陳振孫直齋書錄解題》一文，刊見該年《中國史研究》第二期中。全文共分（一）《解題》作者、（二）政治影響、（三）論人論書、（四）宋人重視地方史志、（五）《解題》出現了年譜、（六）《解題》反映了南宋圖書印行的盛況、（七）《解題》中一些不應有的錯誤、（八）《解題》的傳本、（九）《四庫提要》與《解題》的關係、（十）結語等十節，從多方面以考論《解題》，創見不少，發明亦多，讀之至可樂也。惟所論亦不免略有小疵，尤以第八節之考《解題》傳本，陳氏見知甚少；且標點資料亦有微誤。陳氏一貫治學矜愼，而竟有此欠安之處，則至不可解。又喬衍琯於版行《陳振孫學記》之前已發表《直齋書錄解題序》、⑧《直齋書錄解題札記》、⑨《陳振孫對圖書分類的見解》、⑩《書錄解題之板刻資料》、⑪《書錄解題的辨僞資料》、⑫《書錄解題佚文——論輯佚與目錄學之關係》諸文⑬，其待刊者則有：《書錄解題板本考》、《書錄解題四庫輯本評述》、《書錄解題的文學批評資料》、《書錄解題與經籍考》、《書錄解題與四庫全書總目》、《書錄解題中學術史料編錄》、《陳振孫年譜》及《書錄解題彙校本》，⑭據是則喬氏一生研治振孫及《解題》一書至勤劬，著述至繁富，惜其待刊諸作似仍未完成，故迄今猶未得以賞覽，殊足惋也。喬氏所撰《陳振孫學記》共分五章，其中第四章爲《直齋書錄解題》，下分五節；第一節《成書及流傳》，第二節《傳本》，第三節《隨齋批注》，第四節《評價》，第五節《後人之利用》。此章各節所論述，不乏本諸陳樂素而微有所闡發者，然喬氏皆乾沒樂素之名，殊不可解。其第五章爲《學術思想》，下分八節：第一節《經學》，第二節《史學》，第三節《文學》，第四節《目錄學》，第五節《板本學》，第六節《圖書分類學》，第七節《辨僞學》，第八節《思想》。喬氏於此章中，據《解題》以博考直齋之學術思想，發皇較多，亦頗有獨到之見。蓋衍琯前此既撰就論文多篇，故略加整理，則可成書，故本章較之第四章尤多創獲也。謝素行之《陳振孫及其直齋書錄解題》，民國五十八年五月撰就，未嘗刊行，余僅得其中文打字影印本而讀之。全篇論文凡五章，其與《解題》有關者爲第二以下各章，第二章爲《直齋書錄解題之體例》，下分二節：第一節《直齋書錄解題之分類》，第二節《直齋書錄解題撰寫叙錄之義例》；第三章爲《直齋書錄解題板本之存佚及後世之補訂》，下仍分二節：第一節《板本之存佚》，第二節《後世之補訂》；第四章爲《陳振孫直齋書錄解題與晁公武郡齋讀書志之關係及其對後世之影響》，下亦分二節：第一節《直齋書錄解題與郡齋讀書志之關係》，第二節《直齋書錄解題對後世之影響》；第五章爲《直齋書錄解題之得失》，下分三節：第一節《直齋書錄解題之價值》，第二節《直齋書錄解題之優點》，第三節《直齋書錄解題之缺點》。倘僅讀謝氏此論文目錄，或以爲其所研討者徧及《解題》體例、板本、與《郡齋讀書志》之關係、對後世之影響諸方面，且評騭《解題》之得失，內容應甚充實。惟細觀其所著，全書不及四萬言，所論難以深入，眞可謂有目無篇。文中偶有所述，亦多拾前人之唾沫，了無發明，故此論文可資研讀參考之處甚少也。一九八四年十二月，徐小蠻、顧美華有點校《解題》之舉，書成，由上海古籍出版社版行。其書「以《大典》本爲主，參校《郡齋讀書志》及《文獻通考》，又據抱經重訂稿，正其脫訛。博采前人校本，臚列異同，分別標注。兼取有關陳氏事蹟及各家記載文字資料附後，勒爲一編」，⑮今人潘景鄭先生頗推譽之，以爲此點校本蓋「集陳書之大成，金聲玉振，無間然矣」。其實此書仍有未盡如人意之處，余擬於本書第五章第四節處詳述之。

綜上所論，前人於直齋生平及著述之研究，就生平方面而言，宋元明清人雖不乏資料之記述，但甚支離。陸心源及陳壽祺雖各有《傳》，然鮮新知。陳樂素既撰新《傳》矣，惜零斷不全。喬《傳》則依倚陳氏，殊少創獲。謝素行之論文，更屬自《檜》以下，無足觀者。就研治《解題》而言之，周密、吳師道、馬端臨乃研治此書之嚆矢。隨齋批注是書，有拾遺補闕之功。至清，《四庫》館臣之重輯，盧文弨之新訂，沈叔埏之考隨齋，張宗泰之審舛訛，邵、陳、吳、張、瞿、丁之訂板刻，藝風、益吾之校舊本，厥功皆偉且鉅也。延至近世，陳樂素、喬衍琯二氏之貢獻有突過前賢者，且研究面較寬闊，發皇之處、獨到之見，亦所在多有，惟不免有瑕纇；況喬氏頗有乾沒樂素之名之嫌，殊可惋也。再者，樂素、衍琯於直齋之先世、里貫、戚友，均鮮所考及；於直齋之仕履與行誼，亦缺乏系統性之研究；或既考證矣，而未必盡諦，即於直齋生卒年一道，陳、喬二氏所考亦不免多誤。有關《解題》，陳、喬論之頗贍富，然於《解題》之體例、分類、稱謂、卷數、成書、流傳諸問題，考之均未夠詳盡，留俟後人拾遺補闕之處不少。至《解題》之板本，陳、喬二氏知見甚少，殊可惜也。余擬於此處多所致力，以補二氏所未及。對直齋其他著述之蒐求與輯佚，亦爲二氏未盡全力之處，故於此道亦無赫赫之功，良憾事也。由是言之，陳、喬二人對直齋與《解題》之研究，其功雖不可抹，然所撰亦自有闕誤，論其成就，韓文公評荀卿「大醇小疵」一語，庶可借用以評之。

第三節　本書撰作重點及有關資料之運用

宋、元之際，隨齋批注《直齋書錄解題》，是爲對《解題》一書作較系統研究之伊始，惟隨齋殊無一語考論及振孫生平，良用憾也。清人治此書稍勤，要以《四庫》館臣之輯錄、校訂，盧弓父之重訂原第，厥功至偉。近世則以陳樂素、喬衍琯二人著述最豐，貢獻較鉅。餘子粥粥，間或有一二學者偶發爲文章，載諸刊物，以作其聲應氣求，然論其所著之體大思精，固莫足與陳、喬二子抗衡。然陳、喬所撰，亦不免有誤，拾遺糾謬，猶須俟諸來哲也。

余之治直齋生平及《解題》亦有年，茲欲追蹤陳、喬而有所造述，故行文之際，頗冀能詳人所略，而略人所詳。故前人與陳、喬已言之詳且允恰者，余則不言或少言之；前人與陳、喬所言如有所疏略，余則詳言而補其所闕。至若前人與陳、喬所言有所舛誤，余則虛懷以探究其致誤之由，以期多方揣摩，羅列證據以糾其謬。是余之所著，甚欲能對前人之著述有以拾遺補闕、刊謬糾誤也。惟歷代研治直齋及《解題》之學，仍有若干方面爲前人未嘗一涉其域者，如有關直齋之先世是也；亦有雖涉其域矣，而淺嘗輒止，未能深入作系統之探討者，如有關直齋之仕履與行誼、里貫與戚友，及《解題》之板本，與直齋其他著述之蒐求輯佚等是也。若斯之類，余皆擬列專章一一詳予考論之。古語云：「當仁不讓。」又曰：「前修未密，後出轉精。」故余撰作此論文時，每以此二語而自我激勵，頗盼余之所撰，能於前修未密之處，不惟補其所闕，並有所考成；而於前賢之淺嘗輒止處，則作系統而深入之探討，庶求突過前人，後出轉精也。鄙志既如此，而今而後，當夙興夜寐，黽勉爲之。皇天不負，或可憫余之愚誠而玉成之也。

爲達成上述之目標，則余撰作此書，其重點應有以下四項：

其一乃爲考論直齋之先世、里貫與戚友。直齋之先世，應可於正史中考出之，余頗疑東漢陳太丘寔乃直齋之遠祖，南朝陳霸先則爲其近祖；至直齋祖某，乃周行己婿；父某，則頗治《易》；後二項，《解題》已載之矣。又直齋之里貫，其詳可求諸《古今圖書集成》與《湖州府志》。直齋之戚友，亦云衆矣，如需一一考求，以詳其行事，則所用資料須徧及四部矣。

其二爲考論直齋之仕履與行誼。對此問題，前人雖曾有所考論，然均缺乏條貫。讀其文，往往仍無法詳悉其間之年經月緯，況又有仕履先後倒置，行誼散佚失載者乎？余擬就《解題》一書，及史籍、方志、宋人詩文詞集等資料一一詳考之，取其與直齋生平有關者，按時排比，組織成文，俾復直齋仕履、行誼之全貌。

其三爲考論直齋之主要著作《書錄解題》。前人之考論《解題》者衆矣，惟至近世，陳樂素、喬衍瑄之撰作始較有系統與較全面。余之所考，決以略陳、喬之所詳，而甚措意於《解題》板本之研求。有關《解題》板本之學，陳、喬二氏見知最少，故余當盡力蒐求《解題》之各種板刻，及詳參歷朝目錄書籍，排比條分，試理出有關《解題》不同板本之理路，並將博考世界各大圖書館現藏《解題》之情況，俾可乞爲影印錄副，以明瞭《解題》某本之行款板式，及考其與《四庫》本文字之異同。否則，僅觀前人目錄所載，紙上談兵，固無與於校讎之業及對《解題》之研治者也。

其四則爲對直齋其他著作之蒐求與探討。直齋之有《解題》，治中國目錄學者類能知之。然直齋有《白文公年譜》，則知之較少，以陳樂素之博識，於其撰作《直齋書錄解題作者陳振孫》之時，似仍未能得讀此書者也，[16]他家無論矣。直齋另撰有《華勝寺碑記》，樂素則知之矣，[17]惜未加考論。宋、元迄清研治直齋見稱者如盧文弨、陸心源輩，亦不知有此文。喬衍瑄既撰《陳振孫學記》矣，其書第三章《著述》之第三節《詩文》，搜羅直齋佚詩遺文凡十種，而獨缺此篇，是此《碑記》殊可矜貴，固曉然矣。其實直齋留下仍可考得之詩文不止十種，余前讀《文獻通考》，即見有二文爲馬氏所引，文前均署「永嘉陳氏曰」，證諸《通考》引文之例，此署稱之「永嘉陳氏」，即直齋也。若是，則直齋之佚詩遺文固不止十篇，喬氏有所未照矣。直齋尚有佚書佚文多種，亦擬於此項下一一考論之。

上述四項撰作重點，如能分章一一寫就，則本書庶幾具其體系而又能作深入之研討。歷代研治直齋及其著述者所遺下之若干眞空領域，或可藉是而補其罅漏；倘余之所撰乃幸能有所發皇，繼前賢之所就而突破之，爲治直齋及《解題》之功臣，則竊所願矣。至效法余嘉錫之辨證《四庫提要》，而撰著《直齋書錄解題辨證》，繼此書而續作研治，此則容俟他日矣。

附注：

①今人謝德雄《宋代目錄學的發展及其成就》一文云：「清代《四庫全書總目》稱『宋人官私書目，存於今者四家』，即《崇文總目》以及晁、尤、陳三家。今案：除了以上四家之外，至今可見的還有《四庫闕書目》（清道光徐松輯本）、《續編到四庫闕書目》（葉德輝觀古堂刻本）、《中興館閣書目》（一九三二年趙士煒輯本）、《中興館閣續書目》（同上）以及宋歷朝《國史·藝文志》（同上）。除此以外，歐陽修的《新唐書·藝文志》、鄭樵的《通志·藝文略》，也都是至今尚在的宋人目錄。值得指出的是，《四庫全書》總纂時因未見後世輯本而斷言僅存四家，情有可原；近人因襲舊說，仍稱宋人目錄僅存四家，則殊可怪異！」案：謝文載見李萬健、賴茂生合編之《目錄學論文選》，（書目文獻出版社，一九八五年八月北京第

一版。）文中所指之「近人」，即汪國垣。汪著有《目錄學研究》，其《論唐宋元明四朝之目錄》條有云：「宋人目錄，著錄雖多，存者亦僅。官書若《崇文總目》，已非完書；私家目錄，尤多散佚。今幸而獲存者，惟延之此目，與晁氏《讀書志》、陳氏《書錄解題》三種，尚可考見宋時典籍之存佚，宜乎爲考證家所取資也。」是汪氏確仍認爲宋代公私書目僅存四家，宜乎謝氏深感怪異也。

②見《四庫全書總目》卷八十五《史部》四十一《目錄類》一。旁點乃余所加，下同。

③同注②。

④同注②。

⑤同注②。

⑥見《抱經堂文集》卷九。

⑦見《魯巖所學集》卷六。

⑧見廣文書局民國五十七年二月版《書目續編》本《直齋書錄解題》卷首。

⑨見民國五十九年九月《國立中央圖書館館刊》新第四卷第三期。

⑩見民國六十一年十二月《國立中央圖書館館刊》新第五卷第三、四期合訂本。

⑪見民國六十三年三月、九月《國立中央圖書館館刊》新第七卷第一、二期連載。

⑫見民國六十六年十二月《國立中央圖書館館刊》新第十卷第二期。

⑬見民國六十九年二月《國立中央圖書館館刊》新第十二卷第二期。

⑭見《陳振孫學記》一書之《後記》。

⑮見潘景鄭先生所撰該書之《前言》。

⑯喬衍琯《陳振孫學記》第三章《著述》第二節《白居易年譜》末云：「此《譜》不爲人注意，博雅如陳樂素亦未能見及。」是樂素其初確未嘗得讀此書，故其所撰文中，殊無道及之者。

⑰陳樂素所撰《略論陳振孫直齋書錄解題》一《解題作者》中云：「他初仕大概在寧宗嘉定元年（公元一二〇八年），當溧水縣縣學教授，寫過一篇《華勝寺碑記》（見光緒《溧水縣志》）。」是樂素確知《溧水縣志》中有《華勝寺碑記》，惜未加利用並考論之耳。

第二章　陳振孫之先世與里貫

第一節　陳振孫之先世

有關陳振孫之先世，自宋以來，至近人陳樂素、喬衍琯諸氏，均無詳細研治之者。陳壽祺所撰《宋目錄家晁公武陳振孫傳》亦僅曰：

「陳振孫、字伯玉、安吉人。《四庫全書總目》、勞氏《湖州府志》。祖某，秘書省正字、永嘉周行己之第三女婿；父某，戊子赴秋試，明州通判濟源李迎送以詩云：『藉甚人言《易》已東。』，蓋以其治《易》故也。妣李氏，樂清令富春李素之孫女。《直齋書錄解題》。」

案：壽祺所撰殊簡略，亦未能考及振孫遠祖也。

竊以爲欲詳考直齋之遠祖，必先曉悉其祖貫。今觀直齋所撰序跋，如《崇古文訣序》、《玉臺新詠集後序》等，文末皆自署「永嘉陳振孫」，或「永嘉陳振孫伯玉父」；而所撰《解題》之卷二《禮類·三禮圖禮象》、卷十四《雜藝類·法書撮要》及卷十八《別集類》下《浮山集》等條，則俱稱吳興為故鄉。是以陳樂素《直齋書錄解題作者陳振孫》一《本名》云：

「然何以上引諸序跋皆題永嘉？案直齋於《解題》卷二《三禮圖禮象》、卷十四《法書撮要》及卷十八《浮山集》等條，俱以吳興爲吾鄉，且書中於鄉土所記特詳，如卷三《春秋比事》，卷四《三國志》、《五代史纂誤》，卷十五《吳興分類詩集》，卷十七《陳都官集》，卷十八《石林總集》，卷十九《吳興集》，卷二十《王季夷北海集》及卷廿一《張子野詞》等條均曾道及。又卷八《吳興志》嘗言：『郡人談鑰爲書，草率未善。』此其晚年所以有重修之舉，事見《齊東野語》卷十五《張氏十詠圖》條。《癸辛雜識》前集記吳興園圃云：『麗城中二溪水橫貫，此天下所無，故好事者多園池之勝。』二溪者，苕、霅也。故袁清容苕溪陳氏又稱霅溪，兩無不可；而益足證直齋籍隸吳興，所居郡城爲無疑也。題曰永嘉，殆舉祖貫而言。吳興郡，隋以來改置湖州，宋寶慶初改爲安吉州；故謂直齋爲吳興人，爲湖州人，爲安吉州人，皆可。厲鶚《宋詩紀事》卷六五作安吉縣人，固誤；《四庫提要》及《宋史翼》但稱安吉人，亦未當也。」

案：樂素所言甚是。是則直齋之祖貫本屬永嘉，後遷吳興，即湖州，惟至宋理宗寶慶三年，湖州又改稱安吉州。

直齋之祖貫既屬永嘉，後遷吳興，則南宋以前永嘉陳氏與吳興陳氏，其間人物疑有與直齋先祖相關涉，故不妨據此作一蠡測。《陳書．高祖本紀》謂霸先乃吳興長城下若里人，漢陳寔之後。則頗疑直齋亦帝王之苗裔，陳高祖即其近祖，而東漢太丘長陳寔乃其遠祖也。茲姑依此作一假設，並略作考證焉。《陳書》卷一《本紀》第一《高祖》上曰：

「高祖武皇帝諱霸先，字興國，小字法生，吳興長城下若里人，漢太丘長陳寔之後也。世居潁川。寔玄孫準，晉太尉。準生匡，匡生達，永嘉南遷，爲丞相掾，歷太子洗馬，出爲長城令，悅其山水，遂家焉。嘗謂所親曰：『此地山川秀麗，當有王者興，二百年後，我孫必鍾斯運。』達生康，復爲丞相掾，咸和中土斷，故爲長城人。康生盱眙太守英；英生尚書郎公弼，公弼生步兵校尉鼎，鼎生散騎侍郎高，高生懷安令詠，詠生安成太守猛，猛生太常卿道巨，道巨生皇考文讚。高祖以梁天監二年癸未歲生。」

觀是，則吳興陳氏之遠祖確爲後漢太丘長陳寔，寔世居潁川。考東漢有潁川郡，屬豫州。《後漢書．志》第二十《郡國》二云：

「潁川郡，秦置。雒陽東南五百里。十七城，户二十六萬三千四百四十，口百四十三萬六千五百一十三。」

《後漢書》卷六十二《荀韓鍾陳列傳》第五十二則有陳寔傳，茲詳加迻錄於下，以見直齋遠祖之德業：

「陳寔字仲弓，潁川許人也。出於單微。自爲兒童，雖在戲弄，爲等類所歸。少作縣吏，常給事厮役，後爲都亭佐。而有志好學，坐立誦讀。縣令鄧邵試與語，奇之，聽受業太學。後令復召爲吏，乃避隱陽城山中。時有殺人者，同縣楊吏以疑寔，縣遂逮繫，考掠無實，而後得出。及爲督郵，乃密託許令，禮召楊吏。遠近聞者，咸歎服之。

家貧，復爲郡西門亭長，尋轉功曹。時中常侍侯覽託太守高倫用吏，倫教署爲文學掾。寔知非其人，懷檄請見。言曰：『此人不宜用，而侯常侍不可違。寔乞從外署，不足以塵明德。』倫從之。於是鄉論怪其非舉，寔終無所言。倫後被徵爲尚書，郡中士大夫送至輪氏傳舍。倫謂衆人言曰：『吾前爲侯常侍用吏，陳君密持教還，而於外白署。比聞議者以此少之，此咎由故人畏憚强禦，陳君可謂善則稱君，過則稱己者也。』寔固自引愆，聞者方歎息，由是天下服其德。

司空黃瓊辟選理劇，補聞喜長。旬月，以期喪去官。復再遷除太丘長。修德清靜，百姓以安。鄰縣人戶歸附者，寔輒訓導譬解，發遣各令還本司官行部。吏慮有訟者，白欲禁之。寔曰：『訟以求直，禁之理將何申？其勿有所拘。』司官聞而歎息曰：『陳君所言若是，豈有怨於人乎？』亦竟無訟者。以沛相賦斂違法，乃解印綬去，吏人追思之。

及後逮捕黨人，事亦連寔。餘人多逃避求免。寔曰：『吾不就獄，衆無所恃。』乃請囚焉。遇赦得出。靈帝初，大將軍竇武辟以爲掾屬。時中常侍張讓權傾天下。讓父死，歸葬潁川，雖一郡畢至，而名士無往者，讓甚恥之，寔乃獨弔焉。及後復誅黨人，讓感寔，故多所全宥。

寔在鄉閭，平心率物。其有爭訟，輒求判正，曉譬曲直，退無怨者。至乃歎曰：『寧爲刑罰所加，不爲陳君所短。』時歲荒民儉，有盜夜入其室，止於梁上。寔陰見，乃起自整拂，呼命子孫，正色訓之曰：『夫人不可不自勉。不善之人未必本惡，習以性成，遂至於此。梁上君子者是矣！』盜大驚，自投於地，稽顙歸罪。寔徐譬之曰：『視君狀貌，不似惡人，宜深剋己反善。然此當由貧困。』令遺絹二匹。自是一縣無復盜竊。

太尉楊賜、司徒陳耽，每拜公卿，群僚畢賀，賜等常歎寔大位未登，愧於先之。及黨禁始解，大將軍何進、司徒袁隗遣人敦寔，欲特表以不次之位。寔乃謝使者曰：『寔久絕人事，飾巾待終而已。』時三公每缺，議者歸之，累見徵命，遂不起，閉門懸車，棲遲養老。中平四年，年八十四，卒于家。何進遣使弔祭，海內赴者三萬餘人，制衰麻者以百數。共刊石立碑，謚爲文範先生。有六子，紀、諶最賢。」

讀此傳，當知陳太丘之德業確高絕當世也。是以《後漢書》范蔚宗發論曰：

「漢自中世以下，閹豎擅恣，故俗遂以遁身矯絜放言爲高。士有不談此者，則芸夫牧豎已叫呼之矣。故時政彌惛，而其風愈往。唯陳先生進退之節，必可度也。據於德故物不犯，安於仁故不離群，行成乎身而道訓天下，故凶邪不能以權奪，王公不能以貴驕，所以聲教廢於上，而風俗清乎下也。」

旨哉斯言。直齋有此遠祖，眞可傲視同儕矣。昔屈子之賦《離騷》，首句則曰：「帝高陽之苗裔兮。」遠溯本始，殆有由矣。

陳紀、陳諶生平行事，附載其父傳後。《後漢書》載：

「紀字元方，亦以至德稱。兄弟孝養，閨門廱和，後進之士皆推慕其風。及遭黨錮，發憤著書數萬言，號曰《陳子》。黨禁解，四府並命，無所屈就。遭父憂，每哀至，輒歐血絶氣，雖衰服已除，而積毀消瘠，殆將滅性。豫州刺史嘉其至行，表上尚書，圖象百城，以厲風俗。董卓入洛陽，乃使就家拜五官中郎將，不得已，到京師，遷侍中。出爲平原相，往謁卓，時欲徙都長安，乃謂紀曰：『三輔平敞，四面險固，土地肥美，號爲陸海。今關東兵起，恐洛陽不可久居。長安猶有宮室，今欲西遷何如？』紀曰：『天下有道，守在四夷。宜脩德政，以懷不附。遷移至尊，誠計之末者。愚以公宜事委公卿，專精外任。其有違命，則威之以武。今關東兵起，民不堪命。若謙遠朝政，率師討伐，則塗炭之民，庶幾可全。若欲徙萬乘以自安，將有累卵之危、崢嶸之險也。』卓意甚忤，而敬紀名行，無所復言。時議欲以爲司徒，紀見禍亂方作，不復辨嚴，即時之郡。璽書追拜太僕，又徵爲尚書令。建安初，袁紹爲太尉，讓於紀；紀不受，拜大鴻臚。年七十一，卒於官。子群，爲魏司空。天下以爲公慙卿，卿慙長。

弟諶，字季方。與紀齊德同行，父子並著高名，時號三君。每宰府辟召，常同時旌命，羔雁成群，當世者靡不榮之。諶早終。」

觀是，則陳寔子紀與諶，兄弟齊德同行。紀子群，爲魏司空。諶雖早逝，仍有所出。考《三國志》卷二十二《魏書》二十二《桓二陳徐衛盧傳》第二十二《陳群傳》近人盧弼《集解》曰：

「諶爲司空掾，早卒。惠棟曰：『《海內先賢傳》：「諶，司徒掾，公車徵，不就。」《世系》云：「諶諡獻文先生，生青州刺史忠。」《陳氏譜》曰：「忠字孝先，州辟不就。」』」

是諶有子名忠，字孝先，《世系》謂其任青州刺史，而《陳氏譜》則謂其州辟不就。疑初不就州辟，後則出任青州刺史；或二者必有一誤耶？

然《三國志》卷二十二《魏書》二十二《桓二陳徐衛盧傳》第二十二陳群子《陳泰傳》盧弼《集解》又曰：

「案《陳氏譜》：《陳氏譜》，隋、唐《志》不著錄。『群之後，名位遂微。沈家本曰：「群疑當作泰。泰有名魏世，不得云遂微也。」弼按：「據《陳氏譜》所云，陳氏後輩亦多至大位，不得云微，位字或爲德字之誤，群字不誤。」諶孫佐，官至青州刺史。佐弟坦，廷尉。佐子準，太尉，封廣陵郡公。準弟戴徵，及從弟堪，並至大位。準孫逵，字林道，有譽江左，爲西中郎將，追贈衛將軍。』」

據是，則諶孫佐，亦官至青州刺史。若以《陳氏譜》爲準，則諶子忠，州辟不就；至其孫，始官青州刺史。故頗疑《世系》所載：諶「生青州刺史忠」云云，或有誤也。

盧氏《三國志集解》上引《陳氏譜》缺載準子之名，然據《陳書·高祖本紀》可補出。前引《高祖本紀》已載：

「寔玄孫準，晉太尉。準生匡，匡生達，永嘉南遷，爲丞相掾，歷太子洗馬，出爲長城令，悅其山水，遂家焉。」

是準子名匡，匡子名達，即準之孫也。準孫既名達，則顯與盧氏《集解》引《陳氏譜》所載「準孫逵，字林道，有譽江左」者不同。余初疑「達」、「逵」形近，二者必有一誤。後檢《晉書》卷三十五《列傳》第五《裴秀》曰：

「時以陳準子匡、韓蔚子嵩並侍東宮。」

是匡乃準子，固無疑矣。且《晉書》卷五十九《列傳》第二十九《成都王穎》又曰：

「永興初，左衛將軍陳昣，殿中中郎逯苞、成輔及長沙故將上官巳等，奉大駕討穎，馳檄四方，赴者雲集。……昣二弟：匡、規自鄴赴王師。」

是準除匡外，另有二子，昣、規是也。而匡生達，或亦生逵。《爾雅．釋宮》云：「九達謂之逵。」是達、逵應是弟兄；同屬陳準之孫。《陳書．高祖本紀》及《陳氏譜》所載均不誤矣。

陳達事蹟，僅見於《陳書》，而《晉書》則乏載。惟《晉書》則頗記陳逵之事。《晉書》卷二十三《志》第十三《樂》下曰：

「成帝咸康七年，尚書蔡謨奏：『八年正會儀注，惟作鼓吹鐘鼓，其餘伎樂盡不作。』侍中張澄、給事黃門侍郎陳逵駁，以爲『王者觀時設教，至於吉凶殊斷，不易之道也。今四方觀禮，陵有儐弔之位，庭奏宮懸之樂，二禮兼用，哀樂不分，體國經制，莫大於此』。詔曰：『今既以天下體大，禮從權宜，三正之饗，宜盡用吉禮也。至娛耳目之樂，所不忍聞，故闕之耳。事之大者，不過上壽酒，稱萬歲，已許其大，不足復闕鐘鼓鼓吹也。』

澄、逵又啓：『今大禮雖降，事吉於朝。然儐弔顯於園陵，則未滅有哀；禮服定於典文，義無盡吉。是以咸寧之會，有徹樂之典，實先朝稽古憲章，垂式萬世者也。』詔曰：『若元日大饗，萬國朝宗，庭廢鐘鼓之奏，遂闕起居之節，朝無磬制之音，賓無蹈履之度，其於事義，不亦闕乎！惟可量輕重，以制事中。』」

此晉成帝咸康七年，歲次辛丑（三四一），陳逵時任給事黃門侍郎所上駁事及啓奏也。《晉書》卷八《帝紀》第八《穆帝》又載：

「（永和五年）八月，褚裒退屯廣陵，西中郎將陳逵焚壽春而遁。」

《晉書》卷十三《志》第三《天文》下又曰：

「（穆帝永和）五年六月，大赦。是月，陳逵征壽春，敗而還。」

《晉書》卷一百七《載記》第七《石季龍》下曰：

「遵，揚州刺史王浹以淮南歸順。晉西中郎將陳逵進據壽春。征北將軍褚裒率師伐遵，次於下邳，遵以李農爲南討大都督，率騎二萬來距。裒不能進，退屯廣陵。陳逵聞之，懼，遂焚壽春積聚，毀城而還。」

據是，則逵於穆帝永和五年，歲次己酉（三四九）已任職晉西中郎將，與《陳氏譜》所載同。至其征壽春，則始於是年之六月，至八月，遇李農來拒，乃毀城而還。是《晉書》所記陳逵史事有如上述，惜未能考出其曾翁爲誰耳。然《晉書》既載陳昣爲左衛將軍，又曾參與伐成都王事；而逵則任西中郎將，征壽春。二人前後事蹟頗相同，逵或昣之子乎？史無明文，姑懸此疑，以俟續考。

綜上所述，是直齋之遠祖爲東漢陳寔，吳興之始遷祖爲陳達，至陳朝，其近祖則爲陳霸先。霸先子即陳後主。案《陳書》卷二十八《列傳》第二十二《後主十一子》載：

「後主二十二男：張貴妃生皇太子深、會稽王莊，孫姬生吳興王胤，高昭儀生南平王嶷，呂淑媛生永嘉王彥、邵陵王兢，龔貴嬪生南海王虔、錢塘王恬，張淑華生信義王祗，徐淑華生東陽王恮，孔貴人生吳郡王蕃。其皇子總、觀、明、綱、統、沖、洽、縚、綽、威、辯十一人，並未及封。」

上述後主二十二男中，與吳興陳氏較相關涉者有二人，即吳興王胤與永嘉王彥。考《陳書》卷二十八《列傳》第二十二《後主十一子》曰：

「吳興王胤字承業，後主長子也。太建五年二月乙丑生於東宮，母孫姬因産卒，沈皇后哀而養之，以爲己子。時後主年長，未有胤嗣，高宗因命以爲嫡孫，其日下詔曰：『皇孫初誕，國祚方熙，思與群臣，共同斯慶，內外文武賜帛各有差，爲父後者賜爵一級。』十年，封爲永康公。後主即位，立爲皇太子。胤性聰敏好學，執經肄業，終日不倦，博通大義，兼善屬文。至德三年，躬出太學講《孝經》，講畢，又釋奠於先聖先師。其日設金石之樂於太學，王公卿士及太學生並預宴。是時張貴妃、孔貴嬪並愛幸，沈皇后無寵，而近侍左右數於東宮往來，太子亦數使人至后所，後主疑其怨望，甚惡之。而張、孔二貴妃又日夜構成后及太子之短，孔範之徒又於外合成其事。禎明二年，廢爲吳興王，仍加侍中、中衛將軍。三年入關，卒於長安。」

同書同卷又曰：

「永嘉王彥字承懿，後主第三子也。至德元年，立爲永嘉王。尋爲忠武將軍、南徐州刺史，進號安南將軍。授散騎常侍，使持節都督江、巴東、衡三州諸軍事，平南將軍、江州刺史。未行，隋師濟江。禎明三年入關。隋大業中爲襄武令。」

案：吳興王胤與永嘉王彥均於隋師濟江後，禎明三年入關，胤卒於長安，彥則大業中爲襄武令。竊疑胤、彥雖於陳亡後同時北上，然其家人或未盡隨行，必有滯留南方者。尤以《陳書》所載，胤「禎明二年，廢爲吳興王」，則其家眷必陪同離帝都而徙居吳興，由隋唐以迄兩宋，胤之後人安土重遷者，當世居霅川，多歷年祀。是故，頗疑直齋之父祖，即吳興王胤之苗裔也。惜文獻不足徵，姑立此一說，以備他日之補證。

直齋之先世，可確考者，厥爲其父祖，然所可知之資料仍甚短缺。《解題》卷十七《別集類》中載：

「《浮沚先生集》十六卷、《後集》三卷，秘書省正字永嘉周行己恭叔撰。十七入太學，有盛名，師事程伊川。元祐六年進士，爲博士太學，以親老歸，教授其鄉，再入爲館職，復出作縣。永嘉學問所從出也，鄉人至今稱周博士。《集》序，林越撰，言爲秘書郎，則不然。先祖妣，先生之第三女，先君子其自出也，故知其本末。所居謝池坊，有浮沚書院。」

同書卷十八《別集類》下曰：

「《濟溪老人遺藳》一卷，通判明州濟源李迎彥將撰。永嘉周浮沚先生之婿，與先大父爲襟袂。《集》中有送先君子赴戊子秋試詩，首句『籍甚人言《易》已東』，蓋先君治《易》故也。《集》序，周益公作。」

觀是，則直齋祖父乃周行己之婿，所娶者乃行己之第三女，與李迎爲連襟。直齋之父治《易》，曾赴戊子秋試，李迎有詩送之，載《濟溪老人遺藳》中，惜《遺藳》已佚，全詩不之見矣。喬衍琯《陳振孫學記》第一章《傳略》第一節《生平》云：

「按：戊子蓋爲乾道四年（一一六八）。若至紹定元年（一二二八），則振孫仕宦已十八年。其父不至再赴秋試。」

喬氏所考甚當，是則直齋父之赴試，正値宋孝宗乾道四年戊子也。

至直齋之母，《解題》卷十七《別集類》中載：

「《丁永州集》三卷，知永州吳興丁注葆光撰。元豐中余中榜進士。喜爲歌詞，世所傳《催雪·無悶》及《重午·慶清朝》，皆有承平閒雅氣象。有女適樂清令富春李素見素，實先妣之大父母也。」

是直齋母乃李素之孫女；丁注，又其母之外曾祖父。

直齋有妹，適王栐。《解題》卷十六《別集類》上載：

「《白集年譜》一卷，知忠州漢嘉何友諒以居易舊治既刊其《文集》，又作《年譜》，刊之《集》首。始余爲《譜》既成，妹夫王栐叔永守忠錄寄之，則忠已有此《譜》，視余《譜》詳略互見，亦各有發明。其辨李崖州三絕非樂天作，及載晁子止之語，謂與楊虞卿爲姻家，與牛僧孺爲師生，而不陷牛李黨中，與余暗合，因並存之。詳見《新譜》末章。」

是直齋妹夫乃王栐，字叔永，曾守忠州。其生平事蹟俟於第四章第一節詳考之。

直齋有子，名造，字周士，周密《齊東野語》卷九有《陳周士》條，載其登第後爲嘉禾倅攝郡時事，曰：

「禍福報應之說，多傅會傳訛，未可盡信。今有鄉曲目擊曉然一事，著之於此，以爲世戒。陳周士造，直齋侍郎振孫之長子，登第爲嘉禾倅，攝郡。一日宴客於月波樓，有周監酒者勇爵代庖於此，乃趙與籌德淵之隸，是日適以小舟載客薄游，初不知郡將之在樓也。周士適顧見，周急艤棹趨避。周士令詢之，知爲周也，怒形於色曰：『某不才望輕，遂爲一卒相侮如此。』乃窘摭其數事，作書達之於趙，備言贓濫過惡。時趙守吳，即日遣逮決脊編置，仍押至嘉禾示衆。時方炎暑，周士乃裸而暴之烈日中，瘡血臭腐，數日而死。臨危歎曰：『陳通判屈打殺我，當訴之陰府矣。』時寶祐丙辰季夏也。是歲十二月，周士疽發背而殂。吁！可畏哉。」

觀是，周士誠酷吏矣。寶祐丙辰，爲宋理宗寶祐四年（一二五六），時直齋七十六歲，已致仕鄉居，是周士先其父而逝矣。直齋老而喪子，亦人生一大可哀事也。惟《齊東野語》既稱周士爲「長子」，或直齋仍有其他子嗣，惜文獻無徵爲可惋耳。

《齊東野語》卷一《林復》條又載陳造所記林復死而復甦亡命入廣事，其文曰：

「林復，字端陽，括蒼人。學問材具皆有過人者，特險隘忍酷，略不容物。紹興中，爲臨安推官。有告監文思院常良孫贓墨事，朝廷下之臨安獄，久不得其情。上意謂京尹左右之，尹不自安。復乃挺身白尹，乞任其事。訖就鍛煉成罪，當流海外，因寓客舶以往。中途遇盜，無以應其求。盜取常手足釘著兩船舷，船開，分其屍爲二焉。林竟以勞改官，不數年爲郎，出知惠州。時，常有姻家當得郡，憤其冤，欲報之，遂力請繼其後，林弗知也。既知惠，適有訴林在郡日以酖殺人，具有其實。庚使徐安國亦按其家有僭擬等物，於是有旨令大理丞陳樸追逮，隨所至，致獄鞫問。及至潮陽，遇諸道間，搜其行李，得朱椅、黃帷等物，蓋林好祠醮所用者，乃就鞫於僧寺中。林知必不免，願一見家人訣別。既入室，亟探橐中藥，投酒中飲之。有頃，流血滿地，家人號泣，使者入視，則仰藥死矣，因具以復命。然其所服乃草烏末及他「草藥耳，至三日乃甦，即亡命入廣，其家以空柩歸葬。

始就逮時，僮僕鳥散，行囊旁午道中。大姓潘氏者，爲收斂歸之，了無所失。其家與之音問相聞者累年，至嘉定末始絶，竟佚其罰云。

此陳造周士所記，得之括醫吳嗣英，甚詳。《夷堅志》亦爲所罔，以爲真死，殊可笑也。」

據《齊東野語》所載，則《林復》一條乃周密依陳造所記而撰就，是亦周士之文矣。是則周士之著述，今可確知而見者，惟此篇矣。

明人董斯張《吳興備志》卷二十二《經籍徵》第十八載：

「《韋居聽輿》一卷，宋陳闕，直齋之子，霅川人。《說郛》。

衢按：直齋有子名造，見《齊東野語》，不知即此人否？」

案：《韋居聽輿》一書，《吳興備志》據《說郛》所引，惟著者姓下缺名字，衢按疑爲陳造。考古人性急者則佩韋，若就陳造屈殺周勇爵一事而觀之，則其人固躁急之吏矣，故以「韋居」號其室，用以自戒焉。若是，則《韋居聽輿》必造所撰，可無疑矣。

茲謹將直齋之先世及吳興陳氏歷代世系，始自東漢太丘長陳寔，以迄南宋嘉禾倅陳造，製表如下：

《直齋先世及吳興陳氏世系表》

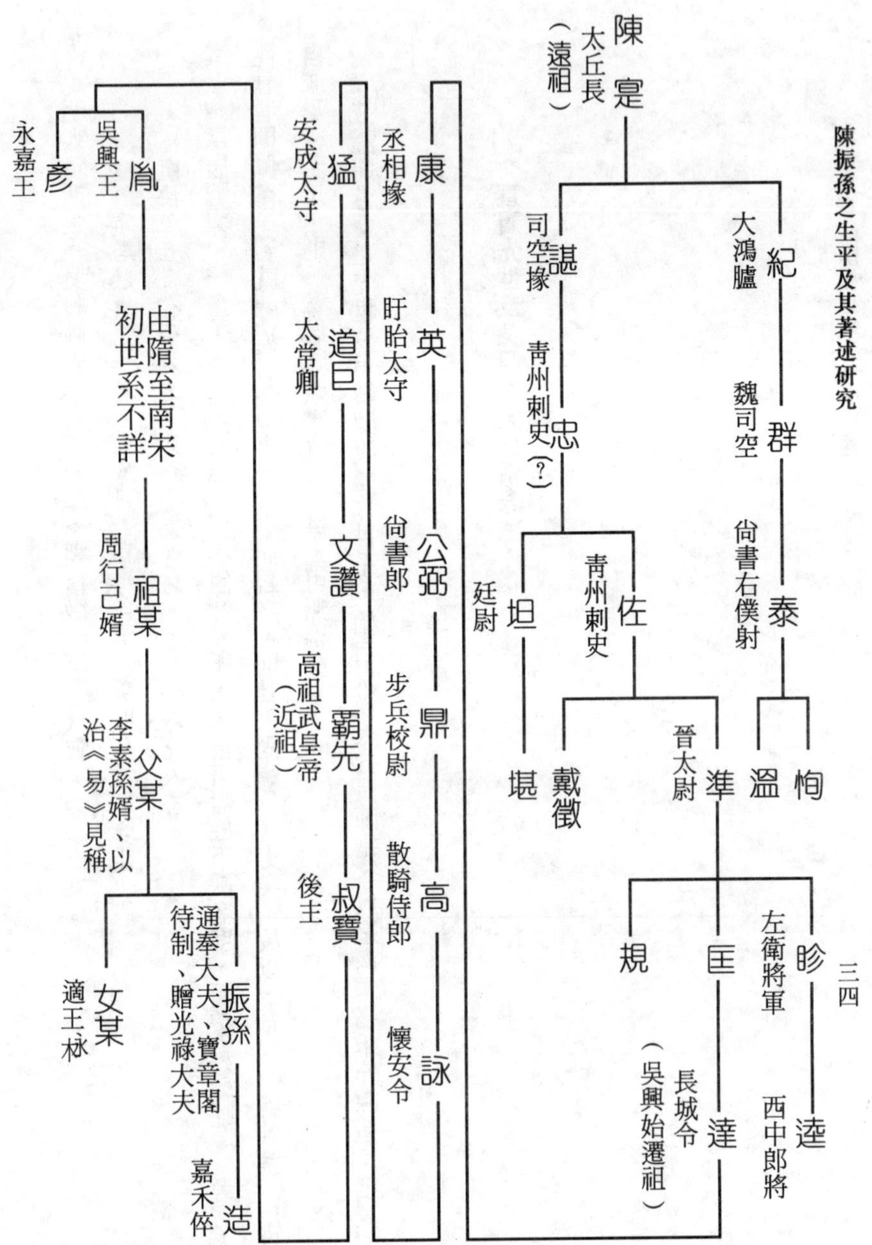
陳寔 太丘長（遠祖）
紀 大鴻臚
群 魏司空
泰 尚書右僕射
恂
昣 左衛將軍
逵 西中郎將
諶 司空掾
忠 青州刺史（?）
佐 青州刺史
坦 廷尉
堪
戴
徵
準 晉太尉
匡
達 長城令（吳興始遷祖）
規
康 丞相掾
英 盱眙太守
公弼 尚書郎
鼎 步兵校尉
高 散騎侍郎
詠 懷安令
猛 安成太守
道巨 太常卿
文讚
霸先 高祖武皇帝（近祖）
叔寶 後主
胤 吳興王
彥 永嘉王
由隋至南宋初世系不詳
祖某 周行己婿
父某 李素孫婿、以治《易》見稱
振孫 通奉大夫、寶章閣待制、贈光祿大夫
造 嘉禾倅
女某 適王楙

第二節　陳振孫之里貫

陳樂素《直齋書錄解題作者陳振孫》一文提及直齋之里貫，嘗言：

「題曰永嘉，殆舉祖貫而言。吳興郡，隋以來改置湖州，宋寶慶初改爲安吉州；故謂直齋爲吳興人，爲湖州人，爲安吉州人，皆可。」

樂素所言甚是。有關直齋里貫之歷代建置沿革，《古今圖書集成．方輿彙編．職方典》第九百六十七卷《湖州府部彙考》一《湖州府建置沿革考．本府》條言之甚詳。其辭曰：

「揚州之地，《禹貢》以前，防風氏國在焉。春秋屬吳，後屬越，又屬楚。楚以其地立菰城，爲春申君封邑。秦罷封建爲郡縣，始皇二十五年，改菰城爲烏程縣，屬會稽郡；置故鄣縣，屬鄣郡。漢高帝建荊國，又建吳國。景帝四年，國除，復會稽郡；又徙江都王劉非治故吳國，鄣郡屬江都。元符二年，江都國除，故鄣仍屬鄣郡。元封二年，改鄣郡曰丹陽。永建四年，分浙江以西爲吳郡，烏程縣屬之。中平二年，析故鄣，置原鄉縣。初平二年，又析置安吉縣，俱屬丹陽郡。興平二年，太守許貢奏分烏程，置永安縣，屬吳郡。吳封皓爲烏程侯。寶鼎元年，以吳郡之永安、餘杭、臨水、陽羨及丹陽之故鄣、安吉、原鄉、於潛之水悉注烏程，合九縣以爲郡，曰吳興。餘杭、臨水、於潛三縣見杭州，陽羨，今江南地。而吳興之統縣五，曰：烏程、故鄣、安吉、原鄉、永安。晉太康元年，分天下爲十九州，揚州統郡十八，吳興隸焉。析烏程、西鄉爲長城縣，東鄉爲東遷縣，改永安曰永康，俱屬吳興郡。永康元年，改永康爲武康。宋元徽四年，改東遷縣曰東安。昇明二年，復爲東遷。三年，改揚州刺史曰牧，吳興郡隸焉，分故鄣，置綏安縣。梁以吳興郡爲震州，以烏程縣爲吳興郡。陳廢其州郡，仍復郡縣，吳興郡之領縣八，曰烏程、故鄣、安吉、原鄉、武康、長城、東遷、綏安。隋開皇九年，大加併省，廢吳興郡，省武康入杭州，併故鄣、安吉、原鄉入綏安，綏安，今江南地。以東遷、長城入烏程。仁壽二年，析置長城，復置武康，立湖州。湖州名始此。領縣三，曰：武康、烏程、長城。大業二年，湖州廢，以烏程、長城屬吳郡，武康屬餘杭郡。唐武德元年，武康人沈法興起兵，以舊湖州地立吳興郡，改長城爲長州。沈，故湖州太守也。是年，李子通稱帝江都，改武康爲安州，又改武州，立安吉縣。四年，杜伏威平之，復置湖州，領烏程一縣。安吉縣屬杭州，更長州爲綏州，又改爲雉州，置原鄉縣，屬雉州，而武州自爲州。六年，沒於輔公祏。七年，平公祏，改安吉爲桃州，復置湖州，領烏程；廢武州爲武康縣；廢雉州及原鄉、桃州爲長城縣，屬之湖州，領縣三，曰：烏程、長城、武康。貞觀元年，分天下爲十道，江南道領湖州。麟德二年，復置安吉縣。天授二年，析武康、東鄉，置武源縣。景雲二年，改武源爲臨溪。開元二十一年，湖州隸江南西道。天寶元年，改臨溪爲德清，改湖州爲吳興郡。至德二載，分江南爲浙東西道，吳興郡屬西道。乾元元年，復以吳興郡爲湖州。大曆十四年，合浙東西爲兩浙道。建中初，復分。二年，復合。貞元三年，復分，分時湖隸西道。乾寧二年，陞湖州爲忠國軍。梁開平初，封錢鏐爲吳越王，湖屬吳越國。四年，割武康屬杭州，又改長城曰長興。周顯德四年，改忠國軍爲宜德軍。宋太平興國三年，錢俶納土，吳越國除，湖州屬浙西路，復以武康屬之。七年，析烏程置歸安，而湖州之領縣六，曰：烏程、歸安、長興、安吉、德清、武康。至道三年，分天下爲十五路，湖屬兩浙路。景祐元年，改宜德軍爲昭慶軍。熙寧七年，分浙東西爲兩路，八年合，九年復分，十年復合，分時湖隸於西。紹興二年，分浙爲東西二路，西路治臨安府，湖州屬焉。寶慶二年，改湖州爲安吉州，仍領六縣。」

據是，則直齋里貫，吳主孫皓寶鼎元年丙戌（二六六）合吳郡、丹陽郡等九縣爲吳興郡，是爲稱吳興之始。隋文帝仁壽二年壬戌（六〇二）立湖州，是爲稱湖州之始。宋理宗寶慶二年丙戌（一二二六）改湖州爲安吉州，是爲稱安吉州之始。其里貫之改稱，皆適逢戌歲，且其中二次之干支皆爲丙戌，亦云巧合矣。綜上所述，直齋之里貫，吳寶鼎元年至隋仁壽二年稱吳興，嗣後以迄宋寶慶二年前稱湖州，寶慶二年始改湖州爲安吉州。直齋既生於南宋之世，故其里貫稱之爲湖州亦可，稱之爲安吉州亦可。至稱永嘉或吳興，則皆稱其祖貫矣。

至直齋里貫之疆域，《古今圖書集成．方輿彙編．職方典》第九百六十七卷《湖州府部彙考》一《湖州府疆域考》云：

「本府，東至蘇州府吳縣界七十二里，以震澤鄉潯溪爲界，自界到蘇州又一百三十里。西至長興縣六十里，至江南廣德州一百八十里，以一百三十里長興縣界之四安鎮進陸行二十里爲界，自界到廣德州三十里。南至杭州府仁和縣界一百二十里，以古駱塘爲界，一云五林村，自界到杭州府又六十里。北至太湖一十八里，由湖到蘇州一百一十里。東南至德清縣九十里，至嘉興府桐鄉縣界九十里，以烏程爲界，自界到嘉興府又八十里。西南至安吉州一百二十里，至孝豐縣一百八十里，至寧國府寧國縣界二百四十里，以柴峴山爲界，自界到寧國府又一百五十里。東北至蘇州府吳江縣界六十里，以染店浜爲界，到蘇州府又七十里。西北至常州府宜興縣界七十里，以懸脚嶺爲界，自界到常州府又七十里。自府至省城一百八十里，至京師三千七百里。東西廣一百五十里，南北袤一百三十八里。」

讀此，可知湖州疆域分界之一斑。

湖州之戶口，歷代亦有所遞增。《浙江通志》卷七十二《戶口》二《湖州府》條云：

「三國吳，《萬曆湖州府志》：『寶鼎元年，吳興郡戶四萬九千六百九，口三十一萬六千二百七十二。』晉，《舊浙江通志》：『吳興郡戶二萬四千，口缺。』唐，《通典》：『吳興郡戶六萬八千五百八十一，口四十六萬一千四百七十九。』《元和郡縣志》：『開元戶六萬一千一百三十三，元和戶四萬三千四百六十七。』宋，《太平寰宇記》：『湖州吳興郡戶主客共三萬八千七百四十八。』《舊浙江通志》：『大中祥符間，湖州主客戶一十二萬九千五百一十，口四十三萬六千三百六十。』《元豐九域志》：『吳興郡户主一十三萬四千六百一十二，客一萬五百。』《萬曆湖州府志》：『淳熙九年，主客户二十萬四千五百九，口五十一萬八千三百五十二。」

是湖州之戸口，由吳之寶鼎元年（二六六），至宋孝宗淳熙九年（一一八二），九百一十六年間，其戸加增十五萬四千九百，其口亦加增二十萬二千零八十也。

直齋之故鄉，甚具山川形勝。《湖州府志》卷十七《輿地略．形勝》云：

「《舊志》：『太湖，周三萬六千頃，其千頃，烏程也。《越絕書》。江表大郡，吳興爲一山澤所通，舟車所會。顧況《湖州刺史廳壁記》。吳江之南，震澤之陰，幅員千里，棋布九邑，弁山屈盤，而爲之鎮，五溪叢流，以導其氣。李直方《白蘋亭記》。霅川平波漫流，群山環列，秀氣可掬。城中二溪横貫，天下所無。《經鉏堂記》。山水清遠，城據其會，狀其景者，曰水雲鄉，曰極樂園。城之內觸處見山，觸處可以引溪流。雖近市，如雲巖江村，所以爲趣也。《談志》。蒼峰北峙，群山西迤，雙溪夾流，泓渟皎澈，山川映發，沖和攸集，星列乎斗野，勢雄乎楚越。趙孟頫《吳興賦》。吳興僻處東南，苕、霅二溪，交流蜿蜒，達於震澤。四山環拱羅列，光景冥晦，昔人以水晶宮稱之。范公集《重建溪光亭記》。郡城尊據弁山，三川五浸，布濩其北，天目諸峰，蒼萃於南。其陂塘沼渚循山而下者，漸近漸廣；諸山環繞者，漸近漸伏。劉麟《逸老堂記》。湖州，水壑也，雖與杭、嘉稱爲脣齒之邦。然杭則上流也，嘉則杭之分流也；至於湖，則兩引天目諸山之水，獨匯於太湖，譬則釜底也。張邦彥《浙西水災疏》。』」

同卷又曰：

「揚州，藪曰具區，浸曰五湖。《周禮．職方氏》。浮玉之山，苕水出於其陰，北流注於具區。《山海經》。吳郡陽羨、永安、餘杭、臨水及丹陽故鄣、安吉、原鄉、於潛諸縣，地勢水流之便，悉注烏程。《三國吳志．孫皓傳注》。高下蒼蒼，遙聞天語；清霅瀰瀰，深窮地根。徐陵《孝義寺碑》。府山澤逶迤，川陸交會，南國之奧，雄於楚越。自三國置郡以來，恆爲江表之望，建國東南，此尤稱腹心要地。吳越時，恃爲北面重鎮，淮南來攻，由宣州出廣德，必道吳興之郊，而後及於餘杭。餘杭之安危，吳興實操之也。蓋山藪環錯，敵之伺我常易，而震澤之浸，尤出奇者所必資。……夫湖州，南衛臨安，北聳吳郡，勢如左右手，顧可忽乎哉！天目山爲西面之巨鎮，其高險阻深，嶺敧瑰異，不可殫究。自天目而外，遠近諸山，環繞林立，皆若臣伏，然豈非天開奇勝歟？羅氏云：『天目山亘於杭、湖兩郡間，餘杭、臨安、於潛、昌化皆在其陽，安吉、孝豐皆在其陰。山之西麓與江南寧國縣接界，爲西出之間道。言地險者，天目其未可略矣。』獨松關在獨松嶺上，自天目而北，重岡結澗，迴環數百里，獨松嶺傑峙其中，嶺路險狹，東南則直走臨安，西北則道安吉，趨廣德，爲江浙二境步騎爭逐之交，東南有事，此亦必爭之地也。……《方輿紀要》。吳興郡城以東，在漢屬會稽郡，其西屬丹陽郡，東南東北接嘉興、吳江諸境，河港交横相錯，如繡即生其地者。一船問櫂，猶迷去來。諭以地水師之義，殆鐵綱陣也。西南諸山連亘諸邑，犬牙互錯，其地多以關名，古用武四達之域。江寧陸路，由青草塢抵郡城青銅門，晝夜兼程，康衢直達，騎發武林，尤旦暮爾。其安危與江浙二省都會共之。惟西北二境，經畫爲艱，寇若犯常、鎮二郡，竟奔宜興而來。扼要一宜在夾浦，一宜在香山嘴，皆水陸之衝也。寇若從溧水、建平取廣德路，扼要宜在白茅山。十人守險，千人不敢過。若從徽寧達廣德，扼要宜在橫山。山最雄峙，踞斷中路，寇望而駭。若從溧陽、宜興間道出廣德，扼要宜在戴埠，亦有山隘可守。若過此三險至四安，所謂門庭之寇，無復可遏。且舍四安由梅溪水陸徑趨郡城，取路安吉入杭有三道，孝豐入杭有二道，此西北守禦外境爲亟也。嚴有穀《吳興形勢要害說》。城外險處，南門當守何山嶺，水路當守衡山；東門當守舊館昇山，水路當守河口毘山清塘門；西門當守法華山仁王山路，水路當守永壽；北門水路當守大錢等處。《經鉏堂雜志》。五湖之表曰湖州，太湖汪洋浩瀚，支港繁多，萑苻易於叢集，而大錢湖、小海港諸口，尤爲浙西襟喉要地。」

觀是，則湖州不惟山川韶秀，且具險峻形勝，固兵家必爭之地也。至湖州之名山勝水，亦可得而言者，元人趙孟頫撰《吳興山水圖記》一文曰：

「昔人有言吳興山水清遠，非悠然獨往，有會於心者，不以爲知言。南來之水出天目，至城南三里，而近匯爲玉湖，汪汪百頃。玉湖之上有山，幢幢狀若車蓋，曰車蓋山。由車蓋而西，山益高，曰道場。自此以往，奔騰相屬，弗可勝圖矣。其北，小山坦迤，曰峴山。山多石，草木疏瘦如牛毛。諸山皆與水際，路繞其麓，遠望惟見草樹緣之，中湖巨石如積，坡陁磊魄，葭葦叢焉，不以水盈縮爲高卑，故曰浮玉。浮玉之南，兩小峰參差，曰上下釣魚山。又南，長山曰長超。越湖而東，與車蓋對峙者曰上下河口山。又東西小山，衡視則散佈不屬，從視則聯若比鄰。曰沈長，曰西余，曰蜀山，曰烏山，東北曰毘山。遠樹微茫中，突若覆釜。玉湖之水，北流入於城中，合苕水於城東北，又北，東入於震澤。春秋佳日，小舟泝流城南。衆山環周，如翠玉琢削，空浮水上，與船低昂，洞庭諸山，蒼然可見。是所謂清遠，非耶？」

是湖州山水清遠，孟頫之記，信不誣矣。

湖州之名勝古蹟亦至夥頤，茲檢其至尤者以介。《湖州府志》卷二十五《輿地略．古蹟》一《湖州府治》曰：

「明月樓，在府治子城西南隅。唐貞元十三年建。《勞志》。《苕溪詩話》：『楊漢公有《明月樓詩》云：「江南地暖少嚴風，九月炎涼正得中。溪上玉樓樓上月，清光合作水晶宮。」吳興因此詩，謂之水晶宮。』《胡志》　宋梅堯臣《明月樓詩》：『霅霅前溪白，蒼蒼後嶺巍。人疑查上客，星合蚌中暉。影轉闌干迥，杯行漏鼓稀。只知誇粉黛，不向桂邊歸。』」

同卷又載：

「消暑樓、清風樓、會景樓，並在府治譙門東。唐貞元十五年，刺史李詞建。三樓鼎峙於子城之上，爲一郡偉觀。《勞志》　唐杜牧《消暑樓詩》：『晴日登攀好，危樓物象饒。一溪通四境，萬岫遶層霄。鳥翼舒華屋，魚鱗棹短橈。浪花機乍織，雲葉匠新雕。臺榭羅嘉卉，城池敞麗譙。蟾蜍來作鑑，螮蝀引作橋。燕往隨秋葉，人空習早朝。楚鴻行盡直，沙鷺立偏翹。暮角棲游旅，清歌慘泬寥。景牽游目困，愁記酒腸消。遠吹流松韻，殘陽度柳梢。時陪庾公賞，還悟脫煩囂。』 宋梅堯臣《清風樓詩》：『在昔有佳句，故人如遠來。競生吳客衽，不上楚王臺。稍拂清尊動，時吹繐幕開。長安在何處？水鳥望中迴。』 王炎《清風樓詩》：『山屏四面碧相重，苕霅無聲瀉玉虹。萬戶連甍皆在下，一樓飛棟獨當中。不容半點浮塵到，但覺無邊爽氣通。安得翛然辭物役，披襟終日挹清風。』」

又載：

「墨妙亭，在府治內。《輿地紀勝》：『熙寧中，太守孫覺建。凡境內自漢以來古文遺刻，取以實之。舊刻不存者，蔣燦復書於石。』《胡志》 宋蘇軾《墨妙亭記》：『熙寧四年，高郵孫莘老移守吳興。其明年，作墨妙亭於逍遙堂之東，取凡境內自漢以來古文遺刻以實之。吳興自東晉爲善地，號爲山水清遠。其民足於魚稻蒲蓮之利，寡求而不爭，賓客非特有事於其地者不至焉。故凡守郡者，率以風流嘯詠、投壺飲酒爲事。自莘老之至，而歲適大水，土田不登，湖人皆大饑。莘老大振廩勸分，躬自撫巡，所活至不可勝計。當是時，朝廷方更化立法，使者旁午。以爲莘老當日夜治文書，赴期會，不能復雍容自得如故事。而莘老益喜賓客，賦詩飲酒爲樂。又以其餘暇，網羅遺逸，得前人賦詠數百篇，爲《吳興新集》。其刻石尙存，而僵仆斷缺於荒陂野草之間者，又皆集於此亭。余以事至湖，周覽歎息，而莘老求文爲記。或以謂余：「凡有物必歸於盡，而恃形以爲固者，尤不可長。雖金石之堅，俄而變壞，至於功名、文章，其傳世垂後猶爲差久。今乃以此託於彼，是久存者反求助於速壞，此則昔人之惑，而莘老又將深簷大屋以錮留之。推是意也，其無乃幾於不知命也夫。」

余以爲知命者，必盡人事，然後理足而無憾。君子之養身也，凡可以衛生者無不用；其治國也，凡可以久存者無不爲；此之謂知命。是亭之作，殆無足爭者，而其理則不可以不辨，故具載其說，而列其名物於左方。』又《墨妙亭詩》：『蘭亭繭紙入昭陵，世間遺跡猶龍騰。顏公擬法出新意，細筋入骨如秋鷹。徐家父子亦秀絕，字外出力中藏稜。嶧山傳刻典刑在，千載筆法留陽冰。杜陵論書貴瘦硬，此論未公我不憑。短長肥瘦各有態，玉環飛燕誰敢憎。吳興太守眞好古，購買斷缺揮縑繒。龜趺入坐螭隱壁，空齋晝靜聞登登。奇蹤散出走吳越，勝事傳說誇友朋。書來乞詩要自寫，爲把栗尾書溪藤。後來視今猶視昔，過眼百世如風燈。他年劉郎憶賀監，還道同時須服膺。』」

是湖州之名勝幽美，樂遊其中，固美不勝收，且目不暇給矣。

湖州之教育，自唐至宋，甚有發展。直齋生長是州，必亦蒙其栽培之利。《湖州府志》卷十八《輿地略．學校》記湖州之府學云：

「府學在府治東北報恩界。《胡志》。唐初有孔子廟，在霅溪，南學附焉。《統記》：『郡初有孔子廟，武德中，李孝恭遷於霅溪南。』《唐志》：『高祖初，制郡縣學，各置生員。貞觀四年，詔州縣學皆作孔子廟。』又《舊圖經》：『孔子廟在子城南一百一十步，州學亦曰在州城南一百一十步。』乃知祥符以前，學附於廟。學置經學博士、助教、生員六十員。天寶中，州助教、博士及學徒會食師資，詔廢，惟留補州助教一人、學生二人，備春秋二社、歲賦、鄉飲酒而已。大曆五年，刺史蕭定加助教二人、學生二十員，後又廢。宋寶元二年，知州滕宗諒表請于朝，建學州西一里。三年四月，敕書錫名州學，錫田五夫；六月學成，重門、廣殿、講堂、書閣、齋舍、庖湢皆具，爲屋百二十楹，張方平爲記。文見《金石錄》。蔡襄大書勒石，石曼卿又書敕建州學額，揭于儀門。延安定胡瑗主學，四方之士雲集受業，學初爲十八齋，環建有亭，曰觀得。時朝旨令賜第進士習射，上親閱於殿廷，賞賜有差。故郡置圃，取孔子矍相之義。《談志》《胡志》云：『唐以前，舊有孔子廟在子城內。武德中，李孝恭築羅城，遷刺史宅於子城內，徙廟於霅溪之南，而學附焉。大中初，刺史令狐綯作《文宣王新廟本末記》，所謂「西臨霅水，前橫荻塘」者是也。又注云：「宋時，州學內有經史閣、禮象閣，凡爲屋百二十楹。初爲十八齋，有經義齋、治事齋，後改治事爲治道。紹興元年，教授戴溪分十八齋爲六齋，東曰明誠、伸道、治道，西曰藻德、義勝、仁榮。齋後有池，池上有屋，爲烏程、歸安兩縣學。」』」

《浙江通志》卷二十六《學校》二《湖州府》條亦云：

「湖州府儒學，在府治東北。《弘治湖州府志》：『唐前在子城內。武德中，李孝恭築羅城，徙廟霅溪之南，而學附焉。』《嘉靖浙江通志》：『宋寶元二年，知州滕宗諒請於朝，改建於州治西，賜名州學，賜田五百畝以贍生徒。延安定胡瑗主教事，作堂規五等，分經義、治事等十八齋，齋規亦五等。於時湖學之盛聞四方，詔取其法行之太學。』張方平《新建湖州學記》：『寶元二年，尚書祠部員外郎滕君守吳興郡。始至，見吏民，問疾苦，披圖考俗，顧謂僚屬曰：「四代之學起於黨遂，漢氏繼周，而王懲秦之敗，稍復尊用儒術。東都中興，儒雅寖隆。公卿大臣咸門有諸生，橫經受業。三分多難，文獻不足。唐雖禮典甚講，蓋文具而實喪。是以後王研窮理要，終莫致於三代者。所以化民成俗之道，育材官人之法，隳其根本也。惟我治朝，庠序且徧諸郡，矧吳興，南國之奧，有佳山水，發爲秀人；而學校不建，豈布宣王家風教之意歟？」僚屬曰：「唯。」相與輸金建學。十二月，考景營基，鳩材類工，且以命教請於上。越明年夏四月，敕書先至，錫名州學，賜田五夫。六月，新學成，復立小學於東南隅。童子離經肄簡，諒者聚焉。凡爲屋百有二十楹，旣釁器、用幣、釋菜、成禮。客有興於座曰：「美哉學也！若稽田旣勤敷菑，在所播植，惟學敏厥修，念終始，在其所志。君子學以聚之，問以辨之，舉而可以成天下之務，斯得謂之志矣。若其拘文牽義，誦焉而不通其變，習焉而不達於用，此士之大患也。能開達學者之志慮，使廣大深實，知道之所以爲用，茲可以爲師矣。彼先王之糟粕，後世且得其味而嘗諸？苟知道之所用，何學而非道者，茲可以爲學矣。士充其業，上使其器，則致理之本，不在學校乎？」』」

觀是，則知湖州府學由唐至宋建置之沿革與發展，其師資如胡瑗等旣拔萃於當時，其所主教設規又足爲天下法。故有宋一代，湖州一地造就人材甚衆。其中不乏有以忠臣、孝友、義行、介節見稱，茲略舉其著者如下：

《浙江通志》卷一百六十三《人物》二《忠臣》一載：

「劉士英《宋史》本傳：『宣和間爲溫州教授。方臘陷處州，州人爭欲遁，士英獨身任責，推茂才石礪爲謀主，治兵峙糧，籍保伍，分其地爲八隅，委官兵統率，以鐘爲約。令民聞鐘聲，則趨所守堞。未幾，賊來攻，拒守凡四十餘日。官軍旣至，賊潰去。靖康初，通判太原府。金人入境，帥臣張孝純欲避之，士英率通判方笈、將官王稟力止。及城陷，稟赴火死，士兵持短兵接戰，死之。』謹按：宋林景熙《永嘉忠烈廟記》以士英爲霅川人。

朱蹕《宋史》本傳：『安吉人，知錢塘縣。建炎三年，金人陷杭州，守臣康允之退保赭山。蹕白允之率弓手士軍前後拒敵，行二十里，遇金兵，蹕兩中流矢，左右掖至天竺山，猶能率鄉兵禦敵，後數日遇害。』

章鑄《弘治湖州府志》：『字子壽，吳興人，仕忠直郎。讜直敢言，後以世革歸隱。元世祖令故宋官納誥敕，鑄不肯，自以世食宋祿，坐未嘗北向。宋人之仕於元者，皆絕之，不與往還。』

陳存《嘉靖浙江通志》：『安吉人，累官兵部尚書、端明制置使。宋亡，元遣使七徵，不起。尋遘疾，卻醫絕食，旬有四日卒。』

欽德載《尚友錄》：『吳興人，仕爲都督計議官。宋亡，德載不肯送降款。元兵帥募生致其人，議欲官之，德載裂其板，授書，即遁隱碧巖山中。楊維楨作詩弔之。』」

是劉士英、朱蹕、章鑄、陳存、欽德載皆湖州籍之忠臣矣。

《浙江通志》卷一百八十四《人物》七《孝友》二載：

「曹清《弘治湖州府志》：『烏程人。其父嘗殺人，繫獄。清痛父不可脫，乃自誣曰：「是吾手刃也，非父罪。」於是代受。重辟後，屍泝流至家，葬烏程之西陽村。今春秋奉祀，號曹孝子祠。』

朱泰《墨客揮犀》：『武康人。事母孝，嘗爲虎所搏，負之而去。泰大呼曰：「虎暴殺我，我母將無所依。」虎遽棄於地，驚竄入山，後安健如故。鄉里號爲「朱虎殘」。』

朱天錫《弘治湖州府志》：『歸安人。父嗣發，仕至朝奉郎。天錫好義，敬愛老幼，見貧乏者濟惠之。父喪，哭泣過禮。既葬，廬墓三年，有司以聞，旌表門閭。後仕至諸暨州判官。』

曾霅之《烏程縣志》：『寶祐間，父獲罪當刑，霅之代父死，上聞，追封之。武康人慕其孝，立廟於縣南，曰靈祐昭應廟。』

吳可幾《明一統志》：『安吉人。好古博雅。與弟知幾同登景祐間進士。可幾仕至太常少卿，知幾爲郎官，守其父屯田墓三年，平地出泉，時號孝子泉。』

是曹清、朱泰、朱天錫、曾霅之、吳可幾皆湖州籍之孝子矣。

《浙江通志》卷一百八十八《人物》八《義行》中載：

「朱承逸《西吳里語》：『烏程人。居城東門，爲本州孔目。嘗五鼓趨郡，過駱駝橋。聞橋下哭聲甚哀，乃有人爲勢家逼債，錢三百千，攜妻子將溺於水。朱憫，代還之。其人感泣，願終身爲奴。不聽，復以二十千給之而去。慶曆庚寅歲饑，以米八百斛作粥散貧民。是歲其孫服生，後登熙寧進士第二。』

沈竭《德清縣志》：『字孝光。七歲喪母，痛慕無已。既長，獨營祖塋，不煩族氏。嘗遇大盜，劫掠殆盡。後探笥中得剩金，則友人鄒德深所寄也，亟封還之。』」

是朱承逸、沈竭乃湖州籍有義行者。

《浙江通志》卷一百九十《人物》九《介節》上又載：

「沈嚴《弘治湖州府志》：『字叔寬，德清人。大中祥符八年中禮部第四廷試，登甲科。監洪州武寧茶場，兼領本邑事，吏畏其廉，民愛其慈。及死，貧不能葬。太守滕元發葬於縣之永和鄉。』

俞汝尚《宋史》本傳：『字退翁，烏程人。議論不苟，澹於勢。擢進士第，涉歷州縣，無少營進取之心。嘗知導江縣，新繁令卒，使者使承其乏，將資以公田，辭不赴。時王安石當國，或言汝尙清望，可寘之。御史驛召詣京師，知所以薦用意，力辭。章再上，得免還家。苦貧，又從趙抃於清州，遂以屯田郎中致仕。優悠數年，當六月徂暑，寢室不可居，出舍於門。妻黃就視之，汝尙曰：「人生七十者希，吾與夫人皆過之，可以行矣！」妻應曰：「然則我先去。」後三日卒。汝尙庀其喪，爲作銘，召諸子告曰：「吾亦從此逝矣！」隱几而終，相去纔十日。孫侔，紹興中，敷文閣直學士。』

俞澂《西吳里語》：『字子清，汝尙玄孫也。以清介自持，官至刑部侍郎，求退。放意泉石，創圃於南門外二里許，與小浮玉山相對，號曰無塵。時以扁舟往來，飲酒賦詩爲樂。』

史祺孫《弘治湖州府志》：『字大年，安吉人。政和五年以上舍登第，官至刑部郎，出典章貢、興國二郡。初秦檜欲謀誅岳飛，命祺孫搜索其家交遊書，暨所厚者羅織之。祺孫悉焚書草曰：「誣人以求榮，吾不爲也。」以是獲譴，致仕歸。』

施鉅《西吳里語》：『字大任，武康人。舉進士，累官參知政事。清約自持，無聲色之好。卒年九十一。』」

是沈嚴、兪汝尙、兪澂、史祺孫、施鉅皆湖州籍之有介節者。

湖州教育既發達，學術亦隨之而興。故有宋一代，湖州一地著述宏富，文人雅士亦多。至學而優則仕，湖州亦多循吏。茲亦徵引《浙江通志》，紹介宋代吳興之文人雅士及循吏之素負盛名者如左：

《浙江通志》卷一百七十九《人物》六《文苑》二載：

「孫侔林希《孫侔傳》：『字少述，吳興人。幼孤力學。七歲能屬文。較長讀書，精識元解，能得聖人深意，多所論撰。慶曆、皇祐間，與王安石、曾鞏，知名於江淮間。侔初名處，字正之，安石所謂「淮之南有賢人」者也。內行峭潔，少許可，不妄戲笑。詩文嚴勁簡古，卓然一出於己，自成法度，如其爲人。嘗舉進士不中，母病且革，頗恨不及見其仕，嗚咽自誓，終身不求仕。客居吳門，未嘗傳經教授，而學者聞其風指，多所開悟。元豐三年，除通直郎，致仕，卒。有詩四千篇，雜文三百篇。』

張先《嘉靖湖州府志》：『字子野，烏程人。康定進士，知吳江縣。詩格清麗，尤長樂府，有「雲破月來花弄影」、「浮萍過處見山影」、「隔牆送過鞦韆影」之句，時號張三影。李公擇守吳興，招集於郡圃爲六客之會。晚歲優悠鄉里，嘗放舟釣魚爲樂。仕至都官郎中。有《文集》一百卷，惟樂府行於世。』

陸蒙老《兩浙名賢錄》：『字元光，歸安人。博學，善吟詠。嘗爲晉陵宰，時州幕官有好譏同列者，一日同會，聞蟬，幕謂陸曰：「君可吟此？」陸即席詠曰：「綠陰深處汝行藏，風露從來是稻粱。莫倚高枝從繁響，也應回首顧螳螂。」其人聞之，少戢。』

劉燾《嘉靖湖州府志》：『字無言，吳興長城人。未冠，游太學，與陳亨伯等以八俊稱。元祐三年，蘇軾知貢舉，稱其文章典麗，遂中甲科。尤善書，筆勢遒勁。黃山谷謂：「江左又生羊欣矣！」在館中，嘗被詔，修《閣帖》十卷；又注《聖濟經》，有《見南山集》五十卷。』

魯伯能《兩浙名賢錄》：『安吉人。博學強記，九歲通《五經》，日誦萬言。家貧無油，夜乘月光讀書達旦。歷虔州太守。生平無他嗜，惟以文翰自娛，有集三百餘卷。』

劉度《嘉靖湖州府志》：『字汝一，長興人。博覽強記，內翰汪藻一見異之，以制科薦，登紹興進士。歷臺諫，金人畔盟，度條諫三策，不報。孝宗即位，抗疏陳《春秋》正始之道。著有《傳言鑑古》三十篇、《雜文》三十卷。』

施元之《長興縣志》：『字德初。以文章著聲，試館職，除起居舍人，遷左司諫。注《東坡詩》四十卷。』

陳晦《長興縣志》：『字自明。中童子科，又中博學宏詞科，仕至刑部侍郎，兼中書舍人。有文集三十卷。』

陳振孫《弘治湖州府志》：『字伯玉，安吉人。所居號直齋。博通古今，爲浙西提舉，停廢醋庫，邦人德之。』

沈瀛《吳興掌故》：『字子壽，有文集。葉水心適序曰：「吳興沈子壽，少入太學，名聞四方，仕四十餘年。絀於王官，再入郡，三佐帥幕，公私憔悴，而子壽老矣。其平生業嗜文字，若性命在身。子壽自著累千百首，其爲音瑰富精切，自然新美，又能融釋衆疑，兼趨空寂。觀其開闔疾徐之間，旁觀而橫陳，逸騖而高翔，蓋宗廟朝廷之文，非自娛於幽遠淡薄者也。」』

是孫侔、張先、陸蒙老、劉燾、魯伯能、劉度、施元之、陳晦、沈瀛皆湖州籍之文苑中人也，而陳振孫亦在其列。直齋著述繁多，除《書錄解題》外，尚有《白文公年譜》及詩文若干篇，惜《弘治湖州府志》未及載之耳，余將於第五、六章詳考之。竊意直齋所以能「博通古今」，著作繁富，且睥睨文苑，其因由固甚多，其中最主要者，蓋與湖州教育發達至相關涉。所可惋者，文獻不足徵，於直齋未冠之時如何就州學？其師承若何？其進德修業情況又若何？上述種種史事，今皆無可考得矣。

《浙江通志》卷一百六十八《人物》三《循吏》二載：

「陳舜俞《宋史》本傳：『字令舉，吳興烏程人。舉進士，又舉制科第一。熙寧三年，以屯田員外郎知山陰縣，詔俟代還，賜館職。舜俞辭曰：「爵祿名器，砥礪多士，宜示以至神。烏可要期如付劑契？」繳中書帖上之。青苗法行，舜俞不奉令，上疏自劾曰：「官制放錢取息，雖分爲夏秋二科，而秋放之月，與夏斂之期等，夏放之月，與秋斂之期等，不過輾轉息，以給爲納。使民終身以及世世，每歲兩輸息錢，無有窮已，是別爲一賦以斂海內，非王道之舉也。」奏上，謫監南康軍鹽酒稅，五年而卒。舜俞始嘗棄官歸，居秀之白牛村，自號白牛居士。已而復出，遂貶死。蘇軾稱學術才能兼古人之器。』

盧革《宋史》本傳：『字仲辛，德清人。慶曆中，知龔州。蠻入寇，桂管騷動。革經畫軍須，先事而集。移書安撫使杜杞，請治諸郡城，及易長吏之不才者。又言嶺外小郡，合四五不當中州一大縣，無城池甲兵之備，將爲賊困，宜度遠近併省之。後儂智高來，九郡相繼不守，皆如革慮。知婺、泉二州，復爲宣州，以光祿卿致仕。』

朱服《宋史》本傳：『字行中，烏程人。熙寧進士甲科。元豐中，擢監察御史裏行。參知政事章惇遣袁默、周之道見服，道薦引意以市恩。服舉劾之。惇補郡，免默、之道官。紹聖初，拜禮部侍郎。後知廬州，廬人饑，服便宜賑，獲全活十餘萬口。明年大疫，課處持善藥分拯之。坐與蘇軾遊，貶海州團練副使，蘄州安置，改興國軍，卒。』

陶旆汪藻《陶旆阡表》：『字季成，吳興人。元符三年進士，調陝州司理參軍。童貫用兵，請旆從，固辭，貫亦不能強也。知鄭之管城、婺之東陽、杭之富陽，低徊數邑，幾二十年。在東陽，俗喜鬥，家藏鎧仗，更數令不能禁，旆痛懲之，風俗爲變。』

朱南强《嘉靖安吉州志》：『字柔立。主晉陵簿，有倚當塗勢奪民田者，南強桉歸之。移宰上虞，地瀕海，民業煮鹽，多致訟，乃爲析利害，上提舉，請置場交易。民甚便之。』

沈琯《嘉靖湖州府志》：『字次律，德清人。宣和間，任兩浙漕運。王師收方臘，琯規畫應辦，民以不擾。後奉使至燕雲，金人入寇，郭藥師敗降，琯爲藥師所執，遣同李鄴赴闕議和。琯首陳虛實，乞召兵會河北邀擊，不聽。乃著《南歸錄》，以攄忠憤。自號柯田山人，終老焉。』

莫漳《弘治湖州府志》：『歸安人，登進士第。淳熙初，知仁和縣。時有出入德壽宮者，恃勢虐民，漳於宮門外候其出，擒而撻之。高后怒，孝宗降漳一秩。居數月，平江缺守，宰執進擬。孝宗曰：「朕有其人。」遂除漳院轄，以承議郎知平江。』

沈介《西江志》：『湖州人。乾道四年守信州，與趙師嚴爲代。師嚴在任時，兵嘗欲援往例有所求，不獲，遂謀亂，雖散府庫以撫之，猶反側未安。介至，誅首領二人，餘皆安堵。歲饑，賑貸有方，民得不死。去官之日，老稚扶攜隨行數十里，涕泣不忍舍。』

章謙亨《西江志》：『湖州人。紹定間知鉛山，爲政寬平，人號生佛，家置像而祀。其興學養士、禦盜安民、禮賢表俗、蠲賦救荒事蹟，邑人勒之章巖，以志不忘。』

施宿《兩浙名賢錄》：『字武子，長興人。慶元初，知餘姚縣，爲政務大體，興廢舉墜，不事細謀。姚北瀕海，歲役民修堤，民甚苦之。宿更築石堤，建莊田二十畝，以備修堤之役，功與前令謝景初同稱。』

李元吉《福建通志》：『湖州人。淳祐間知福清縣。始視事，訟日三百餘牒；未期月，幾無訟云。』」

是陳舜俞、盧革、朱服、陶旊、朱南強、沈琯、莫漳、沈介、章謙亨、施宿、李元吉皆湖州籍之循吏矣。湖州循吏之衆，良由理學深邃、教育發達有以致之，即以直齋而言，亦文苑而兼良吏也。

綜上所述，直齋祖貫永嘉，後改籍吳興、湖州、安吉州；其里貫之疆域頗廣，宋寶慶間仍領六縣，戶口甚衆，山水清遠，古蹟顆頤，直齋生長其間，自少飽覽靈秀山川，足以擴闊襟懷。至湖州府學之盛，栽培之富，忠臣、孝子、循吏、文人及義行介節之士，皆由其門作育而出。直齋一生任官爲良吏，治學爲良材，其行誼與成就，自與其出生里貫相關涉。故爬梳方志及有關資料，詳予論說。今人陳樂素、喬衍琯研究振孫用力至勤，惟於直齋之里貫，及此里貫對直齋爲吏及治學之影響，皆研治有所未足。故余特撰此節，詳加述說，或可略補二氏所未及云。

第三節　避嫌名說辨

陳氏名振孫，字伯玉，號直齋。宋人文集、筆記中或有直呼振孫之名，如洪咨夔《平齋文集》卷十八之《軍器監簿陳振孫授國子司業》、劉克莊《後村大全集》卷七十五之《故通奉大夫寶章閣待制致仕陳振孫贈光祿大夫》、周密《齊東野語》卷十五《張氏十詠圖》條之「會直齋陳振孫貳卿」、《癸辛雜識》別集下《嵩之起復》條之「少司成陳振孫」等是。或稱振孫之字，如《齊東野語》卷十七《朱唐交奏本末》條之「其說聞之陳伯玉貳卿」是。或道振孫之號，如《齊東野語》卷八《嘲覓薦舉》條之「直齋陳先生云」、卷十二《書籍之厄》條之「近年惟直齋陳氏書最多」，《志雅堂雜鈔》卷下之「直齋所著書」是。或將振孫之字與名連稱，如《齊東野語》卷八《義絕合離》條之「陳伯玉振孫時以倅攝郡」是。元、明、清人因之，然均未見有謂振孫本名瑗者。萬曆間刊本《古今逸史》，內收有《洛陽名園記》，並附載振孫一跋，其文亦見《解題》卷八《續成都古今集記》條中，固知此跋乃振孫之文也。惟此跋之末誤題作「永嘉陳瑗伯玉書」，樂素竟據之，因有「直齋本名瑗，避理宗嫌名，更名振孫」之說。《直齋書錄解題作者陳振孫》一《本名》條云：

「陸氏《皕宋樓藏書志》卷三三載《洛陽名園記》一跋云：『晉王右軍聞成都有漢時講堂，秦時城池門屋樓觀，慨然遠想，欲一遊目，其與周益州帖，蓋數致意焉。近時呂太史有感於宗少文臥遊之語，凡昔人記載人境之勝，錄爲一篇。其奉祠亳社也，自以爲譙、沛真源，恍然在目，而兗之太極、嵩之崇福、華之雲臺，皆將臥遊之。噫嘻！弧矢四方之志，高人達士之懷，古今一也！顧南北分裂，蜀在境內，雖遠，患不往爾，往則至矣；亳、兗、嵩、華，視蜀猶邇封也，欲往，其可得乎？然則太史之情，其可悲也已！予近得此記，手寫一通，與《東京記》、《長安》、《河南志》、《夢華錄》諸書並藏，而時自覽焉，是亦卧遊之意云爾。』末題永嘉陳瑗伯玉書。此文具載《解題》卷八《續成都古今集記》條中，則固直齋之文也。《藏書志》所載有訛奪字，今依《解題》。然則直齋本名瑗，字伯玉，做春秋蘧大夫。《宋史·寧宗紀》：『嘉定十七年（一二二四）閏八月，帝崩，史彌遠傳遺詔立姪貴誠爲皇子，更名昀，即皇帝位。』是爲理宗。直齋之更名振孫，蓋緣於此，避嫌名也。

然《解題》於跋後接云：『于時歲在己丑，蜀故亡恙也，後七年而有虜禍；秦、漢故跡，焚蕩無遺。』己丑爲理宗紹定二年（一二二九），後七年爲端平二年（一二三六），指是年九月韃靼破蜀入成都事也。然則避諱之説，豈不與此矛盾乎？雖然，在諱例最嚴之南宋，入理宗時代，直齋決不以瑗爲名，名瑗必在理宗以前，是可無疑者；故或己丑原作己卯，即寧宗嘉定十二年（一二一九），而七年原作十七年，傳鈔者以所據本脱『十』字，因改己卯爲己丑；或則直齋誤記耳。如《解題》卷八《天台山記》條云：『嘉熙丙申趨會稽治所。』丙申爲端平三年，非嘉熙；是誤記之一例也。至《續成都古今集記》條末附記成都事，乃後人所增，非直齋文，故《通考》未引；且其中曾稱理宗廟號，更非直齋所及知，説詳後。《皕宋樓藏書志》卷一一四載直齋所撰《崇古文訣序》，題『寶慶丙戌永嘉陳振孫』。寶慶丙戌（二年，一二二六）爲理宗即位之第三年，是既已更名之證，焉得五年後之己丑復名瑗也？又今本《玉臺新詠》有跋云：『幼時至外家李氏，於廢書中得舊京本，多錯謬，欲求他本是正，不獲。嘉定乙亥（八年，一二一五）在會稽，始從人借得豫章刻本，財五卷；又聞有得石氏所藏錄本者，復求觀之，以補亡校脫，於是書復全。是歲十月永嘉陳玉父。』丁氏《善本書室藏書志》卷三八謂：『永嘉陳埴、陳宜中多著聲聞，玉父殆其族屬歟？』然細味之，是亦直齋耳。疑是書初刻於寧宗嘉定，尚未更名，原題『永嘉陳瑗伯玉父』，理宗以後重刊，因避諱，去『瑗』字，空一格；比及三刻，不知所空何字，而誤以爲其名『某伯』，字『玉父』，因併刪『伯』字，唯存『玉父』也。若跋題於既已更名之理宗朝，當不致生此誤矣。直齋母李氏，爲富春李素孫女，見《解題》卷十七《丁永州集》條，可作跋中『幼時至外家李氏』說一佐證，《齊東野語》卷八《嘲覓薦舉》條有直齋向爲紹興教官之語，當即此所謂嘉定乙亥在會稽之時也。」

是樂素確有直齋本名「瑗」，避理宗嫌名，改作「振孫」之說。惟樂素此避嫌名之說，喬衍琯不以爲然。喬著《陳振孫傳略》云：

「陳振孫，字伯玉，號直齋。或云原名瑗，未可信。」

又云：

「陳氏所考甚詳。然今傳《洛陽名園記》，殆皆出自《說郛》。涵芬樓據明鈔本排印之《說郛》所載跋語，正題『永嘉陳振聲伯玉書』，明嘉靖刊《顧氏文房小說》本脫去孫字，作『永嘉陳振伯玉書』。至萬曆間刊本《古今逸史》，始題『永嘉陳瑗伯玉書』。其後《津逮秘書》、《學津討源》、《海山仙館叢書》諸本，則或作振，或作瑗。振、瑗二字形近，其作瑗者，蓋先脫去孫字，振字再壞爲瑗字。陸心源所藏仿明刊本，或即從《古今逸史》出。

且宋理宗諱昀，據商務印書館《四部叢刊續編》影印宋本《禮部韻略》，附有《淳熙重修文書式》，所列今上皇帝御名所應避嫌名，僅有『匀、昀、馴、巡（尚書徐邈讀）』等七字。《韻略》中從爰之字，俱不改字或缺筆。且宋孝宗初名伯琮，更名瑗，又名瑋。（《慶元條法事類》、陳援庵《史諱舉例》俱作瑋。）《紹定禮部韻略》又附《紹熙重修文書令》云：『或諸犯聖祖名、廟諱、舊諱、（舊諱內貳字者連用爲犯，若文雖連而意不相屬者非。）御名，改避。』《慶元條法事類》亦同。然宋太宗初名光義，而楊光美遂改名楊美，祁廷義改名廷訓。真宗初名元休，畢士元改名士安。英宗初名宗實，張茂實改名孜。理宗初名貴誠，李誠改名伯玉。宋人避諱之嚴，過於功令。其舊諱爲單字者，《文書令》不云須改避。然《文書令》亦云舊諱內二連用爲犯，且多有改避之例。陳振孫雖不必避孝宗舊諱，但瑗字若爲理宗嫌名當諱，則理宗轉先應避其曾祖輩先帝孝宗之舊名，始足爲天下法。是以知振孫避理宗嫌名之說，未可從。」

案：喬氏列舉衆證，力辨避嫌名說不足據，所論確鑿。然陳文之誤，喬氏似猶有未盡匡正者。就余所見，前引陳文第二段所云：「故或己丑原作己卯，即寧宗嘉定十二年（一二一九），而七年原作十七年，傳鈔者以所據本脫『十』字，因改己卯爲己丑；或則直齋誤記耳。」此則固爲樂素之臆說也。蓋《解題》卷八《續成都古今集記》條，於備引振孫《洛陽名園記》一跋後，尚載有以下諸語：

「己丑，實理宗紹定二年也。後七年，即理宗端平三年丙申歲。是年，自九月二十九日夜，沔利都統兼關外四川安撫、知沔州曹友聞戰死之後，十二月，北兵入普州、順慶、潼川府，破成都，掠眉州，五十四州俱陷破，獨夔州一路及瀘、果、合數州僅存。友聞初以明經登丙戌科，綿谷縣尉。制置桂如淵擢爲天水教授，與田遂、陳瑀俱招忠義，官至員外郎。自乞換武，積官至眉州防禦使、左驍衛大將軍。朝廷贈龍圖學士、大中大夫，賜廟褒忠，謚曰節。所部皆精鋭，虜畏之，目爲『短曹遍身膽』，時人稱之曰：『元戎制勝世間有，教授提兵天下無。』是役也，北之主將統兵者，四太子并達海也。」

此段文字補述「後七年而有虜禍」之事甚詳明，且文中一再稱及理宗廟號，固知非振孫文字也。盧文弨《新訂直齋書錄解題》校此條云：

「『己丑實理宗紹定二年也』下，此段不似陳氏本文，當亦隨齋語耳。《文獻通考》無之。」①

盧氏以此段屬隨齋之作，其言可信。隨齋即程棨，字儀甫，宋末元初人，程泰之大昌之曾孫也。大昌晚歲自歙遷湖州，子孫遂貫安吉，與振孫同里，故隨齋爲較早得讀《解題》並爲之批注之一人。此條「己丑」與「七年」，必爲隨齋批注原文，與振孫絕無關係。樂素於一空依傍，全無助證之下，竟謂「己丑原作己卯」、「七年原作十七年」，又坐「直齋誤記」；凡斯種種，不過欲證成其直齋本名瑗，避理宗嫌名，更名振孫之說耳。惜樂素立說所依憑者乃爲明季萬曆刊本之誤書。顧炎武《日知錄》卷之十八《別字》條云：

> 「山東人刻《金石錄》，於李易安《後序》『紹興二年元黓歲壯月朔』，不知壯月之出於《爾雅》：『八月爲壯』，而改爲牡丹。凡萬曆以來所刻之書，多牡丹之類也。」

《日知錄》此條所言，足爲著書立說不辨板本者戒。

綜上所說，欒素避嫌名之說固不能成立；蓋直齋僅名振孫，字伯玉，「瑗」字決非其本名；以「伯玉」爲別字，亦與春秋蘧大夫無涉。余則頗疑直齋之名與字乃由其先祖所肇錫，蓋竊取《孟子．萬章》下「孔子之謂集大成；集大成也者，金聲而玉振之也」諸語之意，直齋祖父實以效法至聖孔子期許振孫。而振孫既得此嘉名，故亦必以集儒家大成而自期。綜視直齋一生勤治儒學，是其證也。由是推之，直齋之名字確衍自《孟子．萬章》篇中「玉振」一詞，欒素避嫌名之說固大誤也。

附注：

① 盧文弨《新訂直齋書錄解題》稿本，現藏上海圖書館。此條據徐小蠻、顧美華點校《直齋書錄解題》卷八《地理類》「《續成都古今集記》二十二卷」條校語轉引。

第三章　陳振孫之仕履與行誼

振孫，《宋史》無傳。宋、元人文集、筆記、詩話如洪咨夔《平齋文集》、徐元杰《楳埜集》、劉克莊《後村大全集》、袁桷《清容居士集》、周密《齊東野語》、《癸辛雜識》、《志雅堂雜鈔》、吳師道《吳禮部詩話》、韋居安《梅磵詩話》中均載有振孫資料，然甚瑣細。地方志書如張淏《會稽續志》、王鏊《姑蘇志》、董斯張《吳興備志》暨《浙江通志》、《溧水縣志》、《莆田縣志》及總集《吳都文粹續集》等之屬，亦間輯有振孫宦歷材料，然頗支離。清康熙時，鄭元慶撰就《湖錄》，備載吳興一郡山川人物、史蹟掌故，中有振孫小傳，尚稱翔實。《湖錄》未刊行，道光間范鍇嘗就楊鳳苞所藏殘本輯成《吳興藏書錄》，振孫一傳幸存其中。繼之，錢泰吉著《甘泉鄉人稿·曝書雜記》，其書卷下《陳直齋事跡》條摘錄《直齋書錄解題》書中關涉振孫生平者二十餘事，較《湖錄》有所增益，惜未加聯貫，且有遺漏未能全輯出者。晚清，陸心源《宋史翼》特為振孫立傳，惟所載頗寥落，比之鄭《錄》、錢《記》，並無異聞。清人陳壽祺嘗作《宋目錄家晁公武陳振孫傳》，載於《國粹學報》第六十八期中，亦少新知。今人陳樂素亦撰有《直齋書錄解題作者陳振孫》

一文，分「本名」、「述作」、「年歷」、「言行」四節以探究振孫之名里年代與生平出處，其文刊見民國三十五年十一月二十日《大公報．文史周刊》中。余嘉錫於《四庫提要辨證》「《直齋書錄解題》二十二卷」條中盛譽樂素之文「搜采極爲完備」，及今觀之，其文於《湖錄》振孫傳未知採用，於振孫之任溧水教授及某部侍郎亦未着一字，又《解題》中語及振孫生平者，陳文亦採摘未盡；是則余氏所盛譽，固未全符事實也。喬衍琯繼陳樂素之後，寫成《陳振孫傳略》，民國六十九年五月發表於《國立政治大學學報》第四十一期。喬氏參合《湖錄》及樂素之文，而益以平素所得有關振孫資料，略仿宋人錢文子《補漢兵志》例，以撰此篇。其文所增補材料，視《湖錄》、陳文爲稍多，於陳文之紕謬處亦有所匡正，就此一端而論，庶足發潛德之幽光。惜喬文亦不能無所漏略，而文中間見舛誤，又其後喬氏出版《陳振孫學記》一書，①則未見改正。故余乃不辭固陋，謹因前修之成業，拾遺補闕以撰此章焉。

第一節　任溧水縣教授

《吳興藏書錄》引《湖錄》云：

「陳振孫字伯玉，號直齋，安吉人，嘉定四年，爲溧水教授，三載去官歸。」

《溧水縣志》卷五《官師志．秩官表》下云：

「隋唐以前無考，故自宋始。宋教授：吳茂成、紹興年任。陳振孫、袁喬，咸淳間任。」②是振孫確曾出任溧水教授三年，此乃其初仕也。陳樂素《直齋書錄解題作者陳振孫》一文疑紹興教官爲振孫初仕，其誤甚明。惟約後四十年，陳氏另撰《略論陳振孫直齋書錄解題》，刊見《中國史研究》一九八四年第二期，則修正是說。此文一《解題作者》云：

「他初仕大概在寧宗嘉定元年（公元一二〇八年），當溧水縣學教授，寫過一篇《華勝寺碑記》（見光緒《溧水縣志》）。」③

陳氏以寧宗嘉定元年爲振孫初任溧水縣縣學教授之年，與《湖錄》所載異。陳氏又謂振孫嘗撰《華勝寺碑記》。考此《碑記》今載見《溧水縣志》卷二十《二氏志・寺觀》類，其全文爲歷來研治陳振孫者所未嘗徵引，甚爲難得，故不吝辭費，迻錄如左：

「嘉定四年十二月，邑教諭陳振孫記曰：『嘉定初，余爲吏溧水。南出縣門二里，有寺曰華勝，間送迎賓客至其所。寺據南亭岡，右臨官道，爲旁出。其南則贛船、馬鞍諸山，環列如屏障。北眺縣郭，市井屋木，歷歷可數。丈室後，稚松成林，葱翠茂悅。由左而下，隙地十餘畝，井泉洌甘，仲竹半圃。其前稍空曠，誅茅爲亭，與向之諸山相賓揖。余樂其境幽勝，每至，輒裴回不能去。顧寺猶草創，殊弗稱其境，僅有講堂、寢室及左廡數十楹而已。主僧宗應方聚材於庭，爲興造計。余因叩以建置本末。應言：「寺本在邑西佛子墩，久廢。當紹興十七年，吳興僧如日駐錫此地，得古井焉，浚之以飲行旅。縣民倪實爲卓庵其傍。至乾道五年，始請於郡，得寺之故名，揭之。日年九十餘，死。其徒嗣之者志常，常老以屬宗應，由紹興迄今，六十餘年矣。邑無富商大賈，其民力農而嗇施；無深林壽木，作室者常取材他郡。寺無常產，丐食足日，斂其餘，銖銖積之，綿歲月，迺能集一事，故祖孫三世所就僅若此。今將爲門，爲右廡，即廡爲輪藏；所未暇者：佛廬、鐘閣，役最大，度未易彊勉。以吾三世六十餘年所不能爲之事，而欲以一身數年之力爲之哉，姑盡吾力，以爲前所欲爲者。幸而有成，則與求文刻石，爲記其已成者，以期其未成者。方將有請於君，而未敢也。」會歲薦饑，弗果役。三年，余去官歸。其冬，應以書來曰：「役且畢矣，向所言者，今無不酬，石具而未有文，敢以請。」書再至，請益勤，余不獲辭。釋氏行乎中土千餘歲，余生長浙右，見其徒皆赤手興大役，捐金輸畫，閒者爭勸。其規制奢廣，飛檐傑棟，金碧晃耀，往往談笑而成之，視應所爲，若不足乎紀。顧俗有富貧，緣法有深淺，以彼其易，以此其難，所遭者固殊焉。要之，釋氏之教，以空攝有。所謂華嚴樓閣，克遍十方；毘耶室中，容納廣坐；回觀世間諸所有相，皆是虛妄，尚復區區較計於規摹之廣狹、功力之難易哉！均之以有爲法，作佛事，而其艱勤積累，苦行勞力，視夫因順乘便，持福禍之說以聳世俗，而爲婾食安座之資者，猶愈也。故樂爲之書。』」④

案：此《碑記》謂：「嘉定初，余爲吏溧水。」又謂：「三年，余去官歸。其冬，應以書來。」而文首則載：「嘉定四年十二月，邑教諭陳振孫記。」據是以作推判，則知振孫實於嘉定元年任溧水教授，在位三年；嘉定四年去官歸，其年冬，華勝寺主僧宗應來書求碑記，是年十二月振孫乃撰就。《溧水縣志》卷十九《名勝志・碑碣》云：

「《華勝寺碑》，陳振孫撰，嘉定四年立，文見《建康志》，今詳《寺觀》。」

與上文正相呼應，可爲旁證。是則樂素定嘉定元年爲振孫初任溧水教授之年固不誤，惜未能利用此《碑記》詳作考證耳。《湖錄》作「嘉定四年」，則謬，應照改作「嘉定元年」。而《溧水縣志・秩官表》「陳振孫」名下，固應補上小注作「嘉定元年至四年任」也。

夷考宋代教授一職之設置，馬端臨《文獻通考》卷六十三《教授》條記之較詳，該條云：

「宋初有四書院：廬山白鹿洞書院、嵩陽書院、嶽麓書院、應天府書院，未建州學也。乾興元年，兖州守臣孫奭私建學舍，聚生徒，乞請太學助教楊光輔充本州講，從之。餘鎮未置學也。景祐四年，詔藩鎮始立學，他州勿聽也。寶元元年，潁州守臣蔡齊請立學，時大郡始有學，而小郡猶未置也。慶曆四年，詔諸路州、軍、監各令立學，學者二百人以上，許更置縣學，於是州郡不置學者鮮矣。又置教授，以三年爲一任，以經術行義訓導諸生，掌其課試之事，而糾正不如規者。委運司及長史於幕職、州縣官內薦教授，或本處舉人舉有德藝者充當。時雖置教授，或用兼官，或舉士人，委於漕司，而未隸朝廷也。熙寧六月，詔諸路學官並委中書門下選差，至是教授始命於朝廷矣。元豐元年，州、府學官共五十三員，諸路惟大郡有之，軍、監蓋未盡有也。元祐元年，詔齊、盧、宿、常等州各置教授一員，自是以後，列郡多有教官矣。建炎三年，教授並罷。紹興三年，復置四十二州。十二年，詔與教授官州、軍，令吏部申尚書省選差。十三年，詔諸州、軍並各置教授，其禮部長貳正係所隸，合依崇寧、大觀格法，許按劾體量，及歲舉改官，從司業高閌之請也。二十六年，詔並不許兼他職，令提舉司掌切遵守，從知郢州路採訪使之請也。若試教官，則始於元豐；添差教授，則始於政和。」

據是，則知宋初未建州學，至仁宗慶曆四年始詔諸路州、軍、監各令立學，且許更置縣學，又置教授，三年一任；故《湖錄》謂振孫「爲溧水教授，三載去官歸」，猶依此令也。至教授之職責，《通考》僅謂「以經術行義訓導諸生，掌其課試之事，而糾正不如規者」，其實教授之職責固不止此也。朱熹《漳州教授廳壁記》云：

「教授之爲職，其可謂難矣，惟自任重而不苟者知之，其以爲易而無難者，則苟道也。何也？曰：教授者，以天子之命，教其邦人。凡邦之士，廩食縣官，而充弟子員者，多至五六百餘，少不下百十數，皆惟教授者是師。其必有以率厲化服之，使躬問學，蹈繩榘，出入不悖所聞，然後爲稱，此非反之身而何以哉！是可不爲難矣哉！不特此爾，又當嚴先聖先師之典祀，領護廟學，而守其圖書、服器之藏，其體至重；下至金穀出內之纖悉，亦皆獨任之。嗚呼！是亦難矣。然凡仕於今者，無大小，莫不有所臨制統攝；其任無劇易，必皆具文書，使可覆視。是以雖甚弛者，亦有所難而不敢肆。獨教授官雖有統，若其任之本諸身者，則非簿書期會之所能察。至其具於有司而可考者，上之人又以其儒官優容之，雖有不合，不問，以是爲便；故今之仕者反利焉而喜爲之，而孰知所以充其任者，如彼其難哉！故曰：惟自任重而不苟者知之，其以爲易而無難者，則苟道也。」

是教授之爲職，固甚難矣哉。朱子此《記》雖純爲州學教授而發，惟疑其時縣學教授之職任亦不遠是也。馬端臨於《通考》卷六十三《教授》條後補上朱子此《記》，或有以增益其所考之未及乎？

溧水縣之得名，《溧水縣志》卷二《輿地志》言之甚詳明。其文曰：

「溧水本名瀨渚，一名瀨湖，吳築固城於開化城之西，亦名固城湖。在高淳縣界。《漢書·地理志》應劭注『溧陽』下云：『溧水所出南湖也。』《呂志》曰：《江寧府志》：『南湖，當是蕪湖之水，爲古溧水所從出。而溧水者，即丹陽湖以東之水也。溧，古書通作瀨，今所謂瀨溪，大河正其遺蹟，蓋在《禹貢》直曰中江，在吳、楚時，或分稱曰溧水。至後世，則又有丹陽諸湖之號焉，而其實皆中江水也。』今考廣通鎮在高淳縣東，世所稱五堰是也。西有固城湖，在高淳西南，縱橫三十里。其西北曰石臼湖，又西曰丹陽湖，受宣歙、姑孰、廣德及大江水，由固城湖分流爲大山水，在溧水縣。經五堰，東入溧陽三塔；本由陽羨入震澤以下海，其後東壩既成，斷其東流，使水西出，於是固城湖入石臼、丹陽湖，至蕪湖，西北入江，遂與古水道順逆相反，蓋即古之溧水也。《史記·甘茂傳》：『范蜎謂楚王曰：「楚南塞厲門而郡江東。」』《楚策》作范環云：『昧之難，越亂，故楚南察瀨湖而野江東。』厲、瀨，古音相近，厲，古音賴。而厲又訛爲溧耳。《秦策》：『范睢言伍胥橐載而出昭關，夜行而晝伏，至於菱夫。』菱夫，《史記》作溧水。而《吳越春秋》等書記子胥乞食溧陽，有女子擊綿於瀨水之上。然則瀨水，固吳、楚邊境地矣。秦置溧陽，其名最古。隋析溧陽，置溧水，因以水名縣。」

依是，則溧水縣，隋置，以水得名，南宋時屬江南東路建康府。而溧水縣之疆域，《溧水縣志》卷二《輿地志·疆域》條已詳言之，茲不贅。

溧水之有縣學，或以為自唐高祖武德間始。《溧水縣志》卷七《學校志》小序曰：

「溧水有學，自唐武德間始，而修建遷移，屢易其地，不可得詳矣。」

同卷《學宮》條云：

「學宮，考舊志：唐武德七年建，在舊縣治東三十步。即今城隍廟東也，在小東門外。」

惟同卷同條後又有案語曰：

「案：前志曰：『溧水縣學，志載建於唐武德七年。』此必後人修志時，據《綱目》所書而撮鈔者也。《綱目》於七年二月，書置州縣鄉學。是時江南尚未平定，三月方書趙郡王孝恭克丹陽，斬輔公祏，分注始載：江南皆平。溧水距金陵石頭城一百三十里耳，當武德七年春，公祏尚據石頭，值此干戈擾攘之後，未必遽能置學。《本紀》：貞觀四年，詔州縣皆作孔子廟。咸亨元年，又詔州縣皆營孔子廟。開元二十六年，令天下州縣里皆置學。自武德迄於咸亨，三奉詔旨矣，天下州縣尚未盡置學也。於是又令皆置學，而後庠序滿天下，故《綱目》復特書以嘉之。又按《江南通志》：江寧府學，北宋置於鍾山之麓；上元學，建於宋景定二年；江寧縣學，建於景定四年；句容縣學，建於南唐。溧水，隋開皇十一年析溧陽地置；為縣學，則建於淳化間。溧水，爲江寧府屬邑，而建邑又後於溧陽，建學未必先於府學。徧考《通志》，江蘇各府學無有建於武德間者，則溧水學不建於武德明矣。縱有之，或在貞觀、開元之間。溧水碑版殘闕，無從取徵。故舊志考核未詳，《通志》新修，止仍其舊耳。紀事者仍舊志，而置說於此，以俟後之博聞者訂正焉。」

觀此，則溧水縣學不得建於武德七年亦明矣。然案語謂或建於貞觀、開元間及宋淳化間亦大誤。蓋淳化乃宋太宗年號，徵諸上引《文獻通考》卷六十三《教授》條所載之仁宗慶曆四年始詔許更置縣學；則溧水之置學，不得早於此年也。《溧水縣志》卷七《學校志·學宮》條又云：

「學宮，……宋熙寧二年知縣關起移建於通濟橋東南。《乾隆志》云：『在大東門內。』其後遷學，移建香山觀於此。按舊城環繞學東南北三面，明初拆去城，潘　記所謂後臨秦淮水是也。界與小東門相近，即今同治中重建學宮地也。」

案：關起，字蔚宗，熙寧二年以太子中允出知溧水縣，機務整飭，肇興學校，任滿，擢廣西太守。其生平略見《溧水縣志》卷五《名宦》條。竊疑慶曆四年後，溧水初建縣學，至熙寧二年而或學毀，關起始移建於大東門內通濟橋東南。是則振孫任溧水教授，其「以經術行義訓導諸生，掌其課試之事」，亦於此地也。

《溧水縣志》卷五《官師志》又載其時之縣令爲湯詵，嘉定二年任；其時之縣尉爲傅泰清，孟州濟源人，由進士擢任；則此三人皆振孫上司矣。

同卷又云：

「宋：知縣一，秩田六頃，俸二十千。縣丞一，秩田四頃，俸十五千。主簿一，秩田三頃，俸十二千。縣尉一，秩俸同主簿。主學一，秩同主簿。」

案：主學即縣學教授，乃有秩無俸，振孫而任斯職，日夕辛勤率勵化服百數十弟子員，是其所贏得者，僅兩袖清風耳。

最後頗欲一考振孫初仕之年歲。喬衍琯《陳振孫學記》第一章《傳略》云：

「振孫生年不詳。《宋代書錄·書目類·直齋書錄解題》條云，約一一九〇年（光宗紹熙元年）生，則初任溧水教授，年方二十一。」

喬氏相信《宋代書錄》，以紹熙元年爲振孫生年。其實《宋代書錄》此說殊不可靠。（說詳後）又誤據《湖錄》，以嘉定四年爲初仕，遂謂振孫「初任溧水教授，年方二十一」。其誤至不足辯也。

陳樂素《略論陳振孫直齋書錄解題》一《解題作者》則曰：

「《直齋書錄解題》作者陳振孫，……他初仕大概在寧宗嘉定元年（公元一二〇八年），當溧水縣縣學教授，……假定初仕時是三十歲左右的人。」

樂素此說殊非事實，且屬假定而無實證，亦不足信。

考振孫致仕之年，爲宋理宗淳祐十年庚戌（一二五〇）。《直齋書錄解題作者陳振孫》三《年歷》云：

「《齊東野語》卷十五載直齋《跋張氏十咏圖》有云：『淳祐己酉，圖爲好古博雅君子（指周明叔）所得。會余方輯《吳興人物志》，見之，如獲拱璧，因細考而詳錄之。』前人記述有此語，遂以爲其跋是圖即在淳祐己酉（九年，一二四九），并以爲致仕亦在是年者。然據牟巘《跋施東皋南園圖》，即《張氏十咏圖》，則直齋作跋實淳祐十年庚戌，牟氏作跋適在六十年後之庚戌；是己酉止指周氏得圖之年耳。致仕鄉居是否九年，猶待證也。」

案：周晉己酉得圖，振孫庚戌作跋致仕；樂素所考不誤。

又考宋代文武官員，年屆七十，多請致仕。《宋史》卷一百七十《志》第一百二十三《職官》十《致仕》條載：

「咸平五年，詔文武官年七十以上求退者，許致仕。」

又載：

「景祐四年，……侍御史知雜事司馬池言：『文武官年七十以上不自請致仕者，許御史臺糾劾以聞。』慶曆中，權御史中丞賈昌朝又言：『臣僚年七十而筋力衰者，並優與改官致仕；雖七十而未衰及別有功狀，朝廷固留任使者，勿拘此令。在京若尚書工部侍郎俞獻卿、少府監畢世長、太常少卿李孝若、尚書駕部郎中李士良，在外若給事中盛京、光祿卿王盤、太常少卿張傚、尚書兵部郎中張億，皆耄昏不可任事，並請除致仕。』詔：『在京者令中書體量，在外者下諸處曉諭之。』」

又載：

「皇祐中，知諫院包拯、吳奎亦言：『願令御史臺檢察年七十已上，移文趣其請老。不即自陳者，直除致仕。』朝廷未行。奎復言：『國家謹禮法以維君子，明威罰以御小人。君子所顧者，禮法也；小人所畏者，威罰也。繇文武二選爲士大夫，是皆君子之地也，儻不以禮法待之，則是廢名器而輕爵祿。七十致仕，學者所知，而臣下引年自陳，分之常也。人君好賢樂善而留之，仁之至也。自三代以來，用此以塞貪墨、聳廉隅，近者句希仲、陸軫等，皆以年高特與分司，初欲風動群臣，而在位殊未有引去者，是臣言未效也。請詳前奏施行。』於是詔：『少卿監以下，年七十不任釐務者，外任令監司、在京委御史臺及所屬以狀聞。嘗任館閣、臺諫官及提點刑獄者，令中書裁處。待制已上能自引年，則優加恩禮。』」

又載：

「（元祐）六年，監察御史徐君平言：『文臣致仕以年七十爲斷，而使臣年七十猶與近地監當，至八十乃致仕，願許其致仕之年如文臣法，而給其俸。』從之。」

綜上所載，七十致仕之制，始於宋眞宗咸平五年，其初稍寬；至仁宗景祐、慶曆、皇祐間，司馬池、賈昌朝、包拯、吳奎等遞相上言，則執行漸嚴。及後至哲宗元祐六年，徐君平力主文武臣致仕均以年七十爲斷，則雷厲風行矣。是故，振孫淳祐十年庚戌（一二五〇）致仕，其年亦必在七十。由是上推至嘉定元年戊辰（一二〇八），則振孫初仕任溧水縣教授之確年爲二十八歲。

第二節　補紹興府教授

《湖錄》云：

「陳振孫字伯玉，號直齋，安吉人，嘉定四年爲溧水教授，三載去官歸，起補紹興。」

喬衍琯《陳振孫學記》第一章《傳略》第二節《仕履》，一依《湖錄》，故亦曰：

「嘉定四年（一二一一）爲溧水教授，三載去官歸，起補紹興。振孫《玉臺新詠序》：『嘉定乙亥（八年，一二一五）在會稽。』是居家約一載。」

惟據余於上節所考，振孫實於嘉定元年任溧水縣教授，在位三載，嘉定四年始去官歸，自是之後已離溧水之任，故《湖錄》及喬氏《學記》所考均誤也。

振孫之初仕溧水，起補紹興，前人著述記直齋仕履，於此一事，固有遺脫之者。如厲鶚《宋詩紀事》卷六十五《陳振孫》條云：

「振孫字伯玉，號直齋，安吉縣人，端平中仕爲浙西提舉，改知嘉興府，嘗著《書錄解題》。」

又如盧文弨《新訂直齋書錄解題跋》云：

「陳氏名振孫，字伯玉，湖之安吉縣人，嘗爲鄞之校官，宰南城，倅莆田，守嘉興、台州。

端平中爲浙東提舉，治會稽。」

亦有將其仕履之先後顚倒者。如陸心源《宋史翼》卷二十九《列傳》第二十九《文苑》四《陳振孫》云：

「陳振孫，字伯玉，安吉人，所居號直齋，博通古今，勞《志》。爲鄞縣學，《書錄解題》四。紹興教官，《齊東野語》八。宰南城，《解題》三。寶慶二年通判興化軍，……端平三年以朝散大夫知台州，除浙東提舉，嘉熙元年改知嘉興府。」

陳壽祺《宋目錄家晁公武陳振孫傳》云：

「振孫性勤敏，栗氏《府志》。嘗教鄞縣、《書錄解題》。紹興、《齊東野語》。溧水，栗氏《湖州府志》。宰南城，《書錄解題》。佐興化軍。同上。」

又如今人謝素行撰《陳振孫及其直齋書錄解題》，其第一章《陳振孫之生平》第一節《陳振孫之家世及經歷》亦云：

「振孫性勤敏，博通古今，考其事蹟，可條列如左：1.振孫嘗教鄞縣、紹興、溧水、宰南城、佐興化軍。」

案：謝氏此處逕抄陳壽祺所撰，故亦踵其舛訛也。

又有以紹興爲初仕者。錢泰吉《甘泉鄉人稿·曝書雜記》下《陳直齋事跡》條於敘其先世之後，即載以仕越一條云：

「愚未冠時，無書可觀，雖二史亦從人借，嘗於班《書》志、傳錄出諸詔，與紀中相附，以便覽閱。既仕於越，乃得見林氏書，而樓氏書近出。卷五《東漢詔令》。」

讀此條，則錢氏固以紹興爲初仕矣。陳樂素《直齋書錄解題作者陳振孫》三《年歷》亦云：

「《解題》卷五《東漢詔令》條云：『愚未冠時，無書可觀，雖二史亦從人借。……既仕於越，乃得見林氏書。』頗疑此爲其初仕，即紹興教官，而所謂嘉定乙亥（八年，一二一五）在會稽，撰《玉臺新詠書後》之時。」

案：樂素頗受錢氏之影響，故亦承錢氏之謬也。

至振孫何時始補紹興教授之職，雖不可確考，然必在嘉定四年去溧水教授官歸之後。喬衍琯謂直齋「居家約一載」，雖無實證，或亦情理之常也。然嘉定八年乙亥，振孫必已在紹興任內矣。直齋所自撰《玉臺新詠集後序》云：

「右《玉臺新詠集》十卷，幼時至外家李氏，於廢書中得之，舊京本也。宋失一葉，間復多錯謬，版亦時有刓者，欲求他本是正，多不獲。嘉定乙亥在會稽，始從人借得豫章刻本，財五卷，蓋至刻者中徙，故弗畢也。又聞有得石氏所藏錄本者，復求觀之，以補亡校脫，於是其書復全，可繕寫。」

案：直齋撰此《後序》，於其末署：「是歲十月旦日書其後，永嘉陳玉父。」前人因未知「永嘉陳玉父」一句，實乃「永嘉陳振孫伯玉父」之訛脫，故晚清南陵積學齋徐乃昌所藏之明趙靈均小宛堂覆宋本《玉臺新詠》仍刊作「永嘉陳玉父」。考乾隆二十二年丁丑二月廿一日河間紀容舒作《玉臺新詠考異序》亦曰：

「六朝總集之存於今者，《文選》及《玉臺新詠》耳。《文選》盛行，而《玉臺新詠》則在若隱若顯間，其不亡者幸也。自明以來無善本，趙靈均之所刻、馮默庵之所校，悉以嘉定宋刻爲鼻祖。然觀所載陳玉父跋，則傳寫踳駮，自宋已然。」

是則《後序》作「陳玉父」之誤，自宋刻已如此矣。紀昀《四庫全書總目‧集部》八《總集類‧玉臺新詠》條云：

「《玉臺新詠》十卷，陳徐陵撰。……此本爲趙宧光家所傳宋刻，末有嘉定乙亥永嘉陳玉父重刻跋，最爲完善。」

又《玉臺新詠考異》條云：

「國朝紀容舒撰。……是編因徐陵《玉臺新詠》自明以來刊本不一，非惟字句異同，即所載諸詩亦復參差不一。萬曆中，張嗣修本多所增竄；茅國縉本又併其次第亂之，而原書之本真益失；惟寒山趙宧光所傳嘉定乙亥永嘉陳玉父本最爲近古，近時馮舒本據以校正，差爲清整。」

丁丙《善本書室藏書志》卷三十八亦載：

「《玉臺新詠》十卷　明正德仿宋刊本　陳尚書、左僕射、太子少傅、東海徐陵字孝陵撰。前有陵序，銜名與集題同。……末有永嘉陳玉父《後序》，稱幼時至外家李氏，於廢書中得舊京本，板有刓者，欲求他本是正，多不獲。嘉定乙亥始從人借得豫章刻本，纔五卷，又聞石氏所藏錄本，復求觀之，以補亡脫，於是其書復全云云。每葉三十行，行三十字，每卷有篇目連屬詩詠，小楷精湛，明正德翻刊也。案舊京本當是北宋所遺，玉父敘稱乙亥，乃宋寧宗嘉定八年後雕行。永嘉陳埴、陳宜中多著聲聞，玉父殆其族屬歟？」

觀上述數條所載，是博識如紀曉嵐、丁松生，猶未能洞悉「陳玉父」一語有訛脫。此誤下迄陳樂素始能知之，樂素所論，備載其所著《直齋書錄解題作者陳振孫》一《本名》條中，所惜樂素疑原題應為「永嘉陳瑗伯玉父」，而其「陳瑗」之說仍有錯誤耳。

振孫補亡校脫於《玉臺新詠》一書，貢獻殊偉，然亦不無未盡允恰之處。紀容舒《玉臺新詠考異序》云：

「然觀所載陳玉父跋，則傳寫踳駮，自宋已然。跋又稱得石氏錄本，補亡校脫，然則竄亂舊本，未必不始於斯時，陳氏玆刻，蓋亦功過參半矣。」

紀昀《四庫全書總目．集部》八《總集類．玉臺新詠》條亦云：

「然玉父跋稱初從外家李氏得舊京本，間多錯謬；後得石氏所藏錄本，以補亡校脫。其中如五言詩中入《李延年歌》一首、陳琳《飲馬長城窟行》一首，皆自亂其例；七言詩中移《東飛伯勞歌》於《越人歌》之前，亦乖世次。疑石氏本有所竄亂，而玉父因之，未察也。觀劉克莊《後村詩話》所引《玉臺新詠》，一一與此本吻合；而嚴羽《滄浪詩話》謂《古詩．行行重行行》篇，《玉臺新詠》以「越鳥巢南枝」以下另爲一首，今此本仍聯爲一首；又謂《盤中詩》爲蘇伯玉妻作，見《玉臺集》，今此本乃溷列傅玄詩中。蓋克莊所見即此本，羽所見者又一別本，是宋刻已有異同，非陵之舊矣。特不如明人變亂之甚，尚有典型耳。」

案：容舒、曉嵐所列舉宋刻《玉臺新詠》之舛訛，皆明證也。由是觀之，振孫校刻《玉臺新詠》一書，亦未爲盡善也。

至紹興府沿革與得名之由來，《紹興府志》卷之二《地理志》二《沿革考》云：

「古荒服。夏，揚州之域爲大越，曰會稽，爲越國。春秋爲於越，後併於楚，秦爲會稽郡地。漢初爲荊國，後更名吳，又屬江都。揚州置山陰縣，屬會稽郡，後漢移會稽郡來治，屬揚州刺史部。三國屬吳，統揚州。晉爲會稽國，咸和中亦曰鄶稽，置內史。宋爲會稽太守，於郡置東揚州，改揚州刺史，後廢。齊因之，屬揚州。梁復置東揚州，後罷，陳復置。隋改爲吳州，置總管府；後改越州，尋復曰會稽郡。唐武德間復爲越州，置總管府，尋改都督府，隸東道採訪使。天寶初曰會稽郡。乾元初復曰越州，屬江南道，又升義勝軍節度使，後改威勝軍節度，又改鎮東節度。五代時屬吳越，爲東府。宋仍爲越州、會稽郡、鎮東軍節度。紹興初，升爲府，曰紹興府，爲浙東路治。」

同卷《地理志》二《沿革考》又曰：

「按《嘉泰會稽志》：『建炎四年四月，駐蹕越州。明年正月十一日，改元紹興，官吏上表乞賜府額，於是用唐興元故事，改越州爲紹興府。』」

觀上述所載，是紹興府之沿革及其得名之由來，固甚詳明也。蓋紹興府北宋時仍爲越州，故《解題》卷五《東漢詔令》條中乃有「既仕於越」一語；後因高宗駐蹕是州，未幾改元紹興，遂以「紹興」賜府額焉。

紹興之府學，其建置興革之情況，《紹興府志》卷之二十《學校志》二《學宮》條亦載之，云：

「府學，《一統志》：『在府治東南，宋嘉祐中遷建。』《嘉泰志》：『學在府南五里三十六步，教授直舍在學之東。』《戴新志》：『府學自唐時置于城北隅，至五代而廢，宋嘉祐中始遷南隅望花橋。』《齊賢良唐上成度支書》：『東南方國禹，會爲大歲，籍貢舉，僅百餘人，學校不修，生徒挑闥，比年二千石，未遑斯制，誠因農隙，考制度，庀工徒，新先儒之宮，東南士子豈不佩執事訓以風鄉黨乎？』《萬曆志》：『以時考之，成度支悅守越，天聖六年以迄九年也。賢良前以進士起家，首率其里人裒緍錢，得二十餘萬，欲市書入學；以講肄之所未完，故以此書諷之。方是時，學校雖不廢，其陋已甚。慶曆四年，詔諸路州、府、軍、監各立學，越大州，其奉承詔令宜也。今驗諸故府載籍、文書，則無所見。按沈少卿紳撰《越帥沈公生祠記》云：「嘉祐六年，吳興沈公大興學教，新其宮居而尊勸之。」又張侍郎伯玉撰《新學記》云：「始州將渤海刁侯擇地卜築，繼以紫微吳興沈侯勇爲之，又易地于杭，凡三年，君侯至而成之。」今以題名參訂，渤海刁侯乃景純也，以嘉祐五年至；吳興沈侯乃文通也，以嘉祐六年至；君侯乃章伯鎮也，以治平二年至；伯玉踵文通後，以嘉祐八年至，明年徙郡去，而伯鎮繼之。蓋伯玉二年于此經理繕造，亦有勞焉，第落成不及其在官之日爾。又按《吳監簿事實》云：「監簿名孜，嘉祐、治平間捨宅爲學，君子以爲賢于賀監一等。今學，相傳乃監簿之故居也。」然則章伯鎮所成之學宮，即監簿所捨宅爾。以歲月計之正合。伯玉《記》不自書其功，謙也；然不及監簿捨宅，則闕文爾。』」

是紹興府學，唐時置於城北隅，後以廢。宋仁宗嘉祐中始遷南隅望花橋，乃就吳孜監簿所捨宅以興建；其規畫經營之者，刁侯景純、沈侯文通與張侍郎伯玉，而底成於章侯伯鎭焉。考紹興學宮之遷建，固北宋時事，時距振孫之蒞任，已一百五十餘年前矣。惟此學宮仍爲振孫作育英才、傳道授業之處所，故詳考其最初所在地及後遷建之梗概如此。

《浙江通志》卷二十七《學校》三云：

「紹興府儒學，在府治東南。《於越新編》：『唐時置於城北，至五代而廢。宋嘉祐中始遷南隅。』《嘉泰會稽志》：『嘉祐年，州將刁景純、沈文通、張伯玉相繼繕造，章伯鎮成之。謹按《會稽志．吳監簿事實》云：「監簿名孜，捨宅爲學。今學，相傳乃監簿之故居也。」』《寶慶會稽續志》：『隆興二年，吳芾重修。周綰爲記。嘉定十六年，汪綱又增葺之。』」

案：此條所載，與《紹興府志》略同，惟補入重修、增葺二事。隆興乃宋孝宗年號。嘉定十六年，則振孫已離紹興教授任矣。

《紹興府志》卷二十《學校志》二《學官》條又云：

「《會典》：『紹興府學教授一員，復設訓導一員。』」

《學額》條云：

「《學政全書》：『紹興府學額，進二十五名、廩生四十名、增生四十名，一年一貢。』」

案：此處《會典》及《學政全書》所載，乃明、清兩朝紹興府學官、學額情況，然亦可藉以上推宋代學官、學額制度，特迻錄之，或爲研究振孫仕履者所樂聞歟！

另有《學田》一條云：

「《嘉泰志》：『故丞相魏國史公鎮越之明年，實乾道戊子，始捐己帑置良田，歲取其嬴，給助鄉里賢士大夫之後貧無以爲喪葬嫁遣者，附于學而以義名。爲規畫十許條，劖諸石。凡有請而應給，與給而舉事多寡遲速，皆有程。覈實委之鄉官，錢糧屬之縣主簿，米斂散則隨鄉俗，錢出納則均省計，歲稔及給助，有餘則就復增置；教授學職亦與其事。然雖養士，不許移用。府帥前後繼而成之，蓋非一人，所以久而不廢也。』」

觀是，則府學教授亦須參與處理學田之事，誠可謂百務蝟集矣。

《紹興府志》卷之二十九《職官志》五《學官》條載：

「宋教授：黃彥、熙寧中任。江嶼、元祐三年充越州學教授。從《米儲斗門記》石刻補入。朱登、崇寧四年充州學教授。從《宋徽宗御書辟廱詔》石刻題名補入。季夔、崇寧四年充州學教授。從《宋徽宗御書辟廱詔》石刻題名補入。陸友諒、政和元年充越州州學教授。從《越州新學碑》補入。陳公輔、臨海人，政和中任。劉一止、歸安人，建炎中任，有傳。何倩、龍泉人，紹興中任，有傳。王義朝、紹興中任，見《流寓傳》。朱倬、閩人，高宗時出教授越州，有傳。陳自强、紹熙二年教授。從《紹興府修學記》補入。劉庶、慶元中教授。從《府學記》補入。項安世、松陽人，寧宗時任，有傳。繆蟾。紹定五年紹興府學教授。從《進士題名碑記》補入。」

此條獨遺脫陳振孫，振孫確曾任紹興教授。故《紹興府志》此條，似應於「項安世」名下，略依「繆蟾」之例，補上：

「陳振孫、安吉州人，嘉定中充紹興府學教授。從周密《齊東野語》及《湖錄》補入。」

《紹興府志》卷之二十六《職官志》二《郡守》條載與振孫同時而知越州軍州事者三人：

留　恭　字伯禮，永春人，嘉定三年任，有傳。

葉　箋　嘉定九年任。

王補之　嘉定十年任。

而其時知紹興府者二人：

趙彥倓　字安卿，嘉定五年任，有傳。

吳　格　嘉定九年任，十二年復任。

是則上述五人皆振孫之長官矣。另有沈皡一人，嘉定十二年始知紹興府，然其時振孫已轉移至鄞學，恐未及與沈皡相見矣。

周密《齊東野語》卷八有《嘲覓薦舉》條，曾追記振孫任紹興教官一事，其言曰：

「直齋陳先生云：向爲紹興教官日，有同官初至者，偶問其京削欠幾何？答云：『欠一二紙。』數月，聞有舉之者，會問賀其成事，則又曰：『尚欠一二紙。』又越月，復聞有舉者，扣之，則所答如前。余頗怪之。他日與王深甫言之，深甫笑曰：『是何足怪！子不見臨安丐者之乞房錢乎？暮夜號呼於衢路，曰：「吾今夕所欠十幾文耳。」有憐之者如數與之，曰：「汝可以歸臥矣。」感謝而退。去之數十步，則其號呼如初焉。子不彼之怪，而此之怪，何哉？』因相與大笑而罷。」

案：直齋紹興之同官，每以欠京削爲辭，欲饜其貪求之欲。王深甫以「臨安丐者」況之，殊能一針見血而暴露其短也。第未知直齋同官之姓氏爲誰？而文中之王深甫與《紹興府志》所載之「王補之」爲同一人否？

第三節　掌教鄞學

《湖錄》於振孫掌教鄞學，未有所載；其於起補紹興後，即接以：

「寶慶三年，充興化軍通判。」

頗脫誤也。最早述及振孫掌鄞學事者，厥爲盧文弨。盧著《新訂直齋書錄解題跋》云：

「陳氏名振孫，字伯玉，湖之安吉縣人，嘗爲鄞之校官。」

其後，錢泰吉《甘泉鄉人稿．曝書雜記》下《陳直齋事跡》條亦據《解題》資料載：

「往在鄞學，訪同官薛師雍子然，几案間有書一編，大略述三山一郡財計。薛曰：『外舅陳止齋修《圖經》，欲以爲《財賦》一門，後緣卷帙多，不果入。』因借錄之，書無標目，以意命之曰《三山財賦本末》。及來莆田，爲鄭寅子敬道之。鄭曰：『家有何一之《長樂財賦志》，豈此耶？』借觀之，良是。卷五。《國紀》，不大行於世。鄞學有魏邸舊書，傳得之。卷四。《琴譜》，鄞學魏邸舊書有之，己卯分教傳錄，亦益以他所得譜。卷十四。」

《曝書雜記》此段文字所載甚詳明，且就《解題》材料將振孫在鄞學事搜羅畢備；所惜者，其所徵引《解題》卷五「《長樂財賦志》十六卷」一條，前則省去「而累朝詔令申明沿革甚詳。其書雖爲一郡設，於天下實相通」數語；而末又略去「其間亦微有增損，末又有《安撫司》一卷，併鈔錄附益爲全書」一節。蓋如是，則《長樂財賦志》之價值無由探悉；而鄭寅家藏本所以較薛本爲優，亦無法藉以知曉矣。由是言之，錢氏雖剪裁鎔鑄《解題》之文以成篇，然其取捨之際，亦不無微憾焉。

至陸心源《宋史翼》卷二十九《列傳》第二十九《文苑》四《陳振孫》雖亦載：

「爲鄞縣學。《書錄解題》四。」

惟陸氏將其事列在：

「紹興教官。《齊東野語》八。」

之前，其誤易明。故陳樂素撰《直齋書錄解題作者陳振孫》三《年歷》條則抨擊之，曰：

「既而掌鄞學，即卷十四《琴譜》條所謂己卯（嘉定十二年，一二一九）分教，傳錄魏邸舊書者。陸存齋作傳，先鄞而次紹興，非也。」

至喬衍琯撰《陳振孫傳略》及《陳振孫學記》，雖亦記載直齋掌鄞學事，大抵因襲錢氏，而無異聞。是則喬氏於此事未能有所發明，亦可惋惜也矣。

惟振孫何時離紹興府學任？又何時掌鄞縣縣學：文獻頗不足徵。據《解題》卷十四《琴譜》條所載，寧宗嘉定十二年己卯（一二一九）之前，直齋必已在鄞學之位日久，否則無由詳悉鄞縣之有魏邸，魏邸之有舊書，而舊書中又有《琴譜》八卷可傳錄也。是故，竊疑以嘉定十一年戊寅（一二一八）爲振孫蒞鄞縣學職之年，庶或不離於史實。

鄞之爲縣，有關其沿革，袁桷《延祐四明志》卷第一《沿革考》嘗引王應麟《辨證》曰：

「《越語》：『句踐之地，東至於鄞。』韋昭注：『今鄞縣是也。』《後漢書》注：『鄞，故城在鄮縣東南。《圖經》曰：「白杜里有鄞城山。」』《漢志》鄞有鮚埼亭，今在奉化；有天門山，今象山之東門山。然則奉化、象山二縣，漢之鄞也；鄞城山，其古鄞城歟！今鄞縣有鄞塘鄉，接奉化，蓋鄞之境。四皓黃公，鄞大里人。《世說》注：『孫承公，性好山水，求鄞縣，遺心細務，縱意游肆，名皋勝邱，靡不歷覽。』《辨鄞》。」

《寧波府志》卷之四《疆域．鄞》條亦論鄞之疆域曰：

「鄞爲附郭，居五邑之中。東至陽堂鄉、朧東河鋪三十里，界於鎮海；南至鄞塘鄉、傅壙河五十里，界于奉化；西至桃源鄉、潘奧山嶺三十里，界於慈溪；北至老界鄉、磚橋鋪十有五里，界於鎮海；東南至豐樂鄉之金峨山九十里，界於奉化；西南至通遠鄉、梅山嶺百七十里，界於紹之餘姚；東北至老界鄉、張家堰四十一里，界於鎮海；西北至清道鄉、西渡三十有五里，界於慈溪。其東西相距六十有五里，南北六十有六里，延袤總百三十有一里。」

綜上所載，是鄞之名稱，由來已久。春秋越國之東即爲鄞；三國時，吳地亦有鄞縣，故城即在鄮縣東南；其地且多山川人物，甚爲著名，《漢書．地理志》、《世說新語》注均載之。至於疆域，《延祐四明志》卷第一《沿革考．鄞縣境土》條所記，尤較《寧波府志》爲詳明，不備錄。

有關鄞縣之縣學，《延祐四明志》卷十三《學校考》上《鄞縣儒學》條引王應麟《重修學記》云：

「鄞在漢，爲鄮屬會稽郡。唐屬明州，建夫子廟於縣東。五代改鄮曰鄞。宋始立學，王文公安石宰縣，因廟爲學，教養縣之子弟，風以詩書，衣冠鼎盛。後遷縣西南，兵燬久未復，主簿呂康年請於郡相，舊址創禮殿，設跪像，堂曰養正，爲齋者四。」

應麟之《記》謂王安石宰縣，因廟爲學，是鄞縣學乃安石所創建。《延祐四明志》同卷又收有安石《請杜醇先生入縣學書》，中云：

「某得縣於此踰年矣，方因孔子廟爲學，以教養縣子弟，願先生留聽而賜臨之，以爲之師，某與有聞焉。伏惟先生不與古之君子者異意也，幸甚。」

是應麟所記安石創鄞學事固不誤。然《延祐四明志》同卷《鄞縣儒學》條又云：

「鄞縣學，始創於唐元和九年，其地在縣之東。宋崇寧二年，移於縣之西南，後燬於建炎四年之兵。嘉定十三年，邑簿呂康年以舊址狹隘，有請於丞相史彌遠，命郡守俞建相地擇所，以寶雲寺西、不隸將威果指揮廢營更之，緻禮殿跪像，然亦未大備。寶慶二年，尚書胡榘守郡，捐緡錢，出楮券、輟市舶之贏，率里士之助，經營有成。堂曰養正。齋四：曰習說、曰辨志、曰觀善、曰敬業。凡縣之士肄焉。」

此條所記則較爲詳盡，不惟言鄞縣學始創於唐，與應麟所載不同；又細述呂康年請求更建縣學事，亦較應麟爲詳備。嘉定十三年，疑振孫仍在鄞學任內；惟至理宗寶慶三年，則振孫已通判興化軍矣。

《延祐四明志》同卷《鄞縣儒學》條又載：

「設官：教諭一員。」

是直齋所任者乃此教諭之職，固無疑也。

《寧波府志》卷之十六《秩官》上《知明州軍州事》條載：

「嘉定　俞烈元年三月　程準二年六月　王介四年十一月　程覃六年二月提舉常平倉　俞建　韓元禮八年六月　趙師巖　齊碩提舉常平攝　俞建十三年四月　章良朋十四年十月提舉常平攝」

同卷《秩官》上《鄞令》條云：

「嘉定　蔣誼二年四月　趙師雍二年七月　錢顯祖五年十月　李壽朋八年十二月　李約十一年六月　顏耆仲十四年八月　張公弼十四年十二月　趙崇喦十七年九月」

案：振孫既任教諭之職。其任職之年限又爲嘉定十一年至十四年，則上述知明州軍州事之俞建、章良朋，任鄞縣縣令之李約、顏耆仲、張公弼及前《延祐四明志》所載之主簿呂康年，均爲振孫之長官矣。惟界於韓元禮、俞建之間之趙師喦與齊碩，《延祐四明志》卷第二《職官考》上《節度使姓名》條則載：

「趙師喦、檢校少傅、安德軍節度使兼沿海制置使，嘉定十六年四月。齊碩、奉議郎、提舉兩浙東路、常平茶鹽公事兼權，嘉定十七年八月。」

據是，則上引之《寧波府志》卷之十六《秩官》上《知明州軍州事》條有微誤，趙、齊二人之姓名必須改移於「章良朋」後。茲略仿《寧波府志》之例，代爲更正如左：

趙師喦十六年四月

齊　碩十七年八月提舉常平攝

趙、齊二人既曾知明州軍州事，故連類考證及之。惟二人知明州軍州事，既在嘉定十六、十七年，則二人之任職，已與振孫行誼無甚相涉焉。

第四節　宰南城

振孫爲南城宰，《湖錄》缺載，盧文弨、錢泰吉、陸心源、陳壽祺、陳樂素、喬衍琯諸家之著述則曾道及之，其中以錢泰吉所記兼及振孫之訪書經過，至爲詳明。《甘泉鄉人稿．曝書雜記》下《陳直齋事跡》條載：

「《九經字樣》一卷，往宰南城，出謁，有持故紙鬻於道者，得此書，乃古京本，五代開運丙午所刻也，遂爲家藏書籍中之最古者。卷三。《爾雅新義》，頃在南城傳寫，凡十八卷，其曾孫子遹所刻於嚴州爲二十卷。同上。《參同契分章通真義》三卷、《明鏡圖訣》一卷，曩在麻姑山傳錄。卷十二。玉蟾者，葛其姓，福之閩清人，嘗得罪亡命，蓋姦妄流也。余宰南城，有寓公者，稱其人，云：『近嘗過此，識之否？』余言不識也，此輩何可使及吾門！李士寧、張懷素之徒皆殷監也。是以君子惡異端。卷十二《群仙珠玉集》。《龎氏家藏秘室方》，南城吳炎晦父錄以見遺。卷十三。《龍髓經》至《二十八禽星圖》，以上七種并前諸家，多吳炎錄以見遺。江西有風水之學，往往人能道之。《雜相書》凡二十三種，又有《拾遺》，亦吳晦父所錄。卷十二。《雪巢小集》，東魯林憲景思撰。余爲南城，其子游謁至邑，以家集見示，愛而錄之，及守天台，則板行久矣，視所錄本稍多。卷二十。《郊志》三卷，從盱江晁氏借錄。卷五。」

案：直齋一生勤於訪書，於斯略見。至直齋所任宰之南城，宋時，初爲江南西路建武軍治，後爲建昌軍治。其沿革，《江西通志》卷三《地理沿革表‧建昌府》載之云：

「南城縣，漢高帝六年命大將軍灌嬰立豫章，其年分豫章南境立南城縣，以其在郡城之南，故曰南城，屬豫章郡。後漢因之，吳太平二年分屬臨川郡。晉太康元年，更名新南城，江左復舊。齊建元元年，徙臨川郡，來治。梁仍爲臨川郡屬縣，陳因之。隋平陳，屬撫州。大業初，屬臨川郡。唐仍屬撫州；南唐置建武軍，治此。宋太平興國四年，改建武軍爲建昌軍，南城爲倚郭望縣。」

是南城之爲縣，早在漢高祖六年，因縣在郡城之南而得名。《江西通志》稱之爲倚郭望縣，考《文獻通考》卷六十三《縣令》條云：

「宋朝建隆元年，應天下諸縣，除赤畿外，有望、緊、上、中、下。四千戶爲望，三千戶以上爲緊，二千戶以上爲上，千戶以上爲中，不滿千戶爲中下，五百戶以下爲下也。」

據是，振孫所治之南城乃四千戶之望縣矣。南城地域既廣，盱水繞其東，麻姑倚其南，景色雄渾韶秀，其間名勝亦至夥頤。宋人吳淵即有《南城》詩詠之，陸心源《吳興詩存》二集卷之八載其詩云：

「江城一眺思悠悠，平楚蒼然野水流。衰草寒煙梅老暮，敗垣斜日謝公樓。江山有恨英雄老，天地無私草木秋。萬古興亡俱是夢，丈夫何者爲身謀。」

讀此詩，可見南城景物之一斑。考吳淵字道父，寧州寧國人，徙居德清。嘉定七年進士，官至參知政事。其時宋室南渡已久，江山半壁，英雄恨老，而朝政日非，道父俯仰今昔，哀無謝公起而解國家之厄困，故詩境不免沈鬱悲憤之極。至麻姑山，在南城縣西南十里，其山上有仙都觀，風景絕美，不惟所典藏神仙類之書籍至富贍，足資振孫傳錄也。宋人洪炎即有《游仙都觀詩》一首，載《江西通志》卷一百二十四《勝蹟略・寺觀》四。洪詩云：

「浥露出南郭，遵途盼西嶺。幽尋不憚遠，陟巘造殊境。懸瀑瀉天路，南齋跨參井。麻姑固神人，上下淩倒景。逸駕不容追，遺踪摶塵影。仙壇獨巋然，蘚蝕此山頂。古屋鳴鵂鶹，汙池育蛙黽，葛顏有異聞，源委邈難省。空餘豐碑字，欻若猊驥騁。永言賞必遇，所樂塵俗屏。濯纓欲目孔，斲鼻還思郢。安得斯人徒，置論挈裘領。聖真豈遠而，炯炯金在礦。九淵孕明月，七返閟神鼎。至道如可求，汲深願修綆。」

玩味詩意，或可藉推振孫訪書麻姑山時之屐履游蹤歟！

振孫既爲縣令，其職責所司爲何？據《文獻通考》卷六十三《縣令》條載：

「宋朝建隆元年，應天下諸縣，……掌總治民政，勸課農桑；凡户山、賦役、錢穀、賑濟、給納之事皆掌之；有孝悌行義，聞於鄉閭者，申州激勸，以勵風俗；有戎兵則兼兵馬都監，或監押。……政和二年，詔縣令以十二事，勸課農桑，宜各遵行，上副朝廷。一曰敦本業，二曰興地利，三曰戒游手，四曰謹時候，五曰戒苟簡，六曰厚蓄積，七曰備水旱，八曰戒宰牛，九曰置農器，十曰廣栽植，十二日恤苗戶，十二日無妄訟。」

讀此條所載之十二事，是縣令之職責亦可謂繁而重矣。同條又云：

「乾道元年，詔京官、知縣，以二年爲任，雖屢有更革，卒以三年爲任。二年，御筆：今後非兩任縣令，不除監察御史；初改官，人必作令，謂之『須入』。紹興初，數申嚴之，後或廢。孝宗在位，持之甚嚴。慶元初復詔，除殿試上三名省元外，並作邑。五年又令試大理評事官，已改官，未歷縣，人並親民一次，著爲令。舊捕盜改官，人並試邑。自後，雖宰相子、殿試科甲，人無不宰邑者也。」

是又知縣令乃仕宦進身之階矣。振孫歷任溧水、紹興、鄞縣教授後，即爲南城縣令，正符此條所記孝宗乾道二年「初改官，人必作令，謂之『須入』」御筆旨意。「須入」者，或須由斯任始可進入仕途耶？竊忖孝宗之聖意，蓋欲爲官之初，「並親民一次」；其御旨又謂：「今後非兩任縣令，不除監察御史。」蓋監察御史之權至重大，如不再歷縣令，則無以知爲官之道，亦無以知民生疾苦也。倘爲官者，德薄而位尊，則放僻邪侈，無所不用其極矣。《宋史·孝宗紀》推譽孝宗，謂其「聰明英毅，卓然爲南渡諸帝之稱首」。蓋孝宗知任官之要，斯亦其所以被脫脫推譽之一因耶！

振孫既出宰南城，其時之長官爲誰？余嘗徧檢《江西通志》卷一百三十一《宦績錄》十《建昌府·宋》條，仍未能考出，惟暫付闕如。至振孫何時出任南城縣令？何時離此職而調充興化軍通判，博識如鄭元慶、盧文弨、錢泰吉、陸心源、陳樂素、喬衍琯諸大家，均未嘗詳究，殊可慨歎。茲不辭疏陋，略作考證如左：

《湖錄》云：

「寶慶三年，充興化軍通判。」

乾隆《莆田志》卷七《職官門》亦云：

「陳振孫，寶慶三年克。」

觀《湖錄》與乾隆《莆田志》所載，是振孫確於宋理宗寶慶三年丁亥（一二二七）已離南城任，而改充興化軍通判矣。《解題》卷十二《卜筮類》載：

「《易林》十六卷，漢小黃令梁焦延壽贛撰。……求之累年，寶慶丁亥始得之莆田。」

《解題》此條所記，更有力證明寶慶丁亥直齋已在莆田矣。錢泰吉《甘泉鄉人稿·曝書雜記》下記振孫事跡，曾節引《解題》卷三《爾雅新義》一條，此條實見《小學類》，全文云：

「《爾雅新義》二十卷，陸佃撰。其於是書，用力勤矣。自序以爲雖使郭璞擁篲清道，跂望塵躅可也。以愚觀之，大率不出王氏之學，與劉貢父所謂不徹薑食、三牛三鹿戲笑之語，殆無以大相過也。《書》云：『玩物喪志。』斯其爲喪志也宏矣。頃在南城傳寫凡十八卷，其曾孫子遹刻於嚴州爲二十卷。」

案：此條「頃在南城」一語，至關重要。「頃」字乃俄頃之意，表示事情剛過去未久，是則此條之撰成，蓋在直齋離南城任未久也。

考陸子遹，乃陸佃之曾孫、陸宰之孫、陸游之子。《宋史》無傳。《景定嚴州續志》卷二《知州題名》條云：

「陸子遹，奉議郎，寶慶二年十一月十五日到任。紹定二年三月二十二日赴召。祖佃，父游皆出守，列於州學之世美祠。始刱釣臺書院。」

是陸子遹寶慶二年丙戌（一二二六）仲冬十五日到嚴州知州任，紹定二年己丑（一二二九）季春二十二日赴召，正符合宋制三年一任之規定。竊意子遹抵任伊始，即將《爾雅新義》付之梓人，因卷帙僅二十卷，一年必可刻就；故寶慶三年，振孫已可得讀「刻於嚴州爲二十卷」之《爾雅新義》矣。由上述所考推之，則振孫寶慶二年調離南城縣令，次年充興化軍通判；如以三年一任之制度律之，則其初任南城應爲嘉定十六年癸未（一二二三），最遲不超過嘉定十七年甲申（一二二四），固無疑矣。至《景定嚴州續志》以陸佃爲子遹之祖父，稱作「祖佃」，則誤也，亟宜改正之。

綜上所述，乃余就《解題》卷三《小學類．爾雅新義》條及《景定嚴州續志》卷二《知州題名》條所載陸子遹之仕履，考訂出振孫宰南城之年月約爲嘉定十六、七年至寶慶三年，而前人暨當今陳、喬諸子竟不之知，亦可謂失之眉睫矣。又余頗疑振孫曾連任南城縣令，故《解題》記其任內訪書資料特多。若是，由嘉定十六、七年上推三載，則宰南城之年月剛可上接鄞學教授。是振孫初宰南城，約在嘉定十四年辛巳（一二二一）；惜文獻不足，莫由深究。姑懸此疑，以俟續考。

第五節　充興化軍通判

振孫由宰南城而改充興化軍通判，余嘗據《湖錄》及乾隆《莆田志》卷七《職官門》，知其時爲宋理宗寶慶三年丁亥（一二二七）也。然陸心源《宋史翼》卷二十九《列傳》第二十九《文苑》四《陳振孫》則曰：

「寶慶二年通判興化軍，嘗佐郡人陳宓修濠塘，踰月而成，學田得以克復。《解題》七。案興化軍治莆田，故《解題》云莆郡。」

是陸氏以寶慶二年丙戌（一二二六）爲始充通判之時，與《湖錄》及《莆田志》所記均異。陳樂素所撰《直齋書錄解題作者陳振孫》一文則斥駁之，該文三《年歷》條云：

「陸氏《傳》謂：『寶慶二年通判興化軍。』標其出處爲《解題》七。其實《解題》無此語，恐所據乃乾隆《莆田志》卷七《職官門》耳。然《莆田志》實作寶慶三年，非二年。」

余詳檢《解題》卷七，確無述及直齋「寶慶二年通判興化軍」之語，陸氏所言或出自杜撰，或誤以「三年」作「二年」。然喬衍琯《陳振孫傳略》二《仕履》仍曰：

「清陸心源《宋史翼》卷二十九《振孫傳》：據《解題》七寶慶二年通判興化軍。陳樂素氏云：其實《解題》無此語。琯按：《解題》所傳舊本，較聚珍本每有溢文，說詳後。陸氏藏書既富，或有所據。」

案：喬氏所言，褊袒陸氏，則甚無謂也，況無確證乎！惟余另見清同治十年重刊本《福建通志》卷九十四《宋職官．興化軍通判事》條云：

「陳振孫。寶慶二年任，有宦績。」

又同書卷百二十七《宋宦績．興化軍．州倅》條云：

「陳振孫，永嘉人，寶慶二年任通判，嘗佐郡人陳宓修濠塘，踰月而成，學田克復。」

案：《福建通志》乃陳壽祺等撰。壽祺另有《宋目錄家晁公武陳振孫傳》一文，其所傳振孫事蹟，幾全據陸氏《宋史翼》，故可推知《福建通志》所載此二條，亦當全據陸氏。陸氏既有所誤，則《福建通志》所載振孫出任興化軍通判之年月，亦不足信矣。至陳宓，《興化府莆田縣志》卷十六《人物》有其傳，然並無載及其修濠塘事者，其傳曰：

「陳宓，字師復，少登文公門，長從黃榦游。以父俊卿任，歷泉州南安鹽稅，知安溪縣。嘉定七年入監，進奉院，……尋遷軍器監簿。九年轉對，……旋擢太府丞，不拜。出知南康軍，……改知南劍州，……改知漳州，未行，聞寧宗崩，嗚咽累日，遂請致仕。寶慶二年中，除提點廣東刑獄，不就。以直秘閣，主管崇禧觀，卒。」

案：宋寧宗以嘉定十七年甲申（一二二四）崩，陳宓是年亦致仕家居。寶慶二年丙戌（一二二六），爲宓家居之第三年，乃卒。惟其時振孫仍未充任興化軍通判，再證以《興化莆田縣志》之宓本傳，亦無載其修濠塘事。由是則知《宋史翼》及《福建通志》所載，謂振孫攝倅興化軍，助宓修濠塘，踰月而成一事，純屬子虛烏有，實不足據也。

振孫之充興化軍通判，最早見載周密《齊東野語》，該書卷八《義絕合離》條曰：

「莆田有楊氏，訟其子與婦不孝，官爲逮問，則婦之翁爲人毆死，楊亦預焉。坐獄未竟，而值覃霈得不坐，然婦仍在楊氏家。有司以大辟既已該宥，不復問其餘，小民無知，亦安之，不以爲怪也。其後，父又訟其子及婦，軍判官姚珤以爲雖有讎隙，既仍爲婦，則當盡婦禮，欲併科罪。陳伯玉振孫時以倅攝郡，獨謂：『父子天合，夫婦人合；人合者，恩義有虧則已矣，在法休離皆許還合。而獨於義絕不許者，蓋謂此類。況兩下相殺，又義絕之尤大者乎。初間楊罪既脫，合勒其婦休離，有司既失之矣。若楊婦盡禮於舅姑，則爲反親事讎，稍有不至，則舅姑反得以不孝罪之矣。當離不離，則是違法。在律違律，爲婚既不成婚，即有相犯，並同凡人。今婦合比附此條，不合收坐。』時皆服其得法之意焉。按：《筆談》所載壽州有人殺妻之父母兄弟數口，州司以不道，緣坐其妻子。刑曹駁之曰：『毆妻之父母即爲義絕，況身謀殺，不應復坐。』此與前事正相類。凡泥法不明於理，不可以言法也。」

案：《齊東野語》此條所載是其證。細考此條所述，余頗疑莆田楊氏毆死其子婦之翁，事在宋寧宗末年之嘉定十七年甲申前未久，蓋坐獄未竟而寧宗崩，理宗於寶慶元年乙酉（一二二五）即位，楊氏乃得以值覃霈而不坐罪。至楊氏之訟其子婦之不孝，則當在寶慶三年丁亥（一二二七）後，即振孫以倅攝郡之時。振孫裁決此事，既能明於理而不泥於法，故時人皆服其得法之意焉。至其時之軍判官姚珤，《興化府莆田縣志》卷七《職官志．文職官．判官》條載：

「姚瑶。嘉定七年任。程必東。紹定二年任。」

《福建通志》卷九十四《宋職官．興化軍軍事判官》條亦載：

「姚珤。嘉定間任，宦績見建寧府。程必東。」

案：姚珤之「珤」，古文「寶」字，《興化府莆田縣志》作「姚瑶」，顯誤。《福建通志》雖亦作「珤」，惟於姚珤名下僅標「嘉定間任」，則不甚準確；又其「程必東」名下亦欠標年份，宜依《莆田縣志》補改。據《莆田縣志》，則姚珤始任判官，時爲宋寧宗嘉定七年甲戌（一二一四），而其離任則約在宋理宗紹定二年己丑（一二二九）程必東蒞職之前。而楊氏一案正發生於姚珤任內，故《齊東野語》所載，實與方志所記年月吻合也。姚珤頗以楊氏子與婦爲「不孝」，欲一併科罪，周密斥之爲「泥法而不明於理，不可以言法」，誠然。是則珤此時之爲官及處事之法，與振孫相較，眞有雲泥之別矣。

有關宋代興化軍之建置，《福建通志》卷二《沿革．興化府》條載之云：

「《宋史．地理志》：『興化軍，太平興國四年，以泉州游洋、百丈二鎮地置太平軍，尋改興化。縣三：莆田、仙游、興化。』《八閩通志》：『太平興國四年，析泉州之莆田、仙游及福州之永福、福清地，合游洋、百丈鎮六里，置興化縣，是爲軍之治所。五年，始以莆田、仙游二縣來屬，領縣凡三。八年，轉運使楊克讓以游洋地不當要衝，請移治莆田。宋末改爲興安州。』」

是興化軍之建置，在太平興國四年，初名太平軍，尋改今名。初以游洋爲治所，至太平興國八年移治莆田，南宋末年改爲興安州，宋理宗時則仍舊貫。

至興化軍之疆域，《興化府莆田縣志》卷一《輿地志．疆域》條則載之，云：

「興化府延袤四百二十五里，從一百四十五里，衡二百一十五里。由府治至北京，六千四百單三里；至江南，三千四百四十二里；北出拱辰門，至江口橋中界福清，計四十五里；南出迎和門，由瀨溪南行至楓亭七里庵惠安縣，計六十七里；由瀨溪西北至仙游縣曰隔嶺界永春縣，計一百二十里；東出鎮海門，出塘頭東南行至吉了、莆禧，由塘頭東行至平海衛，計九十七里；西出永清門，至興化縣西辜嶺平坡鋪界永福縣，計一百四十里。」

觀是，則興化軍所轄地域頗寬廣，其對外交通，亦甚便利也。

考通判一職，《宋史》卷一百六十七《志》第一百二十《職官》七《通判》條載：

「宋初懲五代藩鎮之弊，乾德初，下湖南，始置諸州通判，命刑部郎中賈玭等充。建隆四年，詔知府公事並須長史、通判簽議連書，方許行下。時大郡置二員，餘置一員，州不及萬户不置，武臣知州，小郡亦特置焉。其廣南小州，有試秩通判兼知州者。職掌倅貳郡政，凡兵民、錢穀、户口、賦役、獄訟聽斷之事，可否裁決，與守臣通簽施行。所部官有善否及職事修廢，得刺舉以聞。元祐元年，詔知州係帥臣，其將下公事，不許通判同管。元符元年，詔通判、幕職官，今日赴長官廳議事及都廳簽書文檄。

南渡後，設官如舊，入則貳政，出則按縣，有軍旅之事，則專任錢糧之責，經制、總制錢額，與本郡協力拘催，以入于戶部。既而諸州通判有兩員處減一員，凡軍監之小者不置。又詔更不添差。其後，或以廢事請，或以控扼去處請。紹興五年以後，施添置之。除潭、廣、洪州、鎮江、建康、成都府見係兩員外，凡帥府通判並以兩員爲額，餘置一員。乾道元年，詔買馬州、軍通判，令茶馬司依舊法奏辟餘堂除差人。淳熙十四年，利州路提刑言：『關外四州通判，乞自制置司奏辟，所有金、洋、興、利文、龍等州通判，乞送轉運司擬差。』並從之。」

案：此條所載宋代通判一職之置廢，人員之增減、地位之重要、職務之煩多，至爲詳備。振孫裁決莆田楊氏一案，即屬獄訟聽斷之事例也。通判之職責雖甚繁忙，惟振孫似未能忘懷者，乃其訪書之生涯。錢泰吉《甘泉鄉人稿．曝書雜記》下《陳直齋事跡》條載：

「《梁谿易傳》，莆田鄭寅子敬從忠定之曾孫得其家藏本，頃倅莆田，日借鄭本傳錄。卷一。《後魏國典》，從莆田劉氏借錄。卷五。《三朝訓鑑圖》十卷，頃倅莆田，有售此書者，亟求觀之，則已爲好事者所得，蓋當時御府刻本也。卷爲一冊，凡十事，事爲一圖，飾以青赤，亟命工傳錄，凡字大小，行廣狹，設色規模，一切從其舊，斂衽鋪觀，如生慶曆、皇祐間，目睹聖明作述之盛也。卷五。《獨斷》，向在莆田嘗錄李氏本。卷六。《夾漈家傳》一卷，所著書目附，莆田鄭翁歸述其父樵漁仲事跡。樵死時，翁歸年八歲，安貧不競。頃佐莆郡時猶識之。卷七。《元和姓纂》，絕無善本，頃在莆田以數本參校，僅得七八，後又以蜀本校之，互有得失，然粗完整矣。卷八。《晉陽事跡雜記》，從莆田李氏借錄。同上。《番陽雜記》，莆田借李氏本錄之。同上。《雲笈七籤》，頃於莆中傳錄，纔二冊，後於平江《天慶道藏》得其全，錄之。卷十二。舊見沙隨程迥所記南渡諸人，以《易林》筮國事，多奇驗，求之累年，寶慶丁亥始得之莆田，恨多脫誤。嘉熙庚子，從湖守王寺丞侑借本兩相校，十得八九。同上。《集選目錄》二卷，莆田李氏有此書，凡一百卷，力不暇傳，姑存其目。卷十五。《蔡忠惠集》，余嘗宦莆，至其居，去城三里，荔子號『玉堂紅』者，正在其處，矮屋欲壓頭，猶是當時舊物。歐公所撰墓誌，石立堂下，真蹟及諸公書帖多有存者。卷十七。《武元衡集》，初用莆田李氏本傳錄，後以石林葉氏本校。卷十九。」

而陳樂素《直齋書錄解題作者陳振孫》三《年歷》條於直齋訪書事頗有增補，其文云：

「其在莆田所晤藏書家，卷五《中興綸言集》條云：鄭寅子敬，『藏書數萬卷』。卷十四《音樂類》小序有『晚得鄭子敬氏書目』語。卷一《梁溪易傳》、卷十八《周益公集》，亦皆傳自鄭氏者也。卷七《夾漈家傳》，則自夾漈鄭氏；卷五《後魏國典》，自劉氏；卷六《獨斷》，卷八《藏六堂書目》、《晉陽事跡雜記》、《番禺雜記》、卷十五《集選目錄》、卷十九《武元衡集》，自李氏；而《齊東野語》卷十二所載，別有方氏、林氏及吳氏。」

案：周密《齊東野語》卷十二《書籍之厄》條云：

「世間凡物未有聚而不散者，而書爲甚。……近年惟直齋陳氏書最多。蓋嘗仕於莆，傳錄夾漈鄭氏、方氏、林氏、吳氏舊書，至五萬一千一百八十餘卷，且仿《讀書志》作解題，極其精詳，近亦散失。」

《齊東野語》此段所載，有錢泰吉、陳樂素所記未及者。喬衍琯《陳振孫傳略》及《陳振孫學記》又添補卷四《編年類．元經薛氏傳》十五卷、卷五《典故類．長樂財賦志》十六卷，又《安撫司》一卷等書，皆振孫官莆時所訪得者。喬氏又曰：

「《解題》著錄樵之著作，有《書辨訛》等十餘種，或有得自翁歸者。」

是均足證振孫仕宦之餘，訪書及校書至勤，故其所收藏典籍竟達五萬一千一百八十餘卷，周草窗謂：「近年惟直齋陳氏書最多。」所言信不誣也。

振孫既爲通判，其治事之所在，今猶彷彿推尋得之。《興化府莆田縣志》卷二《輿地志．古蹟．城內》條云：

「宋軍治，在郡城南，舊興化衛署是也。郡人陳仁壁爲《正廳記》。正廳東有桂籍堂、宋進士題名處。小廳東有清心堂，太守曹修古有《夏日清心堂睡起》詩：『天府鞫囚三節日，霜臺待漏五更時。薰風一覺清涼睡，莫問浮名高與卑。』及太守徐師閔《荔支譜》刻于壁。紹興二十年有五色雀集于正廳榕木上，芝產後圃，麥秀兩岐，太守陸涣更名三瑞堂。

通判廳，在軍治西，今舊察院行臺是也。」

觀是，則通判廳在郡城莆田之南，其位置在宋軍治之西端也。至振孫何時始離興化軍通判之任，宋世以來，亦未有人言及之者。考《興化府莆田縣志》卷七《職官志・文職官・通判》條云：

「陳振孫寶慶三年克。　趙汝盥紹定元年以朝奉郎克。」

觀是，則知振孫寶慶三年（一二二七）始任通判，至紹定元年（一二二八）即離任，趙汝盥繼之，故振孫在位首尾不過兩年，爲時則甚暫也。然《福建通志》卷九十四《宋職官・興化軍通判軍事》條云：

「陳振孫寶慶二年任，有宦績。　趙汝盥商恭靖王元份裔孫。　趙汝駉《世系表》闕，居永嘉。　俱紹定間任。」

《福建通志》謂振孫寶慶二年任，固誤，前已辨之。此條「趙汝盥」名下，當依《莆田縣志》增補「紹定元年以朝奉郎克」數字，則更較詳盡完善也。

至振孫於興化軍通判任內之長官及僚屬，茲據《興化府莆田縣志》及《福建通志》二書，查檢而得之資料，計爲：

《興化府莆田縣志》卷七《職官志・文職官・知軍》條云：

「陳韡寶慶三年知，不數日，移劍州。　王克恭南安人，寶慶三年以工部郎官知。」

是陳韡及王克恭均先後出任知軍，乃振孫之長官矣。

同書同卷《職官志．文職官．判官》條云：

「姚瑤嘉定七年任。　程必東紹定二年任。」

姚瑤應作姚珤，前已辨之。姚珤任判官，始於嘉定七年甲戌（一二一四），以迄紹定元年戊子（一二二八），前後凡十五年，任此職爲時頗久。及程必東接任判官，則振孫已調離莆田官守矣。

同書同卷《職官志．文職官．宋莆田縣縣丞》條云：

「林公慶寶慶二年任。　陳子順紹定三年任。」

是林公慶任莆田縣丞，由寶慶二年丙戌（一二二六），至紹定二年己丑（一二二九）止，凡三年。

又同書同卷《職官志．文職官．興化縣知縣事》條云：

「周果寶慶元年知。　林公慶權。」

案：林公慶既以紹定二年己丑始離莆田縣縣丞職，則其調升興化縣權知縣事，當在紹定三年庚寅（一二三〇）矣。是知周果之離任，必在公慶赴職前。

《福建通志》卷九十四《宋職官．興化軍錄事參軍》條云：

「王顯世紹定間任，有宦績。舊志作紹聖間任，誤。顯世曾祖炳，即紹聖進士也。」

是顯世亦曾於紹定間任興化軍錄事參軍。然則姚珤、林公慶、周果、王顯世諸人，均爲今可考知之振孫僚屬也。

振孫宦莆，游屐所至，曾抵蔡襄宅。《解題》卷十七《別集類》中《蔡忠惠集》條已詳記之，而前引錢泰吉《甘泉鄉人稿·曝書雜記》下《陳直齋事跡》條亦嘗備載。《興化府莆田縣志》卷二《輿地志·古蹟·城外》亦云：

「蔡襄宅，在郡南門蔡宅。」

所記至簡。茲不妨揭取《解題》資料，增補《莆田縣志》此條如左：

「蔡襄宅，在郡南門，去城三里。茘子號『玉堂紅』者，正在其處。矮屋欲壓頭，猶是當時舊物。歐公所撰《墓誌》，石立堂下，真蹟及諸公書帖多有存者。」

案：《解題》一書既可增補方志之未及，則其功用，又豈止辨章學術、考鏡源流而已。振孫乘宦莆之便，嘗一再借錄書籍於鄭樵後人。意其游履所及，亦必常親造鄭樵故宅與夾漈草堂，以作瞻仰。《興化府莆田縣志》卷二《輿地志·古蹟·城外》云：

「鄭樵宅，在廣業里下溪，門前有日月井。乾隆丙子，生監林延擢、鄭白、方維蘭捐金募建爲書院。」

又云：

「夾漈草堂，在廣業里，宋鄭樵著書處也。樵嘗自題云：『斯堂也，本幽泉怪石、長松修竹、榛橡所叢會，與時風夜雨、輕煙浮雲、飛禽走獸、樵薪所往來之地。溪西之民，於其間爲堂三間，覆茅以居。詩云：「堂前拖柴堂上燒，柴門終日似無聊。蓼虫不解知辛苦，松鶴何能慰寂寥。述作還驚心力盡，哦吟早覺鬢毛彫。布衣蔬食隨天性，休訝巢由不見堯。」』附鄭僑《題夾漈草堂詩》：『杪秋尋遠山，幽懷鬱沖沖。草堂跨層崖，夕陽山影空。高人辭天祿，結交杖藜翁。游氛暗九土，歲晚余曷從。泠泠夾漈水，謖謖長松風。思之不可見，淚落秋雲中。』」細閱上述諸條所記，亦可略睹振孫在莆游履及於蔡襄、鄭樵二宅之一斑。

第六節　除軍器監簿

振孫之除軍器監簿一職，《湖錄》及《宋史翼》均乏載，實失之眉睫者也。然洪咨夔《平齋文集》卷十八《外制》二即有《軍器監簿陳振孫除諸王宮大小學教授制》，是振孫於除諸王宮大小學教授之前，確曾出任軍器監簿。

夷考宋代軍器監簿及其主事官長之設置，馬端臨《文獻通考》卷五十七《職官考》十一《軍器監》條云：

「宋軍器，初領於三司冑案，官無專職。熙寧六年，廢冑案，乃按唐令置監，擇從官總制。元豐正名，分案五，所隸官屬四：東西作坊，掌造兵器、旗幟、戎帳、行物，辨其名地，監官二人，以京朝官及三班使臣充。作坊物料庫，掌收鐵錫、羽箭、油漆之類。皮角場，掌收皮革、筋骨，以供作坊之用，置官與東西作坊同，建炎併歸工部，紹興復置長、貳各一員。隆興初，詔軍器所已隸工部，本監惟置丞一員。乾道後，置監、少監及簿。淳熙初，詔戎器非進入毋輒出所，由是呈驗寖省。嘉定以後，事最稀簡，特爲儲才之所。」

同書卷一百六十一《兵考》十三《軍器》條云：

「（神宗熙寧）六年，置軍器監，總內外軍器之政，置判一人，同判一人，屬有丞、主簿，有管當公事。先時，軍器領於三司，至是罷之，一總於監。凡産材州，置都作院，凡天下知軍器監利害者，聽詣監陳述。於是吏民獻器械法式者甚衆。是歲，又置內弓箭南庫，而軍器監奏遣使以利器頒諸路，作院爲式焉。」

綜上所記，是宋之軍器監初置於神宗熙寧六年，所隸官屬有四，即東、西作坊、作坊物料庫及皮角場，以總內外軍器之政。其主事官吏有判、同判、丞、主簿，代有減免。至孝宗乾道五年，復置監、少監、主簿各一員。惟寧宗嘉定十七年以後，軍器監事務疏簡，振孫任職於其間，恐亦無甚大作爲矣。

振孫何時始除軍器監主簿？又何時離此職而改任諸王宮大小學教授？史無明文，而《平齋文集》亦無確說。陳樂素《直齋書錄解題作者陳振孫》三《年歷》云：

「洪咨夔《平齋文集》卷十八有《軍器監簿陳振孫除諸王宮大小學教授制》，介於《趙范除江淮制置大使》與《史嵩之除權兵部尚書制》之間。據《宋史》卷四零六咨夔本傳及《理宗紀》，擢中書舍人乃端平元年（一二三四）四月以後事，而趙范爲兩淮制置使在五月，史嵩之進兵部尚書在六月；然則直齋除教授，亦當在五月六月。而紹定辛卯（四年，一二三一）直齋嘗爲郡人陳思所纂《寶刻叢編》作序，或即在軍器監簿之時。」⑤

案：今檢《平齋文集》卷第十八，《軍器監簿陳振孫除諸王宮大小學教授》一制，實介於《司農寺簿趙鎬夫除司農寺丞兼提領安邊制》與《方大琮除司農寺簿樓杓除軍器監簿制》之間，是方大琮乃繼趙鎬夫任司農簿，而樓杓則繼陳振孫任軍器監簿也。所惜趙、方、樓三人，《宋史》均無傳，故諸人之交接年月皆無由考得，遂連振孫何時除諸王宮大小學教授，亦似不易考悉耳。樂素文中提及之《趙范除江淮制置大使》，全名應爲《兩淮制置使兼沿江制置副使趙范除江淮制置大使制》，收入《平齋文集》卷第十八《外制》二之第十篇；而《史嵩之除權兵部尙書制》，全名應爲《戶部侍郎京湖制置使史嵩之除權兵部尙書制》，則收入《平齋文集》卷第十九《外制》三之第三篇，是樂素所言不盡準確。至樂素據洪咨夔、趙范、史嵩之三人史事，考證出振孫端平元年五、六月間除諸王宮大小學教授，則較爲可信。考《平齋文集》卷第十八振孫一《制》之前三篇乃爲《著作郎兼權司封郎官蔣重珍除起居舍人兼崇政殿說書制》，據《宋史》卷四百一十一《列傳》第一百七十《蔣重珍》載重珍之除起居舍人兼崇政殿說書正爲端平元年，此足爲樂素說之有力旁證。蓋重珍之除官既爲端平元年，是則振孫離軍器監簿任，而除諸王宮大小學教授亦應在端平元年也。觀余所示此一旁證，則樂素之說，固泰山不移矣。

至於振孫何時除軍器監簿任？余疑即在宋理宗紹定元年（一二二八），亦爲振孫離興化軍通判一職後。蓋宋代固有由通判而調升軍器監簿之例，《平齋文集》卷第十七《外制》一即有《淮西安撫司機宜兼通判盧州劉子澄除軍器監簿兼淮西安撫司參議官制》，該《制》云：

「敕具官某：邊閫上介之置，非內地比；中原事機之集，非他時比；故擇材尤謹。爾氣稟爽邁，論議英發，與聞經略，西事之機籌亦既熟矣。班王朝而長幕府，厥任逾重。深沈者無躁謀，老成者多遠慮，爾能贊乃牧圖，全而制勝。功懋懋賞，朕所不吝也。可。」

案：劉子澄，字清叔，泰和人，宋寧宗嘉定十三年（一二二〇）進士，初官棗陽令。此《制》足見子澄乃由棗陽令而升盧州通判，而再除軍器監簿者。子澄升遷之跡，與振孫之由宰南城，而充興化軍通判，而除軍器監簿，彼此若合符契。是則振孫於興化軍通判一職滿任後，即調升軍器監簿，蓋應合於史實。由是以推，振孫之任軍器監簿，蓋始於紹定元年（一二二八），而終於端平元年（一二三四），先後六年，劉子澄或即振孫之前任乎？

振孫任軍器監簿時，嘗序陳思所纂之《寶刻叢編》，樂素所言不誤。振孫《寶刻叢編序》不經見，《四庫全書》本竟乏載，特迻錄之，俾資參考：

「始歐陽兗公爲《集古錄》，有卷秩次第，而無時世先後。趙德甫《金石錄》，迺自三代、秦漢而下敘次之，而不著所在郡邑。及鄭漁仲作《系時》、《系地》二錄，亦疏略弗備。其他如《諸道石刻錄》、《訪碑錄》之類，於所在詳矣，而考訂或鈌焉。都人陳思儥書於都市，士之好古博雅，蒐遺獵忘，以足其所藏；與夫故家之淪墜不振，出其所藏以求售者，往往交於其肆。且售且儥，久而所閱滋多，望之輒能別其真贋，一旦盡取諸家所錄，輯爲一編，以今九域、京府、州縣爲本，繫其名物於左，昔人辨證審定之語，具著之。既鋟木，首以遺余，求識其端。凡古刻所以貴重於世，歐陽公以來，言之悉矣，不待余言。余獨感夫古今宇宙之變，火焚水漂，陵濔谷堙，雖金石之堅不足保恃，載祀悠緬，其毁匆存，存弗全者，不勝數矣。矧今河洛尚隔版圖，其幸而存且全，可椎搨者，非邊牙市不可得，得或貫兼金，固不能家有而人見之也；則得是書而觀之，猶可想象彷彿於上下數千載間，其不謂之有補於斯文矣乎！思，市人也。其爲是編，志於價而已矣，而於斯文有補焉；視他書坊所刻，或蕪釀不切，徒費板墨、靡櫰楮者，可同日語哉！誠以是獲厚利，亦善于擇術矣。余故樂爲之書，是亦柳河東述宋清之意云爾。紹定辛卯小至，直齋陳伯玉父。」

案：此《序》中之辛卯小至，即紹定四年冬至前一日也。樂素文中稱陳思爲郡人，大誤。而衍琯亦竟不知乃「都人」之誤，《陳振孫傳略》二《仕履》及《陳振孫學記》第一章《傳略》第二節《仕履》均將樂素之「郡人」改作「永嘉」，亦殊失當也。都人者，臨安人也，臨安乃南宋之行在，故直齋作《序》，稱陳思爲都人。《寶刻叢編》另有魏了翁之序，《序》云：

「余無它嗜，惟書癖殆不可醫。臨安鬻書人陳思，多爲余收攬散逸，扣其書顛末，輒對如響。」

另《四庫全書總目·史部》十四《目錄類》二《金石之屬》亦曰：

「《寶刻叢編》二十卷，宋陳思撰。思，臨安人。」

觀上所述，是樂素作「郡人」固誤，衍琯之擅改「郡人」作「永嘉」，亦未免枉用其聰明矣。

南宋軍器監，設置在臨安。潛說友《咸淳臨安志》卷八《行在所錄・諸監》條云：

「軍器監，在保民坊內。紹興三年始置丞，十一年置長、貳。又有製造所、御前軍器所，別置提舉、提轄等官莅其役。近歲專屬殿司，而監之事益以省。監王逨記題名。將作名官，古也，軍器，非古也。周有六職，百工居一焉。漢以少府列九卿，其屬考工，專主器械；軍器，非古也，其職，古也。有唐設官，軍器與將作並列焉。國朝具官無員，而其職掌隸於三司。自熙寧制更，然後軍器有監，監有長，有貳，有丞、簿，率屬合治，與《唐六典》建官不殊。迄中興以來承平，官府併省多矣；而此職具存，豈以用武之時，所務爲急，雖時偃武，所以除戎器者，不可一日置耶！由長而下，異時選用人才，其間踐文昌，登丞弼，爛然可睹，盛矣。逨也不肖，由尚書郎得長是官，日虞非才，玷辱前列，顧瞻石刻雖有名氏，而未述官守建置之縣，輒不少遜；慨然書之，併以姓氏列於諸公之左。來者繼之，頹然瓦石珠璧後，先遲莫有榮焉。淳熙三年六月二十五日。」

是軍器監設在保民坊內，振孫日夕辦公必莅焉。至其時出任軍器監者爲謝采伯，《平齋文集》卷第十七《外制》一即有《度支郎中謝采伯除軍器監制》，云：

「敕具官某：吳粵之劍，取其地良；妢胡之笴，取其材美，朕觀諸此，得器使群工之道。爾生相家而無驕氣，地之良也；挹儒科而有能聲，材之美也。地良材美，繇郎版部，長戎監，疇不謂宜？豈徒以肺腑進哉！《易》之除戎，《詩》之備械，《書》之敿冑敿干，皆今急務。毋視訓工程作爲猥釀，而不之屑。可。」

至其時任軍器監丞，則先後有賈似道、杜範。蓋似道未幾特轉奉議郎，而杜範乃繼之。《平齋文集》同卷有《趙蘵除大理寺丞陶木司農寺丞趙崇嵒太府寺丞姚珤國子監丞賈似道軍器監丞制》略云：

「敕具官某等：漢宣帝厲精求治，綜核名實，以練群臣。黜陟有序，衆職修理，上下無苟且之意，迄濟中興，朕甚慕之。……爾似道，克家之美，趣尚不苟。……丞者，承也，所以承輔其長，使無曠職也。……繼自今，咸稱厥職，則予以懌。可。」

同書同卷又有《賈似道特轉奉議郎制》，曰：

「敕具官某：朕建后於相家，又命妃於法從家，而關睢之化行，進封有俶，推恩惟稱。爾襲芳弓冶之傳，承暉四星之首，擢丞武監，進秩二等，奕奕光榮矣。務學好脩，用燕多祉。可。」

同書同卷有《趙汝訶除司農寺丞杜範軍器監丞李以制大理寺簿章勳將作監簿制》，略曰：

「敕具官某等：漢宣帝厲精求治，綜核名實，以練群臣。黜陟有序，衆職修理，上下無苟且之意，迄濟中興，朕甚慕之。……爾範，穎于儒紳，業履甚度。……丞以承輔其長，……非特示進擢之榮也。……繼自今，咸稱厥職，則予以懌。可。」

綜上所引《平齋文集》諸《制》，足證謝采伯、賈似道、杜範，均於理宗朝紹定、端平之際曾出任軍器監之長、貳，而振孫其時爲簿，固親承謝、賈、杜範三人之指揮矣。

第七節　除諸王宮大小學教授

振孫由軍器監簿，除諸王宮大小學教授，事在端平元年甲午（一二三四），余於上節中已詳考之，相信不違於事實。《平齋文集》卷第十八《外制》二《軍器監簿陳振孫除諸王宮大小學教授制》云：

「教具官某：我　仁宗詔諸宮院教授，非止講習經旨，須選優行端慤，蓋欲其以身教也。爾靜而不競，簡而不華，可謂端慤矣。振振麟定，以爾爲之師。觀榘度於步武之間，挹芳潤於言論之頃；而成童既冠，莫非大雅，麗澤講習之功，將有考於此。可。」

案：振孫既除諸王宮大小學教授，則是任職於宗學矣。夷考北宋、南宋間宗學之設置與變遷，《宋史》卷一百六十五《志》第一百一十八《職官》五《宗學》條載云：

「元豐六年，宗室令鑠乞建宗學，詔從之。既而中輟，建中靖國元年復置。崇寧初，立月書季考法。南渡初，建學。嘉定更新置四齋，後再增三齋。宗學博士，舊諸王宮大小學教授也。至道元年，太宗將爲皇姪等置師傅，執政謂環衛之官非親王比，當有降，乃以教授爲名。咸平初，遂命諸王府官分兼南、北宅教授。南宮者，太祖、太宗諸王之子孫處之，所謂睦親宅也。崇寧五年，又改稱某王宮宗子博士，位國子博士之上。靖康之亂，宗學遂廢。紹興四年，始復置諸王宮大小學教授二員。隆興省其一。嘉定九年十二月，始復置宗學，改教授爲博士，又置宗學諭一員，並隸宗正寺，在太常博士之下，諭在國子正之上，奉給、賞典依國子博士及正例，於是宗室疏遠者皆得就學。旋有旨復存諸王宮大小學教授一員。」

觀是，則宗學於北宋神宗元豐六年戊午（一〇七八）始建，既而中輟。徽宗建中靖國元年辛巳（一一〇一）復置，至靖康之亂又廢。南宋高宗紹興四年甲寅（一一三四）始復置諸王宮大小學教授二員，孝宗隆興間省一員。寧宗嘉定九年丙子（一二一六）十二月，始復置宗學，於是宗室疏遠者皆得就學。此北宋、南宋之際，宗學建、輟、廢、置之梗概也。至諸王宮大小學教授之職稱，或稱爲宗學博士，或稱爲某王宮宗子博士，名異實同，是此職稱凡再變矣。

至諸王宮大小學教授之人數，《宋史》卷一百六十二《志》第一百一十五《職官》二《親王府》條有云：

「凡諸宮皆有教授，初無定員。是年，英宗以宗室自率府副率已上八百餘人，奉朝請者四百餘人，而教官纔六員，乃詔增置教授官：凡皇族年三十已上者百一十三人，置講書四員；年十五以上者百十三人，置講書四員；年二十已上者三百九人，增置教授五員；年十四已下者，別置小學教授十二員；并舊六，爲二十七員，以分教之。其子弟不率教，俾教授官、本位尊長具名申大宗正司，量行戒責。教授官不職，大宗正司密訪以聞。舊制，親賢宅置講書，紹興十二年，改爲府教授，掌教親賢宅南班宗子。淳熙十二年，詔建魏惠憲王府，置小學教授二員，以館職兼充，掌訓皇孫。既長，趨朝謁，則不以小學名，而講習如故。自後皇姪、皇孫皆置教授。」

案：此條記自北宋英宗至南宋孝宗諸宮教授員數甚詳。中謂：「年二十已上者三百九人，增置教授五員。」證諸《軍器監簿陳振孫除諸王宮大小學教授制》中「而成童既冠，莫非大雅，麗澤講習之功」之語，則振孫所授教者應多爲「年二十已上」之「既冠」成童；惟宋寧宗嘉定九年之後，「旋有旨復存諸王宮大小學教授一員」，若是，則理宗時，振孫既任此職，則又須兼教導「年十四已下」之皇姪、皇孫矣。

諸王宮大小學教授隸宗正寺，事在嘉定九年十二月始，前引《宋史》卷一百六十五《志》第一百一十八《職官》五《宗學》條已載及之。《宋史》卷一百六十四《志》第一百一十七《職官》四《宗正寺》條又云：

「宗正寺，卿、少卿、丞、主簿各一人。……渡江後，卿不常置，少卿一人，以太常兼。紹興三年，復置少卿一人。五年，復置丞；十年置主簿；隆興元年併省。次年，詔丞、簿復舊制。嘉定九年，詔以宗學改隸宗正寺，自此寺官又預校試之事。」

是則其時宗正寺之卿、少卿、丞、簿諸官，皆振孫之長上矣。

宗學既隸宗正寺，惟自寧宗嘉定九年以來，學風則未獲端正。《宋會要・崇儒》一之二七至二八曾載嘉定十七年臣僚之上言，曰：

「嘉定十七年六月三日，臣僚言：『臣聞上之開設學校，貴乎教養之兩盡；下之講明學問，貴乎師生之相資。師生日親，則教養無愧矣。……仰惟國家設成均已風四方，創建宗學爲我宋億萬斯年之計，猗歟休哉。……而臣拳拳愚忠，有願爲陛下告者。臣起自諸生，粗識學校事體，有司成以總其綱，列官師以任其職。月有私試，必公心去取，使營求者不得以行其私；旬有堂課，必詳與批抹，而傳齋者亦足以示其勸。點諳生員，以扣擊其所得；反復問難，以考驗其所蘊。朝夕接密，而師生舉無隱情，聞見既廣，則器識自充，異日致君澤民之業，實基於此。今乃不然，臣不欲悉數其故。長、貳有兼職，間不入局，則學官足纔及直舍，而旋即命駕矣。不聞延見佳士，尚何考德問業之可望；還舍既不許接見生員，自應質疑辯惑之無因，規矩昭揭，固非所以繩善類也，不肅則踰者無所忌憚，出假者節，蓋欲其一意肄業也，不檢者乃肆行而自貽伊慼。試有得失，各安其分可也；然黠者乃誣謗喧傳，至於下有司究問。此何等士風，而見於有道之世耶！負陛下教養之恩多矣。今之宗室，非不備餼廩，非不豐識治者，謂有養而無教，是識可咎耳。……臣受恩思報，有見輒言。事有關於風化之大者，尤當不避仇怨。欲望聖慈下臣此章，以示三學，使知以天下學校爲念，以諸生講明學問爲急，勿徇私情，一洗舊習，丕變士風，不勝斯文之幸。』詔從之。」

案：此段臣僚所言：「長、貳有兼職，間不入局。」即指宗正寺之卿、少卿，以太常兼職，不常到校。又謂：「學官足纔及直舍，而旋即命駕矣。」蓋宗正司失其監督，則教授慵惰不稱職者有之矣。又謂：「不聞延見佳士，尚何考德問業之可望；還舍既不許接見生員，自應質疑辯惑之無因，規矩昭揭，固非所以繩善類也。」是又教授課業督問不嚴，教學廢弛，而師生隔閡甚矣。至曰：「試有得失，各安其分可也。然黠者乃誣謗喧傳，至於下有司究問，此何等士風，而見於有道之世耶！」是眞師不師，弟不弟，南宋宗學敗壞若斯，誠令人不勝其浩歎者也。是以端平元年甲子（一二三四），時隔嘉定十七年甲申（一二二四）僅十載，理宗於敕振孫任諸王宮大小學教授時，其《制》開宗明義即曰：

> 「我 仁宗詔諸宮院教授，非止講習經旨，須選優行端慤，蓋欲其以身教也。」

揣理宗之意，固欲對症下藥，力拯宗學之敗壞，而挽其頹風。惟振孫以「靜而不競，簡而不華」之端慤優行，其治此職之成績若何，則史無明文，殊難臆說。至《制》中所提及仁宗之詔，《宋史・仁宗紀》則無之。《宋大詔令集》所載，而與此相關涉之仁宗詔有二，其一見載卷第一百五十七《政事》十《學校》條：

> **《建學詔》** 慶曆五年
>
> 夫儒者，通夫天地人之理，而兼明古今治亂之源，可謂博矣。然學者不得騁其說，有司務先聲、病章句以拘之，則吾豪儁奇偉之士，何以預焉？士有純明朴茂之美，而無斅學養成之法，其飭身勵節者，使與不肖之人雜而並進，則夫懿德敏行之人，何以見焉？此取士之甚弊，而學者自以爲患，議者屢以爲言，朕慎於改更，比令詳酌，仍詔宰府，加之參定。以謂本學校以教之，然後可求其實。先策論則辨理者得盡其奧，簡程式則閎博者可見其才。至於經術之家，稍增新制，

兼行舊式，以勉中人。慎法細文罷去，明其賞罰，俾各觀焉。如此，則待士之意周，取人之道廣。夫遇人以薄者，不可責其厚。今朕建學興善，以尊子大夫之行；而更制革弊，以盡學者之材。其於教育之方，勤亦至矣。有司其務嚴訓導，精察舉，以稱朕意。學者其思進德修業，而無失其時。凡所科條，可爲永式。

其二見載同書卷第五十《宗室》十《雜詔》條：

《賜大宗正司誡勵宗子修學詔》 慶曆五年二月己未

朕思古之人君，莫不厚親戚以輔王室，始家邦而化天下，近鑒前史，有足觀者。如漢河間之好書、東平之樂善，不亦爲風教之助乎！國家之興，八十餘載，子孫蕃衍，幾數百人。比令建置宗室，開敞居第，所以示糾合之義，敦睦之愛。亦嘗臨遣儒士，往授經訓，雖忠孝篤行，人皆夙習，而詩書成業，罕聞來上。自今帥諸宗子，勵翼一心，周旋六藝，以廢學爲恥，以飾身爲賢，朕豈爵賞之悋哉！使四方謂朕有懿親茂族，爲國盤維之固，誠不媿於前代也。宜令睦親南北宅諸院教授官，常具聽習經典文辭、書翰功課以聞。咨爾宗室，體我眷懷。

案：理宗敕振孫《制》中所言及仁宗詔者，或即指此二詔也。南宋人王偁所撰《東都事略》卷第六《本紀》六亦載此二詔，惟甚簡略。前詔署年爲慶曆四年三月壬申，後詔署年爲慶曆五年三月己未，與《宋大詔令集》所署不同，未知孰是？然李燾《續資治通鑑長編》卷一百五十五仁宗慶曆五年三月載：

「己未，詔大宗正司帥諸宗子勉勵學業，睦親南北宅諸院教授官常具聽習經典或文詞書翰功課以聞。」

考慶曆五年二月無「己未」日，是則《宋大詔令集》所載其後一詔之署月，「二月」或爲「三月」之訛也。

振孫除諸王宮大小學教授，始於端平元年，惟於何時離此任而改任他職？陳樂素《直齋書錄解題作者陳振孫》三《年歷》條云：

「《會稽續志》卷二所載，端平三年二月以朝散大夫知台州，兼權浙東提舉者，蓋自諸王宮大小學教授而轉外也。」

案：樂素以端平三年二月爲離諸王宮大小學教授任之期，其說是也。考宋代宗學教授，皆以三年爲一任。《宋會要．崇儒》一之一四云：

「慶元六年十月七日，詔西、南外宗司官，歲舉教授改官，許逐司每任內互舉一次。以知南外宗正不戒、知西外宗正公迴言：淳熙十六年八月二十九日敕節文，外宗官許歲發改官狀一紙與本司教授，照得二司宗學教授，皆以三年爲任。初，一年可發一紙，至第二、第三年見在教授不可再發。又別無可舉之官，乞各將任內合發宗學教授舉狀，兩司只就歲發未盡之數，通融互舉，故有是命。」

《宋會要》此條足爲樂素離任說之有力證據，蓋振孫端平元年除此職，端平三年正合離任轉外也。至振孫任諸王宮大小學教授，其辦公之所何在？《咸淳臨安志》卷十一《行在所錄·學校·諸王宮大小學》條云：

「宗學，在睦親坊。按國朝宗子分爲六宅，宅各有學，學皆有官。中興後，惟睦親一宅。紹興四年始置諸王宮大小學教授各一員，專以訓迪南班子弟。隆興間省其一。嘉定九年始改宮學爲宗學，即其地改創。凡在屬籍者，皆以三載一試，補弟子員，如太學法；改教授爲宗正，學置諭一員，隸宗正寺。十四年四月，因臣寮之請，復存教授一員，與博士、諭輪蒞講課。若沂府諸近屬，則別置教授，爲清望官兼職，不在此列。宗學扁，理宗皇帝御書。」

觀是，則由端平元年至三年，振孫辦公之所在，即在此睦親坊；而其教學之對象，乃南班太祖、太宗諸王之子孫；而其教授方法，則爲與博士、諭等輪流講學。至「宗學」一匾，固爲振孫在任時，或在任前後，理宗所御書者耶！

第八節　知台州與任浙東提舉

張淏所著《會稽續志》一書，其卷二《提舉題名》條云：

「陳振孫，端平三年二月初六日，以朝散大夫知台州兼權；八月正除，十月二十八日到任。嘉熙元年五月改知嘉興府。」

惟《湖錄》則云：

「端平三年三月，以朝散大夫知台州，兼權浙東提舉常平茶鹽事，八月正除。嘉熙元年，改知嘉興府。」

案：茲觀《會稽續志》與《湖錄》所載振孫知台州，任浙東提舉與改知嘉興府事，頗有異同，惟正可互為補充糾正。蓋振孫所權者及其後正除之浙東提舉一職，其所執掌者乃常平茶鹽事；二月初六日兼權，八月正除，十月二十八日始到任。而《湖錄》兼權作端平三年三月，而未記到任日期，則《湖錄》所記，前者誤，而後者微有不足。據此，振孫由諸王宮大小學教授轉外，以朝散大夫知台州，兼權浙東提舉，確為於端平三年二月初六也。《台州府志》卷九《職官表》一即據《會稽續志》，其端平三年項下載：

「陳振孫，《會稽續志》：『二月六日以朝散大夫知，兼權浙東提舉。』《直齋書錄解題‧天台山記》條云：『余假守臨海，就使本道，嘉熙丙申十月解郡。』案舊志失載，今補。」

案：《台州府志》所引之《天台山記》條，見《解題》卷八《地理類》。《解題》此條云：

「《天台山記》一卷，唐道士徐靈府撰。元和中人也。余假守臨海，就使本道。嘉熙丙申十月，解郡符趨會稽治所，道過之，銳欲往遊，會大雪不果，改轅由驛道，至今以為恨。偶見此《記》，錄之以寄臥遊之意。」

案：《解題》此條所謂「余假守臨海」者，即指振孫往任台州知軍州事，而臨海即台州之治所也。至

「嘉熙丙申十月」一語，實乃「端平丙申十月」之誤，其時年號仍爲端平，振孫不慎偶誤記。故錢泰吉《甘泉鄉人稿．曝書雜記》下《陳直齋事跡》條辨之曰：

「按丙申爲端平三年，明年丁酉，乃爲嘉熙元年，此作嘉熙丙申，誤。」

而陳壽祺撰《宋目錄家晁公武陳振孫傳》亦曰：

「壽祺考：《解題》有云，『余假守臨海，就使本道。嘉熙丙申十月，解郡符趨會稽治所』云云。丙申爲端平三年，明年丁酉乃爲嘉熙元年，此作嘉熙丙申，筆誤也。端平丙申二月，振孫知台州，所謂『假守臨海』。十月到浙東提舉任，所謂『十月解郡符趨會稽治所』也。」

綜上錢、陳二家之說，是振孫端平三年丙申二月知台州，此年十月即解台州知軍州事，趨會稽治所，正除浙東提舉。此說與《會稽續志》所載吻合，蓋浙東提舉治所在紹興府。是故陳樂素《直齋書錄解題作者陳振孫》三《年歷》條云：

「《會稽續志》卷二所載，端平三年二月以朝散大夫知台州，兼權浙東提舉者，蓋自諸王宮大小學教授而轉外也。又據《續志》，是年十月到浙東提舉任，則在台州爲時甚暫。」

樂素所考不誤，是知振孫之知台州，前後不足九月也。

至天台山，於浙江諸山中最爲名勝。《台州府志》卷十《山水略》一《叙山》一云：

「浙東之山最名勝者二。……天台、雁宕，最名勝者也。……天台爲天、寧二邑諸山之主。《天台楮志稿》：『華頂山爲一邑諸山之主。』《光緒寧海志》：『中幹，縣當其脊，起於天台華頂山。』又云：『南幹，在縣城之南，亦起於天台華頂山。』又云：『西南幹，居縣城西南，西接天台魏嶺。』自注：『亦起於華頂山。』然則寧海四幹，惟西北幹不起自天台山耳。」

而陳耆卿《赤城志》卷二十一《山水門》三《山．天台》條亦云：

「天台山在縣北三里，自神跡石起。按陶弘景《真誥》：『高一萬八千里，周回八百里，山有八重，四面如一。《十道志》謂之頂對三辰，或曰當牛、女之分，上應台宿，故曰天台。』一曰大小台，以石橋大小得名，亦號桐柏。《棲山登真隱訣》云：『大小台處五縣中央。五縣謂餘姚、句章、臨海、天台、剡縣。』顧野王《輿地志》云：『天台山一名桐柏，衆嶽之最秀者也。』徐靈《府記》云：『天台山與桐柏接，而少異。』《神邕山圖》又采浮屠氏説，以爲閻浮，震旦國極東處；或又號靈越，孫綽賦所謂『托靈越以正基』是也。按：諸書名稱不同，惟天台乃其正號，餘亦各有據；獨『上應台宿』之語，雖本道書，邈不可考爾。《魏夫人傳》云：『天台山下有祠堂，方三里，乃司命君府。其東南二門，有日月三辰之精，光燭洞天。』《抱朴子》內篇云：『諸山不可煉金丹，以其皆有水石之精。惟大華、少室、縉雲、羅浮、大小台，正神主之，可以修鍊。』審此，則其靈敞詭異，出仙入佛，爲天下偉觀。宜哉！」

同書同卷又引孫綽《天台山賦》並《序》，《賦》長不錄，僅錄其《序》，云：

「天台山者，蓋山嶽之神秀也。涉海則有方丈、蓬萊，登陸則有四明、天台，皆玄聖之所游化，靈仙之所窟宅。夫其峻極之狀、嘉祥之美，窮山海之瑰富，盡人神之壯麗矣。所以不列於五岳，闕載於常典者，豈不以所立冥奧，其路幽迥，或倒景於重溟，或匿峰於千嶺，始經魑魅之途，卒踐無人之境，舉世莫能登陟，王者莫由禋祀。故事絕於常篇，名標於奇紀；然圖象之興，豈虛也哉！非夫遺世翫道，絕粒茹芝者，焉能輕舉而宅之。非夫遠寄冥搜，篤信通神者，何肯遙想而存之。余所以馳神運思，晝詠宵興，俛仰之間，若已再升者也。方解纓絡，永託茲嶺，不任吟想之至，聊奮藻以散懷。」

同書同卷又引李白《送楊山人詩》云：

「客有思天台，東行路超忽。濤落浙江秋，沙明浦陽月。今遊方厭楚，昨夢先歸越。且盡秉燭歡，無辭凌晨發。我家小阮賢，剖竹赤城邊。詩人多見重，官燭未曾然。興引登山屐，情催泛海船。石橋如可度，攜手弄雲煙。」

又載李白《同友人舟行詩》云：

「楚臣傷江楓，謝客拾海月。懷沙去瀟湘，掛席泛溟渤。蹇予訪前跡，獨往造窮髮。古人不可攀，去若浮雲沒。願言弄倒景，從此煉真骨。華頂窺絕冥，蓬壺望超忽。不知青春度，但怪綠芳歇。空持釣鰲心，從此謝魏闕。」

同書同卷又引張祜詩云：

「崔嵬海西鎮，靈跡傳萬古。群峰日來朝，累累孫氏祖。三茅即拳石，二室猶塊土。傍洞窟神仙，中巖宅龍虎。名從乾取象，位與坤作輔。鸞鶴自相群，前人空若瞽。巉巉割秋碧，媧女徒巧補。視聽出塵埃，處高心漸苦。纔登招手石，肘底笑天姥。仰看華蓋尖，赤日雲上午。奔雷撼深谷，下見山脚雨。迴首望四明，矗若城一堵。昏晨邈千態，恐動非自主。控鵠大夢中，坐覺身栩栩。東溟子時月，却孕元化母。彭蠡不分杯，浙江微辨縷。石梁屹橫架，萬紐青壁竪。却瞰赤城嶺，勢來如刀弩。盤松國清道，九里天莫睹。穹崇上攢三，突兀傍聳五。空崖絶凡路，癡立麋與麈。邈峻極天門，覷深窮地户。金庭路非遠，步徙將欲舉。身樂道家流，崇儒若一矩。行尋白雲叟，禮象登峻宇。佛窟繚杉嵐，仙壇半榛莽。懸巖與飛瀑，險噴難足俯。海眼三井通，洞門雙闕拄。瓊臺下昏側，手足前採乳。但造不死鄉，前勞何足數。」

又引僧貫休詩云：

「重疊大古色，濛濛花雨時。好峰行恐盡，流水語相隨。黑壤生紅木，黃猿領白兒。因思石橋月，曾與道人期。」

又引陳恬《遊山詩》云：

「嵩陽不得到，華頂可徘徊。當知吾往處，自有一天台。」

案：綜上所引詩文以觀，是天台雄偉壯麗，且多奇景，故爲諸山之冠。前人如孫綽、李白、張祐輩，皆曾登陟其間，飽覽名勝風光。振孫亦銳意往遊，惜以遇大雪，不果行，因而終身引以爲憾焉。

振孫既以朝散大夫而知台州，考朝散大夫乃文散官職。《宋史》卷一百六十九《志》第一百三十二《職官》九《文散官》條云：

「朝散大夫。從五上。」

又云：

「右朝官階、勳高，遇恩加八大夫。」

同書同卷《武散官》條又云：

「右文散官階上，經恩加一階。……文武三品已上服紫，五品已上服緋，九品已上服綠。」

由上所載可推知，振孫離諸王宮大小學教授任時，遇恩而加朝散大夫。朝散大夫屬從五上之官，則振孫蓋服緋矣。

至於台州之沿革，《台州府志》卷三《地理志》一《沿革表》記述至詳。大抵台州夏、商、周屬越，隸揚州；戰國時屬楚；秦屬閩中郡；漢高帝五年屬閩越，武帝屬會稽郡。三國吳少帝太平二年屬臨海郡，南北朝因之。隋文帝開皇九年屬處州，隸吳州；十二年改屬括州。煬帝大業初年改屬永嘉郡。唐高祖武德四年隸括州，治臨海；五年改台州。太宗貞觀元年隸江南道，玄宗開元二十一年隸江南東道。天寶元年改台州爲臨海郡，肅宗乾元元年復爲台州，隸浙江東道。代宗大歷十四年隸浙江西道。五代吳越時屬德化軍。宋太宗太平興國三年隸兩浙東路，南宋仍之。是乃台州由三代以迄南宋沿革之一斑。

台州之疆域，《台州府志》卷三十九《疆域略》載之綦詳，云：

「台州府在浙江省治，東南距五百七十里，東西距二百四十二里，南北距二百一十一里。四正之境：東一百三十三里，臨海縣牛頭宮濱海；西一百零九里，仙居縣摘草嶺與金華府永康縣分界；南八十五里，黃巖縣小嶺與温州府樂清縣分界；又東南盤山，又東南三界橋一百十七里與樂清、太平分界；北一百二十六里，天台縣架龍巖嶺與紹興府新昌縣分界。四隅之境：東南二百零六里，太平縣松門衛城抵海；西南二百里，仙居縣均與處州府縉雲縣分界；東北一百八十里。寧海縣界與寧波府奉化縣分界；西北一百一十六里，天台縣關嶺與紹興府新昌縣分界。水程：靈江自西郭外西行十三里强，至三江口入溪，溯流西北行九十七里，至天台縣大西門，溯流西南行至象坎渡四十二里半，自渡復西行二十五里許，至仙居縣管山北麓，合白溪水西北流三里七分而至城東隅，共七十一里强。又靈江自西郭外東南流八十一里至三江口，自三江口東少南十三里三分，至墩頭埠，自埠過東邏經海門城北，而至鼠嶼，共二十六里半出海。驛程：自府治至浙江省城水陸共五百七十七里，至北京水陸共五千七百有八里。」

觀是，是振孫所治之台州，疆域至廣大，而台州對外水陸交通亦至爲方便也。

振孫之治台州，前後不足九月，時至短暫。惟檢《台州府志》卷九《職官表》一，所載與振孫前後任知軍州事者有：

紹定六年　趙必愿

端平二年　邢　近

端平三年　陳振孫

嘉熙元年　張　號

嘉熙二年　王　萬

上列數人，除趙必愿任期稍長外，其餘亦不出一年。至繼陳振孫而任之張號，《浙江通志》卷一百十五《職官》五《知台州軍》條作張琥。案「號」、「琥」二字形近，頗疑作張琥爲是，俟再考。

振孫所任之台州知軍州事一職，馬端臨《文獻通考》卷六十三《職官考》十七《郡太守》條曾載云：

「宋太祖開基，革五季之患，召諸鎮會於京師，賜第以留之；分命朝臣出守列郡，號權知軍州事。軍謂兵，州謂民政焉。其後，文武官參爲知州軍事，二品以上及帶中書樞密宣徽使職事稱判太守，掌總理郡政，宣布條教，導民以善，而糾其姦慝。歲時勸課農桑，旌別孝悌；其賦役、錢穀、獄訟之事，兵民之政皆總焉。凡法令條制，悉意孝行，以率所屬。有赦宥，則以時宣讀而頒告於治境。舉行祀典，察郡吏德義、材能而保任之；若疲軟不任事，或姦貪冒法，則按劾以聞。遇水旱以法賑濟，安集流亡，無所失所。若河南、應天、大名府，則兼留守，司公事；太原府、延安府、慶州、渭州、秦州，則兼經略安撫使、馬步軍都總管；定州、真定府、瀛州、大名府、京兆府，則兼安撫使、馬步軍都總管；瀘州、潭州、廣州、桂州、雄州，則兼安撫使、兵馬鈐轄；潁昌府、青州、鄆州、許州、鄧州，則兼安撫使、兵馬巡檢。其餘大蕃府，或沿邊州郡，或當一道衝要者，並兼兵馬鈐轄、巡檢都監，或帶沿邊安撫提轄兵甲、沿邊溪峒都巡檢。餘州軍則否，其屬官有無，及員數多寡，皆視其地望之高下，與職務之繁簡而置之。建炎元年，詔河北、京東西路，除帥臣外，舊差文臣知州去處，許通差武臣一次；後詔要郡帶本路兵馬鈐轄，次要郡帶本路兵馬都監。紹興三年罷。五年令郡守除授罷，並令上殿；凡從官出知郡者，特許不避本貫；詔應守臣以三年爲任。六年，詔控扼去處，守臣以三年爲任。九年罷，令郡守並帶提舉學事。孝宗乾道三年，令不任守臣，不爲郎。淳熙中，令郡守罷帶主管學事。」

《台州府志》卷九《職官表》一亦謂：

「太平興國三年，吳越王錢俶舉族歸京師，國除。《新五代史・吳越世系》。台州隨歸宋。《康熙志》。宋初，分命朝臣出守列郡，號權知軍州事。《宋史・職官志》。軍謂兵，州謂民政。其後文武參爲知軍州事。」

據《文獻通考》及《台州府志》所載，是知軍州事一職，乃宋太祖開基未久所設，初號權知軍州事，用以出替諸鎭，以釋兵權。知軍州事統轄兵、民、刑、學諸政，職任頗大，事務亦繁，其下有屬官，計通判、判官、推官、參軍各若干員。惜振孫任職時，其屬官爲誰，《台州府志》均失載之，今已無可考矣。

宋之台州府領縣五，《台州府志》卷十一《職官志》三云：

「宋台州臨海郡軍事縣五：臨海、黄巖、寧海、天台、仙居。《宋史・地理志》。天台本台興，建隆元年改。《元豐九域志》。仙居本永安，景德四年改。《宋史・地理志》。建隆三年始以朝官爲知縣，其間參用京官或幕職爲之。《宋朝事實》。差選人曰令，《雲麓漫鈔》。其縣除赤畿外，有望、緊、上、中、下。《文獻通考》。臨海、黃巖爲望，寧海爲緊，天台、仙居爲上。《宋史·地理志》。上、中、下縣令皆從八品，《宋史·百官志》。望縣、緊縣令品未聞，蓋與上縣同也。《鄞縣志》。」

是台州所領之五縣皆較富庶也。據《台州府志》卷十一《職官表》三所載：

端平元年，知天台縣者爲曾塤，《康熙志》誤作損。知寧海縣者爲胡夢炎。三月到。《康熙志》無年分。

端平二年，知臨海縣者爲趙子寅，知仙居縣者爲張偁。

端平三年，知黃巖縣者爲豐雲房，以天台主簿權，《康熙志》：「字雲卿，四明人。」知仙居縣者爲趙善正。《萬曆仙居志》系嘉熙二年，今從《康熙府縣志》。

是則除張偁外，倘曾塤、胡夢炎、趙子寅皆三年一任，上述諸官員均爲振孫轄下之縣令矣。

《台州府志》卷十六《職官表》八載：

端平元年，任仙居縣丞者爲諸葛寅，任簿者爲趙汝浹。

端平二年，任仙居縣尉者爲潘騤。

至《職官表》八「端平三年」項下則缺載，意諸葛寅等三人其時或仍任原職，則亦振孫之屬員矣。

振孫既知台州，則其治所在臨海。《赤城志》卷五《公廨門》二云：

一郡初治臨海，後徙章安，後又徙始豐，其復治臨海，又幾年于玆矣。度地既正，面勢亦均，脈絡聚而基礎高，于以宅邦君爲稱，惜頗甕陋。如衙鼓二樓不正，矗於前而旁峙於左，是其一端也。豈負山爲郡，其規制止若是歟！然屋宅多架巉岩，危軒傑閣，旁湧側出，摘星辰而舞雲氣，視闤闠百倍。公退暇，杖藜輿竹，清賞幽討，豈不足以呼吸光潤，而增爲政之清明哉！自倅貳以下咸有舍，惟兵官監當官，多僦民屋，不書。」

同書同卷《州治》條又云：

「州治在州城西北大固山下，舊在山上，今永慶院蓋其處。按《州廳壁記序》：『州置大固山屈晃公居宅，以其地勝。立屈氏次子惠坦爲太守，改家爲州。』按：惠坦，吳人；而臨海郡置於太平二年，此建立之始也。後以峻不可躋，遂徙今地，而不知其徙之歲。續按：《白雲延壽庵記》庵，即今永慶院。云：『昔爲鈴閣，當庵之中，後人遷于山之下，將二百載，刺史錢昱登山而望，遂置庵焉。』錢以乾德三年來守，以太平興國二年再守，逆而數之，唐大歷中適二百載焉。此固其徙之歲歟！自儀門設廳，修建各有本末，今列於左。」

是則台州治所，初在大固山上，後徙山下，自是且多所修建。據《赤城志》所載，除儀門之設廳外，另如小廳、簽廳、鼓樓、衙樓、手詔亭、宣詔亭、拜詔亭、班春亭、清平閣、見山閣、靜鎭堂、君子堂、節愛堂、霞起堂、凝思堂、雙岩堂、樂山堂、和青堂、集寶齋、參雲亭、玉霄亭、舒嘯亭、駐目亭、解纓亭、澄碧亭、瑞蓮亭、凝香閣、赤城奇觀、雙瑞軒、海臺、桃源、熙春館、和豐樓、多旨樓等，皆振孫接任前之歷任州官所建者。檢《赤城志》，今猶可知如沈揆、章沖、齊碩、趙思重、黃章、黃㽦、宗穎、趙資道、俞建、尤袤、劉坦之、周曄、喻珪、曾愅、葉箎、葛閎、李兼、元絳、江乙祖、史彌正、葉箋、錢文子諸人，皆對州治之修建至有貢獻。再考《台州府志》卷五十《建置略》一《城郭》條云：

「府內署，在儀門東。康熙六年，郡守王綱肅重建。」

是振孫辦公之府內署，乃面向儀門，每日流目西盼，怡然自得，而公退之暇，更不勝其尋幽探勝之樂也。

振孫任台州爲時雖短，然仍不忘傳錄書籍。陳樂素《直齋書錄解題作者陳振孫》三《年歷》云：

「又據《續志》，是年十月到浙東提舉任，則在台州爲時甚暫。然《解題》卷十八《詅癡符》條云：『臨海李庚家藏書甚富。』而卷十九《崔國輔集》，亦傳自李氏者也。是知其於書之傳錄，幾於無在而不留意；使亂前曾仕於蜀，所獲當益富。而《解題》著錄益宏矣。」

案：《解題》卷十八《別集類》下云：

「《詅癡符》二十卷，御史臨海李庚子長撰。『詅』之義，衒鬻也。市人鬻物於市，誇號之，曰『詅』。原注：去聲。此三字本出《顏氏家訓》，以譏無才思而流布醜拙者，以名其集，示謙也。庚，乙丑進士，以湯鵬舉薦辟入臺，家藏書甚富。」

同書同卷十九《詩集類》上云：

「《崔國輔集》一卷，唐集賢直學士、禮部員外郎崔國輔撰。開元十三年進士，應縣令舉，爲許昌令。天寶中加學士，後以王鉷近親坐貶。詩凡二十八首，臨海李氏本。後又得石林葉氏本，多六首。」

觀是，則《詅癡符》、《崔國輔集》二書，確皆傳錄自臨海李庚家。而《詅癡符》一書多達二十卷，倘非酷愛典籍如振孫者，何能迻錄而不憚煩若是耶！

端平三年，振孫曾撰就《陳忠肅公祠堂記》一文，此文後收入林表民所編《赤城集》卷八中，其辭云：

「故贈諫議大夫忠肅陳公，立朝著節，爲宋名臣，去之百有餘歲，其精忠確論，絕識危行，士無賢不肖，皆口誦心慕，磊磊落落，若前日事。孟子有言：『奮乎百世之上，百世之下聞者，莫不興起也。』公之謂矣。始公事祐陵，爲諫官，首論蔡京交結外戚，謫監當。未幾，以司攝夕拜，又坐上時相書，言私史、邊費，謫外祠；遂入黨籍，遷嶺表。甫自便，則又以子訟蔡氏不軌，謫通川；以進《尊堯集》，謫天台。晚稍牽復，則又以飛語連徙南康、山陽以歿。其平生出處本末如此。知、仁、勇，天下之達德也。士生斯世，維其知不足以知，勇不足以行，仁不足以守，則至於敗名喪節，失國負身而不恤。夫既知之矣，而行之或不決，守之或不固者，亡他焉，其知之非真知故也。是故三達德，以知爲首，而《大學》、《中庸》之教，必於明德、明善拳拳焉。公之攻蔡氏不遺餘力，至以射馬擒王爲喻。凡人孰不樂富貴而悲貧賤，公視美官若將浼己，而甘心於廢放竄斥；凡人之蒙患難，始而安，中而悔，終而變者有矣，公坐謫至六七不變，卒窮以死，可謂行之決而守之固矣。其論絶滅史學，比之王衍，謂必有南北分裂之禍。方是時，天下承平，不見牙蘖；未三十年而其言信，雖灼兆食墨，揲蓍命繇，不足喻其先見之審也。公之所以大過人者，豈非《大學》、《中庸》所謂明德、明善之君子，而兼天下之達德者歟！公之在台凡五年，始至，無以居，借僦皆莫之與；末迺寓寶城之僧舍，故老相傳，能指其處。紹定癸巳，趙侯爲州，訪公遺跡而得之。深惟昔賢遷謫之地，往往有祠，以見其高山景行之意，如韓文公之於潮、蘇文忠公之於黃，邦人至今奉嘗不懈；台人之於公，不可以莫之知也，迺即其處而祠焉。明年正月祠成，擇郡士林表民掌之，取田之在官者十有二畝，畀寺僧以爲晨香夕燈之費，而屬振孫爲之記。後學不佞，何足以識先儒之大節，竊嘗論次其事如右，遂書以遺台人，使刻之。侯名必愿，丞相忠定公嗣孫。妙年擢世科，立身有家法，爲政識大體，歷數郡皆有循聲能名，他舉錯率類是，不盡紀。今以直秘閣，知婺州。」

案：此文中所提及之陳忠肅名瓘，字瑩中，南劍州沙縣人，《宋史》卷三百四十五《列傳》第一百四有其傳。振孫此《記》，於忠肅之大節，推崇備至，亦均合符史實也。文中之趙必愿，或作必愿，字立夫，丞相忠定公趙汝愚之文孫，《宋史》卷四百一十三《列傳》第一百七十二有必愿傳。其傳略云：

「（紹定六年癸巳），詔依舊主管官告院兼知台州，一循大父之政，察民疾苦，撫摩凋瘵，修養濟院，建陳瓘祠，政教兼舉。端平元年，以直秘閣，知婺州。」是則趙汝愚亦嘗知台州者，故必愿乃得以「一循大父之政」。史謂必愿「建陳瓘祠」，參證以振孫此《記》，是祠始建於紹定六年，而成於端平元年正月，祠成未久，而必愿即「以直秘閣，知婺州」，故振孫此《記》云：「今以直秘閣，知婺州。」《記》與史傳正相吻合。且振孫此《記》之末數語，頗暗示出《記》之作年。竊謂必愿既知台州，又嘗訪陳瓘遺跡而建祠紀念，則其對瓘之崇敬欽仰，固不在振孫之下；惜祠成之日，必愿已離台州而改知婺州。必愿抵婺任後，政事多如牛毛，⑥故或無暇爲祠堂作記；及振孫知台州，乃以此事屬之振孫矣。倘所考不誤，則此《記》之作年當爲端平三年，意其時必愿仍在婺州任也。⑦至對此《記》所載之其他事項詳予述釋，此則俟於《陳振孫之其他著作》一章處縷言之。

據《會稽續志》卷二所載，振孫以端平三年八月正除浙東提舉，常平茶鹽事，十月二十八日到任，惟至嘉熙元年五月即改知嘉興府，任期較知台州猶短，殊可怪異。陳樂素《直齋書錄解題作者陳振孫》三《年歷》云：

「在浙東亦才半載，嘉熙元年（一二三七年）五月即改知嘉興府。」

所考甚當，然所據者，亦《會稽續志》耳。

振孫所任之浙東提舉，常平茶鹽公事。於提舉一職，《文獻通考》卷六十一《職官考》十五《提舉》條載云：

「提舉即漢居壽昌常平之任也。自衛李悝制平糴之法，漢人因之，則謂之常平焉。然漢人特置倉，而猶領之大司農也。宋朝淳化中，建常平倉。景祐元年，令轉運司舉長史，舉所部官專領之，然猶隸漕臣。熙寧遣使提領，此蓋提舉常平之所始也。九年，府界畿內亦專置提舉常平倉一員，不令司農丞兼領。提舉常平司操常平歛散之法，申嚴免役之政令；治荒脩廢，賑民艱阨，則隸提舉司。歲察所部廉能而保任之，若疲軟或犯法，則隨其職事劾奏。元祐初罷，紹聖九年復置。政和改元，詔江、淮、荆、浙六路共置茶鹽提舉一員。宣和三年，詔河北、京東路推行新法，鈔鹽可添置提舉官一員，此提舉茶鹽之所始也。既而諸路皆置。建炎元年，詔提舉常平司併歸提刑司。二年八月，復諸常平官，還其糴本，自青苗錢不散外，常平免役之政皆掌之。三年復置。四年，詔逐路提刑司、茶鹽司，並依舊分東西路。紹興二年，詔荆、湖北路復置提舉茶鹽司。四年，詔廣西茶鹽司官吏，並罷其職事，委漕臣。五年，詔諸路提舉常平併入茶鹽司，仍以提舉常平茶鹽等公事爲名。九年，置經制司，改常平官爲經制某路幹辦常平等公事；未幾，經制司罷，復爲常平官；久之，復置提舉東南以茶鹽司兼領，四川以提刑司兼領。乃別置官吏，然常平錢皆取以贍軍，令特掌義倉及水利、役法、賑濟等事而已，無復平糴之政矣。熙寧初置提舉常平司，勾當公事，於通判幕職內選差一員，不妨本職。紹興十五年，改爲幹辦公事，依漕屬例，此常平幹也。宣和三年，置茶鹽提舉屬官一員，此茶鹽幹也。故提舉司存二幹官，以此。」

據是，則提舉一職，自淳化建置以來，其置廢及職務已凡數變矣。《宋史》卷一百六十七《志》第一百二十《職官》七亦載：

「提舉常平司，掌常平義倉、免役、市場、坊場、河渡、水利之法，視歲之豐歉而爲之斂散，以惠農民。凡役錢，產有厚薄，則輸有多寡；及給吏祿，亦視其執役之重輕難易以爲之等。商有滯貨，則官爲斂之，復售於民，以平物價。皆總其政令，仍專舉刺官吏之事。熙寧初，先遣官提舉河北、陝西路常平。未幾，諸路悉置提舉官。元祐初罷之，併其職于提點刑獄司。紹聖初復置，元符以後因之。」

同書同卷又云：

「提舉茶鹽司，掌摘山煮海之利，以佐國用，皆有鈔法，視其歲額之登損，以詔賞罰。凡給之不如期，鬻之不如式，與州縣之不加恤者，皆劾以聞。政和改元，詔江、淮、荆、浙六路共置一員，既而諸路皆置。中興後，通置提舉常平茶鹽司，掌常平、義倉、免役之政令。凡官田產及坊場、河渡之入，按額拘納；收糴儲積，時其斂散以便民；視產高下以平其役。建炎元年，常平職事併歸提刑司，錢歸行在。二年，始復置常平官，還其糴本，未幾復罷。紹興二年，復置主管。係提刑司，委通判或幕職官充。其後，置經制司，改常平官爲經制某路幹辦常平等公事。未幾，經制司罷，復爲常平官。五年，户部侍郎王鈇言：『常平之設，科條實繁，其利不一，豈一主管官能勝其任？』乃詔諸路提舉茶鹽官改充提舉常平茶鹽公事。如四川無茶鹽去處，仍以提刑兼充，主管官改充常平司幹辦公事。是年冬，詔提舉官依舊法爲監司，與轉運判官敘官，歲舉升改，官員有不職，則按以聞。其後，常平錢多取以贍軍，所掌特義倉、水利、役法、振濟之事。茶鹽司置官提舉，本以給賣鈔引，通商阜財，時詣所部州縣巡歷覺察，禁止私販，按劾不法。其屬有幹辦官，既與常平合一，遂並行兩司之事焉。」

觀《宋史》此條，不惟可知提舉常平、茶鹽二司之沿革與廢興，及二司所執掌與紹興十五年奉詔二司之合一。振孫既除此官，則其職務至繁。又南宋兩浙東路，其所轄者兼及紹興、慶元二府，與台、溫、婺、處四州，是則振孫之任浙東提舉，其權力所屆亦至龐大矣。

振孫由浙東提舉，改知嘉興府，《會稽續志》載之甚詳明，本無庸多辨。惟厲鶚《宋詩紀事》卷六十五〈陳振孫〉條則云：

「振孫字伯玉，號直齋，安吉縣人，端平中仕浙西提舉，改知嘉興府，嘗著《書錄解題》。」

至紀昀撰《四庫全書總目》，其書《史部．目錄類》一「《直齋書錄解題》二十二卷」條亦云：

「宋陳振孫撰。振孫字伯玉，號直齋，安吉人。厲鶚《宋詩紀事》稱其端平中仕爲浙西提舉，改知嘉興府。周密《癸辛雜識》莆田陽氏子婦一條，稱陳伯玉振孫時以倅攝郡；又，陳周士一條，稱周士，直齋侍郎振孫之長子。則振孫始仕州郡，終官侍郎，不止浙西提舉，鶚蓋考之未詳也。」

讀上述二條，則知賢博如厲、紀二公，亦誤以浙東爲浙西也。振孫確曾任浙西提舉，惟事在知嘉興府之後，故此事不容不辨。錢大昕《十駕齋養新錄》卷十四《直齋書錄解題》條云：

「厲鶚《宋詩紀事》稱端平中仕爲浙西提舉，改知嘉興府。考《會稽續志．浙東提舉題名》有『陳振孫，端平三年二月初六日，以朝散大夫知台州兼權，八月正除，十月二十六日到任。嘉熙元年五月改知嘉興府。』是振孫由浙東提舉改知嘉興府，非浙西也。」

又陳鱣《簡莊綴文》卷三《直齋書錄解題跋》條亦云：

「又《會稽續志．浙東提舉題名》有『陳振孫，端平三年二月初六日，以朝散大夫知台州兼權，八月正除，十月二十六日到任。嘉熙元年改知嘉興府。』是振孫由浙東提舉改知嘉興府，厲太鴻徵君《宋詩紀事》作浙西提舉，誤也。」

案：錢大昕、陳鱣二氏同據《會稽續志》以辨厲、紀之說之非，所論至允當。是故《宋詩紀事》卷六十五《陳振孫》之條，實應改作：

「端平三年仕浙東提舉，改知嘉興府。」

至振孫之任浙西提舉，《湖錄》云：

「嘉熙元年，改知嘉興府，升浙西提舉，舉行藥萬户，停廢醋庫，邦人德之。」

是則振孫浙西提舉一任，確在知嘉興府之後，惜厲太鴻不察，故有此誤耳。

振孫之任浙東提舉，其治所即在會稽。宋施宿等所撰《會稽志》卷一《越》條云：

「越在唐虞時，禹平水土，制九州，而越爲揚州之域。《職方氏》東南曰揚州，其山鎮曰會稽。釋云：會稽在山陰。《舊經》云：『塗山在山陰縣西北，禹會萬國之所在。』《左傳》：『哀公七年，魯大夫曰：「禹合諸侯於塗山，執玉帛者萬國。」』杜預注云：『塗山在壽春東北。』說者遂疑塗山非會稽。今塗山之名有四，會稽、壽春之外，復有渝州之塗山，杜子美賦《禹廟詩》者。《文字音義》云：『嵞音塗。山，古國名，夏禹娶之，今之宣州當塗縣也。』杜預獨指壽春之塗山，爲禹合諸侯之地，宜必有據。然按《史記．夏本紀》：『贊曰：「禹會諸侯江南，計功而崩，因葬焉，命曰會稽。會稽者，會計也。」』裴駰注引《皇覽》曰：『禹冢在山陰會稽山上。會稽山，本名苗山，在縣南，去縣七里。《越傳》曰：「禹到大越，上苗山，大會計，爵有德，封有功，更名苗山，曰會稽。」』《家語》：『孔子曰：「昔禹致群臣於會稽之山，防風氏後至，禹殺而戮之，其骨專車。」』《封禪書》曰：『禹封泰山，禪會稽。』由是論之，禹既合諸侯於會稽，庸詎知魯大夫所謂塗山非會稽與？至夏后氏少康封庶子於會稽，以奉守禹之祀，文身斷髮，披草萊而邑焉。後二十餘世，至於允常。允常之時，與吳王闔廬戰而相怨伐。允常卒，子勾踐立，是爲越王。《舊經》云：『《春秋》貶之，號爲於越。』按《春秋》定公五年書：『於越入吳。』杜預曰：『於，發聲也。』《西漢》云：『太伯初奔荊蠻，荊蠻歸之，號曰勾吳。』顏師古云：『勾吳，亦猶於越也。太伯至德，初無貶詞，特從其俗爾。』《公羊》云：『於越者，未能以名通也。』《穀梁》范氏注云：『《春秋》即其所以自稱者書之。』然竊有疑焉。越於是時猶未預中國會盟，未嘗與中國通也。經書於越入吳，非越自稱明矣。豈書於經者，乃吳王告同盟之詞與？哀公二十一年，越人始來；二十三年，魯始使越，據此可知。且以勾踐為君，而種、蠡為臣，果未能以名通者乎？定公十四年，吳伐越，越子勾踐禦之，陳於檇李。勾踐患吳之整也，使死士再擒焉。不動，使罪人三行屬劍於頸而辭曰：『二君有治，臣奸旗鼓，不敏於君之行。前不敢逃刑，敢歸死？』遂自剄也。師屬之目，越子因而伐之，大敗之靈姑，浮以戈擊闔廬。闔廬傷，將指取其一屨，還卒於陘，去檇李七里。夫差使人立於庭，苟出入，必謂己曰：『夫差，而忘越王之殺而父乎？』則對曰：『唯！不敢忘。』三年乃報越。哀公元年，吳王夫差敗越於夫椒，報檇李之役也。遂入越，越子以甲楯五千保會稽，使大夫種因吳太宰嚭以行成。吳子將許之，伍員曰：『勾踐能親而務施，施不失人，親不棄勞，與我同壤，而世為仇讎，姬之衰也，日可俟也。介在蠻夷而長寇讎，以是求霸，必不行矣。』弗聽。三月，越及吳平。《吳越春秋》謂：『吳封地百里於越。』《國語》曰：『勾踐之地，南至于句無，北至于禦兒，東至于鄞，西至于姑蔑，廣運百里。勾踐乃與范蠡深謀二十餘年，竟滅吳，報會稽之恥。北渡兵於淮，以臨齊、晉，號令中國，以尊周室，致貢於周，周元王使人賜勾踐胙，命為伯；諸侯畢賀，乃徙都琅邪。』《漢書．地理志》云：『琅邪，越王勾踐嘗治此，起觀臺，有四時祠。』《吳越春秋》亦云：『越王於此起觀臺，周七里，以望東海。』勾踐卒，子王鼫與立；王鼫與卒，子王不壽立；王不壽卒，子王翁立；王翁卒，子王翳立。王翳遜國，逃於巫山之穴，越人薰而出之。王翳，遜國之賢君，蓋吳太伯之儔也。王翳卒，子王之侯立；王之侯卒，子王無疆立。按此勾踐至無疆，實六世。《舊經》云五世者，誤也。王無疆時，興師伐齊，西伐楚，與中國爭彊。當楚威王時，越北伐齊。齊威王使人說越王，於是越遂釋齊而伐楚。楚威王興兵而伐之，大敗越，殺王無疆，盡取故吳地；至浙江，北破齊徐州，而越以此散。諸族子爭立，或爲王，或爲君，濱於江南海上，服朝於楚。後七世，至閩君搖，佐諸侯平秦。漢高帝復以搖爲越王，以奉越後。東越閩君，皆其後也。」

同書同卷《會稽郡》條亦云：

「秦始皇二十五年，大興兵，使王翦遂定荆、江南地，降越君，置會稽郡，治吳。二十六年，初并天下，用廷尉李斯議，分天下以爲三十六郡。郡置守、尉、監。郡守掌治其郡；有丞尉掌佐守，典武職、甲卒；監御史掌監郡。漢興，高皇帝六年，以其地封劉賈，爲荆王。黥布反，荆王賈死之，無後。十二年，封劉濞爲吳王，王三郡五十三城。孝景帝四年，吳王濞反，誅，乃復爲會稽郡。《越絶外傳》曰：『漢孝景五年，會稽屬漢。』屬漢者，始并之也。《舊經》云：『後復屬江都國，江都王建有罪，國除，乃更爲郡。』按《漢書·地理志》『廣陵國』注：『江都易王，非廣陵，厲王胥皆都此，并得鄣郡，而不得吳。』劉貢父云：『然則會稽不得云屬江都也。』吳朱育以强記稱，且距漢未遠，仕本郡門下書佐。太守濮陽興問漢封諸侯事，而育所對亦止言劉賈爲荆王、濞爲吳王，濞誅乃復爲郡，治於吳，亦不及屬江都事也。《前漢志》領縣二十六，後漢順帝永建四年，分浙江以東十四縣爲會稽郡，治山陰。東晉爲會稽國，改太守爲內史。宋武帝永初二年，罷會稽郡府，復爲會稽郡，齊、梁、陳因之。隋爲吳州，改越州；尋罷州爲會稽郡，依漢制置太守，以司隸、刺史相統治。唐武德四年爲越州；天寶元年，復爲會稽郡；乾元元年，復改爲越州。」

同書同卷《越州》條又云：

「越州，隋大業置，古會稽郡也，因國爲名，置刺史焉。按《漢武帝紀》：『元封五年，初置刺史，部十三州。』顏師古曰：『《漢舊儀》云：「初分十三州，假刺史印綬，有常治所，以秋分行部，所察六條，秩六百石，於是乃復《禹貢》九州之名，而增以周之幽、并，與漢所開之朔方、交趾，以爲十三州也。」』會稽自昔常隸揚州，晉王羲之爲會稽內史，王述爲揚州牧，檢校郡事；羲之恥之，求分會稽爲越州，不果，遂稱疾去郡，誓墓，終身不仕。其後至隋，而會稽卒爲越州，蓋本於此。宋、齊、梁、陳，會稽自爲東揚州，刺史不復受察於揚州，雖寖異古制，然猶未至盡廢刺史之職。或以刺史行太守事，如曰東揚州刺史領會稽太守，是也。隋制，舊有兵處刺史帶諸軍事以統之，如曰都督會稽等郡諸軍事，是也。或加使持節，隋唐而降，支郡皆稱刺史，但領一州，而以州統縣，與他州等，故又於此置總管府，以統其屬州。隋文帝初平江南，改曰吳州。大業中遂改爲越州，尋罷州置郡，以刺史十四人巡察畿外諸州，所察六條，略如漢制。唐武德四年，復爲越州，置總管，領州如故。未久，改總管爲都督，自是改更不常，郡則曰太守，州則曰刺史，其實一也。至乾元元年，遂爲越州。大抵越州，其實與會稽郡同，非復如漢十三州之重，刺史亦非復古之部刺史，但以總管、都督御制一道爾。」

同書同卷《紹興府》條云：

「建炎三年十月庚申，車駕自杭州巡幸，御樓船渡浙江，壬辰幸越州。四年四月癸未，御舟自温、台回，駐蹕越州。明年正月一日，改元紹興，越州官吏、軍民、僧道上表乞賜府額。昔唐德宗以興元元年巡幸梁州，改梁州爲興元府。於是朝廷用興元故事，改越州爲紹興府。初車駕幸揚州，駐蹕逾年，又嘗經郊祀，然未嘗建爲府，則紹興蓋特恩也。車駕既移蹕臨安，首命前參知政事、資政殿學士張守知府事，故守《謝到任表》曰：『矧是肇新府號，久駐蹕聲。履勾踐之故棲，厲嘗膽抗戈之志；想神禹之遺跡，服卑宮菲食之勞。』又《謝賜行宮充本府治所表》曰：『廣厦千間，已免震凌之患；土階三尺，尚存簡素之風。』皆言上駐蹕之久，而宮室無所增葺也。浙東提點刑獄曾㬥，舊爲史官，見《日曆》所書：『紹興二年正月，車駕移蹕臨安。閏四月戊戌，詔紹興府行宮復作府治。上曰：「時方艱難，若不賜與，則須别建賜之，所以寬民力也。」』州額初題『越州』，大都督府既賜府額，當題云：『紹興大都督府。』而右朝奉大夫吴説乃題云：『大都督紹興府。』議者或非之。」

綜上所記，是會稽，古屬越，秦時爲會稽郡，隋改越州，至南宋則改爲紹興府。其沿革變遷，《會稽志》言之甚詳，至足珍也。

會稽之提舉司，乃振孫履新後辦公之所在。《會稽志》卷三《提舉司》條云：

「司治舊在府衙東一里，紹興末嘗以賜皇姪恩平郡王璩，而遷提舉司於鎮東門外，頗宏壯。已而復以新提舉司賜恩平，而司復還其舊，今治所是也。」

《會稽續志》卷二《提舉司》條亦云：

「提舉司在蕙蘭坊。其燕坐之所則有雲錦、植荷花。東窗澄齋、爰咨堂、風月堂。虛豁爽塏，可以瞻眺。下有方沼，前疊石爲山，老木三四，雜植花竹，其趣頗佳。廳堂之右有小圃，中有二亭，曰扶疏，曰清逸。」

是會稽提舉司之治所雖一再更遷，其在蕙蘭坊內者，亦花木扶疏，景色怡人，且其中多建齋、堂、亭、圃之屬，倘能燕坐休憩於其間，環境殊適意也。

如上所言，振孫任浙東提舉，端平三年八月正除，十月二十八日到任，至嘉熙元年五月則改知嘉興府。《會稽續志》卷二《安撫題名》條載：

「黃壯猷，端平元年十一月以朝請大夫、金部郎官除直秘閣，知。十二月十二日到任。三年十一月十五日除尚右郎官。」

又載：

「李鳴復，嘉熙元年二月以端明殿學士、朝奉大夫、簽書樞密院事、兼參知政事除資政殿學士，知。十七日到任，當年六月二十三日召赴行在，八月十六日除參知政事。」

據上述二條所記，是黃壯猷離安撫任前，而李鳴復接此任後，均與振孫爲同僚矣。同書同卷《提刑題名》條載：

「曹豳，以浙西提舉除，端平三年二月二十九日到任，十一月十八日召赴行在，除工部郎官，又除國子司業；未行，又除左司諫。」

又載：

「潘剛中，以太府寺丞除，嘉熙元年三月三日到任。二年閏四月二十三日召赴行在，除侍右郎官。」

觀此二條，是曹豳、潘剛中二人皆曾任浙東提刑矣。豳端平三年十一月十八日赴行在前，剛中嘉熙元年三月三日到任後，均與振孫同時在紹興府任職矣。

第九節　知嘉興府與升浙西提舉

《會稽續志》卷二《提舉題名》條云：

「陳振孫，……嘉熙元年五月改知嘉興府。」

明王鏊《姑蘇志》卷四十二《宦績門》云：

「陳振孫，字伯玉，安吉人。博通今古。爲浙西提舉，仰體祖宗恤民之意，舉行萬户，停廢醋庫，邦人德之。」

《湖錄》云：

「嘉熙元年，改知嘉興府，升浙西提舉，舉行藥萬户，停廢醋庫，邦人德之。」

陳壽祺《宋目錄家晁公武陳振孫傳》云：

「嘉熙元年，改知嘉興府，《會稽續志》。爲浙西提舉，體祖宗卹民之意，舉行萬户，停廢醋庫，邦人德之。王鏊《姑蘇志》、董斯張《吳興備志》。按伍氏《安吉志》作『舉行藥萬戶』，與王、董不同，未詳孰是。」

案：據上列四條所載，是嘉熙元年五月，振孫知嘉興府，後升浙西提舉，在任造福百姓甚多，故邦人德之。《湖錄》所載，乃據《會稽續志》與《姑蘇志》者。《姑蘇志》之「舉行萬戶」一句，「行」下脫「藥」字，遂令文意費解，《湖錄》作者乃依伍餘福《安吉州志》補之。惟陳壽祺小注仍謂「伍氏《安吉志》作『舉行藥萬戶』，與王、董不同，未詳孰是」；則殊欠愼思明辨矣。而《湖錄》此條「嘉熙元年」之下，證之《會稽續志》，顯闕「五月」二字，故未甚精確，應據《會稽續志》添補。至振孫究於何時由知嘉興府一職而改升爲浙西提舉，《會稽續志》未之及；《姑蘇志》與《湖錄》亦均未明言。陳壽祺則列於嘉熙元年改知嘉興府後，然殊不可靠。陳樂素《直齋書錄解題作者陳振孫》一《年歷》條云：

「嘉熙元年（一二三七）五月即改知嘉興府。明王鏊《姑蘇志》卷四二《宦績門》載其曾爲浙西提舉，而無年，然卷廿四《和靖書院》條言：『嘉熙四年提舉陳振孫作藏書堂。』合之《解題》卷八所載，從平江虎丘寺御書閣傳錄《太宗御製御書目》、卷十二《景祐天竺字源》、卷十四《皇祐新樂圖記》、卷十天慶觀《道藏》借錄《造化權輿》等書，俱在己亥嘉熙三年，即其爲浙西提舉時也。」

陳樂素另撰有《略論陳振孫直齋書錄解題》一《解題作者》條云：

「嘉熙元年（公元一二三七年），改知嘉興府，三年（公元一二三九年），浙西提舉。」

是樂素乃以嘉熙三年爲振孫升任浙西提舉之年，並列舉《姑蘇志》卷廿四之《和靖書院》條及《解題》各卷多條爲證；觀是，則壽祺以嘉熙元年爲升浙西提舉之說，固無據不立矣。

振孫既知嘉興府，有關嘉興府之建置，《嘉興府志》卷二《建置．嘉興府》條言之甚詳，曰：

「唐、虞，《禹貢》揚州之域。夏，揚州地。商，揚州地。周，揚州地。春秋時，吳、越二國境，後屬越。戰國屬楚。秦爲會稽郡，由拳、海鹽二縣。漢，會稽郡，地屬揚州部。東漢永建四年，分屬吳郡。三國吳，吳郡地。晉，吳郡地，屬揚州部。宋、齊、梁、陳並吳郡地。隋爲吳、餘杭二郡地。唐高祖時，爲蘇州地；明皇時，爲吳郡地；肅宗時，復爲蘇州地，屬江南東道。五代爲吳越錢氏地；晉時，錢元瓘奏分置秀州。宋，秀州屬兩浙路；寧宗時，升爲嘉興府。」

《宋史》卷八十八《志》第四十一《地理》四《兩浙路》條亦云：

「嘉興府，本秀州，軍事。政和七年，賜郡，詔曰嘉禾。慶元元年，以孝宗所生之地，升府。嘉定元年，升嘉興軍節度。崇寧户一十二萬二千八百一十三，口二十二萬八千六百七十六。貢綾。縣四：嘉興、望。華亭、緊。海鹽、上。有鹽監，沙腰、蘆瀝二鹽場。崇德。中。」

據上所載，是嘉興府，本爲秀州，宋寧宗慶元元年以其爲孝宗所生地升府。所轄之縣有四，即嘉興、華亭、海鹽、崇德也。至嘉興府之疆域，《嘉興府志》卷三《疆域．嘉興府》條云：

「在布政使司東北一百八十里，東西距一百五十里，南北距一百里。東至江南松江府華亭縣界六十里，西至湖州府歸安縣界九十里，南至杭州府海寧州界七十里，北至江南蘇州府震澤縣界三十里，東南至江南松江府金山縣界一百五里，西南至杭州府仁和縣界一百里，東北至松江府婁縣界六十里，西北至湖州府烏程縣界八十里。……東西一百六十里，南北八十七里。東至松江華亭之楓涇六十里，即平湖嘉善之東境；東北至蘇州長洲之章練八十里，即嘉善之東北境；北至吳江之柿涇二十七里，即秀水之北境；西北至湖州烏程之烏鎮五十里，即崇德之西北境；西至烏程之烏鎮一百一十三里，即桐鄉之西境；西南至杭州仁和之金鵝鄉一百里，即崇德之西南境；東南濱大海直隸金山衛一百五里，即平湖東南境；南際於海，即海鹽之南盡境也。」

是知嘉興府不惟户口衆多，其疆域亦頗廣大也。振孫既知嘉興府，而肩此重任，則其職守，豈易爲耶！有關宋時嘉興一府之官吏，員屬甚衆，《嘉興府志》卷三十六《官師表》一《嘉興府》條云：

「案五代時，吳越國王奏置秀州刺史，僚屬無考。宋初爲秀州軍事置知州一員。慶元元年，升爲嘉興府，稱知軍府事，其僚佐則有通判、推官，其幕屬則有錄事、參軍、户曹參軍、司法參軍、司理參軍，其學職則有教授。」

惟檢《嘉興府志》卷三十六《官師表》「知軍府事」欄「嘉熙年」項下，則僅載：

「劉炳　史宅之元年夏在任，劉、袁《志》誤列嘉定。　吳昌裔中江人，從《浙江通志》增。　方岳　王起宗」

而獨遺陳振孫。《浙江通志》卷一百十五《職官》五《知嘉興府》條則僅列四人，即：

「劉炳　吳昌裔　方岳　王起宗」

而無史宅之。若據《嘉興府志》卷三十六《官師表》一「知軍府事」欄所載，史宅之於嘉熙元年夏仍在任，則其離嘉興府一職當在五月之前，否則與《會稽續志》所載振孫嘉熙元年五月改知嘉興府一事至相衝突也。竊疑劉、袁二《志》作「嘉定」未必誤，故《浙江通志》無其名。是則《嘉興府志》之《官師表》「史宅之」姓名或應改作「陳振孫」；而《浙江通志》所載「劉炳」與「吳昌裔」之間，或應增補陳振孫之名也。鄙見如此，是耶非耶，讀者無妨自辨之。

《嘉興府志》卷三十六《官師表》一「判官」欄「嘉熙年」項下有林輝之名，同書卷三十七《官師表》二《嘉興縣》「簿」欄「嘉熙年」項下載：

「黃逢時。長溪人，嘉熙二年特奏名。」

同書卷四十《官師表》五《鹽職》「嘉熙年」項下「鮑郎場」欄又有周應旂、趙希槻；「監澉浦鎮稅」欄有曾群之名。又《浙江通志》卷一百十五《職官》五《兩浙總管轄司》條載：

「楊應龍　陳源已上理宗時任。」

又《兩浙兵馬都監》條載：

「王霆字定叟，東陽人，副監。　王安節副監。已上理宗時任。」

是則可知其時任嘉興府判官林輝，嘉興縣主簿黃逢時，鮑郎場鹽監周應旂、趙希槐，澉浦鎮稅監曾群，兩浙總管軨轄司楊應龍、陳源，兩浙兵馬都監王霆、王安節，均振孫知嘉興府時之部屬。文獻不足，今惟據《嘉興府志》與《浙江通志》，所可考得者，僅此數人而已。

振孫由知嘉興府調升浙西提舉，依陳樂素考證其事在嘉熙三年，大抵合符事實。在任期間，除舉行藥萬戶，停廢醋庫以造福邦人外，又於和靖書院作藏書堂，甚有功於當地文化教育。《姑蘇志》卷二十四《學校書院附》條及錢穀《吳都文粹續集》卷十二錄有袁袠《尹和靖遷書院記跋》，云：

「和靖書院祀宋尹肅公，初公讀書虎邱西庵，題齋曰『三畏』。嘉定七年，士人黃士毅請於知府陳芾，繪象祀之。端平二年，胡淳請即其地為學，司倉曹豳因奏之，書院以『和靖』為額。齋凡四，曰：三省、務本、明來、時習。提舉馬述建君子堂。嘉熙四年，提舉陳振孫作藏書堂。」

案：袁《跋》所提及之尹肅公名焞，字彥明，據《宋史》所載，謂其年十二應進士，舉策問，議誅元祐黨籍，不對而出。靖康初，賜號和靖處士，有集八卷，名《和靖集》。振孫為提舉時，即就和靖書院作藏書堂，用以紀念尹肅公，此亦恐與振孫畢生嗜書不無關係。今考振孫於浙西提舉任內訪書事，《解題》所記者凡數則，其書卷八《目錄類》載：

「《太宗御製御書目》一卷，玉宸殿所藏，兼有真宗御製序十四篇。今本稍多，而無序文。《真宗御製碑頌石本目錄》一卷，凡九十名件。乾興所刊版。《龍圖閣瑞物寶目》、《六閣書籍圖畫目》共一卷，玉宸殿書數附。已上平江虎邱寺御書閣有原頒降印本，傳寫得之。」

同書卷十《雜家類》又載：

「《造化權輿》六卷，唐豐王府法曹趙自勔撰。天寶七年表上。陸農師著《埤雅》頗采用之，其孫務觀嘗兩爲之跋。余求之久不獲，己亥歲從吳門《天慶道藏》中借錄。」

同書卷十二《神仙類》又載：

「《雲笈七籤》一百二十四卷，集賢校理張君房撰。凡經法、符籙、修養、服食以及傳記，無不畢錄。祥符中，君房貶官，會推崇聖祖，朝廷以秘閣道書付杭州，俾戚綸等校正。王欽若薦君房專其事，銓次爲此書。頃於莆中傳錄，纔二册，蓋略本也。後於平江《天慶道藏》得其全，錄之。」

同書同卷《釋氏類》又載：

「《景祐天竺字源》七卷，僧惟淨等集進。以華梵對翻，有十二轉聲、三十四字母，各有齒、牙、舌、喉、唇五音。仁宗御製序，鏤板頒行。吳郡虎丘寺有賜本如新，己亥借錄。」

同書卷十四《音樂類》又載：

「《皇祐新樂圖記》三卷，屯田員外郎阮逸、光祿寺丞胡瑗撰。凡十二篇，首載詔旨，次及律、度、量、衡、鐘磬、鼓鼎、鸞刀，圖其形製，刊版頒之天下。虎丘寺有本，當時所頒，藏之名山者也。其末志頒降歲月，實皇祐五年十二月二十一日，用蘇州觀察使印，長、貳押字。余平生每見承平故物，未嘗不起敬，因錄藏之，一切依元本摹寫，不少異。」

上列所引《解題》，中言及之己亥者，乃嘉熙三年也。而言平江、吳門、吳郡、蘇州者，實皆同爲一地，名異實同，均即平江府，乃兩浙西路之治所也。是則上述《解題》所記訪書之事，乃振孫嘉熙三年於浙西提舉任內所爲之，可無疑矣。

如上所述，振孫作藏書堂與其訪書諸事，皆多與虎邱山相涉。姑於下略考虎邱山之情狀，以見振孫其時遊蹤之一斑。

《姑蘇志》卷八《山上》條云：

「吳中諸山，奇麗瑰絕，實東南之秀，地理家謂其原自天目而來，發於陽山。今紀自陽山，分華鹿而南，迤邐天平，盡於靈巖；別由穹隆而東，盡於楞伽以及湖中諸山。若虎丘，於諸山最小，而名勝特著，且非有所附麗，故首列之。」

又云：

「虎丘山，在府城西北七里。《吳越春秋》云：『闔閭葬此，以扁諸魚腸劍各三千爲殉，越三日，金精結爲白虎，踞其一，故名。』唐避諱，改武丘。又名海湧峰，遥望平田，中大嶂、耳比，入則奇勝萬狀，其最者爲劍池。兩崖劃開，中涵石泉，深不可測；相傳秦皇發闔閭墓，鑿山求劍，無所得，其鑿處遂成深澗，今名劍池。顏真卿書『虎丘劍池』四字，石刻猶存。其前爲千人坐，蓋神僧竺道生講經處。大石盤陀經畝，高下平衍，可坐千人。唐李陽冰篆書『生公講臺』四字，分刻四石，今失其一。臺側有點頭石，上有可中亭，取劉禹錫詩語，本名可月，今誤稱云。又有白蓮池，在臺之左，相傳說法時，池生千葉蓮花，故名。又有試劍石、憨憨泉、養鶴澗、回僊徑、石井泉。泉即張又新所品第三泉也。晉王珣嘗據爲別墅，山下因有短簿祠。珣記云：『虎丘大勢，四面周迴。嶺南則是山徑，兩面壁立，交林上合，蹊路下通，升降窈窕不卒。』《吳地記》亦云：『虎丘絕嵒聳壑，茂林深篁，爲江左丘壑之表。吳興太守褚淵嘗經遊其地，淹留數日，歎曰：「今之所稱，多過其實，惟睹虎丘，逾於所聞。」劉宋何求及弟點胤，陳顧越、唐史德義，並隱此山。』舊有東西寺，即王氏二墅，皆在山下；今雲巖寺在山上，而二寺俱廢。又有望海樓、小吳軒、致爽閣、陳公樓、五臺山樓、千頃雲閣，他勝處尚多，不能悉載。」

振孫既常訪書虎丘寺，則其遊屐所至，必遍覽虎丘山諸名勝佳景矣。

振孫任浙西提舉，其治所即爲平江府，乃姑蘇也。有關姑蘇之沿革，《姑蘇志》卷七《沿革》條載之云：

「蘇州府治，吳，《禹貢》揚州之域，至周，泰伯讓國來奔，始號句吳。武王克殷，因以封其後，至壽夢益大。諸樊南徙吳，闔閭始築城，都之。吳亡，其地入越，楚滅越，以其地封春申君。秦置會稽郡，治吳。項梁起兵吳中，遂有其地。漢高祖六年，立從兄賈爲荊王，更會稽爲荊國，都吳；及賈被殺，國除，復爲會稽郡。十二年，以封兄子濞；濞誅，國除，復爲郡。元封元年，東越平，以其地來屬，而立東部都尉。順帝時，分浙江以西爲吳郡，領縣十三；以東爲會稽郡。三國爲吳郡，領縣十五；寶鼎元年，割陽羨、永安、餘杭、臨水、烏程，屬吳興郡。統縣十一，與吳興、丹陽，號三吳。二年，分置毘陵郡。東晉爲吳國置內史，行太守事。宋永初中，罷吳國，仍爲郡，領縣十二；元嘉中，以揚州、浙江西屬司隸校尉；大明七年，割屬南徐州；八年，屬揚州，齊因之。梁初，分婁縣地，置信義郡；侯景之亂，改吳州，尋復爲郡。陳永定二年，割鹽官、海鹽屬海寧郡；禎明元年，分置吳州，以錢塘爲屬郡。隋開皇九年，改蘇州，以姑蘇山爲名。領縣五；十一年，移治橫山。大業初，復改吳州，三年，仍改吳郡。隋末，劉元進、沈法興、李子通相繼據之。唐武德四年，復爲蘇州，置總管；六年，輔公祏陷之；七年，平公祏，置都督，督蘇、湖、杭、暨四州，州復舊治；九年，罷都督，屬潤州。貞觀元年，隸江南道。神龍二年，隸本道巡察使。景龍二年，隸按察使。景雲二年，隸揚州都督。開元二十一年，置採訪使，爲江南東道理所。天寶元年，改吳郡，尋復爲州。從此通稱爲蘇州吳郡。乾元元年，屬浙江西道節度使；二年，置長洲軍。永泰元年，改節度爲處置觀察使。大曆十三年，爲雄州，領縣七。黃巢之亂，錢鏐奄有浙西。光啓三年，六合鎮將徐約攻陷蘇州。龍紀元年，鏐遣其弟錸討約，破走之。大順元年七月，楊行密將李友陷蘇州；九月，孫儒圍蘇州；十一月陷之，殺李友。二年，鏐復平蘇州。乾寧三年，楊行密將臺濛陷蘇州。五年，鏐討平之。梁開平二年，楊行密復圍蘇州；三年，鏐復討平之，割吳縣地，置吳江縣。後唐同光二年，升中吳軍。晉天福三年，析嘉興，置崇德縣；四年，置秀州。宋開寶八年，改平江軍節度，仍爲蘇州，屬江南東道。太平興國三年，錢俶納土，屬兩浙路，置轉運使。熙寧七年，屬浙西路。政和五年，升平江府。以徽宗嘗節鎮。宣和五年，置浙西提舉司。建炎四年，置浙西提點刑獄司，並治於此。嘉定十年，割崑山地，置嘉定縣，凡領縣六。吳、長洲、崑山、常熟、吳江、嘉定。」

是姑蘇、蘇州、吳郡、秀州、平江府，均屬同一地，惟歷代有所更易耳。政和五年乙未（一一一五），以徽宗嘗節鎮於此之故，乃升蘇州爲平江府。至浙西提舉司，則於宣和五年癸卯（一一二三）所置。而平江府之爲治所，則始於建炎四年庚戌（一一三〇），而前此兩浙西路之治所則在杭州也。

宋平江府之疆域，前已載及，乃領吳、長洲、崑山、常熟、吳江、嘉定六縣，然土地卻不甚廣。《姑蘇志》卷七《疆域》條云：

「蘇財賦甲天下，然其土壤不甚廣也，況江湖之間，水居其半焉，觀其疆域可以知。」

又曰：

「宋平江府領縣六，東西三百二十五里，南北三百里。東至海二百二十里，西至常州界一百三十二里，南至秀州界一百一十里，北至江一百八十里，東南到秀州界一百五十里，西南到湖州烏程縣界一百三十里，東北到海二百三十里，西北到常州界五十里，以烏角溪爲界。」

是平江府面積雖較小，四境交通仍方便。至振孫日常辦公所在，猶可考得。《姑蘇志》卷二十二《官署》條云：

「提舉常平茶鹽司，在子城外東，即舊鹽香衙也。紹興初建，咸淳四年宋遇再建後堂，十年權使事潛説友重創廳事。廳事之東有觀風堂，米友仁書榜。池旁有假山，扁曰『壺中林壑』，寶祐六年改觀風，張即之書。池上二亭，南曰揚清，北曰草堂。廳之西有宸翰閣，亦友仁書扁。東北有宣惠堂，淳祐三年，程以升重建。後舊有皇華堂，吳說書額。紹興二十年，王玨重修。紹定四年，袁肅移建於宣惠堂後，池北刻《皇華》詩於壁，自爲之記。皇華之東又有尊美堂；亦紹定中建。其上有達觀樓，後有清意亭。淳祐中，趙與砺建。廳之東側有頤齋，後有圃，扁曰『春熙』，圃中有望雲臺，紹興末，楊和、王子俠持節時作。池旁有綉春堂，淳熙十五年，史弼正建，范成大書額，即舊皇華堂。嘉熙中，趙崇暉重創草堂，揭以此額。池中有鑑止亭。史彌遠作。」

是浙西提舉常平茶鹽司廳事之東西兩面，建置有堂、閣、亭、臺、齋、圃至多，其中雖有爲振孫離任後始興築者，於今悠然緬思，則其周遭景色殊不俗也。

浙西提舉常平茶鹽司附設有常平僉廳、幹辦公事廳、添差幹辦公事廳、茶鹽司幹辦公事廳。諸廳之位置及沿革，《姑蘇志》同卷同條亦載之：

「常平僉廳在正廳西南，紹定中重建。袁肅題會議之所曰公是堂，又爲記。幹辦公事廳二：

一在檢法廳北，嘉定十六年沈省會刻石題名；一在郡樓西，後改添差幹辦廳。添差幹辦公事廳，即郡樓西廳舊治也。端平二年，楊權重修，有記。淳祐二年，趙與⿱山言名曰諧清堂。取葉適詩語。茶鹽司幹辦公廳有二：一在醋庫巷惠民藥局東，一在譙樓東，後改發運司僉廳。」

上引各廳，應均由振孫管治，其中茶鹽司辦公廳有「醋庫巷」、「惠民藥局」諸稱謂，是提舉常平茶鹽司固兼涉醋庫及藥局工作矣。前此嘗引《姑蘇志》卷四十二《宦績門》及《湖錄》所述，均載振孫升浙西提舉，舉行藥萬戶，停廢醋庫，邦人德之。倘將前後所引材料互相參證，則舉行藥萬戶及停廢醋庫，皆確有其事，乃振孫任內之德政，於此無庸置疑矣。

振孫既於嘉熙三年除浙西提舉，其任內之同僚及屬官，今可考得者僅寥寥數人。《姑蘇志》卷三《古今令表》中「知府」欄載：

「史宅之，嘉熙二年閏四月二十四日以朝議大夫、徽猷閣待制知平江府，兼浙西提舉。六月八日，節制許浦都統司水軍；十八日，節制在府軍馬。三年正月一日，召赴行在。

趙與籌，嘉熙三年四月十三日以中奉大夫、直敷文閣知平江府，兼浙西兩淮發運副使。淳祐元年二月除中書門下省檢正諸房公事。

史宅之，淳祐元年三月初九日以煥章閣直學士、大中大夫再知平江府，節制許浦水運兼浙西兩淮發運副使，提領措置和糴。」

案：觀是，則知振孫之由知嘉興府改升浙西提舉，必在史宅之嘉熙三年正月一日赴行在之後，蓋其升遷乃接替宅之所兼之浙西提舉也。倘此推判不誤，則振孫之上任時間或與與篔嘉熙三年四月十三日知平江府之時相距不遙。蓋史被召赴行在，其所任職責乃由趙、陳二人分承也。余將嘉熙三年四月十三日前後，視爲振孫改升浙西提舉抵任之期，所考實較樂素之僅言嘉熙三年爲縝密也。

至振孫何時離開浙西提舉之任？竊疑不應遲於淳祐元年二月，亦即與篔除中書門下省檢正諸房公事之時。蓋前引《姑蘇志》既言史宅之淳祐元年三月初九日再知平江府，提領措置和糴，亦即接掌回趙、陳二人之職任。趙既另除他職，振孫於此時亦必別有差遣，此似無須懷疑者也。

《姑蘇志》卷四《古今守令表》下「常熟」欄又載：

「戴衍，奉議郎，嘉熙元年到任。趙師簡，通直郎，嘉熙四年到任，淳祐三年滿。」

是戴衍，嘉熙元年至四年出任常熟令；趙師簡，嘉熙四年接任，任職至淳祐三年。戴、趙二人，皆振孫任內之屬官，今可考得者，僅此而已。

第十節　任職郎省與除國子司業

徐元杰《楳埜集》卷七《陳振孫授國子司業制》云：

「敕：辟雍海流，道德之富，師儒左右，責任惟均。蓋必極天下之選，斯可副天下之望。爾振孫研精經術，有古典刑，揚歷滋深，靖是自若，予環郎省，位未稱德，朕心慨焉。陟樂正以貳司成，僉論茲允。尚祗厥職，罔俾陽城韓愈專美有唐。維時欽哉，以稱朕意。可。」

案：陳鱣《簡莊綴文》卷三《直齋書錄解題跋》云：

「《癸辛雜識》別集載徐元杰一條，知振孫於淳祐四年官國子司業。」

陳樂素《直齋書錄解題作者陳振孫》三《年歷》條亦云：

「又徐元杰《楳埜集》卷七《除國子司業制》，據《宋史》卷四二四本傳，元杰權中書舍人在論史嵩之起復而杜範入相之前，則直齋除司業乃淳祐四年（一二四四）秋冬間事；與翌年六月元杰暴亡，《癸辛雜識》別集載少司成陳振孫有疏，時期相應。」

考《宋史》卷四百二十四《列傳》第一百八十三《徐元杰》云：

「丞相史嵩之丁父憂，有詔起復，中外莫敢言，惟學校叩閽力爭。元杰時適輪對，言：『臣前日晉侍經筵，親承聖問以大臣史嵩之起復，臣奏陛下出命太輕，人言不可沮抑。陛下自盡陛下之禮，大臣自盡大臣之禮，玉音賜俞，臣又何所容喙。今觀學校之書，使人感歎。且大臣讀聖賢之書，畏天命，畏人言。家庭之變，哀戚終事，禮制有常。臣竊料其何至於忽送死之大事，輕出以犯清議哉！前日昕庭出命之易，士論所以凜凜者，實以陛下爲四海綱常之主，大臣身任道揆，扶翊綱常者也。自聞大臣有起復之命，雖未知其避就若何，凡有父母之心者莫不失聲涕零，是果何爲而然？人心天理，誰實無之，興言及此，非可使聞於鄰國也。陛下烏得而不悔悟，大臣烏得而不堅忍？臣懇懇納忠，何敢詆訐，特爲陛下愛惜民彝，爲大臣愛惜名節而已。』疏出，朝野傳誦。帝亦察其忠亮，每從容訪天下事，經筵益申前議。未幾，夜降御筆黜四不才臺諫，起復之命遂寢。元老舊德次第收召，元杰亦兼右司郎官，拜太常少卿，兼給事中，國子祭酒，權中書舍人。杜範入相，復延議軍國事。爲書無慮數十，所言皆朝廷大政，邊鄙遠慮。每裁書至宗社隱憂處，輒閣筆揮涕，書就，隨削稿，雖子弟無有知者。六月朔，輪當侍立，以暴疾謁告。特拜工部侍郎，隨乞納祿，詔轉一官致仕。夜四鼓，遂卒。」

同書卷四百一十四《列傳》第一百七十三《史嵩之》云：

「（淳祐）四年，遭父喪，起復右丞相兼樞密使。累賜手詔，遣中使趣行。於是太學生黃愷伯、金九萬、孫翼鳳等百四十四人，武學生翁日善等六十七人，京學生劉時舉、王元野、黃道等九十四人，宗學生與寰等三十四人、建昌軍學教授盧鉞，皆上書論嵩之不當起復，不報。將作監徐元杰奏對，及劉鎮上封事，帝意頗悟。」

同書卷四百七《列傳》第一百六十六《杜範》云：

「（淳祐）四年，遷同知樞密院事。以李鳴復參知政事，範不屑與鳴復共政，去之。帝遣中使召回，且敕諸城門不得出範。太學諸生亦上書留範而斥鳴復，並斥嵩之。嵩之令諫議大夫劉晉之等論範及鳴復，範遂行。會嵩之遭喪，謀起復不果，於是拜範右丞相，範以遜游侶，不許，遂力疾入覲。帝親書『開誠心，布公道，集衆思，廣忠益』賜之。」

據上述所引，是簡莊、樂素均謂振孫於淳祐四年除國子司業，其所據以立說者，乃《宋史》徐元杰、史嵩之、杜範三傳，殊非僅憑《癸辛雜識》一書也。

惟振孫除國子司業前，似曾任三省郎官，徐元杰所撰《陳振孫授國子司業制》中即有「予環郎省」一語，應可說明。蓋理宗以振孫既「研精經術，有古典刑，揚歷滋深，靖退自若」，即謂其爲人品學兼優，倘僅屈在三省中任郎官之職，實屬「位未稱德」，故理宗乃有「朕心慨焉」之歎。於是頒下制書，「陟樂正以貳司成」，而授振孫以國子司業之職。據上述分析，則振孫自淳祐元年二月離浙西提舉任後，即與趙與𥲅同至京師，閱《姑蘇志》卷三《古今宋令表》中「知府」欄，知與𥲅所除者爲中書門下省檢正諸房公事，而振孫則出任三省之郎官，職位亦與趙與𥲅正相捋也。

有關趙與𥲅所除之職，《宋史》卷一百六十一《志》第一百一十四《職官》一《檢正官》條有說明，云：

「檢正官，五房各一人，掌糾正省務。熙寧三年置，以京朝官充選人，即爲習學公事。官制行，罷之，而其職歸左右司。建炎三年，中書門下省言：『軍興以來，天下多事，中書別無屬官。元豐以前，有檢正官，後因置左右司，遂不差，致朝廷及應報四方行移稽留，無檢舉催促。今欲差官兩員充中書門下省檢正諸房公事。內一員檢正吏、禮、兵房，一員檢正戶、刑、工房。』從之。至次年，詔並罷。紹興二年，詔中書門下省復置檢正官一員。」

是則檢正官之職責，在糾正省務，檢舉催促朝廷及應報四方行移，毋使稽留。初，五房各置一員，建炎三年始改置二員，後罷此職，至紹興二年復置一員。是則趙與𥲅除此官後，以一人之力而須檢正六房公事矣。

至振孫所任之職位，竊以爲最適宜者乃除尚書省之員外郎，地位略低於與籌；最高則不過爲郎中，乃與與籌官位相等。《宋史》卷一百六十一《志》第一百一十四《職官》一《左司郎中、右司郎中、左司員外郎、右司員外郎》條云：

「左司郎中、右司郎中、左司員外郎、右司員外郎，各一人，掌受付六曹之事，而舉正文書之稽失，分治省事：左司治吏、户、禮奏抄班簿房，右司治兵、刑、工案抄房，而開拆、制敕、御史元豐六年，都司置御史房，主行彈糾御史案察失職。催驅、封樁、印房，則通治之；有稽滯，則以期限舉催。」

觀是，尚書省郎官之職責與中書省檢正官約略相同，此項工作殊繁瑣而無關學術，對好學深思如振孫者甚不適宜，無怪乎徐元杰代理宗所擬制書乃云：「予環郎省，位未稱德。」矣。

余據「予環郎省」一語以推判振孫離浙西提舉任後，至除國子司業職前，曾任職尚書省之郎中或員外郎。此點乃自宋迄今，絕無人曾道及之者。其是非當否，當俟後人持續探研。惜文獻不足，至今仍無法考出振孫於尚書省所任者究爲何職，殊可惋耳。綜上所考，振孫確嘗任官尚書省，蓋始自淳祐元年二月，以迄淳祐四年秋冬間，計凡三載有餘矣。

振孫既除國子司業，其職任如何，據《宋史》卷一百六十五《志》第一百一十八《職官》五《國子監》條載：

「元豐官制行，始置祭酒、司業、丞、主簿各一人，太學博士十人，正、錄各五人，武學博士二人，律學博士、正各一人。祭酒掌國子、太學、武學、律學、小學之政令，司業爲之貳，丞參領監事。凡諸生之隸於太學者，分三舍。始入學，驗所隸州，公據以試補，中者充外舍。齋長、諭月書其行藝於籍。行謂率教不戾規矩，藝謂治經程文。季終考於學諭，次學錄，次學正，次博士，然後考於長、貳。歲終校定，具注於籍，以俟覆試，視其校定之數，參驗而序進之。凡私試，孟月經義，仲月論，季月策。公試，初場以經義，次場以論、策。試上舍如省試法。凡內舍行藝與所試之等俱優者，爲上舍上等，取旨命官；一優一平爲中，以俟殿試；一優一否或俱平爲下，以俟省試。唯國子生不預考選。凡課試、升黜、報導之事，長、貳皆總焉。車駕幸學，則率官屬諸生班迎，即行在距學百步亦如之。凡釋奠于先聖、先師及武成王，則率官屬諸生共薦獻之禮。歲計所隸三舍生升降多寡之數，以爲學官之殿最賞罰。」

是則司業爲祭酒之貳，工作至繁重也。《咸淳臨安志》卷十一《行在所錄·學校》載有長樂劉秀裴記、餘杭虞似良書之《監學官題名》一文，可與《宋史》相發明，其文曰：

「乾道二年夏四月，《監學官題名》成。始題名也，兩學俱隸於監，祭酒秩四品，司業六品，常擇威重有行實者爲之，掌凡監學之教令與其政治。其屬博士，專掌鼓篋孫業之事，國之公卿、大夫、士之子弟與夫四方之選士學焉。正、錄佐博士以施教典，稽其功緒，糾其德行，考其才藝，書其如法者，識其不如法者，以達於博士，博士以聞於祭酒、司業，而升黜之，故均謂之學官。監有丞，以治簿書、令、財賦。其次有簿，凡監之小事聽焉。此其大略也。今夫有職必有事，由國子監而上，秩高而選精，則職事愈繁。故語職優事簡，往往必反曰學官。學官無他吏責，惟專以傳道授業，論古今成敗，考諸儒同異爲事，群居侃侃，如在洙泗，此固可樂也。季裴職在東膠，敢志其所始。太學成於紹興十三年，武學成於二十六年，凡任祭酒者八人、司業二十人、國子太學、武學博士合四十有六人、丞十有八人、簿十六人、正、錄、武學諭五十四人。先是筦書庫，爲者凡十人，今不復置，皆以年月先後爲之序，庶來者得以次列云。」

至振孫任職之國子監，其具體情況，《咸淳臨安志》卷八《行在所錄·諸監》條云：

「國子監在紀家橋。紹興三年六月奉詔即駐蹕所在，學置監，仍置博士二員，以太學生隨駕者三十六人爲監生。十三年，臨安守臣王㬮請即錢塘縣西岳飛宅造國子監，從之。繪魯國圖，東西爲丞、簿位，後爲書庫官位，中爲堂，繪三禮圖於壁，用至道故事也。餘見《續修太學志》。」

同書卷十一《行在所錄·學校·太學》條又云：

「太學在前洋街，理宗皇帝御書二字爲扁。紹興十二年，詔禮部討論太學養士法，仍令臨安府權於府學，措置增廣，遂置祭酒、司業、博士、正、錄，定養士額。十三年六月，臨安守臣王㬮即岳飛宅建學成，互見國子監。詔禮部侍郎兼直學士院王賞爲記。今不存，賞《集》中亦逸。㬮又括民間冒占白地錢爲養士費，給監學生綾紙、監帖。十四年，司業高閌等請車駕臨幸，詔從之。遂以三月己巳祇謁先聖，止輦大成殿門外。禮畢，御敦化堂，命高閌講《易·泰卦》，賜諸王席於廡下，啜茶而退。遂幸養正、持正二齋，學官、生員恩數各有差。越六日，內出御製御書，宣聖贊命，揭置大成殿。二十五年，又製七十二賢贊，親札付臨安府刻石。孝宗皇帝以淳熙四年十月乙亥，寧宗皇帝以嘉泰三年正月戊戌臨幸紹興禮。淳祐元年正月，理宗皇帝將視學，首降御筆陞周敦頤等五臣從祀，而削王安石，曰：『朕惟孔子之道，自孟軻後不得其傳。至我朝周敦頤、張載、程顥、程頤，真見力踐，深探聖域，千載絕學，始有指歸。中興以來，又得朱熹精思明辨，表裏渾融，使《中庸》、《大學》、《語》、《孟》之書，本末洞徹，孔子之道，益以大明於世。朕每觀五臣論著，啓沃良多。今視學有日，宜令學宮列諸從祀，以示朕崇獎儒先之意。』又曰：『王安石謂天變不足畏，祖宗不足法，人言不足信。此三語爲萬世之罪人，豈宜崇祀孔子廟庭，合與削去，於正人心，息邪說，關係不小，令國子監日下施行。』迺以戊申行禮，頒御製伏羲以下道統十三贊，宣示諸生。七年三月，御書朱熹《白鹿洞規》以賜。」

觀上所載，固知南宋之國子監，乃於紹興十三年即錢塘縣西岳飛宅建造而成，高宗、孝宗、寧宗、理宗均曾臨幸及視學其間。理宗陞周敦頤等五臣從祀孔廟，而削去王安石，並斥責安石爲萬古罪人；故振孫亦甚惡安石，《解題》中多抨擊安石爲政之不善。而振孫治學乃淵源伊、洛，且服膺朱熹。淳祐七年（一二四七）三月，理宗御書朱熹《白鹿洞規》以賜太學，其時振孫仍在司業之任也。

淳祐五年六月，徐元杰暴亡，或以爲史嵩之毒之而死，振孫曾有疏，欲乞朝廷爲之伸冤。其事《癸辛雜識》別集下《嵩之起復》條載之曰：

「嵩之之起復也，匠監徐元杰攻之甚力，遂除起居舍人、國子祭酒，仍攝行西掖，未幾暴亡。或以爲嵩之毒之而死，俾其妻申省，以爲口鼻折裂，血流而腹脹，色變青黑，兩臂皆起黑泡，面如斗大，其形似鬼，欲乞朝廷主盟與之伸冤。侍御史鄭寀率臺諫共爲一疏，少司成陳振孫、察官江萬里並有疏，遂將醫官人從廚子置獄，令鄭寀督之，竟不得其情，止以十數輩斷遣而已。徐霖上書力詆寀不能明此獄之冤，不報，竟去。寀奏疏乞留霖，亦不報。先是侍御史劉漢弼盡掃嵩之之黨，至此亦以暴疾亡，或者亦謂嵩之有力，然皆無實跡也。朝廷遂各賜田五頃，楮幣五千貫，以旌其直。黃濤之試館職也，對策歷數史嵩之之惡，至是除宗正少卿，於封疏乃言元杰止是中暑之證，非中毒也。於是僉議攻之，而元杰之子直諒投匭扣閽，力辨此說，濤遂被劾云。」

案：《宋史》卷四百二十四《列傳》第一百八十三《徐元杰》云：

「先，元杰未死之一日，方謁左丞相范鍾歸，又折簡察院劉應起，將以翼日奏事。是夕，俄熱大作，詰朝不能造朝，夜煩愈甚，指爪忽裂，以死。朝紳及三學諸生往弔，相顧駭泣。訃聞，帝震悼曰：『徐元杰前日方侍立，不聞有疾，何死之遽耶？』亟遣中使問狀，賻贈銀絹二百計。已而太學諸生伏闕愬其爲中毒，且曰：『昔小人有傾君子者，不過使之自死於蠻煙瘴雨之鄉，今蠻煙瘴雨不在嶺海，而在陛下之朝廷。望奮發睿斷，大明典刑。』於是三學諸生相繼叩閽訟冤，臺諫交疏論奏，監學官亦合辭聞於朝。二子直諒、直方乞以恤典充賞格。有旨付臨安府逮醫者孫志寧及常所給使鞫治。既又改理寺，詔殿中侍御史鄭寀董之，且募告者賞緡錢十萬，官初品，大理寺正黃濤謂伏暑證，二子乞斬濤謝先臣。然獄迄無成，海內人士傷之，帝悼念不已，賜官田五百畝、緡錢五千給其家。賜謚忠愍。」

觀上《宋史·徐元杰傳》所載，與《癸辛雜識·嵩之起復》條相同，而又互爲補足。元杰曾任右司郎官、國子祭酒，則其適爲振孫之上司矣；且元杰曾代理宗撰《陳振孫國子司業制》，是其與振孫私交必甚篤，故對振孫之德學知之甚審也。如《制》中言「爾振孫研精經術，有古典刑，揚歷滋深，靖退自若，予環郎省，位未稱德」云云，雖爲《制》中之語，亦足見元杰對振孫之學行有較深之認知；或除國子司業一事，亦元杰所推薦也。元杰一旦暴亡，誼在至交，份爲屬員，振孫固當上疏論奏，所惜振孫之《疏》，今已散佚，不可得讀矣。

今人趙鐵寒嘗撰《宋代的太學》一文，載《大陸雜誌》第七卷第四、五、六期。文中有云：

「至教職員官品俸給，概括如下：祭酒從四品，月俸四十五千，又職錢分『行』、『守』、『試』三等，三十五千、三十二千、二十八千；司業正六品，月俸三十五千，職錢三等，三十二千、三十千、二十八千；博士從八品，月俸二十千，職錢三等，十八千、十七千、十六千；正、錄、諭正九品，月俸十八千，職錢三等，十八千、十七千、十六千。」

據此，則知司業官爲正六品，月俸連首等之職錢亦不過六十七千，所惜趙氏此文未注明其資料之來源。姑迻錄之，以備參考。

最後擬略考元杰所撰《制》其中「陟樂正以貳司成」一句之用典。案此句典出《禮記》卷六《文王世子》篇。《文王世子》有曰：

「語曰：樂正司業，父師司成，一有元良，萬國以貞。世子之謂也。」

「司成」即祭酒。《制》中之「貳司成」，即指司業一職，元杰用典極爲精當。又《制》中「罔俾陽城韓愈專美有唐」一句，則以退之比況振孫，似稍欠審愼矣。蓋《舊》、《新唐書》均載韓愈所任者爲國子博士，而振孫所除者爲國子司業，職級殊不相同。元杰以二者相比況，則比擬有所未倫矣。

第十一節　致仕與去世

《湖錄》云：

「淳祐九年，以□原闕。部侍郎致仕，家居修《吳興志》，討摭舊事頗詳，未幾卒。」

陸心源《宋史翼》卷二十九《列傳》第二十九《文苑》四《陳振孫》云：

「以某部侍郎《野語》九。除寶章閣待制致仕，贈光祿大夫。《劉後村大全集·外制》。」

案：《四庫全書總目·史部·目錄類》一「《直齋書錄解題》二十二卷」條云：

「考周密《癸辛雜識》莆田陽氏子婦一條，稱陳伯玉振孫時以倅攝郡；又，陳周士一條，稱周士，直齋侍郎振孫之長子。則振孫始仕州郡，終官侍郎，不止浙西提舉，鶚蓋考之未詳也。」

是《四庫總目》亦謂振孫以侍郎致仕。余又考見《齊東野語》卷十五《張氏十詠圖》條亦稱「直齋陳振孫貳卿」，而卷十七《朱唐交奏本末》條又稱「陳伯玉貳卿」；另袁桷《清容居士集》卷四十六《跋定武褉帖》條稱「霅溪陳侍郎振孫伯玉」。蓋貳卿即侍郎，是則《湖錄》謂以□部侍郎致仕，固無疑矣。

至侍郎一職，《文獻通考》卷五十一《職官考》五《侍郎》條云：

「宋制，侍郎掌貳令之職，參議大政，授所宣詔旨而奉行之。官制恆以尚書右僕射兼，又別置侍郎以代參知政事。建炎初，復改侍郎爲參政。」

是宋代侍郎之職任及沿革乃如此。

《湖錄》以淳祐九年爲振孫致仕之年，微有所誤，余已於本章第一節處考出振孫致仕乃在淳祐十年，茲不贅。振孫致仕鄉居，其修輯《吳興人物志》情狀，《齊東野語》卷十五《張氏十詠圖》條記之甚詳，其辭曰：

「先世舊藏《吳興張氏十詠圖》一卷，乃張子野圖其父維平生詩，有十首也。其一《太守馬太卿會六老於南園》云：『賢侯美化行南國，華髮欣欣奉宴娛。政績已聞同水薤，恩輝遂喜及桑榆。休言耳外榮名好。但恐人間此會無。他日定知傳好事，丹青寧羨《洛中圖》。』其二《庭鶴》云：『戢翼盤桓傍小庭，不無清夜夢煙汀。靜翹月色一團素，閑啄苔錢數點青。終日稻梁聊自足，滿前鷄鶩漫相形。已隨秋意歸詩筆，更與幽棲上畫屏。』其三《蝴蝶花》云：『雪朵中間蓓蕾齊，驟聞尤覺綉工遲。品高多說瓊花似，曲妙該將玉笛吹？散舞不休零晚樹，團飛無定撼風枝。漆園如有須爲夢，若在藍田種更宜。』其四《孤帆》云：『江心雲破處，遙見去帆孤。浪闊疑升漢，風高若泛湖。依微過遠嶼，彷彿落荒蕪。莫問乘舟客，利名同一途。』其五《宿清江小舍》，破損，僅存一句云：『菰葉青青綠荇齊。』其六《歸燕》云：『社燕秋歸何處鄉，群雛齊老稻青黃。猶能時暫棲庭樹，漸覺稀疏度苑牆。已任風庭下簾幕，却隨煙艇過瀟湘，前春認得安巢所，應免差池揀杏樑。』其七《聞砧》云：『遙野空林砧杵聲，淺沙棲雁自相鳴。西風送響暝色靜，久客感秋愁思生。何處征人移塞帳，即時新月落江城。不知今夜搗衣曲，欲寫秋閨多少情。』其八《宿後陳莊》云：『臘凍初開茗水清，煙村遠郭漫吟行。灘頭斜日鳧鷖隊，枕上西風鼓角聲。一棹寒燈隨夜釣，滿犁膏雨趁春耕。誰言五福仍須富，九十年餘樂太平。』其九《送丁遜秀才赴舉》云：『鵬去天池鳳翼隨，風雲高處約先飛。青袍賜宴出關近，帶取瓊林春色歸。』其十《貧女》云：『蒿簪掠鬢布裁衣，水鑑雖明亦懶窺。數畝秋禾滿家食，一機官帛幾梭絲。物爲貴寶天應與，花有秋香春不知。多少年來豪族女，總教時樣畫蛾眉。』孫覺莘老序之云：『富貴而壽考者，人情之所甚慕；貧賤而夭短者，人情之所甚哀。然有得於此者，必遺於彼。故寧處康强之貧、壽考之賤，不願多藏而病憂、顯榮而夭短也。贈尚書刑部侍郎張公諱維，吳興人。少年學書，貧不能卒業，去而躬耕以爲養。善教其子，至於有成。平居好詩，以吟詠自娛。浮游閭里，上下於谿湖山谷之間，遇物發興，率然成章，不事彫琢之巧、采繪之華，而雅意自得。徜徉閑肆，往往與異時處士能詩者爲輩。蓋非無憂於中，無求於世，其言不能若是也。公不出仕，而以子封至正四品，亦可謂貴；不治職，而受祿養以終其身，亦可謂富；行年九十有一，可謂壽考。夫享人情之所甚慕，而違其所哀，無憂無求，而見之吟詠，則其自得而無怨懟之辭，蕭然而有沈澹之思，其亦宜哉！公卒十八年，公子尚書都官郎中先亦致仕家居，取公平生所自愛詩十首，寫之縑素，號《十詠圖》，傳示子孫，而以序見屬。余既愛侍郎之壽、都官之孝，爲之序而不辭。都官字子野，蓋其年八十有二云。』此事不詳於郡志，而張維之名亦不顯，故人少知者。會直齋陳振孫貳卿方修《吳興志》，討摭舊事，見之大喜，遂傳其圖，且詳考顛末，爲之跋云：『慶曆六年，吳興郡守宴六老於南園，酒酣賦詩，安定胡先生瑗教授湖學，爲序其事。六人者，工部侍郎郎簡年七十九，司封員外郎范說年八十六，衛尉寺丞張維年九十一，俱致仕。劉維慶年九十二，周守中年九十五，吳琰年七十二，皆有子弟列爵於朝。劉，殿中丞述之仲父；周，大理丞頌之父；吳，大理丞知幾之父也。詩及序刻石園中，園廢，石亦不存。其事見《圖經》及《安定言行錄》。余嘗考之，郎簡，杭人也，或嘗寓於湖。范說，治平三年進士，同學究出身。周頌，天聖八年進士。劉、吳盛族，述與知幾皆有名蹟可見，獨張維無所考。近周明叔史君得古畫三幅，號《十詠圖》者，乃維所作詩也。首篇即南園宴集所賦，孫覺莘老序之，其略云云。於是始知維爲子野之父也。時熙寧五年，歲在壬子，逆數而上八十二年，子野之生當在淳化辛卯，其父享年九十有一，正當爲守。會六老之年，實慶曆丙戌。逆數而上九十一年，則周世宗顯德丙辰也。後四年宋興，自是日趨太平極盛之世，及於熙寧、元豐，再更甲子矣。子野於其間擢儒科，登膴仕，爲時聞人，贈其父官四品，仍父子皆耄期，流風雅韻，使人遐想慨慕不能已，可謂吾鄉衣冠之盛事矣。世固知有子野，而不知有其父也。自慶曆丙戌後十八年，子野爲《十詠圖》，當治平甲辰；又後八年，孫莘老爲太守，爲之作序，當熙寧壬子；又後一百七十七年，當淳祐己酉，其圖爲好古博雅君子所得。會余方緝《吳興人物志》，見之如獲拱璧，因細考而詳錄之，庶幾不朽於世。其詩亦清麗閒雅，如「灘頭斜日鳧鷺隊，枕上西風鼓角聲」，又「花有秋香春不知」，皆佳句也。子野之墓在卞山多寶寺，今其後影響不存矣。此圖之獲，豈不幸哉！本朝有兩張先，皆字子野。其一博州人，天聖三年進士，歐陽公爲作墓志；其一天聖八年進士，則吾州人也。二人名姓字偶皆同，而又適同時，不可不知也。』且賦詩云：『平生聞說張三影，《十詠》誰知有乃翁。逢世昇平百年久，與齡耆艾一家同。名賢敘述文章好，勝事流傳繪素工。遐想盛時生恨晚，恍如身在畫圖中。』南園故址在今南門內，牟存叟端平所居是也。其地尚爲張氏物，先君爲經營得之。存叟大喜，亦嘗賦五絕句，其一云：『買家喜傍水晶宮，正是南園故址中。我欲築堂名「六老」，追還慶曆太平風。』蓋紀實也。余家又偶藏子野詩一帙，名《安六集》，舊京本也。鄉守楊嗣翁見之，因取刻之郡齋。適二事皆出余家，似與子野父子有緣耳。」

案：《齊東野語》此條，不惟記及振孫致仕鄉居修輯《吳興人物志》情事，更難得者則爲收及振孫之《張氏十詠圖跋》及《詩》，殊足珍貴。至振孫遐想慨慕北宋昇平盛世之心態，於跋語及所賦詩中亦足以覘之。振孫晚年居吳興，其地山水風光韶美，園林第宅之盛，每載見文人筆墨與詩人詠歎之中，固不止牟存叟所賦之五絕句也。明董斯張《吳興備志》卷十五《園第》條云：

「吳興山水清遠，城據其會，狀其景者曰水晶宮，曰水雲鄉，曰極樂國。城之內，觸處見山，觸處可以引溪流，故凡爲園囿，必景物幽雅；雖近市，如在雲岩江村，所以爲貴也。唐開成中，白蘋洲有三園；錢氏時，清源門內有芳菲園；國朝寶元中，定安門內有南園；今廢爲庚廩矣，居宅矣，招提矣。園之亭館，自白蘋外，俱不可見。鄉老、寓公多爲芳圃，亭宇相望，沼沚旁聯，花木蓊茂，遊者爭眩，物固不能兩盛也。談《志》。」

《湖州府志》卷九十三《雜綴》一亦載：

「吳興謂之水晶宮，不載《圖經》。刺史楊漢公《九月十五日夜絕句》云：『江南地暖少南風，九月炎涼正得中。溪上玉樓樓上月，清光合作水晶宮。』後來林子中聞滕元發得湖州，以詩賀何洵真邦彥云：『清風樓下兩溪春，三十餘年一夢新。欲識玉皇香案吏，水晶宮主謫仙人。』因爲故事。《豹隱記談》。」

觀是，則吳興一地，風光韶秀，園宅華美，固甚宜於致仕豹隱者所偃居也。

劉克莊《後村大全集》卷七十五《外制》有《故通奉大夫寶章閣待制致仕陳振孫贈光祿大夫》一文云：

「疏傅賢哉，方遂揮金之樂；魏公逝矣，可勝亡鑑之悲。於以飾終，爲之攬涕。具官某，其文秋濤瑞錦，其姿古柏寒松。早號醇儒，得淵源於伊洛；晚稱名從，欲輩行於乾淳。若鳳儀麟獲而來，以鱣舞狐嗥而去。生芻一束，莫挽於遐心；寶帶萬釘，少旌於耆德。尚期難老，胡不憖遺？噫！德比陳太丘，素負海內之望；官如顏光祿，用爲宰上之題。可。」

觀此，則振孫蓋以通奉大夫、寶章閣待制致仕也，是前引之《湖錄》及《宋史翼》僅謂振孫以某部侍郎、除寶章閣待制致仕均有所脫遺。考通奉大夫一職，乃屬文散官。《文獻通考》卷六十四《文散官・光祿大夫以下》條云：

「通奉大夫，古無此階，宋大觀新置。」

是此官階始置於徽宗大觀年間矣。至寶章閣待制一職，同書卷五十四《職官考》八云：

「寶章閣，學士、直學士、待制。寶慶二年置。藏寧宗御製，置學士等官。」

則寶章閣待制一職，乃理宗寶慶二年始置，其上猶有學士、直學士等職也。

振孫卒後，封贈光祿大夫。考《文獻通考》卷六十四《文散官・光祿大夫以下》條云：

「宋元豐更官制，以金紫光祿大夫換吏部尚書，銀青光祿大夫換五部尚書，時宰相王珪任禮部侍郎同平章事，上以珪久不進官，因改官制，乃特授銀青光祿大夫。光祿大夫換尚書左右丞。」

觀是，則所封贈予振孫者，蓋相等於尚書左右丞耳。

劉克莊代理宗所撰之《制》，對振孫推崇備至，惟用典頗多，固有闡說之必要。此《制》中「疏傳」二句，典出《漢書》卷七十一《列傳》第四十一《疏廣傳》。案：《疏廣傳》載：疏廣，字仲翁，東海蘭陵人。少好學，明《春秋》，徵爲博士，大中大夫。地節三年，立皇太子，廣爲太傅，兄子受為少傅。在位五年，廣謂受曰：「官成名立，如此不去，懼有後悔。」乃上疏乞骸骨，帝皆許之，加賜黃金二十斤，皇太子贈以五十斤，公卿大夫故人邑子設祖道，送行者車數百輛，道路觀者皆賢之。既歸鄉里，散金與諸故舊，召鄉父老歡。不治田宅，或勸為子孫計者。廣曰：「賢而多財，則損其志；愚而多財，則益其過。且夫富者，衆人之怨也；吾既亡以教化子孫，不欲益其過而生怨。又此金者，聖主所以惠養老臣也，故樂與鄉黨宗族共饗其賜，以盡吾餘日，不亦可乎！」宗人悅服，以壽終。此即「疏傅賢哉，方遂揮金之樂」二語之典源也。或振孫致仕前後，其事蹟庶幾近乎疏廣也。至「魏公」二句，則典出《舊唐書》卷七十一《列傳》第二十一及《新唐書》卷九十七《列傳》第二十二之《魏徵傳》。案：《魏徵傳》載：魏徵字玄成，鉅鹿曲城人。好讀書，多所通涉。隋亂，詭為道士。初從李密，入京見高祖，自請安輯山東，乃擢秘書丞。太宗時拜諫議大夫，每犯顏敢諫，雖帝怒甚，神色自若，帝亦為之霽威，嘗曰：「人言徵舉動疏慢，我但見其嫵媚。」進左光祿大夫，封鄭國公。徵自以不世遇，乃展盡底蘊，前後二百餘疏，無不剴切當帝心。拜太子太師，以疾卒官。帝後臨朝歎曰：「以銅為鑑，可正衣冠；以古為鑑，可知興替；以人為鑑，可明得失。朕嘗保此三鑑，內防己過。今魏徵逝，一鑑亡矣。」此乃「魏公逝矣，可勝亡鑑之悲」之典源也。振孫任國子司業日，徐元杰暴亡，有疏，乞為伸冤，其餘未之聞。或史闕有間，故餘事均莫可蹤跡矣。「德比陳太丘」二句，典出《後漢書》卷六十二《列傳》第五十二《陳寔傳》。案：《陳寔傳》，余已載之第二章第一節中，茲不更事徵引，不意劉後村竟以直齋之遠祖，而與振孫相比況，蓋祖孫二人皆同以德業見稱，又素負海內之望耶！後村此《制》又有「官如顏光祿」之句，乃典出《宋書》卷七十三《列傳》第三十三及《南史》卷三十四《列傳》第二十四《顏延之傳》。案：延之字延年，琅邪人。少孤貧，好讀書，文章之美，冠絕當時，與謝靈運齊名，江左稱顏謝。宋初爲太子舍人，歷始安、永嘉二郡太守、秘書監、光祿勳、太常。世祖登祚，以爲金紫光祿大夫。孝建三年卒，年七十三。追贈散騎常侍、特進金紫光祿大夫如故，謚曰憲子。考劉宋所設金紫光祿大夫一職，位至優崇。《文獻通考》卷六十四《職官考》十八《光祿大夫以下》條云：

「及晉受命，置左右光祿大夫，假金章紫綬，而光祿大夫如故。加金章紫綬，並與卿同進賢，兩梁冠、黑介幘，五時朝服，佩水蒼玉，並祿賜班位、吏卒，皆與特進同，復以爲優崇之制。而諸公遜位，不復加之。其以爲加官者，唯假章綬，祿賜班位而已，不別給車服、吏卒也。或更拜上公，或以本封食公祿。其諸卿尹、中朝大官年老致仕及內外之職加此者，前後甚衆。由是或因得開府，或進加金章紫綬，又復以爲禮贈之官。本已有卿官者，不復重給，其餘皆假。其假銀章青綬者，位在金紫將軍下、諸卿上。泰始中，唯太子詹事楊珧加給事中、光祿大夫，加兵之制，諸所供給，依三品將軍。晉宣帝子、平原王幹，拜光祿大夫，加侍中，特假金章紫綬，班次三司。其餘自如舊制，終武、惠、孝懷三世。食俸日三斛。太康二年，始給春絹五百疋、綿百斤。惠帝元康元年，始給菜田六頃、田騶六人，置主簿、功曹、史門、亭長、門下、書佐各一人。宋氏因之。」

讀此條，當悉「官如顏光祿，用爲宰上之題」之出處。至此《制》中有「早號醇儒，得淵源於伊洛；

晚稱名從，欲輩行於乾淳」諸語，前二句較易懂。「早號醇儒」者，洪咨夔《平齋文集》卷十八《軍器監簿陳振孫除諸王宮大小學教授制》之「爾靜而不競，簡而不華，可謂端愨矣。振振麟定，以爾爲之師，觀渠度於步武之間，挹芳潤於言論之頃。而成童既冠，莫非大雅，麗澤講習之功，將有考於此」；及徐元杰《楳埜集》卷七《陳振孫授國子司業制》之「爾振孫研精經術，有古典刑，揚歷滋深，靖退自若，予環郎省，位未稱德，朕心慨焉。陟樂正以貳司成，僉論茲允。尚祇厥職，罔俾陽城韓愈專美有唐」；皆足爲此句注解。至「得淵源於伊洛」者，蓋振孫之外曾祖父周行己，早從伊川程子游，傳其餘緒，乃開永嘉學派；振孫之學，眞得淵源於伊洛矣。「晚稱名從，欲輩行於乾淳」者，乾、淳，即乾道、淳熙也，皆宋孝宗年號。閩學之朱熹，其爲官任職，著書立說，發揚道學，皆在孝宗乾、淳間。振孫平生服膺朱子，《解題》卷三《孝經類》云：

「《孝經刊誤》一卷，朱熹撰。抱遺經於千載之後，而能卓然悟疑辨惑，非豪傑特起獨立之士，何以及此？後學所不敢傚恸，而亦不敢擬議也。」

同書同卷《語孟類》云：

「《論語集注》十卷、《孟子集注》十四卷，朱熹撰。大略本程氏學，通取注疏古今諸儒之說，間復斷以己見。晦翁生平講解，此爲第一，所謂毫髮無遺憾者矣。」

又同書卷十五《楚辭類》云：

「《楚辭集注》八卷、《辨證》二卷，侍講建安朱熹元晦撰。以王氏、洪氏注或迂滯而遠於事情，或迫切而害於義理，遂別爲之注。其訓詁文義之外，有當考訂者，則見於《辨證》，所以祛前注之蔽陋，而發明屈子微意於千載之下，忠魂義魄，頓有生氣。其於《九歌》、《九章》，尤爲明白痛快。至謂《山海經》、《淮南子》殆因《天問》而著書，說者反取二書以證《天問》，可謂高世絕識，毫髮無遺恨者矣。公爲此《注》，在慶元退歸之時，序文所謂『放臣棄子、怨妻去婦』，蓋有感而託者也。其生平於《六經》皆有訓傳，而其殫見洽聞，發露不盡者，萃見於此書。嗚呼偉矣！其篇第視舊本益賈誼二賦；而去《諫》、《歎》、《懷》、《思》。屈子所著二十五篇爲《離騷》，而宋玉以下則曰《續離騷》。其言『《七諫》以下，辭意平緩，意不深切，如無所疾痛而強爲呻吟者』，尤名言也。」

讀此數條，足證直齋對朱子推崇備至。考《宋史》卷四百三十《列傳》第一百八十九《道學》四載朱氏門人有黃榦、李燔、張洽、陳淳、李方子、黃灝等，「晚稱名從，欲輩行於乾淳」二語，蓋謂振孫可私淑朱子，與黃榦等人堪爲輩行。是則後村此《制》，於振孫亦可謂推譽有加矣。

至振孫之卒歲，陳樂素之考證，以爲在景定二年或三年春。其《直齋書錄解題作者陳振孫》三《年歷》條云：

「劉克莊《後村大全集》卷七五所載《故通奉大夫寶章閣待制致仕陳振孫贈光祿大夫制》，居《外制》之末，《參知政事何夢然封贈三代》之後。據《宋史·宰輔表》，何夢然以景定二年（一二六一）十二月除參政；又據《後村集》附林希逸所撰《行狀》，則後村以景定二年辛酉八月再兼中書，三年壬戌三月除權工部尚書，陞兼侍讀；直齋蓋卒於景定二年或三年春，而必不在三年三月以後也。以嘉定中始仕，至景定之卒，其間四十餘年，縱使未壯已仕，直齋壽亦當七十以上矣。」

惟其後，樂素另撰《略論陳振孫直齋書錄解題》一文，其文一《解題作者》條於振孫卒歲則頗有異說。其文曰：

「陳振孫的生卒年不詳。但劉克莊《後村大全集》卷七五，有《故通奉大夫寶章閣待制致仕陳振孫贈光祿大夫制》，列在《參知政事何夢然封贈三代制》之後；何夢然是理宗景定二年（公元一二六一年）十二月除參政的（《宋史・宰輔表》）；而劉克莊則在景定二年八月再兼中書舍人，三年三月除工部侍郎升兼侍讀（《後村集》附林希逸撰《行狀》）。由此推知，陳振孫是卒於景定二、三年之間。他初仕大概在寧宗嘉定元年（公元一二〇八年），當溧水縣縣學教授，寫過一篇《華勝寺碑記》（見光緒《溧水縣志》）。假定初仕時是三十歲左右的人，那麼，到景定二年（公元一二六一年），他已經是八十歲以上的人了。」

案：今檢《後村先生大全集》卷之七十五《外制》所收之文，計爲：《中大夫參知政事兼太子賓客何夢然封贈三代》、《太傅左丞相兼樞密使兼太子少師魯國公賈似道贈高祖高祖母》、《端明殿學士朝奉郎簽書樞密院事兼太子賓客孫附鳳贈三代》、《資政殿大學士中大夫提舉臨安府洞霄宮林存郊恩贈父母妻》、《資政殿學士通奉大夫提舉臨安府洞霄宮馬天驥初除贈父母妻》、《資政殿學士中大夫知溫州林存可依前資政殿學士知溫州長樂郡開國侯加食三百戶》、《寶章閣直學士大中大夫提舉佑神觀王克謙可依前寶章閣直學士提舉佑神觀會稽縣開國男加食邑三百戶》、《寶章閣學士通奉大夫致仕顏□仲可依前寶章閣學士致仕龍溪郡開國侯加食邑三百戶》、《資政殿學士中大夫新改差知寧建府林存除資政殿大學士提舉臨安府洞霄宮》、《王克謙除寶章閣學士提舉佑神觀》、《楊瑱除權戶部侍郎》、《楊瑱除右文殿修撰知寧國府》、《陳顯伯除端明殿學士提舉佑神觀》、《陳顯伯贈銀青光祿大夫》、《寶謨閣直學士正奉大夫提舉江州太平興國宮袁商依前寶謨閣直學士轉宣奉大夫致仕》、《袁商贈特進》、《故通議大夫右文殿修撰致仕戚士遜贈宣奉大夫》、《故朝議大夫新除權戶部侍郎致仕鄭雄飛贈通議大夫》，而《故通奉大夫寶章閣待制致仕陳振孫贈光祿大夫》一篇，確列於此《外制》之末。又《後村先生大全集》卷之一百九十四《行述》載林希逸所撰《宋修史侍讀工部尚書龍圖閣學士正議大夫致仕莆田縣開國伯食邑九百戶贈銀青光祿大夫後村先生劉公行狀》則云：

「景定（元年）庚申，……公方奏疏引年。六月，除秘書監令。……八月，除起居郎，再辭，不允。九月，兼權中書舍人，公猶在道。十一月，……除兵部侍郎，兼中書舍人，兼直學士院。……十二月，兼史館同修撰。……（二年）辛酉，……三月，兼侍讀。四月，以病辭。西掖詔，從之。俄除兵部侍郎。八月，再兼中書。是歲乞引年者再。……（三年）壬戌三月，除權工部尚書，陞兼侍讀。……」

據是則後村景定元年九月兼權中書舍人，十一月除兵部侍郎兼中書舍人；二年八月再兼中書；三年三月，除權工部尙書，陞兼侍讀。是其撰作《外制》諸文字，最早不應超過景定元年九月，而最遲不應後於景定三年三月。又考《宋史》卷四十五《本紀》第四十五《理宗》五載：

「（景定二年）十二月……甲午，以……何夢然參知政事兼太子賓客。」

是則《外制》之第一篇《中大夫參知政事兼太子賓客何夢然贈三代》必作於景定二年十二月。同書同卷《理宗》五又載：

「（景定）三年春正月……庚午，賜賈似道宅於集芳園，給緡錢百萬，就建家廟。」

則《太傅右丞相兼樞密使兼太子少師魯國公賈似道贈高祖祖母》之制必作於景定三年正月。同書同卷《理宗》五又載：

「（景定三年）三月乙丑，以孫附鳳爲端明殿學士、簽書樞密院事兼太子賓客。」

則《端明殿學士朝奉郎簽書樞密院事兼太子賓客孫附鳳贈三代》之制，必作於景定三年三月。《故通奉大夫寶章閣待制致仕陳振孫贈光祿大夫》一篇既置於《外制》之末，即排在前述諸制之後，則其作年最早亦在景定三年壬戌（一二六二）三月之時，其後後村則除權工部尙書、陞兼侍讀。是則振孫之卒歲亦必在此年此月左右，固無疑矣。由是觀之，樂素前後二度考證，或謂「直齋蓋卒於景定二年或三年春，而必不在三年三月以後」，或謂「陳振孫是卒於景定二、三年之間」，猶豫莫能決，則其所考訂，固未可視爲精允確當者也。

綜上所考，振孫致仕在理宗淳祐十年庚戌（一二五〇），時年七十；其卒歲在景定三年壬戌（一二六二）三月左右，春秋八十有二。由是而上溯，則振孫之生年，當爲宋孝宗淳熙八年辛丑（一一八一）也。

然《宋代書錄》（A Sung Bibliography）一書《書目》（K.Bibliographies）類《直齋書錄解題》條載及振孫生卒年云：

「Chih-chai shu-lu chieh-t'i 直齋書錄解題，22ch.（'Catalogue of books with explanatory notices of the Chih Studio'）by Ch'en Chen-sun 陳振孫（T.Po-yü 伯于，H.Chih-chai 直齋），ca.1190-after1249」

案：《宋代書錄》以西元一一九〇年，即宋光宗紹熙元年庚戌爲振孫生歲，而以西元一二四九年，即理宗淳祐九年己酉爲其卒年，不惟乏據，且其誤易明。至其譯振孫之別字爲「伯于」，則更知其乃外行之至，殊不足道也。最令人深覺奇異者，厥爲喬衍琯氏，其所撰《陳振孫學記》，於振孫生卒年一道，竟參《宋代書錄》略作推移，而不自行考證。其書第一章《傳略》云：

「振孫生年不詳。《宋代書錄．書目類．直齋書錄解題》條云，約一一九〇（光宗紹熙元年）生，則初仕溧水教授，年方二十一。疑生年當在前此數年。卒年則云在一二四九年（理宗淳祐九年）之後。雖未肯定，要俱相去不甚遠。而潘銘燊《宋代私家藏書考》，乃削去疑辭，又不言其所據，則未可從。使振孫未强而仕，享壽逾七十矣。」

觀是則不惟喬氏所考有誤，而潘銘燊《宋代私家藏書考》有關振孫生卒年之考訂，亦絕不可據矣。⑧

附注：

①《陳振孫學記》，民國六十九年六月初版，台北文史哲出版社印行。

②直齋實於嘉定元年至四年間出任溧水縣教授，在位三年。《溧水懸志》此條似宜於陳振孫名下補入「嘉定年任」四字。

③陳樂素曾見《華勝寺碑記》，《碑記》首句即謂：「嘉定初，余爲吏溧水。」陳氏據是乃以嘉定之年爲直齋初仕，一更其四十年前以紹興教官爲初仕之非。陳氏前撰《直齋書錄解題作者陳振孫》一文時，當未得讀《華勝寺碑記》，其所以後是而前非之由，蓋可知矣。

④此《碑記》，《溧水縣志》無句讀，新式標點及旁點乃筆者所加。

⑤陳樂素此條所記之「郡人陳思」，應爲「都人陳思」之誤，容於後詳辨之。

⑥《宋史》卷四百一十三《列傳》第一百七十二《趙必願》載：「端平元年，以直秘閣知婺州。至郡，免催紹定六年分小戶綾羅錢三萬緡有奇。立淳良、頑慢二籍，勸懲人戶。措置廣惠人君及諸人君積穀。奏乞寬減內帑綾羅，申省免用舊例，預解諸色窠名錢，罷開化稅場。」觀是，必願知婺州，政事眞多如牛毛也。

⑦案：直齋端平三年撰就《陳忠肅公祠堂記》，文末仍謂：「侯名必願，丞相忠定公嗣孫。……今以直秘閣，知婺州。」則必願此年或仍在婺州任也。

⑧潘文載見香港中文大學崇基學院所編之《華國》第六期。潘文文末有《參考及徵引書目》（按作者之年代排列），其「陳振孫」條云：「陳振孫（1190——1249）《直齋書錄解題》清光緒九年（一八八三）重刊本。」是潘氏言直齋之生卒年，亦誤據《宋代書錄》也。

附：陳振孫仕履年表

中曆	西元	所任官職	年齡
孝宗 淳熙八年辛丑	一一八一	振孫此年生。	1
寧宗 嘉定元年戊辰	一二〇八	是年任溧水縣教授，嘉定四年辛未去官歸。	28
嘉定六年癸酉	一二一三	是年補紹興府教授。	33
嘉定十一年戊寅	一二一八	任鄞學教官。	38
嘉定十四年辛巳	一二二一	爲南城縣宰。	41
理宗 寶慶三年丁亥	一二二七	充興化軍通判。	47

紹定元年戊子	一二二八	除軍器監簿。	48
端平元年甲午	一二三四	除諸王宮大小學教授。	54
端平三年丙申	一二三六	是年二月初六以朝散大夫知台州，兼權浙東提舉，常平茶鹽事，八月正除，十月二十八日到任。	56
嘉熙元年丁酉	一二三七	是年五月改知嘉興府。	57
嘉熙三年己亥	一二三九	是年四月十三日前後改升浙西提舉。	59
嘉熙四年庚子	一二四〇	返湖州，曾向湖守王佾借《易林》校勘。	60
淳祐元年辛丑	一二四一	是年二月任職郎省。	61
淳祐四年甲辰	一二四四	是年秋、冬間改除國子司業。	64
淳祐十年庚辰	一二五〇	以某部侍郎、通奉大夫除寶章閣待制致仕，家居霅川，修《吳興人物志》、《吳興氏族志》。	70
景定三年壬戌	一二六二	是年三月間卒，贈光祿大夫。	82

第四章　陳振孫之戚友與交游

第一節　陳振孫之親戚

直齋之親戚，首須介紹者厥爲周行己。前引《解題》卷十七《別集類》中「《浮沚先生集》十六卷、《後集》三卷」條，及卷十八《別集類》下「《濟溪老人遺藁》一卷」條，均載直齋祖父爲行己女婿，其祖妣爲行己之第三女，是則行己乃直齋之外曾祖矣。

行己事蹟，首見朱熹《伊洛淵源錄》卷十四《周恭叔》條，該條載：

「周恭叔，名行己，永嘉人。《遺書》第十七卷，或云乃其所記也。祁寬記和靖語云：『恭叔自太學早年登科，未三十，見伊川，持身嚴苦，塊坐一室，未嘗竊牖。幼議母黨之女，登科後，其女雙瞽，遂娶焉，愛過常人。伊川曰：「頤未三十時，亦做不得此事。」然其進銳其退速，每歎惜之。嘗酒席有所屬，既而密告人曰：「勿令尹彥明知。」又曰：「知又何妨，此不害義理。」伊川歸，和靖偶及之。伊川云：「此禽獸不若也，豈得不害義理。」又曰：「父母遺體以偶賤倡，可乎？」』上蔡謝公亦言：『恭叔不是擺脱得開，只爲立不住便放了。』胡文定公亦云：『人須是於一切世味淡薄方好，不要有富貴相。周恭叔才高識明，初年甚好，後來只緣累太重，若把得定，儘長進在。』」

《宋元學案》卷三十二《周許諸儒學案·程呂門人·正字周浮沚先生行己》條亦云：

「周行己，字恭叔，永嘉人也。學者稱爲浮沚先生。少而風儀秀整，語音如鐘，十行並下。游太學，時新經之説方盛，而先生獨之西京，從伊川游，持身艱苦，塊然一室，未嘗窺牖，嘗作《顏子不貳過論》，曰：『過不必大，毫末萌於心，而天地爲之應；悟不必久，斯須著於心，而天下歸其仁。』伊川亦稱之。呂與叔時在同門，先生亦師事之。豐清敏公爲司業，一日騶從闕於堂下，先生上書規之，清敏爲巽謝焉。時兩賢之成元祐進士，求監洛中水南糴場，以便從學。……崇寧中，官至太學博士，願分教鄉里，以便養親，許之。尋教授齊州。大觀三年，侍御史毛□劾先生師事程氏，卑汙苟賤，無所不爲。遂罷歸，築浮沚書院以講學。宣和中，除秘書省正字，卒於鄆。所著有《周博士集》三十卷，梓材案：陳直齋《書錄解題》：『《浮沚先生集》十六卷、《後集》三卷云。』先生所居謝池坊，有浮沚書院。　雲濠案：《周博士集》三十卷，本之《萬曆溫州府志》。考《宋史·藝文志》稱《周行己集》十九卷，正合前後兩集之數，《溫志》蓋傳訛也。《永樂大典》本《浮沚集》八卷，見《四庫書目》。予從《永樂大典》得見之，其文蓋學東坡者。先生以偶墮狎邪之故，遂爲謝、尹諸公所譏。然考其晚年所造，似已爲不遠之復，未可以一節抹殺之。晦翁謂先生學問靠不得者，恐太過也。永嘉諸先生從伊川者，其學多無傳，獨先生尚有緒言。南渡之後，鄭景望私淑之，遂以重光。故水心謂永嘉之學，覘千載之已絕，退而自求克兢省，以禦物欲者，周作於前，鄭承於後。然則先生之功不可沒也。」

觀《伊洛淵源錄》及《宋元學案》所記，則周恭叔之生平及學術成就可見一斑。《宋元學案》又載《浮沚語》曰：

「先生教人爲學，當自格物始。格物者，窮理之謂也。欲窮理，直須思始得。思之有悟處始可，不然，所學者恐有限。」

是周恭叔之爲學，重格物窮理，學思並用，且求思而每有悟處。《宋元學案》又附錄周行己《浮沚記》，其《記》曰：

「予，浮雲其仕，泛然出，油然歸。有名無位，凡民如也；有鄉無居，逆旅如也。僦室浮光山之下，古西射堂之遺址。叢然小洲，繚以勺水。予視吾生若漚，起滅不常；若萍，去留無止。於是名之曰浮沚。其西爲閣，名曰漚閣。其東爲軒，名曰萍軒。其北爲室，名曰桴室。室者，室也，室吾心之陰幽不善也。其南引舟而渡，名曰筏渡。渡者，度也，度一切陽明之善也。是吾居也，因水而爲洲，因洲而爲室，因室而爲名，因名而爲義，皆浮義也。故吾不獨浮其仕，又且浮其居；不獨浮其居，又且浮其生。生有之而何得，無之而何失。古之有道者，貧而樂，窮而通，豈謂是與？非曰能之，願學焉。」

讀此《記》，則恭叔爲人之浮生死，輕去就，其旨趣殆可覘矣。

恭叔著作，《解題》載《浮沚先生集》凡十六卷、《後集》凡三卷，清乾隆間，《四庫》館臣曾就《永樂大典》以蒐羅排次，惜僅得八卷耳。《四庫全書總目·集部》三《別集類》二載：

「《浮沚集》八卷，宋周行己撰。行己字恭叔，永嘉人。元祐六年進士，官至秘書省正字，出知樂清縣。陳振孫《書錄解題》稱其爲太學博士，以親老歸，教授其鄉，再入爲館職，復出作縣，鄉人至今稱周博士。蓋相沿稱其初授之官也。振孫載《浮沚先生集》十六卷、《後集》三卷，《宋史·藝文志》載《周行己集》十九卷，正合前後兩集之數。而又別出《周博士集》十卷，已相牴牾。《萬曆温州府志》又稱《行己集》凡三十卷，更參錯不符。考振孫之祖母，即行己之第三女，振孫所記當必不誤，《宋史》及《温州志》均傳訛也。行己早從伊川程子游，傳其緒論，實開永嘉學。《浮》之《先集》中有《上宰相書》云：『少慕存心養性之說，於周孔佛老無所不求，而未嘗有意於進取。』又有《上祭酒書》云：『十五學屬文，十七補太學諸生，學科舉；又二年，讀書益見道理，於是學古人之修德立行。』云云。觀所自敘，其生平學問梗概可以略見，則發爲文章，明白淳實，粹然爲儒者之言，固有由也。且行己之學雖出程氏，而與曾鞏、黄庭堅、晁說之、秦觀、李之儀、左譽諸人，皆相倡和。《集》中《寄魯直學士》一詩，稱『當今文伯眉陽蘇，新詞的爍垂明珠』，於蘇軾亦極傾倒，絕不立洛蜀門户之見，故耳濡目染，詩文亦皆嫻雅有法，尤講學家所難能矣。《集》久失傳，今從《永樂大典》所載，蒐羅排比，共得八卷，較之原編，十幾得五，尚足見其大凡也。」

是《四庫總目》於恭叔之評價雖頗高，然亦持平之論也。恭叔另有《易講義》一書，清人宋慈抱《兩浙著述考．經術考．易類》載：

「《易講義》，宋永嘉周行己撰。行己，字恭叔，元祐六年進士。官居秘書省正字，事蹟具《宋史》本傳。孫詒讓《溫州經籍志》云：『《易講義》，宋以來書目未著錄，其《敘》見《永樂大典．浮沚集》四卷二《經解》內，有「仁者見之謂之仁，智者見之謂之智，百姓日用而不知，故君子之道鮮矣」一篇，疑即《講義》逸文也。』原書佚。」

案：慈抱謂行己事蹟具見《宋史》本傳，其實誤也。行己，《宋史》無傳；《宋史翼》卷之二十三，則有行己傳，惟所傳幾全取材《宋元學案》，無異文。行己《易講義》已佚，然其《序》仍見《四庫》本《浮沚集》卷四，爲《序》類第一篇，此即孫詒讓《溫州經籍志》所謂「其《敘》見《永樂大典．浮沚集》四卷二《經解》內」者也。《易講義序》頗見恭叔研治《易》學之旨趣，姑全文迻錄之如左：

「《易》之爲書，伏羲始作八卦，文王因而重之，孔子繫之以辭，於是卦、爻、彖、象之義備，而天地萬物之情見。聖人之憂天下來世其至矣，先天下而開其物，後天下而成其務。是故，極其數以定天下之象，著其象以定天下之吉凶；六十四卦，三百八十四爻，皆所以順性命之理，盡變化之道也。散而在野，則有萬殊；統之在道，則無二致。所以易有太極，是生兩儀。太極者，道也；兩儀者，陰陽也。陰陽，一道也；太極，無極也。萬物之生，負陰而抱陽，莫不有太極，莫不有兩儀，絪緼交感，變化無窮。形則受其生，神則發其知，情僞出焉，萬緒起焉。易之所以定吉凶、生大業也。故易者，陰陽之道也；卦者，陰陽之物也；爻者，陰陽之動也。卦雖不同，所同者奇耦；爻雖不同，所同者九六；是以六十四卦，互爲其體，三百八十四爻，互爲其用，遠在八荒之外，近在一身之中，暫於瞬息，微於動靜，莫不有卦之象焉，莫不有爻之義焉。至哉易乎！其道至大而無所繫，其用至神而無不存，時固未始有一，而卦亦未始有定。象事固未始有窮，而爻亦未始有定位。以一時而索卦，則拘而無變，非易也；以一事而明爻，則窒而不通，非易也；知所謂卦、爻、彖、象之義，而不知所謂卦、爻、彖、象之用，亦未爲知易也。由是得之，於精神之動、心術之運，與天地同其德，與日月合其明，與四時合其序，與鬼神合其吉凶，然後可以謂之知易也。雖然，易之有卦，易之已然者也；卦之有爻，卦之已見者也。已形已見者，可以言知；未形未見者，不可以名求，則所謂易者果何如哉？此學者所以當知也。」

案：直齋之父以治《易》見稱於時，李迎送之以詩，即有「藉甚人言《易》已東」之句；周密《志雅堂雜鈔》卷下則謂直齋所著書有《易解》、《繫辭錄》；頗疑直齋喬梓之《易》學，皆上承周行己者也。惜三人之《易》學著作，大部分散佚，而三者相因相承之跡，今已無從稽考矣。

恭叔除《易講義》外，尚有《禮記講義》一書，其書今亦散佚。《禮記講義序》亦載《浮沚集》卷四中，茲且加以迻錄，以考見行己《禮記》學之一斑。其《序》曰：

「《禮經》三百，威儀三千，皆出於性，非詭貌飾情也。鄙夫野人卒然加敬，逡巡遜却而不敢受。三尺童子拱而趨市，暴夫悍卒莫敢狎焉。彼非素習於數，與邀譽於人而然也；蓋其所有於性，感物而出者如此。天尊地卑，禮固立矣；類聚群分，禮固行矣。人者，位乎天地之間，立於萬世之上，天地與吾同體也，萬物與吾同氣也。尊卑分類，不設而彰，聖人循此，制爲冠、昏、喪、祭、朝、聘、鄉射之禮，以行君臣、父子、兄弟、夫婦、朋友之義。其形而下者，見於飲食、器服之用；其形而上者，極於無聲無臭之微。衆人勉之，賢人行之，聖人由之。故所以行其身，與其家，與其國，與其天下者，禮治則治，禮亂則亂，禮存則存，禮亡則亡，上自古始，下逮五季，質文不同，罔不由是。然而世有損益，惟周爲備；是以夫子嘗曰：『郁郁乎文哉！吾從周。』逮其弊也，忠信之薄，而情文之繁。林放有禮本之問，而孔子欲先進之從；蓋所以矯正反弊也。然豈禮之過哉？爲禮者之過也。秦氏焚滅典籍，三代禮文大壞。漢興購書，《禮記》四十九篇，雜出諸儒傳記，不能悉得聖人之旨。考其文義，時有牴牾。然而其文繁，其義博，學者觀之，如適大都之肆，珍珠器帛，隨其所取；如遊阿房之宮，千門萬户，隨其所入。博而約之，亦可弗畔。蓋其説也，其粗在應對進退之間，而精在道德性命之要，始於童幼之習，而卒於聖人之歸。惟達古道者，然後知其言；能知其言，然後能得其理。然則禮之所以爲禮，其則不遠矣。昔者，顔子之所以從事，不出於視聽言動之間，而鄉黨之記孔子，多在於動容周旋之際，此學者所當致疑以思，致思以達也。」

讀是《序》，則知恭叔固亦精於《禮》學者矣。

恭叔亦善詩，《浮沚集》卷八載其五言古詩三十五首、七言古詩十一首；卷九載其五言律詩三十五首、五言排律二首、七言律詩二十一首、五言絶句五首、七言絶句三十五首，合共一百四十四首，可云贍富矣。厲鶚《宋詩紀事》卷三十二錄其《絶境亭》一首云：

「雲橫絶塵境，峻嶫若繩削。群山列培塿，衆星分脈絡。下瞰萬瓦居，縹緲見樓閣。松風發天籟，泠然衆音作。皛皛天宇清，塵襟一澄廓。《東甌詩集》。」

此詩境界開闊，頗見詩人襟度，太白、坡仙之儔也。《宋詩紀事》雖僅錄此首，嘗鼎一臠，亦頗知餘味矣。

直齋之親戚，其次須道及者即爲李迎。據《解題》卷十八《別集類》下「《濟溪老人遺藁》一卷」條所載，迎字彥將，亦周行己婿，與直齋大父爲襟袂。是則迎實直齋之姨祖父，而直齋父乃迎之甥也。迎，《宋史》無傳。惟周必大《平園續稿》卷三十五有《朝奉大夫李君迎墓表慶元三年》，則載彥將生平甚詳備。該《墓表》曰：

「河陽濟源多名族顯宦，張氏、李氏，實相甲乙，通婚姻。南渡後，祖母秦國張夫人，每與李氏子弟篤敘親好。予於其間敬愛兩人，曰隨，字可大，廉介謹飭，治縣有聲，而其族弟諱迎，字彥將，行安節和，恬於進取，予尤重之。可大沒已五十年，彥將下世亦二紀，念之不忘也。彥將之子數求予表先墓，乃追紀聞見，而考信《行狀》之說如左：

李氏胄出唐宗室汜水王，本朝有諱感者，以儒學起家。至君曾祖章，繼擢進士第，以太常少卿致仕，贈少師。祖百朋，中奉大夫致仕，贈少傅。父弼儒，右中奉大夫，直秘閣致仕，贈少師。妣姚氏、曹氏、趙氏，秦、魏、楚國夫人。君，姚出也。欽宗登極，秘閣爲兩浙轉運副使，君以捧表，恩補將仕郎。調婺州都稅院發運使，檄應辦王德軍錢糧循從仕郎。故相趙忠簡公鎮豫章，辟知靖安縣，又從金陵行留守，爲準備差遣，歷温州軍事推官。程邁、梁汝嘉、閭丘昕，號吏師，皆以侍從出守，事多委君。程當歲莫移閫帥，留至正月，以薦章授君，乃解印。有錄事參軍，老而貧，已授代，爲蠹吏所持；君械繫掠治，吏叩頭服罪，同僚咨美。舉員應格，改右宣教郎，知臨安府。錢塘縣歲旱，留運河水漑民田，會金國使至，漕臣諭君撤壩通舟。君固請留其半，漕怒，捃摭無所得，至用前政陳炳科皇城磚事劾君失政，坐是罷。起知湖州歸安縣，外艱不赴；知婺州金華縣，提轄行在雜買務雜賣場。郊恩，賜銀緋，求外補，充福建安撫司，主管機宜文字；再爲提點鑄錢司，主管文字。乾道初，代還。時相洪文惠公與君有舊，君資歷當爲二千石，纔得通判臨安府，朝市浩穰，非所好也。乞易明州。浙東總管曾覿以代邸恩，數薦進人才，其門如市。知君京洛故家，屈意願交，尋召還，人謂必有裏言。君適秩滿，即袖牒從太守丐保明奉祠，竟主管台州崇道觀。歸寓湖州新市鎮蕭寺中，手抄聖賢治心養性之要，時時賦詩自樂，類成百篇。舊藏畫像惟肖，淳熙改元之六月，自題贊百餘言，其略曰：『三仕三已，應緣而止。一邱一壑，倦遊而歸。耳目口鼻，畫史或得其彷彿。至於超然物外，彼亦安知其端倪也耶！』俄遇徽疾，沐浴端坐而逝，是歲九月丁未也。予始悟自贊之意云，享年七十有二。明年正月己酉，葬於湖州烏程縣三碑鄉金山原秘閣墓之左。以子升朝，累贈中奉大夫，妻令人周氏，永嘉名士周行己恭叔之女。恭叔官京師，與秘閣善。君未弱冠，風度凝遠，能文辭，善談論，故以女歸之。後君十一年，年八十三而卒，附君以葬。四子，結，故朝奉大夫，尚書度支員外郎，總領四川財賦、軍馬、錢糧；綜，早世；紱，故從政郎，平江府司法參軍；綺，今爲從政郎，新泰州如皋縣令。女二人，宣教郎王光達，朝散大夫、新知真州事張顏，其婿也。孫男七人：大成，新池州青陽縣尉；大雅，新寧國府太平縣主簿；大均，新高郵軍興化縣尉；皆迪功郎。次大有、大鼐、大亮、大倫。孫女七人。初秘閣之没，君二子當受遺澤。其一遜弟之子，人服其義。君潔淨通敏，有可用之才，知己方在朝，輒違而去之。長子持節近甸，人以爲榮，君泊如也。惟榮辱得喪，未嘗屑屑胸次，故其終，神識湛然，可以窺所蘊矣。今諸子惟如皋在，即求表君之墓者。《行狀》，蓋真州之文也。慶元三年閏六月日具位，周某述。」

讀必大此《墓表》，則知彥將卒於宋孝宗淳熙元年甲午（一一七四）九月，享年七十有二。由是上推，彥將固生於宋徽宗崇寧二年癸未（一一〇三）。據余所考，直齋生歲在淳熙八年辛丑（一一八一），①則直齋固未及見其姨祖父之逝矣。

李迎著作，僅有《濟溪老人遺藁》一卷，惜今已散佚，無由訪其蹤跡矣。其詩亦不經見，《宋詩紀事》卷六十載有其佚句一，即《解題》所錄之「藉甚人言《易》已東」也。

迎長子結，《宋史》亦無傳。結與直齋之父爲表親，即直齋之表伯叔也。結之生平，董斯張《吳興備志》卷十三《笄褘徵》載之，曰：

「李結，字元明，河陽人，迎子也。慕元次山之風，因以次山自號。卜築霅上，扁舟夤緣葦間，鷗來相從，百轉不止，名爲漁社。後以尚書郎奉使全蜀，凡六十一郡之官吏、數十萬之將士，莫不欽受約束。仍念舊社不置，繪《漁社圖》，周必大序之。」

案：苗增《圖繪寶鑑補遺》亦載：

「李次山，工山林人物。」

是次山固擅丹青者。惟其所繪之圖，全名爲《霅溪漁社圖》。至必大爲《漁社圖》所撰者乃跋，而非序也，《吳興備志》偶誤之矣。必大之跋見《文忠集》卷十八《題跋》，其《跋李次山霅溪漁社圖》一文云：

「唐元結字次山，嘗家樊上，與衆漁者爲鄰，帶笭箵而歌款乃，自號聱叟。今河陽李君名元，字次山，卜築霅溪，又號漁社，其善學柳下惠者耶？始乾道間，予官中都，君以先世之契，數携此《圖》求跋。自念身遊東華塵土中，欲爲西塞溪山下語，難矣！屬者奉祠歸廬陵，所居在東城隅，去江無五十步，洲名白鷺，横陳其前，日以扁舟緣葦間，鷗來相從，百轉而不止。雖未敢竊比張志和，亦庶幾乎元次山矣。而君方以尚書郎奉使全蜀，凡六十一郡之官吏、數十萬之將士，莫不斂板受約束，銜枚聽號令。猶念舊社不置，萬里遺書，與《圖》偕來，督踐前約。予欲遽數忘機之樂，則君權任如此，顧豈招隱時耶？須君他日奏記《甘泉》，厭直承明，尚寄聲於我，當有以告君，今未可也，姑題卷軸歸之。紹熙元年三月三日，適逢丁巳，清原野夫周某。」

周益公此《跋》寫成於紹熙元年庚戌（一一九〇），而《漁社圖》則繪就於乾道間（約一一六九年），上距益公撰《跋》之時已二十餘年矣。惟益公此《跋》亦有微誤，蓋次山名結，前引益公所撰之《朝奉大夫李君迎墓表》已言及之；且結之弟名綜、名紱、名綺，字皆從「糸」，絕無結獨名元之理。《吳興備志》所撰李結小傳，頗據益公此《跋》寫成，亦謂李結字元明，自號次山。疑此《跋》原亦作「李君名結」，今作「元」者，乃《四庫》館臣筆誤，或爲結「字元明」所影響耶？

李結之《漁社圖》，今藏美國紐約大都會博物館。饒宗頤教授近曾撰有《李結霅溪漁社圖及其題跋有關問題研究》一文，於國立故宮博物院舉辦之「中國藝術文物討論會」上宣讀，文長不備錄，②僅錄其《提要》云：

「此論文目的，在指出畫蹟研究，有時經與文獻結合，方能解決問題，李結（次山）《霅溪漁社圖》，即其一重要例證。本《圖》卷有范成大、洪邁、周必大、尤袤、王藺、趙雄、閻蒼舒諸巨公題跋，對李次山與此《圖》關係，提供許多研究線索。諸題跋只有周必大一篇全文，載錄於其文集，惟《四庫全書》本鈔寫多訛，以至引出李結另有一名『李元』之錯誤推斷。其它跋文可以補訂文獻記錄者尚多，如《全宋詞》小傳，經本文比勘，即漏洞百出。

宋代蘇軾、黃山谷詞，多涉及漁父，與張志和結不解緣，山谷所謂『漁父家風』是也。故以

『漁父』爲文學藝術作品主題，在宋代尤普遍，上自朝廷，以至方外皆然，蔚爲風氣。故李結此《圖》，以霅溪漁社爲描寫重點，乃此一風氣下之產物。

董其昌以此《圖》加之王詵，實不可據，依閻蒼舒《跋》，此卷前應有閻氏榜書『西塞』等七大字，今不可見，知屢經裝褫，亦非原貌矣。

此卷因題跋之多，特富文獻學之價值，其重要性較之繪畫藝術更爲凸出，本文即着重這一方面之探討。」

案：饒教授此《提要》謂「《四庫全書》本鈔寫多訛，以至引出李結另有一名『李元』之錯誤推斷」，所言與鄙論相合；又謂「以『漁父』爲文學藝術作品主題」，在宋代「蔚爲風氣」，「李結此《圖》，以霅溪漁社爲描寫重點，乃此一風氣下之產物」，闡述至當，確能揭示宋代文學藝術發展之現象。

至李結之政績，則見范成象所撰之《崑山縣重修學記》，該《記》云：

「皇朝在祖宗時，郡國得置學宮。弟子員選賢以教者，舉天下纔五十有三所，而蘇居其一焉。崑山實爲蘇之邑，其承休尚矣。縣有學，在西門之內，雍熙中，徽宗皇帝所書『大成寶章』、『雲漢昭回』扁榜，峨然也。然並海之俗易趨利，業儒者寡。異時以學入仕者，越數十年，時一慰寂寥耳！齊魯之變不同，風土之宜異也。粵自化龍南渡，乾旋坤轉，萬靈駿奔，海若波立，蕩壅決塞，百川順理。由是，此邦潮汐流通，溝澮交會，學之向背，二水殆有滙渙之美焉。自茲文物之興勃然，士爭以儒學自奮，接屋連牆，絃誦如市，隨計公車，束書橋門，率數倍他邑。奉常賜第，連大比不乏人。近歲尤輩出，歲時閭里，盍簪至環席，皆前進士，昔所無有也。以篤近漸熾，力半而功倍也。學更數政，弗問弗遑，日圮月摧，風雨弗支。乾道改元，河陽李侯爲邦之二年也，蒐慝剔弊，無廢不興，疏源導利，專務以惠愛恤隱，雖遇大眚，其民弗疵。邑且治，喟然謂同列曰：『百里，古子男之國也，命之政教以是出，所以助王化，使民向方者，豈屑屑吏能宜稱哉！況吾屬奉制書，此道固先勸相矣。如之何弗敬？』會有浮屠氏以貨殖敗，其所自豐者非法，官籍之，貰以緡績，田以頃計。侯乃請郡，願以貰治廢田爲供。太守吏部沈公，方以儒雅潤色爲治，嘉侯之意，亟言上而從之。侯躬揆度，鳩工指授，斧斤圬墁，趨事紛舉。經營於良月之初，朔一再告，而閎宇崇成。門闕沈如，廊廡矗如，殿陛有序，飛甍翼如。橫經肄業，有堂有舍，像設儼列，器陳合儀，凡所尊崇，規模具備。乃會邑縉紳，逢掖釋菜於先聖先師，禮成弗愆，萬目交聳，猗歟盛哉！斯文之壯觀也。成象依仁，里居獲與崇觀。侯以記歲月請於不腆之文，既辭弗獲。竊謂古者四民，一耕而三食之，張口勞食焉，而無愧食功也；士獨無爲食之，不惟無愧，又加敬焉，豈不有大功乎？孟子曰：『無君子莫治野人，無野人莫養君子。』其俾三人者共作，於其食易易，繫君子爲之本，士之功顧不大矣哉！亦有非古之民而食人之食，其人已病矣，又從而漁獵之。如木之有蠹，枝葉未害，未必先撥爲治者，常謹視而剔去之。今李侯剔其蠹而培其本，是真知所以爲治者矣。本固矣，則英華之發又將增。是邑文物之光，不止誇衣冠之盛於疇昔而已矣，宜有魁壘豪傑之士，出於其前聞人，一二鉅公以功名德業焜燿宇宙者，今而後或見之，毋怠其所自。邑人皆曰：『昔子產不毀鄉校，三年，人猶誦之。今李侯之惠吾邦也如是，吾之誦之，奚俟三年。』李侯聞之，以爲不然。一日晨入，揖諸生而進之曰：『昔無廬，今大厥居；昔無以爲養，今有儲。願諸君朝于斯，夕于斯，議于斯，誦于斯，所以居爾業而謀爾躬也。議于斯，此余之所樂聞也；誦于斯，以俟後之來者。』君子以李侯爲知言云。故余喜而併書之。李侯名結，字次山。左朝奉郎、提舉荆湖南路常平茶鹽公事、吳郡范成象撰。」③

讀此《記》，次山之有功於邦邑教化，固可知悉矣。《禮記．學記》云：

「發慮憲，求善良，足以謏聞，不足以動衆。就賢體遠，足以動衆，未足以化民。君子如欲化民成俗，其必由學乎！」

次山知政教足以化民成俗，故身體力行之，由是其建校培材，成績乃彪炳若是。

綜上所述，李迎、李結父子之生平與學術，及其爲宦政績與心性修爲，可見一斑。結既爲直齋之表伯叔，則結之弟綜、紱、綺三人，亦同屬直齋之表伯叔矣；而結之妹有二人，則爲直齋之表姑；其妹夫王光達、張顏，則爲直齋之表姑丈；結之子侄大成、大雅、大均、大有、大鼐、大亮、大倫七人，則爲直齋之表兄弟；結之女侄七人，則爲直齋之表姊妹。惜上述諸人之事蹟，今亦無法考其詳矣。

直齋母系一族之親戚，據上引《解題》卷十七《別集類》「《丁永州集》三卷」條，則知直齋之母姓李氏，乃嘗任樂清令李素字見素之孫女；素之妻乃知永州丁注之女，注字葆光，《解題》謂其「元豐中余中榜進士」，則有微誤。查檢明人朱希召所編《宋歷科狀元錄》卷之四《神宗朝》條載：

「熙寧六年癸丑狀元余中　省元邵剛

三月庚戌親策進士余中等四百人。

余中，字正道，宜興人。熙寧五年偕兄貫試禮部，中預選而貫黜。因薦兄請自黜，有司雖不許，士論嘉之。次年廷對第一。紹聖初，使虜還。奏河朔城隍隳圮，乞從密院行下葺治，以戒不虞。宣、靖間，金人長驅，城守多不固，議者始思其言。官國子直講，至知湖州府致仕。是歲宜興一郡，余中魁大廷，邵剛魁南宮，邵材魁開封。於是稱多士矣。」

觀此，是丁注乃神宗熙寧六年癸丑（一〇七三）余中榜進士，非元豐也，直齋亦失檢矣。丁注之女既適李素，則素為注之佳婿；注為直齋母之外曾祖父，而李素夫婦則為直齋之外曾祖父母也。直齋之外曾祖父母，其生平事蹟，可知者甚少；反而丁注，則可考者較多。今試略徵史料，闡述丁永州之宦績及其著述如下：

厲鶚《宋詩紀事》卷二十五《丁注》條載：

「注字葆光，吳興人。熙寧六年進士。知永州。有《丁永州集》。」

昌彼得等所編之《宋人傳記資料索引》記載則較詳，其《丁注》條云：

「丁注，字葆光，歸安人。熙寧六年余中榜進士，累官知永州。喜爲歌詞。有《丁永州集》三卷，不傳。」

案：歸安乃屬吳興。注喜爲歌詞，直齋《解題》已言及之，惜今多不傳。《全宋詞》僅收其《無悶》一闋，《解題》所提及之另一首《慶清朝》，今亦散佚無存，殊可惋也。茲將《無悶》一詞錄之如下：

「風急還收，雲凍又開，海闊無人翦水。算六出工夫，怎教容易。剛被郢歌楚舞，鎮獨向、尊前誇輕細。想謝庭詩詠，梁園賦賞，未成歡計。　天意。是則是。便下得控持，柳梢梅蕊。又爭奈、看看漸回春意。好趁東君未覺，預先把、園林都裝綴。看是處、玉樹瓊枝，勝却萬紅千翠。《陽春白雪》卷一。」

此詞《解題》有小題，作「催雪」，甚切詞意，可補《全宋詞》所未及。至此詞用典之精妙，頗能融化詞意，殊非平鈍者所能作也。

丁注亦能詩，《宋詩紀事》卷二十五錄其《永慶寺二覽亭》一首，曰：

「插迥飛簷聳，凌虛疊砌危。四天欄下揖，萬象掌中窺。目力不到處，雲谷無盡時。塵塵看勝事，憑欄幾人知。《赤城志》。」

全詩境界開闊，吐屬豪雄，風格頗近青蓮、坡仙，亦豪放之儔也。

直齋有妹，其夫王栐，字叔永，《解題》卷十六《別集類》上「《白集年譜》一卷」條載其守忠州時曾以此《譜》錄寄直齋。王棣，《宋史》無傳，《宋史翼》亦未載其事蹟。故博贍如陳樂素、喬衍琯諸氏，彼等於叔永之行事，殊少知聞，亦憾事也。其實叔永著有《燕翼詒謀錄》，《四庫全書．史部》五《雜史類》且收有此書，《提要》云：

「《燕翼詒謀錄》五卷，宋王棣撰。棣字叔永，自署稱晉陽人，寓居山陰，號求志老叟。其名氏不概見於他書，今考書中有紀紹興庚戌仲父軒山公以知樞密院兼參加政事一條，庚戌爲紹興元年，核之《宋史》，是年五月甲午，王藺知樞密院。是棣當爲藺之猶子。藺，《宋史》無傳，據徐自明《宰輔編年錄》載：『藺，無爲軍人。』是書第三卷中所述無爲軍建置特詳，可以爲證。其稱晉陽者，蓋舉祖貫而言。書中又有『余曩仕山陽』，知其嘗官淮北，而所居何職，則已不可考矣。其書大旨以宋至南渡而後典章放失，祖宗之良法美政俱廢格不行，而變爲一切苟且之治，故採成憲之可爲世守者，上起建隆，下迄嘉祐，凡一百六十條，並詳及其興革得失之由，以著爲鑑戒，蓋亦《魚藻》之義。《自序》謂悉考之國史、實錄、寶訓、聖政等書，凡稗官小說悉棄不取。今觀其臚陳故實，如絲聯繩貫，本末粲然，誠雜史中之最有典據者也。」

讀《提要》此篇，則知叔永祖籍晉陽，寓居山陰，曾仕山陽，嘗著《燕翼詒謀錄》五卷。其仲父藺，號軒山，無爲軍人，紹興元年辛亥（一一三一）五月甲午知樞密院，後兼參知政事。惟據《解題》，則知叔永又嘗守忠州，且與直齋爲郎舅，而《提要》竟未之及，亦可謂失之眉睫矣。叔永《燕翼詒謀錄》有《自序》，其《自序》云：

「仰惟太祖皇帝肇造區夏，宏規遠略，傳之萬世。太宗皇帝、真宗皇帝、仁宗皇帝嗣守丕基，善繼善述，凡所更張設施，無非忠厚，故深仁龐澤，固結人心，牢不可解；雖中更新法，多所更易，其後封豕長蛇，薦食上國，而民以身徇國，有死無貳，至有城破比肩，拱手就戮，無一降者。其培植涵養，深根固蔕，豈一朝一夕之故哉！昔漢祖入關之初，約法三章；唐宗甫得天下，定租庸調；而漢四百年、唐三百年基業，實本於此。然漢祖歿而呂氏用事，唐宗亡而武氏革命。孝文繼立，能紹先志；景帝刻薄，則又反是。玄宗討亂，復以肇亂，其眂皇朝列聖相繼，卒而廣聲者萬萬不侔矣。人皆知罪熙、豐以來用事之臣，而不原祖宗立國之本旨。苟非規摹宏遠，德澤深厚，則其交驗尚不能如漢、唐之季世，何以再肇中興之基。夷考建隆迄於嘉祐，良法美意，燦然且具陳。治平以後，此意泯矣，今備述於後，與識者商榷之，以稽世變云。寶慶丁亥孟冬既望，求志老叟、晉陽王栐叔永書於山陰寓居求志堂中。

稗官小說所載國朝典故，多相矛盾。故李公伯和質以國史爲《典故辨疑》一書，凡諸家所載，無一非妄，幾於可以盡廢。今余所述，無非考之國史、實錄、寶訓、聖政等書，凡稗官小說悉棄不取，蓋以前人爲戒也。凡我同志，譏其妄論則可，以爲繆誤則不可矣。苟有以警教之，則又幸也。中澣日再書。」

是叔永撰此書，乃盡棄稗官之說，而全遵國史、實錄，故《提要》推譽之爲「雜史中之最有典據者」，亦非誣矣。讀此《序》，且知叔永編撰此書之意，蓋欲將祖宗立國治國之良法美意，燦然具陳，俾能與有識者商榷而稽世變，則其著書之用心，甚良苦也。此書之《序》，署年爲「寶慶丁亥孟冬既望」，則書寫成於宋理宗寶慶三年丁亥（一二二七）十月十五日後。考此年，直齋正充興化軍通判也。④

綜上所述，余所考得直齋之親戚凡廿九人，計外曾祖周行己、姨祖李迎、姨祖母周氏、表伯叔李結、李綜、李紱、李綺、表姑二人、表姑丈王光達、張顏、表兄弟李大成、李大雅、李大均、李大有、李大鼐、李大亮、李大倫、表姊妹七人、外高祖丁注、外曾祖李素、外曾祖母丁氏、妹夫王栐，亦云衆矣。

第二節　陳振孫官場中之同僚

直齋之友朋，約分三類。其一爲官場中之同僚，蓋直齋仕宦數十年，故是類之友朋亦頗多；其二爲學術上之友人，顧以直齋畢生沈潛書海，訪書爲樂，故其所交者皆爲當代之藏書家。是類友朋，於《解題》及直齋其他著述中亦可考得不少。直齋交游之中，亦有方外人士，如溧水縣華勝寺主僧宗應等是。上述直齋之各類友朋，其生平事蹟，有未能詳考者，蓋以資料不足故也。茲仍就一己檢拾所及，略考直齋官場同僚之生平事蹟如下：

直齋出仕宦，最早所任乃爲溧水縣教授。據《溧水縣志》卷五《官師志》，考出其時任縣令者爲湯詵，任縣尉者爲傅泰淸。案：湯詵乃湯鵬舉之孫，生平無可考。《宋人傳記資料索引》載：

「湯鵬舉，字致遠，金壇人。登政和八年進士第，授分寧簿，調晉陵丞，擢知當塗，累官轉運副使。秦檜死，朝廷懲言路壅塞之弊，召鵬舉爲殿中侍御史，請黜檜姻黨，而釋趙鼎子汾及李孟堅、王之奇等，累官御史中丞，知樞密院事。乾道初卒，年七十八。」

據是，則知詵亦金壇人，乃名臣之後也。至傅泰淸，則無可考，僅能據《溧水縣志》，知其爲孟州濟源人，由進士擢任縣尉。湯、傅二人官職皆高於直齋，固直齋之上司矣。⑤

直齋任職紹興府學教授時，其時先後知越州軍州事者有留恭、葉箋、王補之三人，知紹興府者有趙彥倓、吳恪二人，另有不知姓名之教官一人。考留恭，張淏《會稽續志》卷二《安撫題名》載其宦歷云：

「留恭以朝奉大夫、直寶謨閣知。嘉定三年六月二十二日到任，至嘉定五年四月十七日宮觀。」

是留恭任越州安撫不足二年。《宋人傳記資料索引》有留恭小傳，云：

「留恭，字伯禮，晉江人，正長子。通判廣州，秩滿，民疏惠愛請留。後提舉浙西常平，全活境內饑民三十六萬餘人。除帥紹興，號稱循吏。改帥廣東，猺寇竊發，捕降其豪酋，四十四峒悉平。終建寧知府。」

案：留伯禮之提舉浙西常平在寧宗嘉定二年己巳（一二〇九），其全活境內饑民事，劉宰《漫塘集》

卷二十《記》有《嘉定己巳金壇粥局記》，記之甚詳。其文曰：

「嘉定己巳秋，天子以畿內旱蝗出虜，使尚書郎留公董西道常平事。建臺王月，移縣發義倉米二百石，助邑士之收養遺棄孩穉者。兩月，續米如前，閭巷讙呼，以爲幼者被賜，則壯者可知；私居小惠，猶翼其成，則荒政大者，蓋不謁而獲也。是歲也，盜起於夏秋，而息於冬，民死飢疾雖所在有之，而之死靡他，知上之人有以恤我也。先是，邑士張君汝永、侯君琦語某及新桐川湯使君曰：『旱甚矣！而穀滋貴。時方盛夏，民不勝飢，冬春將若之何？』乃相與謀糾合同志，用大觀洮湖陳氏及紹興張君之祖八行故事，爲粥以食餓者。而洊饑之餘，中産以上皆掣肘於公私。雖僅有倡者，亦寡於和。既力弗裕，則雖欲收養孩穉之遺棄者，凡老者、疾者、與孩穉之不能去母者，雖甚不忍，皆謝未遑。比常平使者符下，而旁郡、旁邑亦有喜爲助者，乃克次第收前之遺而併食之。繼以來者之衆，來日之長，懼弗克終。會有以其事白郡太守，守給米三百石；郡博士勇於義者，亦推養士之餘贍之，而用以不乏。及江淮制置使給平江府米二百石，則已後矣。事始於其年十月朔，而終於明年三月晦。經始之日，孩穉數不盈十，後以漸增。閱月登三百，乃十有二月，合老者、疾者、婦人之襁負者踰千人；比月末倍之；開歲，少壯者咸集，則又倍之。間以陰晴異候，增損不齊，其極也日不過四千，概以大觀所紀成數，僅增五之一。始置局於縣之東偏廣仁廢庵，中於嶽祠，終於慈雲寺。爲其隘也，就食者先穉，次婦人，後男子。俾先後以時，出入相待。爲其擁也，孩穉之居養者，朝暮給食；非居養而來者，日不再給。爲其難於繼也，居養之人聽從去來，疾病者異其寢處。至自旁邑與遠鄉者，結屋以待之，而不限其必入；裹糧以歸之，而不阻其後來。慮積久而疾疫熏染也最。凡用之數，米以石，凡九百六十有二；錢以緡，凡二千二十有二，而用糴米者過半；薪以束，大者三千九百，小者一萬四千二百。葦簾以藉地，障風雨，及葬不幸死者，凡三千四百六十。食器三百，循環給食，中間隨失隨補，凡一千三百九十，皆有奇。草薦、紙衾與花費，瑣瑣不載。掌其事，布金寺王僧祖傳、茅山道民石元朴。石以私計歸，祖傳實始終之。左右之者，張君昂、徐君椿，而主張經畫，入寺之初，則鄧君允文也。是舉也，微常平使者無以成其始；微郡太守、郡博士無以成其終；故疏其凡有助者於石，而於三者加詳焉，使來者有考。」

劉宰此《記》所載「董西道常平事」之留公，即伯禮。是伯禮於嘉定二年己巳秋，以尚書郎提舉浙西常平，全活饑民有功，乃於嘉定三年庚午六月，以朝奉大夫、直寶謨閣出知越州安撫。其時適直齋任府學教授，則伯禮固直齋之長官矣。

至葉箋，其宦歷亦略可考者，《會稽續志》卷二《提刑題名》曰：

「葉箋，嘉定八年六月二十一日以朝請大夫賜紫金魚袋到任。嘉定九年正月一日除直秘閣，知紹興府。」

又《安撫題名》曰：

「葉箋，以朝請大夫、兩浙東路提點刑獄公事、除直秘閣知。嘉定九年二月十一日到任，當年十一月六日罷。」

葉箋既於嘉定八年乙亥（一二一五）任越州提刑，九年丙子（一二一六）又知紹興府，則亦直齋紹興教授任內之上司矣。

王補之，《宋人傳記資料索引》載其生平至爲簡略，僅曰：

「王補之，嘉泰四年奉祠，遷秘閣修撰，嘉定十年除知紹興。」

其實王補之事蹟可增補者殊多。考元人潛說友所撰《咸淳臨安志》卷四十八載：

「（嘉泰）四年甲子，王補之以奉直大夫、試太府卿、淮西總領被召。十二月二十五日依舊太府卿兼知。」

是嘉泰四年，補之所任職頗多，不僅奉祠一事也。《會稽續志》卷二《安撫題名》條載：

「王補之，以中奉大夫、知婺州、復秘閣修撰知。嘉定十年三月六日到任，十二年三月二十二日除右文修撰，提舉建康府崇禧觀。」

是補之任越州安撫前，曾知婺州，復秘閣修撰。其在會稽爲宦僅二年，適值直齋在越爲教授，則亦直齋之長上矣。

補之又曾官大理寺，樓鑰《攻媿集》卷三十五《外制·大理評事王補之大理寺丞》云：

「敕具官某：爾家傳文法，久任廷評，遂爲同列之首，賢勞著矣，丞貳之職，命爾遷焉。罪宜惟輕，繫古之訓。移情就法，尚戒于茲。」

虞儔《尊白堂集》卷五《制・王補之除大理少卿制》亦曰：

「朕惟《王制》有云：『刑者，侀也，一成而不可變，故君子盡心焉。』天下之獄，至於大理極矣。苟五聽之不審，三刺之不中，則是使斯民終於無告而已，朕甚憫焉。以爾心近厚，議法不私，典州則人懷惠愛，持節則吏畏精明。故擢從樞屬之聯，俾貳棘卿之列。往哉惟欽，以究所長；朕於用人，惟才是擇。歷階而升，自有近比，爾尚勉之。」

讀此，則知補之曾任職大理寺，由評事而寺丞，而少卿，惜文獻不足，一時仍無法考出其居官年月矣。

趙彥倓，曾知紹興府，亦直齋之長上矣。彥倓，《宋史》卷二百四十七《列傳》第六《宗室》四有傳，故知其事蹟頗詳。其《傳》曰：

「彥倓字安卿，彭城侯叔褧曾孫也。父公廣，饒州太守。彥倓初調溧陽尉，邑民潘氏兄弟橫邑中，號『三虎』，畜僮僕數百，邑官莫敢誰問。彥倓白其守治之，縛潘氏昆弟，正其罪。改揚州司户，攝獄掾。有告主藏吏盜錢餘千萬，治之急，吏泣請死。彥倓察其情，屏人問，則諸吏共貸也，乃許自首免罪，一日而畢。改平江府推官，攝宜興縣。縣自中興後，預借民明年税，民挾此得慢其令。彥倓請禁預借，邑遂易治。知臨安於潛縣。縣胥往往通臺省吏，得肆其奸。彥倓執其黠者，械送府。臺省吏從中救之，彥倓力爭，竟抵胥罪。浮橋屢以水敗，彥倓梁以石，民免溺死。陞臨安府通判。開禧初，知興國軍。歲旱蝗，而軍需益急，屬邑令吳格負上供銀尤多，彥倓坐累貶秩，格愧謝。彥倓曰：『屬時多艱，宜寬民力以崇根本，何謝爲？』潰卒據外城爲變，彥倓募能斬捕者賞之。既而各斬首以獻，散其餘黨。

累遷湖南運判。傜人羅孟傳反，累歲不能平。彥倓謂帥臣曰：『傜人讎殺，乃其常情，況主斷不平，是激之使叛也。能遣諜者離其黨與，俾還自相讎，破之易矣。』帥從其計，遂降孟傳。尋知紹興府。楮價輕，彥倓權以法，民便之。復鹿鳴禮，置興賢莊以資其費。築捍海石塘，亦置莊以備增築。會旱，饑民聚陂湖中，彥倓取死囚，幂首刖足，徇於衆曰：『此劫菱藉者也。』遂散其衆。乃第民高下，損其稅有差，免輸湖籍田米，擧緡錢四十萬以助荒政，民賴以濟。詔改太府少卿、遷顯謨閣、知太平州，調江西轉運使。嘉定十一年卒於官，年六十四。」

讀是，固可考知彥倓爲能吏矣。然彥倓究於何時知紹興？則《宋史》無明文。然《會稽續志》卷二《提刑題名》則載：

「趙彥倓以朝散大夫、考功郎中除，嘉定四年十二月十五日到任。次年四月十六日除直秘閣，當年八月之一日除寶謨閣，知紹興府。」

是確知彥倓之知紹興府，在嘉定五年壬申（一二一二）八月初一也。至彥倓之置興賢莊事，其詳情亦可得而言。葉適《水心集》卷十有《紹興府新置二莊記》，文中詳載其始末，該《記》云：

「嘉定七年，越州初建二莊於諸暨縣古博嶺。越之西皆海也，水怒防失，冒寶盆瀵，白楊市兩縣間蕩爲滄溟。事聞，上遽頒經常，命太守趙公彥倓築堤捍之，起湯灣，迄王家浦。公又益以留州錢千餘萬，役自秋復夏乃畢。越人謝曰：『昔土塘，而今石，宜可久無患。』公愀然曰：『未也。堤之始穴，尺寸爾，慢不省，積歲月，大潰矣。今雖壯好，後將復然，石何能爲？』初，民杜思齊獲罪，家没入。公請買於安邊所，別藏其租，以備補完，一也。越爲郊畿，而民不勝困，卿相迭守，而治反疏，城堞營署，無不敝缺，聘問燕饗，無不削損。若夫命鄉論秀，合樂以侑之，古今常禮也，然且寂而無聲數十年矣。公又歎曰：『越爲東諸侯，率而簡陋至此，況以貴傲世哉！幸吾在，皆略具，而《鹿鳴》歌矣。若異日何？』因思齊之餘，又買諸傅氏，以待三歲之用，二也。余知公者，故以《記》來請。嗟夫！政未有不得其本而後成其末也。故捍海之功巨，而害原於小；舉士之費小，而所關者大。二莊之作，趙公知之矣。非特此也，劵易米而致錙，三物相流通，不貴糴矣。持劵索錢，昏暮無不與。天下坐會子，犯法相望，不濫罰矣。勤收而儉藏，以貫萬數者四十。乙亥大旱，舉以救民，不病歲矣，有本之效也，抑又有焉。夫名峰異嶺，在揚州蓋千百所。獨會稽爲鎮山，越之奇勝峻特，擅於東南者以山也。其深泉高瀑，百道爭流，昔人浚而爲湖，山之窈窕縈紆，媚於越中者以湖也。湖今廢矣，公能疏鑿以復漢晉之舊，存王謝遺跡，則治越之美，可垂無窮。二莊區區，又豈足爲公道哉！雖然，天子召公歸矣。嘉定八年。」

讀葉適此《記》，則彥倓之置興賢莊，在嘉定七年甲戌（一二一四），且成效至偉。此《記》之所載，足補《宋史》所未及。

至吳恪，其名字《會稽續志》作吳格。其書卷二《安撫題名》載：

「吳格，以朝散大夫、直秘閣知，嘉定九年十二月六日到任。次年二月十三日丁母憂。」

又載：

「吳格，以朝散郎、直秘閣知，嘉定十二年九月二十六日到任。次年十月磨勘轉朝請郎。十四年十月五日除直煥章閣、樞密副都承旨。」

案：吳恪初知紹興府在嘉定九年十二月六日，乃繼葉箋之任者也，其時直齋仍在職，固亦直齋之上司矣。次年丁母憂，王補之繼之。至嘉定十二年九月二十六日，恪再到任，則直齋已先一年離去，掌教鄞學矣。⑥

直齋在紹興府任，有一教官每告人以欠京削，周密《齊東野語》卷八《嘲覓薦舉》條曾載其事，此條余已載之第三章第二節中，此處不再援引。此教官固直齋之同僚，惜未詳曉其姓氏耳。此事直齋且嘗與王深甫言之。深甫爲誰？頗疑即王補之。倘所疑不誤，則此事當發生於嘉定十年三月至十二年三月補之知紹興時也。

直齋之掌教鄞學，約在嘉定十一年至十四年。其時之同僚，任明州軍州事者有俞建、章良朋，任鄞縣令者有李約、顏耆仲、張公弼，任鄞縣主簿者爲呂康。⑦上述數人之生平、宦歷亦略考之如下：

兪建之任明州軍州事，在嘉定十三年四月至十四年十月前，嗣後繼其位者爲章良朋，此事《寧波府志》卷之十六《秩官》上《知明州軍州事》條曾載之，則兪建固直齋之長官矣。至兪建離任後，其宦蹟似未能詳考，惟宋人許應龍《東澗集》卷五《兪建除秘閣修撰致仕制》則云：

「引年謝事，必加優禮，國家常典也；矧中外踐更，材德昭著，可無寵渥以示褒崇？爾譽冠時髦，學通世務。入居班列，正直靖共；出秉節麾，公勤精練。盍趣還於淸著，乃求佚於祠庭；方興側席之思，倏覽掛冠之奏。勉從雅志，晉陞論撰之華；愛錫明綸，庸表始終之眷。祇服朕命，益介壽祺。」

據此《制》，是兪建「材德昭著」、「學通世務」、「正直靖共」、「公勤精練」，固亦一代之良吏也。至兪建離明州任後，終以秘閣修撰致仕，讀此《制》又可知矣。

章良朋之知明州軍州事，在嘉定十四年十月，乃以提舉常平攝，《寧波府志》卷之十六《秩官》上《知明州軍州事》載此事，固亦直齋之上司也。良朋，《宋史》、《宋史翼》均無傳，《四十七種宋代傳記綜合引得》與《宋人傳記資料索引》亦無其資料。其宦歷僅於《會稽續志》卷二《提刑題名》條揭載，曰：

「章良朋，嘉定十三年十一月初七日以承議郎到任，以磨勘轉朝奉郎。嘉定十四年九月二十八日兼權知慶元府，因該遇進寶赦，特轉朝散郎，以調度兵將捕獲海寇，轉朝請郎。十五年十二月十四日除尚左郎官。」

是良朋嘉定十三年以承議郎任越州提刑，十四年則權知慶元府，以捕獲海寇轉朝請郎，十五年除尚左郎官。《會稽續志》所載，乃今可考見之良朋宦歷矣。

李約之任鄞縣縣令，據《寧波府志》卷之十六《秩官》上《鄞令》條所載，乃在嘉定十一年六月至十四年八月前，繼其任者即爲顏耆仲。李約官位亦在直齋之上，惜其生平已無法多考。吳廷燮《南宋制撫年表》卷下載李約於理宗紹定四年辛卯（一二三一）至五年壬辰（一二三二）知廣州，其事已在離鄞令任後十年矣。

趙耆仲任鄞令，爲時甚短。始於嘉定十四年八月，至當年十二月即離職，接其位者爲張公弼。《寧波府志》卷之十六《秩官》上《鄞令》條記其事。耆仲，《宋史》無傳，其生平及宦歷僅見於羅青霄所撰之《萬曆重修漳州府志》。羅書卷之十六《龍溪縣·人物志》中《鄉賢》載：

「耆仲，字景英，師魯之孫也。以祖遺澤補官，初調福州海口鎮。鎮有書院闕廪，耆仲始置莊田，製祭服，鎮人生祠之。遷知鄞縣，歷倅臨安府。寶慶二年，始登進士第，除知江陰軍，修學養士，救荒多所全活。召除吏部郎中，歷右司，以直秘閣提舉淮東，兼提刑。陛辭，諭君子小人所以異。謂：『公論所與者爲君子，所不與者爲小人。』上然之，曰：『卿知守家法，不事詭隨。』因扁所居曰『知守堂』。召除樞密院副都承旨，歷中書門下省檢正諸房文字，復由隆興帥入爲太府少卿，力丐祠，提舉武夷山沖佑觀。耆仲雅愛士類，所至以崇學校、獎風誼爲先，於鄉曲尤加意焉。嘗買田置桂莊，歲入錢四十五萬餘；及田未墾者，種可百斛。積三歲入，以贍計偕之士，士多德之。子鎮，韶州戶法；錀，監惠州鹽場；鉌，通仕郎。《嘉靖志》。」

據是，則耆仲任鄞縣令前，曾官富州海口鎮；而離鄞縣職後，則調遷臨安府通判也。後耆仲以直秘閣提舉淮東兼提刑，洪咨夔《平齋文集》卷第二十二《外制》六有《顏耆仲直秘閣淮東路提舉常平茶鹽兼提點刑獄公事制》，曰：

「敕具官某：江淮財賦之淵，唐所恃以用其國也。朕自親萬務，日討御外理內之術。顧詹在廷，求善治賦者使於淮，迺今得之。爾開亮而敏，精練而實。越在省闥，事有可否，不為詭隨，朕嘉其公爾忘私也。輟泉南之行，授節東出庚政，集事併咨之，而牢盆之課為尤重。本錢給，則亭戶樂其廉；鈔法定，則商賈趨其信；浮鹽窒，則官府安其義。從容筠畫，斡東南山海之藏，以濟經費，可不勉歟！可。」

是耆仲之提舉淮東，成績卓著，且曾蒙理宗褒譽。袁甫《蒙齋集》卷九《制．顏耆仲特轉一官制》又曰：

「敕具官某：鹽筴之利博矣！斡旋通變，不專興利，而美意行焉，獨不在人乎？爾將指東淮，以鹺為職。懲俗吏之朘民膏也，度越拘攣，弛利予下；而國課自豐，誠有足大者。進爾一秩，豈徒以治辦見褒哉！體國愛民之意，固將風示四方，以為護養元氣者勸也。懋哉！對揚休命。」

是耆仲又有因功而進秩事也。其後，耆仲又除樞密院副都承旨。《蒙齋集》卷八《制．顏耆仲除樞密副都承旨制》曰：

「敕具官某：國朝用人之法，任丞郎卿監者，出而宣勞外服；以符節策勳者，入而羽儀朝著。等而上之，必歷河北轉運，乃爲三司使。蓋迭更內外，涉歷多則知識明也。爾天才卓犖，無施不可。昔爲宰掾，旋命觀風發庾，贍餽淮堧，以最聞矣。朕念邊事方殷，樞筦求助，引以自近，宣導密旨，出入之間，庶幾我祖宗用人之遺意焉。夫王者之於天下，譬猶一堂之上也。軍情民隱，朕之所欲知者。進而告爾后，退而贊廟謨。稱職如此，則予一人以懌。」

綜上所述，耆仲一生官運甚亨通，政績亦彪炳。《制》稱其「天才卓犖，無施不可」，蓋不遠於事實。至繼耆仲任鄞令者，則爲張公弼。《寧波府志》卷之十六《秩官》上《鄞令》條載公弼嘉定十四年十二月到任，其時直齋仍未離去，是公弼亦直齋之上司也。所惜有關公弼之生平仕履，除此條外，其餘均無可考矣。

據元人袁桷《延祐四明志》卷十三《學校考》上《鄞縣儒學》條載：嘉定十三年，呂康年任鄞縣主簿。⑧則康年之官位適在直齋之上。考康年乃呂祖謙猶子，《宋元學案》卷五十一載：

「呂康年，成公猶子。諸講學子孫，惟呂氏未墜。先生甲戌廷對，真文忠公欲置之狀頭，同列以其言中書之務，多觸時政，固爭不從，遂自甲置乙。文忠太息，爲之開雕。補　梓材謹案：嘉定七年甲戌，距成公之卒淳熙八年辛丑已三十四年，則先生蓋受學大愚者。」

案：此條所言之成公即呂祖謙，眞文忠即眞德秀。康年廷對之年在寧宗嘉定七年甲戌（一二一四），倘康年至嘉定十三年庚辰（一二二〇），仍僅任主簿之職，則其官運亦不甚亨通也。據王梓材案語，康年蓋受學於大愚者。考大愚即呂祖儉，祖謙之弟也，《宋史》卷四百五十五《列傳》第二百一十四《忠義》十有傳，文長不錄。茲錄《宋人傳記資料索引》所載之小傳，曰：

「呂祖儉（？——1196），字子約，號大愚，金華人，祖謙弟。受業祖謙如諸生。監明州倉，將上，會祖謙卒，乞終朞喪。寧宗即位，除太府丞。韓侂胄用事，趙汝愚罷相，祖儉上封事極論，安置韶州。在謫所，讀書窮理，賣藥以自給。每出，必草履徒步，爲踰嶺之備。遇赦，量移高安。慶元二年卒。嘉熙初，謚忠，有《大愚集》。」

此《傳》載祖儉敬兄忠國，不畏權相，雖遭貶謫，而怡然自得。《宋史》置之《忠義》傳，固宜然也。康年亦祖儉猶子，既受學於祖儉，日夕親炙祖儉之言教身教，則其所得，豈淺小哉！

直齋離鄞縣教授任，即爲南城宰。南城初爲江南西路建武軍治，後改建昌軍治。直齋之宰南城，約在嘉定十四年辛巳（一二二一），至寶慶二年丙戌（一二二六）。所惜者，其時之同僚爲誰，嘗通檢《江西通志》卷一百三十一《宦績錄》十《建昌府·宋》條，均無所考，殊可惋也。⑨

宰南城後，直齋即充興化軍通判。周密《齊東野語》卷八《義絕合離》條載直齋爲楊氏子與婦翻案，殊不以軍判官姚珤所判爲然。⑩考姚珤，《宋史》無傳，《宋人傳記資料索引》載：

「姚珤，字貴叔，南劍州順昌人。治詩賦，登嘉定四年進士。端平元年除秘書丞，進直秘閣，知建寧府，兼漕全閩。」

竊意貴叔自嘉定四年辛未（一二一一）成進士，初除某職，至嘉定七年甲戌（一二一四），即調升興化軍軍事判官，《興化府莆田縣志》卷七《職官志．文職官．判官》條，與《福建通志》卷九十四《宋職官．興化軍軍事判官》條所載正如此。⑪貴叔任軍事判官直至紹定二年己丑（一二二九）程必東涖職前，則其除國子監丞必在此年之前。《平齋集》卷十七《制．趙薿除大理寺丞陶木司農寺丞趙崇嵒太府寺丞姚珤國子監丞賈似道軍器監丞制》曰：

「敕具官某等：漢宣帝勵精求治，綜覈名實，以練群臣。黜陟有序，衆職修理。上下無苟且之意，迄濟中興，朕甚慕之。爾薿，世業之華，器能精敏。爾木，儒林之望，議論堅明。爾崇嵒，公族之彥，材諝通暢。爾珤，決科之雋，講習有源。爾似道，克家之美，趣尚不苟。廷尉、太農、太府有丞，胄監、戎監亦有丞，往爲我分治之。丞者，承也，所以承輔其長，使無曠職也。政事、文學、理法之士，繼自今咸稱厥職，則予以懌。可。」

此《制》乃貴叔曾除國子監丞之證。《宋人傳記資料索引》漏記貴叔除國子監丞事，殊疏略矣。至貴叔之除此職，應與賈似道任軍器監丞同時，似道之除監丞約在紹定元年戊子（一二二八），則貴叔之任國子監丞亦當爲此年矣。⑫

貴叔之任秘書丞則在端平元年甲午（一二三四），《平齋文集》卷第十九《外制》三有《國子監丞姚珤除秘書丞制》，曰：

「敕具官某：自天聖至嘉祐，進士上之三人，多至公卿，豈惟后稷之穡有相，抑豐芑之仁也。爾以强立之學，輔致遠之器。大廷射策，名在龜列而安平進。朕親政始徠之，丞於胄監，進丞於中秘。盡交瀛州之彥，縱論藏室之書。浩乎沛然，光明秀傑之望，得所封植矣。可。」

此《制》乃姚貴叔由國子監丞改除秘書丞之證。至貴叔之除直秘閣，《平齋文集》卷第二十三《外制》七有《姚珏除直秘閣權知建寧府制》，曰：

「敕具官某：富沙軍情屢摇，頃爲甚。官治民廬，半委烈燼，朕念之怛然。故選熟知德意者爲守，寓直中秘，以榮其行。爾名在文學之科，而議論鏘發，志氣英邁。丞於麟臺，郎於憲部，與聞廟筭於宥府，聲問口起，詎宜輕去。一方病矣，勉爲朕往。廉平以字民，簡靜以馭軍，百廢具舉，而聲色不動，以表列城，是爲稱選。可。」

讀此《制》，則貴叔不惟除直秘閣，且權知建寧府也。至貴叔之眞除建寧府兼漕全閩，則在端平二年，且治績彪炳焉。劉克莊《後村集》卷二十一《記・建寧府新建譙樓記》云：

「端平二年五月某日，秘書監兼樞密院檢詳姚公，以直秘閣出守建安，兼漕全閩。詔下，士相告語曰：『公初元善類，西府賢掾。去可惜，盍留行乎？』建士之在朝者，則曰：『公嘗貳吾州，有恩信，兹行可爲中朝惜，可爲吾州賀。』乃不果留。時城中遺燼暴骼滿目，市區二十四，存者九，財殫粟竭，物情洶洶不安。公至，明誅賞，辨逆順，而軍紀肅；拊創痍，輯流散，而民氣和；嗇用度，規荒殘，而官府立。明年春，余逐於朝，微服過建，焚室已十具五六。又明年春，余行役，道焉，則樓堞翬飛，市廛鱗集，所謂二十四區者皆復，不獨公廨也。余歎曰：『君相真知人哉！建人真知公哉！』既見公，握手相勞苦。公曰：『州略如舊觀，然吾力疲而顛白矣。凡土木之役，不可殫紀。譙樓最鉅，緡錢一萬一百四十一，楮帛二萬九百九十四，其費也；起乙未仲秋，迄丙申季夏，其歲月也。吾子筆之。』建寧自南渡劇盜范葉美兵之後，更列聖涵濡休息，名公卿拊摩積纍，其軍府殷實，井邑繁雄，貫於七聚。一旦小失牧馭，蕩爲煙埃。夫聚力所成，壞於一夫之手，顧諉數於天，可乎？朞月之頃，還彼百年之後，勿歸功於人，可乎？昔者，周大夫閔故都之毀，其詩曰：『彼黍離離。』傷之也。又曰：『悠悠蒼天，此何人哉！』尤之也。原禍亂之始，而呼天以尤之，其怨之者深矣！魯僖復周公之宇，國人頌之曰：『魯侯之功。』美之也。又曰：『天錫公純嘏，眉壽保魯。』祝之也。美與復之功，而祝其純嘏，又祝其眉壽，其德之者深矣！厭亂而思治，情也；惡壞而喜成，亦情也。拯建人之厄，措諸莞簟，百世之恩也。敍建人之情，刻於金石，千載之傳也。公，順昌人，名珤，字貴叔，掄魁勝流，立朝有德有言，不以吏幹顯。余所記，特公學問之粗者爾。」

是貴叔確有功於建寧，生死人而肉白骨矣！至貴叔於建寧府之成材造士，亦居功甚偉，其於端平三年丙申（一二三六）且有重建明倫堂之舉，劉克莊亦記其事。《後村集》卷二十一《記·建寧府學重建明倫堂記》載曰：

「建學宏壯視國庠。端平乙未四月辛未之變，燔官寺幾盡，而學幸存，獨明倫堂毀焉。姚公珤來爲尹漕，先教而後政，緩辭而急學，相攸於冬。明年仲秋，堂成，以餘材新師弟子之居，屬余記之。昔者，唐虞三代教人之法具存於經，契之所敷，箕子之所陳，莫不以倫爲首。三綱同然之理，五常固有之善。同然者均賦於天，固有者無待於人。而古人汲汲於明是理者，何哉？蓋理與欲對，善與利對；理不勝欲，善不勝利。固然者有時而相遠，固有者有時而不存矣。嗚呼！固不可以不講矣。故夫人有聖有愚，理未嘗偏；倫有常有變，人鮮能盡。參、晢、夷、齊，常也；舜、申生，變也。常易處，變難處。申生不以親之耄而隳其恭，舜不以弟之傲而廢其友。處變而不失其厚，倫之不容釋如此。匹夫匹婦，愚也；周孔，聖也。愚者能之，聖或不能焉。周公世媿於仁智，夫子謂未能事君父，修至於聖而不忘自儆，倫之難盡如此。《六經》，載此者也；君師，倡此者也；禮樂刑政，扶此者也；學校，講此者也。有所講，則有所明矣。公之致美於是堂，豈爲學者角詞藝、謀利祿之地哉！群居肄習，篤守力行。今日之竭力於親，異日之盡節於君者也；今日之修於家，異日之措於天下者也；今日之稱於宗族鄉黨，異日之行於蠻貊者也。成材造士，是斯堂始；斯堂之新，是姚公始。不可以不記。」

綜上所述，是知貴叔知建寧府兼漕全閩之時，其所建樹，較之任興化軍軍事判官之日，更有足多者。直齋之充興化軍通判，其時同僚除姚珤外，尚有陳韡、王克恭、林公慶、周果、王顯世諸人。[13]考陳韡，《興化府莆田縣志》卷七《職官志．文職官．知軍》條載其於寶慶三年知興化府，不數日即移劍州，然亦直齋之上司矣。陳韡，《宋史》卷四百一十九《列傳》第一百七十八及《宋元學案》卷五十五均有傳，文長不錄。茲僅錄《宋人傳記資料索引》所載陳韡小傳：

「陳韡（1180——1261），字子華，號抑齋，侯官人，孔碩子。與弟韔從葉適學，登開禧元年進士。賈涉開淮閫，辟爲司幹官。劉琸用韡策，遂有堂門之捷。紹定初，盜起閩中，以韡爲招捕使，汀境皆平。再平衢寇，又破贛寇陳三槍，斬之。累拜參知政事，以寶謨閣學士出爲沿江制置使，兼知建康府，提舉佑神觀致仕。景定二年六月卒，年八十二，謚忠肅。」

觀是，則知子華之功業亦至偉鉅。王克恭，今據《興化府莆田縣志》卷七《職官志·文職官·知軍》條，僅知其爲南安人，寶慶三年以工部郎官爲知軍，固亦直齋之長官矣，惜其餘事均無可考。林公慶，《興化府莆田縣志》卷七《職官志·文職官·宋莆田縣縣丞》條載其於寶慶二年出任此職，同書同卷《職官志·文職官·興化縣知縣事》條又載公慶曾權充知縣，其餘亦無所聞。周果，《興化府莆田縣志》卷七《職官志·文職官·興化縣知縣事》條載其於寶慶元年出任興化縣知縣，離職後，改由林公慶權知。

至王顯世，《福建通志》卷九十四《宋職官·興化軍錄事參軍》條稱其紹定間任，有宦績。《宋人傳記資料索引》有顯世小傳，所載較詳。其傳曰：

「王顯世，字子亦，南安人。爲興化錄參，理宗時改秩知寧都縣。顯世博覽群書，兼工詩，有《容安稿》。」

案：《宋詩紀事》卷七十一載有子亦《烏駐道中》詩云：

「蹲鴟用事謝黃獨，木奴弄色陵烏裨。落日人行桑柘裏，西風雁過稻粱時。故山秋晚正如此，游子天寒何所之。一笑沙禽忽驚去，水邊的皪早橫枝。《詩家鼎臠》。」

此律頗善用典，寄意遙深，《容安稿》今不可見，即此一首而言，頗可爲子亦工詩之證。

綜上所述，直齋任興化軍通判在寶慶三年（一二二七）至紹定元年（一二二八），其時陳韡、王克恭任知軍，皆直齋之上司；姚珏任判官，林公慶爲縣丞，周果爲知縣，王顯世爲錄參，則均爲直齋之屬官矣。

直齋之除軍器監簿在紹定元年離興化軍通判任後，迄端平元年（一二三四）改除諸王宮大小學教授前，前後達六、七年之久。其時任軍器監者爲謝采伯，先後出任軍器監丞者有賈似道與杜範，三人皆直齋之長官。⑭茲略考三人之事蹟如後。

謝采伯，《宋史》無傳。《宋人傳記資料索引》載其小傳曰：

「謝采伯，字元若，台州臨安人，深甫子。嘉泰二年進士，歷知廣德軍，湖州監六部門，大理寺丞，進大理寺正。寶慶元年知嚴州，有惠政，性淡榮利。所著《密齋筆記》，援據史傳，足以考鏡得失。」

案：采伯之知嚴州，方仁榮、鄭珤合撰之《景定嚴州續志》卷二《知州題名》條載：

「謝采伯，朝議大夫，寶慶元年十月初八日到任，寶慶二年二月初六日宮觀。先是爲通判州事，是正守陵祠位。在位有惠政。」

據是，則采伯實以通判而晉升嚴州知州。所惜者前引小傳於采伯嚴州知州任後之宦歷則付之闕如，實有補遺之必要。考洪咨夔《平齋文集》卷第十七《外制》一有《度支郎中謝采伯除軍器監制》，此《制》已載之第三章第六節中，此處不再贅引。據此《制》，則知采伯任宮觀後或改任度支郎中，至其除軍器監之時，則正直齋任監簿也。采伯後又由軍器監換授蘄州防禦使，吳泳《鶴林集》卷八《外制．謝采伯換授蘄州防禦使提舉佑神觀兔奉朝請制》曰：

「敕：東漢后族，不過九卿。國朝戚里，不除侍從。雖服文雅，必換武資，蓋公法也。具官某：履行孝謹，禀資温純，出王謝之故家，爲鄧陰之尊屬，而不有貴冑，蔚然儒風。進女誠以奉坤儀，緝聖謨而裨乙覽。肆予嘉嘆，示以優恩。擢從戎監之班，對授兵防之任。非特私於名器，亦庸寵乎才良。益茂先猷，以俟甄擢。可。」

案：《制》中之「戎監」即軍器監，「兵防之任」即指采伯任蘄州防禦使也。惟其後采伯又改授州觀察使，《鶴林集》同卷《外制》有《謝采伯授州觀察使仍舊提舉佑神觀兔奉朝請制》，曰：

「敕：朕維先王建國，親諸侯何分異姓，伯舅加勞賜一級，當有殊恩，矧伊近戚之尊，豈愛懋官之寵。具官某，器懷競爽，儒雅扶輪。雖冑出相閥，而不以相閥自高；雖姻連掖庭，而不以掖庭致貴。每說學於縉紳之囿，曾爭名於俊造之場。固曰汝能，當爲朕屈。昔野王以德顯，尚難陪與於列卿；而樊侯以經名，不過徙封於東國。爰覽撝章之上，既知故穴之詳。仍啓男邦，進升廉察。毋曰爾身之在外，尚思忠德之輔君。往承之休，以輔予治。可。」

今可知采伯之宦歷，僅此而已。

賈似道之任軍器監丞，《宋史》本傳乏載。惟《平齋文集》卷第十七《外制》一有《趙薿除大理寺丞陶木司農寺丞趙崇嵒太府寺丞姚珤國子監丞賈似道軍器監丞制》，此《制》前考述姚珤宦歷時已載錄之，則似道曾任軍器監丞必矣，不意《宋史》亦有未照也。似道生平，詳見《宋史》卷四百七十四《列傳》第二百三十三，文長不錄。茲僅錄《宋人傳記資料索引》所載小傳，俾知梗概。

「賈似道（1213——1275），字師憲，號秋壑，天台人，涉子。少落魄爲游博，不事操行，以蔭補官。理宗時以姊爲貴妃，累拜右丞相，軍漢陽。元兵攻鄂州，似道割地納幣請和，詭以鄂州圍解，表聞。尋入朝，益專政，權傾中外。度宗立，以太師平章軍國事，封魏國公，賜第葛嶺，作半閒堂。吏抱文書就第署，大小朝政，一切決於館客。日與群妾鬥蟋蟀。元兵迫建康，宋軍屢敗，似道單舸奔揚州。德祐元年，陳宜中等交章論劾，調高州團練使，循州安置，爲鄭虎臣所拉殺。年六十三。」

觀是，則似道以太師平章國事時，其貽誤戎機，有足多者。

杜範，《宋史》卷四百七《列傳》第一百六十六有其傳。據《宋史》本傳，範端平元年改授軍器監丞，蓋繼賈似道而任是職者，固亦直齋之上司矣。《宋人傳記資料索引》載杜範小傳曰：

「杜範（1182——1245），字成之，一字成己，號立齋，黃巖人。受學於朱熹，嘉定元年進士，轉軍器監丞。入對，言君相之私未去，更新之效未睹。及爲御史，以言事忤時相去職。淳祐間，累拜右丞相，上五事，繼上十二事，盡革舊弊。淳祐五年卒，年六十四，謚清獻。有古律詩歌詞五卷、雜文六卷、奏稿十卷、外制三卷、故事五卷、經筵講義三卷。」

案：立齋之除軍器監丞，《平齋文集》卷第十七《外制》一及《蒙齋集》卷八《制》均有《趙汝訶除司農寺丞杜範軍器監丞李以制大理寺簿章勱將作監簿制》，內容全同，未悉此《制》何以同時收入二家之集？其《制》云：

「敕：具官某等，漢宣帝勵精求治，綜核名實，以練群臣。黜陟有序，衆職修理。上下無苟且之意，迄濟中興，朕甚慕之。爾汝訶秀於公姓，材刃有餘。爾範穎於儒紳，業履甚度。爾以制金玉其質，安雅自將。爾勱弓冶其傳，謹畏自飭。大農戎監有丞，理寺匠監有簿，往爲我分治之。丞以承輔其長，簿以糾正厥違，非特示進擢之榮也。政事、文學、法理之士，繼自今咸稱厥職，則予以懌。可。」

立齋之任御史也，《蒙齋集》卷八《制》有《杜範除監察御史制》，《制》云：

「敕具官某：朕自更化以來，擢骨鯁之士，布列憲府，斥佞排邪，王道以清。嗚呼！正邪賢佞消長之際，亦可畏哉！《泰》之六四曰：『翩翩不富以其鄰，不介以孚。』察乎此，顧不當爲杜漸防微慮耶！爾清介之操，表於朝著；剴切之論，粲於表篇。善人附焉，憸人懼焉。風憲之任，爾宜當之。其爲朕明目張膽，折姦萌，窒蠹穴，維持國是，俾勿替更化之初。豈惟宗社賴之，亦爾有令聞。」

觀此《制》，是立齋任職之初，固備受理宗之重視也。

直齋之除諸王宮大小學教授在端平元年甲午（一二三四），至端平三年丙申（一二三六）則改知台州。其任此職，前後三年，惟同僚均無可考。《平齋文集》卷第十八《外制》二有《軍器監簿陳振孫除諸王宮大小學教授制》，此《制》爲洪咨夔所撰，則直齋任職臨安宗學之時，或有機會與咨夔相識及有所交游，是咨夔亦直齋官場友朋也。考潛說友《咸淳臨安志》卷六十七《人物》八及《宋史》卷四百六《列傳》第一百六十五均有《洪咨夔傳》，並謂咨夔於端平元年被擢爲中書舍人。檢吳泳《鶴林集》卷六《外制》，即有《洪咨夔授試中書舍人制》，云：

「敕：朕式觀人文，灼見天運。二《典》三《謨》之書既遠，六《誓》七《誥》之旨不傳。漢制詔猶有爾雅之風，唐宏詞直類俳優之作。皇宋受命，五星聚奎，天聖、明道其氣渾，熙寧、元祐其詞達。一變西崑儷語之陋，養成南渡諸賢之英。今復百年，豈無名世。具官某，性從敏悟，學以博聞。剛大直方，不改山林之操；温純深潤，能爲廊廟之文。頃司南臺，晉掌西掖。悼大道之久鬱，須嘉言之孔彰。必爲章如《雲漢》，而後足以見王者之心；必出令如風雷，而後足以鼓天下之動。庶幾治古，復見斯今。可。」

案：觀是，則咨夔確曾任中書舍人，其於端平元年任職之初，即奉理宗之命而撰《軍器監簿陳振孫除諸王宮大小學教授制》也。至咨夔之生平事略，《宋人傳記資料索引》記之曰：

「洪咨夔（1176——1236），字舜俞，號平齋，於潛人，鈸子。嘉泰二年進士，以薦歷成都通判，毀鄧艾祠，更祠諸葛亮。告其民曰：『毋事仇讎而忘父母。』應詔陳言，父見其疏曰：『吾能喫茄子飯，汝無憂。』歷官監察御史，劾罷樞密使薛極，朝綱大振。久之，言不能悉用，遂乞祠，不許，官至刑部尚書、翰林學士。端平三年卒，年六十一，謚忠文。有《春秋說》三十卷、《平齋文集》三十二卷、《兩漢詔令》三十卷。」

案：此《傳》未載咨夔任中書舍人事，亟宜補之。

直齋由諸王宮大小學教授改知台州，據張淏《會稽續志》所載乃在端平三年二月初六日，以朝散大夫兼權，八月正除，十月二十八日到任；嘉熙元年五月即改知嘉興府。計由眞除至離任，在職僅九閱月。⑮直齋其時之屬官，計有曾埴、胡夢炎、趙子寅、張偁、豐雲房、趙善正、諸葛寅、趙汝淶、潘騤等，茲一併略考諸人士宦績如後。

曾埴《台州府志》卷十一《職官表》三載其端平元年知天台縣。《宋史翼》卷三十一《忠義》二載：

「曾埴，紹興人。開慶己未爲端州錄事參軍，以州命行各縣賑饑民。值元兵至，被擒；主帥聞其名，誘之以利，不從，且詈之，遂死。事聞，贈秩，官其一子。《江西通志》。」

案：開慶己未，爲宋理宗開慶元年（一二五〇），其時埴已爲端州錄參，被擒，不爲利誘而卒，亦可云壯烈矣。《江西通志》稱「官其一子」，則埴之子當不止一人。

胡夢炎，《台州府志》卷十一《職官表》三載其端平元年知寧海縣，並小注「三月到」，其餘無可考。

趙子寅，《台州府志》卷十一《職官表》三載其端平二年知臨海縣，其餘亦無可考。

張偁，《台州府志》卷十一《職官表》三載其端平二年知仙居縣。案：南宋時有二張偁。周淙《乾道臨安志》卷三載：

「張偁，紹興二十七年七月十一日，以右朝議大夫、直秘閣、兩浙轉運判官張偁知臨安府。是年十二月，除直敷文閣。二十八年九月，轉右中奉大夫；十一月，除直顯謨閣。二十九年閏六月初九日，除秘閣修撰，知明州。」

又羅濬《寶慶四明志》卷一《郡志》一載：

「張偁，右中奉大夫，充秘閣修撰。紹興二十九年七月十一日到任。三十年六月初五日，除提舉台州崇道觀。」

惟此張偁乃宋高宗時人，殊非理宗端平二年時知仙居縣之張偁也。

豐雲房，《台州府志》卷十一《職官表》三載其端平三年知黃巖縣，小注云：

「以天台主簿權。《康熙志》：『字雲卿，四明人。』」

是雲房字雲卿，四明人，以天台主簿權黃巖縣，嘗爲曾埧部下，至端平三年始眞除也。

趙善正，《台州府志》卷十一《職官表》三載其端平三年知仙居縣。下亦有小注，云：

「《萬曆仙居志》系嘉熙二年，今從《康熙府縣志》。」

是則《萬曆仙居志》以善正嘉熙二年知仙居縣，《康熙府縣志》則作端平三年，而《台州府志》則從

《康熙府縣志》也。考趙善正或作趙善政。厲鶚《宋詩紀事補遺》卷九十二即作善政，並曰：

「趙善政，嘉熙二年知仙居縣，太宗七世孫。」

又錄其《南峰山》一詩云：

「山上青天山下溪，白雲流水兩相宜。丹成共爾南山老，採採松枝亦療饑。《仙居縣志》。」

此詩純用白描，當作於善政知仙居縣時。善政以宗室之後，而有此出塵之想，亦殊可異也。

諸葛寅，《台州府志》卷十六《職官表》八載其端平元年任仙居縣丞。案：李清馥《閩中理學淵源考》卷三十三《進士諸葛先生寅》條云：

「諸葛寅，直清第五子璋之子，嘉定十六年進士。景炎丁丑，蒲壽庚拒命閉城，寅首倡義開北門，應張世傑之師，不濟，爲壽庚所害，年六十九。三子俱被害，而史綱逸其事，可嘆也。」

依是，則諸葛寅祖直清，父璋。諸葛寅於寧宗嘉定十六年癸未（一二二三）中進士，理宗端平元年甲午（一二三四）任縣丞，而於端宗景炎二年丁丑（一二七七）遇害，年六十九。由是上溯其出任仙居縣丞之時，年才二十七耳。

趙汝淶、潘騤二人，據《台州府志》卷十六《職官表》八載：趙汝淶，端平元年任仙居縣主簿；潘騤，端平二年任仙居縣尉，其餘無可考。

直齋知台州，爲期雖甚短，惟於端平三年則承趙必願之請求，而爲必願撰《陳忠肅公祠堂記》。[16]檢《台州府志》卷九《職官表》一，知於紹定六年（直齋任職之前三年）必願亦嘗任台州軍州事。是則必願與直齋固先後同知台州者，故兩人亦相認知者也。考必願，《宋史》卷四百一十三《列傳》第一百七十二有傳，文長不錄。《宋元學案》卷四十六有《直閣趙先生必願》，云：

「趙必願，字立夫，忠定孫，安撫子，勉齋之徒也。初以恩補承務郎。登進士，知崇安縣，修學政，鄉選善士。授湖廣總所幹辦公事。居父喪，從學於勉齋。服除，知全州，訪立周濂溪後。後知台州，一循大父之政，建陳了翁祠，政教兼舉。累遷至户部侍郎，同詳定敕令，請立國本。兼給事中，權户部尚書，抗言全蜀遺燼，靡有孑遺。君臣動色，太平自賀。又以言忤丞相史嵩之，司諫鄭起潛論罷，以寶謨閣直學士奉祠。淳祐五年，起知福州，兼福建安撫使。以平易近民，忠信厚俗。行飲酒禮，旌賢士，獎高年，裁僧寺；尤留意武備，以軍禮見戎帥，申明左翼軍節制事宜，凡四年卒；贈銀青光祿大夫。先生才周器博，心平量廣，又早聞家庭忠孝之訓、師友正士之言，淵源有自，故所立卓然可稱。」

案：上述所言之勉齋，即黃榦。讀《宋元學案》此條，不惟深曉必願之宦歷，即其家學、師承亦可知矣。

直齋之任浙東提舉，時爲端平三年（一二三六）八月，至嘉熙元年（一二三七）五月。其時之同僚計有黃壯猷、李鳴復、曹豳與潘剛中。⑰茲亦略考各人宦績如下：

黃壯猷，《會稽續志》卷二《安撫題名》條載壯猷於端平元年十一月以朝請大夫、金部郎官除直秘閣，知紹興府，十二月十二日到任。端平三年十一月十五日除尚左郎官。是則端平三年八至十一月，壯猷與直齋同官浙東矣。考《平齋文集》卷二十一《外制》五有《金部郎中黃壯猷除直秘閣權知紹興府兼浙東安撫制》，曰：

「敕：具官某，會稽東南鉅鎮，中興百年之馮翊，朕之豐沛也。吏治剛則瓶，柔則坯，故牧守以識體爲良。爾韞姿融明，慮事精密。間者攬轡左淛，政得寬猛之中，朕深知之。輟自望郎出殿帥，閫中秘，寓直擁高牙大纛而東，豈特以華舊部之觀哉！《書》曰：『以厥庶民，暨厥臣，達大家。』又曰：『康濟小民，率自中德。』禮刑政導齊有序，而上下相安於和樂，體斯得矣！重楮幣而輕和買，抑思乃言之踐。可。」

觀是，則壯猷爲人固「韞姿融明，慮事精密」者。此《制》謂其權知紹興府，非眞除，與《會稽續志》微異。或初則權知，後則正除，兩者正互補所未及。

李鳴復，《會稽續志》卷二《安撫題名》條載其嘉熙元年二月以端明殿學士、朝奉大夫簽書樞密院事，兼參知政事，除資政殿學士，知紹興府，十七日到任。是年六月二十三日召赴行在。八月十六日除參知政事。是則於嘉熙元年二月至五月，鳴復與直齋爲同僚矣。考鳴復，《宋史》卷四百一十九《列傳》第一百七十六有傳，其《傳》曰：

「李鳴復，字成叔，瀘州人。嘉定二年進士。歷官權發遣金州兼幹辦安撫司公事。制置使鄭損薦於朝，乞召審察。授司農寺丞，遷駕部員外郎，遷兵部郎中。面對，遷軍器少監、大理少卿，拜侍御史兼侍講。進對，言：『荆襄制臣有當戒者三：曰去私、禁暴、懲怒。』權工部尚書兼權吏部尚書，又權刑部尚書兼給事中，簽書樞密院事。端平三年拜參知政事，以資政殿學士知紹興府。嘉熙元年，復爲參知政事。明年，知樞密院事兼參知政事，加資政殿大學士，賜衣帶、鞍馬。淳祐四年，復爲參知政事。未幾，出知福州、福建安撫使，尋予祠。監察御史蔡次傳按劾落職，罷宮觀，後卒於嘉興。」

案：《宋史》以鳴復端平三年知紹興府，與《會稽續志》所載相差一年，似應以《會稽續志》爲得其翔實也。

曹豳，《會稽續志》卷二《提刑題名》條載曹豳以浙西提舉除，端平三年二月二十九日到任，十一月十八日召赴行在，除工部郎官，又除國子司業；未行，又除左司諫。是則端平三年八月至十一月間，曹豳與直齋同官浙東。考曹豳，其傳附見《宋史》卷四百一十六《列傳》第一百七十五《曹叔遠傳》後，讀此《傳》，頗知悉其宦歷與生平。其《傳》曰：

「豳字西士，少從錢文子學，登嘉泰二年進士第，授安吉州教授。調重慶府司法參軍，郡守度正欲薦之，豳辭曰：『章司錄母老，請先之。』正敬嘆。改知建昌縣，復故尚書李常山房，建齋舍以處諸生。擢秘書丞兼倉部郎官。出爲浙西提舉常平，面陳和糴折納之敝，建虎丘書院以祀尹焞。移浙東提點刑獄，寒食放囚歸祀其先，囚感泣如期至。召爲左司諫，與王萬、郭磊卿、徐清叟俱負直聲，當時號『嘉熙四諫』。上疏言：『立太子、厚倫紀、以弭火災。』又論余天錫、李鳴復之過，迕旨，遷起居郎。進禮部侍郎，不拜。疏七上，進古詩以寓規正。久之，起知福州，再以侍郎召，爲臺臣所沮而止。遂守寶章閣待制致仕，卒謚文恭。子愉老，亦登進士第。」

考西士之知建昌縣，曹彥約嘗舉以自代。檢曹彥約《昌谷集》卷八有《舉曹豳自代狀》，云：

「右臣伏睹承議郎、知南康軍建昌縣、主管勸農營田公事曹豳，履行純粹，持論正平，經學講明，乃其素蘊，政術豈弟，見於已試；華實相副，未見其比，使之論思獻納，必有可觀。臣實不如，舉以自代。謹錄奏聞，伏候敕旨。」

至西士之建虎丘書院以祀尹焞也，劉宰《漫塘集》卷二十三有《平江府虎丘山書院記》，詳載其事曰：

「秘書丞永嘉曹君提舉常平茶鹽事於浙西，權歛散之宜，而水旱有儲；究阜通之理，而公私有裕；又持受輸之平，而輸者説；中義役之勸，而役者安。既田里晏然，臺無留事。一日，領客登虎丘致敬於先正和靖先生尹公焞祠下，慨然有懷。以爲方紹興五、六年間，中原震蕩，南土未安。內之所急者，帷幄決勝之謀；外之所急者，奔走禦侮之士。先生惸然一老，漂泊蜀中，猶鳧雁之飛，於江湖何算？而我高宗皇帝，一聞侍臣之舉，求之惟恐不及。慮其出之難，既飭宣司具禮以津遣；慮其來之緩，復飭所至加禮以勸行。金遞絡繹於中塗，膚使肅迎於候館。修門未入，而列之經筵；講席未溫，而陞之禁從。禮貌之隆，冠絕當代。我高宗之意，夫豈徒哉？二老歸而周興，四皓來而漢定。天命人心之去留，固有非知力所能與者。異時經筵密勿，志意交孚。危微精一之旨，既有以續堯舜禹湯文武六七聖人之傳；緝熙光明之學，又有以垂我宋聖子神孫億萬斯年之式。皇乎休哉！初先生退自經筵，來館於此，猶榜曰『三畏齋』，其持敬不倦如此。嘉定中，郡守陳君茀，始因郡人黃士毅等請，即三畏齋之舊，繪像建祠。君以爲貌像之有嚴，雖足慰典刑之仰，而佩衿之益遠，寧能無城闕之嗟？擬計積累之贏，略倣先朝四書院之制，並祠築室，以舍學者。買田收穀以食之，而儲和靖與其師若友之書於中，庶履其地，必思其人；誦其書，必求其旨。事方權輿，而知府事真寧張君嗣古、提典刑獄前使者浚儀趙君汝櫄、後使者南豐曾君穎秀復從旁從臾之，且各捐資以助。由是材不靳直，工不靳傭，指期而成，不愆於素。繼自今，朋簪日盍，户履日滿。有學聚問辨之益，無孤陋寡聞之弊。斯文未喪，於此有觀焉。既成，而屬余以記。余方病吳人迷於佛而不知反，以爲曹君此舉，上而光昭我高宗皇帝聖德之大，下而迓續我和靖先生道統之傳；而所以美教化，移風俗，稱其爲部使者，又於是乎在。故不辭而爲之書。君諱豳，今官朝奉郎；余爲漫塘叟劉某。時端平乙未八月中澣。」

案：《記》末所署之端平乙未，即端平二年（一二三五）也。西士之爲左司諫，有直聲。劉克莊於《後村大全集》卷一百四十四中，所撰《曹公神道碑》亦推譽之，云：

「余嘗謂本朝名諍臣多矣。惟天聖之孔、范，慶曆之歐、蔡，熙寧之呂、劉，建中之鄭、陳，至今猶有生氣，非以其能言也，以其能言人所不能言也。由端、嘉至淳祐，如洪舜俞、王去非、杜成己、徐直翁、李元善、方德潤、唐伯玉及公；此八君子，言論風光暴白於世，豈非以江表之玉振，續中朝之金聲歟！」

案：後村稱西士等爲「以江表之玉振」，「續中朝之金聲」，亦可謂推崇備至矣。

潘剛中，《會稽續志》卷二《提刑題名》載其以太府寺丞除提刑，嘉熙元年三月三日到任。二年閏四月二十三日召赴行在，除侍右郎官。是則剛中與直齋於嘉熙元年三月至五月同官浙東。同書卷二《安撫題名》條又云：

「潘剛中，嘉熙元年十月十九日以朝議大夫、浙東提刑暫權，十二月磨勘轉中奉大夫。二年閏四月十三日交割與趙大資。」

是則剛中由提刑而權安撫，繼而磨勘轉中奉大夫；至其除侍右郎官，則於嘉熙二年閏四月二十三日赴行在後矣。

直齋之知嘉興府，始於嘉熙元年五月，以迄嘉熙三年。其時之部屬，據《嘉興府志》卷三十六、卷三十七、卷四十《官師表》載：任判官者爲林輝、任主簿者乃黃逢時、鮑郎場鹽監爲周應旂、趙希槻，澉浦鎮稅監爲曾群。⑱諸人生平，今已不可考矣。《浙江通志》卷一百十五《職官》五載其時任兩浙總管軨轄司爲楊應龍、陳源、任兩浙兵馬都監爲王霆、王安節。⑲楊應龍事蹟亦不可考。今僅考陳源、王霆、王安節三人生平於後。

陳源，宋代有二陳源。今《宋史》卷四百六十九《列傳》第二百二十八《宦者》四有《陳源傳》。惟此宦者陳源，絕非任兩浙總管軨轄司之陳源。《宋人傳記資料索引》有宦者《陳源》小傳，曰：

「陳源，淳熙中提舉德壽宮，頗有寵。光宗時，除入內侍押班，帝以疾不朝重華宮，源與內侍楊舜卿、林億年數有間言。寧宗即位，命三人俱事光宗於泰安宮，御史章穎論其離間君親，詔貶源婺州死。」

是則宦者陳源乃孝、光、寧間人，而直齋之部屬陳源乃理宗時人。而此任兩浙總管軨轄司之陳源，其生平已無法悉曉矣。

王霆，《宋人傳記資料索引》載其小傳曰：

「王霆，字定叟，東陽人。嘉定四年中絕倫異等科，累官沿江制置副使。理宗即位，出知濠州、光州，戰守有功，再知高郵軍。撰《沿江籌邊志》一篇，上之，尋知壽昌，改蘄州。嘗訓其子弟曰：『窮理盡性，學之本也。』又嘗曰：『士大夫當以世從道，不當以道從世。』有《玉溪集》。」

《宋史》卷四百八《列傳》第一百六十七亦有王霆傳，中載霆充兩浙兵馬都監時事頗詳，其言曰：

「理宗即位，特差充浙西副都監，湖州駐劄。時潘甫等起兵，事甫定，霆因綏撫之。鎮江都統趙勝辟爲計議官，時李全寇鹽城，攻海陵，勝出戍揚州，屬官多憚從行，霆慨然曰：『此豈臣子辭難之日！』至揚子橋，人言賊兵昨日在南門，去將安之，霆竟至南門，以帥憲之命董三城事。勝次第出城接戰，霆必身先士卒，大小十八戰，無一不利。奪賊壕，築土城，焚城門，賊氣爲懾。」

是則王霆在浙西副都監任時，有謀有勇，忠貞不貳，爲可佩也。

王安節，《宋史》卷四百五十《列傳》第二百九《忠義》五有傳，其《傳》曰：

「王安節，節度使堅之子也。少從其父守合州有功，安節等兄弟五人皆受官。堅爲賈似道所忌，出知和州，鬱鬱而死。

安節至咸淳末爲東南第七副將。德祐初，似道潰師蕪湖，列城皆降，不降者亦棄城遁。時安節駐兵江陵，即走臨安，上疏乞募兵爲捍禦，授閤門祗候、浙西添差兵馬副都監。收兵入平江，合張世傑兵，戰鳳皇港，有功，轉三官。

劉師勇復常州，攻走王良臣，師勇還平江，以安節與張詹守常。已而良臣導大兵攻常，常城素惡，安節等築柵以守，相拒兩月不下。大元丞相伯顏自將攻之，屢遣使招降，亦不下。丞相怒，麾兵破其南門，安節揮雙刀率死士巷戰，臂傷被執。有求其姓名者，安節呼曰：『我王堅子安節也。』降之不得，乃殺之。」

案：安節被執不屈，從容就義，《宋史》將其《傳》歸之《忠義》，宜矣。至安節之任兩浙兵馬都監，與直齋爲同僚，則史無明文，疑即在「少從其父守合州有功，安節等兄弟五人皆受官」時也。其時安節所受官，或即此兵馬都監，惜已無法詳考矣。

直齋於嘉熙三年（一二三九）除浙西提舉，至淳祐元年（一二四一）離任。其時以中奉大夫、直敷文閣知平江府，兼浙西兩淮發運副使者爲趙與籌，以奉議郎爲常熟令者爲戴衍，以通直郎爲常熟令者爲趙師簡，⑳師簡生平未能詳考，僅考與籌、戴衍宦績如後。

趙與籌，《宋史》卷四百二十三《列傳》第一百八十二有傳，記其生平宦歷甚詳，曰：

「趙與籌，字德淵，太祖十世孫。居湖州。嘉定十三年進士。歷官差主管官告院，遷將作監主簿，差知嘉興府，遷知大宗正兼權樞密院檢詳諸房文字，尋爲都官郎官，加直寶章閣、兩浙轉運判官。進煥章閣、知慶元府，主管沿海制置司公事，拜司農少卿，仍兼知慶元府兼沿海制置副使。遷浙西提點刑獄，授中書門下省檢正諸房公事，拜司農卿兼知臨安府，主管浙西安撫司公事，權刑部侍郎兼詳定敕令官，權兵部侍郎，遷戶部侍郎，權戶部尚書，時暫兼吏部尚書，尋爲真，兼戶部尚書，時暫兼浙西提舉常平，加端明殿學士、提領戶部財用，皆依舊兼知臨安府。與執政恩澤，加資政殿大學士。以觀文殿學士知紹興府、浙東安撫使；知平江府兼淮、浙發運使，時暫兼權浙西提點刑獄；授沿江制置使，知建康府、江東安撫使、馬步軍都總管兼行宮留守，節制和州、無爲軍、安慶府三郡屯田使；時暫兼權揚州、兩淮安撫制置使，改兼知揚州，尋兼知鎮江府，兼淮東總領，提舉洞霄宮；復爲淮、浙發運使，差知平江府，特轉兩官致仕。景定元年八月，卒，特贈少師。與籌所至，急於財利，幾於聚斂之臣矣。」

考《宋元學案》卷七十四《少師趙節齋與籌》條載：

「趙與籌，字德淵，湖州人。嘉定十三年進士，累官至觀文殿學士，歷知七府。景定元年卒，贈少師。嘗見慈湖而問曰：『某於日用應酬都無一事，只未知歸宿之地。』慈湖曰：『心之精神，是謂聖。人皆有是心，心未嘗不聖，何必更求歸宿？求歸宿，乃起意反害道。』德淵奉教終身。」

案：此處所稱之慈湖即楊簡。此條之後並有《附錄》云：

「德淵知平湖，嘉熙四年大饑，分場設粥，以寓公方萬里爲長者，請董其役，全活者數萬人。寶祐三年再守，修舉學校，行飲射禮。尹臨安十三年，城中見口計，日食文思院米三千石。嘗籍北關米船，每日四千石入城則米價減，二千石則價貴，適入三千石則價平，無不中者。乃於鹽橋置平糶倉二十有八，歲儲浙西米六十萬石，皆精鑿，視米價貴，輒平糶之。竟十三年中，民食其惠。」

案：《宋元學案》所載德淵事蹟，足補《宋史》所未及。竊意史稱德淵「急於財利，幾於聚斂之臣」，然觀其知平湖時，歲饑，全活人口數萬；又置平糶倉，平糶米價，十三年中，民食其惠。即此二事而論，亦可謂爲民之循吏，君之良臣矣。「聚斂」之責，奚足道哉！

戴衍，《宋史翼》卷三十一《列傳》第三十一《忠義》二有其傳。《傳》云：

「戴衍，字崇禮，兗州人。嘉定丁丑進士。嘉熙元年十月，以奉議郎知常熟縣事。葺學宮，廣黌舍，說二戴《禮》於講堂，聽者恨得之晚。邑城卑濠淺，因舊修濬，屹然金湯；開河築隄，水旱有備。邑人朱子器應募爲兵，衍奇之，勉以學，卒爲儒者；高士鍾璇、王澮，人無識者，衍言於范大成，薦之朝；所拔士印應飛、徐曾三、趙時貴、張士元、楊麟伯，皆爲名公卿。在任三年，遷提轄左藏庫，尋以薦爲屯田員外郎。奉詔視師江淮，至高郵，遇元兵。前鋒以槊刺衍，衍脫朝冠擊之，張目大罵，遂遇害。閱四十年，衍子綏來爲王太常萬婿，奉衍骸骨，葬於虞。曾偉《常熟志》載：『元和縣，孔文貞、戴侯祔祀。』《二戴祠碑》。」

觀是，則崇禮於常熟任內，卓有建樹，又不失知人之明。其遇害前，張目罵元兵，庶幾與於忠義之列矣。

直齋離浙西提舉任，曾任職尚書省郎官，蓋在淳祐元年（一二四一）至四年（一二四四）之間，㉑同時僚屬無可考。其除國子司業，則在淳祐四年秋冬間，以迄淳祐十年（一二五〇）致仕前。考徐元杰《楳埜集》卷七有《陳振孫授國子司業制》，則元杰與直齋固此時之友朋矣，茲亦考元杰之生平。《宋史》卷四百二十四《列傳》第一百八十三有元杰傳，文長不錄，錄《宋人傳記資料索引》所載小傳，云：

「徐元杰（1194——1245），字仁伯，一字子祥，號梅野，上饒人。紹定五年進士，知南劍州，以理化誨，閩境感悅。遷將作監，兼崇政殿說書，時史嵩之遭親喪起復，元杰極論其不可，命遂寢。入講多舉鑑戒，語切宮壼，帝每從容訪天下事。淳祐五年六月輪對，忽暴疾煩熱爪裂死，年五十二。臺諫及三學合詞愬其中毒，有詔窮治，無驗，獄迄不成。帝悼念不已，賜謚忠愍。有《楳埜集》。」

觀是，則仁伯固忠貞君國，而不幸竟以暴疾死。劉克莊撰有《祭徐仁伯文》，見《後村先生大全集》

卷一百三十七，其文曰：

「嗚呼！楚龔之死，已瀕耋耄。有一老父，踵門來弔。比之膏薰，天年不保。余謂老父，蓋未聞道。百年一瞬，矢激電掃。伯始輩人，寧不華皓。以彼爲壽，則此宜夭。惟公大節，如揭兩曜。計維危兒，功則存趙。國人驚嗟，天子震悼。我不識公，書札傾倒。道出通德，巷寂户悄。故閭誰弒，新阡誰表。聊持束芻，覆此清甌。烏乎哀哉！」

案：仁伯沒時，直齋適任少司成，與江萬里就此事均有疏，其間牽涉人物，除史嵩之外，尙有鄭寀、徐霖、劉漢弼、黃濤、徐直諒等人，此事周密《癸辛雜識》別集下《嵩之起復》條記之頗詳，㉒今亦將江萬里等人事蹟略考如下：

江萬里，《宋史》卷四百一十八《列傳》第一百七十七有傳。《宋人傳記資料索引》載其小傳曰：

「江萬里（1198——1274）字子遠，號古心，都昌人。少神雋，有鋒穎，由鄉舉入太學，有文聲。度宗廟累官至左丞相，以峭直爲賈似道所惡，加特進予祠。萬里鑿池芝山後圃，扁其亭曰止水。咸淳十年，元兵至，赴水死，年七十七。贈太師，謚文忠。」

史嵩之，《宋史》卷四百一十四《列傳》第一百七十三有傳。《宋人傳記資料索引》載其小傳曰：

「史嵩之字子由，一字子申，鄞人，彌忠子。嘉定十三年進士。紹定間遷刑部侍郎。端平初出師，與淮閫協謀犄角，嵩之力陳非計。後師潰，帝悔不用嵩之言。累進右丞相兼樞密使，淳祐間封永國公。遭父喪起復，爲公論所不容，閒居十三年。寶祐四年八月卒，謚忠簡，改謚莊肅，德祐初奪謚。」

鄭寀，《宋史》卷四百二十《列傳》第一百七十九有傳。《宋人傳記資料索引》載其小傳曰：

「鄭寀（1188——1249），字載伯，福安人。紹定二年第進士。歷秘書省校書郎，累官殿中侍御史、左諫議大夫，劾罷臺諫之不才者，又疏請慎重名器。淳祐中拜端明殿學士，同簽書樞密院，爲言者論罷。九年卒，年六十二。有《北山遺稿》。」

徐霖，《宋史》卷四百二十五《列傳》第一百八十四有傳，《宋人傳記資料索引》載其小傳曰：

「徐霖（1215——1262），字景説，號徑畈，衢州西安人。年十三，有志聖道，焚所作文，研精《六經》之奥。淳祐四年試禮部第一，理宗謂貢舉官曰：『第一名得人。』時宰相史嵩之植黨顓國，霖入官首發其姦，見者吐舌。累官秘書省著作郎，忌者日思中傷，乞補外，知撫州、衢州。景定三年知汀州，明年卒，年四十八。」

劉漢弼，《宋史》卷四百六《列傳》第一百六十五有傳，《宋人傳記資料索引》載其小傳曰：

「劉漢弼，字正甫，上虞人。嘉定九年進士，擢監察御史。宰相史嵩之引用私人，布列要地，漢弼首疏劾之。即引去，既復以左司諫召，除侍御史，密奏宜聽嵩之終喪，言皆剴切。官至戶部侍郎。卒謚忠。」

黄濤，《宋史》無傳。《宋人傳記資料索引》載其小傳曰：

「黄濤，字退之，一字源長，福州永福人。治《春秋》，登紹定二年黄朴榜進士。歷太學博士、秘書郎，添差通判常州，遷秘書丞。遷司農少卿、淮東提舉，終直寶閣，知吉州。」

徐直諒乃元杰子，其事蹟附見《宋史．徐元杰傳》之末曰：

「二子直諒、直方乞以恤典充賞格。有旨付臨安府逮醫者孫志寧及常所給使鞫治。既又改理寺，詔殿中侍御史鄭寀董之，且募告者賞緡錢十萬，官初品。大理寺正黄濤謂伏暑證，二子乞斬濤謝先臣。然獄迄無成，海內人士傷之，帝悼念不已，賜官田五百畝、緡錢五千，給其家。賜謚忠愍。」

觀直諒、直方兄弟乞斬黄濤一事，元杰可謂有子矣！

其實，徐元杰之暴亡，程公許亦嘗亟奏，命有司置獄鞫勘，務使得實。是則公許與直齋固同志而同僚矣。《宋史》卷四百一十五《列傳》第一百七十四《程公許傳》中載其事曰：

「右史徐元杰暴亡，司諫謝方叔、御史劉應起言，不報。公許亟奏曰：『正月，侍御史劉漢弼死。四月，右丞相杜範死。六月，右史徐元杰死。漢弼之死固可疑，範之死，人言已籍籍；然漢弼類風淫末疾，範亦尫弱多病，諉曰天命，猶可也。元杰氣體魁碩，神采嚴毅，議論英發，甫聞訃告，奄至暴亡，口鼻四體變異之狀，使人爲之雪涕不已。六館諸生叩閽籲告，陛下始命有司置獄鞫勘，謂當於朝紳中選公正明決、無所顧忌者專蒞其事，盡情研究，務使得實。集議朝堂，分列首從，必誅無赦。』疏入，不報。物論沸騰，臨安尹趙與𥲤奏乞置獄天府，帝從之。公許繳奏：『與𥲤乃嵩之死黨，乞改送大理寺，命臺臣董之。』詔殿中侍御史鄭寀，寀回懦首鼠，事竟不白，然公論莫不偉公許。」

讀此《傳》，可知周密《癸辛雜識》所記徐元杰暴亡，諸臣上奏求鞫勘，其間猶缺程公許一役也。《宋人傳記資料索引》有公許小傳，今亦迻錄於後，以見公許爲人及宦歷之一斑：

「程公許，字季與，一字希穎，號滄州，眉山人，寓烏程，《宋史》作宣化人。嘉定四年進士，累官權刑部尚書，卒謚文簡。公許立朝剛正，沖澹寡欲，爲文才氣磅礴，著述皆散佚，存者有《滄州塵缶編》十四卷。」

綜上所述，直齋由嘉定元年（一二〇八）始任溧水縣教授，以迄淳祐十年（一二五〇），以某部侍郎、通奉大夫、寶章閣待制致仕。四十三之間，其在宦場中結識之同僚友好，計爲：湯詵、傅泰清、留恭、葉籛、王補之、趙彥倓、吳恪、教官某、俞建、章良朋、李約、顏耆仲、張公弼、呂康年、姚珤、陳韡、王克恭、林公慶、周果、王顯世、謝采伯、賈似道、杜範、洪咨夔、曾埴、胡夢炎、趙子寅、張偁、豐雲房、趙善正、諸葛寅、趙汝淶、潘騤、趙必願、黃壯猷、李鳴復、曹豳、潘剛中、林輝、黃逢時、周應新、趙希槐、曾群、楊應龍、陳源、王霆、王安節、趙與𥲤、戴衍、趙師簡、徐元杰、江萬里、史嵩之、鄭寀、徐霖、劉漢弼、黃濤、徐直諒、程公許等五十九人。今可考者，僅如上述而已。

第三節　陳振孫學術上之友朋

直齋一生好學不倦，嗜書如命，故游宦之際，乃隨處訪書，結交藏書家、刊書者及書林益友。今觀其所著之《書錄解題》及其他著述中，固不乏其尋書訪友及學術活動之眞實記錄。玆謹爬梳有關資料，考述與直齋學術活動相關切之友朋如次。

直齋學術上相交之友朋，今可考者約十數人。其最早者厥爲任鄞縣學時之薛師雍。《解題》卷五《典故類》載：

「《長樂財賦志》十六卷，知漳州長樂何萬一之撰。往在鄞學，訪同官薛師雍子然，几案間有書一編，大略述三山一郡財計，而累朝詔令申明沿革甚詳。其書雖爲一郡設，於天下實相通。問所從得，薛曰：『外舅陳止齋修《圖經》，欲以爲《財賦》一門，後緣卷帙多，不果入。』因借錄之，書無標目，以意命之曰《三山財計本末》。」

觀是，則師雍，字子然，與直齋同官，蓋亦任鄞學教授矣，以其與直齋有學術往還，故特於學術友朋項下考之。《宋史》、《宋史翼》等均無師雍之傳，故其生平無法詳考。《解題》此條既載師雍稱陳止齋爲「外舅」，則必止齋之婿也。考止齋即陳傅良，《宋史》卷四百三十四《列傳》第一百九十三《儒林》四有傳，《宋人傳記資料索引》亦載其小傳云：

「陳傅良（1137——1203），字君舉，號止齋，温州瑞安人。少爲文自成一家，後師事鄭伯熊、薛季宣，傳永嘉之學。乾道八年登進士甲科，累遷起居舍人，時光宗以疾不朝重華宮，傅良抗疏忠懇，至引帝裾。不聽，掛冠徑行。寧宗即位，召爲中書舍人，兼侍讀，直學士院。嘉泰初知泉州，進寶謨閣待制致仕。嘉泰三年卒，年六十七，謚文節。有《詩解詁》、《周禮說》、《春秋後傳》、《左氏章旨》、《歷代兵制》、《永嘉八面鋒》、《止齋論祖》、《止齋文集》等書。」

師雍之爲止齋婿，《止齋文集》卷之五十二蔡幼學所撰《宋故寶謨閣待制致仕贈通議大夫陳公行狀》有云：

「公諱傅良，字君舉，姓陳氏。……女七人：長適迪功郎、新光化軍司理參軍潘子順，先卒；次適從政郎、福州連江縣丞薛師雍；次適迪功郎、新處州儒學教授林子熙；次適迪功郎、新福州連江縣尉徐沖；次適進士張紹；次適進士張疇；次未行。……嘉定元年十一月日，學生、朝議大夫、試尚書吏部侍郎、兼侍講、兼直學士院蔡幼學狀。」

觀是，則師雍確爲止齋次女之婿，嘉定元年戊辰（一二〇八）之前即以從政郎任福州連江縣丞，而至嘉定十一年戊寅（一二一八）前後，則與直齋同官鄞縣教授。蔡幼學所撰《陳公行狀》又云：

「宗正少卿鄭公百熊、大理正薛公季宣，皆以經學行義聞於天下，公每見二公，必孜孜求益，脩弟子之禮。一日，與薛公語，恍然若有所失，乃獨潛心《易》、《論語》二書，求古聖賢所以窮理盡性之要，近思深探，弗造其極致，弗措也。既而，薛公客晉陵，公往從之。薛公與公語合，喜甚，益相與考論三代秦漢以還興亡否泰之故，與禮樂刑政損益同異之際，蓋於書無所不觀，亦無所不講。經年而後別去。」

《宋史》卷四百三十四《列傳》第一百九十三《儒林》四《陳傅良傳》亦曰：

「當是時，永嘉鄭伯熊、薛季宣皆以學行聞，而伯熊於古人經制治法，討論尤精，傅良皆師事之，而得季宣之學爲多。」

是則止齋固傳薛季宣之學也。季宣，《宋史》卷四百三十四《列傳》第一百九十三《儒林》四有傳，《宋人傳記資料索引》載其小傳曰：

「薛季宣（1134——1173），字士龍，一作字士隆，號艮齋，永嘉人，徽言子。年十七，從荆南帥孫汝翼，辟書寫機宜文字，獲事袁號溉，溉嘗從程頤學，盡以學授之。召爲大理寺主簿，除大理正，出知湖州，改常州，未上卒，時乾道九年七月，年四十。謚文憲。有《書古文訓》、《詩性情說》、《春秋經解指要》、《大學說》、《論語小學約說》、《浪語集》等書。」

暨季宣之沒也，止齋既撰《祭薛常州先生文》，又撰《新改差常州薛公行狀》，[23]稱弟子，自謂追隨季宣久，執禮甚恭。竊疑薛師雍，或爲季宣子侄輩（季宣僅差長止齋三、四歲），故止齋以女妻之，以結秦晉之好。所惜師雍事蹟無法多考，茲僅略爬梳其生平瑣事，以稔讀者。

直齋之宰南城，約爲嘉定十四年辛巳（一二二一），至寶慶三年丁亥（一二二七），㉔其時所結交之友朋，計爲吳炎、林憲之子及盱江晁氏。直齋每向吳炎等借錄書籍，故此三人亦爲直齋學術上之友儕矣。

直齋借錄書籍於吳炎，《解題》卷十二《形法類》載：

「《龍髓經》一卷、《疑龍經》一卷、《辨龍經》一卷、《龍髓別旨》一卷、《九星祖局圖》一卷、《五星龍祖》一卷、《二十八禽星圖》一卷，以上七種皆無名氏，並前諸家，多吳炎錄以見遺。江西有風水之學，往往人能道之。」

案：《解題》此七種之前尚載有《八五經》一卷、《狐首經》一卷、《續葬書》一卷、《地理小□》一卷、《洞林照膽》一卷、《地理口訣》一卷、《楊公遺訣曜金歌》並《三十六象圖》一卷、《神龍鬼砂》一卷、《羅星妙論》一卷、《九星賦》一卷等風水學書籍，或亦屬吳炎見遺矣。

《解題》同卷《形法類》又載：

「《雜相書》一卷，凡二十三種。又有《拾遺》，亦吳晦父所錄。」

又《解題》卷十三《醫書類》載：

「《龐氏家藏秘寶方》五卷，蘄水龐安時安常撰。安時以醫名世，所著書傳於世者，惟《傷寒論》而已。此書南城吳炎晦父錄以見遺。」

觀是，則吳炎錄以見遺直齋之書頗多，二人交誼篤厚，於斯可見。《解題》似此之記載尚有二、三條，不備錄。考吳炎，《宋史》無傳。包恢《敝帚藁略》卷八有《吳主簿墓誌銘》一文，頗見吳炎生平及其爲人風範，茲迻錄如左：

「予友新撫州金溪縣主簿姓吳，諱炎，字晦夫，以淳祐三年壬寅冬十一月二十六日以疾卒於家。予時以台倅易倅臨安，忽得其居之遠近內外各以書訃予。爲其學徒者則曰：『無復有此賢師友矣！』爲其里人者則曰：『無復有此鄉善士矣！』爲其宗族者則曰：『無復有此賢伯叔兄弟矣！』予爲之慟而言曰：『世之愛欲生、惡欲死者，其惑之不辨久矣！晦夫之亡，同聲哀之，果何以得此於人哉？蓋其自幼嗜學如嗜飲食，博識前往，而又文思如泉湧，辭藻如春華。有弗問，問則多知；有弗疑，疑則能辨；且不憚勞，爲人反覆開明。學文者，運意、用字、造語悉有法度，可以指授。以是鄉之學者多從之游，每隨其分量，蒙麗澤之益；此在學徒是以有無復賢師友之嘆。其氣貌和平，其詞意婉曲，望而見者，以爲君子人也。況其志行修潔，少有可見之身過。與人多美意無惡，況誘人爲善，孜孜不懈。人有請，可從者曾無難色，不亦委曲諭之，未始峻拒，人亦不怨，似多可而實有守；此其里人是以有無復善士之悲。其諸父叔在時，莫不愛之，以其循循孝友，和氣藹如也。其後諸父俱亡，兄弟子姪甚衆。晦夫悠然其中，無疾言遽色，不犯尊，不凌卑。會聚則少談世俗細故，多言古今善事，有默寓相勸相規之意。未始與一人作惡，或有不美之爭，必致排解調娛之力。故人無長幼，咸知敬慕；此其宗族是以有無復賢伯叔兄弟之恨。方爲兒時，已端重如成人；不好戲弄，不爲戲言；獨於義理、文字，乃其所好。初從予先君克翁問學，即切切有志。年十六、七時，俟父兄見朱文公於考亭。文公令講《魯論》首章，喜之，因聽誨論者踰月而後歸。自是一意實學，而不廢科舉。其所試之文，根於義理，尤極精到。嘉定丁丑補入太學，每試必冠諸生，計分幾成優校。觀其文者，莫不擊節稱嘆。端坐存心齋，晝誦夜思，業以爲常。淡然無他好，未嘗妄出爲市井之游，若不知紛華盛麗之可悅者。或者欲搖動之，屹不可奪，素行益堅。同舍驚異，始疑而終信，翕然稱之，以爲不可及。晦夫資既純明，一時海內名世咸獲親炙，多器重之。且或得其心學，或得其詩文法，究師友之淵源。聞見既博，智慮益明，時在學，推爲博通之儒。既而遭父喪以歸，居喪盡哀。服除，即厭出，事母盡歡者幾年。屢免文舉，咸謂一第特其餘事，乃竟累試見屈於有司。嘉熙戊戌，天子策士南廊，勉就之，以入優等，授金溪簿。待闕未赴，益嗜未見之書，究未竟之學。凡若學徒者，若里人者，若宗族者，往來講習，方有餘樂。其所著有《陽山猥藁》若干卷及《日記》，以自課其所學。其進未已也，而不幸死矣。前數月，盡區處家事，幽以告之家廟，明以託之親朋，若前知。沒寧而達者夫！惟其親朋之所惜者，年纔五十有九，而平生所志所學，不得少試一二。或曰：昔有不許小程先生學之可用者，後有因其論鹽鈔法，而始知其可用。晦夫常備論江西鹽販之弊，贛之守臣往往有用其說以戢姦萌者，人莫知其出於晦夫也。使其少試，豈特能主簿書、使會計當而已哉！而遽至於斯，亦可哀也夫。曾祖某、祖某、考某、妣錢氏；娶熊氏，再娶傅氏。二子曰某，二女：

長許適某，次在室。某年某月某日葬某處。其兄玉汝謂知其弟莫若予，欲得銘。予念晦夫少予二歲，總角同學，相知真莫如予也。聞訃而傷之，倍於常情，豈容不銘？銘曰：孰爲質玉，色之光兮；孰爲文天，葩之芳兮；質既良，學且强兮；文既彰，行且藏兮；宜高岡，覩鳳之翔兮；何垂耳，困驥之良兮；以此易年，宜得壽延長兮；何爲中身，遽有此哀傷兮；獨幸文質學行，存若不亡兮。」

讀此《墓誌銘》，則揣知直齋之與吳炎相交南城之際，或正值晦父「事母盡歡者幾年」之時也。《宋元學案補遺》卷七十五有《吳先生炎》條，載：

「吳炎，字晦夫，絜齋弟子，絜齋字之。《絜齋集》。」

案：絜齋即袁燮，字和叔，鄞縣人，登進士第，歷官禮部侍郎、寶文閣直學士，追謚正獻，學者稱絜齋先生，著有《絜齋集》，凡二十四卷。今《集》之卷七有《吳晦夫字說》一篇，曰：

「吳生炎求字於余，余字之曰晦夫。《中庸》曰：『君子之道，闇然而日章；小人之道，的然而日亡。』旨哉斯言！古人爲己工夫，至精至密，至深至實，無愧乎此心而已。晦夫其勉之。』

觀是，則知吳炎之字「晦夫」，乃取乎《中庸》「君子之道，闇然而日章」之義，乃由絜齋先生字之者。直齋《解題》中一再改稱之爲「晦父」，或尊而敬之，故易「夫」爲「父」乎？

直齋於南城，亦嘗結識林憲之子。憲，字景思，東魯人，有《雪巢小集》二卷。《解題》卷二十

《詩集類》下載：

「《雪巢小集》二卷，東魯林憲景思撰。初寓吳興，從徐度敦立游，後爲參政賀允中子忱孫婿，寓臨海。其人高尚，詩清澹，五言四韻古句尤佳，殆逼陶、謝。梁谿尤延之、誠齋楊廷秀皆爲之序，且爲《雪巢賦》及《記》。余爲南城，其子游謁至邑，以家集見示，愛而錄之；及守天台，則板行久矣，視所錄本稍多。然其暮年詩似不逮其初，往往以貧爲累，不能不衰索也。」

是則景思年輩固稍長於直齋！然景思之子仍於直齋執禮甚恭，「游謁至邑，以家集見示」，殆以直齋任縣宰故耶？景思之詩，自宋以來，褒譽者大不乏人。元人韋居安《梅磵詩話》卷中云：

「鄉人雪巢林憲景思，紹、淳中前輩，後居天台。少從侍郎徐敦立度游，度得句法於魏昌世衍，實後山陳公嫡派也。梁溪尤公延之序其詩，言景思喜哦，初不鍛鍊，而落筆立就，渾然天成，無一語蹈襲，唐人之精於詩者不是過。楊公廷秀亦云景思之詩似唐人。尤、楊二公，少所許可，其論景思詩如出一口，非溢美也。近世二衢鄭景龍編《宋百家詩續選》，摘出『群花飛盡楊花飛，楊花飛盡無可飛』，『天空霜無影』等句，謂其超出詩人準繩之外，亦非虛語。」

董斯張《吳興備志》卷十三《寓公徵》第七曰：

「吳興林憲字景思，少從其父宦游天台，因留蕭寓焉。初，賀參政允中奇其才，妻以女孫而不取奩田。貧甚，爲詩學韋蘇州。淳熙五年，尤延之爲作《雪巢記》，又爲《雪巢小集序》。『柔櫓晚湖上，寒燈深樹中』。『汲井延晚花，推窗數新竹。』延之謂唐人之精者不是過。」

《宋史翼》卷三十六《列傳》第三十六《隱逸》有林憲傳，其《傳》亦云：

「林憲字景思，吳興人。少從侍郎徐度游，度得句法於魏衍，實後山嫡派也。《梅磵詩話》。卓犖有大志，參政賀子忱奇其才，以孫女妻之。臨終復遺以米數百斛，謝不取。賀既亡，挈其孥居蕭寺，屢瀕於餒而不悔，讀書著文，不改其樂。喜哦詩，落筆立就，渾然天成，一時名流，皆願交之，若徐敦立、芮國器、莫子及、毛平仲，相與莫逆。尤袤《雪巢小集序》。楊誠齋、樓攻媿皆稱其詩似唐人。《誠齋集》參《攻媿集》。其人高尚清談，五言四韻古句，殆逼陶、謝。《書錄解題》。淳熙五年，尤袤爲作《雪巢記》，又爲《雪巢小集序》。《瀛奎律髓》。」

觀上述所載，則景思所撰詩，殊有過人者。《宋詩紀事》卷五十四錄其古、近體詩凡五首，迻錄如左：

讀陶詩作

吾觀淵明詩，了不在言賦。有如泰和氣，周行不停駐。時與春爲風，融和物華布。未嘗見用力，萬物榮處處。時與秋爲月，浩然無點注。江山滋清絕，宇宙靡纖污。乃知淵明詩，本不在詩故。邂逅吐所有，氣象隨所寓。乞食不爲拙，華軒不爲慕。歸來不爲高，折腰不爲沮。羲皇平步超，無懷真雅素。簡談豈能盡，學者謾馳步。獨有無弦琴，明明一斑露。《劉後村詩話》。

梅花

野梅空山中，正爲照人開。如何綠窗底，珠暎帶蒼苔。頗似古君子，無人自不諧。竹徑酒初醒，一信清香來。《全芳備祖》。

寓天台水南

香雨暗前山，春雲行遠林。月落鷄犬靜，誰聞《梁父吟》。巍巍兮高山，泠泠兮好音。誰聞《梁父吟》，唯恐山不深。

台州兜率寺

春江潑天明，蕭寺踞山塢。荒堦下鳥雀，古木颯風雨。徐行石苔花，徙倚望江渚。日暮山更寒，簷頭鈴自語。

寺門矙南江，江勢浩相嚮。風雲互吞吐，山色豁林莽。潮頭捲飛煙，白雨挾春漲。中夜鵜鶩喧，誰家海船上。以上《赤城詩集》。

案：景思《讀陶詩作》一首，眞深知淵明者也。至其五言四韻諸詩，亦逼近陶、謝，直齋《解題》中所言，殊不我欺。所惜者有關景思子之資料，今可考得者實尠，除《解題》所載外，餘均無可曉悉矣。

直齋宰南城時，亦嘗借錄書籍於盱江晁氏。《解題》卷五《雜史類》載：

「《邠志》三卷，唐殿中侍御史凌準宗一撰。邠軍即朔方軍也。此本從盱江晁氏借錄，其末題曰：『文忠修《唐史》，求此書不獲，今得於忠憲范公之孫伯高。其中尚多誤，當訪求正之。

紹興乙丑晁公鄭。』」

是其證也。《郃志》一書，書末有晁公鄭紹興乙丑年題識。考晁公鄭乃晁說之從侄，《宋元學案補遺》卷二十二《晁先生公鄭》條記其生平事略云：

「晁公鄭，景迂從姪。建炎二年，先生隨侍，寓海陵。景迂自儀真來居，是歲，先生侍二十二叔之姑蘇，景迂誨之云：『吾老大，又晚爲枝江之行，汝歸，不及見矣！汝年少精健，宜勉力讀書。當先讀《五經》，看注疏；讀《三史》，不患不能爲一賦。』又云：『《文忠公集》不可法乎？韓文難入，頭先看《六一》，後《昌黎》，次《太史公》，次《公羊傳》，次《春秋》，此是讀書後先。』遂命於架上取素川紙寫。夜雨不少住，枕上作詩以賜。《景迂生集．附錄》。」

案：景迂即晁說之，《宋元學案》卷二十二有《景迂學案》，載其生平及學術成就甚詳，文長不備錄。《宋人傳記資料索引》載其小傳，曰：

「晁說之（1059——1129），字以道，一字伯以，又字季此。慕司馬光之爲人，自號景迂，清豐人，端彥子。元豐五年進士，蘇軾以著述科薦之。元祐中以黨籍放斥，後終徽猷閣待制。建炎三年卒，年七十一。說之博極群書，善畫山水，工詩，通《六經》，尤精《易傳》。有《儒言》、《晁氏客語》及《景迂生集》二十卷。」

案：說之有手足多人，補之、詠之、沖之，皆其兄弟。《宋元學案》卷二十二《景迂學案》後，有全祖望案語曰：

「祖望謹案：昭德晁氏兄弟，大率以文詞游坡、谷間，如補之、詠之、沖之，皆盛有名。獨景迂湛深經術，親得司馬公之傳；又為康節私淑弟子，其攻新經之學尤不遺餘力。世但知推龜山、了翁，而不知景迂更過之。《宋史》乃為補之、詠之作傳，而景迂失焉，陋矣！」

誠如全謝山所言，景迂於《宋史》中無傳；補之、詠之傳，則見《宋史》卷四百四十四《列傳》第二百三《文苑》六。今可考知者，晁公休、晁公武為沖之之子；公鄺既為景迂從侄，倘其亦為沖之之子，則與公休、公武為同胞兄弟；若為補之、詠之之子，則與公休、公武為從兄弟矣。公鄺之識語既撰於紹興十五年乙丑（一一四五），而直齋為南城宰，則約在嘉定十四年辛巳（一二二一），兩者相隔凡七十六載，故余頗疑《解題》所指之「盱江晁氏」，或即為公鄺之兒孫輩，惜其名氏已不可知矣。

至公鄺之題識，有可議者二事。案題識謂《郊志》三卷「今得於忠憲范公之孫伯高」。考忠憲范公即范雍，《宋史》卷二百八十八《列傳》第四十七有傳。惟其《傳》明載：雍「卒，贈太子太師，諡忠獻」。公鄺題識作「忠憲」，顯誤。此一事也。又案《宋史》雍《傳》載：雍子宗傑；宗傑子子奇，字中濟，元祐間以待制致仕，卒，年六十三。子奇子坦，字伯履，政和間以徽猷閣待制卒，年六十二。是則雍之孫乃子奇，非伯高也。子奇既卒於元祐間，設以伯高為其兄弟，亦無由下迄紹興乙丑，伯高猶在人間，蓋兩人年齡相距五、六十年，故可確斷伯高殊非范雍之孫。竊疑伯高確有其人，公鄺亦確曾向伯高借《郊志》，惟伯高或為范坦之子，坦政和間卒，年六十二，以年歲論，適可下接伯高。若由是以判，則伯高乃范雍之玄孫，而公鄺仍以「孫」稱之者，或籠統言之，未加細考耳。此二事也。

直齋之改充興化軍通判，始於寶慶三年丁亥（一二二七），而迄於紹定元年戊子（一二二八），其治事之所則在莆田也。㉕直齋其時所交結之友朋，計有鄭寅、莆田劉氏、莆田李氏、鄭翁歸、方氏、林氏及吳氏。

考鄭寅，《宋史》、《宋史翼》等均無其傳。《宋人傳記資料索引》則有其小傳，小傳曰：

「鄭寅，字子敬，一作承敬，號肯亭，莆田人，僑子。博習典故，以父蔭補官。歷知吉州，召對，言濟王冤狀，指斥權臣。端平初，召爲左司郎中，兼權樞密院副都承旨；又請爲濟王立廟，且言三邊無備，宿患未除，宜正綱紀，抑僥倖，裁濫賞，汰冗兵，以張國勢。出知漳州，進直寶章閣。嘉熙元年卒。有《包蒙》、《中興綸言集》。」

案：鄭寅之任左司郎中，《平齋集》卷十九《外制》有《工部郎中鄭寅除尙左郎官制》，曰：

「敕具官某：艮以止爲體，能時止則止，然後能時行則行。爾簡粹而通亮，爲郡嘗以治理效聞。顧時俗之流，又孰能無變化，懼荃蕙之爲茅也。而恬然歸潔，坐玩歲華，待化機之轉移，偕衆正而彙集。其將有行乎？郎選甚高，毋憚於劇。朕方思所以進爾者。可。」

觀此《制》中「爲郡嘗以治理效聞」一語，蓋指鄭寅知吉州時事。其後寅離吉州任，嘗除工部郎中，繼則除尙左郎官也。

吳泳《鶴林集》卷六《外制》有《鄭寅授左司郎中兼樞密副都丞旨制》，曰：

「敕具官某：都司紀綱之地，非習知臺閣故事，不在茲選。朕率是道，以官其人。矧爾父僑，在淳熙間，出入二省。凡先朝之典憲，往哲之言行，燦然開陳，如指諸掌。汝實聞而習之，具在家法。用是命汝董正左曹，寅納密命，亦猶元祐用范純禮之意也。往其欽哉！可。」

是寅之父鄭僑於孝宗淳熙間亦嘗任斯職，今理宗端平初，寅又被召爲左司郎中兼樞密副都丞旨，是則其父子先後皆被授此官矣。

許應龍《東澗集》卷五《外制》又有《鄭寅除直寶章閣致仕制》，《制》曰：

「大夫七十而致仕，年未及而以疾自陳，當憫其勞，勉從所請，俾遂掛冠之願，爰疏錫命之恩。以爾學廣聞多，意誠心正；厲特立獨行之操，有難進易退之風。屬當政瑟之調，首被鋒車之召。持衡銓選，平允無私。贊畫鈞樞，剛方不屈；暨司藩屏，尤號循良。胡染沉痾，力求謝事。肆加爾職，以賁其歸。勉護生經，益綏休祉。」

是鄭寅雖未及古稀之年，以沉痾謝事，乃以除直寶章閣致仕，殊可惋也。

直齋之與寅相交往，及向之借錄書籍，《解題》中頗有記載。卷一《易類》載：

「《梁谿易傳》九卷、《外篇》十卷，丞相昭武李綱伯紀撰。案序《內》、《外篇》凡二十三篇。《內篇》訓釋上、下《經》，《繫辭》、《説》、《序》、《雜卦》，並《總論》合十卷；《外篇．釋象》七、《明變》一、《訓辭》二、《類占》一、《衍數》二，合有三卷。今《內篇》闕《總論》，《外篇》闕《訓辭》及《衍數》下卷，存者十卷。蓋罷相遷謫時所作。其書未行於世，館閣亦無之。莆田鄭寅子敬從忠定之曾孫得其家藏本，頃倅莆田日，借鄭本傳錄。今考《梁谿集》，紹興十三年所編，其《訓辭》二，序已云有錄無書，則雖其家亦亡逸久矣。豈有其序而書實未成耶？其書於辭、變、象、占，無不該貫，可謂博矣。」

卷五《詔令類》亦載：

「《中興綸言集》二十八卷，左司郎中莆田鄭寅子敬編。寅，知樞密院僑之子，靖重博洽，藏書數萬卷，於本朝典故尤熟。」

同卷《典故類》載：

「《長樂財賦志》十六卷，知漳州長樂何萬一之撰。往在鄞學，訪同官薛師雍子然，几案間有書一編，大略述三山一郡財計，而累朝詔令申明沿革甚詳。……因借錄之，書無標目，以意命之曰《三山財計本末》。及來莆田，爲鄭寅子敬道之，鄭曰：『家有何一之《長樂財賦志》，豈此耶？』復借觀之，良是。其間亦微有增損，末又有《安撫司》一卷。併鈔錄附益爲全書。」

卷十四《雜藝類》又載：

「《打馬圖式》一卷，鄭寅子敬撰。用五十馬。」

卷十八《別集類》下載：

「《周益公集》二百卷、《年譜》一卷、《附錄》一卷，丞相益文忠公廬陵周必大子充撰。一字洪道。其家既刊《六一集》，故此集編次一切視其凡目，其間有《奉詔錄》、《親征錄》、《龍飛錄》、《思陵錄》凡十一卷，以其多及時事，託言未刊，人莫之見。鄭子敬守吉，募工人印得之。余在莆田借錄爲全書，然猶漫其數十處。益公自號平園叟。」

綜上所錄，可見直齋在莆與鄭寅交往及借錄書籍之一斑。惟《解題》卷八《目錄類》載：

「《鄭氏書目》七卷，莆田鄭寅子敬以所藏書爲七錄，曰經，曰史，曰子，曰藝，曰方技，曰文，曰類。寅，知樞密院僑之子，博聞彊記，多識典故。端平初召爲都司，執法守正，出爲漳州以没。」

又卷十四《音樂類》小序曰：

「劉歆、班固雖以《禮》、《樂》著之《六藝略》，要皆非孔氏之舊也，然《三禮》至今行於世，猶是先秦舊傳。而所謂《樂》六家者，影響不復存矣。竇公之《大司樂章》既已見於《周禮》，河間獻王之《樂記》亦已錄於《小戴》，則古樂已不復有書。而前志相承，迺取樂府、教坊、琵琶、羯鼓之類，以充《樂類》，與聖經並列，不亦悖乎！晚得鄭子敬氏《書目》獨不然，其爲說曰：『《儀注》、《編年》，各自爲類，不得附於《禮》、《春秋》，則後之樂書，固不得列於《六藝》。』今從之，而著於《子錄·雜藝》之前。」

觀是，則知直齋離興化軍通判任後，仍與鄭寅相往還，故不惟可晚得其《鄭氏書目》，即寅端平後之爲都司，知漳州，亦知之甚審也。《解題》此二條，直齋當撰成於鄭寅沒後。

直齋在莆，亦嘗借錄書籍於莆田劉氏。《解題》卷五《雜史類》載：

「《後魏國典》三十卷，唐太常少卿元行沖撰。行沖以系出拓跋，乃撰《魏典》三十篇，文約事詳，學者尚之。此本從莆田劉氏借錄，卷帙多寡不同，歲月首尾不具，殆類鈔節，似非全書。」

是其證。清人葉昌熾《藏書紀事詩》卷一又云：

「青蓋傳言入洛陽，文思縑帛變帷囊。惟餘海上無諸地，不共中原熸靖康。吳與可權　吳秘　莆李氏　劉氏」

讀此絕後二句，固知靖康之後，南宋雖偏安一隅，惟如莆田劉氏等仍藏書甚富，足供借錄。直齋在莆與劉氏相交，惜此劉氏之名字與生平仕履，茲無可考矣。

至直齋借錄書籍於莆田李氏，《解題》中之記載頗爲顆頤。《解題》卷六《禮注類》云：

「《獨斷》二卷，漢議郎陳留蔡邕伯喈撰。記漢世制度、禮文、車服及諸帝世次，而兼及前代禮樂。舒、台二郡皆有刻本。向在莆田嘗錄李氏本，大略與二本同，而上下卷前後錯互，因並存之。」

同書卷八《目錄類》云：

「《藏六堂書目》一卷，莆田李氏云唐江王之後，有家藏誥命。其藏書自承平時，今浸以散逸矣。」

同卷《地理類》又載：

「《晉陽事蹟雜記》十卷，唐河東節度使李璋纂。《序》言四十卷，《唐志》亦同，今刪爲十卷。蓋治平中太原府所刻本也，從莆田李氏借錄。自南渡以來，關河阻絶，圖志泯亡，得見一二僅存者，猶足以發傷今思古之歎。然唐并州治晉陽、太原二縣，國初克復，徙治陽曲，而虛其故城。二縣後皆併省，則唐之故跡，皆不復存矣。」

又同卷同類載：

「《番禺雜記》一卷，攝南海主簿鄭熊撰。國初人也。莆田借李氏本錄之。蓋承平時舊書，末有『河南少尹家藏』六字，不知何人也。」

《解題》卷十五《總集類》載：

「《集選目錄》二卷，丞相元獻公晏殊集。《中興館閣書目》以爲不知名者，誤也。大略欲續《文選》，故亦及於庾信、何遜、陰鏗諸人；而云唐人文者，亦非也。莆田李氏有此書，凡一百卷。力不暇傳，姑存其目。」

又卷十九《詩集類》上載：

「《武元衡集》一卷，唐宰相武元衡伯蒼撰。初用莆田李氏本傳錄，後以石林葉氏本校，益以六首，及李吉甫唱酬六首。川本作二卷。」

綜上所記，直齋借錄於莆田李氏之書籍，《解題》所載凡六種，計十七卷，其中《集選》一書，本有百卷，因「力不暇傳，姑存其目」爲二卷耳。

考莆田李氏，據《解題》卷八《目錄類》「《藏六堂書目》一卷」條謂乃「唐江王之後」。江王李元祥爲唐高祖第二十子，《新》、《舊唐書》均有其傳。《舊唐書》卷六十四《列傳》第十四《高祖二十二子》載：

「江王元祥，高祖第二十子也。貞觀五年，封許王。十一年，徙封江王，授蘇州刺史，賜實封八百户。二十三年，加實封滿千户。高宗時，又歷金、鄜、鄭三州刺史。性貪鄙，多聚金寶，營求無厭，爲人吏所患。時滕王元嬰、蔣王惲、虢王鳳亦稱貪暴，有授得其府官者，以比嶺南惡處，爲之語曰：『寧向儋、崖、振、白，不事江、滕、蔣、虢。』元祥體質洪大，腰帶十圍，飲啖亦兼數人。其時韓王元嘉、虢王鳳、魏王泰，狀貌亦偉，不逮於元祥。又眇一目。永隆元年薨，贈司徒、并州大都督，陪葬獻陵，謚曰安。子永嘉王晫，永隆中，爲復州刺史。以禽獸其行，賜死於家。中興初，元祥子鉅鹿郡公晃子欽嗣江王。景龍四年，加銀青光祿大夫，娶王仁皎女，至千牛將軍，卒。」

觀是，則莆田李氏之始祖唐江王元祥，爲人貪鄙，固無足論。其子永嘉王晫，又有禽獸行，則罪更甚焉。鉅鹿郡公晃，事蹟則不可知。晃子欽又嗣江王，是初唐之時已有二江王矣。莆田李氏雖爲唐江王之後，家藏誥命，惟自北宋承平之際，即能藏書治學，一改乃祖之頹風，是亦李唐之賢肖子孫。所惜借書與直齋過錄之莆田李氏究屬何人？其名字爲何？均不可曉矣。

鄭翁歸乃鄭樵之子。直齋在莆田與之交往，其事具載於《解題》卷七《傳記類》，曰：

「《夾漈家傳》一卷，所著書目附。莆田鄭翁歸述其父樵漁仲事蹟。樵死時，翁歸年八歲，安貧不競，頃佐莆郡時猶識之。」

案：《夾漈家傳》一書固翁歸所撰，其內容乃述鄭樵之事蹟，蓋樵居夾漈山，學者稱之為夾漈先生，故此書亦名為《夾漈家傳》也。考《宋史》卷四百三十六《列傳》第一百九十六《儒林》六有《鄭樵傳》，其《傳》曰：

「鄭樵字漁仲，興化軍莆田人。好著書，不為文章，自負不下劉向、揚雄。居夾漈山，謝絕人事。久之，乃游名山大川，搜奇訪古，遇藏書家，必借留讀盡乃去。趙鼎、張浚而下皆器之。初為經旨、禮樂、文字、天文、地理、蟲魚、草木、方書之學，皆有論辨，紹興十九年上之，詔藏秘府。樵歸，益厲所學，從者二百餘人。

以侍講王綸、賀允中薦，得召對，因言班固以來歷代為史之非。帝曰：『聞卿名久矣，敷陳古學，自成一家，何相見之晚耶？』授右迪功郎、禮兵部架閣。以御史葉義問劾之，改監潭州南嶽廟，給札歸抄所著《通志》。書成，入為樞密院編修官，尋兼攝檢詳諸房文字。請修金正隆官制，比附中國秩序，因求入秘書省繙閱書籍。未幾，又坐言者寢其事。金人之犯邊也，樵言歲星分在宋，金主將自斃，後果然。高宗幸建康，命以《通志》進，會病卒，年五十九，學者稱夾漈先生。

樵好爲考證倫類之學，成書雖多，大抵博學而寡要。平生甘枯淡，樂施與，獨切切於仕進，識者以是少之。」

觀是，則翁歸《夾漈家傳》雖不可見，讀《宋史》此傳彷彿知之。或《宋史・鄭樵傳》，即據《夾漈家傳》改作也。

夾漈之著作，《解題》所載甚多。如卷二《書類》有《書辨訛》七卷，《詩類》有《夾漈詩傳》二十卷、《辨妄》六卷，《禮類》有《夾漈鄉飲禮》七卷；卷三《春秋類》有《夾漈春秋傳》十二卷、《考》一卷、《地名譜》十卷，《經解類》有《鄭氏謚法》三卷，《小學類》有《注爾雅》三卷、《字始連環》二卷、《論梵書》一卷、《石鼓文考》三卷；卷八《目錄類》有《郡書會記》二十六卷、《夾漈書目》一卷、《集古系時錄》十卷、《系地錄》十一卷；及卷十《雜家類》有《刊謬正俗跋》八卷。上述諸書，疑當爲直齋得自翁歸者也。

考《解題》卷七《傳記類》「《夾漈家傳》一卷」條所載，謂「樵死時，翁歸年八歲」。案：夾漈卒於紹興三十二年壬午（一一六二），其年翁歸八歲。是則下迄寶慶三年丁亥（一二二七）直齋充興化軍通判時，翁歸已七十三歲，而直齋僅四十六、七歲，[26]是又直齋雖倅莆郡，似猶須執後輩之禮，上交翁歸也。翁歸爲人，「安貧不競」，既撰《家傳》，又護惜父書，年屆垂暮，仍能不改乃父之道，亦可謂有德有守之君子矣。

直齋在莆，又曾傳錄書籍於方氏、林氏、吳氏，此事見載於《齊東野語》卷十二《書籍之厄》條，該條云：

「世間凡物未有聚而不散者，而書爲甚。……近年惟直齋陳氏書最多。蓋嘗仕於莆，傳錄夾漈鄭氏、方氏、林氏、吳氏舊書，至五萬一千一百八十餘卷，且仿《讀書志》作解題，極其精詳。近亦散失。」

所惜此條未詳及方、林、吳三氏之名字，茲試略考如次：

莆田方氏者，蓋指方漸一家。漸，《宋史》、《宋史翼》均無傳。惟清人李清馥所撰《閩中理學淵源考》卷八則有《州守方先生漸》一篇，其文曰：

「方漸，莆田人。重和元年進士；紹興中判韶州，知梅、湖、南恩，歷官朝散郎。平生清白，無十金之產。所至，挾書自隨，積至數千卷，皆手自纂定。就寢不解衣，林謙之質之，答曰：『夜或有尋討，便不懷安。』爲小屋三間，以藏其書，榜曰『富文』，鄭節仲嘗就讀焉。子林，鄉貢進士；孫其義；曾孫應發。《莆陽縣志》。」

讀是篇，則知漸乃徽宗至高宗年間人，不惟勤於讀書，且藏書至富，其藏書處榜曰「富文」。其子林，鄉貢進士，則無可考。今先略考其孫其義之事蹟，繼考應發。

方其義，《宋人傳記資料索引》載其小傳曰：

「方其義（1157——1230），字同甫，莆田人，漸孫。由鄉試入太學，奉南廊對，中高等。歷英德府貢陽尉，梧、瓊二州户錄，秩止從事郎，士林爲之嗟惜。事母極孝，事兄尤謹。篤行關、洛書、詩宗陶、謝，文師蘇氏。紹定三年八月卒，年七十四。」

據此，其義之卒，猶在直齋爲莆倅之寶慶三年後。直齋爲興化軍通判，其時其義年七十一歲，㉗適退隱家居。竊疑直齋亦修後輩之禮以待其義，並傳錄方氏所藏書也。

其義之爲人與其宦績，具見《後村先生大全集》卷一百六十一《墓誌銘》之《瓊州戶錄方君》一文，其文曰：

「開禧已丑，余補國子生，時鄉先輩二方君猶在學。長君名其義，字同甫，與其族子阜鳴字子默齊名，皆由鄉賦入太學。二君生於丁丑，與余先君齊年，余敬事之。公私試必聯案，爐亭客舍，夜語常達曉，凡故家遺俗逸事、諸老先生舊聞，聽之入人肝脾，長人智識，余終身誦之不忘，非特筆硯間沾丐膏馥而已。然二君文戰輒不成，晚相先後奉南廊對，中高等。子默猶至外郎、君僅歷英德府貢陽尉，梧、瓊二州户錄，秩止從事郎，士林至今嗟惜。君游江，名公卿爭下榻，嘗館於金壇王氏寔齋閣授業焉。貢陽多盜，君至，群偷襄息，帥聞之曰：『是六館知名士，尚作尉乎？』欲羅致，守固請以自助。梧守方侯直儒，重君老成，郡政必咨。方被劾去，帥使機幕蕭蒙來攝。蕭貴介癡騃，吹求前人事，以迎合上官。君辨其不然，蕭忿甚，帥移君於藤以避之，蕭去乃復。後守劉侯煒叔曰：『户錄，吾父執，何敢相吏！』公退，琹詩相好如賓好。君秩滿，劉侯移守瓊，請於南銓，以君爲瓊户錄，曰：『此非所以處，瓊有機宜一員，無以易君。』力挽同載度海，財一月，卒於户錄官舍，享年七十四，紹定庚寅八月某日也。君事母極孝，貢士歿，諸昆餬口四方，君侍膝下，跬步不離。及補入，太孺人勉君毋歸。君一日心動，挑包徑歸。入門而丁內艱，喪費悉出君。諸昆歸，則墨舍無乏事矣。事兄尤謹，諸姪孤者無以養與不能嫁娶者，皆以身任之，其內行如此。篤好關、洛書，詩宗陶、謝，文師蘇氏。娩黃孺人與二丈夫子阜國、阜吉皆前卒。孫男二人：應紹、應發；應發今爲某官。孫女三人。初阜國有雋才，試常薦占魁亞，危升舍選。余每謂君生兒如此，足慰人意。君頻蹙不語，叩之則曰：『恐華而不實耳！』指阜吉曰：『吾他日得此兒女。』及卒，鯨波萬里外，卒賴阜吉徒步返柩。其初南轅也，應發甫三歲，與母吳拜辭堂下。君指應發謂吳曰：『汝善視之，長必興我家。』君卒，應發甫八歲，奮孤童，擢甲科，立兩朝，爲學官、禮官，皆以論事去。君於子孫壽夭通塞，雖許負、唐舉無以加，余所目睹也。余晚還朝，應發倅建，奉《家傳》來曰：『知吾祖事者惟子，願刻之宰上。』余諾之，而詞頭上積，未暇也。及懸車還，應發曰：『今可銘乎？』按《方氏譜》，自固始遷游洋之吮石，五世祖廷評遷莆田之輪井。君於贈朝請郎伯用爲曾大父，於朝散郎、南恩守漸爲大父，於鄉貢進士林爲父，母太孺人林氏。初君葬黃氏孺人於廣化寺之姑嶺，阜吉以君命祔。嗟夫！昔銘子默，余年四十三；今銘君，七十九矣。歲月飄忽，耆舊凋謝，可悲也夫。銘曰：『莆青白吏，曰南恩牧。小閣三間，以遺嗣續。夾漈詩之，流傳鄉國。無產十金，有書千軸。至今膾炙，謂之寶錄。君少而孤，晝抄夜讀。里選歌澤宮中鵠，有飄飄氣，無庸庸福。遵海而南，蛻於瘴毒。兩郎玉立，何奪之速。誰主尸之，乃若是酷。吾聞天道，乘除倚伏。是生聞孫，儒級文籙。譬家於田昔今熟，驥來大宛，鷃出幽谷。一封骨骾，百壬頸縮。歸白松楸，銘筆余屬。念昔橋門，重炙耆宿。發藥在耳，清暢在目。今一甲子，再忘穎禿。瞻彼姑嶺，於此埋玉。有碑歸然，覽者必肅。』」

觀後村所撰此文，則後村不惟知曉其義之爲人與宦績甚審，即其先世與後嗣，亦均了解甚爲詳悉。蓋其義生於高宗紹興二十七年丁丑（一一五七），卒於理宗紹定三年庚寅（一二三〇），享年七十四歲。其始遷祖固，五世祖廷評，曾大父伯用，大父漸，父林，母林氏，妻黃氏。有子二人：皐國、皐吉；孫男二人：應紹、應發；孫女三人。族子則皐鳴。惟《閩中理學淵源考》所據之《莆陽縣志》謂方漸「孫其義，曾孫應發」，證以後村此文，足顯其誤。蓋漸之曾孫爲皐國、皐吉，應發乃皐吉子，則爲方漸之玄孫也。不意《莆陽縣志》及《閩中理學淵源考》訛謬若此，然不細讀《瓊州戶錄方君》一文，亦不知其誤也。

應發乃方漸之玄孫，據上述所考，固無可懷疑者。惟《宋人傳記資料索引》所載小傳，仍以「曾孫」目應發。其《傳》曰：

「方應發，字君節，莆田人，漸曾孫。淳祐十年進士。累官國子監簿，坐忤時相，去官者再。景炎中，終禮部尚書。宋亡後十年卒，年六十六。應發以文章進身，平居孝友仁恕，恩意藹然，臨事剛果，有奇男子風。」

考應發亦曾任國子監丞與秘書郎。《南宋館閣續錄》卷八《官聯》二《秘書郎》條載：

「方應發，字君節，貫興化軍，庚戌進士。習詩賦，（景炎）二年七月，以國子監丞除秘書郎。」

綜上二條資料，則應發蓋生於寧宗嘉定十七年甲申（一二二四），卒於元世祖至元二十六年己丑（一二八九），享年六十六。理宗淳祐十年庚戌（一二四九）應發中進士，累官國子監簿；景炎二年辛酉（一二六一），以國子監丞除秘書郎；三年壬戌（一二六二），終禮部尚書。計直齋倅甫時（一二二七），應發年僅四歲，猶爲童稺，當未能上交直齋。惟林希逸《竹溪鬳齋十一藁續集》卷十三有《跋富文方公行狀艾軒作》一文云：

「某少讀艾軒書，知先生所與交者，如方次雲，陳西軒，溪東、溪西二鄭，大著、正字二劉，片文隻字，忘飢渴以求之。幸而得，晝誦夜夢，思見其人。嘗謂莆於是時，人物如此，是皆千百年間見之，士何其盛哉！何其盛哉！今北山禮部又以遠祖《富文公行狀》寄余曰：『此艾軒先生所作也。』余喜而拜，奩香而誦，則知富文之於老艾，猶爲前一輩，老艾初年嘗問學焉。狀公幾二千言，且以門人自稱。先生於人一字豈輕與？又言公識拔溪東、休齋於未知名時，而溪西亦以奇書奥義求質於公，然則富文之於莆，又爲諸名人所敬畏者，是爲何等人物！惜其文未及見，而遺言卓行僅於《誌》、《狀》中得之。使此數紙不傳，後來誰復知者。北山方有盛名於世，今既表而出之，富文之名自是顯顯矣。方輿之後八世殿中祖，以孫著，表於河東，北山其有焉。」

讀希逸此篇，則知方漸有《行狀》，乃艾軒作。艾軒者，即林光朝，字謙之，號艾軒，曾受學於方漸。與艾軒相交者，文中所言之方次雲即方翥，陳西軒即陳昭度，溪東即鄭厚，溪西即鄭樵。而大著即劉夙，曾除左著作佐郎；正字即劉朔，除正字。休齋即陳知柔，而北山禮部乃方應發也。讀此文亦可推知應發以《行狀》寄希逸，時在景炎三年，因是年北山始任禮部。至希逸此《跋》，則撰成於此年之後也。應發既能以高祖之《行狀》求跋於希逸，又能奉《家傳》求撰先祖《墓誌》於克莊，誠可謂孝敬之表式，人倫之典模，應發眞不愧爲莆田方氏之賢肖子孫矣！

劉克莊《後村先生大全集》卷一百十一《題跋》亦有《桐鄉艾軒所作富文行狀墓誌銘》，其文曰：

「余少於桐鄉、艾軒二公之文，單辭隻字，皆記念上口，二公蓋光堯、重華兩朝詞臣，其文貴重於世，不以一字假人。然艾軒狀富文翁，累千二百六十言；桐鄉銘亦九百言。艾軒受學於富文翁，狀公時方三十餘，猶未脫白，自稱門人，敬之如此。桐鄉輩行在前，理辭亦詳而備。富文翁之賢可知矣！竹溪林君肅翁守莆，訪求艾軒遺文鋟梓，余與有勞，而《行狀》乃漏落未入《集》。至公之曾孫君節始得其本，竊意尚有六丁下取未盡者，可以物色也。富文翁生不蒙稽古，力僅止一麾。君節遂奮孤童，擢甲科，入爲瀛州學士，兼掌南宮牋奏；不在身，必在子孫，豈不信然！雖以論事去國，大節毋忝爾祖矣。余既銘公之孫錄參之藏，君節示余此軸，墨妙筆精，敬書其後而歸之。」

案：克莊於此《跋》中，提及艾軒所作《行狀》，桐鄉所作《墓誌銘》，惜二文今皆不可得而見矣。桐鄉爲誰？亦不詳其姓氏，殊可惋也。《跋》文中所道及之君節，亦即應發。應發乃方漸之玄孫，克莊撰《瓊州戶錄方君》一文時，類能知之；㉘而作此《跋》，乃竟有「至公之曾孫君節」一語，是則《莆陽縣志》及《閩中理學淵源考》之相繼沿訛踵謬，蓋有由矣！不意後村臨文之際，猶有所失愼，前後矛盾若此！

君節亦能詩，《竹溪鬳十一藁續集》卷十二《序》有《方君節詩序》，該《序》云：

「詩有近體，始於唐，非古也。今人以繩墨矩度求之，故江西長句，紫芝有『詩論』之譏。蓋紫芝於狹見奇，以腴求瘠，每曰：『五言字四十，七言字五十六，使益其一，吾力匱焉。』其法嚴如此。今集中古作絶少，亦尚友選家，摩括極其苦，淘滌極其瑩，雖然渾雄之氣，視昔缺矣！前此我朝諸大家，數律之精，莫如半山，有楊、劉所不及；古之奧，莫如宛陵，有蘇、黃所不及。中興而後，放翁、誠齋兩致意焉。然楊主於興，近李；陸主於雅，近杜。吁！詩於李、杜，聖矣乎！神矣乎！北山趨慕遠而抱負大，吟詠之適古，比律爲多；骨氣見於豐，意態寓於約，不肯寄人籬下，操縱自如。譬之老禪不縛律，譬之粹學不踰矩，造之必愈深，積之必愈富，則楊、陸心印，捨我誰屬哉！北山，莆方氏，名應發。」

觀是，則君節好古詩比好律爲多。希逸《序》中評其詩，謂之骨氣豐，意態約，不縛於律，不踰於矩，造深積富，心印楊、陸，則其成就之超邁，固可知矣。

綜上所述，莆田方氏藏書始於方漸，子孫繼之，至其義，直齋適倅莆，修後輩禮，借錄其家所藏舊書，是其義乃直齋學術上之友朋。其義裔孫應發，曾以《家傳》倩劉克莊代撰乃祖《墓誌》，孝行足爲一時矜式，故亦連類略考其行事，以見有德者乃必有後也。

莆田林氏，乃指林霆之一家。霆，《宋史》卷四百三十六《列傳》第一百九十五《儒林》六有傳，附見《鄭樵傳》後。其《傳》曰：

「同郡林霆，字時隱，擢政和進士第，博學深象數，與樵爲金石交。林光朝嘗師事之。聚書數千卷，皆自校讎，謂子孫曰：『吾爲汝曹獲良産矣。』紹興中，爲敕令所刪定官，力詆秦檜和議之非，即掛冠去，當世高之。」

據是，則霆乃徽宗至高宗年間人，一生與鄭樵爲友，其門人林光朝，字謙之，號艾軒，亦嘗師事方漸者。光朝，《宋史》卷四百三十三《列傳》第一百九十二《儒林》三有傳，《宋人傳記資料索引》載其小傳曰：

「林光朝（1114——1178），字謙之，號艾軒，莆田人。專心聖賢踐履之學，動必以禮。南渡後，以伊洛之學倡東南，自光朝始。隆興元年舉進士，累官廣西提點刑獄，移廣東。茶寇薄嶺南，光朝擊敗之。除中書舍人，後知婺州，引疾提舉興國宮。淳熙五年卒，年六十五，諡文節。有《艾軒集》。」

是光朝不惟一代鴻儒，治官亦有爲有守。林霆聚書既富，故直齋倅莆時，亦嘗借錄舊書於林氏也。

霆有從父名沖之，又有從兄郁，兄震。《後村先生大全集》卷九十一《記》有《林氏一門忠義祠記》，記林氏諸人忠義事蹟甚詳。其言曰：

「林沖之，字和叔，唐殿中侍御史讜後。元符三年進士，累官金部郎，以不能阿當路，滯省寺者十年。出守臨江、南康二郡。靖康初，召爲主客郎中、副中書侍郎。陳過庭使金，所厚者咸勸勿行。沖之曰：『人臣事君，生死以之。此何時而可辭王事邪！』遂行，同被拘執。迨宇文虛中受其命，金人亦以是邀之。沖之奮勵見詞色，金人怒，徙之奉聖州。既而過庭卒，金人逼沖之降，不屈；徙上京，又不屈。置顯州極北沍寒之地，幽佛寺十餘年，以義命自安，病亟，語同難者曰：『沖之年七十二，持忠入地無恨。所恨者國讎未復耳！』南面一慟而絕。僧瘞之寺隅。洪皓還朝以聞，詔與二子官。子郁，從子震、霆。郁字襲休，宣和三年進士，解州司刑參軍。州兵以衣賜不均，謀爲變，郁言於部使者，均之乃定。咸曰：『生我者司刑君也。』再調福建茶司幹官。靖康初，建州勤王。卒自京師還，求卹甲錢。郡守張動持不與，衆悉取庫，兵爲亂，殺轉運使毛奎等。郁聞變，急入諭卒曰：『爾不見江寧、錢唐事乎？周德輩今皆安在？爾等自父祖隸禁軍，衣食縣官，國家何負於爾？危急不能立尺寸功，尚不知爲性命計邪！』衆業已殺轉運官，徑前取郁，郁且罵且叱，至死不絕聲。震字時甫，崇寧二年進士，累官太常卿，直秘閣，歷知鎮江府。時蔡卞王夫人得請賜地建閣，儲御書，因取民腴田，並有其禾，震俾償之，王恚其事，朝廷移震守汝州。部使者祝林受中人旨，籍魯山民田五萬頃入御府，民誘亡命，謀爲變。震遣錄事于謗諭以禍福，因列上其狀。詔部使者履畝定租。召入，除起居郎，遷秘書少監，卒。霆字時隱，政和五年進士。太宰余深、侍郎許將皆欲妻以女。霆曰：『若人之女，安能事吾母？』兩辭之。調烏江丞。縣舊有河，歲久湮蕪，權貴墾爲田，霆斥而導之，溉田數千頃，歲以大稔。靖康初，從父沖之被命使金，霆三上書請代往，不報；還里，不復仕。紹興中，秦檜以霆有庠序之舊，召爲詳定司敕令刪定官。霆見檜曰：『公忍以二帝置萬里外，易一相位乎？』力辭去。檜死，遷衢州、湖州通判，歸。霆平生未嘗干進，入仕四十年，歷官五任而已。在南陽時，與趙不郡同僚，有監司逞私憾，以事囑趙。趙謀於霆，霆曰：『吾人初委質，行己之道，當自此始，其可以一生名節徇他人乎？』霆博學，深象數，與鄭樵爲金石交，林光朝嘗師事之。聚書數千卷，皆自校讎，謂子孫曰：『吾爲汝曹獲良產矣。』人稱忠義林氏。」

此《記》記述莆田林氏一門忠義，其中所載霆事蹟較之《宋史》尤爲詳備。是則霆之一家不惟以藏書、校書見譽當世，且亦能忠君守節，庶幾不愧「忠義林氏」之稱也。所惜者，霆之子孫、直齋借錄書籍之林氏後人，其名字均無可考矣。

《齊東野語》載直齋傳錄吳氏舊書，此吳氏，蓋指漳浦吳與。《解題》卷八《目錄類》載：

「《吳氏書目》一卷，奉議郎漳浦吳與可權家藏。閩中不經兵火，故家文籍多完具，然地溼苦蠹損。」

是則此《書目》乃直齋傳錄自吳氏之證。吳與，《宋史翼》卷十九《列傳》第十九《循吏》二有其傳。《傳》云：

「吳與，字可權，福建漳浦人。元豐五年進士，歷端州四會縣令，改饒州餘干，徙學於琵琶洲，後登科者接踵。劉正夫稱其『護士如元氣，決訟如神明』，人以爲不虛。嘗謁提刑使者燕若蒙，論事侃侃不阿。若蒙厲聲曰：『而欲效漢唐令耶？』與曰：『固學之，恨不至耳！』若蒙爲之改容。移知懷安縣，累遷奉議郎。通判潮州時，故人張商英當國，或諷之使見。與毅然曰：『吾遇天覺於放逐中，諄諄勉以忠義，今可呈身求進耶？』竟不往。官終廣南東路提點刑獄。案：《江西通志．名宦》引《餘干志》云：『吳與，大觀初爲御史。』各《志》皆失載，附錄備考。生平歷官凡七任，悉以俸餘市書。所藏至三萬餘卷，鄭樵稱海內藏書者四家，以與所藏本爲最善。王邁作《清漳進士題名記》，於漳先達器識名節，首稱與及高登。謂：『自國初至今，科目得士二百五十餘人，獨二公所立，光明俊偉，一言一動，可爲千載矜式。』《福建通志》。」

是則可權固一代循吏，爲人光明俊偉，器識名節，足爲千載矜式；至其以俸市書，藏書至三萬多卷，有稱海內，猶爲餘事耳。前引葉昌熾《藏書紀事詩》卷一有「惟餘海內無諸地，不共中原熸靖康」二語，所詠與《解題》所言「閩中不經兵火，故家文籍多完具」同意。昌熾此詩之後，附有案語曰：

「昌熾案：《少室山房筆叢》引鄭漁仲曰：『《古文尚書音》，唐、宋並無，今出漳州吳氏。又《漳州吳氏書目》算術一家有古書，皆四庫三館所無。又《師春》二卷、《甘氏星經》二卷、《漢官典儀》十卷、《京房易鈔》一卷，今世所傳皆出吳氏。』據此則吳氏藏書在夾漈之前矣。又按《閩中地志》載《漳浦吳氏藏書目錄》四卷，與直齋所記一卷不同。」

是則漳浦吳氏所藏，多世間罕見之書，其可貴固可知也。惟《閩中地志》載《漳浦吳氏藏書目錄》作四卷，直齋《解題》作一卷，驗之可權藏書多達三萬餘卷，則其目錄似應作四卷爲是。或者，閩中「地溼苦蠹損」，此區區四卷之《吳氏書目》，亦竟終飽蠹魚之腹，經百餘年間而至直齋傳錄之時，已僅存一卷耶？是又可哀憫已矣！可權後人，史闕無聞，直齋《解題》亦無載，今固無能考出矣。

直齋於紹定元年戊子（一二二八）既已離興化軍通判任，而除軍器監簿。[29]在任期間，所交結之學術界友朋有臨安陳思。陳思纂有《寶刻叢編》，紹定四年辛卯（一二三一）小至日，直齋嘗爲之序，此《序》已載之第三章第六節中。陳思，《宋史》、《宋史翼》均無傳，丁申《武林藏書錄》卷中則有《小陳道人思》一條，曰：

「《夢粱錄》：『杭城市肆有名者，橋園亭文籍書房。』《行都記事》：『橋園亭在豐樂橋北，自棚橋直穿即是也。』當時書肆林立，著名者，陳起之後又有陳思。起，自稱道人，世遂稱思爲小陳道人。石門顧君修據《宋本群賢小集》重刊，疑思爲起之子，稱起之字芸居，思之字續芸，所居睦親坊棚北大街，地亦相近，然終不得其確據。思所著有《寶刻叢編》、《海棠譜》、《書小史》、《書苑英華》、《小字錄》及《兩宋名賢小集》。《小字錄》前有結銜，稱『成忠郎、緝熙殿國史實錄院秘書省搜訪』；又《海棠譜．自序》稱『開慶元年』，則理宗時人也。按：《寶刻叢編》紹定二年鶴山翁序曰：『余無他嗜，惟書癖殆不可醫。臨安陳思多爲余收攬，叩其書顛末，輒對如響。一日以其所稡《寶刻叢編》見寄，且求一言，蓋屢却而請不已，發而視之，地世年行，炯然在目。嗚呼！賈人鬻書於肆，而善其事若此，可以爲士而不如乎？撫卷太息，書而歸之。』又直齋陳伯玉序云：『都人陳思，儥書於都市，士之好古博雅，蒐遺獵忘，以足其所藏；與夫故家之淪墜不振，出其所藏以求售者，往往交於其肆。且售且儥，久而所閱滋多，望之輒能別其真贋。一旦盡取讀書所錄，輯爲一編，以今九域京府州縣爲本，而繫其名物於左。昔人辨證審定之語，具著之。』又咸淳間，天台謝愈修《書小史序》曰：『《書小史》者，陳道人所編。道人趣尚之雅，編類之勤，可謂不苟於用心矣！予識之五十餘年，每刻一部，必先來訪，訂證名帖，飽窺異書，愈久而愈不相忘，亦未易多得也。』《四庫提要》載《兩宋名賢小集》三百八十卷，題宋陳思編，元陳世隆補。所錄宋人詩集，始於楊億，終於潘音，凡一百五十七家，有紹定三年魏了翁序，與《寶刻叢編序》，惟更書名數字，僞託無疑。國朝朱彝尊《跋》中，謂『是書又稱《江湖集》，於寶慶、紹定間，史彌遠疑有謗己之言，牽連逮捕，思亦不免，詩版遂毀』。案：刊《江湖集》者乃陳起，非陳思。且《江湖集》皆南宋以後之人，而是書起自楊億、宋白，二書迥異，彝尊牽合爲一，紕繆殊甚。然考彝尊《曝書亭集》，有宋高《菊磵遺稿序》，中述陳起罹禍之事甚悉，未嘗混及陳思，而《集》中不載此《跋》，當由近人依託爲之。又《跋》內稱陳世隆爲思從孫，於思所編六十家外，增輯百四十家，稿本散佚。按：世隆字彥高，嘗館嘉禾陶氏，至正間没於兵。錢大昕《藝圃搜奇跋》云：『元末，錢唐陳世隆彥高、天台徐一夔大章，避兵檇李相善。彥高篋中携秘書數十種，檢有副本，悉以贈大章。大章彙而編之，世無刊本。彥高著有《北軒筆記》、《文選補遺》及《宋詩拾遺》二十三卷，其選輯當代詩篇，猶承陳氏遺派，故題曰《拾遺》。』其書今尚有流傳者，朱氏增輯之說，亦難盡信。然贋託者所編之詩，實出棚北大街所刊，宋人遺稿藉以薈稡，木本水源，不得不歸功於思也。」

據是，則陳思字續芸，所居乃睦親坊棚北大街。曾任成忠郎、緝熙殿國史實錄院秘書省搜訪，著有《寶刻叢編》、《海棠譜》、《書小史》、《書苑英華》、《小字錄》諸書，其《兩宋名賢小集》一書則爲僞託，《四庫提要》已辨之詳矣；世隆乃其從孫也。考直齋序《寶刻叢編》在理宗紹定辛卯（一二三一），續芸自序《海棠譜》在開慶改元（一二五九），謝愈修序《書小史》在度宗咸淳丁卯（一二六七），謝時年七十四歲，則續芸固生活於理宗、度宗之間。又依謝《序》所言，愈修撰《序》時已相識續芸五十餘年，則謝與續芸年齡應相若。如據是以判，續芸殆生於光宗紹熙五年甲寅（一一九四）前後，其倩直齋作《序》之年則約爲三十七、八歲，略少於直齋十三、四歲。是故，直齋《序》中自署爲「直齋陳伯玉父」，蓋直齋其時年過知命，亦可自稱爲「父」矣。今《解題》著錄續芸所編集之書僅二種，見《解題》卷八《目錄類》載：

「《寶刻叢編》二十卷，臨安書肆陳思者，以諸家集古書錄，用《九域志》京、府、州、縣繫其名物，而昔人辨證審定之語，具著其下，其不詳所在，附末卷。」

及卷十四《雜藝類》載：

「《書苑菁華》二十卷，臨安書肆陳思者集。」

惜續芸所著如《海棠譜》、《書小史》、《小字錄》諸書，《解題》均未見著錄矣。

直齋端平三年丙申（一二三六）知台州兼權浙東提舉，其時所結交之學術友朋，計有臨海李氏及林表民。

臨海李氏者，蓋指李庚一家。庚字子長，其所編著之書，《解題》著錄凡二種。《解題》卷十五《總集類》載：

「《天台集》二卷、《別編》一卷、《續集》三卷，初，李庚子長集本朝人詩爲二卷，未行，太守李兼孟達得之；又得郡士林師箴所輯前代之作，爲賦二、詩二百，乃以本朝人詩爲《續集》而併刻焉。《別編》則師箴之子表民所補也。」

案：《解題》此條所記「林師箴」之名乃誤，應作「林師蒧」、「蒧」蓋「點」之古字。《四庫全書總目》卷一百八十七《集部》四十《總集類》二載：

「《天台前集》三卷、《前集別編》一卷、《續集》三卷、《續集別編》六卷，皆裒集天台題詠。《前集》，宋李庚原本，林師蒧等增修，皆錄唐以前詩，成於寧宗嘉定元年戊辰，有郡守宣城李兼序。《前集別編》一卷，則師蒧子表民所輯補，及附《拾遺》詩十二首，有陳耆卿跋及表民自記，題癸未小至，乃嘉定十六年。《續集》前二卷，亦李庚原本；後一卷則師蒧、林登、李次𧪄等所彙錄，皆宋初宣、政間人之詩，亦成於嘉定元年。後附《拾遺》詩七首，《跋》稱得此於會稽鬻書者十年，今刻之《續集》後，似亦爲表民所題也。《續集別編》，則表民以所得南渡後諸人之詩，及《續集》內闕載者，次第裒次而成。前五卷末有表民自跋，題『戊申中秋』，乃理宗淳祐八年。後一卷末題『庚戌夏五』，則淳祐十年，蓋父子相繼甄輯，歷四十年而後成書也。庚字子長，爵里無考，惟李兼《序》有『李棨出其先公御史所裒文集』語，又有『寓公李公』語，則嘗官御史而流寓天台者也。師箴字詠道，臨海人，嘗官州學學諭。表民字逢吉，與林登、李次𧪄仕履均不可考。表民別有《赤城集》，詩文兼載，此《集》則有詩而無文，雖僅方隅之賦詠，而遺集淪亡者，每藉此以幸存百一，足爲考古者採摭之所資，固當與《會稽掇英總集》諸書，並傳不廢矣。」

觀是，則《天台前集》及《續集》之前二卷，皆李庚所輯，未版行，至李兼守郡始命林師箴諸人增修輯補，乃於寧宗嘉定元年戊辰（一二〇八）刊成也。故此《集》之首有李兼《序》，署年爲「嘉定改元重五後一日」，則其書當刊行於是年之端午後也。李兼所撰《天台集序》云：

「州爲一集，在昔有之。近歲東南郡皆有集，凡域內文什，彙次悉備；非特夸好事、資博聞也，於其山川土宇、民風士習，互可考見。然則州集，其地志之遺乎？天台以山名州，自孫興公賦行江左，迨今千祀，大篇春容，短章寂寥，未聞省錄之者。予來經年，思會稡爲一編書，顧無其暇。方延諸儒議修圖牒，謂茲尤所先急。一日，州士李棨昆仲出其先公御史所裒文集四帙以爲眖；已而州學諭林師箴又示唐、宋詩三百餘篇；於是摭取前代之作，刪重補佚，而補其未備。爲賦三，詩、歌行合二百，梓而刻之，自餘《續集》傳焉。嗚呼！亦可以爲富矣。不出戶庭而盡睹海山之勝，不費探討而坐獲巾笥之藏，天下之事成於有志，其理固然，未有若是之捷且速也。圖牒雖未亟就，觀此《集》，斯過半矣。嘉定改元重五後一日，宣城李兼序。」

讀《天台集序》，則李庚確曾官居御史，《序》中所言之李棨昆仲即其二子也；至《序》中又言「所裒文集四帙」，或即指《天台前集》二卷及《續集》二卷，蓋卷各自成帙耶！考《四庫總目》謂李庚爵里無考，則所言未諦。陳耆卿《赤城志》卷三十三《人物門》二《本朝·仕進·進士科》「紹興十五年劉章榜」條載：

「李庚，臨海人，字子長，歷御史臺主簿、監察御史、兵部郎中，繼奉祠，提舉江東常平，知南劍、撫二州，後知袁州，未上卒。有集號《詅癡符》，樓參政鑰爲之序。」

庚之任兵部郎中，周麟之《海陵集》卷十八《外制》有《李庚除兵部郎官》，曰：

「文昌列曹，雖受察於御史府。然郎官著位，實居六察之右。或自臺而升省，或由省以入臺，二者均謂之遷，惟才無所不可矣！爾器範清穎，士之譽髦，敏於事爲，果達而濟。頃以公薦，序於憲僚。既升三院之聯，彌聳一時之望。輟自峨豸，畀之握蘭，時方弭兵，戎政簡矣。若夫正邦之大法，立武之常經，職在司存，有不可廢。昔之所察，今之所爲。委任不殊，往其懋勉。可。」

綜上《赤城志》所載，庚乃臨海人，歷任宦職，固非如《四庫總目》所云「爵里無考」，與「流寓天台」也；其除兵部郎官之《制》且見諸《海陵集》，子嗣則有李棨昆仲。其著述另有《詅癡符》，此書直齋《解題》亦著錄之。惟上述諸點，《四庫》館臣均不之知，亦可謂失檢之甚也。《解題》卷十八《別集類》下著錄《詅癡符》曰：

「《詅癡符》二十卷，御史臨海李庚子長撰。『詅』之義，衒鬻也。市人鬻物於市，誇號之，曰『詅』原註去聲。此三字本出《顏氏家訓》，以譏無才思而流布醜拙者，以名其集，示謙也。庚，乙丑進士，以湯鵬舉薦辟入臺，家藏書甚富。」

案：據《赤城志》言，《詅癡符》有樓鑰序，此《序》今見《攻媿集》卷五十二，其文曰：

「客有以書一編示余曰：『此赤城李公察院所爲詩文，名曰《詅癡符》。公亡矣，莫曉其名書之意。』余曰：『公於書無不讀，此名殆不苟也。海邦貨魚於市者，夸詡其美，謂之詅魚。雖微物亦然，字書以爲詅，衒賣也。顏黃門之推作《家訓》，曰：「吾見世人至無才思，自謂清華，流布醜拙，亦已衆矣。江南號爲《詅癡符》。」公之意，蓋出於此，特謙辭耳。』公諱庚，子長其字也。少年筆力絶人，始爲長沙尉，一時帥守部使者傾待之，皆以牋翰委。公從容泛應，無不曲當。時余伯父揚州爲漕使，公首以長牋進謁，有曰：『衰懷錯落，有秋風鱸鱠之思；舊學荒涼，無春草池塘之夢。』伯父一見擊賞，延爲賓客，不復以察吏遇之。湯公參政，時帥湖南，後爲中司，遂辟公檢法官，遷六察爲郎而歸。自此三數十年間，僅一再以麾節出紱，不得爲文字官，以展究所長，識者恨之。余倅丹丘，始得拜公之門。公方買屋近郊，古木交陰，庭草錯列，若隱士居。聚書數萬卷於樓上，閉門不與人通。老矣，猶沈酣其中，里閭罕識其面。間與人接，雖微賤必與之抗禮。後生有以經史叩請，隨即響答。詩文晚益高，時出一篇，即日傳誦，哀挽之作，尤爲悽惋，真可以泣鬼神也。公之子淈因求余序其首，余度公所著甚多，猶有遺著，更搜故槀盡出而行於世，以慰其平生筆硯之功，則箕裘可以不墜矣。陳子高克，台人也，詩名已久，而所傳不多。公嘗盡得其遺逸者板行於江右，視舊殆過倍蓰，而子高之詩益顯，公亦將以此望於後人乎？然讀此編者，亦足以知公之所存矣！」

觀樓《序》，則知直齋《解題》中所釋「詅」字之義，乃一依樓攻媿者。樓《序》所述李庚之事蹟亦頗詳，且謂其有子名淈，是則李兼《天台集序》所言之「李棨昆仲」，則庚之子嗣一名棨，而另一名淈也。所惜者，棨、淈二人之事蹟，亦無法多考矣。

《解題》卷十九《詩集類》上云：

「《崔國輔集》一卷，唐集賢直學士禮部員外郎崔國輔撰。開元十三年進士，應縣令舉，爲許昌令。天寶中加學士，後以王鉷近親坐貶。詩凡二十八首。臨海李氏本。後又得石林葉氏本，多六首。」

據是，則除此《崔國輔集》外，連同前述之《天台集》、《詅癡符》等，直齋應均借錄自李棨、李淈昆仲也。

直齋宦台，曾與林表民相往還，直齋撰有《陳忠肅公祠堂記》，今收入林表民所編之《赤城集》卷八中。《陳忠肅公祠堂記》有云：

「明年正月祠成，擇郡士林表民掌之，取田之在官者十有二畝，畀寺僧以爲晨香夕燈之費，而屬振孫爲之記。」㉚

是直齋、表民曾相往還之證。表民著述頗富，固亦直齋學術上之友儕矣。表民，《宋元學案補遺》卷五十五有《林先生表民父詠道》條，云：

「林表民，字逢吉，台州人。父詠道，好古博雅，儲書甚富。先生承其家學，而與陳篔窗耆卿、吳荆谿子良游。嘗同篔窗修《赤城志》，又自修《續志》三卷，輯《赤城集》二十八卷。《台州府志》。」

案：《宋人傳記資料索引》亦有表民小傳，曰：

「林表民，字逢吉，號玉溪，台州臨海人，師箴子。博物洽聞，著有《赤城續志》、《三志》、《赤城集》、《玉溪吟草》。」

則此小傳固可與《宋元學案補遺》互補短長。表民父師箴，字詠道，即前所言協助增修李庚《天台前集》者也。其生平行事見陳耆卿所撰《竹邨居士林君墓碑》，《墓碑》云：

「君名師點，字詠道，其先曲阜人。五世祖廣之，卒天台縣稅官，依郡城以處。彬，曾祖也，沿江制司差使。檝，祖也，修職郎。信，父也。君孝友，孚達廣學，而苦成少。所從多有道師儒，未遇卿相。跨郡所接識，多海內名勝；居家所振贍，多境外旅窮。好客如饑，耽士如醉；而尤嗜書傳，抉奇鬬眇，近購遠求。家已卷數千，猶典衣，鈔傳恐晚。丹鉛勘點，蠅頭蟄然。至遇古帖秘文、斷刻墜簡，不啻虞簫振耳、商彝奪目。積之久，亦餘千卷焉。篆隸尤留心，以張謙中、虞仲房爲法。虞號君嫡，授簡俾代己書，每篇榜熒熒，必君也。夫士剽盜漁獵，以聚書爲贅疣，弗之好矣；或心好而力不能聚，諉曰窮。至字書不待達以工，而聽其委落，曰淺事，淺事拙何病？然則鄴侯永逝，而陽冰輩真不起矣！如君聚人所難聚，而工人所不工，非愛古博雅能然哉！金夫人行實媲君，空嫁奩助之奉親，餘則以觴客。姑久疾，舅幾喪明，親煮藥饍食以供，不解衣三載。舅姑曰：『活我無以報，願汝生好兒長壽爾。』表民自幼即鄉學，受父母督程，其愛古博雅信好兒，而所儲書益富，獨貲用窘，書又以水多散亡併失，富寥寥也。故君死以甲戌七月十八日，金夫人死以戊子二月十七日，至乙未臘月八日始克合於浮岡祖壟之側，蓋君七十五，金又加五焉。其長壽，信夫！孫曰錫疇。銘曰：吾觀近世藏書之家多燬於火，而君復圮於水也。或曰：至寶難久聚，有是哉！雖然，其外可圮也，其中不可滓也。」㉛

讀此《墓碑》，則知表民六世祖名廣之，高祖名彬，曾祖名瓛，祖名信，父即師點，母金氏，其子錫疇也。師點平生喜藏書，擅篆隸，愛古博雅，惜其書後皆以水而多散亡。吳子良又撰《四朝布衣竹邨林君墓表》，曰：

「篔窗先生既銘詠道，林君子表民復請余表其墓。余謝曰：『銘具矣！不滅矣！雖表，奚加焉？』表民請弗置，曰：『所以傳載吾父，豈嫌乎多？』余無以答，則爲摘其可表者三：君生事薄，菜田不足支豐歲，然酷嗜書，質衣貨家具，購書至幾千卷，名帖亦數千卷。每一卷入手，喜津津，校讎考訂忘日夜，可謂貧而富於書。君卧窮巷，聲援絶，然師友皆名輩勝流。王公卿月、虞公似良、李公庚、徐公似道、錢公象祖、謝公深甫、張公布、商公飛卿、丁公可、徐公大受、林公憲、桑公世昌，君陪從於鄉邦者也。陳公傅良、樓公鑰、張公孝伯、萬公鍾、龔公頤正、王公厚之、鞏公豐、真公德秀、楊公長孺，君承接於他邦者也。可謂約而廣於交。君屢試屢跌，以老，然不自憂，而憂人憂。龍舒吳㮚、長樂王作、古栝陳百朋、會稽潘方謫台州，君館置其家，接歲踰時，經紀之後，皆成名去，可謂困而勇於誼。然則世之非貧非約非困，而棄書棄交棄誼者，曷不視君乎？是三者可表已，而又有一焉。夫身貧則子宜裕，不然書爲無益矣；身約則子宜泰，不然交爲無益矣；身困則子宜亨，不然誼爲無益矣。君一子表民也，其貧其約其困復似君。而不悔書，書益多；不悔交，交益密；不悔誼，誼益虔。然則，世之能以書以交以誼必其身，不能以書以交以誼必其子者，又曷不視君乎？君名師點，字詠道，臨海人，自號竹邨居士，死年七十五，葬浮江。所爲詩文數鉅帙，藏於家。他行能，若世出，若死葬年月，見《銘》中。」㉜

案：子良所撰此《墓表》，記述竹邨居士「貧而富於書」、「約而廣於交」、「困而勇於誼」諸事甚詳悉，而表民之貧、約、困亦酷似乃父，至其「不悔書，書益多；不悔交，交益密；不悔誼，誼益虔」諸美德懿行，亦足令人歆慕而起敬矣。

表民畢生編著書籍頗豐贍，前述之《天台集》，其所輯補者即有《前集別編》一卷、拾遺詩十二首、《續集》拾遺詩七首，及《續集別編》六卷。表民之爲《前集別編》及拾遺詩，陳耆卿曾作《跋》曰：

「《天台集》，林君師點編也。先是李侯刊之郡齋，今其子表民又會稡得百篇，搜奧抉奇，殆無遺恨，可謂能廣父志者。會齊侯好古如李，乃續刊焉。今而後遂成完書矣。陳耆卿題。」

此《跋》中所言之李侯，乃台州郡守李兼。《宋元學案補遺》卷三十五《知州李先生兼》條云：

「李兼字□□，宣城人，朝請宏之孫。謹厚好學，從韓子雲游，嘗官迪功郎，進監縣丞。《南澗甲乙稿》。」

《宋人傳記資料索引》所載《李兼》小傳亦云：

「李兼字孟達，號雪巖，宣城人，宏孫。歷知台州，居官有守。開禧四年卒，吏民爲之巷哭罷市。有《雪巖集》。」

詳推上引資料，則李兼不惟有功於鄉邦文獻之保存與流布，而其爲人亦好學之良吏也。耆卿《跋》後，表民有《記》，曰：

「《天台集》，舊所刊本頗多舛訛，或者妄有增入，予甚病之。因再輯晉、唐以來詩爲《別編》，郡守齊公喜而鋟諸木，遂釐正舊集闕誤四十有五處，及削去沈約《沈道士館玉館》、《樟林》、皮日休《天竺桂子》三詩，以李巨仁《登台山》、李端《贈衡岳禪師》、皮日休《夏日即事》三詩補入。刊既訖，又得二詩，姑附載於此。嘉定癸未小至日。」

案：《記》中之嘉定癸未，爲嘉定十六年（一二二三），是《前集別編》及拾遺詩皆成於此時。至此《記》中所言「郡守齊公」，亦即耆卿《跋》中所言之「齊侯」。考齊公即齊碩，陳耆卿《赤城志》卷九《秩官門》二《本朝郡守》條載：

「（嘉定）十四年，齊碩十二月十七日以宣教郎知。青社人，闢貢闈，修中津橋，復經界，補軍額。十五年四月十七日轉通直郎。十六年九月二十四日除本路提舉，常平茶鹽。」

張淏《會稽續志》卷二《提舉題名》云：

「齊碩，嘉定十六年十月十七日以通直郎到任。在任轉奉議郎。十七年七月被旨兼權慶元府，當年覃恩轉承議郎。寶慶元年十一月除金部郎官。」

羅濬《寶慶四明志》卷一《郡守》條亦云：

「齊碩，奉議郎，提舉兩浙東路，常平茶鹽公事，被旨兼權。嘉定十七年八月十二日到府，十月十七日覃恩轉承議郎。寶慶元年十一月初一日除金部郎官，候正官到日，前來供職。二年二月二十二日交割。」

惟齊碩自後亦除大理卿，袁甫《蒙齋集》卷八《制》有《齊碩除大理卿制》，曰：

「敕具官某：朕哀矜庶獄，思得廉平審克之吏，爲理寺長，庶幾悉聰明，致忠愛，民自以不冤。爾屢更麾節，以治行著。退居閭里，不競聲利，朕甚嘉焉。擢寘月卿，班序寖高，在《書》

有之，『非佞折獄，惟良折獄。佞有口才，良本德心。一趨舍間，正邪以判。』欽哉！有德惟刑，長我王國，則予以懌。」

是碩曾任大理卿之證。陳耆卿作《赤城志》既成，齊碩以郡守之尊，爲撰《後序》，曰：

「今天下郡縣皆有紀錄，台獨爲闕典。問之故府，則知前乎此者，蓋嘗薈稡，而疏略未備也。碩承乏之初，固竊有志，而事方有所未暇。越明年，歲以稔告，郡家粗可支。吾於是命郡博姜君延集人士，相與討論，而屬筆於篔窗陳君。閱數月，而後成書。吾州在浙左爲佳郡，讀孫與公一賦，則知山川之美實甲東南，況自晉、唐至今，前後曳組於此，多一時名勝士。至於騷人墨客，搜奇抉秀，皆班班可考。然則是書之作，豈特可以補職方氏之闕，雖山川人物，亦將由是而發揚呈露於天壤間，其爲益於台也深矣！嘉定十六年，郡守青社齊碩書。」㉝

觀此《後記》，是碩之撰時，仍在其知台州任內。則耆卿之《赤城志》亦當成於嘉定十六年癸未（一二二三）矣！碩之離台州任後約十三、四年，歲次理宗端平三年丙申（一二三六），直齋亦知是州；是則碩與直齋，有前後同任一州之誼。茲因表民之《記》有「郡守齊公喜而鋟諸木」之語，余特詳作考證，以見齊碩之政績，及其熱心梓行鄉邦文獻之一斑。倘據是而論，碩亦一代循吏也。《制》稱碩「屢更麾節，以治行著」，就上所考而觀之，《制》之所言，殆非虛語矣。

表民之《天台續集》中，又有拾遺詩七首。今觀《天台續集》後有《天台續集拾遺》，所載有楊億《詩一首奉送崇教大師歸天台山壽昌寺》、陳堯叟《七言八句詩一章送崇教大師南歸》、阮思道《送崇教大師回天台謹吟七言四韻詩一首》、范貽孫《送崇教大師歸天台謹吟七言四韻詩一首》、趙況《惡詩五十六言送新崇教大師謝恩後歸舊山》、梁鼎《奉送崇教大師歸天台》及劉少逸《謹吟七言四韻惡詩一首奉送崇教大師歸天台壽昌寺》諸詩，正合共七首。拾遺詩後有《跋》語數句，曰：

「予得此七詩於會稽鬻書者十年矣，今偶在篋中，刻之《天台續集》後。楊、梁二公詩雖已載集中，闕。」

案：此《跋》頗殘闕，前引《天台集提要》，《四庫》館臣以爲「似亦爲表民所題」，其說是也。《天台續集別編》，亦表民所編次。《別編》卷五之末有表民自跋，《跋》云：

「表民曩爲《天台前集別編》，而唐賢題賦始粗備，棘卿青社齊侯刊之矣。凡皇朝群公所作，雖已見諸《續集》，然渡江以來及前朝散佚未纂輯者反過之，歷年於茲，僅克就緒。府丞沈侯樂善成媺，亟爲鳩工，幸遂訖事，荆谿公併於《赤城集序》詳著矣。或以爲見聞甚淺，蒐集尚闕，實不敢自恕。若見在詩人之詩，則力所未逮，悉有望好事該洽之士以成之。淳祐戊申中秋，玉嵠林表民書。」

案：淳祐戊申，即理宗淳祐八年（一二四八），上距《前集別編》之編成於嘉定癸未（一二二三），殆二十五載矣。此《別編》之所錄，蓋以錄南渡後諸人之詩及《續集》所闕者爲主，而不及見在詩人之詩。惟《跋》中提及之「府丞沈侯」，蓋不知何許人。《赤城志》卷十一《秩官門》四《縣令》條載嘉定十五年僊居縣之縣令爲沈千心，不悉即此人否？《跋》中提及之「荆谿公」即吳子良，《宋史翼》卷二十九《列傳》第二十九《文苑》四有其傳，其《傳》曰：

「吳子良，字明輔，號荆溪，台州臨海人。寶慶二年進士，官至湖南運使、太府少卿。幼從陳篔窗游，年二十四，登水心之門，水心稱其文意特新、語特工、韻趣特高遠，雖昔之妙齡秀質，終以文名世者，不過若是，何止超越流輩而已哉！及卒，車玉峰挽以詩，有云：『江右文章今四葉，水心氣脈近三台。』所著有《荆溪集》。《臨海縣志》。」

惟荆溪所撰之《赤城續志序》，今載見《赤城集》卷十八，則全未記及沈侯亟爲鳩工事，殊可異也。《天台續集別編》卷六之末又有表民一跋，《跋》曰：

「郡帑既刊《續集別編》五卷矣，踰年復得若干首，儲闕，第六号，前修題賦天台，見於策牘，得之傳聞者，即收采靡遺。因告諸太守宗丞吏部嘉禾張侯，忻然命工，并《赤城集》末。後闕，接續刊刻。於是二書皆得行世，實侯之力也。庚戌夏五林表民書。」

案：庚戌爲淳祐十年（一二五〇），是則表民於既撰成《天台續集別編》五卷之後，踰年又得若干首，乃據以成此一卷，並接於卷五之後。前者乃沈侯爲之鳩工，此卷則張侯忻然命工者也。所惜張侯姓名及行實，亦一如沈侯，無法確考，惟有暫付闕如矣。

《赤城志》四十卷，陳耆卿所撰也，而表民與有力焉。耆卿《赤城志序》云：

「圖牒之傳尚矣，今地阨萬里，縣不登萬户，亦必有成書焉。矧以台爲名邦，且稱輔郡，綿涉千歲，更數百守，而闕亡以詔難之歟？抑因陋襲簡而不暇問歟？有守四人嘗勤其力於斯矣，如尤公袤、唐公仲友、李公兼，類鞅掌不克就，最後黃公犖辱以命余，偕陳維等纂集焉。會黃去匆匆，僅就未備也。束其藁十年矣，更久則非惟不備，而併與僅就者失之。今青社齊公碩始至，欲迄就未暇。踰年報政，遂復以命余。於是郡博士姜君容總摧之，邑大夫蔡君範以下分訂之，又再囑陳維及林表民等採益之。既具，余爲諗沿革，詰異同，劑巨纖，權雅俗。凡意所未解者，恃故老；故老所不能言者，恃碑刻；碑刻所不能判者，恃載籍，載籍之內有漫漶不白者，則斷之以理，而析之於人情。事立之凡，卷授之引，微以存教化，識典章，非直爲紀事設也。如是半載而書成。」㉞

讀是《序》，足知《赤城志》之成書匪易，而表民於史料采求之外，且又有增益之功。至《赤城續志》、《三志》乃表民所爲者也。王象祖《赤城三志序》云：

「《赤城志》作於太史陳公耆卿，凡例嚴辨，去取精確，諸小序凜凜乎馬、班書志之遺筆，莫可尚矣！其友林表民與修焉。而林君又爲《續志》。紹定己丑，郡陷於水，倉使寶謨仙游，葉公再造有邦，復俾得爲《三志》，博雅考訂，有源有委，非斯人不可也。」㉟

案：紹定己丑爲紹定二年（一二二〇），是則《續志》當成於此年之前，而《三志》固成於是年之後。惟《續志》與《三志》，今不可見。明人謝鐸《赤城志後序》云：

「成化丁未，余始得是《志》於秘閣中，遂手錄以出。……蓋是《志》作於宋嘉定中，至是幾三百年。……去年秋，太守陳公相以郡志屬余重修，因訪得東門周氏本；未幾，拙訥葉先生之孫定中亦以其家所藏者來告，蓋皆嘉定刻本也。嘉定後不十年，又有所謂《續志》、《三志》者。《續志》雖存，而其所載無大關涉；《三志》則並其本而亡之。……弘治丁巳秋八月八日，郡人謝鐸識於方巖書院。」㊱

讀此《後序》，足證《續志》明孝宗弘治十年丁巳（一四九七）猶存人間，惟「所載無大關涉」；而《三志》則「並其本而亡之」矣。案：《解題》卷八《地理類》載：

「《赤城續志》八卷，郡人吳子良拾其所遺續載之。」

同卷同類又載：

「《赤城三志》四卷，郡人林表民逢吉撰。紹定己丑，水壞城，修治興築，本末詳焉。」

案：《解題》謂《續志》爲吳子良撰，其誤易見。疑直齋見子良作《赤城續志序》，遂誤以子良亦爲該書之著者耶！至《解題》載《三志》凡四卷，又謂《三志》記紹定己丑，水壞台城，及後重爲修治興築之本末；今不之見，惟讀《解題》此條之後，固可略知其書內容梗概，是又不幸中之大幸矣。

表民又曾編《赤城集》，《四庫全書總目》卷一百八十七《集部·總集類》二載：

「《赤城集》十八卷，宋林表民編。《集》中載吳子良《赤城續志序》，稱其字曰逢吉，與撰《天台前集別編》之林表民合。又稱爲東魯人，則里貫至異，蓋其先世自曲阜徙臨海，故從其祖貫言之，非別一人也。表民嘗續陳耆卿《赤城志》，復取記、志、書、傳、銘、誄、贊、頌之文，爲《志》所不載者，薈而輯之，以成此《集》。前有淳祐八年吳子良序，稱分門薈稡，並詩爲一。今此《集》僅有文一百八十二首，而無詩。又明謝鐸《赤城新志》載《赤城集》二十八卷，有刻本在內閣。而此本亦祇十八卷，疑原本尚有詩十卷，爲傳鈔者所脱佚，已非完本矣。」

據《四庫總目》所考，是《赤城集》計文十八卷，詩十卷，惟《四庫》本僅存文十八卷，則詩十卷殆亡佚矣。吳子良作《序》既在淳祐八年（一二四八），則表民此《集》亦編就於其時矣。

前引《宋人傳記資料索引》謂表民另有《玉溪吟草》，其書乃詞集，因表民號玉溪，故以「玉溪」自名其詞集焉。唐圭璋《全宋詞》第四册第二三三四頁《林表民》條載：

「表民字逢吉，號玉溪，師箴子，東魯（今山東省泛稱）人。寓居臨海。有《玉溪吟稿》。」

竊疑《宋人傳記資料索引》所言之《玉溪吟草》乃《玉溪吟稿》之誤。惜《玉溪吟稿》今亦散佚；《全宋詞》僅收玉溪詞之一闋，茲迻錄如左，以資欣賞。

玉漏遲 和趙立之

並湖游冶路。垂隄萬柳，麴塵籠霧。草色將春，離思暗傷南浦。舊日愔愔坊陌，尚想得、畫樓窗户。成遠阻。鳳箋空寄，燕梁何許。　淒涼瘦損文園，記翠筦聯吟，玉壺通語。事逐征鴻，幾度悲歡休數。鶯醉亂花深裏，悄難替、愁人分訴。空院宇。東風晚來吹雨。《陽春白雪》卷五。

王侑，湖州守也。嘉熙四年庚子（一二四〇），直齋離浙西提舉任，而未赴郎省任職前，曾遄返故鄉，故《解題》卷十二《卜筮類》「《易林》十六卷」條嘗載直齋「嘉熙庚子從湖守王寺丞侑借」《易林》作校讎事，㊲是則直齋與侑亦學術上之同儕矣。考《宋人傳記資料索引》有王侑之小傳，曰：

「王侑，號玩易老人，婺州金華人，淮孫。曾知廬陵。」

惟侑之生平及仕履，詳見王柏《魯齋集》卷五《記》之《靜觀堂記》一文，柏固侑之族叔，因知其事甚審。㊳侑又爲王淮之孫，淮，《宋史》卷三百九十六《列傳》第一百五十五有傳，文頗長，茲僅錄《宋人傳記資料索引》所載小傳，曰：

「王淮（1126——1189），字季海，金華人。紹興十五年進士，爲台州臨海尉。孝宗初爲右正言，論事頗切。歷太常少卿、中書舍人兼直學士院，遷翰林學士知制誥，訓詞深厚，得王言體。淳熙二年除端明殿學士簽書樞院，進同知兼參政。八年拜右丞相，旋遷左相。淮因不喜朱熹，遂攻道學，慶元僞學之禁，實肇於此。十六年卒，年六十四，贈少師，謚文定。」

案：淮官拜右丞相，旋遷左相，是則侑固名祖之後也。

理宗淳祐十年庚戌（一二五〇），直齋致仕家居，修《吳興人物志》，乃向周明叔借得《張氏十詠圖》三幅，並爲之《跋》，周密《齊東野語》卷十五《張氏十詠圖》條言之詳矣。周明叔者，即周晉，密之父也。《宋人傳記資料索引》載其小傳曰：

「周晉，字明叔，號嘯齋。濟南人，寓吳興，秘孫。紹定四年官富陽令，民稱周佛子。」

今人夏承燾撰有《周草窗年譜》，云：

「周密字公謹，《保母志跋》有印章作『公堇』。號草窗、蘋洲。……其先濟南人，爲齊望族。……曾祖秘，御史中丞，扈高宗南渡，始居吳興，遂爲湖人。《弁陽老人自銘》。……祖珌，刑部侍郎，贈少傅，《自銘》。以廉儉稱。」

是周秘爲晉之祖，珌爲晉之父，本濟南人，自秘扈宋高宗南渡，舉家始居吳興。《周草窗年譜》又云：

「父晉，字明叔，號嘯齋。《絕妙好詞箋》三。曾宰富春，監衢州，知汀州。《癸辛雜識》後集，詳《後譜》。富收藏，工詞。

《蘋洲漁笛譜》二：『先子作堂曰嘯詠。』江昱《考證》曰：『嘯詠雅與嘯齋意義相合，或以弁陽嘯翁爲草窗別號者，誤也。』

《山中白雲疏證》一引《鐵網珊瑚》：『山東倉父字公瑾，號草窗，樞密之子。』據此，晉嘗仕樞府。

《野語》十二《書籍之厄》條：『吾家三世積累，先君子尤酷嗜，至鬻負郭之田，以供筆札之用。冥搜極討，不憚勞費。凡有書四萬二千餘卷，及三代以來金石之刻一千五百餘種，庋置「書種」、「志雅」二堂，日事校讎，居然籯金之富。』

《絕妙好詞》三載晉三詞，《清平樂》云：『圖書一室，香暖垂簾密。花滿翠壺薰研席，睡覺滿窗晴日。　手寒不了殘某，篝香細勘唐碑。無酒無詩情緒，欲梅欲雪天時。』」

觀《年譜》所載，則明叔好詩書，富收藏，與直齋同志，平生所藏書，數量又幾與直齋相埒。直齋既向明叔借《張氏十詠圖》，所撰《跋》語中又盛譽明叔爲「好古博雅君子」，彼此之惺惺相惜，固可見矣。《周草窗年譜》又載：

「母章，參知政事良能女。」

《野語》十六《文莊公滑稽》條：『外大父章公，自少好雅潔，性滑稽，居一室必汎埽圬飾，陳列琴書。親朋或譏其齷齪無遠志。一日，大書素屏云：「陳蕃不事一室，而欲埽除天下，吾知其無能爲矣。」識者知其不凡。間作小詞，極有思致。先妣能口誦數闋。《小重山》云：「柳暗花明春事深，小闌紅芍藥，已抽簪，雨餘風軟碎鳴禽。遲遲日，猶帶一分陰。　往事莫沉吟，身閒時序好，且登臨。舊游無處不堪尋，無尋處，唯有少年心。」』是草窗母亦解翰墨也。《詞林紀事》十一引《癸辛雜識》云：『外大父章文莊公名穎，字茂獻。』案《雜識》無此語。穎與良能是二人，《紀事》誤。《絕妙好詞箋》三：『良能字達之，麗水人。淳熙五年進士，除著作佐郎。嘉泰元年爲起居舍人。寧宗朝居兩制，登政地。謚文莊。有《嘉林集》百卷。』《野語》三《誅韓本末》條：『當泰、禧間，外大父爲兵侍直禁林。』誅韓之役，嘗力爭不可傳侂胄首於金。同書十八《章氏玉杯》條：『嘉、泰間，文莊章公以右史直禁林，時宇文紹節挺臣爲司諫，指公爲謝深甫子肅丞相之黨，出知溫陵。既而公入爲言官，遍歷三院，爲中執法。』《嘉林集》失傳，今存《陸游致仕制詞》一篇於《浩然齋雅談》上，云載《嘉林外制集》。案《癸辛雜識》別集上《牧羊子》條：『湖州卜者牧羊子，識章文莊於未遇時。』同卷二《章清貧》條：『章文莊參政，其兄宗卿雖世家五馬，而清貧自若。少依鄉校，沈丞相該之家學相連，章日過其門。節既而兄弟聯登第，駸駸通顯，沈氏之屋，適有出售者，宗卿首買之以居焉。』宗卿字翼之，良能兄。沈該，歸安人。良能蓋本籍處州，而寓居湖州，故石巖《志雅堂雜鈔序》稱吳興章文莊。《雜識》前集《吳興園圃》條有章參政嘉林園。嘉林名《集》以此。《宋史・宰輔表》：寧宗嘉定六年，四月丙子，章良能自同知樞密院事除參知政事。《續通鑑長編》云：『明年二月薨。』」

是知明叔妻章氏，頗解翰墨；其妻乃章良能之女，良能官拜參知政事，有《嘉林集》百卷，是又知明叔乃名宦之婿也。

明叔之子即周密，論其年歲固與直齋相距頗遙，惟亦嘗接聞直齋之道範謦欬，庶可謂爲直齋之忘年交也。《周草窗年譜》載：

「淳祐九年己酉　一二四九　十八歲。

《野語》十《張氏十詠圖》條載陳振孫跋周晉所藏《吳興張氏十詠圖》張先圖其父維平生詩十首有云：『近周明叔史君得古畫三幅，號《十詠圖》者，乃維所作詩也。節後一百七十七年，當淳祐己酉，其圖爲好古博雅君子所得，會余方輯《吳興人物志》，見之如獲拱璧。』所云好古博雅君子，若指周晉，則晉本年已卸柯山倅返吳興也。」

是知密年十八時，其父借圖與直齋，必有機會與直齋相晤對；由此時以迄直齋逝世前，仍或經常修後輩禮晉謁，故於直齋事，所知甚備悉。今觀草窗之著述，如《齊東野語》卷八《嘲覓薦舉》、《義絕合離》、卷十二《書籍之厄》、卷十五《張氏十詠圖》、卷十七《朱唐交奏本末》諸條，《癸辛雜識》別集下《嵩之起復》條，《志雅堂雜鈔》卷下載直齋所著書條，皆記直齋生平各事，尤以《嘲覓薦舉》條明載「直齋陳先生云」，《朱唐交奏本末》條明言「其說聞之陳伯玉貳卿」，是則直齋以七十致仕之年，下交年未及冠之周草窗，此事固無可置疑者。草窗執後輩禮與直齋相交接，觀其著述所記，多關涉乎直齋學術者。草窗殆亦直齋學術方面之少年知交矣。草窗，《宋史》無傳。《宋史翼》卷三十四《列傳》第三十四《遺獻》一載其生平曰：

「周密字公謹，曾祖秘自濟南來寓吳興，至密四世。戴表元《齊東野語序》。雅思淵才，韜暉沈聲。馬廷鸞《碧梧玩芳集．弁陽集序》。臺閣之舊章、宮府之故事，汎濫淹注，童而習之。戴表元《序》。藏書萬卷，居饒臺榭。弁陽山水清峭，遇好景佳時，載酒肴，浮扁舟，窮旦夕，賦詠於其間。《剡源集．弁陽詩序》。最爲馬廷鸞所知。《癸辛雜識》。寶祐間爲義烏令。《圖繪寶鑑》。景定二年，爲臨安府幕屬，《癸辛雜識》：『光祖再尹京，余爲帥幕。』云云。案：光祖再尹京，在景定二年，據《臨安志》。監和劑藥局，充奉禮郎兼太祝。《癸辛雜識》前集：『余爲國局。』云云。案：和劑局，當時稱京局，又稱國局。監局三十人，以士人經任者爲之。咸淳十年，爲豐儲倉所檢察。《雜識》：『余爲豐儲倉。』凡二見，不言何官。案：豐儲倉有檢察一員，見《雜識》外集。宋運既徂，志節不屈。王行《半軒集》。與楊沂中諸孫大受有連，去而寓杭。《陵陽集．復菴記》，參《剡源集》。所居癸辛街，即楊氏瞰碧園也。遺民畸士，日接於野，荊棘銅駝，適當其會，石民瞻《志雅堂雜鈔序》。唱和者：王沂孫、王易簡、馮應瑞、唐藝孫、呂同老、李彭老、陳恕、唐珏、趙汝鈉、李居仁、張炎、仇遠，皆宋遺民也。《樂府補題》。其詩少年流麗鍾情，壯年典實明贍，晚年感慨激發，《剡源集》。有《蠟屐集》、《弁陽詩集》。《碧梧玩芳集》。樂府妙天下，協比呂律，意味不凡，有《蘋州漁笛譜》。王橚《跋》。善畫梅、竹、蘭、石。《圖繪寶鑑》。多藏書法、名畫，《柳待制文集．題江磯圖後》。以鑑賞游諸公。《袁清容集》。自號草窗，又號弁陽嘯翁，又號蕭齋，又號四水潛夫，又號華不注山人，《癸辛雜識》、《樂府補題》、《武林舊事》、《絕妙好詞》。晚更號弁陽老人。由博返約，落其英華，澄然一室，刻石自銘。《陵陽集跋》。有《齊東野語》、《癸辛雜識》、《志雅堂雜鈔》、《浩然齋雅談》、《浩然齋視聽鈔》、《澄懷錄》、《乾淳起居注》、《乾淳歲時記》、《武林舊事》、《武林市肆記》、《湖山勝概》、《弁陽客談》、《雲煙過眼錄》、《絕妙好詞》。石民瞻《序》。」

觀此《傳》所載，則公瑾之篤好藏書與勤於治學，固與直齋同志矣。

綜上所述，直齋學術上之友朋，計有：薛師雍、吳炎、林憲之子、盱江晁氏（晁公鄮之兒孫輩）、鄭寅、莆田劉氏、莆田李氏（唐王李元祥之後）、鄭翁歸、方其義、莆田林氏（林霆之後人）、漳浦吳氏（吳與之後人）、陳思、李燊、李泳昆仲、林表民、王侑、周晉、周密父子，凡十八人。另有程棨（隨齋）、牟子才、牟巘父子、馬廷鸞四氏則嘗與直齋相交，並得讀《解題》稿本，固直齋學術上之友朋，余將於第五章第三節詳考之，茲不贅。

第四節　陳振孫之方外交

直齋一生結交之方外人士，稽之《解題》及典籍，可確知者殊少。《溧水縣志》卷二十《二氏志·寺觀》類收有直齋所撰《華勝寺碑記》，[39]《碑記》乃直齋嘉定四年（一二一一）離溧水縣學教授任後應華勝寺主僧宗應來書所求而作。是則宗應乃直齋方外之交矣。據《碑記》，宗應之師祖乃吳興僧如日，其師乃志常，是祖孫三世艱勤積累，苦行勞力而重修華勝寺者。如日、志常、宗應事蹟，不見於宋朝僧傳及《中國人名大辭典》，殊可惋也。

直齋平生好訪書，游宦所及，除向各地藏書家借錄書籍外，亦借錄自寺廟、道觀，是則直齋亦必與方外人士多所往還矣。據《解題》卷八《目錄類》所載有《太宗御製御書目》一卷、《眞宗御製碑頌石本目錄》一卷、《龍圖閣瑞物寶目》、《六閣書籍圖畫目》共一卷，卷十二《釋氏類》所載《景祐天竺字源》七卷，卷十四《音樂類》所載有《皇祐新樂圖記》三卷，皆借錄自吳郡虎丘寺者也。又《解題》卷十《雜家類》所載有《造化權輿》六卷，卷十二《神仙類》所載有《雲笈七籤》一百二十四卷，皆借錄自平江《天慶道藏》者也。直齋借錄上述各書之情況及《解題》之記述，已詳見上章。[40]惜《解題》未明載借書與直齋之僧、道二氏究爲何許人爲可惋耳！

《解題》卷十二《神仙類》載：

「《群仙珠玉集》一卷，其《序》曰：『西華真人以金丹、刀圭之訣傳張平叔，作《悟真篇》，以傳石得之、薛道光、陳泥丸，至白玉蟾。』玉蟾者，葛其姓，福之閩清人。嘗得罪亡命，蓋姦妄流也。余宰南城，有寓公稱其人云：『近嘗過此，識之否？』余言：『不識也。此輩何可使及吾門！』李士寧、張懷素之徒，皆殷監也，是以君子惡異端。」

案：白玉蟾，即葛長庚，方外之士也。莊仲方《南宋文範作者考》下曰：

「葛長庚，字白叟，閩清人，別號白玉蟾。爲道士，居武夷山。寧宗嘉定間徵赴闕下，封紫清真人。著《道德寶章》、《白玉蟾集》。」

《南宋文範作者考》所載葛長庚之生平未盡詳贍。《宋人傳記資料索引》則載其小傳曰：

「葛長庚，字白叟，又字如晦，號蠙菴，一號海蟾，又號海瓊子，閩清人，家瓊州，後隱於武夷山。初至雷州，繼爲白氏子，名玉蟾。博洽群書，善篆隸草書，工畫梅竹，事陳翼虛九年，始得其道。時稱其入水不濡，逢兵不害。嘉定中，詔徵赴闕，對稱旨，命館太一宮，一日不知所往。每往來名山，神異莫測。詔封紫清真人。有《海瓊集》、《道德寶草》、《羅浮山志》。」

案：此條中提及之《海瓊集》疑即《白玉蟾集》，同書而異名耳。《道德寶草》，則爲《道德寶章》之誤，《四庫全書》即收有此書。《四庫全書總目》卷一百四十六《子部‧道家類》載：

「《道德寶章》一卷，宋葛長庚撰。長庚，字白叟，閩清人，爲道士，居武夷山。舊本題『紫清真人白玉蟾』。白玉蟾，其別號；紫清真人，則嘉定間徵赴闕下所封也。其書隨文標識，不訓詁字句，亦不旁為推闡，所注乃少於本《經》，語意多近禪偈，蓋佛老同源故也。此本為元趙孟頫手書，鈎摹雕板，字畫絕為精諧。明陳繼儒亦嘗刻之《彙秘笈》中，改題曰《蟾仙解老》，非其本目。又前有萬曆癸未適園居士跋二則，其前一則稱董逌《藏書志》述張道相集古今注《老子》四十餘家，不載是編。案：晁氏《讀書志》，張道相乃唐天寶後人，安能以南宋寧宗時書箸之於錄；且道相所集凡二十九家，併其自注為三十家，亦無所謂四十餘家者，跋所云云，殆於道聽塗說矣！長庚，世傳其神仙，而《劉克莊集》有《王隱居六學九書序》稱所見丹家四人：鄒子益不登七十，曾景建、黃天谷僅六十，白玉蟾夭死。又陳振孫《書錄解題．群仙珠玉集》條下云：『白玉蟾，葛其姓，福之閩清人，嘗得罪亡命，蓋姦妄流也。余宰南城，有寓公稱其人云：近嘗過此，曾相識否？余言：此輩何可使及吾門。』云云。二人與長庚同時，其說當確。流俗所傳，殆出附會。然道家自尊其教，往往如此。其書既頗有可取，則其人亦不足深詰矣。」

綜上所引，長庚固道家者流，流俗傳其為神仙，殆出於附會。直齋於《解題》中既直斥之為「姦妄流」，自不願與之相晤對。直齋之宰南城，據余所考約在嘉定十四年（一二二一）至寶慶二年（一二二六），㊶時正值長庚徵赴闕下，是則直齋於寧宗封長庚為紫清眞人，舍館太一宮諸事，亦未必以為然也。直齋固未與長庚相往還，然其所認識之寓公或為方外人士，故欲紹介直齋與長庚相認知。直齋既目長庚為李士寧、張懷素之徒，且視之為異端，則介紹相識之事疑不果行。《四庫》館臣所撰《總目》，徵引《解題》所言，然亦謂長庚「其人亦不足深詰」，細揣其論，固深受直齋之影響者矣。白玉蟾嘗得罪亡命，又爲姦妄者流，則其以夭死終，理宜然也。故直齋謂：「此輩何可使及吾門！」眞卓識矣。

綜上所論，直齋結交之方外人士，其可確知者爲華勝寺主僧宗應。至直齋之借錄書籍於虎丘寺及《天慶道藏》，其有緣結識之僧、道人物必不甚少，惜已無法稽考矣。至南城寓公，疑亦奉道之流，故白玉蟾過南城則知其事。惟此寓公之姓名，今亦不可曉悉矣。

附注：

①參見第三章第十一節。

②國立故宮博物院爲慶祝中華民國建國八十週年，於民國八十年七月廿一日至廿四日舉辦「中國藝術文物討論會」，邀請國內外學者分書畫、器物兩組發表論文，並進行討論。饒文列爲書畫組第五篇。

③范文載見明人錢穀編之《吳都文粹續集》卷五《學校》。

④參見第三章第五節。

⑤參見第三章第一節。

⑥參見第三章第二節。

⑦參見第三章第三節
⑧同注⑦。
⑨參見第三章第四節。
⑩同注④。
⑪同注④。
⑫參見第三章第六節。
⑬同注④。
⑭同注⑫。
⑮參見第三章第八節。
⑯同注⑮。《陳忠肅公祠堂記》，收入林表民《赤城集》卷八。
⑰同注⑮。
⑱參見第三章第九節。
⑲同注⑱。
⑳同注⑱。
㉑參見第三章第十節。
㉒同注㉑。周密《癸辛雜識》此條，載見第三章第十節，不贅引。

㉓《祭薛常州先生文》，收入《止齋文集》卷之四十五；《新改差常州薛公行狀》，收入《止齋文集》卷之五十一。

㉔同注⑨。

㉕同注④。

㉖余於第三章第十一節考出直齋之生年為宋孝宗淳熙八年辛丑（一一八一），下迄理宗寶慶三年丁亥（一二二七），直齋應為四十六、七歲。

㉗據《宋人傳記資料索引》，方其義蓋生於宋高宗紹興二十七年丁丑（一一五七），直齋任興化軍通判在寶慶三年丁亥（一二二七），其時其義正七十一歲。

㉘案：方其義為方漸之孫，《瓊州戶錄方君》一文稱方應發為其義之孫，則劉克莊固知應發為方漸之玄孫矣。此《跋》稱應發為漸之曾孫，其誤甚明。

㉙同注⑫。

㉚同注⑮。直齋所撰《陳忠肅公祠堂記》全文，余已迻錄於第三章第八節中。

㉛陳耆卿撰此《墓碑》，收入林表民編《赤城集》卷十六。

㉜吳子良撰此《墓表》，收入《赤城集》卷十六。

㉝齊碩所撰《後序》，見《赤城志》書末。

㉞陳耆卿《赤城志序》，收入《赤城集》卷十七。

㉟王象祖《赤城三志序》，收入《赤城集》卷十八。

㊱謝鐸《赤城志後序》，收入《赤城志》書末。

㊲案：《解題》卷十二《卜筮類》載：「《易林》十六卷，漢小黃令梁焦延壽贛撰。又名《大易通變》。唐會昌丙寅越五雲谿王俞序。凡四千九十六卦，其辭假出於經史，其意雅通於神祇。蓋一卦可以變六十四也。舊見沙隨程迥所記，南渡諸人以《易林》筮國事，多奇驗。求之累年，寶慶丁亥始得之莆田。皆韻語古雅，頗類《左氏》所載《繇辭》。或時援引古事，間嘗筮之，亦驗。頗恨多脫誤。嘉熙庚子從湖守王寺丞侑借本相校，十得八九。其中亦多重複，或諸卦數爻共一繇，莫可考也。」

㊳參見第六章第九節，此處暫不錄王柏《靜觀堂記》。

㊴同注⑤。

㊵同注⑱。

㊶同注⑨。

第五章　陳振孫之主要著作
——《直齋書錄解題》

振孫爲南宋著名之目錄學家，論其成就，固足與晁公武抗衡，即其所著《直齋書錄解題》一書，亦可超邁《郡齋讀書志》而遠之。余於第一章第一節中已就此問題有所闡發，茲不再贅。

振孫著作，除此《解題》外，現存者尚有《白文公年譜》一卷及詩文若干篇；其雖已散佚而仍可考知者，則有《易解》、《繫辭錄》、《書解》、《書傳》、《史鈔》、《吳興氏族志》、《吳興人物志》、《玄眞子漁歌碑傳集錄》、《論徐元杰暴亡疏》等多種。另《解題》中所記之資料，亦有述及由振孫編理而成之書籍，廣義言之，此等書籍亦可視爲振孫之著述也，故余亦頗事勾勒，欲以見振孫整治文獻而成書之一斑；所惜者由振孫所編理之書，均已散落殆盡，今無存者矣。而《解題》乃振孫畢生最主要之著作，故於此章首申論之。

第一節 《直齋書錄解題》之體例及其對目錄分類學之貢獻

周密《齊東野語》卷十二《書籍之厄》條云：

「近年惟直齋陳氏書最多。蓋嘗仕於莆，傳錄夾漈鄭氏、方氏、林氏、吳氏舊書，至五萬一千一百八十餘卷，且倣《讀書志》作解題。極其精詳。」

案：周氏此條所記之《讀書志》，蓋指晁公武《郡齋讀書志》，是周氏認爲直齋之撰《書錄解題》，其體例乃一倣《讀書志》而作也。

晚清王先謙益吾先生校刊《郡齋讀書志》既竟，乃撰《序》曰：

「自班《書》列《藝文志》，《隋》、《唐》、《宋史》代沿其例，家分類合，今古咸萃，千百載上之著述，賴以不泯。然世禩彌遠，作者日出而不窮，經籍糾紛，難可探討。國朝修《明史》，志《藝文》，斷代爲書，亦其勢然也。故私家簿錄，合前代載籍而彙輯之，有以考證其存佚，補正史之闕遺，所繫甚重。且史志僅列書目，不若簿錄家闡明指要，並其人姓字里居、生平事蹟，展卷粲列，資學者博識尤多。自宋晁子止剏爲此學，陳氏振孫繼之，並爲後儒宗仰。」

是王益吾亦以直齋繼軌晁氏作《解題》，至《序》中所言之「闡明指要」與「並其人姓字里居、生平事蹟，展卷粲列」諸事，則雖指《讀書志》之體例，亦直齋撰作《解題》之體例也。茲不妨各舉一例，以見二書體例之一斑。

《郡齋讀書志》卷第一《易類》「王弼《周易》十卷」條載：

「右上、下《經》，魏尚書郎王弼輔嗣注；《繫辭》、《說卦》、《雜卦》、《序卦》，弼之門人韓康伯注。又載弼所作《略例》，通十卷。《易》自商瞿受於孔子，六傳至田何而大興，爲施讎、孟喜、梁丘賀。其後，焦贛、費直始顯，而傳受皆不明，由是分爲三家。漢末，田、焦之學微絕，而費氏獨存，其學無章句，惟以《彖》、《象》、《文言》等十篇，解上、下《經》。凡以《彖》、《象》、《文言》等參入卦中者，皆祖費氏。東京荀、劉、馬、鄭皆傳其學，王弼最後出，或用鄭說，則弼亦本費氏也。歐陽公見此，遂謂孔子《古經》已亡。按：劉向以中《古文易經》校施、孟、梁丘《經》，或脫去『无咎悔亡』，惟費氏《經》與《古文》同。然則《古經》何嘗亡哉！」

《解題》卷一《易類》「《周易注》六卷、《略例》一卷、《繫辭注》三卷」條云：

「魏尚書郎山陽王弼輔嗣注上、下《經》，撰《略例》。晉太常潁川韓康伯注《繫辭》、《說》、《序》、《雜卦》。自漢以來，言《易》者多溺於象占之學，至弼始一切掃去，暢以義理。於是天下後世宗之，餘家盡廢。然王弼好老氏，魏、晉談玄，自弼輩倡之。《易》有聖人之道四焉，去三存一，於道闕矣。況其所謂辭者，又雜以異端之說乎！范甯謂其罪深於桀紂，誠有以也。弼父業長緒，本王粲族兄凱之子，粲二子坐事誅，文帝以業嗣粲。弼死時，年二十餘。」

觀上二例，就內容言之，《讀書志》與《解題》於闡明《周易注》一書之指要，詳略去取雖各不相同；惟於叙說王輔嗣之姓字里居與生平事蹟，則《解題》視晁《志》似猶稍勝。儘管若是，而二書之體例尙仍屬一致也。是故，周密謂直齋「倣《讀書志》作解題」，而王益吾謂「晁子止刱爲此學，陳氏振孫繼之」；所論皆符事實。

然晁《志》與《解題》二書，體例中亦微有不同。舉例言之，如晁《志》全書分四部四十五類，每部各冠一總序；而《解題》則分五十三類，既不標四部，亦無總序，惟若干類之前則有小序。此乃二書體例略異之處也。

至二書之分類，晁《志》所分之四十五類爲：

經部——易、書、詩、禮、樂、春秋、孝經、論語、經解、小學，凡十類。

史部——正史、編年、實錄、雜史、僞史、史評、職官、儀注、刑法、地理、傳記、譜牒、書目，凡十三類。

子部——儒、道、法、名、墨、縱横、雜、農、小說、天文、曆算、五行、兵家、類書、雜藝術、醫書、神仙、釋書，凡十八類。

集部——楚辭、別集、總集、文說，凡四類。

《解題》則分五十三類，其類目爲：

易、書、詩、禮、春秋、孝經、語孟、經解、讖緯、小學，凡十類。

正史、別史、編年、起居注、詔令、僞史、雜史、典故、職官、禮注、時令、傳記、法令、譜牒、目錄、地理，凡十六類。

儒家、道家、法家、名家、墨家、縱橫家、農家、雜家、小說家、神仙、釋氏、兵書、曆象、陰陽家、卜筮、形法、醫書、音樂、雜藝、類書，凡二十類。

楚辭、總集、別集、詩集、歌詞、章奏、文史，凡七類。

有關晁《志》與《解題》於分類上之異同，今人許世英所撰《中國目錄學史》曾論及之。該書第九章《隋志以後應用四部分類法私家所修目錄》第四節《直齋書錄解題》（一）《直齋書錄解題之撰修經過及其分類》云：

「至若與晁《志》相校，其異同爲：

(一)經部，晁《志》與陳《錄》俱分爲十類，然晁《志》有樂類而無讖緯類；陳《錄》無樂類而有讖緯類；是其異也。至類名之異，陳《錄》不曰論語類，而曰語孟類。蓋晁《志》猶列孟子於子部儒家類，故其不能不仍史志之舊也。

(二)晁《志》分史部爲十三類，而陳《錄》分爲十六類。其異同爲：陳《錄》較晁《志》多別史、詔令、典故、時令四類，然又較晁《志》少史評類，故實際陳《錄》僅多三類耳。其中陳《錄》以劉知幾《史通》列於文史類，似不如晁《志》之於史部另立史評類爲愈也。至於類名之異，陳《錄》不曰實錄，而曰起居注；不曰儀注，而曰禮注；不曰刑法，而曰法令。

㈢子部，晁《志》分爲十七類，而陳《錄》分爲二十類，其多分者，一爲樂類，另二類，則爲有關數術之書，晁《志》祇有天文、曆算及五行兩類，而陳《錄》有曆象、陰陽家、卜筮、形法四類之多也。至於類名之異，陳《錄》不曰小說，而曰小說家；不曰兵家，而曰兵書；不曰釋書，而曰釋氏；不曰雜術，而曰雜藝。

㈣晁《志》分集部爲楚辭、別集、總集三類，陳《錄》較之多分詩集、歌詞、章奏、文史四類。」

案：許書所言之「陳《錄》」即指《解題》。余以爲此處許書所論，頗有其勝處，如謂「陳《錄》以劉知幾《史通》列於文史類，似不如晁《志》之於史部另立史評類爲愈」，即爲一例。蓋《史通》確屬史評專著，歸之文史類，則不免流於空泛。然許書亦有舛誤處，如晁《志》子部「天文」、「曆算」本分二類，而曰一類；「雜藝術類」而誤稱「雜術」。另如集部，晁《志》本分四類，而謂三類。皆屬明顯之疏忽，實有改正之必要。

至《解題》之小序，全書共九條，每條皆針對目錄分類學有關問題提出較新穎之見解，貢獻殊鉅。茲試迻錄小序如左，並略予分析，以見《解題》於目錄分類學上之成就。

《解題》卷三《語孟類》小序云：

「前志《孟子》本列《儒家》，然趙岐固嘗以爲則象《論語》矣。自韓文公稱孔子傳之孟軻，軻死，不得其傳。天下學者咸曰孔、孟。孟子之書，固非荀、揚以降所可同日語也。今國家設科取士，《語》、《孟》並列爲經，而程氏諸儒訓釋二書常相表裏，故今合爲一類。」

案：直齋此小序中所言《語》、《孟》合併之故，言之成理，其說甚詳。蓋國家開科取士既以《語》、《孟》並列；程氏諸儒訓釋此二書又常相表裏；直齋畢生服膺程、朱，故亦效法程氏，提升《孟子》爲經，與《論語》相匹，而創設《語孟類》也。其後，《明史·藝文志》創《四書類》，其實乃受《解題》之設《語孟類》所觸發，緣於《語孟類》發展而來者也。①

《解題》同卷《小學類》小序云：

「自劉歆以小學入《六藝略》，後世因之，以爲文字訓詁有關於經藝故也。至《唐志》所載《書品》、《書斷》之類，亦廁其中，則龐矣。蓋其所論書法之工拙，正與射御同科，今並削之，而列於《雜藝類》，不入《經錄》。」

案：此處之《唐志》，即指《新唐書·藝文志》。②直齋反對《新唐書·藝文志》將討論書法工拙一類之書，如《書品》、《書斷》等廁於《小學類》，認爲應歸之於《雜藝類》，所言合理。亦足見直齋對書籍分類，較之撰《新唐書》之歐陽修、宋祁，大有進境。

《解題》卷四《起居注類》小序曰：

「《唐志·起居注類》，《實錄》、《詔令》皆附焉。今惟存《穆天子傳》及《唐創業起居注》二類，餘皆不存。故用《中興館閣書目》例，與《實錄》共爲一類，而別出《詔令》。」

案：直齋此處，據《中興館閣書目》以改《新唐書・藝文志》。蓋以起居注類書籍，至南宋時僅存二種，故將《起居注》與《實錄》共爲一類。詔令記帝王之言，不與起居注、實錄同科，故別出《詔令》。直齋作如此處理，不惟得體，亦頗糾正《新唐書》之誤。③

《解題》卷六《時令類》小序曰：

「前史時令之書，皆入《子部・農家類》。今案諸書上自國家典禮，下及里閭風俗悉載之，不專農事也。故《中興館閣書目》別爲一類，列之《史部》，是矣。今從之。」

案：晁《志》亦將時令之書入《子部・農家類》，所收有唐韓諤《四時纂要》五卷、韋行規《保生月錄》一卷、韓諤《歲華紀麗》四卷、梁宗懍《荊楚歲時記》四卷、唐李綽《輦下歲時記》一卷、宋賈昌朝《國朝時令》十二卷。其中如《輦下歲時記》與《國朝時令》二書，皆有關國家典禮者也；而《荊楚歲時記》，則及於荊楚風物故事，均不專言農事者，直齋乃依《中興館閣書目》，於《史部》另立《時令類》，專收時令一類之書，顯與晁《志》不同。堪稱慧眼獨具，甚有功於目錄分類學者。

《解題》卷十《農家類》小序曰：

「農家者流，本於農稷之官，勤耕桑以足食。神農之言，許行學之，漢世野老之書，不傳於後，而《唐志》著錄，雜以歲時、月令及相牛馬諸書，是猶薄有關於農者。至於錢譜、相貝、鷹鶴之屬，於農何與焉？今既各從其類，而花果栽植之事，猶以農圃一體，附見於此，其實則浮末之病本者也。」

案：《新唐書．藝文志》於《子部．農家類》中雜以歲時、月令、相牛馬諸書，此猶薄關於農者；惟更附以錢譜、相貝、鷹鶴之類書籍，則與農事無涉，故《解題》非之，亦足證直齋固甚重視群書之分類，前代史志分類稍有不協，必嚴加糾正之。至《解題》所以將花果栽植之書附見《農家類》，則因農圃一體，乃以類相從，此亦分類之一法也。

《解題》卷十二《陰陽家類》小序曰：

「自司馬氏論九流，其後劉歆《七略》、班固《藝文志》皆著陰陽家，而『天文』、『曆譜』、『五行』、『卜筮』、『形法』之屬，別爲《數術略》。其論陰陽家者流，蓋出於羲和之官，欽若昊天，曆象日月星辰。拘者爲之，則牽於禁忌，泥於小數。至其論數術，則又以爲羲和、卜史之流。而所謂《司星子韋》三篇，不列於天文，而著之陰陽家之首。然則陰陽之與數術，亦未有以大異也。不知當時何以別之。豈此論其理，彼具其術耶？今《志》所載二十一家之書皆不存，無所考究，而隋、唐以來子部，遂闕陰陽一家。至董逌《藏書志》，始以『星占』、『五行』書爲陰陽類。今稍增損之，以『時日』、『祿命』、『遁甲』等備陰陽一家之闕，而其他數術，各自爲類。」

案：班固據劉歆《七略》而撰《藝文志》，其論《諸子略》陰陽家，與論《數術略》無甚異同，皆謂出於羲和之官。至《司星子韋》三篇，本屬數術天文類著作，孟堅竟著之陰陽家之首，是知孟堅於陰陽家與術數間之區分，所曉悉亦不大著明也。直齋謂陰陽家「論其理」，數術家「具其術」，所言足補孟堅所未及。惟自班《志》之後，《隋》、《唐書志》之子部，均無陰陽家，蓋以書籍不存故也。宋世，《崇文總目》、《郡齋讀書志》、《遂初堂書目》亦無陰陽家，僅董逌《廣川藏書志》有之，直齋乃即其書以爲增損，今《解題》所收書竟多至三十三種一百五十五卷，可云富贍矣。《解題》另有《曆象》、《卜筮》、《形法》三類，此即小序所云「其他數術，各自爲類」之證。直齋眞深於分類學者。

《解題》卷十四《音樂類》小序曰：

「劉歆、班固雖以《禮》、《樂》著之《六藝略》。要皆非孔氏之舊也。然《三禮》至今行於世，猶是先秦舊傳。而所謂《樂》六家者，影響不復存矣。竇公之《大司樂》章既已見於《周禮》，河間獻王之《樂記》亦已錄於《小戴》，則古樂已不復有書。而前志相承，迺取樂府、教坊、琵琶、羯鼓之類，與《樂經》並列，不亦悖乎！晚得鄭子敬氏《書目》獨不然，其爲說曰：『《儀注》、《編年》，各自爲類，不得附於《禮》、《春秋》，則後之樂書，固不得列於《六藝》。』今從之，而著於《子錄．雜藝》之前。」

案：樂府、教坊、琵琶、羯鼓一類之書，本屬民間音樂圖書，然歷朝史志不加分辨，乃與《樂經》並列，實分類之失當也。直齋據鄭寅《書目》所述，且特創《音樂類》於《子錄》，以收錄此類書籍，斯實屬目錄分類史上之創見與突破。④

《解題》卷十九《詩集類》小序曰：

「凡無他文而獨有詩，及雖有他文而詩集復獨行者，別爲一類。」

案：此小序所述，實分別別集與詩集之異同。別集所收，體裁無妨多樣，詩詞歌賦一爐共冶，包括作家一生各類體裁之作品。惟《詩集類》則獨收詩作，故於《別集》之後另闢一類，以收詩集，他文不與焉。此可見直齋於前人詩集，另作別裁，絕不輕率濫入別集中也。

《解題》卷二十二《章奏類》小序曰：

「凡無他文而獨有章奏，及雖有他文而章奏復獨行者，亦別爲一類。」

案：此亦有意於《別集類》後另立《章奏類》，俾章奏之文獨立於別集之外，體裁別出。由此足見直齋於書籍文章之分類，其用心細密有如此者。

綜上所述，足證直齋於目錄分類學上成績至偉，貢獻殊鉅，創見之處有足多者。至《解題》五十三類中，其中如《別史》、《詔令》、《時令》、《法令》四類，皆直齋所創立。宋代以後公私書目多有仿之而立類，即清世纂修《四庫全書總目》及《四庫全書簡明目錄》，亦多繼續沿用上述類目，則《解題》分類對後世影響之深遠，固可覘矣！

第二節　《直齋書錄解題》書名之稱謂與卷數

《四庫全書總目‧直齋書錄解題》條中釋「解題」二字之義云：

「《直齋書錄解題》……以歷代典籍分爲五十三類，各詳其卷帙多少、撰人名氏，且爲品題其得失，故曰解題。」⑤

據是，乃《四庫總目》釋「解題」之內容凡三：詳典籍卷帙多少，一也；詳撰人名氏，二也；品題著述得失，三也。惟「解題」一詞之內涵固不止此。故《四庫總目》又云：

「方今聖天子稽古右文，蒐羅遺籍，列於四庫之中者浩如煙海，此區區一家之書，誠不足以當萬一。然古書之不傳於今者，得藉是以資徵信；而其校核精詳，議論醇正，於考古亦有助焉，固宜存而不廢也。」⑥

觀是，則「解題」類之書籍，亦可藉以考證古書之眞僞；倘其書「校核精詳，議論醇正」者，且更有助於考古矣。由是觀之，直齋之《解題》一書，其用途至宏，乃讀書治學者所必備，蓋其書之爲用，固不止可辨章學術，考鏡源流而已也。

《直齋書錄解題》書名之稱謂，本書中有簡稱作「《解題》」者，惟僅一見。《解題》卷十二《曆象類‧數術大略》條云：

「《數術大略》九卷，魯郡秦九韶道古撰。前世算術，自《漢志》皆屬曆譜家。要之數居六藝之一，故今《解題》列之《雜藝類》，惟《周髀經》爲蓋天遺書，以爲曆象之冠。此書本名《數術》，而前二卷《大衍》、《天時》二類，於治曆測天爲詳，故亦置之於此。秦博學多能，尤邃曆法，凡近世譜曆，皆傳於秦。所言得失，亦悉著其語云。」

而馬端臨之《文獻通考》，則有稱此書爲「《書錄解題》」者。考《文獻通考·自序》云：

「夫書之傳者已鮮，傳而能蓄者加鮮，蓄而能閱者尤加鮮焉。宋皇祐時，命名儒王堯臣等作《崇文總目》，記館閣所儲之書，而論列於其下方，然止及經史，而亦多缺略；子集則但有其名目而已。近世昭德晁氏公武有《讀書記》，直齋陳氏振孫有《書錄解題》，皆聚其家藏之書而評之。今所錄先以《四代史志》列其目，其存於近世而可考者，則採諸家書目所評，並旁搜史傳、文集、雜說、詩話，凡議論所及，可以紀其著作之本末，考其流傳之真僞，訂其文理之純駁者，則具載焉，俾覽之者如入群玉之府，而閱木天之藏，不特有其書者稍加研窮，即可以洞究旨趣；雖無其書者，味茲題品，亦可粗窺端倪，蓋殫見洽聞之一也。作《經籍考》第十八。」⑦

案：馬氏於此《自序》中，闡述其撰作《經籍考》之方法，可謂詳且備矣；馬氏以此善法而編理《經籍考》，故其《經籍考》允稱博贍。然《通考》中另有稱《直齋書錄解題》爲「《陳氏書錄解題》」者。《通考》卷一百七十五《經籍考》二《經易·京房易傳》條即云：

「《京房易傳》四卷，……《陳氏書錄解題》曰：『《京房易傳》三卷、《積算雜古條例》一卷，吳鬱林太守陸績注。京氏學廢絕久矣，所謂章句者，既不復得，而占候之存於世者，僅若此，校之前志，什百之一二耳。今世術士所用世應、飛伏、游魂、歸魂、納甲之說，皆出京氏。鼂景迂嘗爲京氏學也，用其傳爲《易式》云。或作四卷，而《條例》居其首。又有《參同契》、《律曆志》，見《陰陽家類》，專言占候。』」

惟《通考》書中亦有稱《解題》全名者，《通考》卷二百一《經籍考》二十八《史・故事・三朝訓鑒圖十卷》條，馬氏按語云：

「按：《三朝寶訓》一書，《直齋書錄解題》以爲宰相王曾奏請編修，成於天聖十年，凡三十卷；《揮麈錄》以爲章獻命儒臣所修，成於天聖初年，凡十卷；殊不相吻合。然《揮麈錄》所言禁中刻本，且有繪圖，則似即此《三朝訓鑒圖》十卷之書，然直齋以此書爲慶曆皇祐時所修纂，則又與《揮麈錄》所謂仁皇初年傅母輩侍上展玩之語，深不合矣。當俟考訂精者質之。」

是《解題》之全名固應爲《直齋書錄解題》矣，馬氏編撰《經籍考》時所見正如此，故書中於《三朝訓鑒圖》條下按語乃逕稱《解題》一書之全名也。綜上所述，直齋於《數術大略》條中簡稱直齋此書爲「《解題》」，《通考・自序》則稱之爲「《書錄解題》」。其《通考・京房易傳》條則稱作「《陳氏書錄解題》」者，亦爲馬氏對《解題》一書之省稱耳。是則「《直齋書錄解題》」乃此書之全名，而「《解題》」、「《書錄解題》」、「《陳氏書錄解題》」，皆其簡稱也。

至於《解題》之卷數，馬端臨《通考・經籍考》雖徧引《解題》，其書《經籍考》三十四《史・目錄》所載宋代書目至富，計有《崇文總目》六十四卷、《大宋史館書目》一卷、《邯鄲圖書志》十卷、《成都刻石總目》三帙、《田氏書目》六卷、《群書備檢》十卷、《秘書省四庫闕書目》一卷、《集古錄跋尾》十卷、《集古目錄》二十卷、《歐公親書集古錄跋》六卷、《太宗御製御書目》

一卷、《眞宗御製碑頌石本目錄》一卷、《龍圖閣瑞物寶目》、《六閣書籍圖書目》共一卷、《京兆金石錄》六卷、《金石錄》三十卷、《廣川藏書志》二十六卷、《書跋》十卷、《畫跋》五卷、《寶墨待訪錄》二卷、《群書會記》三十六卷、《夾漈書目》一卷、《圖書志》一卷、《集古系時錄》十卷、《系地錄》十一卷、《秦氏書目》一卷、《藏六堂書目》一卷、《吳氏書目》一卷、《鼂氏讀書志》二十卷、《遂初堂書目》一卷、《中興館閣書目》三十卷、《館閣續書目》三十卷、《鄭氏書目》七卷、《寶刻叢編》二十卷等，凡收宋代書目三十三種，而獨缺直齋之《解題》，殊不可解。故盧文弨《新訂直齋書錄解題跋》對此事頗有抨擊，曰：

「馬貴與既取其書以入《通考》，而不用其言，《顏氏家訓》仍列儒家，《樂府雜錄》、《羯鼓錄》仍列經部，而《目錄》一門，又不將陳氏此書載入，其能免於紕漏之譏乎！」

陳樂素《直齋書錄解題作者陳振孫》一文亦云：

「盧文弨《抱經堂文集》卷九《書錄解題跋》謂貴與於《通考．目錄》一門不將陳氏書載入，難免紕漏之譏；余謂馬《考》於直齋事跡略無記載，尤爲可惜也。」

觀乎馬氏於《通考》之失載《解題》，則盧、陳二氏對之加以譏評，固非苛責也。

王應麟《玉海》卷五十二《藝文．書目．藏書》中亦有著錄宋代之書目，計有：《咸平館閣圖籍目錄》、《景德太清樓四部書目》、《祥符龍圖閣四部書書目》、《祥符寶文統錄》、《慶曆崇文總目》、《李淑《圖書十志》、《元祐祕閣書目》、《政和祕書總目》、《紹興求書闕記》、《群玉會記》、晁公武《讀書記》、《淳熙中興館閣書目》、《嘉定續書目》，凡十三種，然亦未載及《解題》，故喬衍琯於《陳振孫學記》第四章《直齋書錄解題》中亦表示大惑不解，云：

「《玉海》都二百卷，在應麟著述中，卷帙最鉅，取材繁富，當成於晚歲。振孫景定三年（一二六二）卒時，應麟方四十歲，前此數年，隨齋已得而批注，應麟之《玉海》，必未着手編撰，而應麟係鄞人，去吳興不遠。又應麟歷官浙西提舉常平主管帳司、台州通判、軍器少監等，與振孫爲前後任，宜能得《書錄解題》而載之《玉海》。然《玉海》引書，不及《解題》，蓋流傳不廣之故也。」

案：喬氏以《解題》成書後流傳未廣，故《玉海》乏載作解釋，是耶？非耶？似猶有深究之必要也。元人脫脫之《宋史》卷二百四《志》第一百五十七《藝文》三《目錄類》亦收書目甚多，凡六十八部，六百零七卷。而中屬宋代書目者，計有杜鎬《龍圖閣書目》七卷、又《十九代史目》二卷、《太清樓書目》四卷、《玉宸殿書目》四卷、韋述《集賢書目》一卷、《學士院雜撰目》一卷、歐陽伸一作坤。《經書目錄》十一卷、楊九齡《經史書目》七卷、楊松珍《歷代史目》十五卷、宗諫注《十三代史目》十卷、商仲茂《十三代史目》一卷、《河南東齋一作齊。史書目》三卷、曾氏《史鑑》三卷、⑧孫玉汝《唐列聖實錄目》二十五卷、《唐書叙例目錄》一卷、沈建《樂府詩目錄》一卷、蔣彧《書目》一卷、劉德崇《家藏龜鑑目》十卷、田鎬、尹植《文樞密要目》七卷、劉沆《書目》二卷、《禁書目錄》一卷、學士院、司天監同定。王堯臣、歐陽脩《崇文總目》六十六卷、《沈氏萬卷堂目錄》二卷、歐陽脩《集古錄》五卷、李淑《邯鄲書目》十卷、吳祕《家藏書目》二卷、《祕閣書目》一卷、《史館書新定書目錄》四卷、不知作者。李德芻《邯鄲再集書目》三十卷、崔君授《京兆尹金石錄》十卷、《國子監書目》一卷、《荆州田氏書總目》三卷、田鎬編。劉涇《成都府古石刻總目》一卷、趙明誠《金石錄》三十卷、又《諸道石刻目錄》十卷、徐士龍《求書補闕》一卷、董逌《廣川藏書志》二十六卷、鄭樵《求書闕記》七卷、又《求書外記》十卷、《集古系時錄》一卷、《圖譜有無記》二卷、《群玉會記》三十六卷、陳貽範《潁川慶善樓家藏書目》二卷、《遂初堂書目》二卷、尤袤集。《徐州江氏書目》二卷、《呂氏書目》二卷、《三川古刻總目》一卷、《鄱陽吳氏籝金堂書目》三卷、《孫氏群書目錄》二卷、《紫雲樓書目》一卷、《川中書籍目錄》二卷、《祕書省書目》二卷、陳騤《中興館閣書目》七十卷、《序例》一卷、石延慶、馮至游校勘《群書備檢》三卷、晁公武《讀書志》四卷、張攀《中興閣續書目》三十卷、《諸州書目》一卷、滕強恕《東湖書自志》一卷。凡五十九部，五百零三卷。是《宋史・藝文志》所著錄，較諸《通考》與《玉海》，所增何止倍蓰，惟亦未載及直齋之《解題》。是以陳壽祺撰《宋目錄家晁公武陳振孫傳》，於此事抨擊至烈。其辭曰：

「目錄之家，權輿向、歆父子，班《書》志藝文因之，家法流別，區分出入，到今可考見焉。《隋志・經籍》，稽合阮《錄》，取則蘭臺，碻有成例，獨惜不據荀勗《中經》之簿，爲司馬氏一朝補志耳。晉、隋兩史皆領自魏徵，或晰或瞢，不能爲之解也。有宋晁氏之《郡齋讀書志》、陳氏之《直齋書錄解題》，蒐討可謂富矣，而於當代爲尤備。貴與考文獻，《經籍》一門，專采兩家，其識不下班掾，而修《宋史》之脫脫輩乃不之及，且《藝文志》之譌陋百出，重煩倪璠、盧文弨補輯之地。不寧惟是，《文苑》列傳並公武、振孫而遺之，詎不益怪詫哉！」

案：《宋史．藝文志》於公武《讀書志》實有著錄，而於《解題》則竟未之及，果眞如喬衍琯氏所謂因流傳不廣有以致之耶！否則脫脫諸公，確難逃「譌陋百出」之咎矣。

明人楊士奇編有《文淵閣書目》，其書卷三《類書．盈字號第五廚書目》著錄有：

「《書錄解題》一部，七册。」

楊士奇《文淵閣書目題本》則云：

「少師、兵部尚書兼華蓋殿大學士、臣楊士奇等謹題。爲書籍事，查照本朝御製及古今經史子集之書，自永樂十九年南京取回來，一向於左順門北廊收貯，未有完整書目。近春聖旨，移貯文淵東閣，臣等逐一打點清切，編置字號，寫完一本，總名曰《文淵閣書目》，合請用『廣運之寶』鈐識，仍藏於文淵閣，永遠備照，庶無遺失，未敢擅便，謹題請旨。正統六年六月二十六日。」

《四庫全書總目．史部．目錄類》一《經籍之屬》亦云：

「《文淵閣書目》四卷，明楊士奇編。……是編前有正統六年《題本》一通，稱各書自永樂十九年南京取來，一向於左順門北廊收貯，未有完整書目。近奉旨移貯於文淵東閣，臣等逐一打點清切，編置字號，寫完一本，總名《文淵閣書目》，請用『廣運之寶』鈐識備照，庶無遺失。蓋本當時閣中存記册籍，故所載書多不著撰人姓氏，又有册數而無卷數，惟略記若干部爲一櫥、若干櫥爲一號而已。考明自永樂間，取南京藏書送北京，又命禮部尚書鄭賜四出購求，所謂鋟板十三、抄本十七者，正統時尚完善無缺。此書以千字文排次，自天字至往字，凡得二十號五十櫥。今以《永樂大典》對勘，其所收之書，世無傳本者，往往見於此目，亦可知其儲庋之富。士奇等承詔編錄，不能考訂撰次勒爲成書，而徒草率以塞責，較劉向之編《七略》、荀勗之敘《中經》，誠爲有愧。然考王肯堂《鬱岡齋筆麈》，書在明代已殘缺不完。王士禎《古夫于亭雜錄》亦載：國初曹貞吉爲內閣典籍，文淵閣書散失殆盡。貞吉檢閱見宋槧《歐陽修居士集》八部，無一完者。今閱百載，已放失無餘，惟藉此編之存，尚得略見一代秘書之名數，則亦考古者所不廢也。」

觀《題本》及《四庫總目》所載，則文淵閣所藏之《直齋書錄解題》，於明初之時亦同諸書收藏於南京，而永樂十九年北運，乃貯放左順門北廊。《解題》明文淵閣所藏本，英宗正統六年楊士奇編《書目》時猶存在，凡一部七册，無卷數。意《永樂大典》所鈔之《解題》，即全依此本過錄。惜文淵閣之書，清初已散失殆盡，故至乾隆之時，館臣編理《四庫全書》，其所輯成二十二卷本之《解題》，僅能藉《永樂大典》本編就，已無法參考得文淵閣藏本之《解題》矣。文淵閣藏本《解題》有册數而無卷數，至可惋也。或此本本有卷數，惟士奇草率塞責，故《文淵閣書目》所著錄諸書，均僅有部數、册數，而欠載撰人及卷數耶？

傅維麟《明書》卷七十七《志》十七《經籍志》三《類書》則載有《解題》，惟亦無撰人及卷數。喬衍琯《陳振孫學記》第四章《直齋書錄解題》云：

「清傅維麟《明書．藝文志》，亦載有《書錄解題》。然傅氏非據明代藏書或著述編成，而亦係抄自《文淵閣書目》。均不足證明在明清之際，尚有《書錄解題》流傳。」

案：喬氏謂《明書．藝文志》載有《解題》，其實《明書．藝文志》應作《明書．經籍志》；此乃喬氏不檢書所致之誤也。至喬氏謂傅氏《明書．經籍志》係抄自《文淵閣書目》，余嘗將二者詳作比勘，《明書．經籍志》所載，即僅就《類書》一部而言，亦非全據《文淵閣書目》者，意傅氏所抄或另有所據也。

清初黃虞稷、倪燦作《宋史藝文志補》，其書《子部．簿錄題》云：

「陳振孫《直齋書錄解題》五十六卷。今分二十二卷。」

案：書目類書籍著錄《解題》而兼有撰人及卷數者，要以此書爲最早。惟喬衍琯《陳振孫學記》第三章《著述》第一節《直齋書錄解題》云：

「按：黃虞稷、倪燦均清初人，⑨乾隆時《四庫全書》本所訂之二十二卷，及稍後盧氏據舊抄本定爲五十六卷，均非黃、倪兩氏所可得知，蓋係盧氏所補，或黃、倪原目僅記書名，而卷數則後人所增益也。」

案：《陳振孫學記》所言之盧氏，即盧文弨。文弨有《書新訂直齋書錄解題後》及《直齋書錄解題新定目錄》二文，將《解題》定爲五十六卷，容後細述。盧氏另撰有《宋史藝文志補序》，云：

「《宋史》本有《藝文志》，咸淳以來，尚多闕略。至遼、金、元三《史》，則並不志《藝文》。本朝康熙年間，議修《明史》，時史官有欲仿《隋書》兼《五代史．志》之例而爲之補者，余得其底稿，乃上元倪燦闇公所纂輯也。今俗間傳有温陵黃虞稷俞邰《千頃堂書目》本，搜采雖富，而體例似不及倪本之正。近則《書目》又爲坊賈鈔胥紛亂刪落，更無足觀。今略爲訂正，且合之余友海寧吳騫槎客校本，庶爲完善。亟爲傳之，以補四代史志之闕。具載倪《序》於首，使後人知其初意如此。宋有《志》而補之，遼、金、元本無《志》，故今所錄，各自爲編云。盧文弨撰。」

讀盧氏之《序》，則知今見之《宋史藝文志補》一書，雖云黃虞稷、倪燦所編著，實爲文弨合倪、黃二書，再參以吳槎客校本而成之。盧《序》既有「今略爲訂正」之語，則喬氏所言謂卷數「係盧氏所補」，或「後人所增益」，理或宜然也。

書目類書籍之著錄《解題》而兼及卷數者，《四庫全書總目》亦然。《四庫全書總目．史部．目錄類》云：

「《直齋書錄解題》二十二卷，《永樂大典》本。宋陳振孫撰。……其例以歷代典籍分爲五十三類，各詳其卷帙多少、撰人名氏而品題其得失，故曰『解題』。……馬端臨《經籍考》惟據此書及《讀書志》成編。然《讀書志》今有刻本，而此書久佚，《永樂大典》尚載其完帙。惟當時編輯潦草，譌脫宏多，又卷帙割裂，全失其舊，謹詳加校訂，定爲二十二卷。」

案：《四庫總目》謂《解題》久佚，然明時文淵閣實藏有此書，此書正統六年楊士奇編《書目》時猶存。文淵閣書至清初始漸次散佚，其時距乾隆之世未遠，似未可視爲久佚也，《四庫總目》所言，蓋未深考耳。至《四庫總目》定《解題》爲二十二卷，則殊非原書卷數之舊。

乾隆間，盧文弨研治《解題》，用力至勤。盧氏不惟通校全書，且重輯《解題》，俾恢復原書五十六卷之舊。文弨之重輯本，今藏上海圖書館，惜缺卷八至卷十六，然仍甚足珍貴也。盧氏《抱經堂文集》卷九有《書新訂直齋書錄解題後》一文，頗見其如何恢復《解題》原第之概況，茲錄之如後：

「此書外間無全本久矣。《四庫》館新從《永樂大典》中鈔出，分爲二十二卷，余既識其後矣。丁酉王正，復得此書子、集數門元本於知不足齋主人所，⑩乃更取而細訂之，知此書唯《別集》分三卷，《詩集》分兩卷，而其餘每類各自爲卷，雖篇幅最少者，亦不相爲聯屬，余得據之定爲五十六卷。元第《詩集》之後，然後次以《總集》，又《章奏》，又《歌詞》，而以《文史》終焉。其他次第，並與館本無不同者。⑪其《雜藝》一類，較館本獨爲完善，余遂稍加訂正而更鈔之。余自己卯先見集部元本，越十九年而更見子部中數門，則安知將來不更有並得經、史諸類者乎？取以證吾所鈔者，庶有以明吾之不妄爲紛更也已。乾隆四十三年正月二十九日東里盧文弨書。」

案：盧氏此《書後》中所言之丁酉王正，乃乾隆四十二年（一七七七）正月；己卯，乃乾隆二十四年（一七五九）；兩者前後相距正十九年。而元本即爲原本，絕非指元代之板本；觀其「元第《詩集》之後」一語，所言元第亦即原第也。元、原古通用，淸人多慣用以「元」代「原」者。《書後》中之知不足齋主人，蓋指鮑廷博。廷博字以文，號淥飲，晚號通介叟。平生好藏書，齋名曰知不足齋者，乃竊取《禮記．學記》「學然後知不足」之義。盧氏所見之《解題》子、集數門原本，即得自鮑氏也。盧氏定《解題》爲五十六卷，其編定之法，詳見盧氏所撰之《直齋書錄解題新定目錄》。其《新定目錄》云：

「卷一《易類》、卷二《書類》、卷三《詩類》、卷四《禮類》、卷五《春秋類》、卷六《孝經類》、卷七《語孟類》、卷八《經解類》、卷九《讖緯類》、卷十《小學類》、卷十一《正史類》、卷十二《別史類》、卷十三《編年類》、卷十四《起居注類》、卷十五《詔令類》、卷十六《僞史類》、卷十七《雜史類》、卷十八《典故類》、卷十九《職官類》、卷二十《禮注類》、卷二十一《時令類》、卷二十二《傳記類》、卷二十三《法令類》、卷二十四《譜牒類》、卷二十五《目錄類》、卷二十六《地理類》、卷二十七《儒家類》、卷二十八《道家類》、卷二十九《法家類》、卷三十《名家類》、卷三十一《墨家類》、卷三十二《縱橫家類》、卷三十三《農家類》、卷三十四《雜家類》、卷三十五《小說家類》、卷三十六《神仙類》、卷三十七《釋氏類》、卷三十八《兵書類》、卷三十九《曆家類》、卷四十《陰陽家類》、卷四十一《卜筮類》、卷四十二《形法類》、卷四十三《醫書類》、卷四十四《音樂類》、卷四十五《雜藝類》、卷四十六《類書類》、卷四十七《楚辭類》、卷四十八《別集類》上、卷四十九《別集類》中、卷五十《別集類》下、卷五十一《詩集類》上、卷五十二《詩集類》下、卷五十三《總集類》、卷五十四《章奏類》、卷五十五《歌詞類》、卷五十六《文史類》。右目錄依元本定，杭東里人盧文弨校錄於鍾山書院。」⑫

《新定目錄》分《解題》爲五十六卷，正與《書新訂直齋書錄解題後》所言「知此書唯《別集》分三卷，《詩集》分兩卷，而其餘每類各自爲卷，雖篇幅最少者，亦不相爲聯屬，余得據之定爲五十六卷」之語相合。是直齋《解題》原本，確分五十三類、五十六卷，盧氏所新訂者有理有據，較之館本定爲二十二卷，應更符合《解題》原本卷帙之舊也。

第三節　《直齋書錄解題》之成書與流傳

南宋周密，字公謹，爲振孫同鄉後輩，直齋生前，時親謦欬，故知直齋爲獨審。公謹嘗著《齊東野語》，其書卷十二《書籍之厄》條云：

「近年惟直齋陳氏書最多，蓋嘗仕於莆，傳錄夾漈鄭氏、方氏、林氏、吳氏舊書，至五萬一千一百八十餘卷，且倣《讀書志》作解題，極其精詳，近亦散失。」

是公謹此條，不惟述及振孫藏書之富贍，且對其作《解題》，尤推崇備至也。

清人張宗泰，畢生亦勤治《解題》，堪爲直齋諍友。然其《魯巖所學集》卷六《跋陳振孫書錄解題》仍謂：

「《書錄解題》敘述諸書源流，州分部居，議論明切，爲藏書家著錄之準。」

是張氏於《解題》亦不無推譽矣。惟於《解題》之成書與流傳二事，前人鮮有論及之者；近人陳樂素、喬衍琯二氏雖有所論及，或不免於誤，且未能深究。故余不得不繼陳、喬二氏之後，而有所論述。茲先考論《解題》之成書。

考振孫撰有《玉臺新詠集後序》，該《後序》有言：

「右《玉臺新詠集》十卷，幼時至外家李氏，於廢書中得之，舊京本也。宋失一葉，間復多錯謬，版亦時有刓者，欲求他本是正，多不獲。嘉定乙亥在會稽，始從人借得豫章刻本，財五卷，蓋至刻者中徙，故弗畢也。又聞有得石氏所藏錄本者，復求觀之，以補亡校脫，於是其書復全，可繕寫。……是歲十月旦日書其後，永嘉陳玉父。」

案：直齋此《後序》，載見陸心源《皕宋樓藏書志》卷一百十二《玉臺新詠十卷明仿宋本》條，署名作「陳玉父」。惟「陳玉父」實「陳振孫伯玉父」之誤，其間有脫文。《後序》乃振孫宋寧宗嘉定八年乙亥（一二一五）十月旦日作，直齋時正在紹興府教授任內。《後序》中振孫自記其補亡校脫舊京本之《玉臺新詠集》至爲認眞，其初據豫章刻本，才五卷，故又求觀石氏所藏錄本，始復其全書。今

《解題》卷十五《總集類．玉臺新詠》條則云：

「《玉臺新詠》十卷，陳徐陵孝穆集，且爲作序。」

《解題》此條至簡略，正可據直齋所撰《後序》補其內容。竊疑振孫正以既撰此《後序》，故《解題》所記則從略，未可定也。喬衍琯《直齋書錄解題版本考》四《撰寫經過和成書年代》曾就此《後序》所述，而作如下之判語云：

「可知直齋幼年就注意書，而且能讀書、校書、著書。祇是這時還未開始撰寫《解題》。」

案：喬氏所見未必全是，然《解題》則固非直齋幼時所能撰也。

又《解題》卷五《詔令類．東漢詔令》條載：

「《東漢詔令》十一卷，宗正寺主簿鄞樓昉暘叔編。大抵用林氏舊體，自爲之序。帝王之制，具在百篇，後世不可及矣；兩漢猶爲近古。愚未冠時，無書可觀，雖二史亦從人借。嘗於班《書》志、傳，錄出諸詔，與紀中相附，以便覽閱。既仕於越，乃得見林氏書，而樓氏書近出，其爲好古博雅，斯以勤矣。惟平、獻二朝，莽、操用事，如錫莽及廢伏后之類，皆當削去，莽時尤多也。」

案：《解題》此條有「既仕於越」一句，故自清人錢泰吉撰《曝書雜記》，至今人陳樂素、喬衍琯，皆以此條撰於任紹興教授時，而忽視「樓氏書近出」一語，更未注意及編《東漢詔令》之樓昉乃鄞人。竊疑此條乃直齋離紹興任，改掌鄞學後所撰。據余於第三章第三節所考，振孫乃於嘉定十一年戊寅（一二一八）改掌鄞學教官，則其得讀樓氏書應在此時，是則《解題》此條之撰年，當在嘉定十一年後不遠。

振孫掌鄞學時所撰寫之解題，今可考者尚有下列數條。《解題》卷四《編年類．國紀》條，云：

「《國紀》五十八卷，吏部侍郎睢陽徐度敦立撰。度，丞相處仁擇之之子。其書詳略頗得中，而不大行於世。鄞學有魏邸舊書，傳得之。」

案：《國紀》既據鄞學魏邸舊書傳得之，則此條當作於掌鄞學時矣。

另《解題》卷十四《音樂類．琴譜》條云：

「《琴譜》八卷，鄞學魏邸舊書有之，己卯分教傳錄，亦益以他所得譜。」

案：《琴譜》亦抄自鄞學魏邸。而己卯乃嘉定十二年（一二一九），《解題》此條可視爲此年作。

《解題》上述各條既可據其署年而考得其撰作年代，而其中亦有可據各條中所記振孫仕履，以考出其撰作年月者。上述各條有「既仕於越」及「鄞學」諸語，皆考證家作考據最好之依憑也。至振孫宰南城時，訪書亦至勤，故所得亦至富。下列所引《解題》諸條，皆直齋訪書後撰就於宰南城時也。

如《解題》卷三《經解類．九經字樣》條云：

「《九經字樣》一卷，唐沔王友翰林待詔唐玄度撰。補張參之所不載，開成中上之。二書卻當在《小學類》，以其專爲經設，故亦附見於此。往宰南城出謁，有持故紙鬻於道者，得此書，乃古京本，五代開運丙午所刻也，遂爲家藏書籍之最古者。」

又《解題》卷十二《神仙類．群仙珠玉集》條云：

「《群仙珠玉集》一卷，其《序》曰：『西華真人以金丹、刀圭之訣傳張平叔，作《悟真篇》，以傳石得之、薛道光、陳泥丸，至白玉蟾。』玉蟾者，葛其姓，福之閩清人。嘗得罪亡命，蓋姦妄流也。余宰南城，有寓公稱其人云：『近嘗過此，識之否？』余言：『不識也。此輩何可使及吾門！』李士寧、張懷素之徒，皆般監也，是以君子惡異端。」

案：此二條皆有振孫自言「宰南城」之記載，當寫成於此時，或離南城任未久。故此二條皆據《解題》中所載振孫仕履，而考出其撰作年代也。

《解題》中亦有據所提及之地名，而考出其作年者。《解題》卷十二《神仙類．參同契分章通眞義》等條云：

「《參同契分章通真義》三卷、《明鏡圖訣》一卷，真一子彭曉秀川撰。蜀永康人也。《序》稱廣政丁未以《參同契》分十九章而爲之注，且爲圖八環，謂之《明鏡圖》。最在麻姑山傳錄，其末有秀川傳。汪綱會稽所刻本，其前題祠部員外郎彭曉，蓋據秘閣本云爾。麻姑本附傳亦言仕蜀爲此官。」

又如《解題》同卷同類《金碧古文龍虎上經》條云：

「《金碧古文龍虎上經》一卷，不著名氏。麻姑所錄本無『金碧』字。」

案：麻姑山在南城，據此地名即可考知此二條之作年。此又據《解題》所述地名，而考得各條之撰作年代者也。

《解題》中亦嘗道及直齋所向借書之人之籍貫，據是亦可略考該條之作年。如《解題》卷五《雜史類．郊志》條云：

「《郊志》三卷，唐殿中侍御史凌準宗一撰。郊軍即朔方軍也。此本從盱江晁氏借錄，其末題曰：『文忠修《唐史》，求此書不獲，今得於忠憲范公之孫伯高。其中多尚誤，當訪求正之。紹興乙丑晁公鄰。』」

又如《解題》卷十二《陰陽家類》云：

「《陰陽二遁圖局》一卷，並《雜訣》、《三元立成圖局》二卷、《遁甲八門機要》一卷、《太一淘金歌》一卷，以上四種皆無名氏，得之盱江吳炎。」

又如《解題》卷十三《醫書類》云：

「《龐氏家藏秘寶方》五卷，蘄水龐安時安常撰。安時以醫名世，所著書傳於世者，惟《傷寒論》而已。此書南城吳炎晦父錄以見遺。」

考盱水北接汝水，遶南城東南而過，南連化水。故上引諸條之盱江亦即指南城，是以振孫或稱「盱江吳炎」，或稱「南城吳炎」，其實一也。是上引諸條皆直齋宰南城時所作也。是乃據借書人之祖貫而考出《解題》各條之作年者也。

余於第三章《陳振孫之仕履與行誼》第四節中曾考出振孫之宰南城，乃上接鄞學教授，約始於嘉定十四年辛巳（一二二一），及其離任改充興化軍通判，則在理宗寶慶三年丁亥（一二二七）。故上引《解題》諸條與南城、麻姑山、盱江有關者，皆寫成於此七年間，或稍後也。

至興化軍之治所乃在莆田，振孫任通判，爲時僅二年，至紹定元年戊子（一二二八）即離職。惟在莆此二年中，訪書亦至勤，故所撰解題亦不少。考振孫所求得之書，有借錄自鄭翁歸與鄭子敬者。《解題》卷七《傳記類》云：

「《夾漈家傳》一卷、所著《書目》附，莆田鄭翁歸述其父樵漁仲事跡。樵死後，翁歸年八歲，安貧不競，頃佐莆郡時猶識之。」

翁歸，乃鄭樵之子，此書乃翁歸撰，亦必借錄自翁歸者也。《解題》卷八《目錄類》另載有《夾漈書目》一卷，應與此處所附《書目》同。又《解題》卷二《書類》著錄有《書辨訛》七卷、同卷《詩類》著錄有《夾漈詩傳》二十卷、《辨妄》六卷、同卷《禮類》著錄有《夾漈鄉飲禮》七卷、卷三《春秋類》著錄有《夾漈春秋傳》十二卷、《考》一卷、《地名譜》十卷、同卷《經解類》著錄有《鄭氏諡法》三卷、同卷《小學類》著錄有《注爾雅》三卷、《論梵書》一卷、《石鼓文考》三卷、卷八《目錄類》著錄有《群書會記》二十六卷、《圖書志》一卷、《集古系時錄》十卷、《系地錄》十一卷、卷十《雜家類》著錄有《刊謬正俗跋》八卷。上述之書凡十六種，皆鄭樵所撰，當亦借自翁歸也。周密《齊東野語》卷十二《書籍之厄》云：

「近年惟直齋陳氏書最多。蓋嘗仕於莆，傳錄夾漈鄭氏……舊書。」

是則周氏此條所載與《解題》全同，公謹所言蓋實錄也。

至直齋借錄自鄭寅子敬之書，亦有以下各種：

《解題》卷一《易類》云：

「《梁谿易傳》九卷、《外篇》十卷，丞相昭武李綱伯紀撰。案《序》，《內》、《外篇》，凡二十三卷。《內篇》訓釋上、下《經》、《繫辭》、《說》、《序》、《雜卦》，並《總論》合十卷；《外篇》《釋象》七、《明變》一、《訓辭》二、《類占》一、《衍數》二，合十有三卷。今《內篇》闕《總論》，《外篇》闕《訓辭》及《衍數》下卷，存者十卷。蓋罷相遷謫時所作。其書未行於世，館閣亦無之。莆田鄭寅子敬從忠定之曾孫得其家藏本，頃倅莆田日，借鄭本傳錄。今考《梁谿集》，紹興十三年所編，其《訓辭》二，《序》已云有錄無書，則雖其家亦亡逸久矣。豈有其《序》，而書實未成耶？其書於辭、變、象、占無不該貫，可謂博矣。」

《解題》卷五《詔令類》云：

「《中興綸言集》二十八卷，左司郎中莆田鄭寅子敬編。寅，知樞密院僑之子，靖重博洽，藏書數萬卷，於本朝典故尤熟。」

同書同卷《典故類》云：

「《長樂財賦志》十六卷，知漳州長樂何萬一之撰。往在鄞學，訪同官薛師雍子然，几案間有書一編，大略述三山一郡財計，而累朝詔令申明沿革甚詳。其書雖爲一郡設，於天下實相通。問所從得，薛曰：『外舅陳止齋修《圖經》，欲以爲《財賦》一門，後緣卷帙多，不果入。』因借錄之，書無標目，以意命之曰《三山財計本末》。及來莆田，爲鄭寅子敬道之，鄭曰：『家有何一之《長樂財賦志》，豈此耶？』復借觀之，良是。其間亦微有增損，末又有《安撫司》一卷，併鈔錄附益爲全書。」

《解題》卷八《目錄類》云：

「《鄭氏書目》七卷，莆田鄭寅子敬以所藏書爲七錄，曰經，曰史，曰子，曰藝，曰方技，曰文，曰類。寅，知樞密院僑之子，博文彊記，多識典故。端平初召爲都司，執法守正，出爲漳州以沒。」

《解題》卷十四《音樂類．小序》云：

「劉歆、班固雖以《禮》、《樂》著之《六藝略》，要皆非孔氏之舊也，然《三禮》至今行於世，猶是先秦舊傳。而所謂《樂》六家者，影響不復存矣。竇公之《大司樂章》既已見於《周禮》，河間獻王之《樂記》亦錄於《小戴》，則古樂已不復有書。而前《志》相承，迺取樂府、教坊、琵琶、羯鼓之類，以充《樂類》，與聖經並列，不亦悖乎！晚得鄭子敬氏《書目》獨不然，其爲說曰：『《儀注》、《編年》，各自爲類，不得附於《禮》、《春秋》，則後之樂書，固不得列於六藝。』今從之，而著於《子錄．雜藝》之前。」

同書同卷《雜藝類》云：

「《打馬圖式》一卷，鄭寅子敬撰。用五十馬。」

《解題》卷十八《別集類》下云：

「《周益公集》二百卷、《年譜》一卷、《附錄》一卷，丞相益文忠公廬陵周必大子充撰。一字洪道。其家既刊《六一集》，故此集編次一切視其凡目，其間有《奉詔錄》、《親征錄》、《龍飛錄》、《思陵錄》凡十一卷，以其多及時事，託言未刊，人莫之見。鄭子敬守吉，募工人印得之，余在莆田借錄爲全書，然猶漫其數十處。益公自號平園叟。」

案：上述《解題》各條所提及之書，如《梁谿易傳》、《長樂財賦志》、《周益公集》三種，明載爲借錄自子敬，其餘如《中興綸言集》、《鄭氏書目》、《打馬圖式》，皆鄭寅所自撰之書，應亦同時借錄自子敬。因而《解題》上列各條，自應爲振孫在莆時作，或離莆不久後作也。

在莆訪書，亦有借錄自李氏者。如《解題》卷六《禮注類》云：

「《獨斷》二卷，漢議郎陳留蔡邕伯喈撰。記漢世制度、禮文、車服及諸帝世次，而兼及前代禮樂。舒、台二郡皆有刻本。向在莆田嘗錄李氏本，大略與二本同，而上下卷前後錯互，因並存之。」

《解題》卷八《目錄類》云：

「《藏六堂書目》一卷，莆田李氏云：『唐江王之後，有家藏誥命，其藏書自承平時，今浸以散逸矣。』」

同書同卷《地理類》云：

「《晉陽事跡雜記》十卷，唐河東節度使李璋纂。《序》言四十卷，《唐志》亦同，今删爲十卷。蓋治平中太原府所刻本也，從莆田李氏借錄。自南渡以來，關河阻絕，圖志泯亡，得見一二僅存者，猶足以發傷今思古之歎。然唐并州治晉陽、太原二縣，國初克復，徙治陽曲，而墟其故二縣。後皆併省，則唐之故跡，皆不復存矣。」

同書同卷同類又云：

「《番禺雜記》一卷，攝南海主簿鄭熊撰。國初人也。莆田借李氏本錄之。蓋承平時舊書，末有『河南少尹家藏』六字，不知何人也。」

《解題》卷十五《總集類》云：

「《集選目錄》二卷，丞相元獻公晏殊集。《中興館閣書目》以爲不知名者，誤也。大略欲續《文選》，故亦及於庾信、何遜、陰鏗諸人。而云唐人文者，亦非也。莆田李氏有此書，凡一百卷。力不暇傳，姑存其目。」

《解題》卷十九《詩集類》上云：

「《武元衡集》一卷，唐宰相武元衡伯蒼撰。初用莆田李氏本傳錄，後以石林葉氏本校，益以六首，及李吉甫唱酬六首。川本作二卷。」

案：莆田李氏，直齋未明言其名字。今人阮廷焯撰《宋代家藏書目考佚》一文，載見《國立編譯館館刊》第十二卷第二期。該文《藏六堂書目》條云：

「陳振孫《直齋書錄解題》卷八云：『《藏六堂書目》，莆田李氏云：唐江王之後，有家藏誥命。其藏書自承平時，今浸已散逸。』此莆田李氏，陳志未著名字，檢李俊甫《莆陽比事》卷三云：『郡志又載（唐）江王之後，有曰翔者，尉莆田，遂因莆田家焉，今子孫多錯居於郡。』又云：『江王元祥之孫稾，按《唐表》云：翔即稾之四代孫也。』則此《藏六堂書目》之莆田李氏，當即翔一脈之傳也。」

案：據阮氏所考，則唐江王元祥之孫爲稾，稾之四代孫爲翔，翔爲莆田尉，因家莆焉。是阮氏以直齋所屢言之莆田李氏，即翔之苗裔也。而余於第四章第三節中亦考出莆田李氏乃唐江王元祥之後，與阮氏同。元祥有子晃，晃子欽又嗣爲江王，故疑莆田李氏乃欽之苗裔，則所考與阮氏略異也。

振孫亦嘗借錄書籍於莆田劉氏。考《解題》卷五《雜史類》云：

「《後魏國典》三十卷，唐太常少卿元行沖撰。行沖以系出拓跋，乃撰《魏典》三十篇，文約事詳，學者尚之。此本從莆田劉氏借錄，卷帙多寡不同，歲月首尾不具，殆類鈔節，似非全書。」

莆田劉氏爲誰，其名氏固無可考矣。

以下所引數條，皆爲振孫離莆未久時所撰。《解題》卷五《典故類》云：

「《三朝訓鑑圖》十卷，學士李淑、楊偉等修纂。慶曆八年，偉初奉旨檢討三朝事跡，乞與淑共編，且乞製序。皇祐元年書成。頃在莆田，有售此書者，亟求觀之，則已爲好事者所得，蓋當時御府刻本也。卷爲一册，凡十事，事爲一圖，飾以青赤。亟命工傳錄，凡字大小、行廣狹、設色規模，一切從其舊，歛衽鋪觀，如生慶曆、皇祐間，目覩聖明作述之盛也。按《館閣書目》載此書，云繪采皆闕，至《續書目》乃云得其全。未知果當時刻本乎？抑亦摹傳也。」

《解題》卷八《譜牒類》云：

「《元和姓纂》十卷，唐太常博士三原林寶撰。元和中，朔方別帥天水閻某者，封邑太原以爲言。上謂宰相李吉甫曰：『有司之誤，不可再也。宜使儒生條其源系，考其郡望，子孫職任，並總緝之。每加爵邑，則令閱視。』吉甫以命寶，二十旬而成。此書絕無善本，頃在莆田以數本參校，僅得七八，後又得蜀本校之，互有得失，然粗完整矣。」

案：以上二條均有「頃在莆田」之語，故知撰就於離莆任未久。至《解題》卷十七《別集類》中云：

「《蔡忠惠集》三十六卷，端明殿學士忠惠莆田蔡襄君謨撰。近世始刻於泉州，王十朋龜齡爲之序。余嘗官莆，至其居，去城三里，荔子號『玉堂紅』者，正在其處。矮屋欲壓頭，猶是當時舊物。歐公所撰《墓志》，石立堂下，真蹟及諸公書帖多有存者。京、卞同郡晚出，欲自附於名閥，自稱族弟，本傳云爾。襄孫佃，唱名第一，京時當國，以族孫引嫌，降第二，佃終身恨之。」

觀此條「余嘗官莆」云云，則必撰於離莆任或稍後矣。又《解題》卷三《小學類》另有一條云：

「《爾雅新義》二十卷，陸佃撰。其於是書，用力勤矣。《自序》以爲雖使郭璞擁篲清道，跂望塵躅可也。以愚觀之，大率不出王氏之學，與劉貢父所謂不徹薑食、三牛二鹿戲笑之語，殆無以大相過也。《書》云：『玩物喪志。』斯其爲喪志也宏矣。頃在南城傳寫，凡十八卷，其曾孫子澠刻於嚴州爲二十卷。」

案：觀此條「頃在南城傳寫」云云，則又撰於離南城未久矣。

振孫離興化軍通判任，即除軍器監簿，理宗紹定四年辛卯（一二三一）嘗爲都人陳思所纂《寶刻叢編》作序，《解題》卷八《目錄類》載：

「《寶刻叢編》二十卷，臨安書肆陳思者，以諸家集古書錄，用《九域志》京、府、州、縣繫其名物，而昔人辨證審定之語，具著其下，其不詳所在，附末卷。」

案：臨安，乃南宋之首都，直齋任軍器監簿所在地，則是條及《序》必作於此時矣。

《解題》各條，亦不乏振孫知台州時所撰作。如卷十八《別集類》下云：

「《詅癡符》二十卷，御史臨海李庚子長撰。『詅』之義，衒鬻也。市人鬻物於市，誇號之，曰『詅』原註：去聲。此三字本出《顏氏家訓》，以譏無才思而流布醜拙者，以名其集，示謙也。庚，乙丑進士，以湯鵬舉薦辟入臺，家藏書甚富。」

又卷十九《詩集類》上云：

「《崔國輔集》一卷，唐集賢直學士禮部員外郎崔國輔撰。開元十三年進士，應縣令舉，爲許昌令。天寶中加學士，後以王鉷近親坐貶。詩凡二十八首，臨海李氏本。後又得石林葉氏本，多六首。」

案：此二條中所提及之臨海，即台州。乙丑爲寧宗開禧元年（一二〇五）。湯鵬舉者，字致遠，乃政和八年進士，《宋史》有傳。秦檜死，遂爲殿中侍御史，累官御史中丞，知樞密院事。李庚，固湯薦舉而入臺者也。

至《解題》卷二十《詩集類》下云：

「《雪巢小集》二卷，東魯林憲景思撰。初寓吳興，從徐度敦立游，後爲參政賀允中子忱孫婿，寓臨海。其人高尚，詩清澹，五言四韻古句尤佳，殆逼陶、謝。梁谿尤延之、誠齋楊廷秀皆爲之序，且爲《雪巢賦》及《記》。余爲南城，其子遊謁至邑，以《家集》見示，愛而錄之。及守天台，則板行久矣，視所錄本稍多。然其暮年詩似不逮其初，往往以貧爲累，不能不衰索也。」

案：此條所言之天台在台州。是知《詅癡符》、《崔國輔集》、《雪巢小集》等三條，皆直齋在台州作，其作年應爲端平三年丙申（一二三六）。

理宗嘉熙三年己亥（一二三九），至四年庚子（一二四〇），振孫則任浙西提舉，治所在平江府。其時所撰之解題，今可考者有《解題》卷八《目錄類》之《太宗御製御書目》一卷、《眞宗御製碑頌石本目錄》一卷、《龍圖閣瑞物寶目》、《六閣書籍圖畫目》共一卷，又卷十《雜家類》之《造化權輿》六卷，又卷十二《神仙類》之《雲笈七籤》一百二十四卷，同卷《釋氏類》之《景祐天竺字源》七卷，同卷《卜筮類》之《易林》十六卷，又卷十四《音樂類》之《皇祐新樂圖記》三卷。蓋上引諸書均訪求借錄於平江虎丘寺與《天慶道藏》也。上述《解題》之各條，余已於第三章第九節中迻錄之，茲不再錄。

陳樂素《直齋書錄解題作者陳振孫》二《述作》條云：

「《解題》所記歲月，以卷十二《易林》條之嘉熙庚子（四年，一二四〇）爲最晚。」

惟喬衍琯《陳振孫學記》第一章《傳略》第二節《仕履》則曰：

「《經義考》卷六《易類．易林》條云：得之莆田，恨多脱誤。嘉熙庚子四年，自吳門歸，偶爲鄉守王寺丞侑道之，因以家藏本見假。兩本參互稽究，校畢歸其書王氏。淳祐辛丑（元年，一二四一）五月。」

案：今檢朱彝尊《經義考》卷六《易類．易林》條載：

「陳振孫曰：又名《大易通變》，唐會昌景寅越五雲谿王俞序。凡四千九十六卦，蓋一卦可以變六十四也。又曰：舊見沙隨程氏所紀，紹興初諸公以《易林》筮時事，奇驗。求之多年，寶慶丁亥始得其書於莆田，錄而藏之，皆韻語古雅，頗類《左氏》所載繇辭。間嘗筮之，亦驗，獨恨多脱誤，無他本是正。嘉熙庚子自吳門歸霅川，偶爲鄉守王寺丞侑道之，因以家藏本見假，雖復多脱誤，而用兩本參互相校，十頗得八九，於是兩家所藏皆成全書，其間亦多重複，或數爻共一繇，莫可稽究。校畢歸其書王氏，而志其校正本末於此。淳祐辛丑五月。」

是則依《經義考》所載，《解題》中所記歲月，最晚者確爲淳祐辛丑五月，樂素未檢朱氏書，故微誤也。⑬

樂素之文同條又云：

「而卷三《春秋分記》條有云：『程公説兄弟三人皆以科第進，今中書舍人公許，其季也。』據《宋史》卷四一五公許本傳及《理宗紀》，其遷中書舍人，進禮部侍郎，在淳祐五年（一二四五）十二月鄭清之奉祠以後，翌年十二月史嵩之致仕之前；然則淳祐五年六年，《解題》方在撰寫之中。」

案：《解題》卷三《春秋類》載：

「《春秋分記》九十卷，邛州教授眉山程公説伯剛撰。以《春秋》經傳做司馬遷書爲《年表》、《世譜》、《曆法》、《天文》、《五行》、《地理》、《禮樂》、《征伐》、《官制》諸書。自周、魯而下，及諸小國、夷狄皆彙次之。時有所論，發明成一家之學。公説積學苦志，早年登科，值逆曦亂，憂憤以死，年財三十七。兄弟三人皆以科第進。今中書舍人公許，其季也。」

是《解題》此條確載程公許曾任中書舍人。考《宋史》卷四百一十五《列傳》第一百七十四《程公許》云：

「（淳祐五年）權禮部侍郎，差充執綏官。……鄭清之以少保奉祠，侍講幄中，批復其子士昌官職，與內祠，且許侍養行在所。蓋士昌嘗以詔獄追逮，或云詐以死聞，清之造闕，泣請于帝，故有是命。公許繳奏：『士昌罪重，京都浩穰，姦宄雜糅，恐其積習沉痼，重爲清之累；莫若且與甄復，少慰清之，內祠侍養之命，宜與收寢。』帝密遣中貴人以公許疏示清之。……遷中書舍人，進禮部侍郎。」

又同書卷四十三《本紀》第四十三《理宗》三云：

「（淳祐五年）十二月……己卯……鄭清之爲少師、奉國軍節度使，依前醴泉觀使兼侍讀，仍奉朝請，賜玉帶及賜第行在。」

據上引《宋史》二條所載，是樂素所考公許遷中書舍人之年固無誤，足證淳祐五、六年間，振孫仍在撰寫《解題》也。

陳樂素《直齋書錄解題作者陳振孫》二《述作》又云：

「《解題》所著錄之《晁氏讀書志》，乃二十卷本。案袁州本《晁氏讀書後志》趙希弁《序》云：『昭德先生校井氏書，爲《讀書志》四卷，番陽黎侯傳本于蜀，刊之宜春郡齋；且取希弁家所藏書，刪其重複，摭所未有，益爲五卷，別以《讀書附志》。三衢游史君，蜀人也，亦以蜀本鋟諸梓，乃衍而爲二十卷，書加多焉，蓋先生門人姚君應績所編也。』謂黎氏以蜀四卷本刊之宜春，而益以趙家所藏，爲五卷，游氏亦以蜀四卷本刊之三衢，而益以姚應績所編，衍而爲二十卷也。同出一源，派別而爲袁、衢，故趙希弁有《袁衢二本四卷考異》之作，附於袁本之末。近張菊生跋袁本云：『公武原《志》既刊於蜀，其後蜀中別行姚應績編二十卷本。』此說恐實不然。蓋四卷本先，若二十卷本別行於蜀，而刪杜鵬擧序，並削去井度姓名，則先後兩本比對，其敗豈不立見？殆因蜀經亂後，游鈞以爲四卷本已孤，時移地異，乃併姚所增編刊行耳；而不意黎安朝亦傳蜀本也。若果有先後別行，則趙氏當爲兩蜀本考異，以證其所據原本較優，而不必爲袁、衢考異，以示袁勝矣。此說如不謬，則直齋所見乃衢本，衢本據游氏跋，刊於淳祐己酉（九年，一二四九）。然則《解題》之作，至淳祐九年、十年而未已也。」

案：《解題》卷八《目錄類》載：

「《晁氏讀書志》二十卷，昭德晁公武子止撰。其《序》言得南陽公書五十篋，合其家舊藏得二萬四千五百卷。其守榮州，日夕讎校，每終篇輒論其大指，時紹興二十一年也。其所發明，有足觀者。南陽公，未知何人，或云井度憲孟也。」

據是則《解題》所據之《晁氏讀書志》，確爲二十卷之衢本。衢本有游鈞所撰跋語，其跋云：

「昭德晁公侍郎僑居蜀嘉定之峨眉，平生著書有《易》、《詩》、《書》、《春秋解》，考其異同甚詳；又作《讀書志》，皆鋟版。大父及嚴君善藏書，在嘉定時嘗摹而藏之。及南來，不能悉與俱，乃併他所藏燬矣。《讀書志》偶在篋中，鈞謹刻置信安郡齋，不惟使晁氏平生之功得不泯沒，而觀者按其目而訪求之，庶亦可使古書之不泯云。淳祐己酉夏五，郡守南充游鈞書。」

觀是，則樂素所謂「《解題》之作，至淳祐九年、十年而未已」，固事實也。淳祐十年，歲次庚戌（一二五〇），振孫七十致仕，是又直至耄歲，《解題》之撰寫，猶辛勤將事也。

喬衍琯《陳振孫學記》第四章《直齋書錄解題》第一節《成書及流傳》云：

「然其生前，隨齋已得而批注。《解題》卷十二《曆象類．唐大衍曆議》條隨齋批注：『自寶應之後，以迄於今，幾五百年皆宗之而不能易。』按：自寶應元年（七六三）下推五百年，爲景定三年（一二六二），即振孫卒年，是在其生前，隨齋已得而批注矣。」

案：隨齋名棨，字儀甫，程泰之大昌之曾孫。大昌宦遊去鄉里，樂吳興溪山之勝而卜居焉。意振孫與大昌子孫時有往還，故《解題》卷七《傳記類．唐年小錄》八卷、卷十《雜家類．孫子》十卷、卷十一《小說家類．槁簡贅筆》二卷、卷十二《曆象類．二十四氣中星日月宿度》一卷，或皆致仕里居後傳自程家者也。⑭此亦隨齋所以能獲睹《解題》並爲之批注之故歟！《解題》卷十二《曆象類．唐大衍曆議》十卷條隨齋批注全文云：

「郭雍撰集《古曆通議》，論諸家曆云：『一行作曆，上自劉洪之斗分，下及淳風之總法，前後五百餘年，諸家所得曆術精微之法，集其大成，以作《開元曆》。此其所以前無古人，後無來者，可謂盡善盡美矣。是以自寶應之後以迄於今，幾五百年皆宗之，而不能易。語以上古聖人之術，則又有間矣。』」

案：隨齋於此批注中既云「自寶應之後以迄於今幾五百年」，如據此以計算，則隨齋之批注《解題》，自在景定三年前之若干年。據是倘將《解題》之成書定於寶祐六年戊午（一二五八），庶幾與事實相符也。

至於《解題》一書之流傳，當自程棨得讀此書而爲之批注始。依前所考，其時約在景定三年前。隨齋所批注者，凡二十五則，計列在卷一《易類．易講義》十卷條、《易解義》十卷條、卷二《詩類．韓詩外傳》十卷條、卷三《經解類．六經圖》七卷條、同卷《小學類．廣雅》十卷條、《類篇》四十五卷條、《石鼓文考》三卷條、《漢隸字源》六卷條、卷四《正史類．新唐書》二百二十五卷條、同卷《起居注類．英宗實錄》三十卷條、卷五《雜史類．越絕書》十六卷條、《邵氏聞見錄》二十卷條、《悲喜記》一卷條、卷六《職官類．御史臺故事》三卷條、卷八《地理類．續成都古今集記》二十二卷條、[15]卷九《儒家類．太玄經》十卷條、《申鑒》五卷條、卷十二《曆象類．唐大衍曆議》十卷條、卷十五《總集類．六臣文選》六十卷條、《極玄集》一卷條、《九僧詩》一卷條、卷十六《別集類》上《樊宗師集》一卷、《絳守園池記注》一卷條、《羅江東甲乙集》十卷、《後集》五卷、《湘南集》三卷條、卷二十《詩集類》下《徐照集》三卷條、卷二十二《文史類．西清詩話》三卷條等之後。考隨齋所批注，幾徧及《解題》全書每類。直齋《解題》自成書後，即有隨齋批注，惟宋、元之際，此書流傳似未甚廣。故陳樂素《直齋書錄解題作者陳振孫》云：

「元袁桷《清容居士集》卷四六《跋定武褉帖損本》云：『趙孟頫家本得於霅溪陳侍郎振孫

伯玉，號直齋；其家藏書冠東南，今盡散落，余家亦得其數十種。』卷四八《書陸淳春秋纂例後》云：『《唐志》：《纂例》十卷、《集注》三十卷、《微旨》二卷、《辨疑》七卷。聞苕溪直齋陳氏書目咸有之。』案陳氏《書錄解題》著錄實止《纂例》與《辨疑》，見卷三，且明言『《唐志》有《集注》，今不存；又有《微旨》，未見。』是伯長當日雖得其藏書，然不但未睹其目，即所聞亦非實也。伯長在元，與吳師道同時，《吳禮部詩話》有述陳振孫伯玉語，見知不足齋本《書錄解題》。⑯伯長居史院，閱覽繁富，何以不及斯目？豈其流傳未廣歟？然周密《齊東野語》卷十二《書籍之厄》條言：『直齋書五萬一千一百八十餘卷，做《讀書志》作解題，極精詳。』則公謹知之獨審。公謹蓋視直齋爲鄉先輩，時親謦欬，故《野語》卷八、卷十七，《浩然齋雅談》上，均有聞諸陳氏之言。而馬端臨《通考》所以能據陳氏說者，殆以父相廷鸞出自牟子才之門，牟氏既與直齋有同朝之好，晚年又卜居霅川，事見牟巘《陵陽集》卷十七《題施東皋南園圖後》；牟氏與直齋不乏晤會機緣，故馬氏遂得間接有其書目。」

案：是樂素亦以有元之世，《解題》流傳未廣也。至喬衍琯《陳振孫學記》第四章《直齋書錄解題》第一節《成書及流傳》亦云：

「但宋元明三代，流傳不廣，頗爲罕見。宋王應麟編《玉海》，卷三十五至六十三，凡二十八卷爲《藝文》，備引宋代公私書目，而不及《書錄解題》。按《王深寧先生年譜》：應麟生於宋寧宗嘉定十六年癸未（一二二三），後於振孫三十餘年。《玉海》初刊於元後至元三年（一二六七），時應麟已故多年，而無刊書序跋，《年譜》亦不云何年編撰。然恭帝二年丙子（一二七五），應麟五十四歲，宋亡，杜門不出，所著述只書甲子。至元成宗元貞元年七十四歲始卒。《玉海》都二百卷，在應麟著述中，卷帙最鉅，取材繁富，當成於晚歲。振孫景定三年（一二六二）卒時，應麟方四十歲，前此數年，隨齋已得而批注，應麟之《玉海》，必未着手編撰。而應麟係鄞人，去吳興不遠。又應麟歷官浙西提舉常平主管帳司、台州通判、軍器少監等，與振孫爲前後任，宜能得《書錄解題》而載之《玉海》。然《玉海》引書，不及《解題》，蓋流傳不廣之故也。」

案：喬氏此條有誤。如「時應麟已故多年」一句，「應麟」應爲「振孫」。至喬氏步武樂素，所考《解題》流傳不廣，則於陳氏之說有所增益。據陳、喬二氏所考，是袁伯長、王深寧輩確未曾得見《解題》，是故袁氏《跋定武禊帖損本》所考《解題》諸語有誤，而王氏《玉海》載書亦不及《解題》。然竊以爲自《解題》成書後，袁、王二氏雖無緣一讀其書，然隨齋則已詳讀之且加以批注；他如周公謹、吳師道、牟子才、牟巘喬梓、馬廷鸞、馬端臨父子則必曾讀此書。考周密《齊東野語》卷十二《書籍之厄》條既云：

「近年惟直齋陳氏書最多，……至五萬一千一百八十餘卷，且做《讀書志》作解題，極其精詳，近亦散失。」

是直齋藏書既已散失，公謹此條恃以統計而得直齋藏書卷數爲五萬一千一百八十餘卷者，厥爲依靠所見《解題》一書。今據《四庫》本《解題》所著錄各類書籍及卷數，計卷一《易類》書八十八種、七百四十二卷，卷二《書類》書二十八種、四百六十九卷，《詩類》書二十六種、四百五十九卷，《禮類》書四十三種、一千零五十七卷，卷三《春秋類》書六十八種、一千一百三十六卷，《孝經類》書十一種、十五卷，《語孟類》書三十七種、四百七十卷，《讖緯類》書五種、十六卷，《經解類》書二十一種、二百五十二卷，《小學類》書二十九種、三百三十一卷，卷四《正史類》書三十四種、二千七百一十三卷，《別史類》書六種、五百六十五卷，《編年類》書五十種、二千二百九十二卷，《起居注類》書四十五種、三千一百一十七卷，卷五《詔令類》書八種、四百二十六卷，《僞史類》書四十種、二百七十八卷，《雜史類》書九十七種、九百九十四卷，《典故類》書五十九種、三千零七十五卷，卷六《職官類》書五十三種、四百五十五卷，《禮注類》書四十一種、八百六十八卷，《時令類》書十二種、五十一卷，卷七《傳記類》書一百四十八種、六百六十九卷，《法令類》書十七種、八百四十八卷，卷八《譜牒類》書十九種、七十八卷，《目錄類》書三十三種、三百九十一卷，《地理類》書一百六十九種、二千二百三十一卷，卷九《儒家類》書七十四種、六百一十卷，《道家類》書二十七種、一百六十一卷，卷十《法家類》書四種、四十卷，《名家類》書五種、二十一卷，《墨家類》書一種、三卷，《縱橫家類》書一種、三卷，《農家類》書三十七種、八十一卷，《雜家類》書六十三種、五百五十六卷，卷十一《小說家類》書一百六十七種、一千九百一十八卷，卷十二《神仙類》書三十八種、二百五十卷，《釋氏類》書三十一種、二百三十七卷，《兵書類》書二十三種、一百六十四卷，《曆象類》書二十三種、一百六十四卷，《陰陽家類》書三十三種、一百五十五卷，《卜筮類》書十一種、二十八卷，《形法類》書二十六種、三十卷，卷十三《醫書類》書八十七種、七百六十六卷，卷十四《音樂類》書二十七種、三百七十五卷，《雜藝類》書九十九種、二百九十二卷，《類書類》書五十四種、三千七百五十一卷，卷十五《楚辭類》書九種、一百一十二卷，《總集類》書一百零三種、三千四百七十八卷，卷十六《別集類》上、書九十九種、一千四百四十四卷，卷十七《別集類》中、書一百三十一種、四千五百九十六卷，卷十八《別集類》下、書一百四十六種、四千六百四十二卷，卷十九《詩集類》上、書一百八十三種、五百零四卷，卷二十《詩集類》下、書一百三十四種、一千卷，卷二十一《歌詞類》書一百二十種、三百零四卷，卷二十二《章奏類》書三十九種、三百五十一卷，《文史類》書六十六種、三百零三卷。合上各類書籍凡三千零五十八種，爲卷五萬零三百三十七。《四庫》本《解題》所著錄之五萬零三百三十七卷，與《齊東野語》所記直齋藏書之五萬一千一百八十餘卷，相差僅爲七百餘卷，或《四庫》本所據之《永樂大典》本早有遺脫，故仍足證周密必得讀《解題》，是以於直齋藏書散亡之後，仍可考得其前此藏書之卷數也。《書籍之厄》條於言直齋藏書卷數後，又謂直齋「且倣《讀書志》作解題，極其精詳」，言之既鑿鑿，且述及《解題》一書之撰作體例，更足證公謹已曾通讀《解題》全書，殆無疑矣。

吳師道之得讀《解題》，可取證於《吳禮部集》卷十七《題家藏淵明集後》一條，該條云：

「予家《淵明集》十卷，卷後有楊休之序錄、宋丞相私記及曾紘說《讀山海經》誤句三條。

乾道中，林栗守江州時所刊。第三卷首有序云：『《文選》五臣注淵明《辛丑歲七月赴假還江陵夜行塗中》詩，題云：淵明詩晉所作者，皆題年號，入宋所作，但題甲子而已。意者恥事二姓，故以異之。思悅考淵明之詩，有以題甲子者，始庚子，距丙辰，凡十七年間只九首耳，案《集》，九題，詩十一首。皆晉安帝時所作也。中有《乙巳歲三月爲建威將軍使都經錢溪》作，此年秋乃爲彭澤令，在官八十餘日，即解印綬，賦《歸去來兮》。後一十六年庚申，晉禪宋，恭帝元熙二年也。蕭得施作傳曰：『自宋高祖王業漸隆，不復肯仕。』於淵明之出處得其實矣。寧容晉未禪宋前二十載，輒恥事二姓，所作詩但題以甲子而自取異哉？矧詩中又無標晉年號者，其所記甲子，蓋偶記一時之事耳，後人類而次之，亦非淵明意也。世之好事者多尚舊說，今因詳校故書於第三卷首，以明五臣之失，且袪來者之惑。』愚按陳振孫伯玉亦云：『有治平三年思悅題，思悅者，不知何人。』今未有考，但其所論甚當而有未盡。且《宋書》、《南史》皆云，自宋高祖王業漸隆，不復肯仕，所著文章，皆題其年月，義熙以前，明書晉氏年號，自永初以來，惟云甲子而已。李善注《文選》，淵明《始作鎮軍參軍經曲阿》題下引《宋書》云云。蓋自沈約、李延壽皆然，李善亦引之，不獨五臣誤也。今考淵明文，惟《祭程氏妹文》書『義熙三年』，《祭從弟敬遠文》則云『歲在辛亥，節惟仲秋』。《自祭文》則曰『歲惟丁卯，律中無射』。惟丁卯在宋元嘉四年，辛亥亦在安帝時，則所謂一時偶記者，信乎得之矣。《本傳》：『江州刺史王弘欲識之，不能致。潛遊廬山，弘令其故人龐通之齎酒具，半道栗里邀之。』集中《答龐參軍》四言五言各一首，皆敘鄰曲契好，明是此人。又有《怨詩示龐主簿》者，即參軍邪？半道栗里亦可證移家之事。陳氏《書錄》稱吳仁傑斗南有《年譜》，張縯季長有《辨證》，俟見並考之。」

是吳師道於撰作此條中，一再引及陳振孫與《解題》之說。考《解題》卷十六《別集類》上載：

「《陶靖節年譜》一卷、《年譜辨證》一卷、《雜記》一卷，吳郡吳仁傑斗南爲《年譜》，蜀人張縯季長辨證之，又雜記前賢論靖節語。此蜀本也，卷末有陽休之、宋庠《序錄》、《私記》，又有治平三年思悅題，稱『永嘉示以宋丞相刊定之本』。思悅者，不知何人也。」

師道文中所引資料，即據《解題》中《陶靖節年譜》條，是則吳師道於元時必得讀《解題》，固無疑矣。

至牟子才父子之得讀《解題》，固緣於振孫與子才間之情誼。考子才之子牟巘《陵陽集》卷十七《題跋．題施東皋南園圖後》云：

「先父存齋翁以淳祐丙午卜居霅川安定門之裏馬公橋之旁，乃慶曆間郡守馬尋宴六老於南園處也。越明年丁未冬，先父以言事忤時宰，謁告來歸，始奠居焉。嘗賦五絕，其一曰：『買家喜傍水晶宮，正在南園故址中。我欲築堂名六老，挽回慶曆太平風。』蓋紀實也。門人馬君廷鸞大書：『南園』二字揭焉。直齋陳貳卿與先父有同朝好，今跋此圖乃庚戌七月五日，後六年丙辰中秋後所書，偶不及焉。直齋後重修郡志，始書曰『南園，今年存齋所居，是其處也。』今年庚戌，施東皋携此相侶，視直齋所書之歲適同，豈偶然哉！把玩感慨，不能自已，輯書其末而歸之。庚戌清明日，陵陽牟某書，年八十有四。」

案：此《題後》中提及之存齋即子才。淳祐丙午，爲理宗淳祐六年（一二四六）；丁未，爲淳祐七年（一二四七）；庚戌，爲淳祐十年（一二五〇）。淳祐十年，振孫正致仕居里。淳祐十年庚戌七月五日，直齋所撰之《南園圖跋》，今載見《齊東野語》卷十五《張氏十詠圖》條。至丙辰，乃寶祐四年（一二五六）。牟巘之題施東皋《南園圖》，其時則在元武宗至大三年庚戌（一三一〇）矣。余意子才父子之得讀《解題》，必在淳祐十年庚戌之後，此即樂素文中所云「牟氏既與直齋有同朝之好，晚年又卜居霅川，……牟氏與直齋不乏晤會機緣」之時也。據牟巘此《題後》，頗疑巘不獨得讀《解題》，並得讀直齋所修之《吳興人物志》也。

馬廷鸞爲子才門人，牟巘《題施東皋南園圖後》已明言之。廷鸞、端臨喬梓之所以能得讀《解題》，殆以廷鸞出自牟氏之門故也。樂素於文中云：「馬端臨《通考》所以能據陳氏說者，殆以父相廷鸞出自牟子才之門，……故馬氏遂得間接有其書目。」所言不離於事實。今觀廷鸞代理宗、度宗所撰諸制，其《碧梧玩芳集》一書卷四《制》有《試禮部尚書兼直學士院兼給事中兼修史牟子才特授翰林學士知制誥兼職依舊制》、卷七《制》有《牟子才父已贈大中大夫桂特贈通議大夫制》、卷九《制》有《翰林學士知制誥兼給事中兼修史牟子才特授端明殿學士與宮觀制》、《牟子才特授資政殿學士致仕制》，是宋帝所頒子才諸制，一皆出自廷鸞之手，牟、馬二人師弟之間，其關係之深切可知。

綜上所述，固悉直齋《解題》寫成後，於宋、元之際，此書流傳不甚廣，故以袁桷、王應麟之博贍，似皆未能得而見之；然如牟子才父子及馬廷鸞輩，因以交誼之故，類能得讀《解題》原稿。至如隨齋之能批注《解題》，周密能記直齋藏書卷數於《齊東野語》書中，吳師道又能引用直齋評論淵明之文字於其所撰之《詩話》，至馬端臨之《文獻通考》，其《經籍考》更幾備載《解題》全書。是則振孫於撰成《解題》後，其書已備受時人及後學所重視，且常被應用於後人之著述中，固曉然矣。

至《解題》一書是否有宋刻本行世，《湖錄》曾云：

「聞之竹垞先生云：『《書錄解題》一十六卷，常熟毛氏藏有半部宋槧本，亟訪之，乃託言轉於玉峰，不獲一見，惜哉！予竊從《通考》彙抄之，不分卷，亦裒然二冊矣。大約馬氏收羅殆盡，或未必有所芟棄也。』」

案：依《湖錄》所記，則常熟毛晉家固藏有《解題》宋槧本半部，凡十六卷，朱彝尊亟訪之，而毛氏乃託言轉售於玉峰，至不復得見，彝尊深覺可惋也。至玉峰究爲誰氏？近代精研陳振孫及其《解題》如陳樂素、喬衍琯諸氏，均未一考其人，殊可憾矣。其實玉峰乃徐乾學之號。蓋乾學字原一，號健庵，又號玉峰，康熙庚戌（一六七〇）進士第三人及第，官刑部尙書。其家有傳是樓，藏書甲天下。葉昌熾《藏書紀事詩》卷四有云：

「一洗空華孌闒茸，瑤臺牛箧出塵封。一門並擅名山藏，白鹿爭高指玉峰。徐乾學健庵、弟秉義果亭、元文立齋、子炯章仲。」

據葉詩「白鹿爭高指玉峰」一句及其注語，則所言之玉峰，即乾學也。惟檢吳丙湘校刊之《傳是樓宋元板書目》，所收書雖多至四百五十部，而獨無《解題》。故喬衍琯《直齋書錄解題板本考》五《宋刊本》條云：

「至於說有宋刊本，好像不太可能。因爲《解題》成書，既在直齋的晚年，到南宋亡國，不過二十年光景。如果曾經刊行，宋元之間是應該很容易見到的。可是陳樂素考得當時雖是博極群書的人，也不曾看到過本書。……還有和馬端臨約同時的王應麟，編有《玉海》，其卷三十五至六十二凡二十八卷爲《藝文》，徵引各種公私書目，遠比馬氏的《經籍考》豐富，可是沒有引用到《書錄解題》。如果在宋末已有刊本，以袁、王等人聲氣之廣，纂輯之富，是不應該看不到的。」

然而陳樂素則認爲《解題》有宋槧本，不是不可能。樂素所撰《略論陳振孫直齋書錄解題》之八《解題的傳本》云：

「清初引用《解題》的，有朱彝尊、納蘭性德等。納蘭引用的，見於《通志堂集．經解》，但爲數不多。其中有云：『直齋《解題》，於著書之人，往往舉其立身大概，使後世讀其書者，雖不獲親見其人，猶稍稍得其本末，以爲論世知人之據』（《春秋皇綱論序》）。大概他是看過《解題》全書的。至於朱彝尊，在《經義考》中，就頗多引用。鄭元慶《湖錄》中，有一段話：『聞之竹垞先生云：「《書錄解題》一十六卷，常熟毛氏藏有半部，宋槧本。」亟訪之，乃託言轉於玉峰，不獲一見，惜哉！』⑰此事真相如何，不得而知，但《解題》有宋槧本，不是不可能的。朱彝尊在《經義考》中所引用《解題》，字句頗有和現行武英殿本不同的。試舉兩例子：

《解題》卷一，《古易》十二卷，《音訓》二卷，『著作郎東萊呂祖謙伯恭所定。篇次與汲郡呂氏同。《音訓》，其門人王莘叟筆受。朱晦庵刻之臨漳、會稽，益以程氏是正文字及晁氏說。其所著《本義》，據此本也。』但《經義考》卷三十，《呂祖謙古易》條載：『陳振孫曰：「著作郎呂祖謙伯恭，隆興癸未（元年，公元一一六三年）鎖廳，甲科，宏詞亦入等。仕未達，得末疾，奉祠。所定《古易》篇次，與呂微仲同；《音訓》則其門人王莘叟筆受。（下略）」』一般說，作者呂祖謙，在《解題》卷一是初見，例應該舉他的仕歷，當從《經義考》所引。

《解題》卷十二，《易林》十六卷。『漢小黃令梁焦延壽贛撰。又名《大易通變》。唐會昌丙寅（六年，公元八四六年），越五，雲谿王俞序。凡四千九十六卦。其辭假出於經史，其意雅通於神祇；蓋一卦可以變六十四也。舊見沙隨程迥所記，南渡諸人以《易林》筮國事，多奇驗。求之累年，寶慶丁亥（三年，公元一二二七年）始得之莆田。皆韻語古雅，頗類《左氏》所載繇辭，或時援引古事。間嘗筮之，亦驗。頗恨多脫誤。嘉熙庚子（四年，公元一二四〇年），以湖守王寺丞侑借本，兩相校，十得八九。其中亦多重複，或諸卦數爻在一繇，莫可考也。』

《經義考》卷六，《易林變占》條，所載較爲詳盡，其文如下：

陳振孫曰：『又名《大易通變》。唐會昌景寅，越五，雲谿王俞序。凡四千九十六卦，蓋一卦可以變六十四也。』又曰：『舊見沙隨程氏所記：「紹興初，諸公以《易林》筮時事，奇驗。」求之多年，寶慶丁亥，始得其書於莆田，錄而藏之。皆韻語古雅，頗類《左氏》所載繇辭。間嘗筮之，亦驗。獨恨多脫誤，而用兩本參互相校，十頗得八九。於是兩家所藏，皆成全書。其間亦多重複，或數爻共一繇，莫可稽究。校畢，歸其書王氏，而志其校正本末於此。淳祐辛丑（元年，公元一二四一年）五月。』

這是一篇識語。《經義考》引自《解題》，還是朱彝尊有《易林變占》這部書。書中有陳振孫這篇識語？不易斷定。但《通考·經籍考》和現行武英殿本《解題》所載，顯然是一篇節文，不如識語詳明。」

案：朱彝尊、納蘭性德既是清初人，則《經義考》與《通志堂集》所據之《解題》，當絕非《四庫》本，而爲另一版本。至於是否爲宋槧本，固不可確知；然誠如樂素所言：「《解題》有宋槧本，不是不可能。」再證之明初修《永樂大典》，已全載《解題》；至神宗萬曆間又有武林陳氏刻本；上述二書所依據，或即此宋槧本。是故，《解題》宋槧本之有無，在未有充分證據之前，殊不宜一概坐實。是故喬衍琯謂：「至於說有宋刊本，好像不太可能。」所言仍微欠矜愼也。

至《解題》在明代流傳之情況，喬衍琯《直齋書錄解題板本考》六《明代內府收藏》則云：

「《四庫全書總目》卷八十五《書錄解題提要》說：『此書久佚，惟《永樂大典》全載之，誠希覯之本也。』足見當時內府還有足本。可是正統間修《文淵閣書目》，其《類書類》僅有：『《書錄解題》一部、七冊、闕。』已祇有殘本。到萬曆間張萱等編《內閣藏書目錄》，連這一殘本也亡佚了。筆者曾查過十多種明代私家藏書目錄，也都沒有《書錄解題》。

至於《粵雅堂叢書》所收的《菉竹堂書目》，著錄了《書錄解題》。清陸心源《儀顧堂題跋》已考定是鈔摘了《文淵閣書目》的僞本，自然不足做依據。

清傅維麟的《明書·藝文志》，也載有《書錄解題》。不過傅氏並不是根據明代的藏書或著述狀況編成的，而也是鈔《文淵閣書目》。都不能證明在明清之際，還有《書錄解題》流傳。

明萬曆二十二年（一五九四）議修國史，焦竑先撰《經籍志》，其《簿錄類·家藏總目之屬》，載自唐至明凡三十二種，而無《直齋書錄解題》。卷末所附《糾繆》，駁正漢、隋、唐、宋諸史《藝文志》，以及《崇文總目》、《通志·藝文略》、《郡齋讀書志》、《通考·經籍志》等書目著錄和分類上的失誤，而沒有提到《書錄解題》。《國史經籍志》係仿《通志·藝文略》，鈔錄各家書目而成的，所著錄各書，也沒有依據《書錄解題》。焦氏志在修史，所採求其完備。足見當時他不僅沒有看到這部書，而在他所依據的各種書目等資料裏，也沒有《書錄解題》，甚且他根本不知道這部書目。」

案：依喬文所言，《四庫總目》既云《永樂大典》全載《解題》，則明初內府中固有《解題》之足本矣。英宗正統間修《文淵閣書目》，其《類書類》載有《解題》一部、七冊、闕；則內府所藏者已成殘本矣。神宗萬曆間編《內閣藏書目錄》，其書已無載《解題》，則內府中連殘本亦無存矣。內府雖無《解題》，惟明代民間藏書是否即亦全無此書？《粵雅堂叢書》第十五集收有明人葉盛《菉竹堂書目》，其書卷五《類書》載：

「《書錄解題》，七冊。」

陸心源《儀顧堂題跋》卷五有《粵雅堂刻僞菉竹堂書目跋》一文云：

「《菉竹堂書目》六卷，粵東伍氏刊本，前有文莊《自序》，與文莊集《涇東稿》所載合；後有五世孫恭煥、七世孫國華《跋》。校以明《文淵閣書目》，書名、分類、冊數，一一皆同。惟卷首《聖製》類，刪去祖訓、文集、實錄、官制、法令等書數百種，卷末刪《舊志》、《新志》兩類，《古今志》一類則刪《島夷志》以下數十種而已。《閣目》每書皆載數部，注明全缺；此則每書祇錄一部，不注全缺，但取《閣目》冊數最多者錄之。文莊原《序》，爲卷二萬有奇、冊四千六百有奇。今冊計二萬三百有奇，浮於原《序》五倍；卷雖無考，以《書錄解題》、《千頃堂書目》所載約計，當在二十萬外，浮於原《序》十倍。伏讀《四庫提要》：『《菉竹堂書目》六卷，經、史、子、集各一卷。卷首曰《制》，乃官頒各書及賜書、賜敕之類。末卷曰《後錄》，則其家所刊及自著書，有成化七年《自序》，大率本之馬氏《經籍考》，別出《舉業》類，而無《詩集》，亦略有增損。又別有《新書目》一卷附於後。中載夏言、王守仁諸人《集》，蓋其子孫所編。』云云。案：此本卷首雖有《聖製》，而不曰《制》；又無《後錄》，亦無《附目》。卷中有《詩集》，而無《舉業》；《序》末亦無成化記年，證與文莊《自序》，固多牴牾，與《提要》尤無一合。蓋書賈鈔撮《文淵閣目》，改頭換面以售其欺，決非館臣所見兩淮經進之本也。恭煥及國華《跋》恐亦非真。《粵雅叢書》世頗風行，恐誤後學，不可以不辨。」

案：前引喬文，其僅據《儀顧堂題跋》所云，遂認爲《菉竹堂書目》既爲鈔摘自《文淵閣書目》之僞書，故書中雖著錄有《解題》，殊不足依據爲明代尚有《解題》之證。然竊謂：誠如陸心源所考，設以粵雅堂所刻之《菉竹堂書目》，儘是書賈鈔撮《文淵閣書目》以售其欺之僞本；然《四庫》館臣已另見兩淮鹽政採進本之《菉竹堂書目》矣，此必爲葉氏之原本，是以《四庫總目》所述《菉竹堂書目》，與葉文莊《自序》，若合符契也。[18]邵懿辰《四庫簡明目錄標注》卷十四《史部．目錄類．經籍之屬》亦云：

「《菉竹堂書目》六卷，明葉盛撰，《存目》有。拜經樓有鈔本，不分卷。後附《書厨銘》云：『讀必謹，鎖必牢，收必審，閣必高，子孫子，惟學斆，借非其人亦不孝。』」

邵章《續錄》云：

「清鈔本，一卷，附《碑目》十卷。咸豐間刊《粵雅堂叢書》本，六卷，附《碑目》六卷。」

是則《菉竹堂書目》除兩淮鹽政採進本外，尚有拜經樓鈔本與淸鈔本，固不止《粤雅堂叢書》本也。惜上述各本之存佚，及各本書中是否著錄有《解題》，今均不可曉矣。由是言之，喬文謂《粤雅堂叢書》本《菉竹堂書目》所著錄之《解題》不足據固可，若因是而欲否定明代尚有《解題》一書流傳民間之事實，則期期以爲不可也。

竊意明代民間尚流傳《解題》一書之事實，前引宋濂《文憲集》卷二十七《諸子辨．關尹子》條，此條之中已徵引有《解題》文字，自是一證。濂，字景濂，元末明初人，《明史》卷一百二十八有傳。《諸子辨》篇後有記云：

「至正戊戌，春三月丙辰，西師下睦州。浦陽壤地與睦境接，居民震驚，多扶挈耄倪走傍縣，予亦遣妻孥入勾無山。獨留未行，日坐環堵中，塊然無所爲。乃因舊所記憶者，作《諸子辨》數十通，九家者流，頗具有焉。……秋七月丁酉朔，金華宋濂記。」

案：此條之至正戊戌，即元順帝至正十八年（一三五八），其時距蒙元之亡不足十年。意景濂之得讀《解題》一書雖在元末，然其書入明後尚必流傳。所惜者無法得知景濂所據之《解題》板本，其與《永樂大典》本及文淵閣藏本之異同爲何如耳！

明人嘗得讀《解題》者，今可確知，除宋濂外，尚有胡應麟。應麟所著之《少室山房筆叢》，其書卷十四至卷十六乃爲《四部正譌》。《四部正譌》一再徵引《解題》以爲論說。茲略作迻錄，以資證明。《四部正譌》上云：

「《子夏易》十卷，陳振孫云：『《漢志》無卜氏《易》，至《隋志》始有《子夏易》二卷，其爲依託甚明。且隋唐時已殘缺，宋安得有十卷？其經文、彖、象、爻辭俱用王弼本，又陸德明所引隋《子夏易語》，今本十卷中皆無之。豈直非漢世書，併非隋唐之舊矣。』余按：《子夏易》載《通考》者，今亦不傳，據陳氏所論推之，當是漢末人依託；至隋殘缺，唐宋人復因《隋目》取王氏本僞撰此書，正猶《乾坤鑿度》本漢世僞撰，至隋唐亡逸，宋人復僞撰以行，僞之中又有僞者也。」

「《關朗易傳》一卷，唐趙蕤注。朱紫陽曰：『僞書也。』按朗稱魏孝文帝時，王仲淹祖、同州刺史彥師事之。嘗爲彥筮，得《夬》之《革》，遂決百年中當有達人出，修洙泗之教，中歷數周、齊、陳、隋事，無不懸合；而其意實寓河汾，非唐初福時輩拮據陳跡，以耀其先，則宋阮逸僞撰，以證佐文中者，書之得失，固不足深論也。或以即注者趙蕤。按蕤有《長短經》十卷，《北夢瑣言》云：『蕤，梓州鹽亭人，博學韜鈐，長於經世，夫婦俱隱，不應徵召，論王霸、機權、正變，作爲此經。』則蕤當是中唐前後人。然《新》、《舊唐書》並無《關氏易傳》，而僅見於馬、鄭諸家，則此書非蕤可見，而阮逸之僞無疑。按《通考》，逸又有《易筌》六卷，每爻必以古事系之，陳振孫誚其牽合，蓋逸之作僞無往不然也。」

「《王氏元經》十五卷，稱王通撰，薛收注。宋世已艱得其本，意今藏書家不復有之。據《通考》晁、陳所論，經傳皆阮逸也。其書始晉太熙，終陳亡。陳振孫謂：『唐神堯諱淵，其祖景，皇諱虎，故《晉書》戴淵、石虎皆以字行。薛收，唐人，於《傳》稱戴若思，石季龍，宜也。《元經》作於隋世，迺亦云若思，逸之心勞日拙，蓋不能自掩矣。』右陳氏論甚精。」

《四部正譌》中又云：

「《鶡冠》，韓、柳二說，自相紛拏。晁公武、陳振孫並主柳說，周氏《涉筆》在疑信間，獨宋景濂以非僞撰，謂其書本晦澀，後人復雜以鄙淺，故讀者厭之，不復詳悉其旨。」

「《關尹子》九篇，以即老聃弟子而莊周稱之者。按《七略》，道家有其目，自《隋志》絕不載，則是書之亡久矣。今所傳云：徐藏子禮得於永嘉孫定者，陳振孫疑定所受不知何人，宋景濂以即定撰，皆有理。余則以藏、定二子，尚非如阮逸、宋咸輩實有其人，或俱子虛烏有，未可知也。」

「《晝傳》，載《北史》甚明。又嘗爲高才不遇，傳袁孝政《序》，正據《晝傳》言之。陳振孫謂終不知晝何代人，殊失考。黃東發以袁孝政作，託名於晝，則亦未然。凡依託之書，必前代聖賢墳籍，冀以取重廣傳，晝之聲價，在六朝甚泯泯，即孝政何苦託之。勘僞書者，此義又當察也。」

「《孫子》十卷，陳氏《解題》曰：『稱晉孫綽撰。《唐志》及《中興目》皆無之，恐依託也。』按《隋志》有此書，《意林》所簒百餘語，頗佳，當是綽撰，第《唐志》不錄，至南渡復傳，蓋本書亡逸而後人補之者。陳氏並其初疑之，亦失考也。」

「《黃帝內傳》一卷，晁公武云：『稱錢鏗得之衡山石室中。』陳振孫曰：『誕妄不經，方士輩依託也。』余按：神仙丹汞之籍，大都依託上古帝王，《漢志·方技》中紛紛可見，第秦漢人書，即僞撰猶倍蓰；後世真者如《素問》、《靈樞》之類，咸假軒、岐，亡論其術百代尊守，其文辭，稚川、貞白能萬一乎！惜二書外，餘絕不傳；而唐、宋以還，怪譚陋說坌布域中。若此書，今尚行世，漫識以例其餘。」

《四部正譌》下亦云：

「《列仙傳》三卷，陳振孫云：『傳凡七十二人，每傳有贊，似非向撰，西漢人文章不爾也。』余按：《漢書·藝文志》，劉向所敘六十七篇，止《新序》、《說苑》、《世說》、《列女傳》，而無此書。《七略》，劉歆所定，果向有此書，班氏決弗遺，蓋僞撰也。當是六朝間人，因向傳列女，又好神仙家言，遂僞撰託之。其書既不得爲真，則所傳之人，恐亦未必皆實。考此《傳》，孫綽及郭元祖各爲贊，非六朝則三國無疑也。」

「《廣陵妖亂志》，陳振孫云：『唐鄭廷誨撰。』余記一《雜說》云：『羅隱、昭諫嘗謁高千里，不得志，故極言詆毀，與駢始末太不相倫。』此言或自有謂。駢釋賊不擊，誠可誅。《志》中述其惑於諸呂，若喪心之極者，未必盡爾也。温公《通鑑》全據此書，蓋宋世用事群小，以史事謗涑水，故唐末五代不及致詳耶！又唐人評隱以落魄，故好訕謗之詞。此說蓋有自來。」

綜上所引，則胡應麟於明代之得讀直齋《解題》，固彰彰可考者；是則喬文之不足信，殆可知矣。《明史》卷二百八十七《列傳》第一百七十五《文苑》三有應麟傳，其傳云：

「胡應麟，幼能詩。萬曆四年舉於鄉，久不第，築室山中，搆書四萬餘卷，手自編次，多所撰著。携詩謁世貞，世貞喜而激賞之，歸益自負。所著《詩藪》二十卷，大抵奉世貞《卮言》爲律令，而敷衍其說；謂詩家之有世貞，集大成之尼父也。其貢諛如此。」

觀是，則應麟蓋生活於萬曆之時。由是可推知，《解題》一書，直至明神宗之世，猶在民間流傳也。

喬衍琯氏於詳論《菉竹堂書目》之後，又引述傅維麟《明書．經籍志》⑲及焦竑《國史經籍志》爲說，欲證成其「明清之際沒有《書錄解題》流傳」與「焦竑根本不知道《解題》這部書目」之論斷，其誤易明，殊不足辨。有關喬文引述傅維麟《明書．經籍志》爲說，其不能成立之故，前已辨之，不再贅。至喬氏謂「焦竑根本不知道《解題》這部書目」，更屬其語不經。蓋即令《國史經籍志》卷三《簿錄．家藏總目》中不載《解題》，惟喬文亦謂《國史經籍志．附錄．糾繆》中有糾馬端臨《經籍考》之謬者。而馬氏之書幾全引《解題》，焦竑豈容不知，即此一端，喬氏謂「焦氏根本不知道《解題》這部書目」之論，其絕不能成立，明矣！

喬衍琯《直齋書錄解題板本考》七又有《明萬曆武林陳氏刻本》條云：

「清莫友芝《郘亭知見傳本書目》，載《書錄解題》有明萬曆武林陳氏刻本；邵懿辰《簡明目錄標注》也有相同的記載。武林和吳興相去不遠，刻書人也姓陳，倒像是直齋的後裔刻的。可是焦竑是江寧人，去武林不甚遠，他到萬曆四十八年（一六二〇）才去世，應很容易看到這部書，而可以補進《國史經籍志》的。朱彝尊是秀水人，去武林更近，卒於清康熙四十八年（一七〇九）。所撰《經義考》，毛奇齡序稱『非博極群書，不能有此』，也不曾看到這一萬曆刻本。陳夢雷修《古今圖書集成》，《經籍典》佔五百卷，不曾直接徵引到《書錄解題》。清乾隆時修《四庫全書》，除了利用內府藏書外，還屢次下詔要各地方官署採進圖書；私人藏書進呈得多的，另有獎勵，如賞賜《圖書集成》或《佩文韻府》等。吳慰祖把各地歷次的進呈書目三十二種，彙編成《四庫採進書目》，其中都不見有《書錄解題》。當時進呈圖書，功令雖嚴，實仍虛應故事，好的罕傳的書，是不肯進呈的，如果《書錄解題》有萬曆間武林刻本，以浙江省先後進呈十三次之多，不可能沒有這部書的。

而且從萬曆以來，四百年間，沒有哪一部公私書目著錄過這一刻本。也未見論著、筆記中引用到或提到這一板本，足見得事屬子虛烏有。邵、莫兩家書目成書時間相近，而又各有增改，每相互抄襲，所以當是同一來源，不知何所依據，而載有這一板本。」

喬氏《陳振孫學記》第四章《直齋書錄解題》第二節《傳本》甲《刊本》，就上述所論頗有增補，其言曰：

「《四庫簡明目錄標注》、莫友芝《知見傳本書目》之《目錄類》，並載《書錄解題》有明萬曆間武林陳氏刊本。武林與吳興相去不遠，似即直齋之鄉人或其後裔所刊者。然明末以來，未聞有人曾見此一刊本。朱彝尊在清順治、康熙之際，編撰《經義考》，採輯書目略備，於《書錄解題》不聞曾見此一刊本。萬曆去清初祇數十年，秀水、武林相去非遙，當無不知此本之理。乾隆間纂修《四庫全書》，徵訪各地公私藏書，不遺餘力，而江浙兩地，進呈之書最多，其歷次進呈書目，未見此書，因從《永樂大典》輯出，校以《文獻通考》、《宋史》等。萬曆去乾隆僅二百年，斷不至不能得一萬曆刊本。此後盧文弨、吳騫、陳鱣，以至近人傅增湘，均致力於《書錄解題》之校補。盧氏等專事校讎，收藏既富，交遊亦廣，僅能採用舊鈔殘本、《文獻通考》等，果有萬曆刊本，斷無不置一辭之理。明末以來三百餘年間，公私收藏書目，未見有著錄此本者。未審邵、莫二家何所據而云有萬曆間武林陳氏刊本。」

案：是喬氏一力主張並無萬曆武林陳氏刊本之《解題》，並對邵、莫書目所載深表懷疑。惟邵懿辰《四庫簡明目錄標注．史部》十四《目錄類》明載：

「《直齋書錄解題》二十二卷，宋陳振孫撰。原本久佚，今從《永樂大典》錄出。《大典》本附隨齋批注，隨齋蓋程大昌後人程棨，錢竹汀以楊益當之，非是。

聚珍板本、明萬曆武林陳氏刊本。抱經堂盧氏有新訂此書五十六卷，次序與聚珍板不同，係從不全元刊本重爲校訂，似未刻。盧校後，吳槎客又有增校本，陳仲魚有跋。」

而莫友芝《郘亭知見傳本書目》卷六《史部》亦云：

「《直齋書錄解題》二十二卷，宋陳振孫撰。聚珍本，閩覆本，蘇杭縮印本。抱經堂盧氏有新訂此書五十六卷，係從不全元刊本重爲校訂，似未刻。明有萬曆武林陳氏刻本。昭文張氏有舊鈔殘本《楚辭類》一卷，《別集類》三卷，乃其原本。」

是《四庫簡明目錄標注》及《邵亭知見傳本書目》均清晰著錄有「明萬曆武林陳氏刊本」之《解題》。至喬文中有關「邵、莫兩家書目時間相近，而又各有增改，每相互抄襲」之論，則所說殊覺含混，蓋邵絕無抄襲莫書之事。考莫繩孫《郘亭知見傳本書目序》云：

「先君子於經籍刊板善劣、時代，每箋志《四庫簡目》當條之下，間及《存目》；其《四庫》未收者，亦記諸上下方；又采錄邵位西年丈懿辰所見經籍筆記益之，邵本有汪鐵樵先生家驤朱筆記，並取焉。同治辛未，先君子棄養，繩孫謹依錄爲十六卷，凡經部，《四庫》存目者三，《四庫》未收者百十八；史部，存目者二十八，未收者二百有十；子部，存目者十四，未收者百九十八；集部，存目者一，未收者百二十一。其《四庫》已著錄，未箋傳本者並闕之。蓋是書當與《簡明目錄》合觀也。癸酉長夏第二男繩孫謹志。」

而日人長澤規矩也編著之《中國版本目錄學書籍解題》十《版刻》更云：

「《郘亭知見傳本書目》十六卷，清莫友芝、莫繩孫編。癸酉（同治十三年）莫繩孫跋。友芝對《四庫簡明目錄》，根據自己之見聞及邵懿辰之目錄，附箋傳本，所箋往往涉及《存目》與未收書。同治十年友芝歿，繩孫整理遺稿，於《四庫》收入各書中，略去無附箋者。乃照錄經部存目三，未收一百十八；史部存目二十八，未收二百十；子部存目十四，未收一百九十八；集部存目一，未收一百二十一，編爲十六卷。

識者評其幾乎全竊《邵目》。然而，略去傳本少者，錄《簡目》未載之要籍版本，却似乎於使用者有便。故宣統元年，文求堂田中氏於北京付印傳鈔本以來，學者多以之爲便，出現諸本。《邵目》僅家刻本一種，本書則又有石印本，流傳頗廣。石印本與傅氏印本應爲同一系統，均少眉批。有繆荃孫、莫友芝校本。橋川氏頒諸同好，余亦受惠一部。」

觀莫繩孫《序》及長澤規矩也之書所載，顯是莫友芝《郘亭知見傳本書目》抄錄邵懿辰之《四庫簡明目錄標注》，而決非如喬文所言邵、莫兩家「每相互抄襲」，衍瑄明顯失考矣。

《四庫簡明目錄標注》既爲邵懿辰所編著，考懿辰之爲人，《清史稿》卷四百七十九《列傳》二百六十五《儒林》一云：

「邵懿辰，字位西，仁和人。性峭直，能文章，以名節自厲。於近儒，尤慕方苞、李光地之學。道光十一年舉人，授內閣中書。久官京師，因究悉朝章國故，與曾國藩、梅曾亮、朱次琦數輩遊處，文益茂美。高才秀士，有不可，輒面折之。不爲朋黨，志量恆在天下。洊升刑部員外郎，入直軍機處。大學士琦善以妄殺熟番下獄，發十九事難之。粵亂作，賽尚阿出視師，復上書次輔祁寯藻，力言不可者七端。時承平久，京朝官率雍容養望，懿辰獨無媕阿之習，一切持古義相繩責，由是諸貴人憚之，思屏於外。會太平軍陷江寧，京師震動，乃命視山東河工，未行。復命偕少詹事王履謙巡防河。咸豐四年，坐無效鐫職。既罷歸，則大覃思經籍，著《尚書通義》、《禮經通論》、《孝經通論》，頗採漢學考據家言，而要以大義爲歸。十年，太平軍陷杭州，以奉母先去獲免。母卒既葬，返杭州，太平軍再至，則麾妻子出，獨留與巡撫王有齡登陴固守。十一年，城陷，死之。時國藩督師江南，聞而歎曰：『嗟乎！賢者之處患難，親在則出避，親歿則死之，義之至衷者也。』乃迎致其妻子安慶。先是懿辰以協防杭州復原官，死事聞，贈道銜，祀本省昭忠祠。其所著書，遭亂亡佚，長孫章輯錄之，爲《半巖廬所著書》，共三十餘卷。」

觀《清史稿》所載，則懿辰之爲人，性峭直，重名節，嫉惡如仇，常面折權貴，不稍假借；而學問淵博，著作豐贍，故《半巖廬所著書》三十餘卷，及今人皆稱道之。以懿辰如此之才之學，而肯於其所著書中，一無依據而杜撰有「明萬曆武林陳氏刊本」之《解題》乎？以常情度之，必不致此！至清人葉名灃《橋西雜記．藏書求善本》條云：

「邵君蕙西居京師，購書甚富，拳拳於板本鈔法。名灃與之言曰：『彭文勤公嘗詆《讀書敏求記》染骨董家氣，我輩讀書當用力於其大者，未可蹈此蔽也。』後閱錢氏《曝書雜記》，引鄭康成《戒子書》：『吾家舊貧，不爲父母昆弟所容。』康成，大儒，不應出此語。考元刻《後漢書》康成本傳，無『不』字，與唐史承節所撰《鄭公碑》合。今本作『不爲父母昆弟所容』，乃傳刻之誤，此校書之有功於先賢者。名灃始悔前言之陋，蓋讀書不多，未可輕生訾議耳！」

同條又曰：

「《欽定天祿琳琅》前後編，所錄多宋元舊本，收藏家印亦附及焉。昭文張氏《愛日精盧藏書志》亦講求板本，是近時書目中之最佳者。名灃嘗見邵蕙西案頭置《簡明目錄》一部，所見宋元舊刻本、叢書本及單行刻本、鈔本，手記於各書之下，可以備他日校勘之資。」

依《橋西雜記》所載，則懿辰所購書固甚富，且拳拳於板本舊刻，故其案頭常置《四庫簡明目錄》一部，以詳載其所見不同之板刻。是可推知「明萬曆武林陳氏刊本」《解題》，雖未必爲懿辰一己之收藏，惟必屬其所耳聞目睹之書，故手記之於《簡明目錄》「《直齋書錄解題》」一書項下，以作他時參校之資；此事證諸《橋西雜記》，固可無疑者。故《解題》之萬曆武林陳氏刊本或確有其書，此書且爲邵氏所目睹，惜懿辰死於太平軍之亂，年代既遠，此書遂無由蹤跡之矣。至喬衍琯竟坐實此書爲子虛烏有，而又不肯一考懿辰其人其學，亦未嘗一讀葉名灃氏之《橋西雜記》，故無法詳悉邵氏治學重板本及其編理《四庫簡明目錄標注》之過程。衍琯讀書偶有未照，容有所失，故其斷言無「萬曆武林陳氏刊本」《解題》，則似不可輕從。尚希地不愛寶，「萬曆武林陳氏刊本」之《解題》終幸有重出人寰之一日，則萬幸焉。

長澤規矩也《中國版本目錄學書籍解題》三《官藏》又云：

「《四庫簡明目錄標注》二十卷《附錄》一卷，清邵懿辰編。光緒戊申（三十四年）繆荃孫序，宣統三年孫章跋。……不過，張崟（慕騫）稱本書由邵氏手成者僅經部四卷，其他爲孫衣言

（琴西）所編。懿辰，字位西，浙江仁和人，官至刑部員外郎。又爲詩人。咸豐十一年歿，年五十二。」

觀是，則慕騫謂《四庫簡明目錄標注》爲邵懿辰、孫衣言合編者。案：慕騫撰有《甌海訪書小記》，此《小記》中有《四庫簡明目錄標注之底本》條，刊諸《浙江省立圖書館館刊》第三卷第四期上。該條云：

「瑞安孫氏玉海樓，爲吾浙近代碩果僅存之大藏書家，而當年經學大師孫仲容徵君所憑藉以著書立說者。徵君辭世後，此積儲美富之書藏，悉賴長嗣君孟晉（延釗）先生之維持，得以完整無恙。比歲，孟晉避囂，遷寓郡城，杜門撰述，輒多携珍籍自隨；既便參稽，且以防漫藏鄉里之脫有不虞也。孫氏寓廬，余雖曾再過，但於藏珍，從未寓目；今夏乃於離鄉返館道出郡城時，趨訪孫君之便，獲睹其一斑，雖行色匆匆，不克徧覽；然眼福固已非淺矣。用掇厓略，以告同好。

此次在孫邸所見珍本，除明嘉靖初刊《張文忠集》、（共十冊，每册首有朱文方印『濟陽經訓堂查氏圖書』『查子穆閱過』『松森居士家藏』三顆，字體圓勁，猶帶明初刊本作風。文忠公諱璁，字孚敬，温州鄉先哲也。此書傳本已不多，原刊本尤人間瑰寶矣。聞邑人林同莊先生家藏亦有一部，惟多蛀孔云。）《唐人十二家集》（全十冊，亦白棉紙印，天地頭闊大，字體斬方，與上種異。《孟浩然集》有『艣讀』朱文長方印，《王勃集》有『簡莊藝文』朱記，則向山閣舊藏本也。）爲可愛外；而尤以孫徵君續編之《四庫簡明目錄標注》稿本及錢唐羅鏡泉之遺著等數種，爲足動人心魄。

《四庫簡明目錄標注》二十卷，人但知其爲清仁和邵位西（懿辰）遺著，而不知位西所成實僅經部四卷耳。此四卷，位西生前曾借瑞安項君几山（傅霖）傳鈔，未逮寄還，邵氏即罹咸豐辛酉之難；故鄉賢孫太僕琴西（衣言）從項氏見是書，命哲嗣仲容徵君重加編錄，並舉底稿還之邵氏。邵氏後人伯絅先生章，即據以授梓，是即現行之宣統三年半巖廬刊本也。其書流傳經過與鋟本顛末，現行本之繆（荃孫）序、邵（章）跋，言之頗悉，顧於孫氏續編事，猶無一語；蓋緣孫氏所介紹返璧之底本，除邵氏手稿外，史部以下十六卷，係孫氏編錄本之錄副者，孫氏既未自明其續編，邵氏後人亦未加細辨也。

邵書原無『標注』之目，伯絅先生授梓時始肊沾，玉海樓藏本正無此二字。全書分裝十冊，中間飲格跳行，朱墨紛緼，而孫徵君之手澤爲尤夥，每卷末，也題校勘年月；末帙有跋云：

『此書編錄時，未及校勘，壬申冬，乃從先生令嗣子進（案名順國，即伯絅尊人也。）取原稿精校一過，惟目錄原文未及細校，誤字尚多，付刊時尚須勘正也。』

『原稿於巾箱目錄書端隨手紀錄，小字戢㬪暫，頗不易辨，所錄刊寫各本，先後亦無次序；疑先生本意，欲別爲一目，特就《庫目》記錄以爲稿耳。杭城之變，先生殉節，遺書散失殆盡，此稿因爲吾鄉項几山（傅霖）先生借錄未歸，乃巍然獨存，亦一幸也。辛未夏，家大人從項氏索得，歸之子進；因命詒讓編錄爲此本。十一月五日校畢，附識於書尾。瑞安孫詒讓。』

既詳邵稿流傳之始末與徵君續編之由來，爲今刻所無；而卷四末一段題記：

『十一月四日（據孟晉稱：此清同治十一年也。）校畢，此冊共二卷。詒讓。』

『此書所刪《簡明目錄》原文經部四卷，並先生手筆鈎乙，史部以下，原未動筆，茲以管見刪存之，謹附識於此。仲容又記。』

尤屬重要。此外，今本錄參校名家有：瑞安孫徵君、黃叔頌（紹第）、江陰繆筱珊、錢唐吳敬彊（慶坻）、蘇州王芾卿（頌蔚）、歸安錢念劬（恂）、嘉興沈子封（曾桐）、桐城馬通伯（其昶）、姚仲實（永樸）、姚叔節（永概）、祥符周季貺（心詒）、餘杭褚伯約（成博）、山陰胡右階（念修）等十三人，⑳除孫氏外，類爲玉海撰本所無；但孫鈔乃有桐城蕭敬孚（穆）、黃巖楊定夫（晨。聞先生爲孫氏姻婭。）、王子莊（棻）、子常（詠霓），暨一未知姓氏之『礇』君諸人，而蕭氏之朱墨眉批旁注尤多，亦可珍矣。奇書入眼，摩抄不忍釋手，輒謂孟晉：『此書會須梓行，能與現行半巖廬刻本合刊固佳，否則，先付影印，尤可存真矣。浙江圖書館倘經費寬展，能爲承刊，竊願以曹邱生自任，如何？』孟晉頷之。繼稱此事曾函告伯綱先生於北平，惟無覆訊，似邵氏尚無借抄斠補之意云。」

案：依張慕騫《甌海訪書小記．四庫簡明目錄標注之底本》條所言，則合編《四庫簡明目錄標注》者，實乃邵懿辰與孫詒讓，而非孫衣言，長澤規矩也所言或未免失愼矣。

考孫詒讓，《清史稿》卷四百八十一《儒林傳》三有傳。其傳曰：

「孫詒讓，字仲容，瑞安人。父衣言，自有傳。詒讓同治六年舉人，官刑部主事。初讀《漢學師承記》及《皇清經解》，漸窺通儒治經史小學家法。謂古子群經，有三代文字之通假，有秦漢篆隸之變遷，有魏晉正草之混淆，有六朝唐人俗書之流失，有宋元明校讎之羼改，匡違捃佚，必有誼據，先成《札迻》十二卷，又著《周禮正義》八十六卷。以爲有清經術昌明，於諸經均有新疏，《周禮》乃周公致太平之書，而秦漢以來諸儒，不能融會貫通，蓋通經皆實事實字，天地山川之大，城郭宮室衣服制度之精，酒漿醯醢之細，鄭注簡奧，賈疏疏略，讀者難於深究，而通之於治，尤多謬盭，劉歆、蘇綽之於新周，王安石之於宋，膠柱鍥舟，一潰不振，遂爲此經詬病。詒讓乃於《爾雅》、《說文》述其訓詁，以《禮經》、《大》、《小戴記》證其制度，研撢廿載，稿草屢易，遂博采漢唐以來迄乾嘉諸經儒舊說，參互譯證，以發鄭注之淵奧，裨賈疏之遺闕。其於古制疏通證明，較之舊疏實爲淹貫，而注有牾違，輒爲匡糾。凡所發正數十百事，匪敢壞疏，不破注家法，於康成不曲從杜、鄭之意，實亦無誖，而以國家之富强從政教入，則無論新舊學，均可折衷於是書。識者韙之。光緒癸卯，以經濟特科徵，不應。宣統元年，禮制館徵，亦不就。未幾卒。所著又有《墨子閒詁》十五卷、《目錄》、《附錄》二卷、《後語》二卷，精深閎博，一時推爲絕詣。《古籀拾遺》三卷、《逸周書斠補》四卷、《九旗古義述》一卷。」

案：詒讓既爲晚清之大儒，其治學乃一本漢學家法，無徵不信，實事求是。如依慕騫所考，《四庫簡明目錄標注》一書，其史部以下皆詒讓所續編，則《目錄類．直齋書錄解題》條下之「明萬曆武林陳氏刊本」，亦必為詒讓所增入。以詒讓之為人與治學之誠篤，肯定不為作偽欺世之事。或詒讓讀書甚博，眼緣匪淺，加之所交者皆海內勝流，玉海樓所藏又富，則其有幸得睹「明萬曆武林陳氏刊本」《解題》，或非不可能。是故，余不以喬氏所論為然。及今觀之，似仍不宜如喬氏之坐實「明萬曆武林陳氏刊本」之為必無也。

有清一代《解題》流傳之情況，今可知者，《四庫全書》輯本之前有《永樂大典》本；《湖錄》載朱彝尊語，謂常熟毛氏藏有半部宋槧本，後轉於徐乾學；而納蘭成德亦得讀《解題》，並引用《解題》之說於其《通志堂集·經解》中。《通志堂集·經解》有《春秋皇綱論序》一文，云：

「《宋藝文志·春秋》之書，凡二百四十部，二千七百九十九卷。余所見者僅三十餘部，為卷數百，王晳《皇綱論》其一也。晳，不知何如人，自稱為太原王晳，陳直齋《書錄解題》亦但言其官太常博士，至和間人而已，不能詳其生平也。直齋《解題》於著書之人，往往舉其立身大概，使後世讀其書者雖不獲親見其人，猶稍稍得其本末，以為論世知人之據；乃於晳獨否，豈其人在直齋當時已不可得而論定邪！然直齋所錄《皇綱論》外，尚有《明例隱括圖》。又云：『《館閣目》有《通義》十二卷。』而王伯厚又云：『《通義》之外，別有《異義》十二卷。』《通義》據三傳注疏及啖趙之學，其說通者，附經文之下；缺者，以己意釋之；則晳所著二《義》者，正其解經之本書。玆《論》則總括立言大旨以成編者也。《論》特弘偉卓犖，則二《義》亦必有足觀，惜乎不得而見也。嗟乎！古人辛勤著書，將以求知後世，而世顧不得而知之；即其書幸而傳矣，又不能盡傳也，豈不重可歎也歟！《論》凡五卷，二十有三篇。康熙丙辰陽月，納蘭成德容若序。」

案：丙辰陽月，康熙十五年（一六七六）十月。是納蘭成德於康熙十五年已得讀《解題》矣。又《解題》卷三《春秋類》載：

「《春秋皇綱論》五卷、《明例隱括圖》一卷，太常博士王哲撰。至和中人。《館閣書目》有《通義》十二卷，未見。」

案：《春秋皇綱論》與《明例隱括圖》，納蘭成德據所見《解題》作王晳撰，而《四庫》輯本作「王哲」，是足證納蘭成德所見者非《永樂大典》本，故與《四庫》輯本不同。清人張宗泰《魯巖所學集》卷六《四跋書錄解題》云：

「予所蓄《書錄解題》爲巾箱本，鐫刻頗精，而別風淮雨亦所時有，如《韓詩外傳》下云『作詁非』訛作『誥』。《古禮疏》下『臨洺』訛作『臨洛』。《中庸集解》下『石𡼖』訛作『墪』。《春秋皇綱論》『王晳』訛作『王哲』。《春秋傳》下『博覽』訛作『博鑒』。《西漢會要》下『蓋未考昭之所注』訛作『著』。《御史臺故事》下『結本名構』，『結』訛作『終』。《聖唐偕日譜》下『匡乂』訛作『匡文』，『資暇錄』訛作『集』。《鄴中記》『僭僞』訛作『僭爲』。《法寶標目》『古，旦之曾孫』，《道院集要》『三槐王古』，二『古』字並訛作『右』。《霜糖譜》下『遂甯』訛作『送甯』。《匡俗正謬》下『揚庭』訛作『楊庭』。《極玄集》下『張祜』訛作『張佑』。《江西詩派》『二十五家』訛作『三十五家』。《天台集》林師箴即『點』字，訛作『箴』。《陳孔璋集》下『劉楨』訛作『植』。《顏魯公集》『留元剛』訛作『劉』。《宋元憲集》下『安陸』訛作『安陵』。《演山集》下『元豐五年』訛作『二年』。《呂獻可章奏》下『呂誨』訛作『晦』。並當一為改正者也。」

依張《跋》，則作『王晳』是，而『王哲』非也。是納蘭成德所據本之《解題》，較《永樂大典》本及其後之《四庫》輯本為愈也。所惜者，乃不知納蘭成德所據之本為何本耳！

朱彝尊於有清之初亦得讀《解題》某本，其所著《經義考》卷六《易林變占》條中，所引之《解題》文字較《四庫》輯本為詳，固知其所據者殊非《永樂大典》本，而為另一板本。此事前已論之，不贅。惟編著《湖錄》之鄭元慶亦嘗得讀《解題》某本矣，此點則前人似無有道及之者。元慶，字芷畦，清初人，其所著之《石柱記箋釋》，朱彝尊為之序，序稱：

「吾友鄭子芷畦，既輯《府志》一百二十卷成，又箋釋《石柱記》四卷，復商之予補遺一卷，考證詳覈，可稱周見洽聞矣。」

觀朱《序》，則元慶與彝尊為同時人。元慶《石柱記箋釋自序》中頗有引及直齋《解題》之資料，曰：

「志吳興者，張元之《山墟名》、王韶之《郡疏》、山謙之《記》、張文規《雜錄》、陸羽《圖經》、顧雲《總載》、陸龜蒙《實錄》、左文質《統記》、《紹興續圖經》、《淳熙舊編》，皆郡官寄公所作，非生長於湖者，安能備悉湖事。今諸書不概見。宋嘉泰中，樞密院編修談鑰，始以郡人志郡事，而陳振孫譏其書草率，未得盡善。明《成化志》，訓導陳頎作；《嘉靖志》，訓導浦南金作；《萬曆志》，假託爲唐一庵作；《掌故集》，華亭徐獻忠作。相沿舛錯，莫可徵信。頃惜書甌舫得宋槧《石柱記》，載山川、陸墓，亡者三之一，其存而不可信者亦三之一。吾湖，浙西佳郡，何不幸而使數千百年文獻無徵至於此極邪！竹垞先生惜其殘闕，爲補記二縣，既完且好，余乃一一箋釋，證其所可信，復辨其所不可信。甫脫稿，先生見之賞擊，命鈔副本藏曝書亭。辛巳七月晦日，歸安鄭元慶識。」

案：辛巳，康熙四十年（一七〇一）。此《自序》所引「陳振孫譏其書草率」云云，乃見《解題》卷八《地理類》「《吳興志》二十卷」條，該條云：

「《吳興志》二十卷，樞密院編修郡人談鑰元時撰。嘉泰元年也。其爲書草率，未得爲盡善。」

觀是，則元慶得讀《解題》於康熙之世，固無疑矣。

康、乾之際，有宋筠蘭揮者，亦藏有《解題》舊鈔本，凡二十卷。繆荃孫《藝風堂藏書記》卷五云：

「《直齋書錄解題》二十卷，舊鈔本。原書久佚。館臣從《大典》輯出，以原分五十三類，定爲二十二卷。此鈔帙雖不全，尚是陳氏原書。存《楚辭類》一卷、《總集類》一卷、《詩集類》二卷、《別集類》三卷、《類書類》一卷、《雜藝類》一卷、《音樂類》一卷、《章奏類》一卷、《歌辭類》一卷、《文史類》一卷、《神仙類》一卷、《釋氏類》一卷、《兵書類》一卷、《曆象類》一卷、《醫書類》一卷、《卜筮類》一卷、《形法類》一卷。原書惟《別集》分三卷、《詩集》分兩卷，每類各自爲卷，全書當分五十六卷。與《大典》本相校，《釋氏類》多二條，《雜藝類》七條，《類書類》二條，其餘字句亦多同異。荃孫另撰《考證》。收藏有『餘松庵』白文長方印，『筠』字朱文圓印，『宋氏蘭揮藏書善本』白文長方印。」

是宋筠確藏有《解題》舊鈔本矣。有關宋筠之生平，楊立誠、金步瀛合編之《中國藏書家考略》云：

「宋筠，字蘭揮，號晉齋，犖子。生於康熙二十年，卒於乾隆二十五年，年八十。康熙進士，官至順天府尹。有《青綸館藏書目錄》、《綠波園詩集》、《使滇錄》。」

林申清《明清藏書家印鑒》亦云：

「宋筠（一六八一——一七六〇），字蘭揮，號晉齋。清商邱人。康熙己丑（一七〇九）進士。有《青綸館藏書目錄》。」

是宋筠乃康熙己丑進士，順天府尹，好藏書，有目錄行世。《四庫簡明目錄標注．史部》卷十四《目錄類．經籍之屬》「《直齋書錄解題》二十二卷」條邵章《續錄》云：

「李氏木犀軒有傳鈔繆小山藏宋蘭揮舊藏本，次第與今異。」

案：是宋筠所藏之《解題》舊鈔本，後爲繆荃孫所有，而李盛鐸則有傳鈔本。李氏之傳鈔本，現藏北京大學圖書館。宋氏之後，盧文弨於乾隆二十四年己卯（一七五九）亦嘗得讀曝書亭鈔本《解題》。《抱經堂文集》卷九《書錄解題跋丙申》云：

「直齋陳氏《書錄解題》二十二卷，《四庫》館新從《永樂大典》中鈔出以行。……乾隆己卯，余讀《禮》家居，友人見示此書，僅自《楚辭》、《別集》以下，而其他咸缺焉，乃秀水朱氏曝書亭鈔本也。」

是盧氏所見之曝書亭鈔本《解題》，僅得《楚辭類》、《別集類》各卷，乃曝書亭所鈔得者，固至不全也。

綜上所述，是清初之時，《解題》尚流傳。今所考得，如常熟毛氏、徐乾學、納蘭成德、朱彝尊、鄭元慶、宋筠、盧文弨諸氏均嘗得讀此書也。

乾隆三十八年癸巳（一七七三），《四庫》館臣以《解題》久佚，乃自《永樂大典》中輯出全書，此即《四庫全書》輯本《解題》也。喬衍琯《陳振孫學記》第四章《直齋書錄解題》第二節《傳本》乙《四庫全書輯本》條云：

「此一輯本收入《武英殿聚珍版叢書》，用木活字排印，並經浙江、江西書局、福建、廣雅書局據以刊行，均收有《書錄解題》。復有再據各種刻本重印者，或收入叢書。如廣文書局在民國五十七年，影印《武英殿》本，收入《書目續編》。或單行，如清光緒間，江蘇書局覆刻《聚珍》版單行。民國二十幾年，商務印書館據聚珍版用鉛字排印，先後收入《叢書集成》及《國學基本叢書》，最爲通行。民國六十六年，商務編印《四庫全書珍本別輯》，收有《書錄解題》，係據故宮博物院藏文淵閣本影印，內容與《聚珍》版全同。

《四庫》本曾詳加考核，各附案語，以訂誤補闕。《四庫提要》云：『《永樂大典》全載之。』第就大較言之，僅就《通考》所引與《四庫》本相較，其爲《四庫》本未收者即有二十一種，據舊鈔本殘卷又可補若干種，是不僅《永樂大典》『編輯草率，訛脫頗多』，即《四庫》館臣輯校時，亦難辭疏略之咎。」

案：據上喬氏所述，則《四庫》館臣雖有功於《解題》之輯校刊刻，然《大典》本既「編輯草率，訛脫頗多」，而此輯本亦「難辭疏略之咎」也。惟自此輯本行世後，自清以降，刊行益衆，流傳益廣，其板本之富，遠邁往昔。一九八七年十二月，上海古籍出版社又出版徐小蠻、顧美華二人合作點校之《直齋書錄解題》。書首有潘景鄭所撰《前言》曰：

「稽自有宋一代目錄專籍流傳至今者，以《崇文總目》、尤袤《遂初堂書目》、晁公武《郡齋讀書志》、陳振孫《直齋書錄解題》四書爲最。《崇文總目》及《遂初堂書目》皆僅著錄書名，不及考訂之事，未饜讀者之願。晁、陳二書，均能窮溯圖書源流，有繼往開來之功，爲研治目錄學之規範。顧晁《志》宋本具見袁、衢二刻，千載後猶得窺見原文。惟陳著書闕有間，今存世最早可睹者，祇元抄殘書四卷而已。清《四庫》館臣自《永樂大典》所輯成之二十二卷本，以聚珍字印行流傳。《提要》猶稱『當時編輯潦草，脫譌宏多，又原帙割裂，全失其舊』，固非原本面目也。洎後流傳之本，悉從此出。清代中葉，盧文弨乃治理斯書，用力最深，輯成《新訂直齋書錄解題》五十六卷，今存稿本，略有殘闕，然足以糾正《大典》本者，蓋不勝枚舉焉。此外，藏家時有校錄之本，拾遺正譌，亦復不少。余少嗜流略之學，每慮斯書攸待訂正，四十餘年書城鞅掌，不暇問津。今者徐小蠻、顧美華兩同志，以《大典》本爲主，參校《郡齋讀書志》及《文獻通考》，又據抱經重訂稿，正其脫譌。博采前人校本，臚列異同，分別標註。兼取有關陳氏事跡及各家記載文字資料附後，勒爲一編，集陳書之大成，金聲玉振，無間然矣。余深仰二君勤業之深，而又幸斯書觀成有日。爰忘其耄荒，率繫數語，藉申鄙衷。一九八四年十一月潘景鄭識，時年七十有八。」

景鄭《前言》於《四庫》輯本《解題》成書刊行之原委，及徐、顧二人點校之成績，詳加論述，所論大體精當，惜將元抄殘本誤爲元朝所抄殘本，忽略元、原古字本通，古人「原本」均多寫作「元本」。徐、顧二君點校本之《解題》亦同有此失，其書《點校說明》謂今藏北京圖書館有元抄殘本，此實非眞元代之殘抄本也，徐、顧二君於此均有所未照。徐、顧二君此點校之本，初版印數凡三千冊，海內外圖書館及篤好流略之學者多藏有之，自是《解題》之流傳，較之民初以來而益增廣矣。

第四節 《直齋書錄解題》之板本

振孫《解題》一書，約撰就於宋理宗寶祐六年戊午（一二五八）之歲，就板本學而言，振孫所撰就者，即爲《解題》之底本。惟據陳樂素之考證，《解題》之底本有二，後者乃前者之修訂本。樂素《略論陳振孫直齋書錄解題》八《解題的傳本》云：

「陳振孫晚年寫成《書錄解題》，先後有兩種本子，後一本似爲修訂本，訂正了前一本的一些錯誤和不完善的地方。《通考．經籍考》所據的當是修訂本。例如上述的《王氏詩總聞》改爲《王景文詩總聞》；又卷三《春秋集解》原誤作呂祖謙撰，《通考》所據本改正爲呂本中撰；卷十四《唐朝畫斷》，原只題『唐翰林學士朱景元撰』，《通考》所據本增加了一段：『一名《唐朝名畫錄》，前有目錄，後有天聖三年（公元一〇二五年）商宗儒後序，與《畫斷》大同小異』等等。」

依樂素所考，則《解題》之底本確有二本，其一爲稿本，另一即爲稿本之修訂本矣。《解題》撰就未久，程棨即爲之批注。隨齋所得而讀者，或爲《解題》之底本，或爲底本之傳鈔本，二者雖不可確悉，惟《解題》一書必已流傳於外矣。宋、元之際，以袁伯長、王深寧聞見之富，均未目睹《解題》之底本，一面緣慳，固亦無可如何者也。然就文獻以考之，如周公瑾、吳師道、牟子才父子、馬廷鸞喬梓類能得而讀之；是則《解題》之底本雖流傳未廣，惟已備受時賢之關注與重視，甚或有傳鈔而藏諸篋笥者矣。有淸康、乾之際，朱蘭揮、盧文弨皆及見舊鈔殘本，此本與《四庫》本顯有異同。此類舊鈔殘本，其或爲《解題》之底本及傳鈔本之遺乎？今殊難於確考矣。

《解題》之有刻本，據《湖錄》所載朱竹垞言，謂毛氏有半部宋槧本。惟喬衍琯氏不之信，陳樂素則認爲《解題》有宋槧本「不是不可能」。要之，在未有充分證據足以證明之前，似不宜坐實《解題》宋刻本之爲必無也。

《四庫簡明目錄標注》著錄有《解題》元刊本，此蓋因誤解盧文弨《新訂直齋書錄解題跋》一文中「元本」一詞所導致。盧文之「元本」即「原本」，非謂爲元刊本，故《解題》之元刊本，迄今仍未可得而見也。

《四庫簡明目錄標注》與《郘亭知見傳本書目》均著錄《解題》有明萬曆武林陳氏刊本，喬衍琯氏亦不之信。惟此本之有無，亦不宜坐實，仍須俟後細考也。

清代乾隆年間修纂《四庫全書》，館臣自《永樂大典》中輯出《解題》，此即《四庫全書》輯本也。此輯本後收入《武英殿聚珍版叢書》中，用木活字排印。其後，浙江、江西、福建、廣東各省，均有據聚珍版重予付梓者。自是，《解題》之刊本日富矣。

如上所述，《解題》之板本可考得者有底本、傳鈔本、批注本、舊鈔本、刊本與輯本。此外尚有鉛印本、影印本、校本、重輯本、彙校本、點校本等。茲不妨徵引資料，並據書目所著錄，分述《解題》各種不同之板本如後。

子、底本

周密《齊東野語》卷十二《書籍之厄》條有云：

「近年惟直齋陳氏書最多。蓋嘗仕於莆，傳錄夾漈鄭氏、方氏、林氏、吳氏舊書，至五萬一千一百八十餘卷，且倣《讀書志》作解題，極其精詳，近亦散失。」

案：公瑾此條所謂「近亦散失」者，乃指直齋所藏之書籍，而非謂其所撰之《解題》已散失也。振孫既倣《郡齋讀書志》以作解題，書既撰就，必有底本，公謹類能得而讀之。否則，何以能知其《解題》之「極其精詳」；而於藏書散失之後，尚悉直齋所藏「至五萬一千一百八十餘卷」也。公謹蓋據所得讀之《解題》底本或傳鈔本後，細加統計，乃能得悉。是則，《解題》之有底本流傳，固無可懷疑者也。

惟《解題》之底本有二，其一爲底本，另一爲底本之修訂本。前引陳樂素《略論陳振孫直齋書錄解題》一文已備論之矣。余於本章第二節中亦述及張心澂《僞書通考》修訂本所引《解題》之《關尹子》條，其內容較《四庫》輯本所載爲詳，足證《解題》底本確有二本，樂素之說可信。張心澂《僞書通考》所引者，乃據底本之修訂本耶？故較《四庫》輯本所依據之《永樂大典》本爲完備也。是又可推知，《大典》本所依據者，或爲底本之初稿本耳。

丑、傳鈔本

《四庫全書總目·史部·目錄類》一載：

「《直齋書錄解題》二十二卷，《永樂大典》本　宋陳振孫撰。……其例以歷代典籍分爲五十三類，各詳其卷帙多少、撰人名氏而品題其得失，故曰『解題』。……馬端臨《經籍考》惟據此書及《讀書志》成編。然《讀書志》今有刻本，而此書久佚，《永樂大典》尚載其完帙。……原本間於解題之後，附以隨齋批注，隨齋不知何許人。然補闕拾遺，於本書頗有所裨，今亦仍其舊焉。」

據《四庫總目》所述，是振孫既撰就《解題》，隨齋讀之，並爲批注，而馬端臨修《文獻通考·經籍考》又據之以成編也。案：隨齋即程棨，乃程大昌之曾孫。大昌遊宦，晚年卜居直齋之故鄉吳興，隨齋所以能得讀《解題》或以此。至馬端臨之父廷鸞，固出自牟子才之門，而子才與直齋有同朝之好，晚歲亦居霅川，則端臨乃得以間接獲讀《解題》，固無疑者。惟以情理推之，無論隨齋或端臨，其所藏有之《解題》，疑爲據底本以傳鈔之本。蓋古人好鈔書，而底本有限，傳鈔之則可化身千百。所惜者，程、馬二氏傳鈔本《解題》，今已難獲一見矣。

寅、批注本

隨齋嘗據《解題》之底本或傳鈔本以爲批注，是故，從板本學角度言之，《解題》又有批注本。批注本之著者隨齋，紀曉嵐撰《提要》，謂「不知何許人」。錢大昕《十駕齋養新錄》卷十四《直齋書錄解題》條云：

「此書有隨齋批注，不著姓名。考元時有楊益，字友直，洛陽人，官至撫州路總管。所著有《隨齋詩集》，或即其人乎！」

是大昕以隨齋爲元人楊益之號。惟隨齋決非楊益，大昕誤也。沈叔埏《頤綵堂文集》卷八《書直齋書錄解題後》條云：

「乾隆乙未，余客京師，寓裘文達公賜第，銅梁王榕軒檢討贈余是書，蓋聚珍版也。錄中附有隨齋批注，一時纂修諸公未詳其人。余按：卷三鄭樵《石鼓文考》批注有『先文簡』，宋龍圖閣學士吏部尚書新安程泰之大昌，謚文簡，曾孫棨，字儀甫，號隨齋，元時人。周益公作《文簡墓志》云：『公自宦遊去鄉里，樂吳興溪山之勝而卜居焉。晚得安吉梅溪鄉邸閣山，規營塋域，卒葬其地。子四人：準、新、本、阜，孫三人：端復、端節、端履。』文簡自歙遷湖，子孫貫安吉，與直齋同時同里，而批注所云：『樵以秦斤、秦權有「丞」、「殹」兩字，遂以石鼓爲秦物，先文簡論而非之。』其說具載《演繁露》。則隨齋之爲棨，確然無疑矣。」

是叔埏謂隨齋乃程棨，所論固證據確鑿。然叔埏所說亦不能無微誤，陳樂素《直齋書錄解題作者陳振孫》二《述作》曾辨之，曰：

「案《文簡神道碑》見周益公《平園續稿》卷廿三，沈氏引文有誤，子四人爲準、本、阜、覃，名皆從十，無名『新』者。孫三人則端復、端節、端履。程氏之說乃見於《雍錄》卷九，非《演繁露》，沈氏亦誤。」

樂素文中又曰：

「至謂『曾孫槃，字儀甫，號隨齋，元時人』，此十二字最關重要，而未言出處，殊爲可惜，尚當考。然隨齋爲程氏後人而非楊益，則確可無疑。《解題》卷六《李結御史臺故事》條有隨齋批注云：『結本名構，避光堯御諱。』則仍是宋人或宋遺民也。直齋與程氏時有往還；如卷七所載《唐年小錄》、卷十《孫子》、卷十一《槁齋贅筆》、卷十二《二十四氣中星日月宿度》等，皆傳自程文簡家者也；此隨齋所以亦能有其目而爲之批注歟？」

是樂素之文不惟糾正沈氏之誤，其於隨齋之探研，考出槃仍是宋人，發前人之所未發，亦可謂多所突破矣。

隨齋之批注，今見於《解題》者凡二十五則，余於本章第二節處已詳予列述之。喬衍琯《陳振孫學記》第四章《直齋書錄解題》第三節《隨齋批注》云：

「《四庫提要》云：原本間於解題之後，附以隨齋批注。拾遺補闕，於本書頗有所裨。今按自卷一《易類．易講義》，至卷二十二《文史類．西清詩話》，凡二十四則。㉑然佚去一則。卷四《正史類．續後漢書》條解題『幸晉史載所著論』下館臣云：『按原本此下不載，係以隨齋批注，蓋有脫誤，今據《文獻通考》所存周平園《序》校補。』然《庫》本不復錄隨齋批注，是此處實佚去一則。

另一則爲館臣移易他處，遂失其意義。首則《易講義》之解題後批注云：『此段當在《正易心法》前。』《庫》本固已在《正易心法》之前。當係原在他處，館臣批注移易。然當有按語云：原在某條前後，今依批注置於《正易心法》前，批語始有意義。今《庫》本移置後之批注，有如無的放矢矣。」

案：喬氏於此處表現出其讀書甚心細，所論《庫》本《解題》佚去一則隨齋批注，及批評館臣隨意移易批注，致令移置後之批注有如無的放矢。所言均甚精當。至足惋者爲佚去之批注已不可得而見，否則，隨齋所批注者應合爲二十六則矣。

《解題》批注本之價值，《四庫總目》頗稱道之，以爲隨齋「補闕拾遺，於本書頗有所裨」。故周中孚《鄭堂讀書記》卷三十一亦云：

「《直齋書錄解題》二十二卷，武英殿聚珍板本 宋陳振孫撰。……是書有所附隨齋批注，不著名氏。考元時有楊益，字友直，洛陽人，官至撫州路總管，所著有《隨齋詩集》。或即其人乎？其所批注雖寥寥，而於本書頗有裨益云。」

是周氏此條所論，與《四庫總目》如出一轍，惟無新意。然晚清李慈銘撰《越縵堂讀書記》，其書卷十一則云：

「《直齋書錄解題》，宋陳振孫撰。閱《直齋書錄解題》。錢警石《曝書雜記》稱沈雙湖說，以《解題》中有隨齋批注，隨齋乃程大昌之孫棨，元時人。據鄭樵《石鼓文考》下批注稱『先文簡』云云，今觀卷三《新唐書》下、卷五《越絶書》下批注，皆有文簡云云，是沈說可信。然其批注寥寥，亦無所發明。至以隋曹憲爲撰《博雅》，又注啖助爲姓名，其淺陋可知矣。此等人亦不足深考，故《四庫書目》言不詳其人，《養新錄》又疑是元人楊益也。同治戊辰五月二十二日。」

案：隨齋批注《解題》，固不能無誤，《博雅》即《廣雅》，隋人避煬帝諱改，書乃三國時，魏博士張揖撰，非隋曹憲所能爲。或批注原文應作「《博雅》乃隋曹憲因揖之說，附以音解，避煬帝名，更之以爲『博』焉」，而後人傳鈔失慎，有脫文，遂誤作曹憲撰矣；竊意隨齋雖至淺陋，亦不致以《廣雅》爲憲撰者，此觀批注文中有「憲因揖之說，附以音解」云云自明，實無庸多辯。至越縵謂「又注啖助爲姓名」，是則非隨齋批注所原有也。大抵李越縵仗才使氣，肆意譏彈，其《讀書記》亦不無錯謬。即此條而言，竟以隨齋爲程大昌之孫，與沈雙湖所說不同，是亦不能不視爲越縵行文之紕謬也。由是觀之，李氏嚴於責人，所評往往失之太苛，殊欠恕道矣。

其實，批注之有裨於《解題》，乃無法否認之事實。喬衍琯《陳振孫學記》第四章《直齋書錄解題》第三節《隨齋批注》亦曾舉例詳言之，曰：

「批注或正《書錄解題》之誤，如：卷十五《總集類・六臣文選》條：『東坡謂五臣乃俚儒之荒陋者，反不及善。如謝瞻詩「苛慝暴三殤」，引苛政猛於虎，以父與夫爲殤，非是。然此說乃實本於善也。』批注云：『李善注此句但云：「苛，猶虐也。」初不及三殤，不審直齋說何所本？』

或補其未備。如：卷三《小學類‧漢隸字源》條：『婁機撰，洪邁序。』隨齋批注云：『序謂洪文惠作五種書，《釋》、《纘》、《圖》、《續》皆成，唯《韻》書未就，而婁忠簡繼爲之。』

又如《六經圖》條補其刊本，《類篇》條述其篇卷，《新唐書》條引程大昌論《唐書》文字優劣，《英宗實錄》條述修撰人及年月，《越絶書》條釋書名，《邵氏聞見錄》條考撰人，《悲喜記》條疑別名《皇旋陷虜記》，《御史臺故事》條述李結本名構，《太玄經》條補所脫六字，《唐大衍曆議》條述郭雍論曆法語，《極玄集》條論選詩去取宗旨，《九僧詩》條述九僧法號，《讒書》條云刊於新城縣，《徐照集》條述四靈名字，《西清詩話》條述著者掌故。凡此俱如《提要》所云有裨本書者。」

案：上述喬氏舉例詳論隨齋批注有裨於《解題》，所說皆甚精當，惜仍有所遺漏，茲略補如下：

如《解題》卷二《詩類》云：

「《韓詩外傳》十卷，漢常山太傅燕韓嬰撰。案《藝文志》有《韓故》三十六卷，《內傳》四卷，《外傳》六卷，《韓説》四十一卷，今皆亡。所存惟《外傳》，而卷多於舊，蓋多記雜説，不專解《詩》。果當時本書否？」

批注云：

「『故』者，通其指義也，作『詩』非。」

案：批注此條釋《韓故》之「故」字，解作「通其指義」，是「故」即「詁」字，而《韓故》即《韓詁》。蓋「詁」字與「詩」字形近，本或有誤作「詩」者，故隨齋謂「作『詩』非」也。所見甚是。是又足證隨齋所得讀之《解題》，其本子固不止一種也。

《解題》卷三《小學類》云：

「《石鼓文考》三卷，鄭樵撰。其說以爲石鼓出於秦，其文有與秦斤、秦權合者。」

批注云：

「樵以本文『丞』、『殹』兩字，秦斤、秦權有之，遂以石鼓爲秦物，先文簡論而非之，其說甚博。」

案：此處之「先文簡」，即指程大昌，隨齋之曾祖也。批注此條又引大昌之論以駁鄭樵「以爲石鼓出於秦」之非。鄭、程二人之說，無論誰是誰非，惟隨齋於此處提供之「先文簡論」之資料，對研治《解題》此條，亦不無啓發也。

至《解題》之《續成都古今集記》一條批注，隨齋於中補記沔利都統兼關外四川安撫、知沔州曹友聞之宦歷及抗北兵戰死事，實屬珍貴。又《申鑒》條之釋書名；《樊宗師集》條之說以「《魁紀公》」爲書名乃甚異；批注於此等處皆有所發明。惟「《讒書》刊於新城縣」之批注，實乃見於《羅江東甲乙集》條，衍琯偶誤；另《廣雅》條之批注，前已述之，不再贅。

考《重編說郛》卷二十四載有《三柳軒雜識》一卷，題爲宋程棨撰，所錄雜識凡十八條，頗見功力。如此書確爲程棨所撰，則李越縵謂隨齋淺陋，固未必然也。又前引陳樂素之文，謂隨齋「仍是宋人或宋遺民」，證之《重編說郛》題《三柳軒雜識》一書爲「宋程棨撰」，則樂素之論，於此可添一助據矣。

卯、舊鈔本

《解題》之有鈔本，其來已久。若就廣義而言之，大凡非以刊刻、排印而成之書籍，而僅以筆錄鈔寫而成者，皆應視之爲鈔本也。是則底本、傳鈔本、批注本，大抵皆以筆書成，廣義言之，此等書籍均可謂之鈔本矣。《文淵閣書目》卷三《類書．盈字號第五廚書目》載：

「《書錄解題》一部，七冊。」

葉盛《菉竹堂書目》卷五《類書》載：

「《書錄解題》，七册。」

上述二種《書目》所著錄此部七册本之《解題》，倘非刊刻而成，是亦舊鈔之本矣。今所知較早之《解題》鈔本，厥爲《永樂大典》本；其次則爲朱彝尊曝書亭所藏舊鈔殘本、宋蘭揮藏舊鈔殘本、吳騫藏舊鈔殘本、鮑廷博藏舊鈔殘本、陳徵芝所藏鈔本、王懿榮手稿本等。茲分別詳述如次。

(一)《永樂大典》本

《永樂大典》所鈔之《解題》原本，今已不可得而見。惟《四庫全書總目》卷八十五《史部．目錄類》一云。

「《直齋書錄解題》二十二卷，《永樂大典》本　宋陳振孫撰。……而此書久佚，《永樂大典》尚載其完帙。惟當時編輯潦草，譌脱宏多，又卷帙割裂，全失其舊，謹詳加校訂，定爲二十二卷。……原本間於解題之後，附以隨齋批注，……今亦仍其舊焉。」

案：今《永樂大典》本《解題》雖不可得而見，惟《四庫》輯本既就《大典》編輯而成，如研閱輯本，又詳參《四庫總目》，則猶依稀可知《大典》本《解題》之一斑。

(二) 朱彝尊曝書亭所藏舊鈔殘本

瞿鏞《鐵琴銅劍樓書目》卷十二《目錄類》云：

「《直齋書錄解題》，舊鈔殘本。宋陳振孫撰。此出文淵閣所鈔，即秀水朱氏、抱經盧氏所見本也。僅存《楚辭類》一卷、《別集類》三卷。核與今館本同，惟字句差有小異。盧氏又得子部數門於鮑氏。知此書原本惟《別集》分三卷，《詩集》分兩卷，其餘各類各自爲卷，全書當分五十六卷。《詩集》後次以《總集》、《章奏》、《歌辭》，而以《文史》終焉。其餘次第與館本同。卷首有『文淵閣』、『季振宜藏書』、『汲古閣』、『曝書亭珍藏』、『朱彝尊印』諸印記。」

案：依瞿《目》所載，則此本僅殘存《楚辭類》一卷、《別集類》三卷，凡四卷。此本乃文淵閣所鈔。考明文淵閣藏有《解題》一部，共七册；而此本僅存四卷，是所缺者殊多矣。秀水朱氏，即朱彝尊。彝尊字錫鬯，號竹垞，晚號小長蘆釣魚師，又號金風亭長，浙江秀水人。著作豐贍，撰有《經義考》、《日下舊聞》、《曝書亭集》諸書。《曝書亭集．鵲華山人詩序》曰：

「予中年好鈔書，通籍以後，見史館所儲，京師學士大夫所藏弆，必借錄之。有小史能識四體書，日課其傳寫，坐是爲院長所彈，去官，而私心不悔也。」

是朱氏好書，故曝書亭所鈔書、藏書至富。此本後爲盧文弨所見，盧氏《新訂直齋書錄解題跋》云：

「直齋陳氏《書錄解題》二十二卷，《四庫》館新從《永樂大典》中鈔出以行。……乾隆己卯，余讀《禮》家居，友人見示此書，僅自《楚辭》、《別集》以下，而其他咸缺焉，乃秀水朱氏曝書亭鈔本也。今距曩時十八年而始見全書，殊爲晚年之幸。」

是瞿《目》謂此本乃「抱經盧氏所見本」，固是不誤也。瞿《目》又謂此舊鈔殘本卷首有「文淵閣」、「季振宜藏書」、「汲古閣」、「曝書亭珍藏」、「朱彝尊印」諸印記；據是可以推知此本雖不知誰氏所鈔，然鈔畢後，初爲文淵閣收藏，次則歸諸季滄葦及汲古閣，其末則爲秀水朱氏所得；則此本原非曝書亭所鈔，盧抱經亦不免有所未照矣。邵懿辰《四庫簡明目錄標注．史部》卷十四《目錄類．經籍之屬》附錄云：

「瞿氏有殘本四卷，存《楚辭類》一卷、《別集類》三卷。（星詒）。」

案：《四庫簡明目錄標注》所著錄者亦即此本。張金吾《愛日精廬藏書志》卷二十《史部．目錄類．經籍》云：

「《直齋書錄解題》殘本四卷，舊鈔本。宋陳振孫撰。存《楚辭類》一卷、《別集類》三卷。《四庫全書》著錄本係從《永樂大典》錄出者，此則原本殘佚也。」

案：觀是，張氏愛日精廬所藏者亦即此本。金吾字愼旃，別字月霄，畢生篤志儲藏書籍，小大彙收，今古並蓄，合之先人舊藏，竟多達八萬餘卷，惟其後亦不免散佚。瞿氏與張氏同里，其鐵琴銅劍樓所收藏之宋元舊刻曁舊鈔之本，皆從邑中及郡城故家展轉搜羅而得，卷逾十萬。是可推知瞿氏所藏之《解題》舊鈔殘本，乃原屬愛日精廬家藏故物，二家先後所著錄者實爲一書，固非於昭文張氏藏本之外，另有鐵琴銅劍樓藏本也。㉒

(三) 宋蘭揮藏舊鈔殘本

繆荃孫《藝風堂藏書記》卷五《類書》十七《目錄類》云：

「《直齋書錄解題》二十卷，舊鈔本。原書久佚，館臣從《大典》輯出，以原分五十三類，定爲二十二卷。此鈔帙雖不全，尚是陳氏原書。存《楚辭類》一卷、《總集類》一卷、《詩集類》二卷、《別集類》三卷、《類書類》一卷、《雜藝類》一卷、《音樂類》一卷、《章奏類》一卷、《歌辭類》一卷、《文史類》一卷、《神仙類》一卷、《釋氏類》一卷、《兵書類》一卷、《曆象類》一卷、《醫書類》一卷、《卜筮類》一卷、《形法類》一卷。原書惟《別集》分三卷，《詩集》分兩卷，每類各自爲卷，全書當分五十六卷。與《大典》本相較，《釋氏類》多二條，《雜藝類》七條，《類書類》二條，其餘字句亦多同異。荃孫另撰《考證》。收藏有『龢松庵』白文長方印，『筠』字朱文圓印，『宋氏蘭揮藏書善本』白文長方印。」

案：《藝風堂藏書記》所著錄者，乃宋筠所藏之《解題》舊鈔本，此本凡二十卷。考筠字蘭揮，緜松庵乃其齋名。惟繆氏《藝風堂藏書記》於宋氏之行實未曾道及，余已於本章第三節中紹介之。今仍補述一二：

考沈文慤《奉天尹宋公墓志銘》云：

「公諱筠，字蘭揮，號晉齋。既冠，捷南宮，由江西藩司晉奉天府尹。」

瞿鏞《鐵琴銅劍樓藏書目錄》卷三《經部》三《詩類》亦云：

「《叢桂毛詩集解》二十一卷，舊鈔本。題盧陵段昌武子武集。……每册皆有『筠』字圓印，『雪苑宋氏蘭揮藏書』長方印。」

同書卷十七《子部》五《小說類》云：

「《鐵圍山叢談》卷六，舊鈔本。題百衲居士蔡絛撰。……卷首有『宋氏蘭揮藏書善本』朱記。」

綜上所記，是蘭揮由江西藩司官至奉天府尹，其家藏之書，舊鈔本殊不少，而其藏書上均加蓋藏書印記也。

繆藝風所藏此本，後經王先謙以《大典》本相校。先謙《虛受堂書札》卷一有《又與筱珊》函，云：

「尊藏《書錄解題》鈔本，校畢奉上。各卷次第分合與《大典》不符，而卷數或有或無，《類書》、《雜藝》、《音樂》、《神仙》、《釋氏》、《兵書》、《曆象》、《醫書》、《卜筮》應在『子』而入『集』，蓋鈔本書者糅亂任意，非原本誤也。與《大典》本互勘，字句頗多殊異、增省之處。《雜藝類．唐朝名畫錄》　一卷，原別爲一條，《大典》本據《通考》錄入，合之於《畫斷》，賴此本猶見原書面目。《音樂類》亦有數條爲《大典》本所無，惜『經』、『史』全缺，『子』部少《陰陽家》一類，然張氏《讀書志》所藏不及此本之多，已云稀有，則此本之可貴當何如邪！僕慮籤黏易脫，校注上方，又以文繁眼眊，既無別本攙雜其間，意趣簡略，不復出『《大典》本』三字。史席餘閒，請自增之。」

案：先謙此函所謂《大典》本，即《四庫》輯本，先謙蓋用輯本與繆氏所得之宋蘭揮所藏本相較也。舊鈔本之勝處，王氏類能言之，此本卷數又較秀水朱氏所藏鈔本爲多，固甚可貴也。惜此本之蹤跡，今不可確悉矣。徐小蠻、顧美華點校之《直齋書錄解題》，其卷首《點校說明》處載：

「青海師範學院藏繆荃孫批校本。」

竊疑青海師範學院所藏之繆荃孫批校本，即爲繆藏之宋蘭揮藏本。所惜徐、顧二君點校《解題》，於青海師範學院所藏本全未善加利用；而繆氏自言另撰有《考證》，此《考證》今亦不之見矣。

邵懿辰《四庫簡明目錄標注》卷十四《目錄類．經籍之屬》邵章《續錄》云：

「《直齋書錄解題》二十二卷，宋陳振孫撰。……李氏木犀軒有傳鈔繆小山藏宋蘭揮舊藏殘本，次第與今異。」

徐、顧二君點校《解題》，其《點校說明》亦云：

「北京大學圖書館有李盛鐸舊藏傳鈔宋蘭揮舊藏本，亦爲五十六卷本，有二十卷。」

案：李盛鐸字嶬樵，又字椒微，號木齋，別號師子庵舊主人、師庵居士，晚更號麐嘉居士，江西德化縣人。其藏書處名木犀軒，所藏善本達九千零八十七種，五萬八千三百八十五册。李氏藏書除敦煌卷子抗戰期間歸於日本已跨海東去外，其餘書籍幾全由北京大學圖書館購藏，亦幸事矣。木犀軒傳鈔繆小山藏宋蘭揮舊藏之《解題》殘本，今亦由北大圖書館珍藏，傳鈔本凡二册。上册封面寫有：

「癸巳正月，從繆筱珊前輩借宋蘭揮藏舊鈔殘本過錄。木齋記。」

下册封面亦寫上：

「癸巳三月鈔畢。」

案：癸巳乃光緒十九年（一八九三），是盛鐸於此年正月借得繆氏所藏之宋蘭揮藏本，至三月即鈔畢全書。盛鐸此過錄本紙墨瑩潔，字畫精整，余幾經困難始丐得任教北京清華大學友朋劉桂生教授就近設法代爲影印。此過錄本之編次與《藝風堂藏書記》卷五所著錄之「《直齋書錄解題》二十卷」條所述者全同。即《楚辭類》一卷、《總集類》一卷、《詩集類》二卷、《別集類》上、中卷編歸上册；而由《別集類》下卷至《形法類》歸下册。上、下二册之首頁均有「德化李氏凡將閣珍藏」、「北京大學藏」兩印記；上、下册之末頁又有「北京大學藏」印。此過錄本每頁十行，行二十字。所過錄之王先謙校注文字亦鈔諸每頁之上端，與先謙《虛受堂書札》卷一《又與筱珊》函中所說全同，惟多增補「《大典》本」三字。今見頁之上方所鈔錄先謙校注文字，或繆荃孫自爲之也。

《又與筱珊》函謂：「《雜藝類．唐朝名畫錄》一卷，原別爲一條，《大典》本據《通考》錄入，合之於《畫斷》，賴此本猶見原書面目。」案：《四庫》輯本《解題》卷十四《雜藝類》云：

「《唐朝畫斷》一卷，唐翰林學士朱景玄撰。一名《唐朝名畫錄》。前有目錄，後有天聖三年商宗儒後序，與《畫斷》大同小異。案：『一名《唐朝名畫錄》』，以下原本刪去，今據《文獻通考》補入。」

然今見李氏過錄本則載作：

「《唐朝畫繼》一卷，唐翰林學士朱景玄撰。

《唐朝名畫錄》一卷，即《畫斷》也。前有目錄，後有天聖三年商宗儒後序，與前本大同小異。」

王先謙校注云：

「《大典》本據《通考》增『一名《唐朝名畫錄》二十九字』，無後《唐朝名畫錄》一條。」

案：《唐朝畫斷》，李氏過錄本雖誤鈔作《畫繼》。然細觀過錄本所鈔，將《唐朝畫斷》與《唐朝名畫錄》分作兩條，與《四庫》輯本之二合爲一，顯然不同。《又與筱珊》函中謂「賴此本猶見原書面目」，是今見之李氏過錄本確能保存《解題》原來面目。倘純以此條而論，其價值固在輯本之上矣。

至《藝風堂藏書記》謂：「與《大典》本相校，《釋氏類》多二條、《雜藝類》七條、《類書類》二條。」《又與筱珊》函謂：「《音樂類》亦有數條爲《大典》所無。」是李氏過錄本較《四庫》輯本多出十餘條。茲迻錄所多之各條如下：

《林間錄》十四卷，惠洪撰。

《龍牙和尚頌》一卷。

以上爲《釋氏類》所多之二條，乃輯本所無者。惟《林間錄》條，王氏未有出校注，亦偶有所失耶？

《南蕃香錄》一卷，知泉州葉廷珪撰。

《東溪試茶錄》一卷，宋子安撰。

《北苑總錄》二卷，興化軍判官曾伉錄《茶經》諸書，而益以詩歌二卷。

《北苑別錄》一卷，趙汝礪撰。

《品茶要錄》一卷，建安黃儒道父撰。元祐中，東坡嘗跋其後。

《鼎錄》一卷，梁中書侍郎虞荔纂。

《古今刀劍錄》一卷，梁陶弘景撰。

以上七條爲《雜藝類》所多出者，輯本所無也。

《實賓錄》三十卷、《後集》三十卷，高郵馬永易明叟撰，蜀人句龍材校正，文彪增廣。其三十卷者，本書也。義取「名者實之賓」爲名。

《古今政事錄》二十卷，知建昌軍金陵閻一德撰。

以上二條乃《類書類》多出者，其中《古今政事錄》條，盧文弨亦未出校，其重輯《解題》之稿本及徐小蠻、顧美華點校本之《解題》均缺此條，則此二條殊足珍也。

以上一條見《音樂類》。另有二條同見《音樂類》：

《樂府雜錄》一卷，唐國子司業段安節撰。

《琵琶錄》一卷，段安節撰。

《羯鼓錄》一卷，唐婺州刺史南卓撰。

案：輯本案語云：「以上二條，《文獻通考》引陳氏之言，原本脫漏，今補入。」是《大典》本《解題》確無《琵琶錄》、《羯鼓錄》二條，《四庫》館臣乃據《通考》補入。故王氏校注云：「以上三條，《大典》本無，據《通考》補。《羯鼓錄》、《琵琶錄》二條次『《琴譜》十六卷』後。《琵琶錄》作《琵琶故事》，無《樂府雜錄》。」是先謙所校注較《四庫》館臣爲縝密，故《又與筱珊》函謂「《音樂類》亦有數條爲《大典》所無」，亦事實也。

然木犀軒過錄本之《解題》中並無隨齋批注，定宋蘭揮所藏之舊鈔殘本原本如此。余頗懷疑宋氏所藏之舊鈔殘本，其所依據者或爲《解題》之底本，或爲傳鈔本；亦有可能此本即爲傳鈔本之殘本。故其與《大典》本之間頗有異同，且若干類中所收書籍較《大典》本爲多，足補《四庫》輯本之闕。至此本與輯本字句之異同，足資讎校，猶爲餘事也。所可惜者，此一舊鈔殘本，其經、史兩部全缺，子部又少儒、道、法、名、墨、縱橫、農、雜、小說、陰陽等十家十類；然則王氏《又與筱珊》函中僅謂「子部少陰陽家一類」，殊未符合此本事實，不意先謙此函所述亦竟偶有失檢之處也。

(四) 吳騫藏舊鈔殘本

吳騫爲清代著名藏書家，《海昌備志》載其生平曰：

「吳騫字槎客，號兔床，家新倉里。篤嗜典籍，遇善本傾囊購之弗惜，所得不下五萬卷，築拜經樓藏之。晨夕坐樓中展誦摩挲，非同志不得登也。得宋本《咸淳臨安志》九十一卷、《乾道志》三卷、《淳祐志》六卷，刻一印曰『臨安志百卷人家』，其風致如此。子壽照，字南耀，號小尹，乾隆丙午舉鄉試。壽暘字虞臣，槎客以宋槧《東坡先生集》授之，因自號『蘇閣』，取拜經樓書有題跋者手錄成帙，爲《題跋記》。」

同書中之《海昌藝文志》又載：

「吳騫，仁和貢生。居邑之小桐溪，築拜經樓，貯書甲於一邑。又構別業於陽羨，搜討桃溪諸勝殆徧，與同里陳簡莊、周松靄諸君子日事校讎，不預户外事。卒年八十一。」

余讀吳騫之《愚谷文存・桐陰日省編》下亦云：

「吾家先世頗乏藏書，余生平酷嗜典籍，幾寢饋以之。自束髮迄乎衰老，置得書萬本，性復喜厚帙，計不下四五萬卷。分歸大、二兩房者，不在此數。皆節衣縮食，竭平生之精力而致之者也。非特裝潢端整，且多以善本校勘，丹黃精審，非世俗藏書可比。至於宋元本精鈔，往往經名人學士賞鑒題跋，如杭堇浦、盧抱經、錢辛楣、周松靄諸先生，鮑淥飲、周耕崖、朱巢欽、張芑堂、錢綠窗、陳簡莊、黃蕘圃諸良友，均有題識，尤足寶貴。故余藏書之銘曰：『寒可無衣，饑可無食，至於書，不可一日失。』此昔賢詒厥之名言，允可爲拜經樓藏書之雅率。嗚呼！後之人或什襲珍之，或土苴視之，其賢不肖真竹垞所謂視書之幸不幸，吾不得而前知矣。」

觀上各條所載，則槎客一生於書籍之嗜、求、藏、校，固可知矣。槎客一字葵里，陳鱣《簡莊綴文》卷三《直齋書錄解題跋》云：

「近客吳中，從書賈購得《書錄解題》，係聚珍本，間有朱筆校語，初不知爲何人，及閱卷之十二上有標題云：『借同鄉陳進士熷所藏海寧吳葵里鈔本殘帙校。』始知吾鄉槎客明經曾有舊鈔以遺秀水家效曾進士，而此君復轉錄於此本者也。惜乎僅題年月，不著姓名，觀其書法秀麗，精心好古，定屬雅人。會余歸里，攜示槎客，一見心喜，如逢故人。既爲重錄於盧抱經學士手校本上，余復借盧校本傳寫對勘一過，又改正數百字，並從《文獻通考》補得十餘條，凡黃筆者皆是。今而後庶幾可爲善本。因念抱經學士已歸道山，效曾進士久患心疾，而槎客之年亦七十三矣，余得挾書往來，賞奇析義，能不欣感交至哉！」

吳壽暘《拜經樓藏書題跋記》卷三亦云：

「《書錄解題》二十二卷，武英殿聚珍本，盧學士借校，多所補正，凡字畫之不合六書者，悉皆更定，彌見前輩讀書之精審，深可寶愛。簡莊徵君復校補十數條，內卷十二至卷十四，卷十九至二十二，先君子曾得舊鈔殘本，手校於上，後以贈嘉興陳梅軒進士。嘉慶乙丑，簡莊得陳鄉人從梅軒借錄本一冊，以示先君子，因復錄於是本，並書十四卷後云：『予向有舊《書錄解題》殘本，後以贈檇李陳進士效曾。效曾官楚中十餘年，移疾而歸，所患乃失心之疾。此書予未有副，求前書一校此本，亦不可得。頃簡莊從吳中購得一本，則有效曾鄉人曾與效曾借予殘本而手校者，惜不知姓氏，考其所校時，迄今已二十有五年矣。因復從簡莊借錄於此本，不禁閣筆爲之三歎！嘉慶乙丑兔床志。』又書廿二卷末云：『嘉慶丁卯仲秋，秀水王稼洲茂才過訪，予出此書示之，其十二卷中所云：從同郡陳效曾所借。效曾之姓名，稼洲亦不辨。稼洲名尚繩，尊甫省齋大令元啓，禾中篤學士也，於效曾爲前輩。』」

案：讀上述《簡莊綴文》及《拜經樓藏書題跋記》二條之所載，當知吳騫舊藏有《解題》舊鈔殘本，以之持贈陳熷。熷字效曾，號梅軒，官楚中十餘年，後以患失心疾而歸鄉。所惜熷所得自槎客之舊鈔殘本，今已蹤跡莫明矣。熷鄉人某曾借錄此本，轉錄於聚珍本《解題》上。陳鱣客吳中時購得此借錄本，歸里攜示槎客。槎客乃跋之，並略考鄉人某借錄之時月，蓋在嘉慶（十年）乙丑（一八〇五）二十五年前，即乾隆四十五年庚子（一七八〇）也。由是可推知，槎客所藏之舊鈔殘本，乾隆四十五年庚子間，仍存陳梅軒處，惟自鄉人某借錄後，此本之存佚則無可稽考矣。

至吳槎客此舊鈔殘本，究所鈔存者爲若干卷，陳簡莊、吳槎客及吳壽暘諸人均未詳考及之。惟《拜經樓藏書題跋記》既云：「簡莊徵君復校補十數條，內卷十二至卷十四，卷十九至二十二，先君子曾得舊鈔殘本，手校於上，後以贈嘉興陳梅軒進士。」據此，則余頗疑槎客此舊鈔殘本所存者，即輯本之卷十二至卷十四、卷十九至卷二十二各類，亦即《神仙類》一卷、《釋氏類》一卷、《兵書類》一卷、《曆象類》一卷、《陰陽家類》一卷、《卜筮類》一卷、《形法類》一卷、《醫書類》一卷、《音樂類》一卷、《雜藝類》一卷、《類書類》一卷、《詩集類》二卷、《歌詞類》一卷、《章奏類》一卷、《文史類》一卷，凡爲十五類十六卷，較之宋蘭揮所藏之二十卷本，稍少四卷。宋藏本《楚辭類》一卷、《總集類》一卷、《別集類》三卷爲此本所無，而此本所有之《陰陽家類》一卷，則爲宋藏本所獨缺。宋、吳二家所藏舊鈔殘本有一共同之點，即其所存者皆爲子、集之部，而經、史兩錄全缺。今宋藏本幸賴得木齋全部過錄，猶可綿延不絕於時；而吳藏本則已無所蹤跡矣。至梅軒之鄉人、槎客、簡莊諸人所過錄之本，亦求之而不可得，言念及此，乃不禁擱筆爲之傷歎不已也。

(五) 鮑廷博藏舊鈔殘本

盧文弨《抱經堂文集》卷九《跋》二《新訂書錄解題跋戊戌》云：

「此書外間無全本久矣，《四庫》館新從《永樂大典》中鈔出，分爲二十二卷，余既識其後矣。丁酉王正，復得此書子集數門元本於知不足齋主人所，乃更取而細訂之。知此書唯《別集》分三卷，《詩集》分兩卷，而其餘每類各自爲卷，雖篇幅最少者，亦不相聯屬，余得據之定爲五十六卷。元第《詩集》之後，然後次以《總集》，又《章奏》，又《歌詞》，而以《文史》終焉。其他次第，並與館本無不同者。其《雜藝》一類，較館本獨爲完善，余遂稍加訂正而更鈔之。余自己卯先見集部元本，越十九年而更見子部中數門，則安知將來不更有並得經、史諸類者乎？取以證吾所鈔者，庶有以明吾之不妄爲紛更也已。乾隆四十三年正月二十九日東里盧文弨書。」

觀是，則盧氏曾得《解題》舊鈔殘本子、集數門於知不足齋主人所。知不足齋主人即鮑廷博，字以文，清代著名藏書家，與盧抱經至相友善。盧氏另有《徵刻古今名人著作疏》，不見於《抱經堂文集》，其文略云：

「吾友鮑君以文者，生而篤好書籍，於人世富貴利達之足以豔人者，舉無所槩於中，而惟文史是耽。所藏弆幷多善本，並有人間所未盡見者。進之秘省之外，復不私以爲枕秘，而欲公之。晨書暝寫，句核字讎，迺始付之梓人氏。棗梨既精，剞劂亦良，以是毀其家，不卹也。」

是以文之耽文史，好藏書、校書，並及於剞劂可知矣，而其所刻亦至精也。至鮑氏之爲人與行事，朱文藻《知不足齋叢書序》亦云：

「吾友鮑君以文，築室儲書，取《戴記》『學然後知不足』之義以顏其齋。君讀先人遺經，益增廣之。令子士恭，復沈酣不倦，君字之曰『志祖』，蓋嗜書累葉如君家者，可謂難矣。三十年來，近自嘉禾、吳興，遠而大江南北，客有舊藏鈔刻來售武林者，必先過君之門。或遠不可致，則郵書求之。浙東西諸藏書家，若趙氏小山堂、汪氏振綺堂、吳氏瓶花齋、汪氏飛鴻堂、孫氏壽松堂、鄭氏二老閣、金氏桐花館，參合有無，互爲借鈔。至先哲後人，家藏手澤，亦多假錄。得則狂喜，如獲重貨。不得，雖積思累歲月不休。余館於振綺堂十餘年，君借鈔諸書，皆余檢集。君所刻書，余嘗預點勘。余與君同嗜好，共甘苦，君以爲知之深者，莫余若也。」

趙懷玉《知不足齋叢書序》於以文行實亦有所增補，云：

「鮑君以文識曠行高，自其先人即嗜文籍。君復勤搜遐訪，積數十年，家累萬卷。丹鉛校勘，日手一編，人從假借，未嘗逆意。既又以其異本刊爲《叢書》，曰：『物無聚而不散，吾將以散爲聚耳。金玉璣貝，世之所重，然地不愛寶，耗則復生。至於書，則作者之精神性命託焉。著古昔之晦晦，傳千里之忞忞者，甚偉也。書愈少則傳愈難，設不廣爲之所，古人幾微之緒，不將自我而絕乎！乞火莫若取燧，寄汲莫若鑿井，懼其書之不能久聚，莫若及吾身而善散之也。』鮑君於是乎遠矣！」

阮元《知不足齋鮑君傳》更謂：

「高宗純皇帝詔開《四庫》館，採訪天下遺書。鮑君廷博集其家所藏書六百餘種，命其子士恭由浙江進呈。既著錄矣，復奉詔還其原書。《唐闕史》及《武經總要》，皆聖製詩題之。嘉慶十八年，方公受疇巡撫浙江，奉上問鮑氏《叢書》續刊何種。方公以第二十六集進，奉上諭：『鮑廷博年踰八旬，好古積學，老而不倦。著加恩賞給舉人，俾其世衍書香，廣刊秘籍，亦藝林之勝事也。』元案：君又號淥飲，世爲歙人。父思詡攜家居杭州，君以父性嗜讀書，乃力購前人書以爲歡，既久而所得書益多且精，遂裒然爲大藏書家。自乾隆進書後，蒙御賜《古今圖書集成》、《伊犁得勝圖》、《金川圖》，疊膺異數，褒獎彌隆。君以進書受主知，謂諸生無可報稱，乃多刻所藏古書善本，公諸海內。至嘉慶十八年，年八十有六，所刻書至二十七集，未竣，而君以十九年秋卒。」

讀盧氏諸人所載有關廷博之一生行事，則廷博有功於學術，有裨於書林，蓋可知矣。知不足齋所藏《解題》之舊鈔殘本，就盧《跋》所記，乃僅具子、集數門，而缺經、史二錄；至其集部次第亦與《四庫》輯本略異，即《詩集》兩卷後，次以《總集》，又次《章奏》，又《歌詞》，而以《文史》終焉。㉓至其他各類次第，則與輯本無不同；然其子部《雜藝類》則較輯本爲完善也。抱經得此本在「丁酉王正」，即乾隆四十二年（一七七七）正月，蓋距其作《跋》之時僅一歲耳。所惜者，此本雖一時爲盧氏所擁有，而今亦渺其蹤跡矣。

㈥ 陳徵芝所藏鈔本

陳徵芝，字蘭鄰，福州府閩縣人，嘉慶七年壬戌（一八〇二）科進士二甲七十名。爲令浙江時，藏書甚富。其裔孫，名樹杓，字星村，嘗編有《帶經堂書目》五卷，民初間順德鄧實依原稿本刊印，爲《風雨樓叢書》之一。《帶經堂書目》卷二《史部．目錄類》載：

「《直齋書錄解題》二十二卷，鈔本，宋陳振孫撰。內《楚辭》一卷、《別集》三卷，從朱氏曝書亭影宋殘本錄寫；餘從文瀾閣纂輯《永樂大典》本傳錄。」

是則此鈔本乃湊合曝書亭影宋殘本及《大典》本鈔錄而成。惟此鈔本有三問題必須略作考證者，其一即爲此鈔本究寫成於何時？今觀《書目》末語「餘從文瀾閣纂輯《永樂大典》本傳錄」云云，則其成書必在文瀾閣建就貯藏《四庫全書》之後。案：文瀾閣，乾隆四十九年（一七八四）就杭州孤山聖因寺藏書堂改建而成，是則此鈔本當寫成於此年之後。

其二則爲此鈔本究寫成於何人之手？案：帶經堂所藏書，皆爲蘭鄰官浙江時得之於王芑孫者。芑孫字念豐，號惕甫，一號鐵夫，又號楞伽山人，清長洲人，乾隆間舉人，家有淵雅堂，藏書甚富。譚獻《復堂日記》卷一云：

「見陳氏《帶經堂書目》多有影宋鈔本，蓋黃蕘圃舊藏，後歸王惕甫所。陳徵芝蘭鄰官浙江時，又得之惕甫所，乃入閩。此其流傳端緒也。」

據仁和譚氏《日記》所載，則此鈔本當亦購自長洲王氏。惟此鈔本是否亦由王氏鈔成，或蕘圃舊藏，惜原書未見，取證不足，無由判決矣。是則此問題之求答案，猶須俟諸他日也。

其三則爲此鈔本其後之蹤跡。案：帶經堂所藏之書，陳樹杓身後散佚，大半歸周星詒；星詒之書，其後又歸蔣鳳藻。陸心源《帶經堂陳氏藏書目書後》有云：

「《帶經堂陳氏藏書目》五卷，閩陳徵芝蘭鄰鑒藏，孫樹杓星村編次，原稿本，周星詒季貺、陸心源剛父批訂。陳徵芝蘭鄰以名進士爲令浙江，藏書甚富。孫星村，名樹杓，亦善鑒別，編爲《書目》五卷，手寫成帙，以就正於祥符周星詒季貺、歸安陸心源剛父。季貺、剛父爲之删訂添改，多有旁注眉批，皆季貺、剛父手筆也。季貺、剛父皆夙好藏書，素精目錄之學，此蓋其官閩時所手改。後陳氏藏書大半歸之季貺，季貺挂誤遣戍，所藏遂歸吳中蔣鳳藻香生。」

又考葉昌熾《藏書紀事詩》卷七《周星詒季貺》條云：

「周季貺別駕，名星詒，河南祥符縣人。……季貺少籍華膴，收藏甚富。精於目錄之學，四部甲乙，如別黑白。筮仕閩垣，獲譴，虧公帑無以償，亡友蔣香生太守出三千金資之，遂以藏書盡歸蔣氏心矩齋。……季貺書數十櫝，余在心矩齋盡見之，雖無宋元舊槧，甄擇甚精，皆秘冊也，尤多前賢手錄之本及名家校本，朱黃爛然，各有題跋，今散爲雲煙矣。」

觀陸、葉二氏所記，足見此《解題》鈔本當隨藏書由陳氏而周氏，由周氏而蔣氏矣。蔣氏心矩齋之書，葉氏《藏書紀事詩》謂「今散爲雲煙矣」，而同書卷六《蔣鳳藻香生》條云：

「同邑蔣香生太守鳳藻，家世貨殖，納貲爲郎，嗣以知府分發福建，補福寧府。……君雖起自素封，未嘗學問，而雅好觚翰，嗜書成癖。在閩納交周季貺司馬，盡傳其目錄之學。……閩垣未經兵燹，前明徐興公、謝在杭，及近時帶經堂陳氏遺書，流落人間者，君留心搜訪，多歸插架。季貺絓誤遣戍，君資以三千金，季貺盡以所藏精本歸之，遂蔚成大國。……君少通侻，不矜細節，尤爲里中兒所賤簡。聞君收藏書籍，譁然相告，引爲破家殷鑒。及君歿，而市駿者懸巨金以求發篋，則又動色嗟訝。嗟乎！自蕘圃、香嚴，距今不過百年，何以風流歇寂，月旦舛淆，望影吠聲，群自居於原伯魯，亦書林之一厄也。」

觀是，是香生既歿，亦即心矩齋之藏書「散爲雲煙」之時矣。

余考《藏書紀事詩》，原稿六卷，斷自香生爲止，前有王頌蔚於光緒辛卯孟陬所撰一序。光緒辛卯，即十七年（一八九一），是香生之歿，當略在此年之前。由是觀之，則此鈔本涉其蹤跡，及今又已百年矣。

綜上所述，陳徵芝所藏《解題》鈔本乃得自王芑孫惕甫，書乃湊合鈔寫而成，故論其價值則未算至高。惟清末如繆荃孫、王先謙，及今人陳樂素、喬衍琯輩，均未知有此《解題》鈔本，用特考其寫成歲月與收藏蹤跡，揭之於世，庶可發潛德之幽光也。

(七) 王懿榮手稿本

國立中央圖書館編印之《臺灣公藏善本書目書名索引》著錄有：

「《直齋書錄解題》一卷，宋陳振孫撰。清編者手稿本，《觀我堂叢書》之一。中圖1821」

案：觀我堂乃王懿榮少時之室號。《清史稿》卷四百六十八《列傳》二百五十五《王懿榮》云：

「王懿榮，字正孺，山東福山人。祖兆琛，山西巡撫。父祖源，四川成緜龍茂道。懿榮少劬學，不屑治經生藝，以議敍銓戶部主事。光緒六年成進士，選庶吉士，授編修，益詳練經世之務，數上書言事。十二年，父憂，解職。服闋，出典河南鄉試。二十年，大考一等，遷侍讀。明年，入直南書房，署國子監祭酒。會中東戰事起，日軍據威海，分陷榮城，登州大震，懿榮請歸練鄉團。和議成，還都，特旨補祭酒。越二年，遭母憂，終喪，起故官。蓋至是三爲祭酒矣，前後凡七年，諸生翕服。二十六年，聯軍入寇，與侍郎李端遇同拜命充團練大臣。懿榮面陳：『拳民不可恃，當聯商民備守禦。』然事已不可爲。七月，聯軍攻東便門，猶率勇拒之。俄衆潰不復成軍，迺歸語家人曰：『吾義不可苟生！』家人環跽泣勸，厲斥之。仰藥未即死，題絶命詞壁上曰：『主憂臣辱，主辱臣死。於止知其所止，此爲近之。』擲筆赴井死。先是，懿榮命浚井，或問之，笑曰：『此吾之止水也！』至是，果與妻謝氏、寡媳張氏同殉焉。諸生王杜松等醵金瘞之。事聞，贈侍郎，謚文敏。懿榮泛涉書史，嗜金石，翁同龢、潘祖蔭並稱其博學。」

林中清所編之《明清藏書家印鑒》則云：

> 「王懿榮（一八四五—一九〇〇），字廉生。清福山人。光緒庚辰（一八八〇）進士。生平好聚舊槧古器碑版圖畫之屬。」

觀是，可知王氏生平概況。《明清藏書家印鑒》中收有「王懿榮」大小三方印及「福山王氏正孺藏書」長方印。蓋懿榮字正孺也。

懿榮此手稿本，現藏國立中央圖書館，余嘗倩任職國立故宮博物院之蘇瑩輝教授代爲申請借出影印。此本凡八十七篇，一册一卷。書之封面偏左上角行書寫上「直齋書錄解題」六字，右旁則草書「癸亥孟陬觀我堂訂」八字。考「癸亥孟陬」爲同治二年（一八六三）正月，其時懿榮十八、九歲，是則此本爲懿榮少年之作也。《清史稿》稱：「懿榮少劬學，不屑治經生藝。」觀其未及冠之年則治《解題》，信然。此本首葉右下角有「國立中央圖書館收藏」長方形印及「王懿榮印」方形印。書首先迻錄武英殿本《解題》所附提要，所抄由「是書以歷代典籍分爲五十三類」起，至「誠希覯之本也」止。以下不分卷，選抄殿本《解題》。所抄《易類》缺《古易》十二卷、《周易古經》十二卷、《古周易》八卷、《古易》十二卷《音訓》二卷、《古周易》十二卷、《關子明易傳》一卷、《元包》十卷、《周易啓源》十卷、《補闕周易正義略例疏》一卷、《周易窮微》一卷、《易傳解說》一卷《微旨》三卷、《周易口訣義》六卷、《易證墜簡》二卷、《新注周易》十一卷《卦德統論》一卷《略例》一卷又《易數鉤隱圖》二卷、《刪定易圖論》一卷、《易補註》十卷又《王劉易辨》一卷、《易筌》六卷、《周易意學》六卷、《易童子問》三卷、《易意蘊凡例總論》一卷、《周易義類》三卷、《周易聖斷》七卷、《乾生歸一圖》十卷、《易義海撮要》十卷、《易解》二卷、《了翁易說》一卷、《易講義》十卷、《太極傳》六卷《外傳》一卷《因說》一卷、《易正誤》一卷、《梁谿易傳》九卷《外篇》十卷、《周易外義》三卷、《廣川易學》二十四卷、《吳園易解》十卷、《周易窺餘》十五卷、《易索》十三卷、《易小傳》六卷、《先天易鈐》一卷、《讀易老人詳說》十卷、《逍遙公易解》八卷《疑問》二卷、《周易變體》十六卷、《大易粹言》十卷、《易本傳》三十三卷、《周易經傳集解》三十六卷、《數學》一卷、《易說》二卷、《易辨》三卷《淵源錄》三卷、《易總說》二卷、《易裨傳》二卷《外篇》一卷、《準齋易說》一卷各條。所抄《書類》缺《陳博士書解》三十卷、《無垢尚書詳說》五十卷、《尚書講義》三十卷、《潔齋家塾書抄》十卷、《袁氏家塾讀書記》二十三卷、《尚書精義》六十卷、《梅敎授書集解》三册、《柯山書解》十六卷各條。所抄《詩類》缺《毛詩詳解》三十六卷、《岷隱續讀詩記》三卷、《黃氏詩說》三十卷、《詩解》二十卷、《王氏詩總聞》三卷、《白石詩傳》二十卷、《詩古音辨》一卷各條。所抄《禮類》缺《周禮綱目》八卷《摭說》一卷、《鶴山周禮折衷》二卷、《孔子閒居講義》一卷各條。所抄《春秋類》缺《春秋折衷論》三十卷、《春秋加減》一卷、《春秋名號歸一圖》二卷、《春秋二十國年表》一卷、《春秋皇綱論》五卷《明例隱括圖》一卷、《春秋會義》二十六卷、《春秋邦典》二卷、《春秋傳》十二卷、《春秋得法忘例論》三十卷、《春秋列國諸臣傳》五十一卷、《春秋通訓》十六卷《五禮例宗》十卷、《春秋經解》十六卷《本例例要》一卷、《春秋指南》二卷、《春秋本旨》二十卷、《春秋正辭》二十卷《通例》十五卷、《息齋春秋集註》十四卷、《春秋經解》十二卷《指要》二卷、《春秋集傳》十五卷、《春秋比事》二十卷、《春秋經傳集解》三十三卷、《春秋考異》四卷、《春秋類事始末》五卷、《左氏發揮》六卷、《春秋直音》三卷、《左傳約說》一卷《百論》一卷、《春秋分記》九十卷、《春秋通說》十三卷各條。《孝經類》缺《蒙齋孝經說》三卷一條。所抄《語孟類》缺小序及《竹西論語感發》十卷、《論語探古》二十卷、《玉泉論語學》十卷各條。所抄《讖緯類》則無缺。所抄《經解類》缺《演聖通論》六十卷、《群經音辨》七卷、《無垢鄉黨少儀咸有一德論語孟子拾遺》共一卷、《六經圖》七卷、《畏齋經學》十二卷、《山堂疑問》一卷、《六經正誤》六卷、《西山讀書記》三十九卷、《六家謚法》二十卷、《嘉祐謚》三卷、《政和修定謚法》六卷、《鄭氏謚法》三卷各條。所抄《小學類》缺小序、《字始連環》二卷、《論梵書》一卷、《石鼓文考》三卷、《嘯堂集古錄》二卷、《前漢古字韻編》五卷、《附釋文互注韻略》五卷、《字通》一卷、《切韻義》一卷、《纂要圖例》一卷各條。所抄《正史類》缺《唐書直筆新例》四卷、《唐書音訓》四卷、《西漢決疑》五卷、《西漢刊誤補遺》十七卷各條。所抄《別史類》缺《東都事略》一百五十卷一條。所抄《編年類》缺《元經薛氏傳》十五卷、《唐曆》四十卷、《續唐曆》二十二卷、《大唐統紀》四十卷、《通曆》十五卷、《唐年補錄》六十五卷、《帝王略照》一卷、《唐史論斷》三卷、《編年通載》十五卷、《紹運圖》一卷、《歷代帝王年運詮要》十卷、《歷代紀年》十卷、《通鑑論篤》三卷、《國紀》五十八卷、《九朝通略》一百六十八卷、《中興小曆》四十一卷、《中興遺史》六十卷、《丁未錄》二百卷、《思陵大事記》三十六卷《阜陵大事記》二卷、《建炎以來繫年要錄》二百卷、《紀年統紀論》一卷、《皇朝編年舉要》三十卷《備要》二十卷《中興編年舉要》十四卷《備要》十四卷、《歷代帝王纂要譜括》二卷各條。所抄《起居注類》缺小序，僅錄《穆天子傳》六卷一條，而以下全缺。所抄《詔令類》、《僞史類》全缺。所抄《雜史類》缺《九州春秋》九卷、《華陽國志》二十卷、《後魏國典》三十卷、《大業雜記》十卷、《建康實錄》二十卷、《行在河洛記》十卷、《河洛春秋》二卷、《明皇雜錄》一卷、《開天傳信記》一卷、《安祿山事迹》三卷、《開元昇平源》一卷、《廬陵王傳》一卷、《奉天錄》四卷、《燕南記》三卷、《建中河朔記》六卷、《邠志》三卷、《涼國公平蔡錄》一卷、《大唐新語》十三卷、《太和野史》三卷、《太和摧兇記》一卷、《野史甘露記》二卷、《乙卯記》一卷、《兩朝獻替記》三卷、《會昌伐叛記》一卷、《次柳氏舊聞》一卷、《四夷朝貢錄》十卷、《東觀奏記》三卷、《貞陸遺事》二卷《續》一卷、《咸通庚寅解圍錄》一卷、《金鑾密記》三卷、《廣陵妖亂志》三卷、《汴水滔天錄》一卷、《朱梁興創遺編》二十卷、《莊宗召禍記》一卷、《三朝見聞錄》八卷、《大唐補記》三卷、《賈氏備史》六卷、《晉太康平吳記》二卷、《晉朝陷蕃記》四卷、《建隆遺事》一卷、《甘陵伐叛記》一卷、《涑水記聞》十卷、《書壬戌事》一卷、《逸史》二十卷、《林氏野史》八卷、《元和錄》三卷、《邵氏辨誣》三卷、《邵氏聞見錄》二十卷、《國史後補》五卷、《北征紀實》二卷、《靖康要錄》五卷、《朝野僉言》二卷、《靖康傳信錄》一卷、《靖康奉使錄》一卷、《靖康拾遺錄》一卷、《孤臣泣血錄》三卷《拾遺》一卷、《裔夷謀夏錄》七卷、《陷燕記》一卷、《南歸錄》一卷、《靖康錄》一卷、《金人犯闕記》一卷、《汴都記》一卷、《靖康遺錄》一卷、《靖康野錄》一卷、《避戎夜話》一卷、《靖康小史》一卷、《痛定錄》一卷、《悲喜記》一卷、《建炎中興記》一卷、《建炎中興日曆》五卷、《呂忠穆答客問》一卷、《呂忠穆勤工記》一卷、《渡江遭變錄》一卷、《建炎復辟記》一卷、《建炎通問錄》一卷、《北狩聞見錄》一卷、《北狩行錄》一卷、《戊申維揚錄》一卷、《維揚過江錄》一卷、《己酉航海記》一卷、《建炎假道高麗錄》一卷、《紹興講和錄》二卷、《亂華編》三十三卷、《元祐黨籍列傳譜述》一百卷、《紹興正論》二卷、《紹興正論小傳》二十卷、《三朝北盟會編》二百五十卷、《北盟集補》五十卷、《中興十三處戰功錄》一卷、《建炎以來朝野雜記》甲乙集共四十卷、《西路陲泰定錄》九十卷各條。所抄《典故類》缺《魏鄭公諫錄》五卷、《翰林盛事》一卷、《衣冠盛事》一卷、《李司空論事》一卷、《太和辨謗略》三卷、《秦傳玉璽譜》一卷、《國璽傳》一卷《傳國璽記》一卷、《玉璽雜記》一卷、《楚寶傳》一卷、《八寶記》一卷、《唐文宗朝備問》一卷、《三朝訓鑑圖》十卷、《兩朝寶訓》二十卷、《歷代年號並宮殿等名》一卷、《朝制要覽》五十卷、《景德會計錄》六卷、《皇祐會計錄》六卷、《春明退朝錄》三卷、《先朝政範》一卷、《尊號錄》一卷、《輔弼名對》四十卷、《青社賑濟錄》一卷、《元豐問事錄》二卷、《官制局紀事》一卷、《中書備對》十卷、《呂申公掌記》一卷、《元祐榮觀集》五卷、《泰陵故事》二十卷、《本朝事實》三十卷、《皇朝治迹統類》七十三卷、《皇朝事類樞要》二百五十卷、《東家雜記》二卷、《長樂財賦志》十六卷、《內治聖監》二十卷、《高宗聖政草》一卷、《高宗孝宗聖政編要》二十卷、《孝宗聖政》十二卷、《會稽和買事宜錄》七卷、《劉忠肅救荒錄》五卷、《西漢會要》七十卷《東漢會要》四十卷、《漢制叢錄》三十二卷、《平陽會》四卷、《唐昌計》二卷各條。所抄《職官類》缺《元和百司舉要》二卷、《具員故事》十卷、《官品纂要》十卷、《御史臺記》十二卷、《御史臺故事》三卷、《御史臺記》五卷、《集賢注記》三卷、《史館故事錄》三卷、《翰林志》一卷、《承旨學士院記》一卷、《翰林學士記》一卷、《翰林院故事》一卷、《翰林學士院舊規》一卷、《重修翰林壁記》一卷、《金波遺事》三卷、《別書金坡遺事》一卷、《翰苑雜記》一卷、《續翰林志》一卷《次續志》一卷、《翰苑群書》三卷、《翰林遺事》一卷、《掖垣叢志》三卷、《職林》二十卷、《職宜分紀》五十卷、《官制》《學制》各一卷、《唐職林》三十卷、《朝集院須知》一卷、《皇宋館閣錄》五卷、《麟臺故事》五卷、《中興館閣錄》十卷、《續》十卷、《續史館故事》一卷、《祖宗官制舊典》三卷、《官制舊典正誤》一卷、《國朝官制沿革》一卷、《職官記》一卷、《官制新典》十卷、《聖朝職略》二十卷、《宰輔拜罷錄》二十四卷、《國朝相輔年表》一卷《續》一卷、《職源》五十卷、《元輔表》一卷、《漢官考》六卷、《漢官總錄》十卷、《縣法》一卷、《縣務綱目》二十卷、《作邑自箴》十卷、《中興百官題名》五十卷、《齊齋臺諫論》二卷、《金國官制》各條。所抄《禮注類》缺《開元禮百問》二卷、《天聖鹵簿圖記》十卷、《閤門儀制》十二卷、《政和冠昏喪祭禮》十五卷、《訓俗書》一卷、《孟氏家祭禮》一卷、《徐氏家祭禮》一卷、《鄭氏祠享禮》一卷、《范氏寢堂時饗禮》一卷、《賈氏家祭禮》一卷、《新定寢祀禮》一卷、《孫氏仲享儀》一卷、《杜氏四時祭享禮》一卷、《韓氏古今家祭式》一卷、《橫渠張氏祭禮》一卷、《伊川程氏祭禮》一卷、《呂氏家祭禮》一卷、《范氏家祭禮》一卷、《溫公書儀》一卷、《居家雜禮》一卷、《呂氏鄉約》一卷《鄉儀》一卷、《高氏送終禮》一卷、《四家禮範》五卷、《古今家祭禮》二十卷、《朱氏家禮》一卷、《十書類編》三卷、《廟儀》一卷、《奉常雜錄》一卷《樂章》一卷、《服飾變古元錄》三卷、《古今服飾儀》一卷各條。所抄《時令類》缺小序及《錦帶》一卷、《金谷園記》一卷、《秦中歲時記》一卷、《咸鎬故事》一卷、《千金月令》三卷、《章氏月錄》一卷、《歲華紀麗》七卷、《國朝時令集解》十二卷各條。所抄《傳記類》缺《高士傳》十卷、《黃帝內傳》一卷、《飛燕外傳》一卷、《襄陽耆舊傳》五卷、《談藪》二卷、《梁四公記》一卷、《景龍文館記》八卷、《狄梁公家傳》三卷、《高力士外傳》一卷、《北征雜記》一卷、《唐年小錄》八卷、《陵園記》一卷、《鳳池曆》二卷、《鄴侯家傳》十卷、《牛羊日曆》一卷、《西南備邊錄》一卷、《異域歸忠傳》二卷、《蠻書》十卷、《閩川名士傳》一卷、《崔氏日錄》一卷、《入洛記》一卷、《中朝故事》二卷、《燉煌新錄》一卷、《唐末汎聞錄》一卷、《楊妃外傳》一卷、《渚宮故事》五卷、《錦里耆舊傳》八卷《續傳》十卷、《平蜀實錄》一卷、《秦王貢奉錄》二卷、《家王故事》一卷、《戊申英政錄》一卷、《玉堂逢辰錄》二卷、《南部新書》十卷、《乘軺錄》一卷、《奉使別錄》一卷、《劉氏西行錄》一卷、《契丹講和記》一卷、《慶曆正旦國信語錄》一卷、《熙寧正旦國信錄》一卷、《接伴送語錄》一卷、《使遼見聞錄》二卷、《奉使雞林志》三十卷、《宣和使金錄》一卷、《奉使雜錄》一卷、《館伴日錄》一卷、《隆興奉使審議錄》一卷、《攬轡錄》一卷、《北行日錄》一卷、《乾道奉使錄》一卷、《奉使執禮錄》一卷、《使燕錄》一卷、《李公談錄》一卷、《丁晉公談錄》一卷、《賈公談錄》一卷、《王沂公筆錄》一卷、《沂公言行錄》一卷、《王文正家錄》一卷、《寇萊公遺事》一卷、《乖崖政行語錄》三卷、《安定先生言行錄》二卷、《曹武惠別傳》一卷、《韓魏公家傳》十卷、《韓忠獻遺事》一卷、《魏公語錄》一卷、《魏公別錄》四卷、《杜祁公語錄》一卷、《文潞公私記》一卷、《唐質肅遺事》一卷、《韓莊敏遺事》一卷、《范忠宣言行錄》二十卷、《范太史遺事》一卷、《傅獻簡佳話》一卷、《杜公談錄》一卷、《道鄉語錄》一卷、《豐清敏遺事》一卷、《宗忠簡遺事》三卷、《呂忠穆家傳》一卷《逢辰記》一卷《遺事》一卷、《褒德集》二卷《易學辨惑》一卷、《呂氏家塾記》一卷、《桐陰舊話》十卷、《熙寧日錄》四十卷、《溫公日記》一卷、《趙康靖日記》一卷、《劉忠肅行年記》一卷、《紹聖甲戌日錄》一卷《元符庚辰日錄》一卷、《文昌雜錄》六卷、《聞見近錄》一卷、《辨欺錄》一卷、《回天錄》一卷、《盡忠補過錄》一卷、《吳丞相手錄》一卷、《岳飛事實》六卷《辨誣》五卷、《丁卯實編》一卷、《孔子編年》五卷、《諸葛武侯傳》一卷、《韓文公歷官記》一卷、《歐公本末》四卷、《皇祐平蠻記》二卷、《孫威敏征南錄》一卷、《嗢厮囉傳》一卷、《陝西聚米圖經》五卷、《元豐平蠻錄》三卷、《元祐分疆錄》三卷、《青唐錄》一卷、《交趾事迹》十卷、《占城國錄》一卷、《雞林類事》三卷、《政和大理入貢錄》一卷、《安南表狀》一卷、《邊和錄》五卷、《建炎德安守禦錄》三卷、《淮西從軍記》一卷、《順昌破敵錄》一卷、《滕公守台錄》一卷、《二楊歸朝錄》一卷、《逆臣劉豫傳》一卷、《許右丞行狀》一卷、《李忠定行狀》一卷、《翟忠惠家傳》一卷、《艾軒家傳》一卷、《夾漈家傳》一卷、《葉丞相行狀》一卷、《謝修撰行狀墓志》一卷、《朱侍講行狀》一卷、《紫陽年譜》三卷、《篤行事實》一卷、《趙丞相行實》一卷《附錄》二卷、《趙忠定行狀》一卷《謚議》一卷、《倪文節言行錄》三卷《遺奏志狀碑銘謚議》一卷、《趙華文行狀》一卷、《八朝名臣言行錄》二十四卷、《中興忠義錄》三卷、《孝史》五十卷、《孝行錄》三卷、《古今孝悌錄》二十四卷、《廉史傳》十卷、《南陽先民傳》二十卷、《典刑錄》十二卷、《近世厚德錄》四卷、《救荒活民書》三卷、《仁政活民書》

二卷、《折獄龜鑑》三卷、《明刑盡心錄》二卷、《好還集》一卷、《先賢施仁濟世錄》一卷、《莆陽人物志》三卷、《臥遊錄》一卷、《上庠錄》十卷、《上庠後錄》十二卷、《昭明太子事實》二卷、《祠山家世編年》一卷、《海神靈應錄》一卷、《鄂國金陀粹編》二十八卷《續編》三十卷各條。所抄《法令類》全缺。所抄《譜牒類》缺《李氏皇宣維城錄》一卷、《李氏房從譜》一卷、《聖唐偕日譜》一卷、《唐宰相甲族》一卷、《唐相門甲族諸郡氏譜》共一卷、《唐杜氏家譜》一卷、《天下郡望氏族譜》一卷、《陳郡袁氏譜》一卷、《陶氏家譜》一卷、《皇朝百族譜》四卷、《米氏譜》一卷各條。所抄《目錄類》缺《秘書省四庫闕書目》一卷、《邯鄲書目》十卷、《京北金石錄》六卷、《太宗御製御書目》一卷、《眞宗御製碑頌石本目錄》一卷、《龍圖閣瑞物寶目》《六閣書籍圖畫目》共一卷、《群書備檢》三卷、《廣川藏書志》二十六卷、《廣川書跋》十卷《畫跋》五卷、《寶墨待訪錄》二卷、《群書會記》二十六卷、《夾漈書目》一卷《圖書志》一卷、《秦氏書目》一卷、《藏六堂書目》一卷、《吳氏書目》一卷、《隸釋》一十七卷《隸續》二十一卷、《法寶標目》十卷、《鄭氏書目》七卷、《集古系時錄》十卷《系地錄》十一卷、《寶刻叢編》二十卷、《釋書品次錄》一卷。所抄《地理類》缺《唐十道四蕃志》十卷、《元豐九域志》十卷、《地理指掌圖》一卷、《歷代疆域志》十卷、《輿地紀勝》二百卷、《輿地圖》十六卷、《皇朝方域志》二百卷、《東京記》三卷、《河南志》二十卷、《長安志》二十卷、《關中記》一卷、《長安圖記》一卷、《雍錄》十卷、《洛陽伽藍記》五卷、《洛陽名園記》一卷、《鄴中記》一卷、《晉陽事跡雜記》十卷、《燕吳行役記》二卷、《江行錄》一卷、《臨安志》十五卷、《吳興統記》十卷、《吳興志》二十卷、《蘇州圖經》六卷、《吳郡圖經續記》三卷、《吳地記》一卷、《吳郡志》五十卷、《鎮江志》三十卷、《新定志》八卷、《嘉禾志》五卷《故事》一卷、《毘陵志》十二卷、《越州圖經》九卷、《會稽志》二十卷、《會稽續志》八卷、《赤城志》四十卷、《赤城續志》八卷、《赤城三志》四卷、《四明志》二十一卷、《永嘉譜》二十四卷、《永寧編》十五卷、《東陽志》十卷、《括蒼志》七卷、《括蒼續志》一卷、《信安志》十六卷、《信安續志》二卷、《建安志》十卷、《建安續志》十卷、《六朝事迹》二卷《南朝宮苑記》二卷、《姑孰志》五卷、《新安志》十卷、《秋浦志》八卷、《秋浦新志》十六卷、《南康志》八卷、《桐汭新志》二十卷、《豫章職方乘》三卷《後乘》十二卷、《潯陽志》十二卷、《宜春志》十卷、《盱江志》十卷《續》十卷、《富川志》六卷、《南安志》二十卷《補遺》一卷、《廣陵志》十二卷、《楚州圖經》二卷、《永陽志》三十五卷、《吳陵志》十卷、《高郵志》三卷《續修》十卷、《都梁志》八卷、《續志》一卷、《合肥志》四卷、《同安志》十卷、《歷陽志》十卷、《黃州圖經》四卷《附錄》一卷、《齊安志》二十卷、《濠梁志》三卷、《無爲志》三卷、《襄陽志》四十卷、《襄沔記》三卷、《房州圖志》三卷、《義陽志》八卷、《長沙志》五十二卷、《續長沙志》十一卷、《長沙土風碑》一卷、《衡州圖經》三卷、《零陵志》十卷、《春陵圖志》十卷、《九疑考古》二卷、《清湘志》六卷、《武昌志》三十卷、《武昌土俗編》二卷、《鄖城志》十二卷、《岳陽志》甲二卷乙三卷、《岳陽風土記》一卷、《辰州風土記》六卷、《成都古今集記》三十卷、《續成都古今集記》二十二卷、《蜀記》二卷、《梁益記》十卷、《長樂志》四十卷、《閩中記》十卷、《建安志》二十四卷《續志》一卷、《清源志》七卷、《延平志》十卷、《清漳新志》十卷、《鄞江志》八卷、《莆陽志》十五卷、《武陽志》十卷、《晉江海物異名記》三卷、《廣州圖經》二卷、《南越志》七卷、《番禺雜記》一卷、《桂林志》一卷、《桂林風土記》一卷、《桂海虞衡志》二卷、《高涼志》七卷、《邕管雜記》一卷、《嶺外代答》十卷、《南方草木狀》一卷、《黃巖志》十六卷、《旌川志》八卷、《涇川志》十三卷、《新吳志》二卷、《樂清志》十卷、《修水志》十卷、《連川志》十卷、《歷代宮殿名》一卷、《五嶽諸山記》一卷、《王屋山記》一卷、《華山記》一卷、《西湖古蹟事實》一卷、《青城山記》一卷、《茅山記》一卷、《幞阜山記》一卷、《豫章西山記》一卷、《王笥山記》一卷、《湘中山水記》三卷、《天台山記》一卷、《顧渚山記》一卷、《廬山記》五卷、《續廬山記》四卷、《九華拾遺》一卷、《九華總錄》十八卷、《武夷山記》一卷、《羅浮山記》一卷、《霍山記》一卷、《鴈山行記》一卷、《廬阜紀遊》一卷、《何氏山莊次序本末》一卷、《湘江論》一卷、《海濤志》一卷、《太虛潮論》一卷、《海潮圖論》一卷、《潮說》一卷、《西南備邊志》十二卷、《北邊備對》六卷、《南北攻守類考》六十三卷、《六合掌運圖》一卷、《海外使程廣記》三卷、《大唐西域記》十二卷、《南詔錄》三卷、《至道雲南錄》三卷、《契丹疆宇圖》一卷、《遼四京記》一卷、《高麗圖經》四十卷、《諸蕃志》二卷各條。所抄《儒家類》

缺《曾子》二卷、《說玄》一篇、《太玄釋文》一卷、《帝範》一卷、《潛虛》一卷、《潛虛發微論》一卷、《周子通書》一卷《太極圖說》一卷、《周子通書遺文遺事》一卷、《帝學》八卷、《正蒙書》十卷、《經學理窟》一卷、《西銘集解》一卷、《通書西銘集解》三卷、《河南師說》十卷、《山東野錄》七卷、《程氏遺書》二十五卷《附錄》一卷《外書》十三卷、《皇極經世書》十二卷、《觀物外篇》六卷、《觀物內篇》二卷、《近思錄》十四卷、《元城語錄》三卷、《劉先生談錄》一卷、《道護錄》一卷、《庭闈稿錄》一卷、《龜山別錄》二卷、《龜山語錄》五卷、《尹和靖語錄》四卷、《胡氏傳家錄》五卷、《無垢語錄》十四卷《言行編》《遺文》共一卷、《南軒語錄》十二卷、《晞顏錄》一卷、《晦庵語錄》四十六卷、《晦庵續錄》四十六卷、《節孝先生語》一卷、《童蒙訓》一卷、《師友雜志》一卷《雜說》一卷、《胡子知言》一卷、《忘筌書》二卷、《諸儒鳴道集》七十二卷、《兼山遺學》六卷、《玉泉講學》一卷、《周簡惠聖傳錄》一卷、《呂氏讀書記》七卷、《閫範》十卷、《少儀外傳》二卷、《辨志錄》一卷、《先聖大訓》六卷、《己易》一卷、《慈湖遺書》三卷、《明倫集》十卷、《心經法語》一卷、《三先生論議》一卷、《言子》三卷各條。所抄《道家類》缺《老子新解》二卷、《老子解》二卷、《易老通言》十卷、《坐忘論》一卷、《天隱子》一卷、《玄眞子外篇》三卷、《無能子》三卷、《莊子義》十卷、《莊子十論》一卷各條。所抄《法家類》無缺，惟《管子》二十四卷條、《愼子》一卷條、《韓子》二十卷條刪節甚多。所抄《名家類》缺《人物志》三卷、《廣人物志》十卷各條。所抄《墨家類》、《縱橫家類》均無缺。所抄《農家類》缺小序及《山居要術》三卷、《四時纂要》五卷、《蠶書》二卷、《秦少游蠶書》一卷、《禾譜》五卷、《農器譜》三卷《續》三卷、《農書》三卷、《耕桑治生要備》二卷、《耕織圖》一卷、《竹譜》一卷、《筍譜》一卷、《夢溪忘懷錄》三卷、《越中牡丹花品》二卷、《牡丹譜》一卷、《冀王宮花品》一卷、《吳中花品》一卷、《花譜》二卷、《牡丹芍藥花品》七卷、《洛陽貴尙錄》一卷、《芍藥譜》一卷、《芍藥圖序》一卷、《芍藥譜》一卷、《荔枝譜》一卷、《荔枝故事》一卷、《增城荔枝譜》一卷、《四時栽接花果圖》一卷、《桐譜》一卷、《何首烏傳》一卷、《海棠記》一卷、《菊譜》一卷、《菊譜》一卷、《范村梅菊譜》二卷、《橘錄》三卷、《糖霜譜》一卷、《蟹譜》二卷、《蟹略》四卷各條。所抄《雜家類》缺《潛夫論》十卷、《風俗通義》十卷、《蔣子萬機論》二卷、《博物志》十卷、《古今注》三卷、《孫子》十卷、《劉子》五卷、《金樓子》十卷、《子鈔》三十卷、《意林》三卷、《顏氏家訓》七卷、《理道要訣》十卷、《祝融子兩同書》二卷、《刊誤》二卷、《資暇集》二卷、《兼明書》二卷、《蘇氏演義》十卷、《事始》三卷、《炙轂子》三卷、《伸蒙子》三卷、《中華古今註》三卷、《格言》五卷、《化書》六卷、《物類相感志》一卷、《耄智餘書》三卷、《昭德新編》一卷、《聱隅子》二卷、《宋景文筆記》一卷、《近事會元》五卷、《徽言》三卷、《泣岐書》三卷、《天保正名論》八卷、《事物紀原》二十卷、《孔氏雜說》一卷、《晁氏客語》一卷、《廣川家學》三十卷、《石林家訓》一卷、《石林過庭錄》二十七卷、《程氏廣訓》六卷、《緗素雜記》十卷、《聖賢眼目》一卷、《義林》一卷、《弟子職等五書》一卷、《演蕃露》十四卷《續》六卷、《考古編》十卷《續編》十卷、《楚澤叢語》八卷、《續顏氏家訓》八卷、《習學記言》五十卷、《準齋雜說》一卷、《灌畦暇語》一卷、《忘筌書》二卷、《袁氏世範》三卷各條。所抄《小說家類》缺《拾遺記》十卷、《名山記》一卷、《殷芸小說》十卷、《續齊諧記》一卷、《北齊還冤志》二卷、《古今同姓名錄》一卷、《補江總白猿傳》一卷、《冥報記》二卷、《劉餗小說》三卷、《隋唐嘉話》一卷、《博異志》一卷、《辨疑志》三卷、《宣室志》十卷、《封氏見聞記》二卷、《劉公佳話》一卷、《戎幕閒談》一卷、《聞奇錄》一卷、《柳常侍言旨》一卷、《幽閒鼓吹》一卷、《知命錄》一卷、《前定錄》一卷、《甘澤謠》一卷、《乾𦠆子》三卷、《尙書故實》一卷、《雜纂》一卷、《盧氏雜記》一卷、《廬陵官下記》二卷、《唐闕史》三卷、《北里志》一卷、《玉泉筆端》三卷又別一卷、《雲溪友議》十二卷、《傳奇》六卷、《三水小牘》三卷、《醉鄉日月》三卷、《異聞集》十卷、《卓異記》一卷、《大唐說纂》四卷、《摭言》十五卷、《廣摭言》十五卷、《金華子新編》三卷、《耳目記》一卷、《唐朝新纂》三卷、《豪異秘纂》一卷、《紀聞譚》三卷、《後史補》三卷、《野人閒話》五卷、《續野人閒話》二卷、《開顏集》三卷、《洛陽搢紳舊聞記》五卷、《秘閣閒談》五卷、《廣卓異記》二十卷、《文會談叢》一卷、《國老閒談》二卷、《洞微志》三卷、《乘異記》三卷、《補妒記》八卷、《祖異志》十卷、《括異志》十卷《後志》十卷、《郡閣雅言》二卷、《茅亭客話》十卷、《嘉祐雜志》三卷、《苕川子所記三事》一卷、《東齊記事》十卷、《該聞錄》十卷、《紀聞》一卷、《東坡手澤》三卷、《艾子》一卷、《龍川略志》六卷《別志》四卷、《玉壺清話》十卷、《張芸叟雜說》一卷、《畫墁集》一卷、《洛游子》一卷、《蘇氏談訓》十卷、《孫公談圃》三卷、《澠水燕談》十卷、《烏臺詩話》十三卷、《碧雲騢》一卷、《青箱雜記》十卷、《師友閒談》一卷、《劍溪野語》三卷、《冷齋夜話》十卷、《墨客揮犀》十卷《續》十卷、《搜神秘覽》三卷、《石林燕語》十卷、《燕語考異》十卷、《玉澗雜書》十卷、《巖下放言》一卷、《柏臺雜著》一卷、《紺珠集》十二卷、《類說》五十卷、《春渚紀聞》十卷、《曲洧舊聞》一卷《雜書》一卷《骫骳說》一卷、《南游記舊》一卷、《翰墨叢紀》五卷、《鐵圍山叢談》五卷、《萍洲可談》三卷、《硯岡筆志》一卷、《卻掃編》三卷、《閒燕常談》三卷、《唐語林》八卷、《道山青話》一卷、《復齋閒記》四卷、《鄞川志》五卷、《窗間紀聞》一卷、《枕中記》一卷、《姚氏殘語》一卷、《槁簡贅筆》二卷、《瀟湘錄》十卷、《經鋤堂雜志》八卷、《續釋常談》二十卷、《北山記事》十二卷、《雲麓漫鈔》二十卷《續鈔》二卷、《儆告》一卷、《夷堅志類編》三卷、《山齋愚見十書》一卷、《桯史》十五卷、《游宦紀聞》十卷、《鼠璞》一卷、《周盧注博物志》十卷《盧氏注》六卷、《玄怪錄》十卷、《龍城錄》一卷、《樹萱錄》一卷、《葆光錄》三卷、《稽神錄》六卷、《啓顏錄》八卷、《歸田後錄》十卷、《王原叔談錄》一卷、《延漏錄》一卷、《清虛居士隨手雜錄》一卷、《石渠錄》十一卷、《避暑錄話》二卷、《臺省因話錄》一卷、《思遠筆錄》一卷、《秀水閒居錄》三卷、《聞見後錄》二十卷、《侍兒小名錄》一卷《續》一卷、《紀談錄》十五卷、《賢異錄》一卷、《投轄錄》一卷、《吳船錄》一卷、《瑣碎錄》二十卷《後錄》二十卷、《鑑誡別錄》三卷、《樂善錄》十卷各條。所抄《神仙類》缺《列仙傳》二卷、《參同契分章通眞義》三卷《明鏡圖訣》一卷、《金碧古文龍虎上經》一卷、《黃庭內景經》一卷《外景經》一卷、《眞誥》十卷、《參同契解》一卷、《內景中黃經》一卷、《靈樞金鏡神景內經》十卷、《上清天地宮府圖經》二卷、《中誡經》一卷、《幽傳福善論》一卷、《玄綱論》一卷、《續仙傳》三卷、《道教靈驗記》二十卷、《王氏神仙傳》一卷、《西山群仙會眞記》五卷、《鍾呂傳道記》三卷、《養生眞訣》一卷、《靈樞道言發微》二卷、《金液還丹圖論》一卷、《悟眞篇集注》五卷、《還丹復命篇》一卷、《道樞》二十卷、《集仙傳》十二卷、《肘後三成篇》一卷、《日月玄樞篇》一卷、《太白還丹篇》一卷、《太清養生上下篇》二卷、《上清金碧篇》一卷、《金虎鉛汞篇》一卷、《鉛汞五行篇》一篇、《玉芝書》三卷、《純陽眞人金丹訣》一卷、《華陽眞人秘訣》一卷、《呂眞人血脈論》一卷、《遠山崔公入藥鏡》三卷、《四象論》一卷、《眞仙傳道集》一卷、《參同契》三卷、《巨勝歌》一卷、《逍遙子通玄書》三卷、《百章集》一卷、《許先生十二時歌》一卷、《黃帝丹訣玉函秘文》一卷、《呂公窰頭坏歌》一卷、《太上金碧經》一卷、《金鏡九眞玉書》一卷、《龍虎金液還丹通玄論》一卷、《金碧上經古文龍虎傳》、《群仙珠玉集》一卷各條。所抄《釋氏類》與《兵書類》全缺。所抄《曆象類》缺《星簿讚曆》一卷、《乙巳占》十卷、《玉曆通政經》三卷、《乾坤變異錄》一卷、《古今通占》三十卷、《景祐乾象新書》三十卷、《大宋天文書》十五卷、《天經》十九卷、《天象法要》二卷、《歷代星史》一卷、《天文考異》二十五卷、《二十四氣中星日月宿度》一卷、《天象義府》九卷、《官曆刻漏圖》一卷《蓮花漏圖》一卷、《崇天曆》一卷、《紀元曆》三卷《立成》一卷、《統元曆》一卷、《會元曆》一卷、《統天曆》一卷、《開禧曆》三卷《立成》一卷、《金大明曆》一卷、《數術大略》九卷各條。所抄《陰陽家類》全缺。《卜筮類》缺《易傳積算法雜占條例》一卷、《周易版詞》一卷、《周易玄悟》一卷、《火珠林》一卷、《揲蓍古法》一卷、《六壬翠羽歌》一卷、《京氏參同契律曆志》一卷、《京氏易式》一卷、《六壬洞微賦》一卷各條。所抄《形法類》缺《八五經》一卷、《狐首經》一卷、《續葬書》一卷、《地理小□》一卷、《洞林照膽》一卷、《地理口訣》一卷、《楊公遺訣曜金歌並三十六象圖》一卷、《神龍鬼砂》一卷、《羅星妙論》一卷、《九星賦》一卷、《龍髓經》一卷、《疑龍經》一卷、《辨龍經》一卷、《龍髓別旨》一卷、《九星祖局圖》一卷、《五星龍祖》一卷、《二十八禽星圖》一卷、《雜相書》一卷、《成和子觀妙經》一卷、《希夷先生風鑑》一卷、《諸家相書》五卷、《玉管神照》一卷、《集馬相書》一卷、《相貝經》一卷各條。所抄《醫書類》、《音樂類》與《雜藝類》全缺。所抄《類書類》缺《語麗》十卷、《修文殿御覽》三百六十卷、《金鑰》二卷、《玉屑》十五卷、《蒙求》三卷、《戚苑纂要》十卷、《戚苑英華》十卷、《鹿門家抄詩詠》五十卷、《天和殿御覽》四十卷、《類要》七十六卷、《事類賦》三十卷、《韻類題選》一百卷、《本朝蒙求》三卷、《十七史蒙求》一卷、《書叙指南》二十卷、《實賓錄》三十卷《後集》三十卷、《史韻》四十九卷、《海錄碎事》三十三卷、《皇朝事實類苑》二十六卷、《兩漢蒙求》十卷、《補注蒙求》八卷、《群書類句》十四卷、《書林韻會》一百卷、《兩漢博聞》二十卷、《班左誨蒙》三卷、《左氏摘奇》十三卷、《諸史提要》十五卷、《文選雙字類要》三卷、《晉史屬辭》三卷、《觀史類編》六卷、《經子法語》二十四卷、《左傳法語》六卷、《史記法語》十八卷、《西漢法語》二十卷、《後漢精語》十六卷、《三國精語》六卷、《晉書精語》五卷、《南史精語》十卷、《遷史刪改古書異辭》十二卷、《馬班異辭》三十五卷、《杜詩六帖》十八卷、《錦繡萬花谷》四十卷《續》四十卷、《趙氏家塾蒙求》二十五卷《宗室蒙求》三卷各條。所抄《楚辭類》缺《離騷釋文》一卷、《楚辭考異》一卷、《重定楚辭》十六卷《續楚辭》二十卷《變離騷》二十卷、《楚辭贅說》四卷、《楚辭後語》六卷、《龍岡楚辭說》五卷、《校定楚辭》十卷《翼騷》一卷《洛陽九詠》一卷各條。所抄《總集類》缺《古文苑》九卷、《古文章》十六卷、《西漢文類》四十卷、《三國文類》四十卷、《三謝詩》一卷、《謝氏蘭玉集》十卷、《梁詞人麗句》一卷、《玉臺後集》十卷、《篋中集》一卷、《國秀集》三卷、《搜玉小集》一卷、《竇氏聯珠集》五卷、《唐御覽詩》一卷、《河嶽英靈集》二卷、《極玄集》一卷、《中興間氣集》二卷、《唐類表》二十卷、《斷金集》一卷、《唐詩類選》二十卷、《漢上題襟集》三卷、《松陵集》十卷、《本事詩》一卷、《群書麗藻》六十五卷、《洞天集》五卷、《煙花集》五卷、《唐僧詩》三卷、《名臣贄种隱君書啓》一卷、《西崑酬唱集》二卷、《九僧詩》一卷、《寶刻叢章》三十卷、《樂府集》十卷《題解》一卷、《樂府詩集》一百卷、《和陶集》

十卷、《仕塗必用集》十卷、《汝陰唱和集》一卷、《三家宮詞》三卷、《五家宮詞》五卷、《歷代確論》一百一卷、《江西詩派》一百三十七卷《續派》十三卷、《輶軒集》一卷、《古今絕句》二卷、《玄眞子漁歌碑傳集錄》一卷、《艇齋師友尺牘》二卷、《膾炙集》一卷、《唐人絕句詩集》一百卷、《唐絕句選》五卷、《唐絕句選》四卷、《考德集》三卷、《四家胡笳詞》一卷、《選詩》七卷、《宏辭總類》四十一卷《後集》三十五卷《第三集》十卷《第四集》九卷、《迂齋古文標注》五卷、《歷代奏議》十卷、《國朝名臣奏議》十卷、《皇朝名臣奏議》一百五十卷、《續百家詩選》二十卷、《江湖集》九卷、《回文類聚》三卷、《滁陽慶曆集》十卷《後集》十卷、《吳興詩》一卷、《吳興分類詩集》三十卷、《會稽掇英集》二十卷《續集》四十五卷、《潤州類集》十卷、《京口詩集》十卷《續》二卷、《嘉禾詩集》一卷、《永嘉集》三卷、《天台集》二卷《別編》一卷《續集》三卷、《括蒼集》三卷《後集》五卷《別集》四卷《續》一卷、《釣臺新集》六卷《續集》十卷、《長樂集》十四卷、《清漳集》三十卷、《揚州詩集》二卷、《宣城集》三卷、《南州集》十卷、《南紀集》五卷《後集》三卷、《相江集》三卷、《艮嶽集》一卷、《桃花源集》二卷又二卷、《庾揚紀述》三卷《琵琶亭詩》一卷、《東陽記詠》四卷、《盤洲編》二卷、《瓊野錄》一卷、《會稽紀詠》六卷、《蕭秋詩集》一卷、《唐山集》一卷《後集》三卷、《後典麗賦》四十卷、《指南賦箋》五十五卷《指南賦經》八卷、《指南論》十六卷又本前後二集四十六卷、《擢犀策》一百九十六卷《擢象策》一百六十八卷各條。所抄《別集類》上、中、下，《詩集類》上、下，

《歌詞類》，《章奏類》全缺。所抄《文史類》缺《史例》三卷、《賦門魚鑰》十五卷、《詩格》一卷、《詩格》一卷《詩中密旨》一卷、《評詩格》一卷、《二南密旨》一卷、《文苑詩格》一卷、《詩式》五卷《詩議》一卷、《風騷指格》一卷、《詩格》一卷、《處囊訣》一卷、《流類手鑑》一卷、《詩評》一卷、《擬皎然十九字》一卷、《炙轂子詩格》一卷、《詩格要律》一卷、《緣情手鑑詩格》一卷、《風騷要式》一卷、《琉璃堂墨客圖》一卷、《雅道機要》二卷、《金針詩格》一卷、《續金針格》一卷、《詩評》一卷、《御選句圖》一卷、《唐詩主客圖》一卷、《句圖》一卷、《文章玄妙》一卷、《詩苑類格》三卷、《林和靖摘句圖》一卷、《詩三話》一卷、《詩話》一卷、《續詩話》一卷、《楊氏筆苑句圖》一卷《續》一卷、《惠崇句圖》一卷、《孔中丞句圖》一卷、《雜句圖》一卷、《吟窗雜錄》三十卷、《劉貢父詩話》一卷、《後山詩話》二卷、《潛溪詩眼》一卷、《石林詩話》一卷、《續詩話》一卷、《許彥周詩話》一卷、《天廚禁臠》三卷、《四六談麈》一卷、《四六話》一卷、《韻語陽秋》二十卷、《漁隱叢話》六十卷《後集》四十卷、《碧溪詩話》十卷、《續廣本事詩》五卷、《山陰詩話》一卷、《詩家老杜詩評》五卷《續》一卷、《選詩句圖》一卷、《杜詩發揮》一卷、《觀林詩話》一卷、《文說》一卷、《四六餘話》一卷、《艇齋詩話》一卷、《賓朋宴話》三卷、《西清詩話》三卷、《環溪詩話》一卷各條。

綜上所引，則此抄本所缺鈔者殊多。其中如《詔令》、《僞史》、《法令》、《釋氏》、《兵書》、《陰陽家》、《醫書》、《音樂》、《雜藝》、《別集》、《詩集》、《歌詞》、《章奏》各類竟全缺，《起居注類》僅錄一條。由是推知，蓋其時懿榮年猶未冠，故其讀書雖亦兼治流略之學，然不甚重視上述諸類之書籍，殆屬事實。至其於手稿本封面處既親自署上「癸亥孟陬觀我堂訂」字樣，則懿榮對《解題》一書，自有其訂正之用心。故懿榮除對《解題》若干類刻意不加抄錄外，夷考其所謂「訂」者，以下數端，或亦其訂正《解題》之心意歟！

（一）對所抄《解題》各條每多所刪節。

如卷一《易類》「《京房易傳》三卷、《積算雜占條例》一卷」條，刪去「今世術士所用世應、飛伏、游魂、納甲之說，皆出京氏。晁景迂嘗爲京氏學，用其傳爲《易式》云。或作四卷，而《條例》居其首。又如《參同契》、《律曆志》，見《陰陽家類》，專言占候」一大段。

又如卷二《詩類》「《毛詩正義》四十卷」條，刪去文末「元豐以來，廢而不行，甚亡謂也」數句。

王氏此手稿本中，如上述刪節之情況甚多，無法一一縷述。

（二）凡遇《解題》中出現帝王年號，王氏皆作眉批，或於其旁作小注，以說明其廟號爲某宗。全本皆然，且不嫌重複。

如卷一《易類》「《周易正義》十三卷」條云：

「唐國子祭酒冀州孔穎達仲達撰。《序》作十四卷，《館閣書目》亦云。今本止十三卷。案：《五經正義》，本唐貞觀中穎達與顏師古等受詔撰《五經義贊》，後改爲《正義》，博士馬嘉運駁正其失。永徽二年，中書門下于志寧等考正增損，書始布下。其實非一手一足之力，世但稱『孔疏』爾。其說專釋一家注文爲正。」

王氏於此條「貞觀」旁注出「太宗」二字。又於「永徽二年」一行之上眉批：「永徽，唐高宗年號。」諸語。案：貞觀之爲太宗年號，永徽之爲高宗年號，此乃治史之常識，稍涉史學者當所知悉。由是更足以說明此一手稿本確乃懿榮少年著述，故其所作之眉批及旁注，竟淺薄若此。

（三）《解題》中所有小序，此手稿本均一律不錄。

《解題》中如《語孟類》、《小學類》、《起居注類》、《時令類》、《農家類》、《陰陽家類》、《音樂類》皆有小序，乃直齋有關目錄分類理論之所繫，其間創見發明甚多；然此手稿本均一律削去不錄，殊爲可惋。蓋懿榮其時學問未富，識見有所不逮，竟未知《解題》小序之重要及其價值，於斯可見一斑。

（四）此手稿本往往據盧文弨之所校，以訂正《四庫》本《解題》，然亦有未盡依照盧校者。

如卷二《禮類》「《曲禮口義》二卷」條云：

「戴溪撰。」

盧校云：

「『《曲禮口義》二卷』下有『《學記口義》二卷』。」

此手稿本「《曲禮口義》二卷」下正有「《學記口義》二卷」六字，此依照盧校者也。惟此手稿本改訂《四庫》本《解題》亦有不依盧校者。如卷二《書類》「《拙齋書集解》五十八卷」條云：

「校書郎三山林之奇少穎撰。從呂紫微本中居仁學，而太史祖謙則其門人也。初第，以樞密陳誠之薦徑入館，以末疾去而終。」

盧校云：

「『從』上有『少穎』二字。」

此手稿本「少穎」作「之奇」，又刪去「初第」至末之一節，則其與盧校又不盡相同者也。

（五）此手稿本於《解題》中較難曉之字，有用反切之法標其讀音者。

如卷一《易類》「《皇極經世》十二卷、《叙篇系述》二卷」條云：

「處士河南邵雍堯夫撰。其學出於李之才挺之，之才受之穆修伯長，修受之种放明逸，放受之陳摶。蓋數學也。……」

此手稿本於「种放」之「种」字，眉批作：「种，眞弓切。音沖。」案：「种」字本非甚難曉之字，而懿榮竟須以反切標音，蓋其時年齒尚幼，仍未識「种」字，或爲他日重溫方便計，故特標出讀音，此亦少年人讀書之良法也。

（六）此手稿本中亦偶見懿榮讀書之心得，惜皆平平無奇，甚或有錯誤者。

如卷三《春秋類》「《春秋集傳纂例》十卷、《辨疑》七卷」條云：

「唐給事中吳郡陸質伯沖撰。[24]……質本名淳，避憲宗諱改焉。……質，梁陸澄七世孫，仕通顯，黨王叔文，侍順宗東宮，㉕會卒，不及貶。然則其與不通《春秋》之義者，相去無幾耳。」

此條於「憲宗」號上，懿榮作眉批曰：

「憲宗名純，在位十五年，號元和。」

又於「順宗」號上眉批曰：

「唐德宗之子，憲宗之父，在位一年，號永貞。」

如是之批語，皆屬平常學識，無甚發明。又《解題》卷二《禮類》「《三禮圖》二十卷」條云：

「國子司業太常博士河南聶崇義撰。自周顯德中受詔，至建隆二年奏之。……」

此手稿本於「建隆」上作眉批：

「建隆，周恭帝年號。恭帝，世宗子，在位六月，有元年，無二年。其元年即顯德七年。」

以「建隆」爲周恭帝之年號，其誤殊不能原諒者。後懿榮於此處雖點去「周恭帝」三字，而於其旁改添「宋太祖」，惟其他之文字則並未塗抹，亦可謂失愼之至也。

綜上五點所述，當可略見懿榮訂正《解題》之用意；其治流略之學雖甚勤劬，惜以稚齡學力所限，成績至爲平常。故懿榮此手稿本，僅可聊備圖書館之存放，以待顓研《解題》板本者所採覽，惟此本固未足被稱爲善本。至此本頗有筆誤，如卷四《編年類》「《續百官公卿表》十卷、《質疑》十卷」條文中之「靖康」誤寫作「靖節」之類，則猶爲餘事也。

行文至此，忽念及國立中央圖書館編輯《臺灣公藏善本書目書名索引》雖著錄有此手稿本，然竟不知「觀我堂」乃懿榮少年時之室名，又未翻檢此本首葉右下角即蓋有方形之「王懿榮印」，亦可算疏略矣。至喬衍琯曾較長期任職於國立中央圖書館，而其所著之《陳振孫學記》，於第四章《直齋書錄解題》第二節《傳本》中竟缺少此本，殊可怪異。眞治學檢書甚難，至令喬氏「睫在眼前看不見」耶？噫！固足惋矣。

辰、刊本

《解題》之刊本，若依各朝書目所著錄，似爲宋、元、明三代皆有之。惟今人喬衍琯頗疑之，以爲「俱不可信」，故乃生聚訟。喬氏謂「有宋刊本，好像不太可能」，與陳樂素意見相出入；余則以樂素之說爲然，認爲不宜輕易坐實宋刊本之必無，微嫌喬氏之態度稍欠矜愼也。

《解題》之有明萬曆間武林陳氏刊本，邵懿辰《四庫簡明目錄標注》及莫友芝《郘亭知見傳本書目》均有著錄。惟喬氏亦不之信，且謂：「明末以來三百餘年間，公私收藏書目，未見有著錄此本者。未審邵、莫二家何所據而云有萬曆間武林陳氏刊本。」然余亦不以喬氏此說爲然，故不免有所論難。詳見本章第三節中，茲不再贅。

至《解題》之有元刊本，則屬子虛烏有之事，余於本章第三節處亦論說之矣。喬衍琯氏與余所論相同，《陳振孫學記》第四章《直齋書錄解題》第二節《傳本》甲《刊本》云：

「《四庫簡明目錄標注》云：『抱經堂盧氏有新訂此書五十六卷，次序與聚珍版不同，係從不全元刊本重爲校訂，似未刻。』然盧氏之跋文，載《抱經堂文集》卷九，實作『丁酉（乾隆四十二年，一七七七）王正，復得子集數門元本於知不足齋主人所』。元本意謂原本，以別於《四庫》所輯自《大典》本。盧氏《群書拾補》即有以元本指原本之例。㉖且元代如有刊本，以文淵閣藏書之富，不應僅有一殘本。」

案：盧氏爲文，固常有以「元本」爲「原本」之例，喬氏所見與余相同。是則《解題》之有所謂元刊本者，實因誤解盧文中「元本」之義。惟邇者潘景鄭先生爲徐小蠻、顧美華二君點校之《直齋書錄解題》一書撰作《前言》，仍視盧氏「元本」爲元抄殘本，則重蹈《四庫簡明目錄標注》之誤矣。景鄭素嫻流略之學，不意亦有所失。故特贅辭備引喬氏之說，以爲研治《解題》板本者告。

巳、輯本

《解題》之有輯本，自清乾隆間修《四庫全書》始，館臣以爲此書久佚，乃於《永樂大典》中輯出。武英殿本《解題》目錄下所附之《提要》，詳述輯理此書原委，讀《提要》，當備悉此輯本成書之一斑。

惟《解題》輯本究編成於何人？今人精治《解題》如陳樂素、喬衍琯等均從未研及之者。王欣夫《藏書紀事詩補正》卷一《陳振孫伯玉》條有云：

「《直齋書錄解題》，今武英殿聚珍本係從《永樂大典》輯出，當時任搜輯者爲鄒炳泰。鄒字仲父，號曉屏，無錫人。官至協辦大學士。著有《午風堂集》。此事即見集中卷一。」

案：王欣夫《藏書紀事詩補正》中提及之鄒炳泰，乾嘉年間人，其生平事蹟見《清史稿》及《清史列傳》。《清史稿》卷三百五十一《列傳》一百三十八載：

「鄒炳泰，字仲文，江蘇無錫人。乾隆三十七年進士，選庶吉士，授編修，纂修《四庫全書》，遷國子監司業。」

而《清史列傳》所記年月則較《清史稿》爲詳明。該書《大臣傳》次編七云：

「鄒炳泰，江蘇無錫人。乾隆三十七年進士，改庶吉士。四十年，散館授編修，旋充《四庫全書》纂修官。四十三年，因纂書出力，命優敘。四十五年，充文淵閣校理。四十六年，遷國子監司業。」

綜上所載，則鄒氏充任《四庫全書》纂修官，似在乾隆四十年至四十五年間，惟未盡精允。聚珍本《解題》目錄後有《提要》，文末署年作「乾隆三十八年七月恭校上，……纂修官庶吉士臣鄒炳泰」。是鄒氏之爲纂修官，應在乾隆三十八年或之前已任此職，絕非如《清史列傳》所載，始於乾隆四十年也。《四庫》本《解題》誠如王氏所言，實鄒炳泰所纂輯。

至王氏《藏書紀事詩補正》謂鄒氏著《午風堂集》，其搜輯《解題》事見載此集中卷一，則頗有微誤。其實鄒氏所著者乃《午風堂叢談》，非《午風堂集》。《午風堂叢談》卷一正載有：

「宋吳興陳振孫《直齋書錄解題》，列經、史、子、集，中分五十三類，視晁公武《讀書志》議論較爲精核，馬氏《經籍考》多援之而作。其書久佚，《永樂大典》載之，余校纂成編，列入《四庫》，曾以聚珍版印行，購者珍如星鳳。」㉗

觀是，則《四庫》本之《解題》確爲鄒炳泰據《大典》本校纂而成。余又檢《叢談》卷二載：

「翰林院所貯《永樂大典》二萬二千八百七卷、一萬一千九十五册，目錄六十卷，彙集古書，分韻散編，體例未善，卷册亦歲久闕佚。乾隆癸巳二月，上命大學士劉統勳等將《大典》內散篇纂集成書，總纂則紀編修昀、陸刑部錫熊，纂修三十人。余時爲庶常，亦膺是選，日於原心亭校纂。」

是則翰林院當日所貯之《大典》卷帙猶富，炳泰乃得以日坐於原心亭中，從容校纂。惟炳泰之任纂修一職，此條載始自乾隆三十八年癸巳（一七七三），《清史列傳》則載於乾隆四十年；意《清史列傳》所記，必不如鄒氏自著之得其眞，故前已辨《清史列傳》之誤。《叢談》卷一又載：

「葉夢得《石林燕語》皆關當時掌故，於官制科目言之尤詳。陳振孫謂其書成於宣和五年，其論《館伴契丹》一條及論《宰相》一條，俱係建炎時事，振孫蓋據《自序》首四字言之耳。汪應辰嘗作《石林燕語辨》，而成都宇文紹奕作《考異》以糾之，見《永樂大典》中。如《馬周御史裏行》一條，引宋人《唐書》以駁唐人《六典》，頗類劉炫之規杜預，吳縝之糾歐陽修；然詳確者實足訂石林之誤。余爲史官時，以紹奕《考異》附夢得各條之下，列入《四庫》，於史學大有裨益。」

案：炳泰此條駁正陳振孫《解題》謂《石林燕語》成書於宣和五年之誤，所言甚符事實。惜《四庫》本《解題》卷十一《小說家類》「《石林燕語》十卷」條下未收此項駁正文字，殊可異也。蓋《午風堂叢談》寫成於嘉慶二年丁巳（一七九七），則炳泰此條殆於《四庫》本《解題》校纂完竣後始作乎？故不免有遺珠之憾也。此條中炳泰又自記其以宇文紹奕《考異》附於《四庫》本《石林燕語》各條下事，斯確大有裨益於學術。《清史列傳》中載炳泰「因纂書出力，命優敘」，是又炳泰因有功而獲賞，理固宜然矣。

綜上所考，固知《解題》輯本乃鄒炳泰據《大典》本校纂而成，其成書當在乾隆三十八年。《解題》輯本上諸案語，證以《叢談》之中有駁正陳振孫訛誤諸文字，固可推知此等案語皆炳泰所撰。是則鄒氏乃《解題》之功臣，亦直齋之諍友。鄒氏之編理《解題》輯本成，其於我國流略之學，勞績殊不可沒。至王欣夫揭示鄒氏與輯本之關係，其《藏書紀事詩補正》所言雖不免有小疵，然欣夫之學殖淵博，讀書至富，仍令人欽仰無已也。

有關《四庫》館臣（亦即鄒氏）如何引用資料以校訂《解題》之情況，喬衍琯於《陳振孫學記》一書中言之綦詳，足資參考。㉘其書第四章《直齋書錄解題》乙《四庫全書輯本》云：

「然《提要》所云『詳加考核，各以案語附之』，亦非虛應故事，今就引用資料及校補考異之項目分述於下，並略記其引用次數。

一、《文獻通考·經籍考》引用最多，計二百七十一次，館臣亦頗知《通考》之重要，而惜未能充分利用也。

二、《宋史·藝文志》六十九次。

三、《唐志》計五十六次。多不言《新書》或《舊書》，宋代《新唐書》通行，似多引《新唐書·藝文志》，然其中卷四《正史類·後魏書》條則明言《兩唐志》。

四、《漢書·藝文志》僅卷十《名家類·公孫龍子》條引用。

五、《隋書·經籍志》三次。

六、晁公武《郡齋讀書志》十九次。趙希弁《附志》亦三次。

七、鄭樵《通志》六次，多爲《藝文略》。

八、朱彝尊《經義考》一次，又引用其《皇王大紀跋》一次。

九、《崇文總目》二次。

十、《兩朝志》一次。

十一、《館閣書目》一次。以上兩書目清代不存，似係據《文獻通考》等轉引。

以上公私書目十一種，計共引用四百三十餘次。其他資料則有：

十二、《宋史》二十餘次。

十三、《唐書》引用時不言新舊，宋人多用《新書》，約十次。

十四、朱熹所論《揮麈錄》、《唐詩紀事》各二次。

十五、《進新唐書表》、《東都事略》、《方輿勝攬》、曾鞏序等，及《唐詩品彙》、李燾、劉向、洪興祖、徐廣諸家所論各一條。

以上計十四種約五十次。總計曾引據資料二十五種，近五百次。且統計時容有遺漏，而不致重出，其所參考之資料可謂豐富，而於《經籍考》、《宋史》、《唐書》引用爲最多，以其關係最爲密切。晁公武《郡齋讀書志》引用雖僅約二十次，然或補直齋之未備，或考訂異同，或糾正繆誤，所錄文字俱較多。」

案：據是，鄒氏校訂《大典》本《解題》，其所徵引之資料凡二十五種，引用近五百次，眞可謂繁徵博引，用力至勤矣。喬書續云：

「其所校訂之項目，計有卷數、著者、書名之異同，訂補原本脫誤，移正錯簡等。

一、關於卷數之異同，或訂正其錯誤者，約一百七十條，而以引用《文獻通考》爲多。《通考》以《崇文總目》、《郡齋讀書志》成書在前，書名及卷數多據焉，是以每與《解題》不同。因《崇文總目》編於北宋，晁《志》雖成於南宋紹興間，所志仍多係北宋舊本。直齋所錄，則以南宋新刊者爲多，卷數每有改易。《四庫》館臣但知引用《通考》，而未能上考《崇文總目》及晁《志》，猶未盡考訂之能事。

二、關於著者姓名之異同，或考訂其錯誤者，約四十條，亦以引用《通考》爲多。著者姓名，於刊印時不得擅改，是以遠不若卷數之夥，且多係出於手民之誤。

三、書名之異同者亦有十餘條，如與《通考》及《宋志》等細加核校，定多異同，然其重要性遠不若著者及卷數，是以《四庫》館臣亦不甚留意於此。

四、用《通考》補所輯《永樂大典》本者，計四十三條，其中全據《通考》補入者計九條，另卷二《詩類．續讀詩記》所補十三字，實據《通考》，而未言明。

五、用《通考》校訂脱誤者計十二條。

六、用《宋史》等書以訂原本之脱誤，然《文獻通考》所引不誤，正與館臣校訂相合者，計十三條。《通考》係直接採自《解題》，據以考訂，乃採用第一手資料，《宋史》等則係相關資料，館臣實捨近而求遠。然取《通考》以校《解題》，發現異文，以考其孰是孰非，其事較易。引用《宋史》等，則校訂者必具有懷疑原文有誤，且能知有相關資料加以校訂之能力，方可勝任。亦可見《四庫》館臣之博雅。

七、原文有脱錯，逕加訂補，而未云其依據者計八條。此則較前項尤難。然亦有顯而易見，手民之誤，不必出其所依據者。

八、指出《解題》互見者二處。如卷九《儒家類．皇極經世書》、《觀物內篇》、《觀物外篇》條下云：『按以上三書，皆已見《易類》，而《解題》詳略互異，今並仍之。』卷十《雜家類．博物志》條云：『按此書別有注本，互見《小説家》。』此亦見《四庫》館臣之精密。

九、訂正錯簡者一處。卷二十二《文史類・文苑詩格》條云：『按自《史通析微》以下七條，原本錯簡入《歌詞類・萬曲類編》下，今移正。』

十、其他則校訂《解題》本文者約百條，然以瑣細而無關弘旨爲多，其較有價值者，二三十條耳。

《四庫》本有考訂精審者。如《解題》卷六《職官類・漢官舊儀》條云：『按陳氏因是書有漢官之名，疑非衛宏作，又以爲胡廣作。考《漢書注》中頗有稱胡廣曰者，與《漢舊儀》互引，其文亦絕不相合。惟《廣傳》載廣詩、賦、銘、頌及《解詁》二十二篇，而史注所引別有《漢書解詁》之名，蓋即廣所作。而《舊儀》之出衛宏手，當無疑也。其稱《漢官舊儀》者，或後人因其所載官制而妄加之耳。』

亦有不可據者。如《解題》卷八《目錄類・崇文總目》條下云：『按晁公武《讀書志》：是書刊正訛謬，條次之凡四十六類，計三萬六百六十九卷。《通考》作《總目》六十四卷，此云一卷者，或因鄭漁仲之言，以排比諸儒每書之下必出新意著說，嫌其繁蕪無用，故紹興中從而去其序釋，僅存其目也。』

按：清錢大昕《十駕齋養新錄》卷十四云：『《崇文總目》一册，從范氏天一閣鈔得之。其書有目無序釋，每書之下多注闕字，陳直齋所見蓋即此本。題云「紹興改定」，今不復見題字，或後人傳鈔去之耳。朱錫鬯跋是書，謂因鄭漁仲之言，紹興中從而去其注釋。今考《續宋會要》

載紹興十二年云云，是今所傳者，即紹興中頒下諸州軍搜訪之本，有目無釋，其便於尋檢耳，豈因漁仲之言而有意刪之哉？且漁仲以薦入官，在紹興之末，未登館閣，旋即物故，名位卑下，未能傾動一時。若紹興十二年，漁仲一閩中布衣耳，誰復傳其言者。朱氏一時揣度，未能研究歲月。聊爲辨正，以解後來之惑。』足證《四庫》本按語之不可從。」

案：觀喬書所述釋，則知鄒氏之校訂《解題》，殊非虛應故事。故其考訂精審之處實甚多，殊非喬書所舉之例足以概括之者，惜未能一一列舉以表彰之耳。然鄒氏所校訂亦偶有疏失未周之處，喬書僅舉一例以說明之，而衍琯因是遂謂「足證《四庫》本按語之不可從」，如此之說，實屬過甚其辭，且恐有所誤導也。

其實《解題》輯本及此書校訂之勝處與缺失，前人固有言之者矣，盧文弨《新訂直齋書錄解題》無論焉，即張宗泰《魯巖所學集》亦有所論釋之。茲且迻錄張著各條於後，以補喬書所未及。

《魯巖所學集》卷六《跋陳振孫書錄解題》云：

「《書錄解題》敘述諸書源流，州分部居，議論明切，爲藏書家著錄之準，然當審正之處，正復不少。……《春秋集傳纂例》云：『唐給事中陸質伯淳撰。質本名淳，避憲宗諱改焉。故其書但題陸淳。』按淳既避憲宗諱改名爲質，不應仍字伯淳，當依《四庫全書提要》作伯沖爲是，（『沖』、『淳』聲相近。）而但題陸淳，亦當爲陸質之訛也。」

案：此條所言「伯淳」之作「伯沖」，實乃鄒氏校訂之勝處，盧文弨校本亦作「伯沖」，與《四庫》

本同。

《魯巖所學集》同卷《五跋書錄解題》云：

「《書錄解題》有案語數條尚待商酌者，如《新唐書》二百二十五卷案語云：『《宋史・藝文志》作二百五十五卷，而李繪補注者仍作二百二十五卷，其互異所由不可考。』按《新唐書》二百二十五卷，中有子目二十三卷，合之共得二百四十八卷，意者《宋史》又析目錄爲七卷，故作二百五十五卷歟？《後唐廢帝實錄》張昭下案語云：『《東都事略》本傳舊名昭遠，避漢祖諱止稱昭。』按張昭『舊名昭遠』云云，全見下頁《周太祖實錄》下，此案語爲無取矣。《鄴中記》一卷案語云：『《唐書・藝文志》有陸翽《鄴中記》二卷，疑即此書。』按《解題》云：『記自魏而下僭僞鄴都者六家宮殿事跡。』而今本《鄴中記》一卷，專記石虎事，與《解題》所説不合，則非一書也。《古列女傳》案語云：『不特自程嬰母爲始也。』『程嬰』當作『陳嬰』。《公孫龍子》案語云：『《漢書》六十四篇，此云十四篇，誤。』按《公孫龍子》，《漢志》正作十四篇，則是《解題》本不誤，而案語反誤也。又《觀林詩話》，楚東吳聿子書撰，案語云：『《文獻通考》吳聿作張律。』按《爾雅》：『不律謂之筆。』以字子書意推之，當以作張律者爲是也。」

依上所載宗泰論釋之文，則鄒氏校訂《解題》而須審正處，確亦不少。《魯巖所學集》同卷《四跋書錄解題》云：

「予所蓄《書錄解題》爲巾箱本，鐫刻頗精，而別風淮雨亦所時有，如《韓詩外傳》下云『作詁非』訛作『誥』。《古禮疏》下『臨洺』訛作『臨洛』。《中庸集解》下『石𡼏』訛作『墪』。《春秋皇綱論》『王晳』訛作『王哲』。《春秋傳》下『博覽』訛作『博鑒』。《兩漢會要》下『蓋未考昭之所注』訛作『著』。《御史臺故事》下『結本名構』，『結』訛作『終』。《聖唐偕日譜》下『匡乂』訛『匡文』。『資暇錄』訛作『集』。《鄴中記》『僭僞』訛作『僭爲』。《法寶標目》『古，旦之曾孫』，《道院集要》『三槐王古』，二『古』字並訛作『右』。《霜糖譜》下『遂甯』訛作『送甯』。《匡俗正謬》下『揚庭』訛作『楊庭』。《極玄集》下『張祜』訛作『張佑』。《江西詩派》『二十五家』訛作『三十五家』。《天台集》林師蒧即『點』字，訛作『箴』。《陳孔璋集》下『劉楨』訛作『植』。《顏魯公集》『留元剛』訛作『劉』。《宋元憲集》下『安陸』訛作『安陵』。《演山集》下『元豐五年』訛作『二年』。《呂獻可章奏》下『呂誨』訛作『晦』。並當一爲改正者也。而其中又有脫漏之字，顛倒之字，如《周禮》下『林孝存』倒爲『林存孝』。《春秋二十國年表》周以下云云，所列不足二十國之數，疑脫『許』字，或『越』字也。《春秋分記》下『世譜曆法』脫『法』字。《乾坤鑿度》下《書緯》脫『刑德放』，《樂緯》『稽曜嘉叶圖徵』倒作『稽曜叶嘉圖徵』。又『讖緯之說起於哀平之際，王莽以此濟其簒逆』，倒作『起於哀平、王莽之際』。《洛陽名園記》『公卿』倒作『卿公』。《數術大略》下『魯卿秦九韶』，㉙前《紀元曆》下作『蜀人秦九韶』，亦失於參考也。」

案：是則輯本《解題》之巾箱本，其校讎未善，故別風淮雨所在多有。此雖經宗泰一一檢正，恐仍有所未盡也。然此《解題》巾箱本之有魯魚亥豕，其責固不全在鄒氏；惟錯誤倘眞出自鄒氏校訂之初，則炳泰恐亦難辭其咎。衍琯論輯本《解題》疏失未周之處，竟無及於此書文字傳鈔之訛誤，用特迻錄《魯巖所學集》之跋語，以補喬書所未及。

關於輯本《解題》之板本，喬書亦嘗有所論述，然未盡詳明。《陳振孫學記》第四章《直齋書錄解題》第二節《傳本》乙《四庫全書輯本》云：

「此一輯本收入《武英殿聚珍版叢書》，用木活字排印，並經浙江、江西書局、福建、廣雅書局據以刊行，均收有《書錄解題》。復有再據各種刻本重印者，或收入叢書。如廣文書局在民國五十七年，影印《武英殿》本，收入《書目續編》。或單行，如清光緒間，江蘇書局復刻《聚珍版》單行。民國二十幾年，商務印書館據《聚珍版》用鉛字排印，先後收入《叢書集成》及《國學基本叢書》，最爲通行。民國六十六年，商務編印《四庫全書珍本別輯》，收有《書錄解題》，係據故宮博物院藏文淵閣本影印，內容與《聚珍版》全同。」

案：討論輯本《解題》之板本，固不自喬書始，清人書目中多已著錄。如邵懿辰《四庫簡明目錄標注．史部》十四《目錄類》已載：

「《直齋書錄解題》二十二卷，宋陳振孫撰。原本久佚，今從《永樂大典》錄出。《大典》

本附隨齋批注。隨齋蓋程大昌後人程棨，錢竹汀以楊益當之，非是。《聚珍板》本。明萬曆武林陳氏刊本。抱經堂盧氏有新訂此書五十六卷，次序與《聚珍版》不同，係從不全元刊本重爲校訂，似未刻。盧校後，吳槎客又有增校本，陳仲魚有跋。〔附錄〕瞿氏有殘本四卷，存《楚辭類》一卷，《別集類》三卷。（星詒）〔續錄〕閩覆本。蘇杭縮本。昭文張氏有舊鈔殘本。盧抱經校本，在董授經處。李氏木犀軒有傳鈔繆小山藏宋蘭揮舊殘本，次第與今異。」

《標注》所述有關輯本《解題》之板本已至多。至今人梁子涵編《中國歷代書目總錄》五《藏書目錄》亦載：

「《直齋書錄解題》二十二卷，宋陳振孫編。清乾隆間《武英殿聚珍版全書》本。清乾隆四十四年蘇州編刻《武英殿聚珍版全書》本。清乾隆間杭州編刻《武英殿聚珍版全書》本。清粵刻《武英殿聚珍版全書》本。清同治七年福建再修閩刻《武英殿聚珍版全書》本。清同治十三年江西書局重修贛刻《武英殿聚珍版全書》本。清光緒間福州修補本。清光緒九年江蘇書局刻本。清光緒乙酉攷售堂校刊本。民國二十四年上海商務印書館鉛印《叢書集成初編》本。」

案：梁氏之書所著錄輯本《解題》板本，有逸出《四庫簡明目錄標注》者，惟其所載之「清光緒乙酉攷售堂校刊本」，實爲「攷雋堂」之誤，梁氏偶有失愼也。茲綜合邵、梁、喬三家所載，而去其複重，並就管見所及而補三家之脫略，詳考輯本《解題》之板本如下：

（一）乾隆三十八年序《武英殿聚珍版》木活字印本

案：此本即邵書所稱之「《聚珍版》本」，梁書之「清乾隆間《武英殿聚珍版全書》本」，喬書之「《武英殿聚珍版叢書》用木活字排印」本。其他簿錄書籍亦有稱為「《聚珍》本」、「清刊（武英殿）」本、「《武英殿聚珍》本」、「《武英殿聚珍版》」本、「《武英殿聚珍版叢書》」、「清乾隆三十八年《武英殿聚珍》本」、「清乾隆三十八年序《武英殿聚珍版》本」、「清乾隆三十八年武英殿刊《聚珍》本」、「清乾隆間《武英殿》木活字本」、「乾隆三十八年序《武英殿》活字印本」、「乾隆三十八年序《武英殿聚珍版》活字印本」，均即此本。此本現存海內外圖書館中仍甚多，中國方面，如北京圖書館、國立故宮博物院、北京人文科學研究所、中央研究院歷史語言研究所、江蘇省立國學圖書館等均曾收藏，見《北京圖書館普通古籍總目》、《國立故宮博物院善本舊籍總目》、《北京人文科學研究所藏書簡目》、《臺灣公藏普通線裝書目書名索引》、《江蘇省立國學圖書館現存書目》所著錄。日本方面，則鈴木文庫、東洋文庫、靜嘉堂文庫、天理圖書館、東京大學東洋文化研究所、京都大學人文科學研究所亦有收藏，見《鈴木文庫目錄續編》、《東洋文庫所藏漢籍分類目錄》、《靜嘉堂文庫漢籍分類目錄》、《天理圖書館圖書分類目錄》、《東京大學東洋文化研究所漢籍分類目錄》、《京都大學人文科學研究所漢籍目錄》所著錄。即香港方面，學海書樓亦曾收藏，後轉詒香港大會堂圖書館。鄧文同《香港學海書樓藏書目錄·集部·藏書及目錄類》載：

「《直齋書錄解題》，宋陳振孫撰，武英殿聚珍版，全書廿二卷，共六冊，裝乙函，線裝本。大會堂圖書館編號：011.67　7551。」

惟鄧氏所著錄未盡翔實，余乃親往大會堂參考圖書館借出此本。此本一函六冊，首冊卷首有乾隆甲午仲夏所撰《御製題武英殿聚珍版木活字序》，每半葉九行，行二十一字，上蓋有「信修」、「濠上艸堂藏本」、「濠堂藏本之一」、「漱玉山房」、「學海書樓所藏」諸印記。惜未能考出「信修」爲誰氏，「濠上艸堂」、「濠堂」、「漱玉山房」爲誰人之室號。然澳門古稱濠江，證諸「濠堂」、「濠上艸堂」二室號，疑此本原藏澳門，後由學海書樓所蒐得，今乃轉詒大會堂圖書館，則此書之主人，凡三易矣。

至此本之冊數，除六冊本外，又分七冊、八冊、十二冊、二十冊數種。《北京圖書館普通古籍總目》第一卷《目錄門．圖書館．目410宋人》云：

「《直齋書錄解題》二十二卷／（宋）陳振孫撰。——清乾隆間《武英殿》木活字本。——7冊。——（《武英殿聚珍版書》／（清）／內府輯；史部）　目410/597」

此著錄七冊本者也。《京都大學人文科學研究所漢籍目錄．史部》第十四《書目類》二《家藏知見之屬》云：

「《直齋書錄解題》二十二卷，宋陳振孫撰，元程棨批注，乾隆三十八年序《武英殿》活字印本，有盧文弨識語，吳騫、陳鱣識語圖記。　八（冊）。」

此乃八册本者也。《北京人文科學研究所藏書簡目．史部》下《目錄類》二《收藏》三《私藏．宋》云：

「《直齋書錄解題》二十二卷，宋陳振孫撰，《武英殿聚珍版》本，有清潘伯寅批。　二（函）　一二（册）　二一三五」

此十二册者也。《國立故宮博物院善本舊籍總目．史部．目錄類》云：

「《直齋書錄解題》二十二卷，宋陳振孫撰，清乾隆三十八年武英殿刊《聚珍》本，二十册。」

此二十册者也。是則此本除六册本外，仍有七册本、八册本、十二册本、二十册本。然分册儘管不同，而內容實屬一致。惜邵、梁、喬三家之書於此本，均未能詳作考證，僅含混言之，殊可惋也。

（二）乾隆四十二年閩覆刻《武英殿聚珍叢書》本

案：此本《四庫簡明目錄標注．續錄》稱「閩覆本」，喬書稱「福建刊本」。《中國歷代書目總錄》五《藏書目錄》著錄《解題》有「清同治七年福建再修閩刻《武英殿聚珍版全書》本」，是梁氏應知輯本《解題》有閩覆本。此本海內外圖書館鮮見收藏，惟前學海書樓曾有之，殊足珍也，該書現亦轉詒大會堂圖書館矣。此本共七册，記錄咭載：

「082.74　乾隆42年（1177）　福建
3503　武英殿聚珍叢書　437—443」

則此本乃編入《武英殿聚珍叢書》中之第四三七至四四三冊。

（三）乾隆四十四年蘇州重刻《武英殿聚珍版》木活字本

案：此本范希曾《書目答問補正》稱「蘇州局本」，梁書稱「乾隆四十四年蘇州編刻《武英殿聚珍版全書》本」，《北京圖書館普通古籍總目》則稱「清蘇州重刻《武英殿》木活字本」。此本北京圖書館收藏有三部，惟冊數有異同。《北京圖書館普通古籍總目》第一卷《目錄門・圖書館書目・目410宋人》載：

「《直齋書錄解題》二十二卷／（宋）陳振孫撰。——清蘇州重刻《武英殿》木活字本。——十冊。——（《武英殿聚珍版書》／（清）內府輯；史部。）

部二　12冊

部三　12冊　目410/597.1」

是則此本有十冊與十二冊二種之不同本也。

（四）乾隆間浙江重刻《武英殿聚珍版》木活字印本

案：此本《書目答問》稱「杭本」，梁書稱「清乾隆間杭州編刻《武英殿聚珍版全書》本」，葉德輝《書林清話》卷一《古今藏書家紀板本》條則稱為「浙江重刻《武英殿聚珍版》袖珍本」；惟亦有稱之為「浙江重刻《武英殿》木活字本」，或「浙江覆《武英殿聚珍版》本」及「乾隆中浙江奉敕重刊《武英殿聚珍版書》本」。此本《解題》現存仍多，中國方面，北京圖書館藏二部，北京師範大學圖書館藏一部，見《北京圖書館普通古籍總目》及《北京師範大學圖書館中文古籍書目》所著錄。日本方面，京都大學及大阪府立圖書館各藏一部，見《京都大學文學部漢籍分類目錄》、《大阪府立圖書館藏漢籍目錄》所著錄。此本冊數有六冊者。《京都大學文學部漢籍分類目錄・史部・書目類・家藏知見之屬》云：

「《直齋書錄解題》二十二卷，宋陳振孫撰，元程棨批注，浙江覆《聚珍版叢書》本六（冊）。」

惟亦有分爲十二冊與十六冊者。《北京圖書館普通古籍總目》第一卷《目錄門・圖書館・目410宋人》云：

「《直齋書錄解題》二十二卷／（宋）陳振孫撰。——清浙江重刻《武英殿》木活字本。——16冊（2函）。——（《武英殿聚珍版書》／（清）內府輯；史部）

部二　12冊　目410/597.2」

是此書有六冊、十二冊、十六冊三種之不同本矣。

（五）同治七年福建再修閩刻《武英聚珍版全書》本

案：此本梁書即作此稱。檢曾影靖《中國歷史研究工具書敘錄》「《直齋書錄解題》二十二卷」條下所列有「（1）福建一八六八年石印板」，正屬此本。曾氏所編《敘錄》，多據馮平山圖書館藏書編就，今馮平山圖書館藏之閩刻《解題》，一套凡十二冊，校者爲王福清、項家達、朱攸、裴謙四氏，應即此本。此本未見其他圖書館有所收藏，殊可貴矣。

（六）同治十三年江西書局重刻《武英殿聚珍版》木活字本

案：此本《書目答問補正》稱「南昌局重刻《聚珍》本」，梁書稱「清同治十三年江西書局重修贛刻《武英殿聚珍版全書》本」，喬書稱「江西書局」本，亦即曾影靖《中國歷史研究工具書叙錄》「《直齋書錄解題》二十二卷」條下所列之「（2）江西書局一八七四年石印板」本。此本北京圖書館藏二部，惟分册不同。《北京圖書館普通古籍總目》第一卷《目錄門．圖書館書目．目410宋人》載：

「《直齋書錄解題》二十二卷／（宋）陳振孫撰。——清同治13年（甲戌1874）江西書局重刻《武英殿》木活字本。12册（2函）。——（《武英殿聚珍版書》／（清）內府輯；史部）

部二　16册　卷1抄配　目410/597.3」

是此本分十二册、十六册二種不同本矣。

（七）光緒九年江蘇書局覆刻《聚珍版》本

案：此本一般目錄書籍僅稱爲「清光緒九年江蘇書局刻本」，海內外圖書館多藏之。中國方面，北京圖書館共藏五部，北京師範大學圖書館、臺灣大學圖書館、臺灣大學研究所圖書館、江蘇省立國學圖書館均各藏一部，見《北京圖書館普通古籍總目》、《北京師範大學圖書館中文古籍書目》、《國立臺灣大學普通本線裝書目》、《臺灣公藏普通本線裝書目書名索引》、《江蘇省立國學圖書館現存書目》所著錄。日本方面，東洋文庫、京都大學人文科學研究所、東京大學東洋文化研究所、天理圖書館、大谷大學圖書館亦有收藏，見《東洋文庫所藏漢籍分類目錄》、《京都大學人文科學研究所漢籍目錄》、《東京大學東洋文化研究所漢籍分類目錄》、《天理圖書館圖書分類目錄》、《神田鬯盦博士寄贈圖書目錄》所著錄。美國方面，普林斯頓大學葛思德東方圖書館亦藏一部，見《普林斯頓大學葛思德東方圖書館中文舊籍書目》所著錄。而香港方面，香港大學馮平山圖書館亦藏一部，記錄咭著錄：「光緒九年八月江蘇書局刊版，六冊。」是此本今存於海內外圖書館者，不少於十五部矣。

（八）光緒十一年富順考雋堂覆《武英殿聚珍版》重刊本

案：此本《書目答問補正》稱「光緒間富順考雋堂刻巾箱本」，梁書稱「清光緒乙酉攷售（雋）堂校刊本」。今此本僅日本東洋文庫有藏，《東洋文庫所藏漢籍分類目錄・史部》第十七《書目類》二《家藏知見之屬》載：

「《直齋書錄解題》二十二卷，宋陳振孫撰，□隨齋批注。清光緒十一年富順攷雋堂《武英殿聚珍版》重刊本。藤　一二（冊）II—17—B—6」

是此本凡十二冊，乃巾箱本，惟《東洋文庫所藏漢籍分類目錄》未作注明。故范希曾《書目答問補正》所載，足補《東洋文庫所藏漢籍分類目錄》之末及。

（九）光緒二十一年福州重刊《武英殿聚珍版叢書》本

案：此本《書目答問》稱「福本」，梁書稱「清光緒福州修補本」，亦即曾影靖《中國歷史研究工具書叙錄》「《直齋書錄解題》二十二卷」條下之「（3）福建一八九五年石印版」。北京圖書館藏此本凡二部，《北京圖書館普通古籍總目》第一卷《目錄門・圖書館・目410宋人》載：

「《直齋書錄解題》二十二卷／（宋）陳振孫撰。——清光緒20—21年（甲午1894—乙未1895）福建重刻《武英殿》木活字本。——12冊。——（《武英殿聚珍版書》／（清）內府輯；史部）

部二　12冊　目416/597.5」

香港大學馮平山圖書館亦藏此本一部，殊可貴矣。

（十）光緒二十五年廣雅書局重編《武英殿聚珍版書》校刊本

案：梁書稱此本爲「粵刻《武英殿聚珍版全書》本」。此本今僅見藏於大阪府立圖書館及香港大會堂圖書館，各藏一部，殊足珍也；而大會堂圖書館所藏，亦學海書樓見詒者。《大阪府立圖書館藏漢籍目錄・叢書之部》第一《雜叢類》三《清之屬》載：

「《武英殿聚珍版書》，五二六冊，清乾隆中敕編。清光緒二五年廣雅書局重編校刊本。第一八七—一九四冊《直齋書錄解題》，二二卷，宋陳振孫撰，元程棨批注。」

是此本凡八冊矣

（十一）民國二十六商務印書館據《聚珍版叢書》排印《叢書集成初編》本

案：此本梁書稱「民國二十四年上海商務印書館鉛印《叢書集成初編》本」，記年有小失。日本東京大學東洋文化研究所藏此本。《東京大學東洋文化研究所漢籍分類目錄・史部》第十四《書目類》二《家藏知見之屬》載：

「《直齋書錄解題》二十二卷，宋陳振孫撰，元程棨批注。覆《聚珍版叢書》本，《叢書集成》初編所收。」

香港大學馮平山圖書館及香港大會堂圖書館亦有收藏此本。馮平山圖書館所藏本除蓋上「香港大學馮平山中文圖書館」圓印外，另蓋有「簡東浦陳瑞琪先生合贈」長方印，固識此書來源。此本扉頁後載：

「本館據《聚珍版叢書》本排印，《初編》各叢書僅有此本。」

書後之版權頁又載：

「王雲五主編《叢書集成》初編。《直齋書錄解題》五冊。中華民國二十六年十二月初版。」

是此本凡五冊，惟其初版乃在民國二十六年，梁書作「二十四年」，亦失檢矣。

（十二）民國二十八年商務印書館據《叢書集成初編》排印《國學基本叢書》本

案：曾影靖《中國歷史研究工具書敘錄》「《直齋書錄解題》二十二卷」條下著錄之「（4）商務書局《國學基本叢書》」，即爲此本，今香港大學馮平山圖書館有藏。此本書後版權頁載：

「中華民國二十八年三月初版，《國學基本叢書》，《直齋書錄解題》二冊。」

是此本凡二冊，與《叢書集成初編》本不同也。

（十三）民國五十七年廣文書局據《武英殿聚珍版》影印《書目續編》本

案：臺北廣文書局刊行之《書目叢編》，初由喬衍琯主編，今輯本《解題》被收入該《叢編》第二十四種。《書目叢編》海內外圖書館多有採購，香港大會堂圖書館有此編，日本愛媛大學亦有收藏。《愛媛大學附屬圖書館漢籍目錄》第十四《書目類》二《家藏知見之屬》載：

「《直齋書錄解題》二十二卷，宋陳振孫撰，元程棨批注。民國五十七年臺北廣文書局用《武英殿聚珍版》景印，六十八年再刷本。《書目續編》，三冊。二・一四・一五」

是此本凡三冊，民國五十七年初版，六十八年再版，愛媛大學所藏者乃屬再版之本。

（十四）民國六十四年商務印書館編印《四庫全書珍本別輯》本

案：此本香港大學馮平山圖書館有藏，版權頁載：

「王雲五主編《四庫全書珍本別輯》，民國六十四年據文淵閣本影印。」

於《四庫全書珍本別輯》本《解題》，喬書亦謂：

「民國六十六年，商務編印《四庫全書珍本別輯》，收有《書錄解題》，係據故宮博物院藏《文淵閣》本影印，內容與《聚珍版》全同。」

所言大體允當，惜編印歲月喬書誤署爲「民國六十六年」，則未見精審耳。

以上綜合邵懿辰，梁子涵、喬衍琯三家所載輯本《解題》之板本，計為十四種；然輯本《解題》之板刻固不止此數。茲僅就見聞所及，略補邵、梁、喬三書所載之闕。

（一）道光八年閩刻《武英殿聚珍版全書》本

案：此本僅見日本京都大學收藏，至足珍也。《京都大學文學部漢籍分類目錄・叢書部・雜叢類・清順康雍乾朝之屬》載：

「《閩刻《武英殿聚珍版全書》存一百七十種。清乾隆中敕輯，道光八年福建布政使南海吳榮光重修刊，十年、二十七年補修本。《直齋書錄解題》二十二卷，宋陳振孫撰，元程棨批注。」

是則此本既有道光八年重修本，又有十年及二十七年之補修本；惜此本之册數，未見著錄耳。

（二）金陵書局重刊《武英殿聚珍版》本

案：此本曾藏北京人文科學研究所，民國二十七年五月北京人文科學研究所編印之《北京人文科學研究所藏書簡目・史部》下《目錄類》三《私藏・宋》載：

「《直齋書錄解題》二十二卷，宋陳振孫撰。金陵書局重刊《武英殿聚珍版》本。一（函），一二（册），一九」

則此本固非「乾隆四十四年蘇州重刻《武英殿聚珍版》木活字本」，因金陵與蘇州顯為二地，不能混同；而此本亦非「光緒九年江蘇書局覆刻《聚珍版》本」，因此本十二册，而江蘇書局本僅為六册，二者顯然亦有所不同。惜此本今已無所蹤跡耳。

（三）民國五十七年藝文印書館原刻景印《百部叢書集成》本

案：此本實據《聚珍版叢書》影印，書首有云：

「本館《百部叢書集成》據清乾隆敕刊《聚珍版叢書》本影印，並附杭世駿《直齋書錄題跋》、余嘉錫《四庫提要辨證》、胡玉縉《提要補正》於後。所選《百部叢書》，僅有此本。」

此本凡十冊，所增資料可作參研之用；然所增者亦非甚罕見之書也。

（四）民國七十五年商務印書館景印《文淵閣四庫全書》本

案：此本與《四庫全書珍本別輯》本全同，內容亦與《聚珍版》無異。《解題》一書收入《史部·目錄類》一《經籍之屬》第六七四冊。

以上補邵、梁、喬三書未著錄之輯本《解題》，其板本凡四種。余另見《內閣文庫漢籍分類目錄·史》十六《目錄類·書目》載：

「《直齋書錄解題》二十二卷，宋陳振孫，清刊。一二（冊），二九七（函），四四（號）」

又《尊經閣文庫漢籍分類目錄·雜部·目錄類》一載：

「《直齋書錄解題》二十二卷，宋陳振孫，清光緒版。六（冊）」

內閣大庫所藏《解題》，僅注「清刊」二字，未見原書，實無從推知其屬何種板本。而尊經閣所藏，既注明「清光緒版，六（册）」，疑即爲江蘇書局本；江蘇書局於光緒九年嘗覆刻《聚珍版叢書》，其本《解題》正六册，而其餘光緒版之《解題》，則絕無裝訂作六册者，故知屬此本。

綜上所述，輯本《解題》之板本，邵、梁、喬三書所著錄者凡十四種；而管見所及足補三家著錄之闕者凡四種；又因未見原書，無由推知其版刻者一種。是則輯本《解題》之板本，其種數當不少於十八種矣。

午、鉛印本與影印本

《解題》之有鉛印本，自民國二十六年商務印書館據《聚珍版叢書》用鉛字排印《叢書集成》初編始。嗣後，民國二十八年商務印書館印行之《國學基本叢書》本《解題》，亦屬鉛印本。前已述之，不多贅。

一九八七年十二月，上海古籍出版社出版徐小蠻、顧美華點校之《直齋書錄解題》精裝一大册。此本以《聚珍版叢書》本爲底本，而校以元抄本、盧文弨校本，並參校《郡齋讀書志》、《文獻通考》、各史《藝文志》等，全書工作以點校爲主，惟以鉛字排印，是亦鉛印本矣。

至《解題》之影印本，凡四種。第一種爲民國五十七年廣文書局據《聚珍版》影印之《書目續編》本，此本於民國六十八年曾再版。第二種爲民國五十七年藝文印書館影印之《百部叢書集成》本。第三種爲民國六十四年商務印書館編印之《四庫全書珍本別輯》本。第四種爲民國七十五年商務印書館景印之《文淵閣四庫全書》本。是今可知之《解題》影印本，凡四種矣。

未、校本

《解題》之校本，據喬衍琯《陳振孫學記》第四章《直齋書錄解題》第二節《傳本》丁《各家校本》所考，計有：

一、清盧文弨校本

二、清吳騫校本

三、清陳鱣校本

四、清潘祖蔭校本

五、近人王國維校本

六、傅增湘傳錄《直齋書錄解題校記》

其實，喬氏此處所考未盡完備，而其所列之第六種亦未能稱之爲《解題》校本也。茲仍略參喬氏之說，並就管見補其未及，考述《解題》校本如下。

(一)、盧文弨校本

梁子涵《中國歷代書目總錄》五《藏書目錄》載：

「《直齋書錄解題》二十二卷，宋陳振孫編。江蘇省立國學圖書館藏丁氏善本書室舊藏盧抱經批校巾箱本。（按有盧文弨弓父手校二印）」

案：余檢吳壽暘之《拜經樓藏書題跋記》卷三載：

「《書錄解題》二十二卷，武英殿聚珍本，盧學士借校，多所補正，凡字畫之不合六書者，悉皆更定，彌見前輩讀書之精審，深可寶愛。簡莊徵君復校補十數條，內卷十二至十四，卷十九至二十二，先君子曾得舊鈔殘本，手校於上，後以贈嘉興陳梅軒進士。嘉慶乙丑，簡莊得陳鄉人從梅軒借錄本一册，以示先君子，因復錄於是本，並書十四卷後云：『予向有舊《書錄解題》殘本，後以贈檇李陳進士效曾。效曾官楚中十餘年，移疾而歸，所患乃失心之疾。此書予未有副，求前書一校此本，亦不可得。頃簡莊從吳中購得一本，則有效曾鄉人曾與效曾借予殘本而手校者，惜不知姓氏，考其所校時，迄今已二十有五年矣。因復從簡莊借錄於此本，不禁閣筆爲之三歎！嘉慶乙丑兔床志。』」

又陳鱣《簡莊綴文》卷三《直齋書錄解題跋》亦云：

「近客吳中，從書賈購得《書錄解題》，係《聚珍》本，間有朱筆校語，初不知爲何人，及閱卷之十二，上有標題云：『借同鄉陳進士熷所藏海寧吳葵里鈔本殘帙校。』始知吾鄉槎客明經曾有舊鈔以遺秀水家效曾進士，而此君復轉錄於此本者也。惜乎僅題年月，不著姓名，觀其書法秀麗，精心好古，定屬雅人。會余歸里，携示槎客，一見心喜，如逢故人，既爲重錄於盧抱經學士手校本上。余復借盧校本傳寫對勘一過，又改正數百字，並從《文獻通考》補得十餘條，凡黃筆者皆是。今而後庶幾可爲善本。因念抱經學士已歸道山，效曾進士久患心疾，而槎客之年七十三矣，余得挾書往來，賞奇析義，能不欣感交至哉！」

觀上引《拜經樓藏書題跋記》及《簡莊綴文》所記，是抱經沒後，其所手校之《聚珍》本《解題》，初由吳騫所收藏。惟此校本後則輾轉在董康及丁丙處，而終藏諸南京圖書館。邵懿辰《四庫簡明目錄標注．史部》十四《目錄類》載：

「《直齋書錄解題》二十二卷，宋陳振孫撰。……〔續錄〕盧抱經校本，在董授經處。」

又丁丙《善本書室藏書志》卷十四《史部》十四載：

「《直齋書錄解題》二十二卷，盧抱經校藏巾箱本。……有『盧文弨弓父手校』印。」

另《江南圖書館善本書目．目錄類．經籍之屬》載：

「《直齋書錄解題》二十二卷，宋安吉陳振孫，盧抱經校藏巾箱本，八本。」

《江蘇省立國學圖書館現存書目》卷六《史部．目錄類．解題考訂之屬》亦載：

「《直齋書錄解題》二十二卷，宋安吉陳振孫，盧抱經校藏巾箱本。丁書，善甲。八册。」

至徐小蠻、顧美華點校之《直齋書錄解題》，其《點校說明》則云：

「南京圖書館藏丁丙跋盧文弨校本。」

綜上所引資料，固可推知盧文弨校本《解題》乃校於《聚珍版》巾箱本上，凡八册。初藏拜經樓吳騫處，後不知如何其書流落人間，乃爲董授經所得。授經名康，武進人，平生精力多置於訪書與校書，且鑑賞極精，收藏亦甚富；其所著書有《書船庸議》六卷，記其東渡日本之時所見官私所藏善本圖書。盧氏校本繼由丁氏善本書室所收藏，丁丙且詳跋之。其後丁氏書亦流散，乃爲江南圖書館所有。江南圖書館後易名江蘇省立國學圖書館，再易名爲南京圖書館，是故此校本至今仍藏南京圖書館中。余曾幾番請託友朋如上海師範大學古籍整理研究所朱瑞熙教授代爲影印，惟迄今猶未能遂願也。據丁氏跋語，此校上有「盧文弨弓父手校」印，梁子涵改寫作「二印」，恐未必確當，且梁氏亦未知此校本已改藏南京圖書館也。

有關抱經校理輯本《解題》，其過程《抱經堂文集》卷九《新訂直齋書錄解題跋》一文頗有記述。該《跋》略云：

「直齋陳氏《書錄解題》二十二卷，《四庫》館新從《永樂大典》中鈔出以行。……乾隆己卯，余讀《禮》家居，友人見示此書，僅自《楚辭》、《別集》以下，而其他咸缺焉，乃秀水朱氏曝書亭鈔本也。今距曩時十八年而始見全書，殊爲晚年之幸。館閣校勘精矣，《大典》中有失載者，以《通考》所引補入之，舊所有隨齋批注，亦附錄焉。然所補入者，亦尚有漏誤，而所附錄與其所加案語，頗似有可省者。蓋陳氏未嘗入館閣，僅錄其所有以爲是書，故卷數或多或少，不必盡合於國史。又晁氏《讀書志》有袁本、衢本之異，《通考》所載乃衢本，而海寧陳氏所梓者乃袁本。又《通考》有元至大間本，本朝有《武英殿》本，兩者皆勝他本。今校者似但據俗間本而議其未合，毋仍千慮之一失與？大抵官中校勘，不出一手，而又迫以期限，其勢固無如之何也。余客居鍾山，幸以課讀餘閒，檢尋是正，疏爲若干條，不足別行。倘有學者相助，爲鈔此書，即依余之所增刪者，使夫後之人並觀而有得焉，不其善乎！乾隆四十一年十一月盧文弨書。」

案：盧氏此《跋》中之「乾隆己卯」，乃乾隆二十四年（一七五九），是年文弨得讀朱彝尊曝書亭鈔本《解題》。後十八年，即作此《跋》之年——乾隆四十一年丙申（一七七六），盧氏始得讀《聚珍版》之《解題》全書。惟以《四庫》館臣校勘是書有種種「千慮一失」之缺憾，故盧氏乃以客居鍾山之課讀餘閒，檢尋是正，疏爲若干條。惜其初所得未富，不足以別行，遂僅將其撰就之校語迻錄於此巾箱本上。現此校本既藏於南京圖書館中，一時又未能借出影印，惟有俟諸他日再候機緣以進行耳。盧氏校理《解題》，所用者乃《聚珍版》巾箱本，此本共八册，即乾隆三十八年序《武英殿》活字印本。此本之《解題》今已不甚經見，據余所考知，祇日本京都大學人文科學研究所藏有一套，亦碩果僅存矣。是則吾國南京圖書館所藏之「丁丙跋盧文弨校本」之《解題》，更珍同拱璧，尤足寶貴也。

(二)、陳熷鄉人校本

陳熷，字效曾，號梅軒，浙江嘉興人，進士及第。吳騫有校藏《解題》舊鈔殘本，效曾曾借得之，後更轉借於鄉人某氏。其鄉人乃用朱筆將吳氏校語轉錄於《聚珍》本上，此本余稱之爲「陳熷鄉人校本」。至此校本之所以獲得，陳鱣《簡莊綴文》卷三《直齋書錄解題跋》記之云：

「近客吳中，從書賈購得《書錄解題》，係《聚珍》本，間有朱筆校語，初不知爲何人，及閱卷之十二，上有標題云：『借同鄉陳進士熷所藏海寧吳葵里鈔本殘帙校。』始知吾鄉槎客明經曾有舊鈔以遺秀水家效曾進士，而此君復轉錄於此本者也。惜乎僅題年月，不著姓名，觀其書法秀麗，精心好古，定屬雅人。」

觀簡莊所記，則此鄉人某氏亦嘉興人。此鄉人所標題之文字既在卷之十二上，則當寫於《神仙類》上也。至其所用朱筆之校語，不過僅爲轉錄吳槎客所校舊鈔殘本之資料，用以校與《聚珍》本之異同，恐無多發明。故簡莊之《跋》但言其「書法秀麗，精心好古，定屬雅人」，其餘均無所涉及。又此校本究寫成於何時，簡莊於此問題未嘗一考，亦可謂有所未照矣。考吳壽暘《拜經樓藏書題跋記》卷三云：

「先君子曾得舊鈔殘本，手校於上，後以贈嘉興陳梅軒進士。嘉慶乙丑，簡莊得陳鄉人從梅軒借錄本一冊，以示先君子，因復錄於是本，並書十四卷後云：『予向有舊《書錄解題》殘本，後以贈檇李陳進士效曾。效曾官楚中十餘年，移疾而歸，所患乃失心之疾。此書予未有副，求前書一校此本，亦不可得。頃簡莊從吳中購得一本，則有效曾鄉人曾與效曾借予殘本而手校者，惜不知姓氏，考其所校時，迄今已二十有五年矣。因復從簡莊借錄於此本，不禁閣筆爲之三歎！嘉慶乙丑兔床志。』」

觀此《題跋記》所述，則簡莊得書及槎客作志均同在嘉慶乙丑歲，亦即嘉慶十年（一八〇五），由是而上推二十五年，即乾隆四十六年辛丑（一七八一），是可考知陳熷鄉人此一校本，當過錄於乾隆四十六年也。

(三)、吳騫校本

吳騫，字葵里，號槎客，又號兎床，浙江海寧人。其校讎《解題》，先後達二次，第一次乃校於舊鈔殘本上，另一次則校於盧文弨校本上。吳壽暘《拜經樓藏書題跋記》卷三云：

「《書錄解題》二十二卷，《武英殿聚珍》本，盧學士借校，多所補正，凡字畫之不合六書者，悉皆更定，彌見前輩讀書之精審，深可寶愛。簡莊徵君復校補十數條，內卷十二至卷十四，卷十九至二十二。先君子曾得舊鈔殘本，手校於上，後以贈嘉興陳梅軒進士。嘉慶乙丑，簡莊得陳鄉人從梅軒借錄本一冊，以示先君子，因復錄於是本，並書十四卷後云：『予向有舊《書錄解題》殘本，後以贈檇李陳進士效曾。效曾官楚中十餘年，移疾而歸，所患乃失心之疾。此書予未有副，求前書一校此本，亦不可得。頃簡莊從吳中購得一本，則有效曾鄉人曾與效曾借予殘本而手校者，惜不知姓氏，考其所校時，迄今已二十有五年矣，因復從簡莊借錄於此本，不禁閣筆爲之三歎！嘉慶乙丑兎床志。』又書廿二卷末云：『嘉慶丁卯仲秋，秀水王稼洲茂才過訪，予出此書示之，其十二卷中所云：「從同郡陳效曾所借。」效曾之姓名，稼洲亦不辨。稼洲名尚繩，尊甫省齋大令元啓，禾中篤學士也，於效曾爲前輩。』」

據此《題跋記》所載，「先君子曾得舊鈔殘本，手校其上」，乃指槎客首次校《解題》，惜此舊鈔殘本自贈與陳熷後，陳熷一度借與其鄉人，惟嗣後即無所蹤跡矣。至《題跋記》所載：「簡莊得陳鄉人從梅軒借錄本一册，以示先君子，因復錄於是本。」及槎客自識：「因復從簡莊借錄於此本。」此爲槎客第二次校《解題》，乃槎客逕錄陳熷鄉人手校之資料於盧文弨校本上。《題跋記》於此條中一再提及之「此本」，乃指盧校本。盧校本今藏南京圖書館，他日倘能借出觀覽，當可證明鄙說之不虛也。槎客於此本第十四卷後有識語，可推知其所識者乃在《形法類》後，其時爲嘉慶十年乙丑（一八〇五）；槎客又於嘉慶十二年丁卯（一八〇七）另書識語於卷二十二《文史類》卷末；是則槎客校錄此本，其年月之始固在嘉慶十年，而其末則在嘉慶十二年，此乃讀此《題跋記》可推而知之者也。

(四)、陳鱣校本

陳鱣，字仲魚，號簡莊，與吳槎客爲同鄉，生平酷嗜藏書，購置不遺餘力，得善本輒手自校勘，數十年如一日。其所校《解題》，凡十數條，以黃筆逕錄於陳熷鄉人校本之上。《簡莊綴文》卷三《直齋書錄解題跋》云：

「近客吳中，從書賈購得《書錄解題》，係《聚珍》本，間有朱筆校語，初不知爲何人，及閱卷之十二，上有標題云：『借同鄉陳進士熷所藏海寧吳葵里鈔本殘帙校。』始知吾鄉槎客明經曾有舊鈔以遺秀水家效曾進士，而此君復轉錄於此本者也。惜乎僅題年月，不著姓名，觀其書法秀麗，精心好古，定屬雅人。會余歸里，携示槎客，一見心喜，如逢故人，既爲重錄於盧抱經學士手校本上。余復借盧校本傳寫對勘一過，又改正數百字，並從《文獻通考》補得十餘條，凡黃筆者皆是。今而後庶幾可爲善本。……嘉慶十年秋日。」

案：余前已謂槎客所校之《解題》，乃逕校於盧校本上，觀此《跋》有「既爲重錄於盧抱經學士手校本上」之語，果然。簡莊之校《解題》，則校於陳熷鄉人校本上，即此《跋》所云「而此君復轉錄於此本者也」之「此本」。據《簡莊綴文》所載，以考簡莊校本，此本首爲陳熷鄉人校語，乃據吳槎客所藏之鈔本殘帙，以朱筆校出者；次則爲傳寫盧文弨之校語，並參考槎客所校，有所過錄；其三則爲簡莊所改正之《聚珍》本《解題》數百字，及從《通考》所補得之十餘條。其中二、三兩項之校語，皆以黃筆寫出。此本所包含之校讎材料至宏富，「庶幾可爲善本」。至簡莊校成此本之年分，乃爲嘉慶十年，讀此《跋》語固可知矣。

簡莊此校本，今仍可略考其蹤跡。梁子涵《中國歷代書目總錄》五《藏書目錄》載：

「國立清華大學圖書館藏清陳仲魚手校乾隆年間《武英殿聚珍版》原印本八册。」

觀是，則陳熷鄉人所用之本亦爲《聚珍版》巾箱本，此本八册，與盧文弨所用者爲同一板本。惟簡莊之校本，今並不藏於北京之國立清華大學圖書館。余有友人劉桂生教授，現任職清華大學，爲校務委員會委員兼文科工作委員會委員，據劉教授函告謂清華大學圖書館絕無藏有此書。余又檢《京都大學人文科學研究所漢籍目錄·史部》第十四《書目類》二《家藏知見之屬》載：

「《直齋書錄解題》二十二卷，宋陳振孫撰，元程棨批注。乾隆三十八年《武英殿》活字印本，有盧文弨識語，吳騫、陳鱣識語、圖記。八（册）」

則日本京都大學人文科學研究所確藏有此書。京都大學此《漢籍目錄》編成於昭和五十四年三月卅一日，即爲西元一九七九年。是則此陳鱣校本之《解題》，亦如陸心源皕宋樓所藏之書乘艫東渡，爲京都大學人文科學研究所圖書館所據有，思之令人長號不自勝。

(五)、潘祖蔭批校本

潘祖蔭，字伯寅，號文勤，江蘇吳縣人。藏書之館曰滂喜齋，所貯圖書金石之富，甲於吳下。每閱一書，輒作解題，成《滂喜齋讀書記》二卷，有稱於時。其所校之《解題》，惜余未之見，惟《北京人文科學研究所藏書簡目・史部》下《目錄類》二《收藏》三《私藏・宋》載：

> 「《直齋書錄解題》二十二卷，宋陳振孫撰。《武英殿聚珍版》本，有清潘伯寅批。二（函）、一二（册）、二一三五」

案：此《藏書簡目》乃民國二十七年五月由北京人文科學研究所編印，當直至此年，該研究所仍藏有此書。伯寅所用之本，疑爲乾隆三十八年序《武英殿聚珍版》木活字印之十二册本。《藏書簡目》既稱爲「潘伯寅批」，此本固非作詳校者也。此批校本梁子涵《中國歷代書目總錄》五《藏書目錄》亦有著錄，謂：

> 「國立中央研究院藏北京人文科學研究所舊藏清潘伯寅批《武英殿聚珍版》本。」

是北京人文科學研究所之藏書後歸國立中央研究院，則此批校本亦應隨之而轉移。梁氏《總錄》乃民國四十二年三月由中華文化出版事業委員會刊行，則此條所記或乃梁氏親見此書之後而加以著錄者也。是則此批校本應仍藏存中研院。檢《臺灣公藏普通本線裝書目書名索引》載：

「《直齋書錄解題》二十二卷，宋陳振孫撰。清乾隆三十八年《武英殿聚珍》本。故宮
205　史語所4」

案：觀是，則中央研究院歷史語言研究所所藏者疑即此本，惜此著錄未注明冊數，又未標出此本內有否潘伯寅批語。余曾懇請任職中研院之友人閻琴南博士代爲借出影印，然迄今未獲賜福音也。㉚

㈥、繆荃孫批校本

繆荃孫，字筱珊，號藝風，江蘇江陰人，晚清著名學者。平生好藏書，從事校讎之業甚勤。所著有《藝風堂藏書記》八卷、《續記》八卷及《宋元本留眞譜》、《京師圖書館善本書目》等書，皆足以津逮學林。繆氏批校本之《解題》，余未之見。徐小蠻、顧美華所點校《直齋書錄解題》一書，其《點校說明》一謂：

「青海師範學院藏繆荃孫批校本。」

《點校說明》四又謂：

「除盧（文弨）校本外，還參校了《郡齋讀書志》、《文獻通考》、各史《藝文志》，其他有關《直齋書錄解題》的校本、校語，間亦有所採錄。」

惟余細閱徐、顧所點校之本多遍，則其中絕無片言隻字引及繆批校本者，意徐、顧二氏亦未嘗見及繆批校本也，《點校說明》中所述，蓋誑言耳。故此，余嘗函請北京大學歷史系榮新江副教授設法代爲影印此本，惜榮氏未幾赴日本京都大學作研究，本年（一九九一）二月又應英國國會圖書館之邀請，

改赴倫敦作斯坦因（Stein）收集品之整理工作，故影印事乃不得不暫且擱下，惟有期諸他日矣。

因徐、顧二氏未曾眞見及繆批校本，故余頗懷疑《點校說明》此處所謂「繆荃孫批校本」者，實爲藝風老人得之宋蘭揮所藏舊鈔殘本，此本曾經王先謙以《四庫》輯本相校，本上之校語亦出自王氏之手，其後由藝風轉錄。意青海師範學院不察，僅見此批校本之上有繆氏印記，不暇細考，遂遽標爲「繆荃孫批校本」。試觀《藝風堂藏書記》卷五《類書》十七《目錄類》「《直齋書錄解題》二十卷舊鈔本」條，繆氏未嘗自言其有批校此書事，僅於篇末謂：

「荃孫另撰《考證》。」

惟荃孫此《考證》之本，今亦不之見也。然梁子涵《中國歷代書目總錄》五《藏書目錄》云：

「《直齋書錄解題考證》，繆荃孫撰。江安傅氏雙鑑樓藏藝風堂舊藏鈔本。」

是則繆氏確有《考證》之作，其鈔本曾藏於傅增湘之雙鑑樓，惜今亦無所蹤跡矣。倘余所疑者不誤，則所謂繆批校本《解題》者，殊屬子虛烏有，青海師範學院固張冠李戴，徐、顧二君則爲以耳代目，治學態度均未甚矜愼也。至愚見之當否，其是耶非耶，惟有俟諸他日之目驗耳。

(七)、王國維手批本

王國維，字靜安，號觀堂，浙江海寧人，當代著名學者。學問博大精深，於經史、文學、哲學、教育、文字、聲韻、訓詁、目錄、校讎、金石、輿地諸學，咸有嶄新之貢獻。所著《觀堂集林》諸書，享譽中外。其所編之目錄學著作，如《兩浙古刊本考》、《五代兩宋監本考》、《烏程蔣氏密韻樓藏書志》，皆爲重要之參考文獻。王氏有手批本《解題》，余未之見。梁子涵《中國歷代書目總錄》五《藏書目錄》載：

「《直齋書錄解題》二十二卷，宋陳振孫撰。國立北平圖書館藏清乾隆間欽定《四庫全書》文津閣本十二册、王國維手批清光緒九年江蘇書局刻本六册。」

是條所謂王氏手批本，其所手批者乃批於光緒九年江蘇書局刻本之《解題》上。此本曾藏於國立北平圖書館，北平圖書館後更名爲北京圖書館，惟此本現仍藏於北京圖書館否，則未可知也。《北京圖書館普通古籍總目》第一卷《目錄門・圖書館書目・目410宋人》著錄：

「《直齋書錄解題》二十二卷　（宋）陳振孫撰。——清光緒9年（癸未1883）江蘇書局刻本。　6册

部二　6册

部三　6册

部四　6册

部五　6册　西諦藏書　目410/597.4」

觀是，則北京圖書館雖藏有光緒九年江蘇書局刻本《解題》多達五部，且於第五部項下注明爲「西諦藏書」，倘其中有王國維手批之書，自不容不細加注出，亦絕不容其疏漏若是！故余甚疑北京圖書館未必藏有此本也。近讀華東師範大學出版社刊行之《王國維學術研究論集》第三輯，內有周啓付先生

所撰《王國維對圖書館學目錄學的貢獻》一文，其文有曰：

「王國維在一九一〇年繆荃孫來京師任圖書館監督時，與之定交。繆爲著名目錄學家，二人交往，對王深入研究目錄學大有裨益。王國維曾認真校勘了一批重要的書目，對目錄遺產的整理做出了很大的貢獻。據統計，他所校勘的書目有：

《直齋書錄解題》二十二卷，光緒九年江蘇書局刻本，有眉注十餘則。」

觀周文所載，當可推知者：一、王手批本《解題》約批校於宣統二年（一九一〇）繆、王定交之後；二、王手批本僅有眉注十餘則；三、周啓付先生曾閱讀王手批本，惜未說明此書收藏現況。

余曾因是航郵華東師範大學出版社一函，請代轉周先生，請教有關王手批本現藏處所及眉注十餘則之內容，乞予見告及轉錄。惟直至余撰文至此時，仍音訊全無。洪喬既有誤，其事亦無可如何者矣！㉛

(八)、傅增湘《直齋書錄解題校記》

傅增湘，字沅叔，號藏園，四川江安人。平生好藏書，嘗得宋、元《通鑑》二部，因題其館曰雙鑑樓。壯歲南遊江浙，東泛日本，海內外公私圖籍，靡不涉目。又好校讎，每遇宋、元本或明鈔本，必以他本過校，日以三十葉爲度，所校過八千卷。此《校記》刊見民國三十年北平圖書館編之《圖書季刊》上，題目下雙行小注云：

「用盧抱弓校本，校《武英殿聚珍》本。」

案：傅氏此文由《目錄》至卷十五校記，載《圖書季刊》新第三卷第一期；其卷十六至卷二十二之校記，載新第三卷第四期。末附盧抱弓之《跋》及《書新定書錄解題後》二文。惟沅叔於盧氏所校，僅作過錄，而未作任何說明，故喬衍琯氏視此《校記》爲傅氏校本，余則未敢以爲然也。惟沅叔此《校記》，保存盧校本之材料，其後徐小鸞、顧美華點校《解題》亦取資於其間，㉜始能成其完璧；是則沅叔固有功於《解題》及盧氏，而此《校記》又不能以其僅作過錄而小視之也。

申、重輯本

重輯本之《解題》者，即今仍由上海圖書館所藏之盧文弨《新訂直齋書錄解題》稿本是也。此重輯本，徐小鸞、顧美華點校之《直齋書錄解題》稱之爲「盧文弨重輯稿本《直齋書錄解題》」，又簡稱之爲「盧校本」。竊意以爲稱此本爲「重輯本」或「重輯稿本」均無不可；惟如徐、顧二氏之簡稱之爲「盧校本」，則易與盧文弨所校之《聚珍版》巾箱本相混。盧校巾箱本《解題》凡八册，現藏南京圖書館中，此固應稱之爲「盧校本」；而重輯稿本，若又簡稱之爲「盧校本」，則期期以爲未可也。案：盧文弨，字紹弓，號磯漁，又號檠齋，晚更號弓父，「抱經」則其堂顏也，人稱之曰抱經先生。家藏圖籍數萬卷，均手自校勘，凡經披覽之書，無不丹黃滿紙，所校亦多精審無誤。抱經自乾隆二十四年己卯歲（一七五九）即得讀曝書亭鈔本《解題》，惜此鈔本「僅自《楚辭》、《別集》以下，而其他咸缺焉」。乾隆四十一年丙申歲（一七七六），盧氏得讀《聚珍版》巾箱本，惟以此巾箱本有「千慮之一失」，乃初步作讎校，疏爲若干條，且撰一《跋》以述其校勘此書之顚末。乾隆四十二年丁酉（一七七七），盧氏又於知不足齋主人所復得《解題》另一鈔本之子、集數門，「乃更取而細訂之」，而編就此重輯本。有關盧氏編理此重輯本之過程，盧氏所撰《書新訂直齋書錄解題後》一文頗能詳言之，茲迻錄如左：

「此書外間無全本久矣。《四庫》館新從《永樂大典》中鈔出，分爲二十二卷，余既識其後矣。丁酉王正，復得此書子、集數門元本於知不足齋主人所，乃更取而細訂之。知此書唯《別集》分三卷，《詩集》分兩卷，而其餘每類各自爲卷，雖篇幅最少者，亦不相爲聯屬，余得據之定爲五十六卷。元第《詩集》之後，次以《總集》，又《章奏》，又《歌詞》，而以《文史》終焉。其他次第，並與館本無不同者。（案：此處盧氏眉注曰：『經、史元本未見，恐尚有不同，如《釋氏》、《道家》、《神仙》之類，因陳氏語而後知今本次第之誤。』）其《雜藝》一類，較館本獨爲完善，余遂稍加訂正而更鈔之。余自己卯先見集部元本，越十九年而更見子部中數門，則安知將來不更有並得經、史諸類者乎？取以證吾所鈔者，庶有以明吾之不妄爲紛更也已。乾隆四十三年正月二十九日，東里盧文弨書。」

讀此《書後》，則可推知抱經之編理此重輯本，蓋始自乾隆四十二年丁酉正月，而其全書之整理完竣則在乾隆四十三年正月，所費時間僅一年耳。余謂抱經重輯此書，發明至多，貢獻殊鉅，惜未能得讀原書，茲僅就盧氏《書後》而略疏論之。計此重輯本之成就爲：

一、恢復《解題》原本為五十六卷之舊。

二、糾正《四庫》輯本次第之誤，依《解題》原第，將其集部編次改為：《楚辭類》、《別集類》、《詩集類》、《總集類》、《歌詞類》、《章奏類》、《文史類》。蓋依《解題》原第，《總集類》應在《詩集類》之後；今輯本將之移於《別集類》前，是編次失誤矣。至子部之次第，抱經亦有所訂正，容後詳述。

三、《雜藝類》中，重輯本據《解題》原本，補出《四庫》輯本所闕者凡十一條，茲據徐、顧點校本所收重輯本之資料迻錄如次：

《唐朝名畫錄》一卷，即《畫斷》也。前有目錄，後有天聖三年商宗儒後序，與前本大同小異。

《北海公硯錄》一卷，唐詢彥猷撰。專以青州紅絲石為貴。

《南蕃香錄》一卷，知泉州葉廷珪撰。

《北苑茶錄》三卷，三司户部判官丁謂謂之撰。咸平中進。

《茶錄》二卷，右正言修起居注莆田蔡襄君謨撰。皇祐中進。

《東溪試茶錄》一卷，宋子安撰。

《北苑總錄》十二卷，興化軍判官曾伉錄《茶經》諸書，而益以詩歌二首。

《北苑別錄》一卷，趙汝礪撰。

《品茶要錄》一卷，建安黃儒道父撰。元祐中東坡嘗跋其後。

《鼎錄》一卷，梁中書侍郎虞荔纂。

《古今刀劍錄》一卷，梁陶弘景撰。

觀是，則《解題》重輯不惟保存五十六卷及編次原第，且材料富贍，有軼出館本者；與《四庫》本相勘，眞「較館本獨爲完善」矣。

至重輯本《解題》各卷之次第，上海圖書館所藏稿本中有抱經自撰之《直齋書錄解題新定目錄》一篇，徐、顧點校本《解題》予以輯載，見該書之「附錄四」。《直齋書錄解題新定目錄》云：

「卷一《易類》、卷二《書類》、卷三《詩類》、卷四《禮類》、卷五《春秋類》、卷六《孝經類》、卷七《語孟類》、卷八《經解類》、卷九《讖緯類》、卷十《小學類》、卷十一《正史類》、卷十二《別史類》、卷十三《編年類》、卷十四《起居注類》、卷十五《詔令類》、卷十六《僞史類》、卷十七《雜史類》、卷十八《典故類》、卷十九《職官類》、卷二十《禮注類》、卷二十一《時令類》、卷二十二《傳記類》、卷二十三《法令類》、卷二十四《譜牒類》、卷二十五《目錄類》、卷二十六《地理類》、卷二十七《儒家類》、卷二十八《道家類》、卷二十九《法家類》、卷三十《名家類》、卷三十一《墨家類》、卷三十二《縱橫家類》、卷三十三《農家類》、卷三十四《雜家類》、卷三十五《小說家類》、卷三十六《神仙類》、卷三十七《釋氏類》、卷三十八《兵書類》、卷三十九《曆象類》、卷四十《陰陽家類》、卷四十一《卜筮類》、卷四十二《形法類》、卷四十三《醫書類》、卷四十四《音樂類》、卷四十五《雜藝類》、卷四十六《類書類》、卷四十七《楚辭類》、卷四十八《別集類》上、卷四十九《別集類》中、卷五十《別集類》下、卷五十一《詩集類》上、卷五十二《詩集類》下、卷五十三《總集類》、卷五十四《章奏類》、卷五十五《歌詞類》、卷五十六《文史類》。

右目錄依元本定，杭東里人盧文弨校錄於鍾山書院。」

案：盧氏《新定目錄》以每類各自爲卷，其五十三類之次第與館本微有不同。其經部則先《經解》而後《讖緯》；其集部則《總集類》反在《詩集類》之後。盧氏自言「目錄依元本定」，則其集部之卷次固依原本，惟經部則無原本可循，其先《經解》而後《讖緯》之故，蓋抱經或以《經解》固應在《讖緯》之前耶，惜於今已無法揣知其眞正之用心矣。惟此《新定目錄》訂定完成未久，抱經又略作更正。徐、顧二氏蓋親見上海圖書館所藏之盧氏重輯本《解題》，故將抱經所更正者，出案語而言之曰：

「今案：盧校本又在《新定目錄》『卷二十八』上寫『三十六』，『卷二十九』上寫『二十八』，『卷三十』上寫『二十九』，『卷三十一』上寫『三十』，『卷三十二』上寫『三十一』，『卷三十三』上寫『三十二』，『卷三十四』上寫『三十三』，『卷三十五』上寫『三十四』，『卷三十六』上寫『三十七』，『卷三十七』上寫『三十五』。校注曰：『《神仙類》中有陳氏語云：「各已見《釋氏》、《道家》類。」則知其序當如此也。』」

案：是盧抱經所更正，全在《解題》子部一錄。依抱經更正之結果，子部之卷第應爲：卷二十七《儒家類》、卷二十八《法家類》、卷二十九《名家類》、卷三十《墨家類》、卷三十一《縱橫家類》、卷三十二《農家類》、卷三十三《雜家類》、卷三十四《小說家類》、卷三十五《釋氏類》、卷三十六《道家類》、卷三十七《神仙類》、卷三十八《兵書類》、卷三十九《曆象類》、卷四十《陰陽家類》、卷四十一《卜筮類》、卷四十二《形法類》、卷四十三《醫書類》、卷四十四《音樂類》、卷四十五《雜藝類》、卷四十六《類書類》。竊疑抱經所以將《釋氏類》置於卷三十五，《道家類》置卷三十六，又將《神仙類》置卷三十七，放於《釋氏》、《道家》二類之後，蓋抱經見《神仙類・金碧上經古文龍虎傳》一條所載：

「長白山人元陽子注。皆莫知何人。已上十八種共爲一集，其中有《龍牙頌》及《天隱子》，各已見《釋氏》、《道家》類。」

此條所載乃抱經更正子部卷第，並將《釋氏》、《道家》二類放於《神仙類》前之依據。惟竊意抱經此一更正至爲無謂，倘若依照《解題》此條所載，則將《釋氏類》置於《神仙類》之前即可，而無須將《道家類》移於《釋氏類》之後。統觀自《漢書・藝文志》以來各朝簿錄書籍，均鮮有將《道家類》置於如是之後者，直齋《釋氏》、《道家》之排列，蓋無意言之者，恐非《解題》原本之卷帙，將《道家》排於《釋氏》之後，如抱經言「其序當如此也」。是故，余以爲《解題》五十六卷之卷第，仍依《新定目錄》所定爲適宜；非不得已，則不妨改卷三十六爲《釋氏類》，卷三十七爲《神仙類》，以副《金碧上經古文龍虎傳》條語意，斯或近於《解題》原本卷帙之編第矣。

抱經之重輯本，入藏上海圖書館前，邵懿辰曾見之，故《四庫簡明目錄標注．史部》十四《目錄類》云：

「《直齋書錄解題》二十二卷，宋陳振孫撰。……抱經堂盧氏有新訂此書五十六卷，次序與《聚珍版》不同，係從不全元刊本重爲校訂，似未刻。」

案：懿辰謂此重輯本「似未刻」，所推判甚是。惟以其未刻之故，乃易有所殘缺。余考得此重輯本於入藏上海圖書館之前，曾爲葉景葵所購得。葉字揆初，號卷盦，浙江仁和人，喜讀書，富收藏，晚歲在滬與張元濟等設立合衆圖書館，是故此重輯本亦曾爲該館所珍藏。今觀顧廷龍編《杭州葉氏卷盦藏書目錄》卷二《史部．目錄類．解題考訂之屬》云：

「《新訂直齋書錄解題》五十六卷，闕卷八至十六。宋吳興陳振孫（伯玉）撰，清餘姚盧文弨（召弓）重編，稿本，存十六册。」

是則此重輯本自經邵位西目睹過後，乃輾轉落入葉揆初之手。位西見時此書猶完整，至揆初購得時則已闕卷八至卷十六，僅殘存十六册耳。後合衆圖書館之書，先歸上海市歷史文獻圖書館，後歸上海圖書館所有，此間經過，徐、顧二君似不之知矣。故其點校本《解題》之《點校說明》僅曰：

「上海圖書館所藏盧文弨的《（新訂）直齋書錄解題》稿本五十六卷，（缺卷八——十六。

以下簡稱盧校本）以館本爲基礎，取校原本（盧氏寫作『元本』）殘卷兩種，並據以恢復原第。」

又曰

「盧校本自《讖緯類》起至《僞史類》缺，（《雜史類》不全）缺處有關盧校本及盧校注的情況，均據《圖書季刊》新第三卷第一到四期傳增湘《直齋書錄解題校記》過錄。」

是今藏上海圖書館之《解題》重輯本，其所缺者爲卷八《經解類》、卷九《讖緯類》、卷十《小學類》、卷十一《正史類》、卷十二《別史類》、卷十三《編年類》、卷十四《起居注類》、卷十五《詔令類》、卷十六《僞史類》；而卷十七《雜史類》亦不全，至可惋矣。此重輯本，余年前亦嘗倩上海師範大學古籍整理研究所朱瑞熙教授設法代爲影印，想來困難重重，故迄今未有福音。無可奈何，惟有查檢有關書目，並爬梳徐、顧點校之本，及重溫抱經校語，俾瞭解此本之流播及散佚闕失情況，藉是聊解渴想也。

酉、彙校本

彙校本《解題》者，乃喬衍琯氏以廣文書局《書目續編》之影印《聚珍》本爲底本，而自行搜尋資料，以彙校《解題》而成書者也。喬氏彙校此書之詳情，讀其所著《陳振孫學記》第四章《直齋書錄解題》第二節《傳本》戊《彙校本》條類能知之。茲不妨略事徵引，以見此彙校本之一斑。喬氏曰：

「筆者利用《書錄解題》，十餘年撰文九篇，深感《聚珍版》不足據，而前賢校本，又不可見。因而自行搜尋資料，如有所見，隻字不遺，日積月累，彙校成帙。底本用廣文書局《書目續編》影印《聚珍》本，據校資料，有爲前人所未及者。分述於下：

一、傅增湘傳錄盧文弨《校記》。

已詳上文，傅氏所錄雖細，而無說明文字。頗疑係據傅寫本轉錄。

二、《文獻通考》，佚文二十四條，部分與盧校重複，其他異同甚多。《四庫》輯本利用《宋史》紀傳及《藝文志》等校訂，常與《通考》所引陳氏曰相合。如充分利用《通考》，可省力不少也。

《通考》有脫誤處，茍稍疏忽，必因而致誤。

1.引陳志而不標明陳氏曰者，計二十九條。

2.誤標晁氏曰者八條，誤標晁氏又曰者一條。

3.誤標張氏曰者一條。

4.引用晁《志》而誤標陳氏曰者一條。

三、《經義考》，朱氏所引『陳振孫曰』各條，多據《經籍考》。

曝書亭所藏舊鈔殘帙，後人且據以校訂《聚珍》版，朱氏自先採用。朱氏引用《解題》，不限經部各書，或綜合多種書之資料，撰爲小傳。如：胡宏《易外傳》，所引陳振孫曰，出自《解題·皇王大紀》、《胡子知言》、《五峰集》各條。

馬總《論語樞要》，出自《通曆》、《唐年小錄》、《意林》等條，合撰而成。

四、《四庫珍本別輯》影印文淵閣本《四庫全書》。文字極少出入，偶有亦無關考訂。

五、《四庫全書考證》。《文獻通考·經籍考》部分，訂正《四庫全書》本數十條。當初官修，成於衆手，虛應故事耳。

六、清張宗泰《書錄解題跋》。凡五篇，拾遺糾繆，甚爲精審，其《四跋》專校勘文字之脫誤。

七、《僞書通考》。僅卷九《道家類·關尹子》條較《聚珍版》多百餘字，文字與上文一貫。《僞書通考》引陳志凡數十條，文字極少有出入。著者張心澂爲近人，序文及凡例中未說明依據爲何本。此半條頗疑自他書混入。

然既未見舊鈔本及校本，所能利用資料，自覺有限，惟盼博雅之士糾繆補闕。

> 所校凡千餘條，然多文字出入，無關考訂，曾輯其佚文五十三條先行刊布，全書另謀印行。雖未能與清王先謙校訂之衢本《郡齋讀書志》相比，然勝《四庫全書》輯《永樂大典》本多矣。」

案：喬氏之彙校本固未嘗印行，原稿當仍藏喬氏望雲樓處。然喬氏所撰之《直齋書錄解題札記》及《書錄解題佚文——論輯佚與目錄學之關係》二文，[33]則曾拜讀之矣，雖有所發明，然較之館臣據《大典》以輯《解題》固有所未逮，而較王益吾之校《郡齋讀書志》，更無論矣。考喬氏此彙校本，所據以校之資料僅爲七種，既名之爲「彙校」，則不免名大於實矣。喬氏自謂：「前賢校本，又不可見。」其實非盡不可見也，衍琯訪書不力耳。如余於前所考者，北京圖書館有元抄本四卷，北京大學圖書館有李盛鐸傳鈔之宋蘭揮舊藏本，南京圖書館有丁丙跋之盧文弨校本，青海師範學院有繆荃孫批校本（疑即王先謙所校者），上海圖書館有盧文弨之重輯本，另有王國維手批本，前藏於北平圖書館，周啓付先生近仍撰文道及，惜未說明收藏之所耳。上述諸本既藏於中國大陸，訪借爲難，則猶可說也；惟如陳鱣校本，現藏日本京都大學人文科學研究所，則可設法影印或錄副，然衍琯似未知此本之在東瀛也。最不能理解者，喬氏久居寶島，且長期任職國立中央圖書館，該館藏有王懿榮手稿本《解題》，衍琯竟未善加利用；另如潘祖蔭批校本，前藏北京人文科學研究所，後改藏於中央研究院，今史語所傅斯年圖書館或有此書，而喬氏亦未能就近訪求，則殊疏失之甚矣。綜上所述，則此彙校本，因喬氏於前賢校讎《解題》之業績未曾善加利用，故雖自言「所校凡千餘條，然多文字出入，無關考訂」，究其成就應甚有限，是其所彙校之本，固難與王益吾所校《郡齋》相捋；然喬氏竟自炫謂其所彙校，勝館臣之輯《大典》本多矣，聞之，則尤覺其不自量也。

戊、點校本

《解題》點校本，徐小蠻、顧美華所合撰，一九八七年十二月由上海古籍出版社版行。書首有書影六幅，計爲：元鈔殘本《直齋書錄解題》首頁（北京圖書館藏）、盧文弨重輯稿本《直齋書錄解題》首頁（上海圖書館藏）、盧文弨重輯稿本《直齋書錄解題跋》首、末各一頁（上海圖書館藏）、丁丙《盧文弨巾箱本直齋書錄解題跋》（南京圖書館藏）、《武英殿聚珍》本《直齋書錄解題》首頁（上海圖書館藏）。繼則爲潘景鄭所撰《前言》，其於徐、顧二人之點校此書，頗加推譽，其辭略云：

「余少嗜流略之學，每慮斯書攸待訂正，四十餘年書城鞅掌，不暇問津。今者徐小蠻、顧美華兩同志，以《大典》本爲主，參校《郡齋讀書志》及《文獻通考》，又據抱經重訂稿，正其脱譌。博採前人校本，臚列異同，分別標注。兼取有關陳氏事跡及各家記載文字資料附後，勒爲一編，集陳書之大成，金聲玉振，無間然矣。余深仰二君勤業之深，而又幸斯書觀成有日，爰忘其耄荒，率繫數語，藉申鄙衷。」

案：潘氏獎掖後學，褒譽過隆，其言過其實之處，容後表出之。至徐、顧二人點校《解題》，其所據資料及點校之法，《點校說明》嘗分五點列述之，曰：

「一、《直齋書錄解題》原本五十六卷，相傳明毛晉有宋刻本半部。北京圖書館藏有抄本四卷（四十七——五十），著錄爲元抄。北京大學圖書館有李盛鐸舊藏傳抄宋蘭揮舊藏本，亦爲五十六卷本，存二十卷。五十六卷本之全本已不可見。《四庫》館臣從《永樂大典》輯出重編爲二十二卷，刻入武英殿《聚珍版叢書》中。對館本作過批校的人很多：上海圖書館所藏盧文弨的《（新訂）直齋書錄解題》稿本五十六卷（缺卷八——十六。以下簡稱盧校本），以館本爲基礎，取校原本（盧氏寫作『元本』）殘卷兩種，並據以恢復原第；南京圖書館藏丁丙跋盧文弨校本；青海師範學院藏繆荃孫批校本，北京圖書館藏傅增湘錄盧文弨校跋本等均稱爲善本。我們即以武英殿《聚珍版叢書》本（盧文弨稱爲『館本』）作爲點校的底本，元抄本及盧校本作爲主要校本。館本中館臣所加案語，多以保留。凡元抄本、盧校本與館本的不同處，以及盧文弨在校本中的批注均錄入本書校記中。標以『今案』之校記，則爲點校者所增。

二、盧校本自《讖緯類》起至《僞史類》缺（《雜史類》不全），缺處有關盧校本及盧校注的情況均據《圖書季刊》新第三卷第一到四期傅增湘《直齋書錄解題校記》過錄。

三、盧校本卷次目錄與館本不同。玆將盧本目錄照抄附於書末，以供參考。

四、除盧校本外，還參校了《郡齋讀書志》、《文獻通考》、各史《藝文志》，其他有關《直齋書錄解題》的校本、校語，間亦有所採錄。

五、凡所見到有關《直齋書錄解題》的評論文字及有關《直齋書錄解題》作者陳振孫的事跡等，作爲附錄分三部分附在書後。附錄資料收到一九四九年止。」

案：余讀徐、顧二氏之《點校說明》，頗有所感；即以其第一點所示，點校者所可利用而現仍藏於中國大陸各圖書館之校本，至少應爲六種。最可惜者，今觀其所點校之《解題》，雖以《聚珍版》爲底本，而僅校以北京圖書館所藏之元抄本四卷、上海圖書館藏之盧文弨《新訂直齋書錄解題》稿本、及北京圖書館所藏傳增湘錄之盧文弨校跋本；然其對於北京大學圖書館所藏之李盛鐸傳鈔宋蘭揮舊藏本、南京圖書館藏之丁丙跋盧文弨校本、及青海師範學院藏之繆荃孫批校本，均未善加利用，殊可惋，亦可怪也。至今或仍藏於日本京都大學人文科學研究所內有盧文弨、吳騫、陳鱣三家識語之陳鱣校本，藏於臺灣中央研究院之潘祖蔭批校本，藏於中央圖書館之王懿榮手稿本，徐、顧二氏均不之知；即仍藏於中國大陸之王國維手批本，周啓付先生撰文已嘗提及，然以點校《解題》爲職志之徐、顧二君亦竟茫然無聞，是則潘景鄭譽其二人「勤業之深」未必是，又《前言》所謂「集陳書之大成，金聲玉振，無間然矣」者，恐亦未必然也。余又觀徐、顧二君之點校，全書逐錄元抄本、盧校本與館本不同之處者多，且間錄盧氏批注之文；而其所謂「今案」者，皆屬板本文字之出入，而甚少發明，較之館臣及盧文弨之所詣，相距眞不可道里計。又如《點校說明》第五點，言其附錄《解題》之評論文字及陳振孫事跡等資料，照其如此方法處理，意本至善，惟其所輯錄不免有嚴重之遺漏。例如錢大昕《十駕齋養新錄》卷十四有《直齋書錄解題》一條，中考證振孫生平宦歷甚詳，兼及直齋之子陳周士與《解題》批注者隨齋。《養新錄》此條對研究直齋與《解題》均至爲重要，然徐、顧二君竟未之收，則不能不謂之疏失已甚者矣。又如葉昌熾《藏書紀事詩》卷一有詠《陳振孫伯玉、程棨儀甫》一詩，其下附有葉氏自注該詩之資料，殊有價值；然點校本亦未之收，是又不能不謂爲掛一漏萬矣。故自點校本面世約一載，曹濟平即撰《直齋書錄解題點校商榷》一文，㉞其言曰：

「南宋陳振孫《直齋書錄解題》是一部私人編纂的藏書目錄提要，敘述極其精詳，對探索宋代圖書傳布情況具有重要的參考價值，向爲後世所重。然原書五十六卷本久已散佚，至今流傳的是《四庫全書》從《永樂大典》中輯錄的二十二卷本，但不甚完備。今徐小蠻和顧美華同志據北京圖書館、北京大學圖書館藏舊抄殘本和上海圖書館藏清著名學者盧文弨校訂《直齋書錄解題》稿本，並參用其他有關資料進行標點、校勘整理，由上海古籍出版社出版，成爲目前較爲完備的校點本。最近讀了這部點校本《歌詞類》，發現其中有些地方欠妥，因不揣淺陋，摘取數例，與點校者商榷。

一、關於考辨按斷問題

在古籍整理中常常會遇到一些真僞舛誤等問題，需要進行考訂辨證，審核可信者應以按語論斷出之。倘若信手拈來，不加考辨，難免會出現以訛傳訛。如：

該書六二四頁：《書丹詞》一卷① 眉山程垓正伯撰，王稱季平爲作序。 ①張跋云：垓與東坡爲中表，而其詞乃編入南宋諸家中，時代舛矣。垓家有擬坊名曰『書舟』，故以名集，此作『書丹』亦誤。

按：張跋乃指張宗泰作《再跋書錄解題》。張宗泰爲清乾隆拔貢，此跋見所著《魯巖所學集》卷六。跋中所謂『垓與東坡爲中表』云云，乃沿襲明楊慎《詞品》之誤。後毛晉《書舟詞跋》和沈雄《古今詞話·詞繹》上卷均相沿其訛而莫辨。嗣後葉申薌《本事詞》亦承襲其誤。至近代況周頤始作深考，其《蕙風詞話》卷四《程正伯非東坡中表》條（《蕙風詞話》木刻本無小標題，此據中華書局出版《詞話叢編》本）云：

楊升庵（慎）《詞品》云：『程正伯，東坡中表之戚也。』毛子晉《書舟詞跋》云：『正伯與子瞻，中表兄弟也。』二家之說，於他書未經見。據王季平《書舟詞序》，季平實與正伯同時。東坡卒於建中靖國元年辛巳（一一〇一），季平《書舟詞序》作於紹熙五年甲寅（一一九五）。上距東坡之卒，凡九十三年。正伯與東坡，安得爲中表兄弟乎？考《東坡詩集·送表弟程六之楚州》一首，施元之注云：『東坡母成國太夫人程氏，眉山著姓。其侄之才，字正輔，第二。之元，字德孺，第六，即楚州。之邵，字懿叔，第七。』正伯之字與懿叔約略近似，殆即中表之戚之說所由來歟。子晉不考，遂沿其誤。

此考辨極爲精當，『惟以正輔之字屬其弟懿叔，則偶誤也』。（見夏承燾先生《唐宋詞論叢》第二四五頁）唐圭璋先生《讀詞札記·程垓非東坡中表》條亦謂：『予案況（周頤）說極是，且檢《書舟詞序》，有云：「正伯方爲當塗諸公以制舉論薦。」是正伯與季平同時，更爲可信，良足以證況說之成立。』（《詞學論叢》第六五〇頁）可見此問題已經解決，點校者即應改正張宗泰跋文之沿訛，並以按語論斷出之，庶不致以訛傳訛。

二、關於底本有誤問題

整理古籍所採用之底本，大都爲善本、足本，並與他本比勘對校。然而即使宋版善本，也並非毫無差錯。倘底本有誤而改正有據者，則應改動底本，並出示校記根據。如果底本有疑誤，而改正根據不足者，則不宜改動，可徑出校記。但該書點校者對底本明顯錯誤者未作改動。如該書六二六頁：

《金石遺音》①一卷　石孝文②次仲撰。

①盧校本『石』作『谷』。

②盧校本『文』作『友』。

按：《四庫全書總目·詞曲類·存目》已著錄『《金谷遺音》一卷，宋石孝友撰』。此乃原底本之誤，盧校可信而有據，應改動底本出校記。

又如六三〇頁：

《梅溪詞》一卷　汴人史達祖邦卿撰。張約齋磁作序，不詳何人。

按：張約齋磁乃鎡之誤，原本誤，應改正。

此外還有個別地方排印錯誤而失校，如該書六一五頁：

《張子野詞》一卷　都官郎中吳興張先子野撰。……死葬并山下，在今多寶寺。

按：《聚珍版叢書》本作『死葬弁山下』。宋周密《齊東野語》卷十五云：『子野之墓在卞山多寶寺。』卞山即弁山。可見『并山』乃『弁山』之誤。」

案：以上曹文僅就點校本《解題‧歌詞類》有欠妥處，指出其中有考辨按斷以訛傳訛者，有所據底本明顯有誤而未作改動者，有個別地方排印錯誤而失校者；詳列例證以論說之，所評皆極精當。其實徐、顧二君之點校，幾全用張宗泰《魯巖所學集》卷六《跋陳振孫書錄解題》及其餘諸《跋》之成果，然均「信手拈來，不加考辨」，是故以訛傳訛，乃在所難免。至底本有誤未作改動，排印錯誤而偶失其校，則全書二十二卷中幾無卷無之。是則他日再版之時，仍亟宜費神一一糾正之。

又書末所附之《直齋書錄解題書名索引》及《直齋書錄解題著者索引》，用以查檢《解題》，甚便利用，惟間亦有遺漏及小疵，是亦有待於將來之修正。

附注：

①案：今人丁瑜撰《試論〈直齋書錄解題〉在目錄學史上的影響》（以下簡稱「丁文」）云：「在具體類目的設置上，他（指直齋）也考慮到實際的需要而設立應有的類目，例如宋代以前的公私藏書目錄，向無《語孟類》類目的設立，自宋哲宗元祐時，把《孟子》列在經部，是有《十三經》之始，同時把它作爲開科取士的考試科目。陳振孫在當時政治形勢的要求下，爲了使《書錄解題》符合實際需要而創設《語孟類》。……自

設立《語孟類》之後，《明史．藝文志》沿用發展爲《四書類》，而成爲後代各家書目列類遵循的規範，再不單列《論語類》了。」（載見《寧夏圖書館通訊》一九八〇年第一期）可資參考。

② 喬衍琯與拙見相同。喬著《陳振孫學記》第四章《直齋書錄解題》第二節《傳本》乙《四庫全書》輯本云：「《唐志》計五十六次，多不言《新書》或《舊書》，宋代《新唐書》通行，似多引《新唐書．藝文志》。」

③ 丁文云：「又如《起居注類》自《隋書．經籍志》創立之後，《唐書．藝文志》沿用而外，至宋代《崇文總目》及晁氏《郡齋讀書志》都改列《實錄類》，陳振孫爲了『類聚得體，多寡適均』而增設《起居注類》，並寫有小序說明。……這篇小序突出地反映了陳振孫在目錄學中推陳出新的觀點，他既繼承了過去目錄的傳統，沿用了舊的類目，但又有所創新，根據現有的藏書性質和便於使用把實錄幷入《起居注類》裏，而從其中分列出《詔令》作爲一個新的類目。《詔令類》是陳氏以前任何公私書目中從未設立過的新類目，這個創新在圖書分類學上的影響也是極爲深遠的。」可參考。

④ 丁文云：「這幾篇小序最值得注意的是《音樂類》，陳氏對此類目的改革有著獨到的見解，其思想觀點雖還是維護舊的禮樂，但是他把傳統的《樂經》與民間流行的音樂作了本質上的劃分。他在《音樂類》的小序中指出：『竇公之《大司樂》章，既已見於《周禮》，河間獻王之《樂記》，亦已錄於《小戴》，則古樂已不復有書，而前志相承，乃取樂府、教坊、琵琶、羯鼓之類以充《樂類》。』他認爲把民間的音樂幷入古代《樂經》中去是不對的。因此，他在《雜藝類》前設立《音樂類》，把禮樂中的一些民間音樂圖書作爲近

似雜藝的一項技術藝從《經錄》中提出來，列入《子錄》中，這不能不說是圖書分類史中的一次突破。」可參閱。

⑤此段文字僅見於武英殿本《直齋書錄解題》目錄之下所附《提要》中。

⑥同注⑤。

⑦此條爲最早見於《文獻通考》簡稱《直齋書錄解題》爲《書錄解題》者。喬衍琯《直齋書錄解題板本考》三《直齋書錄解題的名稱和卷數》竟未提及，亦可謂失之眉睫矣。喬文載《國立政治大學學報》第四十二期。

⑧曾氏《史鑑》三卷，疑非目錄類書籍，《宋史·藝文志》此處所收有誤。

⑨喬氏原注云：「倪、黃二氏均卒於康熙間。」

⑩盧氏另有《新訂直齋書錄解題跋》云：「乾隆己卯，余讀《禮》家居，友人見示此書，僅自《楚辭》、《別集》以下，而其他咸缺焉，乃秀水朱氏曝書亭鈔本也。」是文弨得子、集數門元本之前，已得見《楚辭》、《別集》二類矣，故此處盧氏謂「復得」。

⑪盧氏重輯之《解題》稿本上有盧氏眉注云：「經、史元本未見，恐尚有不同，如《釋氏》、《道家》、《神仙》之類，因陳氏語而後知今本次第之誤。」盧氏此條眉注，乃據徐小蠻、顧美華點校本《解題》迻錄。

⑫徐、顧點校本《解題》引盧氏之《新定目錄》後有案語曰：「今案：盧校本又在《新定目錄》『卷二十八』上寫『三十六』，『卷二十九』上寫『二十八』，『卷三十』上寫『二十九』，『卷三十一』上寫『三十』，『卷三十二』上寫『三十一』，『卷三十三』上寫『三十二』，『卷三十四』上寫『三十三』，『卷

三十五』上寫『三十四』，『卷三十六』上寫『三十七』，『卷三十七』上寫『三十五』。校注曰：《神仙類》中有陳氏語云：『各已見《釋氏》、《道家》類。』則知其序當如此也。盧校本在《新定目錄·總集類》上注：鈔本誤置《別集》前，元本係在《詩集》後。」

⑬陳樂素至撰《略論陳振孫直齋書錄解題》八《解題的傳本》，始提及《經義考》卷六《易林變占》條；該文載見《中國史研究》一九八四年第二期，上距樂素撰著《直齋書錄解題作者陳振孫》之民國三十五年（一九四六），已三十八年矣。

⑭《解題》卷七《傳記類》載：「《唐年小錄》八卷，唐戶部尚書扶風馬總會元撰。記唐以來雜事，分爲七門，末卷爲雜錄。舊有一本略甚，復得程文簡本傳之，始爲全書。」卷十《雜家類》載：「《孫子》十卷，題晉孫綽興公撰。恐依託，《唐志》及《中興書目》並無之。余從程文簡家借錄。」卷十一《小說家類》載：「《槁簡贅筆》二卷，承議郎章淵伯深撰。始得此書於程文簡氏，不知何人作，文簡題其後，以其中稱先丞相申公，知其爲章子厚子孫也。余又以其書考之，言先祖光祿，元祐三年省試，東坡知舉，擢爲第一，則又知其爲援之孫也。後以問諸章，始得其名字。其人博學有文，以場屋待士薄，如防寇盜，用蔭入仕，遂不就舉，居長興，故序稱若溪草堂。淵自號懲室子。序言錄爲五卷，今此惟分上下卷。」卷十二《曆象類》載：「《二十四氣中星日月宿度》一卷，此書傳之程文簡家，云得於判判局。判名大聲，太史局官也。」上述各書必直齋致仕居里後傳自程文簡後人者，讀《解題》自知。

⑮此條自「己丑，實理宗紹定二年也」以下，皆隨齋所批注之文。徐小鸞、顧美華點校本《解題》引盧文弨校

注云：「『悲夫』下，館本此下空一字。『己丑實理宗紹定二年也』下，此段不似陳氏本文，當亦隨齋語耳。《文獻通考》無之。」盧說甚是。

⑯ 此處應作知不足齋本《吳禮部詩話》，樂素偶失慎，故誤寫作「《書錄解題》」。

⑰ 樂素此段標點有誤。「亟訪之」以下仍應爲聞之竹垞先生之語，非鄭元慶往訪毛氏也。

⑱ 案《四庫全書總目》卷八十七《史部》四十三《目錄類存目》載：「《菉竹堂書目》六卷。兩淮鹽政採進本。」是《四庫》館臣所據顯與粵雅堂所刻本不同，或即葉氏原本也。《四庫總目》云：「《菉竹堂書目》六卷，兩淮鹽政採進本。明葉盛撰。盛有《葉文莊奏議》，已著錄。此其家藏書之目，中爲經、史、子、集各一卷。卷首曰《制》，乃官頒各書及賜書、賜敕之類。末卷曰《後錄》，則其家所刊及自著書。前有成化七年《自序》，謂先之以制，尊朝廷也；葉氏書獨以爲《後錄》，是吾一家之書也。其叙列體例，大率本之馬端臨《經籍考》，然如《集部》列出《舉業類》，而無《詩集類》，亦略有所增損矣。盛之書，凡爲册者四千六百有奇，爲卷者二萬二千七百有奇，在儲藏家稱極富，故於舊書著錄爲多。獨其不載撰人姓名，頗傷闕略；又別有《新書目》一卷附於後，中載夏言、王守仁諸人集，皆不與盛同時，蓋其子孫所續入也。」葉盛《涇東稿》所載《菉竹堂書目序》曰：「《葉氏書目》六卷，叙列大率本鄱陽馬氏，其大同之大者，《經》、《史》、《子》、《集》外，《制》特先之。曰：尊朝廷，且賜書所在也。吾葉氏書，獨以爲《後錄》終其卷，是吾一家之書，不可以先人，退孫之義，其亦可以觀視吾後人也。吾書□□□，後之人不可以不知也。吾先世轉徙淪落之餘，詒□□□□□□存書，其可知也。然吾猶及事先曾大父，童兒時所見

□□□□□，所藏大字《書傳》、《禮記》等書，今所存幾何？先參□□□□□，□子南京聽受宣諭畢，即解衣買書而回，所以爲子孫計也。此等書當時皆有印識，今所存幾何？吾與爾後之人，蓋不能無責焉於其間也。或出或處，公私多故，性好之或不同，顧慮之所不及。風雨蟲鼠之不相爲容，書焉得而不廢且失也。吾固不能無遺憾於斯也。夫天地間物，以余觀之，難聚而易散者，莫書若也；如余昔日之所遇，皆是也。今吾書之所以爲目，此也；吾後之人不可以不知也。昔之人有謂名臣子孫不識字爲喜，又或以子孫未必能讀書，此可爲不幸者言，吾固不欲爲爾後之人願之也。而亦以告焉，吾後之人不可以不知也。書積矣，徒能讀之，而不能知其孰爲醇疵得失，懵無所得於其心，不知孰爲善而可行、孰爲不善而不可行，非書也；得之而不能體之於身、不能見之於行，非書也。或者志於衣服、飲食之末，貧則至於鬻書而爲之，又甚而或假讀書之名，以益其輕薄、浮誇之過，使人見之曰：『此故讀書家不肖子弟。』爲書之累大矣，是又不若不識字、不能讀書者之爲愈也。彼借非其人、置非其所，與夫所謂聚焉而散、散焉而不復留意者，皆過也，亦不可以不戒也。書爲册四千六百有奇，爲卷二萬二千七百有奇，續有所得，未已也。書目之成，吾晨子錄之，因書以告晨，亦通以爲吾家子弟告也。」將《菉竹堂書目自序》與《四庫總目》相較，是《四庫總目》所論述，多據葉氏《自序》者也。

⑲ 喬氏誤作《明書·藝文志》，今逕改。

⑳ 中華書局一九五九年十二月第一版《增訂四庫簡明目錄標注》，書內所列「參校姓氏」，計爲：「瑞安孫仲容詒讓、瑞安黃叔頌紹第、福山王懿榮廉生、江陰繆筱珊荃孫、錢塘吳敬彊慶坻、嘉興沈子封曾桐、歸安錢

念劬恂、桐城馬通伯其昶、桐城姚仲實永樸、桐城姚叔節永概、餘杭褚伯約成博、山陰胡右階念修。」與張崟所記微有不同。

㉑ 隨齋所批注者凡二十五則，喬氏此處計算微誤。

㉒ 案宋翔鳳撰《鐵琴銅劍樓藏書目錄序》有云：「今茲秋杪，胡君心耘自虞山回郡，言虞山一邑好古好學之士不殊曩昔，因出《鐵琴銅劍樓藏書目錄》一編，則邑之明經瞿君子雍之所②錄也。鐵琴銅劍樓者，則其先人學博君所搆藏書之室也。蓋其所收藏，皆宋元舊刻，暨舊鈔之本，至明而止，則從邑中及郡城故家展轉搜羅，卷逾十萬，擁書之多，近未有過之者也。」子雍即瞿鏞。及後鏞之曾孫良士樵印《宋金元本書影》，凡四卷，丁祖蔭撰《識語》，其中不少書籍，《識語》明載「舊爲愛日精廬藏書」，是則瞿氏所藏此《解題》舊鈔殘本，內容卷帙既與張氏藏本全同，則其原爲愛日精廬舊藏，而輾轉爲瞿氏搜羅所得，固無疑矣。

㉓ 案：《四庫》輯本《解題》集部之編次，首《楚辭》，次《總集》，又次《別集》上中下，又《詩集》上下，又《歌詞》，又《章奏》，而以《文史》終焉。編次與此本相異。

㉔ 案：《四庫》本作「伯淳」，誤，今據盧文弨校本改正。

㉕ 案：《四庫》本作「憲宗」，誤，今據盧文弨校注改正。

㉖ 案：此處喬氏自注曰：「《群書拾補．史部．文獻通考》部分之識語云：『嘗見宋元舊雕本，字有誤衍者刊去，遂作空白，字有遺脫者，作小字夾寫，雖參差不適觀，而讀者尚得見其「元本」。』此處元本，意即原本，而非元刊本。」

㉗《午風堂叢談》，凡八卷，嘉慶二年刻本，共四册，書甚罕見。《北京師範大學圖書館中文古籍書目・子部・雜家類》著錄。書屬善本，不准影印。余幾番請託北京師範大學生物系徐汝梅教授倩該校圖書館館員代抄得之，所費港幣一千元。

㉘喬氏《陳振孫學記》僅稱「《四庫》館臣」，似不知《解題》輯本乃鄒炳泰所纂輯，亦可謂疏於考證矣。

㉙胡玉縉《四庫全書總目提要補正》引此篇，此句下有注云：「鄭翼謹案：直齋原作『魯郡』，張《集》誤『郡』爲『卿』。」蓋「郡」、「卿」二字形近，故宗泰誤作「魯卿」。

㉚民國八十年暑期，余嘗親往中研院傅斯年圖書館借出此本《解題》，首尾細閱一過，其上並無潘伯寅批語，是則此本恐亦作《廣陵散》矣。

㉛周啓付先生於一九九一年六月十四日覆函略謂：「先生所需王國維手批《直齋書錄解題》，手頭並無，乃引自一份紀念文章。近詢數位先生，皆言未見。適逢我校有人至京，託至北京圖書館善本部代查，據言原爲王國維之《直齋書錄解題》並無手批。結果仍無。因候回音，故延覆函，請諒！容後查得再報。」據此函，則王國維校本上並無批語，或所告者容有誤也。

㉜案：徐、顧點校本《解題》之《點校說明》第二條云：「盧校本自《讖緯類》起至《僞史類》缺，（《雜史類》不全）缺處有關盧校本及盧校注的情況均據《圖書季刊》新第三卷第一到四期傅增湘《直齋書錄解題校記》過錄。」讀此可證。

㉝案：喬氏《直齋書錄解題札記》，載見民國五十九年九月《國立中央圖書館館刊》新四卷三期；《書錄解題

佚文——論輯佚與目錄學之關係》，載見民國六十九年二月《國立中央圖書館館刊》新十三卷二期。

㉞ 案：曹氏此文載見國務院古籍整理出版規劃小組編之《古籍整理出版與情況簡報》一九八八年十月二十日第一九九期。

第六章　陳振孫之其他著作

振孫以目錄學名家，其主要之著作——《直齋書錄解題》於上章已備論之矣。此章則擬論述直齋之其他著作。

第一節　《白文公年譜》

直齋其他著作中，要以《白文公年譜》文字最多，內容最富，故先行論述之。案：《解題》卷十六《別集類》上「《白氏長慶集》七十一卷、《年譜》一卷、又《新譜》一卷」條云：

「唐太子少傅太原白居易樂天撰。案：《集後記》稱前著《長慶集》五十卷，元微之爲序；《後集》二十卷，自爲序；今又《續後集》五卷，自爲記：前後七十五卷，時會昌五年也。《墓志》乃云『集前後七十卷』。當時預爲《志》時，未有《續後集》。今本七十一卷，蘇本、蜀本編次亦不同，蜀本又有《外集》一卷，往往皆非樂天自記之舊矣。《年譜》，維揚李璜德劭所作，樓大防參政得之，以遺吳郡守李伯珍諫議刻之。余嘗病其疏略牴牾，且號爲《年譜》而不繫年，乃別爲《新譜》，刊附《集》首。」

又同卷同類「《白集年譜》一卷」條云：

「知忠州漢嘉何友諒以居易舊治既刊其《文集》，又作《年譜》，刊之《集首》。始余爲《譜》既成，妹夫王栐叔永守忠錄寄之，則忠已有此《譜》，視余《譜》詳略互見，亦各有發明。其辨李崖州三絕非樂天作，乃載晁子止之語；謂與楊虞卿爲姻家，與牛僧孺爲師生，而不陷牛李黨中，與余暗合，因並存之。詳見《新譜》末章。」

觀上述二條，則知有宋之世，直齋於《解題》中所述及之白樂天年譜凡三種。維揚李璜德劭所撰者，載於吳門所刊之《白氏長慶集》卷首，直齋稱之爲《舊譜》；惟此《譜》疏略牴牾殊甚。知忠州漢嘉何友諒所撰者，載於忠州所刊《文集》卷首，亦即《白集年譜》；何《譜》與直齋所撰者詳略互見，而各有發明。至直齋所撰者，則稱爲《新譜》，而於《舊譜》多所駁正。

直齋所以撰此《新譜》之故，其《新譜》之後有跋語，言之甚詳。其辭曰：

「白公《文集》行於世者，皆有《年譜》，與《集》並行，得以考其平生之出處、歲月之後先。吳門所刊《白氏長慶集》，首載李璜德劭所爲《譜》，參政樓公稱之，以屬諫議李公訪求而刻焉。紹定庚寅，余始得其本而觀之，既曰『譜』矣，而不繫年，其疏略牴牾，有不可枚舉者；攻媿號博洽，不知何獨取此。家居無事，因取《新》、《舊史》、《實錄》等書，及諸家傳記所載，參稽互考，別爲此《譜》。自其始生之年，以及考終之歲，次第審訂，粗得詳確。猶恨孤學謏聞，未必能逃目睫之譏，不敢傳之他人，惟以自備觀覽而已。孟夏十有二日《譜》成，直齋陳振孫伯玉父。」

觀《跋》之所述，則《新譜》蓋成於宋理宗紹定三年庚寅（一二三〇）四月十二日。直齋所以撰《新譜》之故，乃以《舊譜》既稱「譜」而不繫年，名實不符已甚；又疏略抵捂至不可枚舉。茲不妨爬梳《新譜》材料，並略下案語，以見直齋駁正《舊譜》之一斑。

《白文公年譜》「（貞元）十六年庚辰」條下載：

「李璜《舊譜》云：『樂天年二十九，猶未第，故有詩云：「此生知負少年春，不展愁眉欲三十。」時貞元十五年也，明年始登第。』按：十五年，公方二十八，其曰『欲三十』者，大約言之，便以爲二十九，亦誤矣。」

案：貞元十五年（七九九），居易實爲二十八歲，《舊譜》因「欲三十」一語，便以爲是二十九歲。此《舊譜》伸算年歲之誤也。

同書「（貞元）十八年壬午」條載：

「有詩云：『何況鏡中年，又逼三十二。』時年三十一也。《舊譜》以爲校書時作，非是。」

案：此詩居易三十一歲時所作，「又逼三十二」者，正謂年已三十一也。考居易貞元十九年癸未（八〇三）始仕爲校書郎，時年三十二，故知《舊譜》爲誤也。

又「（元和）二年丁亥」條載：

「入院後，有《寄題盩厔雙松詩》云：『忽奉宣室召，徵爲文苑臣。』《舊譜》以爲與哥舒大詩，不知何據？」

案：此詩此二句，明用漢文帝、賈誼召見宣室之故事，而《舊譜》謂與哥舒大者，是不知白之用典出處也。正如直齋所言，《舊譜》論白詩，確有其明顯乏據者。

又「（元和）三年戊子」條載：

「四月二十八日，授左拾遺，有《謝官狀》。與學士崔群同進，群時遷庫部員外郎。五月，有《初授拾遺獻書》。《舊譜》云：『二年上書，授拾遺。又一年，年三十七，公時在諫省，命寓直集賢殿，月中召爲學士。』按：公二年自校理入翰林，明年爲諫官，既拜乃上書，不知《譜》所云何爲乖誤若此。」

案：《舊唐書》卷一百六十六《列傳》第一百十六《白居易》明載：「（元和）二年十一月召入翰林爲學士，三年五月拜左拾遺。」《舊譜》全無所據，眞乖誤矣。

又「（元和）五年庚寅」條載：

「有《論元稹左降狀》、《請罷恆州兵》二狀。四月，求京兆府判司，得士曹參軍，有《謝官狀》。公在諫省數言事，忤憲宗意。其論吐突承璀，尤不悅，至有『小子無禮』之語，賴李絳救解。及當改官，諭崔群使求自便，又俾中人梁守謙宣旨，於是有《陳情狀》，蓋亦承上意爾。《舊譜》謂『在翰苑久不遷，故求補外』者，非也。」

案：《新譜》此條所記，一依《唐書》，言之有據。《舊譜》與史實不符，非是。

又「（元和）九年甲午」條載：

「冬，除右贊善大夫，有《酬盧秘書早朝》、《寄李二十助教》詩。《舊譜》云：『自渭南丁憂，至十年喪除，爲贊善。』按：丁憂在六年，八年除喪，又拜官耳。」

案：《新譜》元和六年辛卯載：「四月五日，太夫人陳氏卒。」元和八年癸巳載：「二月有《陳府君夫人白氏》及《弟金剛奴墓誌》，夫人，公之祖姑且外祖母也。……是歲除喪。」又元和十年乙未載：「有《贈杓直詩》云：『已年四十四，又爲五品官。』杓直，李建也。」《舊唐書》樂天本傳亦載：「（元和）六年四月，丁母陳夫人之喪，退居下邽。九年冬，入朝授太子左贊善大夫。」是丁憂確在六年，除喪在八年，九年冬則爲贊善。《舊譜》作十年，與《唐書》本傳相異，顯誤。

又「（元和）十年乙未」條載：

「六月，盜殺宰相武元衡，公首上疏請急捕賊，以雪國恥。宰相以非諫職言事，惡之。會有惡公者，言其母看花墮井死，而作《賞花》及《新井》詩，貶江州刺史；中書舍人王涯言其新犯，不可復理郡，又改司馬。宰相韋貫之、張弘靖也。《舊譜》併及裴度，非是。度方爲中丞，亦遇盜，不死，既愈乃相耳。」

案：《舊唐書》卷一百七十《列傳》第一百二十《裴度》載：「裴度，字中立，河東聞喜人。……（元和）十年六月，王承宗、李師道俱遣刺客，刺宰相武元衡，亦令刺度。是日，度出通化里，盜三以劍擊度，初斷鞾帶，次中背，纔絕單衣，後微傷其首，度墮馬。會度帶氈帽，故瘡不至深。賊又揮刀追度，度從人王義乃持賊，連呼甚急。賊反刃斷義手，乃得去。度已墮溝中，賊謂度已死，乃捨去。居三日，詔以度爲門下侍郎、同中書門下平章事。度勁正而言辯，尤長於政體，凡所陳論，感動物情，自魏博使還，宣達稱旨，帝深嘉屬。」據是，則裴中立亦以是日遇刺而傷首，墮溝幾死。至裴之爲相，在遇刺三日之後；其未相之前，不過御史中丞兼刑部侍郎耳。宰相以非諫職言事惡樂天，《舊譜》併及裴度，無怪直齋嫌其疏略牴牾也。

又「（長慶）三年癸卯」條載：

「九月，有《遊恩德寺泉洞詩》。是時元稹自同州至浙東，有《喜爲鄰郡先寄微之詩》。過杭，有《席上及留別贈答詩》。既至越，微之有《誇州宅詩》，所謂『謫居猶得住蓬萊』者。公答之云：『知君暗數江南郡，除却錢塘總不如。』自是兩郡常以詩筒往來，故有詩云：『爲向兩川郵吏道，莫辭來往遞詩筒。』《舊譜》謂『元九已在越』者，非也。」

案：《舊唐書》樂天本傳謂樂天長慶三年「七月，除杭州刺史。俄而元稹罷相，自馮翊轉浙東觀察使」。而《舊譜》謂「元九已在越」，顯誤。

又「（寶歷）二年丙午」條載：

「有《百日假滿詩》，蓋欲移病歸洛故也。劉禹錫有《白太守行》云：『聞有白太守，拋官歸舊谿。』公答云：『昨乞百日告，起吟五篇詩。去年到郡時，麥穗黃離離。今年去郡日，稻花白霏霏。』《舊譜》云：『劉與公爲代。』非也。夢得時在和州，歲暮罷歸洛，與公相遇於揚、楚間；其爲蘇州，乃在大和六年。」

案：據《新譜》，樂天寶歷元年三月刺蘇，九月以貢橘爲名遊太湖，至此假滿移病歸洛。《舊譜》謂「劉與公爲代」，誤，無待辨矣。

又「太和元年丁未」條載：

「三月，召爲秘書監，有《初除賜金紫詩》。《舊譜》云『秘丞』，大悞。」

案：《舊唐書》樂天本傳謂：「文宗即位，徵拜秘書監，賜金紫。」是《舊譜》云「秘丞」者，大誤矣。

又「（開成）五年庚申」條載：

「三月三十日有《燕罷感事吟詩》云：『病與樂天相伴住，春隨樊子一時歸。』按：《不能忘情吟序》云：『妓有樊素者，年二十餘，綽綽有歌舞態，善唱《楊柳曲》，人多以曲名之。』其辭曰：『素事主十年，凡三千有六百日。』公年五十八，自刑部侍郎分司歸洛，至六十八而得疾，於是十年矣，當是初歸洛時得之。公嘗有《楊柳枝詞》八首，又有《楊柳枝二十韻》，自注云：『《楊柳枝》，洛下新聲也。洛之小妓，有善歌者，詞章音韻，聽可動人，故賦之。』《本事集》云：『白尚書姬人樊素善歌，小蠻善舞，嘗爲詩云：「櫻桃樊素口，楊柳小蠻腰。」白公年邁，而小蠻方豐艷，因爲《楊柳枝》以寄意，曰：「一樹春風萬萬枝，嫩於金色軟於絲。永豐坊裏東南角，盡日無言屬阿誰。」』如《本事集》之説，則樊素、小蠻爲二人；以《集》考之，不見此二句詩，亦無所謂小蠻者，而『柳枝』即樊素也。《舊譜》引公詩：『「兩枝楊柳小樓中，嫋娜多年伴醉翁。」兩枝楊柳，必非一人。又有《九日代羅樊二妓招舒著作》云：「羅敷斂雙袂，樊姬獻一盃。」意所謂兩枝楊柳者。』然皆臆説，未必然也。」

案：直齋於此條中已屢徵引樂天詩、詩序及詩中自注以證明「楊柳」即樊素一人，固無與於小蠻者也。《本事集》所引「櫻桃樊素口，楊柳小蠻腰」二句詩，不見樂天詩集，或後人所杜撰。《舊譜》牽合《本事集》，謂「兩枝楊柳」必非一人，惜無確證。故直齋《新譜》以爲「臆説，未必然也」，所見甚是。

又「會昌元年辛酉」條載：

「是歲，李程爲留守，過公池上汎舟，話及翰林舊事。公有詩云：『同時六學士，五相一漁翁。』五相，謂李吉、裴垍、崔群及程也，與公皆元和初學士。《舊譜》以爲李逢吉，非是。考《翰林記》，逢吉未嘗爲學士；考《河南志》，其爲留守，乃大和中也。」

案：李逢吉未嘗爲學士，其爲留守又在大和中，是《舊譜》之誤甚明。惟直齋所舉「五相」之名，亦誤，容後辨之。

又「（會昌）六年丙寅」條載：

「八月，公薨，贈尚書左僕射，有自爲《墓誌銘》。……《舊譜》云：『李德裕貶崖州，公有詩三首。其一云：「樂天嘗任蘇州日，要勒須教用禮儀。從此結成千萬恨，這回果中白家詩。」六年四月，德裕貶崖，而公之卒，不記其月。』按：此蓋未嘗見《神道碑》，而此詩，《集》中無有，見於《漁隱叢話》，謂：『考之《元和錄》，居易年長於德裕，視德裕爲晚進。德裕爲浙西觀察使，居易刺蘇州。德裕以使職自居，不少假借；居易不得已，以軍禮見。及其貶也，故爲詩云。』《元和錄》者，世不見其書，不知漁隱從何得之也？德裕以四月罷相，爲江陵尹；其自潮貶崖，蓋在明年之冬，公薨固已久矣。審如詩意，則爲幸災快忿，非青山獨往之比；故穎濱蘇公力辨之，以爲刻核太甚，樂天不至此也。蓋不待考其年月，而可知其僞矣，況年月復甚明白，《舊譜》何其不深考耶！要之，小說所載自難盡信。公與德裕本無深怨，蓋自元和中，其父吉甫爲相，而牛僧孺、李宗閔對策切直，吉甫泣訴於憲宗，考官坐貶，而公嘗上書救之。李絳與吉甫叶，而公又與絳善。其後牛、李與德裕迭爲相，其黨亦迭爲軒輊，楊虞卿汝士與宗閔尤厚，號黨魁；而公夫人，虞卿從妹矣，故德裕惡公。武宗聞公名，欲召以爲相；德裕言居易衰病，其弟敏中，文詞不減居易，且有器識，遂以爲翰林學士。孫光憲《北夢瑣言》云：『劉禹錫大和中，與德裕同在東都分司，禹錫謁德裕曰：「曾得白居易《文集》否？」德裕曰：「累有相示，未嘗一披，今爲吾子覽之。」既啓，復卷曰：「吾於斯人不足久矣，其文章精絶，何必覽之！但恐回吾之心。」其見抑也如此。』楊虞卿、牛僧孺，公皆密友也，其不引翼，義在於斯。按：唐朋黨之禍，始於元和之初，而極於大和、開成、會昌之際。三十年間，士大夫無賢不肖，出此必入彼，未有能自脱者。權位逼軋，福禍伏倚，大則身死家滅，小亦不免萬里投荒，獨公超然利害之外，雖不登大位，而能以名節始終，惟其在朋黨之時，不累於朋黨故也。故元稹，裴度之深仇也；公雖厚於稹，而亦親於晉公，晉公在位，公爲丞郎。李宗閔，牛僧孺之死黨也；公雖厚於僧孺，而未嘗昵於宗閔。僧孺當國，公方自杭州求分司。李紳，德裕之至交也；公雖惡於德裕，而與紳唱酬往來，情分極不薄。公於交遊無適莫，可見於此矣。然則公之論牛、李，自是舉諫爭之職，而非以內私交；其與皋慕巢厚善；自是篤姻婭之好，而非以徇權勢。公能信於裴度、李紳，而不能信於德裕，何哉？晉公之德量，固非公垂之比，而文饒之忌刻，又在公垂之上；其進敏中，以抑居易，自以爲得策；及其失勢，擠之而下石焉者，乃其所謂有器識者也。自古朋黨，雖起於小人之傾危，而成於小人之剛褊。以文饒之才略，號稱賢相，而不免禍者，其心未能休休有容故也。然文饒雖惡公，不過使之不爲相，而公亦卒無他禍。《詩》云：『既明且哲，以保其身。』白公有焉。嗚呼！可不謂賢乎。」

案：此條論《舊譜》記事「不深考」之誤。蓋李德裕貶崖乃在大中元年丁卯（八四七）之冬，而樂天卒在會昌六年（八四六）八月，實無可能有作詩以諷之事。此不深考者一也。《舊譜》所引居易詩，《集》中無有，僅見胡仔《苕溪漁隱叢話》，而《叢話》所據者乃《元和錄》，然世不見此書，未知胡仔從何得之？此不深考者二也。所引白詩，詩意幸災快忿，刻核太甚，非青山獨往之比，樂天必不如此。此不深考者三也。此條之末，直齋又旣論樂天身處牛、李黨爭之間，而能超然利害之外，以名節始終；繼又攻訐有唐朋黨爲禍之烈，語語鞭辟入裏，痛快淋漓。其見解之獨到，與考證之精鑿，殊非李德劭《舊譜》所能及也；況《舊譜》又「疏略抵捂，有不可枚舉者」乎？觀是，則直齋之必須另撰《新譜》，殆有由矣。

《新譜》之見解獨到，考證精鑿者，固不止於上述各點。《新譜》之中，尤多審訂詳確、突過前人之例。茲亦試刺取若干事，評介如下：

《新譜》首論樂天之先世及祖系曰：

「公名居易，字樂天。白氏系出白起，爲秦將，死杜郵。始皇思其功，封其子於太原，故子孫世爲太原人。二十三世孫邕，爲後魏太原太守。邕五世孫建，北齊五兵尚書，賜田於韓城，因家焉，始移籍同州。建生士通，唐利州都督。生志善，尚衣奉御。生溫，檢校都官郎中，徙華州下邽，遂爲下邽人。生鍠，鞏縣令。生季庚，襄州別駕，公皇考也。見《舊史・傳》、《新史・宰相世系表》，及公所述《鞏縣府君事狀》。其不同者，《表》稱虞公族百里奚媵，秦穆姬，生孟明視。視生二子，曰西乞術、白乙丙，其後以爲氏。而《事狀》稱楚太子建之子勝，號白公；其子奔秦，白乙以降是也。如《表》言，則白出姬姓；如《狀》言，則出芉姓。按：《左氏傳》，晉敗秦于殽，獲百里孟明視、西乞術、白乙丙。孟明氏百里，謂爲奚之子可也；術、丙與孟明，號爲三帥，烏知其爲孟明之子邪？且萬無父子三人並將之理。此其爲說，固已疏矣。若《事狀》則又合白乙、白勝爲一族，白乙爲秦穆將，去白勝幾二百年，而云白乙以降，則反以爲白勝之後裔，又何其考之不詳也。《元和姓纂》載：《風俗通》以白乙爲嬴姓。蓋亦以其爲秦人意云爾。《姓纂》復舉秦白起、楚白勝、周白圭、漢白生等數人，而皆不能言其自出。大抵世祀綿邈，譜牒散亡，惟當用《春秋》見聞、傳聞之義，斷自近始。若必遠推古昔，傅會本支，則固不能亡牴牾矣。」

案：直齋之論白氏世系，認爲系出白起，而不以《新唐書·宰相世系表》「白出姬姓」之說爲然。即樂天所撰之《鞏縣府君事狀》，謂白氏「出芊姓」，直齋亦不肯盡信。蓋二者皆「遠推古昔，傅會本支」，其間錯謬牴牾之處，一目瞭然。至《元和姓纂》亦不能言白氏所自出。故直齋以爲樂天系出白起，所用乃「斷自近始」之法，實事求是，且確符於《春秋》見聞、傳聞之義也。

《新譜》「（貞元）十九年癸未」條載：

「以拔萃選登科，時鄭珣瑜爲吏部。李商隱撰公《墓碑》云：『前進士避祖諱，選書判拔萃。』蓋公祖名鍠，與『宏』同音，言所以不應宏辭也。《摭言》云：『白公試宏詞賦，考落，以賦有「不知我者謂我斬白蛇，知我者謂我斬白帝也。」登科之人賦皆無聞，白公之賦，傳於天下。』按：公未嘗試宏詞，此賦或是行卷所作，《摭言》誤也。」

案：據義山所撰樂天《墓誌》，則樂天必無應宏辭者，故直齋此條謂賦乃行卷之作，可備一說。而王定保所撰《摭言》，乃小說家言，道聽塗說，未克盡信。

又「（貞元）二十年甲申」條載：

「又《燕子樓詩序》云：『予爲校書郎，時遊徐、泗間。張尚書宴予，酒酣，出盼盼以佐歡。歡甚，予因贈詩云：「醉嬌勝不得，風裊牡丹花。」』意亦在此年。燕子樓事，世傳爲張建封。按：建封死在貞元十六年，且其官爲司空，非尚書也。尚書乃其子愔，《麗情集》誤以爲建封爾。此雖細事，亦可以正千載傳聞之謬。」

案：此條據樂天《燕子樓詩序》以正《麗情集》之誤。蓋樂天爲校書郎時，張建封已逝，且建封生前又無任尚書者，建封子愔始任尚書耳。直齋此考，眞能鑿破鴻濛，足正千載傳聞之謬。

又「（元和）十年乙未」條載：

「會有惡公者，言其母看花墮井死，而作《賞花》及《新井》詩，貶江州刺史。中書舍人王涯言其新犯，不可復理郡，又改司馬。……新井之事，世莫知其實，史氏亦不辨其有無，獨高彥休《闕史》言之甚詳。公母有心疾，因悍妒得之。及孀，家苦貧，公與弟不獲安居，常索米丐衣於鄰郡邑，母晝夜念之，病益甚。公隨計宣州，母因憂憤發狂，以葦刀自剄，人救之得免。後徧訪醫藥，或發或瘳，常恃二壯婢厚給衣食，俾扶衛之。一旦稍怠，斃於坎井。時裴晉公爲三省，本廳對客，京兆府申堂狀至四，四坐驚愕。薛給事存誠曰：『某所居與白鄰，聞其母久苦心疾，叫呼往往達於鄰里。』坐客意稍釋。他日，晉公獨見夕拜，謂曰：『前時衆中之言，可謂存朝廷大體矣！』夕拜正色曰：『言其實也，非大體也。』由是晉公信其事，後除河南尹、刑部侍郎，皆晉公所擬。凡曰墜井，必恚恨也，隕穫也；凡曰看花，必怡暢也，閒適也。安有怡暢閒適之際，遽致顛沛廢墜之事？樂天長於情，無一春無詠花之什，因欲黻藻其罪。又驗《新井》篇，是尉盩厔時作，隔官三政，不同時矣。彥休所記，大略如此。聞之東都聖善寺老僧，僧，故佛光和尚弟子也。今考《集》中，亦無所謂《新井》詩者，意其刪去。然則公母死以心疾，固人倫之大不幸；而傅致詩篇，以成讒謗，則憸壬媢嫉者爲之也。故刪述彥休之語，以告來者。」

案：此條乃直齋刪述高彥休《闕史》之語，以爲樂天辨誣，列證詳確。蓋樂天母固非看花墮井死，而《新井》詩實小人所揑造。直齋末云：「公母死以心疾，固人倫之大不幸；而傅致詩篇，以成讒謗，則憸壬媢嫉者爲之也。」所論誠振聾發聵。樂天九原之下，得彥休、直齋爲之辨白，當可含笑瞑目矣。

又「(開成)三年戊午」條載：

「《北夢瑣言》云：『白公與元相友善，《集》有詩云：「相看掩淚俱無語，別有傷心事豈知。想得咸陽原上樹，已抽三丈白楊枝。」洎自撰《墓誌》云：「與彭城劉夢得爲詩友。」不言元公，時人疑其隙終也。』按：此非《墓誌》語，乃《醉吟傳》中語，時元之亡久矣。其言與僧如滿爲空門友，韋楚爲山水友，皇甫朗之爲酒友，皆一時見在人，則其於詩友，自不應復及死者。又嘗爲《劉白唱和集序》，且與劉書云：『微之先我去矣，詩敵之勍者，非夢得而誰？』此尤可證公與元同升科第，俱負直聲；中歲復俱蹇連；晚而元撓節速化，得罪清議，公獨終始如一。二人賢否固不可概論，而其交情死生不渝，觀《香山寺記》，尚欲結他生緣，風誼之美，可厲薄俗。『掩淚』、『傷心』之句，旨意甚哀；而或者臆度疑似，乃有隙終之論，小人之不樂成人之美如是哉！」

案：孫光憲《北夢瑣言》謂唐時人有疑元、白二人交情之凶終隙末，所據者乃「與彭城劉夢得爲詩友」一語，蓋不及元公。「與彭城」云云一語，出《醉吟先生傳》，而非出《墓誌》，《瑣言》顯誤。直齋又力述樂天與元九間感情死生不渝，其風誼之美，足以厲薄俗。故隙終之論，乃時人所臆測，或小人不樂成人之美有以致之。直齋所論，有若暮鼓晨鐘，發人深省者多矣。

《新譜》之審訂詳確，上述舉例評介既竟。以下略述《白文公年譜》一書之流傳及其有關之板本。

直齋此《譜》既撰就於宋理宗紹定三年庚寅（一二三〇）孟夏十二日，此《譜》之付梓行世，今可考見者，最早則在理宗端平元年甲午（一二三四）。趙善書《白文公年譜跋》云：

「香山居士《長慶集》，舊刊於郡之思白堂，因以一帙遺湖南林漕。復書乃以陳直齋所編《年譜》見囑，謂有《文集》而無《年譜》，不幾於缺典乎？得此喜爲完書，鋟梓以冠於《集》首，亦可以訂香山之出處云。端平甲午重午，漢國趙善書。」

趙《跋》撰就於端平甲午歲端午節，《長慶集》與《年譜》均當此年鋟梓。再據趙《跋》所載，蓋直齋《新譜》寫成未及四年，即爲湖南林澧所得，惟此與前引直齋自跋所謂「不敢傳之他人，惟以備觀覽而已」諸語，甚爲矛盾。考紹定三年，直齋任軍器監簿，其作《新譜》即在此時。端平元年，直齋則改任諸王宮大小學教授，惟仍在臨安任職，其《新譜》之手稿似無由爲林澧所得。若謂湖南林氏輾轉錄得《新譜》，則顯與直齋《跋》語相互衝突。其間應有種種未揭之秘，惜文獻無徵，姑懸此案，以備他日續考焉。

綜上所述，則《白文公年譜》有稿本，乃直齋所鈔。林澧所得者，不可能爲稿本，只可能爲過錄本。林澧所遺趙善書者，或即爲此過錄本，亦可能爲另一過錄本。至趙善書鋟梓冠於《長慶集》首者，則爲刊本。惟此一刊本，明、清間已不多見。康熙時汪立名編《白香山詩集》，初亦未見此刊本，後乃藉朱彝尊之臂助始假得之。朱彝尊《白香山詩集序》云：

「公《集》自宋李伯珍刊之，吳郡何友諒刊之，忠州二本均有《年譜》，其後坊刻雜出，漸失其舊。或以《譜》非其要，置而不錄，迄於今，紕繆轉甚。余友汪君西亭氏患之，既定其卷次，正其愆謬。因仿《國史表》補撰《年譜》一卷，書成，既鏤板以行。余聞常熟毛氏藏有陳伯玉氏《白文公譜》，假而觀之，則君所編悉與陳氏合，而《海國屏風》一篇，君力辯非討淮蔡時事，驗之陳《譜》亦同；於是，人皆服君之考證。余乃勸君並刊陳《譜》，示諸學者。陳氏有言：維揚李德劭作爲《年譜》而不編年，疏略牴牾。今者李氏《譜》亡，而陳氏《譜》復出，與君所撰，一經一緯，互相發明，不可謂非斯文之厚幸矣。康熙四十二年夏六月幾望，南書房舊史、秀水朱彝尊序，時年七十有五。」

汪立名爲《年譜舊本》作《記》亦謂：

「歲在玄黓敦牂四月，余方編刻白香山詩，購宋槧《年譜》未得，乃妄爲考據，譔次《年譜》一卷。明年五月，剞劂既竣，復從朱檢討竹垞先生所得琴川汲古閣毛氏故所藏《香山宋譜》，即直齋陳氏撰本；不特編年繫事與余《譜》略同，而其辨論《海圖屏風》詩爲諷王承宗事作，及元、白隙終之繆之類，無不暗合。相去數百年，如與古人晤對質疑，亦大快事也。始余爲《譜》，頗極駮《史傳》、《紀事》諸書譌誤，或者怪之。獲見是書，自幸可藉以白穿鑿杜譔之疑。遂欲削去所撰，獨留陳本；而竹垞先生以爲二《譜》一縱一横，體格本異，且互有詳略，不嫌並存。又因其得之既刻之後，遂附次《新譜》，非敢進今而退古也。《譜》既曰未嘗賜謚，而猶稱《白文公年譜》者，從《新史》耳。若其引據詩話，雖已采錄，重惜古本，未忍裁節，並仍其舊。康熙癸未六月，汪立名記。」

觀朱《序》及汪《記》，則朱假而汪得之常熟毛氏所藏直齋《白文公年譜》，其時均在康熙四十二年癸未（一七〇三）五月。毛氏所藏之本，疑即趙善書所刊本，蓋今見汪氏本《白文公年譜》後亦載趙《跋》，是其證也。汪本《白香山詩集》，即一隅草堂本，乾隆間館臣修《四庫全書》，所收白居易詩，即據此本。《提要》云：

「臣等謹案：《白香山詩集》四十卷，附錄《年譜》二卷，國朝汪立名編。唐白居易《長慶集》七十五卷，今存七十一卷。其中《文》三十四卷，《詩》三十七卷。立名引宋祁之言，謂『居易長於詩，而他文未能稱是，因別刊其詩，以成是集』。又據元稹《序》，謂『長慶時所作僅前五十卷，其寶歷以後所作，不應概名以《長慶》，因即其歸老之地，題曰《香山》』。參互衆本，重加編次，定爲《長慶集》二十卷、《後集》十七卷、《別集》一卷，又采摭諸書爲《補遺》二卷，而以新定《年譜》一卷、陳振孫《舊本年譜》一卷，併元稹《長慶集序》一篇，及《舊唐書》本傳冠於首，復采諸書之有關居易詩者，各箋註於其下』。《居易集》舊有明武定侯家刻本，今已罕見；世所行者，惟蘇州錢氏、松江馬氏二本，皆頗有顛倒訛舛。胡震亨《唐音丁籤》所錄，又分體瑣屑，往往以一題割隸二卷，殊爲叢脞。立名此本，考證編排，特爲精審。其所箋釋，雖不能篇篇皆備，而引據典核，亦勝於注書諸家漫衍支離，徒溷耳目，蓋於諸刻之中，特爲善本焉。立名號西亭，歙縣人。其書成於康熙壬午，朱彝尊、宋犖皆爲之序云。乾隆四十二年八月恭校上。」

讀《提要》，則知《四庫全書》本之《白香山詩集》，所據者爲汪氏刊本，亦即一隅草堂本，是則直齋所撰之《白文公年譜》，除趙善書刊本外，又有一隅草堂本及《四庫全書》本。入民國後，上海中華書局嘗影印一隅草堂本，而其《四部備要》本又據一隅草堂本鉛字排印者也。民國二十四年（一九三五）上海國學整理社及民國五十年（一九六一）台北世界書局亦各有鉛印本。由是觀之，直齋所撰之《白文公年譜》，其板本亦可云衆矣。

國立中央圖書館編印之《台灣公藏善本書目人名索引》十一畫「陳振孫（宋）」條項下載：

「《白文公年譜》一卷（編），清稿本，《歷代名人年譜大成》之一。中圖230」

是中央圖書館藏有清人手鈔稿本《白文公年譜》一卷，惟未注明爲誰氏所鈔。案：喬衍琯《陳振孫學記》第三章《著述》第二節《白居易年譜》云：

「又有劉師培編《歷代名人年譜大成》本，附《新譜補錄》，見《國立中央圖書館善本書目》增訂本卷二《傳記類》。《補錄》摘陳、汪兩《譜》異同二十八事，多係時事，而涉及白居易生平者甚少。」

據此，則是喬氏以《歷代名人年譜大成》中之《白文公年譜》乃劉師培所編。余因是嘗倩蘇瑩輝教授代爲影印《歷代名人年譜大成》中之《白文公年譜》。此《譜》影印所得凡四十一頁，每半頁九行，行二十字。首頁有「儀徵劉師培印」、「左庵」、「國立中央圖書館所藏」諸印記。左庵乃師培之號，蓋《春秋左氏傳》實儀徵劉氏世代相傳之家學也。此《譜》書法工整，而師培素拙於書，固知非劉氏所自爲也。又此《譜》多有刪節，或出師培之意，余嘗將此本與《四庫全書》本細勘，頗有異同。惟喬氏所謂《新譜補錄》凡二十八事，則未之見，或影印者無意遺漏，殊可惋也。雖然，此二十八事既多繫時事，而涉及白氏生平者甚少，則似不太重要，惟稍後仍須向中央圖書館商借研閱，俾知儀徵劉氏補錄之梗概焉。師培劉氏此《譜》，固繼《四庫》本後現存之另一手鈔本矣。

直齋《白文公年譜》之源流與板本已略如上述。直齋此《譜》，與汪氏所撰《年譜》及詩注，每多暗合，尤以論《題海圖屏風》一詩爲然。考《題海國屏風》詩，載見汪本《白香山詩集》卷一《長慶集》，題下小注：「元和己丑年作」，其詩云：

「海水無風時，波濤安悠悠。鱗介無小大，遂性各沉浮。突兀海底鼇，首冠三神丘。釣網不能制，其來非一秋。或者不量力，謂茲鼇可求。贔屭牽不動，綸絕沉其鉤。一鼇既頓頷，諸鼇齊掉頭。白濤與黑浪，呼吸繞咽喉。噴風激飛廉，鼓波怒陽侯。鯨鯢得其便，張口欲吞舟。萬里無活鱗，百川多倒流。遂使江漢水，朝宗意亦休。蒼然屏風上，此畫良有由。」

此詩之後，附有汪氏按語曰：

「立名按：此詩於題下注年，必有爲而作。己丑爲元和四年。四月，憲宗欲乘王士真死，除人代之，不從，則興師討，以革河北諸鎮世襲之弊。裴垍不可。李絳言：『武俊父子相承四十餘年，今承宗又已總軍務，一旦易之，恐未即奉詔。又河北諸鎮，事體正同，必不自安，陰相黨阻。』中尉吐突承璀欲奪垍權，自請將兵討之，未行。九月，憲宗又欲以承宗爲成德留後，割其德、棣二州，更爲一鎮，命王氏婿薛昌朝領之。承宗果囚昌朝，抗不奉詔。遂命承璀統兵討承宗，自此兵連禍結，師久無功。公《集》有《狀》論其事云：『臣伏以河北事體，本不宜用兵。』此詩當因是託諷也。東坡云：『吳元濟以蔡叛，犯許、汝，以驚東都，此不可不討者也。當時議者欲置之，固爲非策，然不得武、裴二傑士，亦未易辦也。白樂天豈庸人哉！然其議論亦似屬置之者。其詩有《海圖屏風》者，可見其意。且注云：「時方討淮、蔡叛。」吾以是知仁人君子之於兵，蓋不忍輕用如此。淮、蔡且欲以德懷，況欲弊所恃，以勤無用乎？悲乎！此未易與俗士談也。』東坡此語定有爲，特借是以發之耳！然今本並無淮、蔡叛之注，況元濟反在元和十年，縱兵侵掠，不容不討者。詩中『不量力』、『鼇可求』等語，殊不相涉。是詩之作，確是元和四年。然則宋本亦有繆誤，東坡以注爲據，遂不復推考也。」

觀是，汪氏固不以東坡之說爲然，不以此詩爲論吳元濟以淮、蔡叛者。直齋《白文公年譜》「（元和）四年己丑」條則載：

「有《海圖屏風》詩，時方討王承宗，公意不然，故借巨鼇以風。」

然直齋所譜，汪氏亦有嫌其疏略者。一隅草堂本《白香山詩集》於《年譜舊本》後有汪氏按語，讀直齋此條，則知汪氏此詩按語，固與直齋《年譜》暗合也。

云：

「立名按：今《白集》錢考功本，並依吳門宋刊，獨無李璜《譜》，不知何時刪去，就直齋所訾，可以概見其舛謬，豈特目不知有《史傳》，即《白文公集》，亦似從未省覽者。吳本之《年譜》如此，無怪其編次之荒唐乃爾也。近世購書家但重宋本，略不鑒別，幸而李《譜》不傳，陳氏駁正之書尚在；設以彼易此，亦將據宋刻而信之否乎？顧白公以元和五年庚寅除京兆户曹，六年辛卯丁毋陳太君喪，始歸渭村，時年四十，故《歸田詩》云『四十爲野夫』也。直齋乃以此詩係之五年，且云：『移疾求退。』然陳太君以六年卒於長安宣平里第，猶自京兆府申堂狀，安得先一年歸渭村。又香山九老不及如滿、李爽，及七十致仕，並略有異同，語詳《新譜》及《九老圖詩》後。要之，直齋考據精確，多詳人所不能詳，其他自不嫌疏略也。」

案：直齋《白文公年譜》「《元和）五年庚寅」條云：「《寒食詩》云：『忽因時節驚年幾，四十如今欠一年。』」是直齋以居易此年三十九歲。《年譜》又云：「四月，求京兆府判司，得士曹參軍，有《謝官狀》。公在諫省數言事，忤憲宗意。其論吐突承璀，尤不悅；至有『小子無禮』之語，賴李絳救解。及當改官，諭崔群使求自便，又俾中人梁守謙宣旨，於是有《陳情狀》，蓋亦承上意爾。……有《初除戶曹喜而言志詩》，未幾，退居渭上。……又有《適意詩》云：『三年作諫官，復多尸素羞。一朝歸渭上，泛如不繫舟。』又《隱几詩》云：『行年三十九，歲暮日斜時。』又《歸田詩》云：『三十爲近臣，腰間鳴佩玉。四十爲野夫，田中學鋤穀。』蓋自小諫爲戶曹，但解諫職而已；至是，則併翰苑皆解去，是必移疾求退，而《史》失載爾。」是直齋以樂天退居渭上，《適意》、《歸田》等詩均作於元和五年，然「四十爲野夫」一句甚費解，《歸田詩》必非居易三十九歲之作也。《年譜》「（元和）六年辛卯」條云：「有《沐浴詩》云：『自問今年幾？春秋四十初。』又《栽松詩》云：『如何過四十，種此數寸枝？』又《白髮詩》云：『況今我四十。』……四月五日，太夫人陳氏卒。始鞏縣府君窆新鄭，襄州府君窆襄陽，至是皆遷護於下邽，以十一月八日襄事，而陳夫人祔焉。有《白氏事狀二道》。」考此處所謂《白氏事狀二道》，即《故鞏縣令白府君事狀》與《襄州別駕府君事狀》，今見載《白氏長慶集》卷二十九。鞏縣令乃白鍠，樂天之祖；襄州別駕乃季庚，樂天之父也。《襄州別駕府君事狀》云：「夫人陳氏，陳朝宜都之後。祖諱璋，利州刺史。考諱潤，坊州鄜城縣令。妣太原白氏。夫人無兄姊弟妹，八歲丁鄜城府君之憂，十五歲事舅姑；建中初以府君彭城之功，封潁川縣君；元和六年四月三日歿於長安宣平里第，享年五十七。有子四人，次曰居易，次曰行簡。」據《襄州別駕府君事狀》所記，樂天母陳氏固以元和六年四月三日歿於長安宣平里第，直齋《年譜》記卒日作「四月五日」不但有誤，且樂天亦絕不會其母未喪而早一年退居渭上之理，故汪氏按語可信。汪氏《新譜》「元和六元辛卯」條又載：「四月，公丁母陳縣君喪，退居渭上。《潁川縣君事狀》云：『元和六年四月三日沒於長安宣平里第。』元稹《祭文》亦作六年，李《碑》作五年，誤。」是汪氏《新譜》此條所考甚精確矣。至直齋《白文公年譜》「（會昌）五年乙丑」條謂：「三月二十一日，與前懷州司馬胡杲、衛尉卿吉晈、前右觀武軍長史鄭據、慈州刺史劉眞、御史盧貞、永州刺史張渾及公共七人，爲齒會於履道宅。《詩》云：『七人五百七十歲。』秘書監狄兼謩、河南尹盧貞，以年未七十，雖預會而不及列，故又稱『九老會』，是會蓋有兩盧貞也。」是直齋所譜之香山九老，不及如滿、李爽之名。考汪氏所編《白香山詩集補遺》卷一有《九老圖詩並序》云：「會昌五年三月，胡、吉、劉、鄭、盧、張等六賢，於東都敝居履道坊合尙齒之會。其年夏，又有二老，年貌絕倫，同歸故鄉，亦來斯會，續命書姓名、年齒，寫其形貌，附於圖右，與前七老題爲《九老圖》，仍以一絕贈之。」又載：「洛中遺老李元爽，年一百三十六。歸洛僧如滿，年九十五。」其詩云：「雪作鬚眉雲作衣，遼東華表暮雙歸。當時一鶴猶希有，何況今逢兩令威。」

詩後附汪氏注云：「《新唐書》本傳：『白居易居東都履道里，疏沼種樹，搆石樓香山，鑿八節灘，經月不食葷，自號香山居士。與胡杲、吉皎、劉眞、盧貞、張渾、狄兼謩、盧貞輩燕集，皆高年不事者。人慕之，繪爲《九老圖》。』立名按：《新書》多約略意會之誤，紀述頗失實，如遺卻李元爽及如滿僧，而以狄、盧爲九老，謬矣。《白集》今本雖遺《九老圖》一絕句，然而狄、盧年未七十，雖與會而不及列。及詩中七人、七賢等語具在，則狄、盧自不與九老之數，明矣。此香山千古佳話，乃《集》中僅存公詩，因從各本蒐考六老詩，及後題絕句一首，以歸補遺集。」是《九老圖詩並序》，乃以公與胡杲、吉皎、鄭據、劉眞、盧貞、張渾、李元爽、如滿等爲九老也。汪氏按語前寫作「李爽」者亦微誤，惟其所撰《新譜》「會昌五年乙丑」條載：「三月，於洛中爲七老會。夏，又合如滿僧、李元爽，爲《九老圖》。」所言之九老名氏，則較直齋爲精當矣。又樂天致仕之年，直齋與西亭所考亦略有不同。《白文公年譜》「武宗會昌元年辛酉」條云：「春，有《病後喜過劉家》等五絕。又《偶吟呈夢得》云：『且喜開年滿七旬。』……有《百日假滿少傅官停自喜言懷詩》，除刑部尙書致仕，時李德裕初用事也。」是直齋以會昌元年居易七十之歲爲致仕之年。惟西亭《新譜》「會昌二年壬戌」條則曰：「公年七十一，罷太子少傅，以刑部尙書致仕。《紀事》作元年致仕。按公詩有『七年爲少傅』。又《寫眞詩序》：『會昌二年，罷太子少傅，爲白衣居士。』又《刑部尙書致仕詩》：『十五年來洛下居。』以年考之，自是會昌二年。」案：西亭之言是也。樂天大和三年己酉（八二〇）稱病居洛，開成元年丙辰（八三七）遷太子少傅分司，計其歲月皆應以會昌二年壬戌（八四二）致仕爲合也。且《舊唐書》本傳云：「會昌中，請罷太子少傅，以刑部尙書致仕。」若致仕之歲爲會昌元年，《舊唐書》不應言「會昌中」者。是又直齋偶失檢，其所譜樂天致仕之年，不足據也。

直齋所撰《白文公年譜》之偶有疏略，固不止汪氏所述。樂天有《李留守相公見過池上汎舟舉酒話及翰林舊事因成四韻以獻之》詩，詩云：

「引棹尋池岸，移樽就菊叢。何言濟川後，相訪釣船中。白首故情在，青雲往事空。同時六學士，五相一漁翁。」

案：前引《白文公年譜》「會昌元年辛酉」條，直齋釋曰：「五相謂李吉、裴垍、崔群及程也。」所舉僅得四人，且人名亦有誤者。今人朱金城《白居易集箋校》卷第三十六載此詩，朱氏箋「同時六學士，五相一漁翁」二句謂：

「《容齋隨筆》卷二：『白樂天分司東都，有詩上李留守相公，其序言：公見過池上，汎舟舉酒，話及翰林舊事，因成四韻。後兩聯云：「白首故情在，青雲往事空。同時六學士，五相一漁翁。」此詩蓋與李絳者，其詞正記元和二年至六年事。予以其時考之，所謂五相者：裴垍、王涯、杜元穎、崔群及絳也。』城按：洪氏所考有誤。詩云『同時』，非指二年至六年，乃居易初入院之時也。五相者無杜元穎，乃李程、王涯、裴垍、李絳、崔群。留守相公非李絳，乃李程，蓋李絳爲東都留守在長慶時，時間不合。詳見岑仲勉《唐集質疑》。又按：陳《譜》會昌元年云：『五相謂李吉、裴垍、崔群及程也。』宋長白《柳亭詩話》卷一謂係裴度、崔群、裴垍、王播、李絳。俱誤。」

是則五相之姓名，不惟直齋有誤，洪容齋、宋長白亦誤也，應以朱氏所箋者爲合。

第二節《華勝寺碑記》

直齋之著述，以作年考之，當以《華勝寺碑記》爲較早。余已於第三章《陳振孫之仕履與行誼》第一節《任溧水縣教授》中詳爲考證，蓋此《碑記》乃直齋三十一歲所撰，時爲宋寧宗嘉定四年辛未（一二一一），直齋卸任溧水縣教授後也。此《碑記》載見《溧水縣志》卷二十《二氏志・寺觀》類，宋、元以來研治陳振孫者，如鄭元慶、厲鶚、盧文弨、陸心源諸賢均未知有此文。今人陳樂素知有此《碑記》矣，惟未加深研，《溧水縣志》固非甚僻罕見之書，余頗竊怪治學顓精如樂素者，竟忍令此篇失之於眉睫也。喬衍琯爲台灣一地研究直齋之專家，然於《解題》板本甚多種，喬氏類無所知；即就此《碑記》而言，喬氏《陳振孫學記》及其所撰其他論文，亦無一語涉及之者，故知此《碑記》爲甚可貴也。《華勝寺碑記》，余前已載之第三章第一節中，茲不再錄，僅略評述此《碑記》之成就及價值如下。

案：直齋撰作此《碑記》，行文謹嚴而有法度，確具匠心。文首寫華勝寺周遭之景物，筆法雄奇雅健，兼而有之，頗得柳子厚模山範水意趣。繼述華勝寺建置本末，由主僧宗應絮絮道來，娓娓可聽。文末夾敘夾議，所記浙右僧徒與信衆，捐金建寺，飛檐傑棟，談笑而成。是段文字，直可作南宋佛教史看。至直齋所論釋氏「以空攝有」之義，亦深入肯綮。蓋直齋博極群書，兼通內典，試觀《解題》卷十二《釋氏類》所收佛教典籍甚富，讀此《碑記》，更足證直齋既冠之後，已涵泳浮屠書籍，故此篇議論風發，造意精微，且不墜釋氏宗旨。不意直齋年未及壯，而爲文之成就已如此，眞可以睥睨同儕，難能可貴矣。《碑記》文中提及如日、志常、宗應三僧，余通檢脫脫《宋史》、柯維騏《宋史新編》、陸心源《宋史翼》、比丘明復《中國佛教人名辭典》及昌彼得等《宋人傳記資料索引》，均無此三僧人之資料。拾遺補闕，惟有俟之他日矣。

第三節　《玉臺新詠集後序》

《玉臺新詠》，南朝陳徐陵編。《解題》卷十五《總集類》著錄此書，曰：

「《玉臺新詠》十卷，陳徐陵孝穆集，且爲作序。」

惟直齋於《解題》中並未附載此《後序》。直齋此《後序》，最早見於明人趙均小宛堂覆宋本之《玉臺新詠》，而陸心源《皕宋樓藏書志》卷一百十二《總集類》一轉錄之，曰：

「右《玉臺新詠集》十卷，幼時至外家李氏，於廢書中得之，舊京本也。宋失一葉，間復多錯謬，版亦時有刓者，欲求他本是正，多不獲。嘉定乙亥在會稽，始從人借得豫章刻本，財五卷，蓋至刻者中徙，故弗畢也。又聞有得石氏所藏錄本者，復求觀之，以補亡校脫，於是其書復全，可繕寫。夫詩者，情之發也。征戍之勞苦，室家之怨思，動於中而形於言，先王不能禁也。豈惟不能禁，且逆探其情而著之，《東山》、《杕杜》之詩是矣。若其他變風化雅，謂『豈無膏沐，誰適爲容』、『終朝采綠，不盈一掬』之類，以此《集》揆之，語意未大異也。顧其發乎情則同，而止乎禮義者蓋鮮矣！然其間僅合者亦一二焉。其措詞託興高古，要非後世樂府所能及。自唐《花間集》已不足道，而況近代狹邪之說，號爲以筆墨動淫者乎！又自漢魏以來，作者皆在焉，多蕭統《文選》所不載，覽者可以睹歷世文章盛衰之變云。是歲十月旦日書其後，永嘉陳玉父。」

案：「永嘉陳玉父」，實乃「永嘉陳振孫伯玉父」之誤，其中文字有訛脫。余已於第三章《陳振孫之仕履與行誼》第二節《補紹興府教授》中詳考之矣，茲不贅。直齋此《後序》撰就於宋寧宗嘉定八年乙亥（一二一五），時年三十五歲，正在紹興府教授任也。據此《後序》所記，直齋整治《玉臺新詠》，最初所得之本，乃舊京本（即北宋汴京本），其書乃取自外家李氏。考《解題》卷十七《別集類》中載：

「《丁永州集》三卷，知永州吳興丁注葆光撰。元豐中余中榜進士。喜爲歌詞，世所傳《催雪．無悶》及《重午．慶清朝》，皆有承平閒雅氣象。有女適樂清令富春李素見素，實先妣之大父母也。」

觀《解題》此條，是李素爲直齋外曾祖父，其妻丁氏乃直齋外曾祖母也。《後序》所言「外家李氏」者，即爲富春李素之家。《玉臺新詠集》十卷之舊京本，當取自李素後人。惜此本竟「宋失一葉」，所失之葉或在卷第四也。又此本且多錯謬，版亦時有刓者，故直齋不得以乃從人借得豫章刻本，才五卷；又求觀於石氏所藏錄本，補亡校脫，其《玉臺新詠集》始復全，可繕寫。直齋所校之《玉臺新詠》，後有宋本刊行，明崇禎六年癸酉（一六三三）趙均小宛堂有覆宋本，即據直齋此宋本，故覆宋本書後仍附直齋此《後序》也。直齋刊本，嘉慶、咸豐間仍見流傳。北京圖書館所藏小宛堂覆宋本上載有汪正鋆一《跋》云：

「《玉臺新詠》推南宋陳玉父本爲第一，予從得一本於胥江舟次，精神充足，古艷照人。嘗携之以行，戴金溪比部勸予仿刻行之，予以爲恐貽譏效顰也。伊揚州見之，歎爲百金之直。持古書與徐俟齋畫册求易，徘徊久之，終不能忍。丙子夏，挾之入都，爲陳秋舫所窺，盛譽之於葉東卿。東卿，予親家，亦秋舫親家也，藏書富逾王侯，聞秋舫言，笑而不答。越日，秋舫生日，東卿出此本爲壽，秋舫乃狂喜，馳以示予，予亦驚歎。諦審之，終若神氣不足。出藏本方之，此迺紙略新，墨亦少輕，其爲玉父本可寶愛一也。秋舫言：『東卿遂能捨此，均之不如東卿達觀。』予言：『東卿遂能捨此，均之不能如東卿忍情也。』秋舫大笑，東卿亦大笑，屬予記之。是日酷熱，越二日大雨驟涼，展對灑然，乃爲書其簡首。嘉慶丙子六月廿一日，桐城汪正鋆均之氏記於蓮花寺寓舍。」

觀是，則嘉慶二十一年丙子（一八一六）歲，直齋之宋刊本仍爲汪正鋆得之胥江舟次；其書「精神充足，古艷照人」，固善本矣；而葉東卿所贈與陳秋舫之本，疑爲小宛堂覆宋本，故其書「迺紙略新，墨亦少輕」，「終若神氣不足」者。北京圖書館所藏之小宛堂覆宋本上另有許乃普一《跋》，云：

「《玉臺新詠》自南宋已有兩本，明人重刻，竄亂彌多。張嗣修、茅國縉本更非其□，唯南宋永嘉陳玉父本爲佳，此本是也。爲徐星伯前輩所藏，今歸於予，實近今不多見之秘笈。卷帙如新，而墓有宿草，安得起故人於地下而欣賞之也。噫！咸豐紀元辛亥秋，滇翁手識。」

案：此《跋》所言之徐星伯，即徐松，乃整治《宋會要稿》見稱者也。滇翁即許乃普。意星伯初得直齋宋刊本《玉臺新詠》於汪正鋆所，咸豐紀元辛亥（一八五一），其書又爲滇翁所收藏也，然自後此本則渺其蹤跡矣。今人穆克宏一九八五年間點校吳兆宜《玉臺新詠箋註》，所用以參校之書，亦無此本，①是知此宋刊之本早作《廣陵散》矣。惟此書宋刊本之行款，今猶略可考見其彷彿。湖南省圖書館藏小宛堂覆宋本上載有葉啓發一《跋》，中有言：

「崇禎六年癸酉，寒山趙宧光小宛堂得宋嘉定乙亥陳玉父本，據以翻雕，行款一仍舊式，半葉十五行，行三十字。葉次通連，計七十四番。宋諱『般』、『玄』、『弦』、『泫』、『匡』、『筐』、『敬』、『驚』、『鏡』、『竟』、『慎』、『貞』等字均闕筆。前有徐陵《序》，後有陳玉父《後序》，板刻古雅，規矩謹嚴，無明人刻書竄亂臆改惡習。徐書原本賴以復見人間，宜其見重藝林，藏書家均推爲善本也。」

案：小宛堂覆宋本既據宋刊本翻雕，用是固知直齋宋刊本之行款及宋諱闕筆諸字，均與小宛堂覆宋本全同。今北京圖書館及湖南省圖書館既藏有小宛堂覆宋本，是則直齋宋刊本雖不存，幸賴有此覆宋之本，仍可考見其書行款之彷佛。

至直齋於其《後序》中評價《玉臺新詠》，以爲《玉臺》語意與《詩經》之變風變雅未大異；且稱《玉臺》「其措辭託興高古，要非後世樂府所能及」；又謂「自漢魏以來，作者皆在焉，多蕭統《文選》所不載，覽者可以睹歷代文章盛衰之變」。《後序》之評語，皆揄揚此書，然乃徵實之論。余略考清人之評《玉臺新詠》者，如朱彝尊、紀昀、梁啓超諸氏，諸人所持論，頗受直齋意見所牢籠，茲略加迻錄，兩相比觀，以見直齋所論對後人之影響。至朱彝尊諸人之所撰，偶亦有突過直齋之處，斯則可視爲發皇永嘉陳氏之學。語不云乎：「莫爲之先，雖美不彰；莫爲之後，雖盛不傳。」直齋與朱氏諸人相繼評論《玉臺》似之矣。

朱彝尊所評《玉臺新詠》之文，見載吳兆宜《玉臺新詠箋註》一書，其文曰：

「《昭明文選》初成，聞有千卷。既而略其蕪穢，集其清英，存三十卷，擇之可謂精矣。然入選之文，不無僞製。所錄《古詩十九首》，以徐陵《玉臺新詠》勘之，枚乘詩居其八。至《驅車上東門行》，載《樂府雜曲歌辭》，其餘六首，《玉臺》不錄。就《文選》本第十五首而論，『生年不滿百，長懷千載憂。晝短而夜長，何不秉燭遊。』則《西門行》古辭也。古辭：『夫爲樂，爲樂當及時。何能坐愁怫鬱，當復來玆。』而《文選》更之曰：『爲樂當及時，何能待來玆。』古辭：『貪財愛惜費，但爲後世嗤。』而《文選》更之曰：『愚者愛惜費，但爲後世嗤。』古辭：『自非仙人王子喬，計會壽命難與期。』而《文選》更之曰：『仙人王子喬，難可與等期。』裁剪長短句作五言，移易其前後，雜糅置《十九首》中，没枚乘等姓名，概題曰《古詩》，要之皆出文選樓中諸學士之手也。徐陵少仕於梁，爲昭明諸臣後進，不敢明言其非，乃別著一書，列枚乘姓名，還之作者，殆有微意焉。劉知幾疑李陵《答蘇武書》爲齊梁文士擬作，蘇子瞻疑陵、武《贈答》五言亦後人所擬，而統不能辨。非不能辨也，昭明優禮儒臣，容其作僞。當今《文選》盛行，作僞者心不徒勞也已。或者以爲《文選》闕疑，《玉臺》實之以人，非是。當其時，昭明聚書三萬卷，大集群儒討論，豈不知五言始自枚乘。而《序》所云：『退傅有「在鄒」之作，降將有「河梁」之篇，四言五言，區以別矣。』注《文選》者，遂謂『河梁』之別，五言始此。鍾嶸《詩品》亦云：『逮漢李陵，始著五言之目。』抑何謬歟！然則，誦詩論世者，宜取《玉臺》並觀，毋偏信《文選》可爾。」

案：朱氏之評，右徐陵而左蕭統，其意甚明。惟考其所論，不過陰用直齋「自漢魏以來，作者皆在焉，多蕭統《文選》所不載，覽者可以睹歷代文章盛衰之變」一說，而略作揮霍發皇之耳。

紀昀之評，載見紀氏所自撰之《玉臺新詠校正》稿，該稿本現藏北京圖書館中。紀氏之言曰：「孔子論《詩》曰『思無邪』，孟子論說《詩》曰『以意逆志』，聖賢宏旨，具於斯矣。學者取古人之詩，究其正變，以求所謂發乎情而止乎禮義者，或法或戒，皆可以上溯風雅也。否則，橫生意見，以博名高，本淺者務深言之，本小者務大言之，本通者務執言之，附會經義，動引聖人，是之謂理障。舊説既無師承，古籍亦鮮明證，鈎稽史傳，以倖其姓名年月之偶合，是之謂事障。矜一韻之奇，爭一字之巧，所謂好色不淫、怨誹不亂者弗講也；所謂鋪陳終始、排比聲韻者弗講也；所謂思表纖旨、文外曲致者弗講也；是之謂詞障。三障作而詩教晦矣。是非俗士之弊，而通人之弊也。《玉臺新詠》雖宮體，而由漢及梁文章升降之故，亦略見於斯。譬之古碑、舊帖，不必盡合於六書，而前人行筆結字之法，則往往因是而可悟。余既粗爲校正，勒爲《考異》十卷，汾陽曹子受之問詩於余，屬爲評點，以便省覽，因雜書簡端以應之，與《考異》各自爲書，不相雜也。曹子如平心靜氣以言詩，則管蠡之見或不無小補；如欲高論以駭俗，則僕不敏焉。癸巳正月二十七日，觀奕道人記。」②

案：紀氏此《記》，文末所署之「觀奕道人」即紀昀，文乃紀昀於乾隆三十八年癸巳（一七七三）所作。直齋之論《玉臺》，謂其近於變風化雅，並謂「顧其發乎情則同」於《詩》之雅頌，「而止乎禮義者蓋鮮矣」；又謂《玉臺》一書，「自漢魏以來，作者皆在焉」，「覽者可以睹歷世文章盛衰之變云」。而紀氏於此《記》則曰：「學者取古人之詩，究其正變，以求所謂發乎情而止乎禮義者，或法或戒，皆可以上溯風雅也。」又曰：「《玉臺新詠》雖宮體，而由漢及梁文章升降之故，亦略見於斯。」直齋與紀氏二者之論，前後相承之跡，何顯著彰明若是也。

梁啓超之評《玉臺》，見其所撰之《南陵徐氏覆小宛堂景宋本〈玉臺新詠〉序》，其《序》云：

「總集之選，貴有範圍。否則，既失諸氾濫，又失諸罣漏。《隋志》總集百四十七部，今存者《文選》及《玉臺新詠》而已。《文心雕龍》亦入總集，實不當也。然《文選》之於詩，去取殊不當人意。《新詠》爲孝穆承梁簡文意旨所編，目的在專提倡一種詩風，即所謂言情綺靡之作是也。其風格固卑卑不足道，其甄錄古人之作，尤不免强彼以就我。雖然，能成一家言，欲觀六代哀艷之作及其淵源所自，必於是焉；故雖漏略，而不爲病。且如魏武帝、謝康樂詩，一首不錄；阮詩僅錄二首，陶詩僅錄一首；然而不能議其隘陋者，彼所宗不在是。譬諸刻桷之匠，則梗柟豫章之合抱者，無所用之也。故吾於此二選，寧右孝穆而左昭明，右其善志流別而已。趙氏小宛堂本據宋刻審校，汰其羼續，積餘重刻，更並讎諸本，附以札記，蓋人間最善本矣。屬當草《韻文史》，輒點讀一過，記所感焉。甲子十一月二日。」

梁氏此《序》，蓋撰於民國十三年甲子（一九二四）。此《序》既謂《新詠》所收皆「言情綺靡之作」，「其風格固卑卑不足道」；然又推譽《新詠》「能成一家言」，並謂「欲觀六代哀艷之作及其淵源所自，必於是焉」。此與直齋之既評《玉臺》「止乎禮義者蓋鮮矣」，惟又揄揚《玉臺》「措辭託興高古，要非後世樂府所能及」。一褒一貶，又抑又揚，是梁氏之評《新詠》，其法式固與直齋無異也。

綜上言之，直齋年僅逾壯，即補亡校脫於《新詠》一書，且付梓刊行，則其對徐書之流傳，貢獻殊偉。至其評論此書，或抑或揚，然均屬覈實公允之論；對後人之評價此書，涵蓋牢籠，言其影響，殊有足多者。是則直齋之撰此《後序》，其事蓋不容輕忽者也。

第四節 《關尹子跋》

直齋《解題》卷九《道家類》載：

「《關尹子》九卷，周關令尹喜，蓋與老子同時，啓老子著書言道德者。案《漢志》有《關尹子》九篇，而《隋》、《唐》及《國史志》皆不著錄，意其書亡久矣。徐藏子禮得之於永嘉孫定，首載劉向校定《序》，篇末有葛洪《後序》。未知孫定從何傳授，殆皆依託也。《序》亦不類向文。」

案：今人張心澂撰《僞書通考》，其書一九五七年十一月三版之修訂本於《子部．道家類》亦徵引此條，惟較《解題》多出一百一十二字，所惜者張氏未注明此條之所依據及出處。余於第五章《陳振孫之主要著作——直齋書錄解題》第三節《直齋書錄解題之成書與流傳》中已全錄《僞書通考》所徵引此文。茲爲節省篇幅計，不再贅辭備引，僅略論此《跋》之價值如左。

直齋此《跋》，其末署年爲「丁丑夏日」。考丁丑爲宋寧宗嘉定十年（一二一七），是年直齋三十七歲，蓋仍在紹興教授任也。《僞書通考》徵引《解題》此條，不惟較今見之館本《解題》所載文字爲多，且其所多出者正爲全篇精華所在，乃直齋辨《關尹子》之爲僞書諸考證語也，微此一節，《解題》眞黯然失色矣！此段文字，余嘗考之明人宋濂《文憲集》卷二十七《諸子辨．關尹子》條，確知宋濂當日所得讀之《解題》亦有此節，故《僞書通考》所載，殊非杜撰。拙考已見第五章第三節中，茲不另論。

至直齋考證《關尹子》之誤，後世沿其說而作論並略予增補者甚多，宋濂《諸子辨》勿論矣，清人姚際恆《古今僞書考．子類．關尹子》條、胡韞玉《讀關尹子》亦畧說之。今人黃雲眉《古今僞書考補證．子類．關尹子》條更發皇之至富至當，茲僅引黃氏之說，以見直齋立論及其影響之一斑。黃氏之《補證》云：

「韞玉以此書雜出儒家之言，證非尹喜所作，甚當。然其言又謂『《關尹子》九章，一語蔽之，闡明老子虛無之旨耳』，則未敢謂是。此書蓋雜糅儒釋仙技之說而成，無所謂『一家言』也。一家言亦胡語。王世貞《讀關尹子》曰：『《關尹子》九篇，劉向所進，云其人即老子所與留著五千言者。其持論抑塞支離而小近實，非深於師老子者也。其辭《潛夫》、《論衡》之流耳，不敢望西京，何論《莊》、《列》？至云：「人之厭生死者，超生死者，皆是大患也。譬如化人，若有厭生死心，超生死心，止名爲妖，不名爲道。」則昭然摩騰入洛後語耳。兪樾《湖樓筆談》七：「《關尹子．三極篇》曰：『蝍蛆食蛇，蛇食蛙，蛙食蝍蛆。』此五行相克之理，佛家果報之說所從出歟？」佛氏無襲《關尹子》之理，則《關尹子》之襲佛氏也明矣。譚獻《復堂日記》卷五：「《關尹子》句意凡猥，雖間有精語，已在唐譯佛經之後，多有與《圓覺》、《楞嚴》相出入者。」姚瑩《識小錄》卷三《關尹子近釋氏》條，亦舉其文甚多，可參閱。豈向自有別本耶？抑向本遺錯，後人妄益之耶？夫老子而不爲關尹子著五千言已耳，老子而爲關尹子著五千言，此其非關尹語也無疑。』《讀書後》卷五。又楊慎曰：『今世有《關尹子》，其文出於後人僞撰，不類春秋時文也。按《列子·仲尼篇》引《關尹子》曰：「在己無居，形物其著，其動若水，其靜若鏡，其應若響，故其道若物者也。物自違違，道不違物。善若道者，亦不用耳，亦不用目，亦不用力，亦不用心。欲若道而用視聽形智以求之，弗當矣。瞻之在前，忽焉在後，用之彌滿六虛，廢之莫知其所，亦非有心者所能得遠，亦非無心者所能得近，惟默而性成者得之。知而仁情，能而不爲，真知真能也。」又《說符篇》引關尹子謂列子曰：「言美則響美，言惡則響惡，身長則影長，身短則影短，名也者響也，身也者影也。故曰：慎爾言，將有和之；慎爾行，將有隨之。是故聖人見出以知入，觀往以知來，此其所以先知之理也。度在身，稽在人。人愛我，我必愛人；人惡我，我必惡人。湯武愛天下，故王；桀紂惡天下，故亡；此所稽也。稽度皆明而不道也，譬之出不由門，行不從徑也。以是求利，不亦難乎！嘗觀之神農黃炎之德，稽之虞夏商周之書，度諸法士賢人之言，所以存亡廢興而非由此道者，未之有也。」按此二條，皆精義格言，今之僞撰者，曾無一語類是，可證矣。』《升庵全集》卷四十六。蓋皆不以此書爲得老子之傳。《列子》亦僞書，所引《關尹子》語，不足代表老子，然由此可見造《關尹子》者，即魏晉人所著書亦未遍涉。蓋其說不專主老子，文體又類《楞嚴》譯筆，而嫁名《關尹》，可怪也！《四庫總目提要》曰：『劉向《序》稱「蓋公授曹參，參薨書葬。孝武帝時，有方士來上，淮南王秘而不出。向父德治淮南王事，得之」，其說頗誕，與《漢書》所載得《淮南鴻寶秘書》言作黃金事者不同，疑即假借此事以附會之。故宋濂《諸子辨》以爲文既與向不類，事亦無據，疑即孫定所爲。然定爲南宋人，而《墨莊漫錄》載黃庭堅詩「尋詩訪道魚千里」句，已稱用《關尹子》語，則其書未必出於定，或唐五代間方士解文章者所爲也。』余謂此書所言，釋多於老，方士或非所任；然如宋濂所舉『嬰兒蕊女，金樓絳宮，青蛟白虎，寶鼎紅爐』之類，則雖非方士，其必爲好仙技者所託無疑矣。」讀黃氏此《補證》，則知王世貞、楊升庵、《四庫提要》及黃雲眉本人，彼等於辨證《關尹子》之譌僞，皆各抒己見，以考鏡此書之源流，甚有裨益於學術。然深究彼等所論，亦不過繼承直齋之說，聊爲引申，而幸有所發明耳。由是觀之，直齋此《跋》有首倡之功，且甚有助於對《關尹子》一書眞僞之探討，勳績固不可沒也。

第五節　《崇古文訣序》

《崇古文訣》一書，樓昉所編著者也，直齋爲之序。此《序》今見載陸心源《皕宋樓藏書志》卷一百十四《集部．總集類》，其《迂齋先生標注崇古文訣二十卷》條曰：

「上缺則又何足以爲文。迂齋樓□文名於時，士之從其游者一□□援，皆有師法。間嘗采集先□□以來迄於今世之文，得一百六十有八篇，爲之標注，以諗學者。凡其用意之精深，立言之警拔，皆深索而表章之。蓋昔人所以爲文之法備矣，振（孫）觀公之去取，至於伊川先生講筵二《疏》，與夫致堂、澹齋二胡所上高廟《書》，彼皆非蘄以文著者也，而顧有取焉，毋亦道統之傳，接續孔孟，忠義之氣，貫通神明，殆所謂有本者，非耶？然則公之是編，豈徒文而已哉！昔之論文者，曰文以氣爲主，又曰文者貫道之器也。學者其亦以是觀之，則得所以爲文之法矣。公名昉，字暘叔，鄞人，迂齋其自謂也。寶慶丙戌嘉平月既望，永嘉陳振孫序。」

案：《解題》卷十五《總集類》載：

「《迂齋古文標注》五卷，宗正寺簿四明樓昉暘叔撰。大略如呂氏《關鍵》，而所取自《史》、《漢》，而下至於本朝，篇目增多，發明尤精當，學者便之。」

同卷《總集類》又載：

「《古文關鍵》二卷，呂祖謙所取韓、柳、歐、蘇、曾諸家文，標抹注釋，以教初學。」

綜上所引，余頗疑《解題》所著錄之《迂齋古文標注》，亦即《皕宋樓藏書志》之《迂齋先生標注崇古文訣》，二者同書而異名，惟前者作五卷，後者作二十卷爲小異耳。然此書亦有作三十五卷者，《皕宋樓藏書志》同卷《集部·總集類》又載：

「《新刊迂齋先生標注崇古文訣》三十五卷，明吳邦楨刊本。宋樓昉編。姚瑤序，寶慶丁亥。

陳森跋。寶慶三禩。」

是有明吳邦楨刊本固作三十五卷者。考樓昉，《宋史》、《宋史新編》均無傳，陸心源《宋史翼》亦無之。臧勵龢等編之《中國人名大辭典》則有「樓昉」條目，中云：

「樓昉，宋鄞人，字暘叔，號迂齋。少從呂祖謙學，與弟昞俱以文名。紹熙進士，探從事郎，遷宗正簿，有直諒聲，後以朝奉郎守興化軍卒。昉為文汪洋浩博，從學者凡數百人。有《中興小傳》、《宋十朝綱目》、《東漢詔令》、《崇古文訣》等。」

案：迂齋既師事呂東萊，故其《崇古文訣》乃一本於呂氏之《古文關鍵》，選文標注，以諗來學。凡文之用意精深，立言警拔者，皆深索而表章之。茲所流傳之直齋《序》，雖其《序》首有闕文，然評騭是書則至為允當。如《序》中謂迂齋所取「毋亦道統之傳，接續孔孟，忠義之氣，貫通神明，殆所謂有本者，非耶」？又謂「昔之論文者，曰文以氣為主，又曰文者貫道之器也。學者其亦以是觀之，則得所以為文之法矣」。蓋迂齋所甄選，多為程伊川、胡致堂、胡澹齋諸人之文，此等文章皆屬貫道之作，非僅蘄以文著者也。直齋此《序》，乃作於宋理宗寶慶二年丙戌（一二二六）嘉平（十二）月既望，考其時，直齋或於是月已充興化軍通判。至為《崇古文訣》作跋者，則有姚珤，珤與直齋同時，嘗任興化軍判官，固直齋之下屬矣。珤嘗判莆田楊氏婦不孝之罪，而直齋以為不合收坐，宥之。此事余於第三章《陳振孫之仕履與行誼》第五節《充興化軍通判》中言之詳矣。姚氏所作《跋》曰：

「文者，載道之器。古之君子非有意於為文，而不能不盡心於明道。故曰：『辭達而已。』

夫能達其辭，於道非深切著明，則道不見也。此文之有關鍵，非深於文者，安能發揮其蘊奧，而探古人之用心哉！四明樓公假守莆邦，積其平時苦學之力，紬繹古作，抽其關鍵，以惠後學。廣文陳君鋟諸梓以傳之，使世學者優游而深求，饜飫而自得；豈惟文章之能事可畢，古人之用心於是乎可推也。寶慶丁亥端月既望，延平姚珤敬跋。」

考姚氏之《跋》，與直齋之論同其旨趣。《跋》謂：「廣文陳君鋟諸梓以傳之。」陳君者，名森，合沙人。陳森亦有《跋》，與姚《跋》同見載於《皕宋樓藏書志》中，陳《跋》云：

「迂齋先生深於古文，嘗掇取菁華以惠四明學者。迨分教金華，橫經壁水，傳授浸廣，天下始知所宗師。森曩偕先生季弟爲館下生，就得繕本，玩味不釋，恨未鋟梓。適先生守莆，幸備冷官，因間叩請，盡得所藏。自先秦迄於我宋，上下千餘年間，其穎出者網羅無遺軼。竊謂古今文章浩無津涯，學者窮日之力，不翅河伯之望海若。此編鈎玄而提要，抉幽而洩，波詭濤譎，星回漢翻，眩晃萬狀，一經指摘，關鍵瞭然，其幸後學宏矣。子曰：『人莫不飲食也，鮮能知味也。』先生之於文，其知味也歟！寶慶三禩，合沙陳森謹跋。」

案：姚、陳二《跋》均作於寶慶三年丁亥（一二二六），姚則曰：「四明樓公假守莆邦。」陳則曰：「適先生守莆，幸備冷官。」將二《跋》所言，證之《中國人名大辭典》「樓昉」條之「後以朝奉郎守興化軍卒」一語，是迂齋確嘗守莆田，爲興化軍長官矣。直齋時爲通判，姚珤任判官，陳森充廣文，皆爲迂齋之部屬。余前於第三章第五節中，嘗據《福建通志》與《興化府莆田縣志》，夷考直齋任職興化軍時之同僚，惟於迂齋與陳廣文二人皆無所載。今讀直齋之《序》及姚、陳二《跋》，足可補《福建通志》與《興化府莆田縣志》之闕，是余所考直齋之同僚又多增二人矣。

《崇古文訣》之宋刊本，嘉慶間黃丕烈仍見殘本多種。黃氏所藏者，後爲陸心源所有。故《皕宋樓藏書志》卷一百十四《集部．總集類．迂齋先生標注崇古文訣二十卷宋刊本　周九峰　朱未英舊藏》條亦載黃氏二《跋》，其首《跋》云：

「《迂齋標注崇古文訣》，非世間不經見之書也，即舊刻亦非罕有。余辛酉遊京師，見殘宋刻而補鈔者，卷有吾郡『西崦朱叔英圖記』，因遂收入《百宋一廛賦》中，其所存宋刻卷數，《注》載瞭然也。適書友又携一宋刻殘本來，係葉石君舊藏，中可配前缺卷，因遂命工重裝，竟成全璧，始歎物之會合有緣。此兩宋刻之殘而復完，實爲難得，矧經吾郡諸名家所藏，而一歸余手，兩美頓合，豈不幸與！嘉慶丁卯夏至日，復翁黃丕烈謹識。」

其次《跋》云：

「丁卯冬，余友夏方米之尊人容庵丈，出其舊藏宋本《崇古文訣》，屬爲裝潢；檢視之，知亦係諸宋本湊合而成。卷端有序無目，因從宋本原有序之存者影寫，置余本首。其中更有奇者，多與葉石君舊藏本合，而周九松舊藏本，間有失頁，在余本丙，即如卷十六末葉是也。彼所錯出，又係余本之失葉，顛倒錯亂，雖遇之，而不能仍正之，是可歎已！夏丈寶愛其書，思裝潢，辛因費不貲，索書去；又遠館洞庭，踪跡不常晤，未及將兩書原委告之。戊辰正月下弦日，復翁又識。」

案：據此二《跋》所言，是復翁之初得《崇古文訣》之殘宋刻補鈔本，在嘉慶六年辛酉（一八〇一），乃朱叔英所舊藏；後又於嘉慶十二年丁卯（一八〇七），另得一宋刻殘本，乃葉石君舊藏；丁卯之冬，又得見夏容庵舊藏之另一宋本。復翁曾將三本互校，以補訂朱叔英舊藏本之闕失，惜夏容庵舊藏本有「錯出」，而朱叔英舊藏本又「失葉，顛倒錯亂」，故「雖遇之，而不能仍正之」！是以直齋所撰之《崇古文訣序》，其序首有闕文，以復翁之博贍，猶未能補出之也。

至《崇古文訣》之板本，考《解題》作五卷，並將書名題作《迂齋古文標注》，此本應爲迂齋最早之稿本，乃爲直齋抄得者。其時迂齋任宗正寺簿，故《解題》謂「宗正寺簿四明樓昉暘叔撰」。據《中國人名大辭典》所載，迂齋任宗正寺主簿乃在宋光宗紹熙年間（一一九〇——一一九四），則直齋所藏之《迂齋古文標注》五卷本亦必抄就於此時。然則，寶慶三年丁亥（一二二六）陳森所刊之二十卷本，乃迂齋事後不斷增添補訂之本，故兩者之成書，相隔爲時已幾三紀矣。陳森之刊本，陸心源於《皕宋樓藏書志》中曾有如下之案語：

「案：此宋刊宋印本，每葉二十四行，每行二十三字。卷中有『吳郡西崦朱叔英書畫印』朱文長印、『西崦』朱文長印、『叔英』朱文方印、『士禮居』朱文方印、『丕烈』、『蕘夫』朱文二方印。」

藉此可悉陳森宋刊本之行款，及知此書曾爲朱叔英、黃丕烈先後收藏之一斑。

惟讀阮元所撰之《文選樓藏書記》，其卷一則載：

「《崇古文訣》十七卷，宋樓昉輯，刊本。宋板。是書選錄自秦漢迄宋諸體文，傍列評語，題曰：『迂齋先生標注』，前有寶慶間姚坱序。」

案：阮芸臺此《記》，載《崇古文訣》有宋刊十七卷本，惟未言及有直齋《序》、陳森《跋》；而姚珤之名則誤寫作「坱」，姚本作跋而此謂作序，亦微有不同。惟自明吳邦楨刊本已改爲「姚珤序」矣，故阮《記》與之相同。至阮《記》之作「十七卷」，未知是否爲全書之卷數，或因原二十卷，缺後三卷，而遂稱十七卷。阮《記》之本今未之見，暫存此疑，容後再考。

莫友芝《宋元舊本書經眼錄》卷二亦著錄：

「《迂齋先生崇古文訣》，元明間覆宋板，半葉九行，行十九字，有『沈瀚』、『世貞』、『允明』諸印，王弇州題籤猶存。」

案：此條所著錄之元明間覆宋板《迂齋先生崇古文訣》本，雖經沈瀚、王世貞、祝允明諸名家所收藏，惟此本所覆者決非陳森之刊本，蓋行款與陳森刊本不同也。惟明吳邦楨刊本之行款，則與此本相同。考葉德輝《郋園讀書志》卷十五《集部．崇古文訣三十五卷明吳邦楨邦杰校刊本》條云：

「《新刊迂齋先生標注崇古文訣》三十五卷，卷一大題後次行《先秦文》下題：『松陵後學吳邦楨、杰校正。』白口本，白魚尾下《文訣》卷幾，每半葉九行，行十九字。《四庫全書總目．集部．總集類》著錄爲『內府藏本』。考內府所藏見《天祿琳瑯書目續編》者，一載《元版類》，爲麻沙袖珍本；一載《明版類》，爲明刻大字本，標題均與此同。陳振孫《直齋書錄解題》有樓昉《迂齋古文標注》五卷，元馬端臨《文獻通考·經籍考·集部·文史類》同。《四庫總目提要》云：『疑傳寫者誤脫「三十」二字。』是也。書有圈句旁批，字下間有釋音。黃丕烈《士禮居藏書題跋記》有宋刻殘本，《百宋一廛賦》注云：『《迂齋先生標注崇古文訣》大題與宋元明兩本同。』知明本從元本出，元本從宋本出，標題不改，則一切圈句、旁批、釋音必仍舊矣。前序下有『聽兩樓查有圻珍賞圖書』十字白文篆書方印，『澹遠堂圖書』五字白文篆書方印。」

故余頗疑《宋元舊本書經眼錄》所著錄者，即爲吳邦楨所刊本，或莫子偲未之深考也。至《提要》疑《解題》著錄《迂齋古文標注》五卷，乃傳寫者誤脫「三十」二字，葉郎園從而輕信之，固誤也。蓋直齋所得乃迂齋任宗正寺主簿時編成之《古文標注》五卷，與明人吳邦楨將宋刊原二十卷強分作三十五卷不同本，二者不惟卷帙有所不同，且內容分量亦不同也。更有考者，直齋寶慶二年丙戌（一二二六）爲此書作《序》時，其所見者乃二十卷本之《崇古文訣》，直齋實無由預卜明人將之強分爲三十五卷也。由是言之，《提要》與葉郎園所言均誤，殆定讞矣。

明刊本之《崇古文訣》，近人李盛鐸亦收藏之。《木犀軒藏書書錄》卷四《集部·總集類》載：

「《新刊迂齋先生標注崇古文訣》三十五卷，宋樓昉輯，明刊本。半葉九行，行十九字。卷一標題次行題『松陵後學吳郡楨邦杰校正』。有寶慶丁亥（三年·一二二七）姚珤序，陳森跋。

有『張氏紅藥書庫藏書』朱白文長印，『鳳清讀過』白文方印。」

案：木犀軒者，乃李盛鐸室號。惟《木犀軒藏書題記》與《木犀軒藏書書錄》二書，皆由張玉範整理點校完成，而由北京大學出版社出版者也。惟此條中所言之「吳郡楨」實「吳邦楨」之誤，蓋明刊本之《崇古文訣》固吳邦楨、邦杰兄弟共同校正並予以刊行者，張玉範偶失愼矣。明刊本有姚珤、陳森之序、跋，而獨缺去直齋之序，殊百思不得其解。頗疑吳氏昆仲據以刊行之宋板，其卷首直齋一序已散佚，故不得已乃改以姚珤之跋作序，移之卷前，而仍以陳森之跋殿其後乎？竊所推判如此，想或不遠乎事實。

直齋之《序》，已明顯說出《崇古文訣》之作者爲樓昉。故其於《序》首雖殘存：

「迂齋樓□文名於時。」③

而於《序》末又曰：

「公名昉，字暘叔，鄞人，迂齋其自謂也。」

然自明刊本失載此《序》，致使今人竟有誤判此書之作者。如王繼祥等編纂之《東北師範大學圖書館藏古籍善本書目解題》一書，其《集部．總集類．通代》載：

「《新刊迂齋先生標注崇古文訣》三十五卷，宋李樗輯。明嘉靖年松陵吳氏刻本。九行，十九字。白口，左右雙邊。卷端題：松陵後學吳邦杰吳邦楨校正。五冊。此書收錄先秦至宋代一些名人序、說、論、書、記、碑、傳等各體文章約二百篇，並加以標注。李樗：宋，楠弟，字迂仲。受業於呂本中，注《毛詩解》，博引諸說，而以己意斷之。其學以孝弟、忠信、窮經、博古爲主。與楠俱以鄉貢不第，早卒。自號迂齋，學者稱迂齋先生。」

案：王繼祥諸人蓋以李樗自號迂齋，而此書既稱《新刊迂齋先生標注崇古文訣》，則連姚《序》、陳《跋》亦不一索觀，即逕以《崇古文訣》爲李樗作。姚《序》不亦云乎：「四明樓公假守莆邦，積其平時苦學之力，紬繹古作，抽其關鍵，以惠後學。」是明確指出此書作者乃「四明樓公」矣。陳《跋》亦曰：「迂齋先生深於古文，嘗掇取菁華以惠四明學者。……適先生守莆，幸備泠官，因閒叩請，盡得所藏。」是則此「深於古文」又適「守莆」之迂齋先生，決非「其學以孝弟、忠信、窮經、博古爲主」，及「以鄉貢不第，早卒」之李樗矣。不意王繼祥諸人治學之鹵莽滅烈乃至於此！倘明刊本仍載有直齋之《序》，則王繼祥等於啓卷之際，即見樓昉姓氏，其所撰解題應不至舛訛若此。是又直齋所撰《崇古文訣》之《序》，不惟可資評《文訣》；即於稽考此書作者一道，其所提供之資料，尤爲重要而不能等閒視之。

第六節　《寶刻叢編序》

《寶刻叢編》者，臨安人陳思所編著書也，直齋曾爲之序。直齋之《序》，《四庫》本竟乏載，余已於第三章《陳振孫之仕履與行誼》第六節《除軍器監簿》中迻錄之，茲不再行轉錄，謹論述直齋此《序》及陳思此書如左。

案：直齋此《序》，末署「紹定辛卯小至，直齋陳伯玉父」。是其《序》撰就於宋理宗紹定四年辛卯（一二三一）小至日，即冬至前一日，考其時直齋正在軍器監簿任中。於此《序》之首，直齋歷論歐陽修《集古錄》、趙明誠《金石錄》、鄭樵《系時錄》、《系地錄》及《諸道石刻錄》、《訪碑錄》諸書，皆指責其短，極具卓識。至陳思以一市人，儥書於臨安之市，乃能蒐求好古博雅君子及淪墜不振故家所藏之金石名碑，一旦盡取諸家之所錄，遂輯爲此《叢編》。直齋謂此書能以有宋之九域、京府、州縣爲本，而繫其名物於左，至前人辨證審定之語亦著焉，信所輯別具理致，確有補於斯文者矣。今考此《叢編》，凡二十卷。其第一卷：京畿、京東東路，第二卷：京東西路，第三卷：京西南路，第四卷：京西北路上，第五卷：京西北路下，第六卷：河北東路、河北西路、河北路化外州，第七卷：陝西永興軍路上、京兆府上，第八卷：京兆府中，第九卷：京兆府下，第十卷：陝西永興軍路下，第十一卷：陝西秦鳳路、河東路、河東路化外州，第十二卷：淮南東路、淮南西路，第十三卷：兩浙東路，第十四卷：兩浙西路，第十五卷：江南東路、江南西路，第十六卷：荊湖南路、荊湖北路，第十七卷：成都府路，第十八卷：梓州路、利州路，第十九卷：夔州路、福建路、廣南東路、廣南西路，第二十卷：乃屬諸書所錄刻石而地里未詳者。觀此二十卷之中，所收名碑寶刻全國各路殆遍，則其搜羅之富贍，用心之勤苦，固可覘之。

陳思此《叢編》，同時人魏了翁、喬行簡亦嘗分別作序力加推譽。茲亦予以迻錄，俾可與直齋之

《序》相觀比勘焉。魏之《序》云：

「余無它嗜，惟書癖殆不可醫。臨安鬻書人陳思，多爲余收攬散逸，扣其書顛末，輒對如響。一日，以其所粹《寶刻叢編》見寄，且求一言。蓋屢却而請不已，發而眎之，地世年行，炯然在目。嗚呼！賈人閱書於肆，而善其事若此，可以爲士而不如乎？撫卷太息，書而歸之。紹定二年，鶴山翁。」

喬之《序》則曰：

「辛卯之秋，余篋中所藏書，厄於鬱攸之焰，因求所闕於肆。有陳思道人者，數持書來售。一日，携一編遺余曰：『此思所自集前賢勘定碑誌諸書之目也，雖其文不能盡載，姑記其篇目、地里，與夫作者之姓氏，好事者得而觀之，其文亦可因時而訪求。』余受而閱之，蓋昔之《寰宇訪碑錄》之類，而名數加多，郡縣加詳，知其用心之良勤，因爲之改目。夫以它人之書，刊而貨之，鬻書者之事也；今道人者，乃能自裒一書，以爲好古博雅者之助，其亦異於人之鬻書者矣！故樂爲題其篇端。紹定五年六月改朔，孔山居士書。」

案：《序》末所署之「孔山居士」，即喬氏也。此《叢編》另有一序，因文末殘缺，作者爲誰則無可考。今亦一併照錄，以備采覽。其文曰：

「金石有刻，示傳遠也。世歷浸久，或淪於水火，或毀於兵革，或駁於風雨之餘，於是乎所以傳遠者，亦有時而窮。獨拓本僅存於好事者之篋笥，是則金石之堅，反不逮幅紙之壽。然幅紙因人而存，聚者必散，又豈足恃哉！此《叢編》之所以作也。陳道人久居京輦，與士大夫接，見聞之廣，閱書之多，旁搜遠討，輯爲巨編。余嘉其志，又從臾之；又授之《秦氏碑目》，俾得參討，且助其鋟梓之費。書成，求余跋，再請不已，弗容以吏冗辭也。余嘗謂：自秦漢以來，建碑刻石，莫盛於唐；往往又多萃於中原，羶腥淪汙，無從橅拓，猶幸是書之有考。今皇威遠暢，故疆斯復。好古博雅下缺」。

直齋、魏了翁、喬行簡及無名氏諸人所撰之《序》，於《寶刻叢編》一書皆無貶辭。余惟此書收攬散逸，所得材料極贍富，編輯亦具理致，其有功於好古博雅，庶無待言。然是書亦瑕瑜互見，《四庫全書總目》卷八《史部》十四《目錄類．金石之屬》云：

「《寶刻叢編》二十卷，宋陳思撰。思，臨安人。所著《小字錄》，前有結銜，稱『成忠郎緝熙殿國史實錄院秘書省蒐訪』；又有《海棠譜》，《自序》題『開慶元年』，則理宗時人也。是書蒐錄古碑，以《元豐九域志》京府州縣爲綱，其石刻地里之可考者，按各路編纂；未詳所在者，附於卷末，兼採諸家辨證審定之語，具著於下。今以《元豐九域志》及《宋史．地理志》互相參核。其中改併地名，往往未能畫一。即卷內所載，與目錄所題，亦不盡相合：如目稱『鎮江』，而卷內稱『潤州』；目稱『建康』，而卷內稱『昇州』之類，不一而足。蓋諸家著錄多據古碑之舊額，思所編次又皆仍諸家之舊文，故有是訛異。至於所引諸說不稱某書某集，但稱其字，如蔡君謨、王厚之之類；又有但稱其別號，如碧岫野人、養浩書室之類；茫不知爲何人者，尤宋、元坊肆之陋習。然當南北隔絕之日，不得如歐、趙諸家多見拓本；而能紬繹前聞，博考方志，於徵文考獻之中，寓補葺圖經之意，其用力良勤。且宋時因志地而兼志碑刻者，莫詳於王象之《輿地碑目》，而河淮以北，概屬闕如。惟是書於諸道郡邑，綱分目析，沿革釐然，較象之特爲賅備。朱彝尊嘗欲取所引《隸續》諸條，以補原書二十一卷之闕。今考所引如曾南豐、《集古錄》、《施氏大觀帖總釋序》、《集古後錄》、《諸道石刻錄》、《復齋碑錄》、《京兆金石錄》、《訪碑錄》、《元豐碑目》、《資古紹志錄》諸種，今皆散佚不傳，猶藉是以見崖略。又《汝帖》十二卷、《慈恩雁塔唐人題名》十卷，以及《越州石氏帖目》，則他書所不載，而亦藉是書以覘其大凡，亦可云有資考證者矣。鈔本流傳第四卷京東北路，第九卷京兆府下，十一卷廉鳳路、河東路，十二卷淮南東路、西路，十六卷荊湖南路、北路，十七卷成都路，並已闕佚；十五卷江南東路、饒州以下至江南西路亦佚其半；十八卷梓州、利州路惟有渠、巴、文三州；而錯入京東西路，淮南諸碑，其餘亦多錯簡，如《魏三體石經》『遺』字條下，文義未竟，忽接『石藏高紳家，紳死，其子弟以石質錢』云云，乃是王羲之書《樂毅論》跋語，傳寫者竄置於是。朱彝尊《經義考》於《刊石門內魏石經》條下引歐陽棐、趙明誠『藏高紳家』云云，蓋未詳究原書，故沿其誤。今一一釐正，其闕卷則無考補，姑仍其舊焉。」

觀《四庫總目》所述，是《寶刻叢編》一書，原亦有訛誤，亟俟釐正；至其闕卷，亦待考補。是此書固有未盡善之處，而直齋諸人之《序》，皆未能照實明言，幸賴《總目》指瑕索瘢，糾正其謬。惜館本《寶刻叢編》仍有闕卷，而館臣亦未能一一考補之耳。

第七節 《陳忠肅公祠堂記》

宋人林表民所編《赤城集》卷八，有《陳忠肅公祠堂記》一篇，此篇固陳振孫所作也。此文已載見第三章《陳振孫之仕履與行誼》第八節《知台州與任浙東提舉》中，不再贅引。

案：此文所言之陳忠肅公，即陳瓘。瓘，《宋史》卷三百四十五《列傳》第一百四有傳。其《傳》曰：

「陳瓘，字瑩中，南劍州沙縣人。少好讀書，不喜爲進取學。父母勉以門户事，乃應舉，一出中甲科。調湖州掌書記，簽書越州判官。守蔡卞察其賢，每事加禮，而瓘測知其心術，常欲遠之，屢引疾求歸，章不得上。檄攝通判明州。卞素敬道人張懷素，謂非世間人，時且來越，卞留瓘小須之，瓘不肯止，曰：『子不語怪力亂神，斯近怪矣。州牧既信重，民將從風而靡。不識之，未爲不幸也。』後二十年而懷素誅。明州職田之入厚，瓘不取，盡棄於官以歸。

章惇入相，瓘從衆道謁。惇聞其名，獨邀與同載，詢當世之務，瓘曰：『請以所乘舟爲喻：偏重可行乎？移左置右，其偏一也。明此，則可行矣。天子待公爲政，敢問將先？』惇曰：『司馬光姦邪，所當先辨，勢無急於此。』瓘曰：『公誤矣。此猶欲平舟勢而移左以置右，果然，將失天下之望。』惇厲色曰：『光不務纘述先烈，而大改成緒，誤國如此，非姦邪而何？』瓘曰：『不察其心而疑其跡，則不爲無罪；若指爲姦邪，又復改作，則誤國益甚矣。爲今之計，唯消朋黨，持中道，庶可以救弊。』意雖忤惇，然亦驚異，頗有兼收之語。

至都，用爲太學博士，會卞與惇合志，正論遂絀。卞黨薛昂、林自官學省，議毀《資治通鑑》，瓘因策士題引神宗所製序文以問，昂、自意沮。

遷秘書省校書郎。紹述之說盛，瓘奏哲宗言：『堯、舜、禹皆以「若稽古」爲訓。「若」者，順內行之；「稽」者，考其當否，必使合於民情，所以成帝王之治。天下之孝，與士大夫之孝不同。』帝反覆究問，意感悅，約瓘再入見。執政聞而憾之，出通判滄州，知衛州。徽宗即位，召爲右正言，遷左司諫。瓘論議持平，務存大體，不以細故藉口，未嘗及人晻昧之過。嘗云：『人主託言者以耳目，誠不當以淺近見聞，惑其聰明。』惟極論蔡卞、章惇、安惇、邢恕之罪。

御史龔夬擊蔡京，朝廷將逐夬，瓘言：『紹聖以來，七年五逐言者，常安民、孫諤、董敦逸、陳次升、鄒浩五人者，皆與京異議而去。今又罷夬，將若公道何？』遂草疏論京，未及上，時皇太后已歸政，瓘言外戚向宗良兄弟與侍從希寵之士交通，使物議籍籍，謂皇太后今猶預政。由是罷監揚州糧料院。瓘出都門，繳四章奏之，並明宣仁誣謗事。帝密遣使賜以黃金百兩，後亦命勿遽去，畀僧牒爲行裝，改知無爲軍。

明年，還爲著作郎，遷右司員外郎兼權給事中。宰相曾布使客告以將即真，瓘語子正彙曰：『吾與丞相議事多不合，今若此，是欲以官爵相餌也。若受其薦進，復有異同，則公議私恩，兩有愧矣。吾有一書論其過，將投之以決去就，汝其書之。但郊祀不遠，彼不相容，則澤不及汝矣，能不介於心乎？』正彙願得書。且持入省，布使數人邀相見，甫就席，遽出書，布大怒。爭辨移時，至箕踞誶語，瓘色不爲動，徐起白曰：『適所論者國事，是非有公議，公未可失待士禮。』布矍然改容，信宿，出知泰州。崇寧中，除名竄袁州、廉州，移郴州，稍復宣德郎。

正彙在杭，告蔡京有動搖東宮跡。杭守蔡薿執送京師，先飛書告京俾爲計。事下開封府制獄，併逮瓘。尹李孝稱逼使證其妄，瓘曰：『正彙聞京將不利社稷，傳於道路，瓘豈得預知？以所不知，忘父子之恩而指其爲妄，則情有所不忍；挾私情以符合其說，又義所不爲。京之姦邪，必爲國禍。瓘固嘗論之於諫省，亦不待今日語言間也。』內侍黃經臣蒞鞫，聞其辭，失聲歎息，謂曰：『主上正欲得實，但如言以對可也。』獄具，正彙猶以所告失實流海上，瓘亦安置通州。

瓘嘗著《尊堯集》，謂紹聖史官專據王安石《日錄》改修神宗史，變亂是非，不可傳信；深明誣妄，以正君臣之義。張商英爲相，取其書，既上，而商英罷，瓘又徙台州。宰相徧令所過州出兵甲護送；至台，每十日一徙告；且命凶人石悈知州事，執至庭，大陳獄具，將脅以死。瓘揣知其意，大呼曰：『今日之事，豈被制旨邪！』悈失措，始告之曰：『朝廷令取《尊堯集》爾。』瓘曰：『然則何用許使？君知『尊堯』所以立名乎？蓋以神考爲堯，主上爲舜，助舜尊堯，何得爲罪？時相學術淺短，爲人所愚。君所得幾何，乃亦不畏公議，干犯名分乎？』慽慚，揖使退。所以窘辱之百端，終不能害。宰相猶以慽爲怯而罷之。

在台五年，乃得自便。纔復承事郎，帝批進目，以爲所擬未當，令再敘一官，仍與差遣，執政持不行。卜居江州，復有譖之者，至不許輒出城。旋令居南康，纔至，又移楚。瓘平生論京、卞，皆披擿其處心，發露其情慝，最所忌恨，故得禍最酷，不使一日少安。宣和六年卒，年六十五。

瓘謙和不與物競，閒居矜莊自持，語不苟發。通於《易》，數言國家大事，後多驗。靖康初，詔贈諫議大夫，召官正彙。紹興二十六年，高宗謂輔臣曰：『陳瓘昔爲諫官，甚有讜議。近覽所著《尊堯集》，明君臣之大分，合於《易》天尊地卑及《春秋》尊王之法。王安石號通經術，而其言乃謂「道隆德駿者，天子當北面而問焉」，其背經悖理甚矣。瓘宜特賜謚以表之。』謚曰忠肅。」

詳觀《宋史》瓘傳所載，有關陳忠肅畢生之立身行道，出處進退，所記至爲完備，足與直齋所撰此《記》互爲表裏。直齋於此《記》中，推譽忠肅爲「明德、明善之君子而兼天下之達德者」，殊非虛說。蓋忠肅平生心存君國，往往不惜一己之安危。常發讜論，抨擊權奸，雖屢遭貶謫，而志不少屈。其爲人之磊磊落落，及其絕識危行，誠令人欽仰不已。忠肅沒後，宋高宗讀其《尊堯集》，稱此書「明君臣之大分，合於《易》天尊地卑及《春秋》尊王之法」，洵知言也。直齋此《記》，乃承趙必願之請而作。《宋史》卷四百一十三《列傳》第一百七十二有必願傳。其《傳》略曰：

「趙必願字立夫，廣西經略安撫崇憲之子也。未弱冠，丁大母憂，哀毀骨立。服闋，以大父汝愚遺表，補承務郎。」

其《傳》又載其治台州時事，曰：

「越五日，詔依舊主管官告院兼知台州，一循大父之政，察民疾苦，撫摩凋瘵，修養濟院，建陳瓘祠，政教兼舉。」

是必願之祖汝愚亦嘗知台州。然《宋史》並未明言必願知台州之年月，直齋此《記》則謂：「紹定癸巳，趙侯爲州。」考紹定癸巳，乃理宗紹定六年（一二三三），是此年必願已在台州之任，則直齋此《記》，足補《宋史》之闕。至此《記》之作年，喬衍琯《陳振孫學記》第三章《著述》第三節《詩文》云：

「《陳忠肅公祠堂記》，紹定癸巳（六年，一二三三）台州守趙必願建祠，而屬振孫爲之記。文載《赤城集》卷八。」

是喬氏似以紹定癸巳爲此《記》作年，其實此說甚誤。蓋此《記》末二句載必願宦歷曰：

「今以直秘閣，知婺州。」

是知此《記》必不寫成於紹定癸巳，而應撰就於必願「以直秘閣，知婺州」之後。《宋史》必願本傳載：

「端平元年，以直秘閣，知婺州。」

考端平元年，歲次甲午（一二三四），是年直齋亦除諸王宮大小學教授；且此《記》已明言：

「明年正月祠成，擇郡士林表民掌之。」

明年者，乃指紹定六年癸巳（一二三三）之翌年，亦即端平元年甲午歲。余前於第三章第八節中已考出振孫於端平三年丙申（一二三六）作成此《記》，茲不另考。

至此《記》所言及之郡士林表民，亦即《赤城集》之編者。有關表民之學行，余已於第四章《陳振孫之戚友與交游》第三節中詳考之矣，亦不再行多述。

第八節　《皇祐新樂圖記題識》

《四庫全書》卷第四《經部》九《樂類》中收有宋阮逸、胡瑗奉敕所撰之《皇祐新樂圖記》一書，書分上中下三卷，書末有識語，其辭曰：

「嘉熙己亥良月，借虎邱寺本錄，蓋當時所賜，藏之名山者也。末用蘇州觀察使印，長、貳押字，志頒降歲月。平生每見承平故物，輒慨然起敬，恨生不於其時，乃錄藏之，一切做元本，無豪釐差。伯玉識。」

案：此識語即直齋所撰之《皇祐新樂圖記題識》也。考嘉熙己亥良月者，即宋理宗嘉熙三年己亥（一二三九）十月，此即直齋《題識》之作年，其時直齋正調升浙西提舉也。直齋錄藏虎邱寺本《皇祐新樂圖記》亦在此時。惟《解題》卷十四《音樂類》著錄：

「《皇祐新樂圖記》三卷，屯田員外郎阮逸、光祿寺丞胡瑗撰。凡十二篇，首載詔旨，次及律、度、量、衡、鍾磬、鼓鼎、鸞刀，圖其形製，刊板頒之天下。虎丘寺有本，當時所頒，藏之名山者也。其末志頒降歲月，實皇祐五年十二月二十一日，用蘇州觀察使印，長、貳押字。余平生每見承平故物，未嘗不起敬，因錄藏之，一切依元本摹寫，不少異。」

考《解題》此條，應撰成於《題識》之後，故《解題》之內容與《題識》一致而略有所增益，如有關虎丘寺本之頒降歲月，乃《題識》所闕者也。蓋直齋所撰《題識》乃逕寫於借錄本上，而借錄本又一切倣虎邱寺本摹寫，「無毫釐差」，因其上已明識頒降歲月，故《題識》無須再贅言，此固行文宜然也。今直齋之借錄本已散佚不可見，虎邱寺本之頒降歲月反藉《解題》當時所記，而得獲其蹤跡，斯固非直齋撰作此《解題》之時所可預卜者矣。

至阮逸與胡瑗所以奉敕撰作《皇祐新樂圖記》之故，《宋史》卷四百三十二《列傳》第一百九十一《儒林》二《胡瑗傳》載其事云：

「胡瑗字翼之，泰州海陵人。以經術教授吳中，年四十餘。……皇祐中，更鑄太常鐘磬，驛召瑗、逸，與近臣、太常官議於秘閣，遂典作樂事。」

案：《宋史．胡瑗傳》所記固不甚詳明。陸心源《宋史翼》卷二十三《列傳》第二十三《儒林》一《阮逸傳》則載：

「阮逸字天隱，福建建陽人。天聖五年進士，調鎮江軍節度推官。……皇祐二年，將祀明堂，言者以爲鎛鐘、特磬，未協音律，復召逸赴大樂所，同太常寺定鐘磬制度。明年十二月鑄成，召兩府及侍臣觀新樂於紫宸殿，賜名大安。然逸視舊樂止下一律，而鐘聲弇鬱震悼，不和滋甚。五年，詔南郊姑用舊樂，其新定大安樂惟用之常祀及朝會。逸以製律成，復勒停，爲戶部屯田員外郎。既而翰林學士胡宿言：『新樂未施郊廟，先用於朝會，非先王薦上帝、配祖考之意。』仁宗以爲然，逸樂遂不復用。」

《宋史翼．阮逸傳》記述較《宋史》翔實，讀之甚悉逸、瑗奉敕撰作之原由，及新樂所以不被復用之故。至《皇祐新樂圖記》一書，《四庫全書總目》評之甚詳。《總目》卷第四《經部》九《樂類》曰：

「《皇祐新樂圖記》三卷，宋阮逸、胡瑗奉敕撰。仁宗景祐三年二月，以李照樂穿鑿，特詔較定鐘律，依《周禮》及歷代史《志》立議笵金。至皇祐五年樂成，奏上，此其《圖記》也。舊本從明文淵閣錄出，後有宋陳振孫嘉定己亥跋云：『借虎邱寺本錄，蓋當時所賜，藏之名山者。』又有元天歷二年吳壽民跋、明萬曆三十九年趙開美跋，敘是書源委頗詳。考初置局時，逸、瑗與房庶等皆驛召豫議，詔諸家各作鐘律以獻，而持論互異。司馬光主逸、瑗之說，范鎮主房庶之說，往返爭議，卒不能以相一。其往返書牘，具《光傳》、《家集》中，而鎮所作《東齋記事》，亦略存其概。大抵逸、瑗以爲黃鍾之管，積八百一十分，容一千二百黍；又以九章圜田算法計之，黃鍾管每長一分，積九分，容十三黍三分，黍之一空徑三分四釐六毫，圍十分三釐八毫，圍徑用徑三圍九，古率而改圍九分爲九方分，則遷就之術也。司馬光曰：『古律已亡，非黍無以見度，非度無以見律；律不生於度與黍，將何從生？非謂太古以來，律必生於度也；特以近世古律不存，故反從度法求之耳。』其論最明。范鎮譏其以度起律，誠爲過當。然鎮以秬黍、律尺、龠、鬴、斛、算數、權、衡、鐘、磬十者，必相合而不相戾，然後爲得；亦不爲無見也。以律起度，與以度起律，源流本無異同，而二家算術不精。逸、瑗等得之於橫黍，而失之於圍徑；又以大黍累尺，小黍實管，自相乖反。房庶以千二百黍實之，管中隨其長短截之，以爲九寸之管，取三分以度空徑，則空徑不生於黍，而別有一物爲度以起分，竟不必實黍於管，未見其爲通論也。是書上卷，具載律呂、黍尺、四量、權衡之法，皆以橫黍起度，故樂聲失之於高。中、下二卷，考定鐘磬、晉鼓及三牲鼎、鸞刀制度，則精核可取云。」

案：《四庫總目》之評，右逸、瑗而左房庶，其意向甚明。房庶之論，備見其子房審權所撰之《大樂演義》中，惜其書未見。《解題》卷十四《音樂類》則著錄有此書，曰：

「《大樂演義》三卷，成都房審權撰。皇祐中，宋祁、田況薦益州進士房庶曉音律，上其《樂書補亡》三卷。庶自言得古本《漢書》，云：『度起於黃鍾之長，以子穀秬黍中者，一黍之起，積一千二百黍之廣，度之九十分，黃鍾之長，一爲一分。』今本脫『之起，積一千二百黍』八字。故前世累黍爲尺以制律，是律生於尺，非尺生於律也。且『一爲一分』者，蓋九十分之一也，後世誤以一黍爲一分，非是。當以秬黍中者一千二百實管中，黍盡得九十分，爲黃鍾之長九寸，加一，以爲尺，則律定矣。惟范鎮是之。時胡瑗、阮逸制樂，已有定議，遂格不行，詳見《國史·律曆志》。審權，庶之子也，元豐四年爲此書，以述父之意。其後元祐初，范蜀公老矣，自爲新樂，奏之於朝，蓋用其說云。」

讀《解題》此條所記，當略知房庶樂論之梗概。房庶樂論，范鎮雖是之，而朝廷終格之，斯亦無可如何者也。然逸、瑗之新樂，未幾亦因胡宿之言而不復用。二者之遭際，後先一轍，亦可哀也矣！

據前引《解題》所記，《皇祐新樂圖記》一書於皇祐五年曾「刊板頒之天下」，當時所頒予虎丘寺者亦即此本。考此本清代末季猶有流傳，邵章仍及見之。《增訂四庫簡目標注》卷第四《經部》九《樂類》載：

「《皇祐新樂圖記》三卷，宋阮逸、胡瑗撰。路有鈔本、《學津討源》本、許氏有舊鈔本。

〔附錄〕陸有影寫宋刊本。（紹箕）

〔續錄〕宋皇祐五年刊大字本，胡心耘有校本。張金吾藏影寫《新樂圖記》，卷末有『皇祐五年十月初三日奉聖旨開板印造』兩行。」

觀是，則《皇祐新樂圖記》宋刊大字本之開板印造，乃於皇祐五年十月初三日，而於是年十二月二十一日即頒降虎邱寺矣。據《增訂四庫簡目標注》所著錄，《皇祐新樂圖記》又有《學津討源》本。《學津討源》爲清人張海鵬所編之叢書，書凡二百册，《皇祐新樂圖記》在第三十二册。此册除謹錄《四庫總目》所述於書首外，册末另附直齋之《題識》，及吳壽民、清常道人、張海鵬三《跋》。吳壽民及清常道人二《跋》，固《四庫總目》所已道及者也。吳《跋》云：

「安定先生文昭公與阮屯田所定《皇祐新樂圖記》，直齋陳先生於一百九十七年之後，見其書，以爲承平故物，慨然起敬，至於有生不於其時之恨，輒錄藏之。又後九十一年，壽民得其書而錄之，而敬藏之，爲幸多矣。大元天歷二年四月旦日，霅城吳壽民書於郭西小舍。閣本錄出。」

案：《皇祐新樂圖記》宋本既刊成於皇祐五年（一〇五三）十月，而直齋借虎邱寺本鈔錄則在嘉熙三年（一二三九）十月，後先相距恰一百九十七年。吳壽民之錄藏是書，在元明宗天歷二年（一三二九）四月，其時又距直齋借錄虎邱寺本，正九十一年。《學津討源》本中此《跋》，乃據文淵閣本錄出，《總目》已言及之。而清常道人之《跋》則曰：

「按《通鑑》：仁宗景祐三年二月，詔胡瑗、阮逸較定鍾律，蓋以李照樂穿鑿也。至皇祐二年閏十一月，置詳定大樂局，其鍾弇而直，聲鬱不發。著作佐郎劉羲叟曰：『此謂害金，帝將感心腹之疾。』已而果然，然則羲叟審音，出胡、阮一等矣！何以當時不令羲叟同定樂哉？此書閣抄本，姑錄之以俟倫、曠耳！時萬曆三十九年十月十三日，書於奉常公署，清常道人誌。」

案：此《跋》中之清常道人即趙開美。此《跋》所記劉羲叟言，與《文獻通考》略有異同。《通考》

卷一百三十《樂考》三《歷代樂制》載：

「初，李照斥王朴樂音高，乃作新樂，下其聲。太常歌工病其太濁，歌不成聲，私賂鑄工，使減銅齊，而聲稍清，歌乃協。然照卒莫之辨。又朴所製編鐘皆側垂，照、瑗皆非之。及照將鑄鐘，給銅於鑄鎢務，得古編鐘一，工人不敢毀，乃藏於太常，鐘不知何代所作。其銘云：『粵朕皇祖寶龢鐘，粵斯萬年，子子孫孫永寶用。』叩其聲，與朴鐘夷則清聲合，而其形側垂。瑗後改鑄，正其紐，使下垂，叩之弇鬱而不揚，其鏄鐘又長甬而震踔，聲不和。著作郎劉羲叟謂人曰：『此與周景王無射鐘無異，上將有眩惑之疾。』嘉祐元年正月，帝御大慶殿，受朝前一夕，殿庭設仗衛；既具而大雨雪，至壓宮架折。帝於宮中跣而告天，遂暴感風眩。人以羲叟之言爲驗。」

觀是，則清常道人之《跋》語乃據《通考》而成，惟所記劉羲叟之言，顯與《通考》有所異同，然未知孰是。至張海鵬之《跋》則曰：

「右《皇祐新樂圖記》三卷，宋阮逸田、胡安定撰述進御之書也。本以李照樂下三律，詔胡、阮改造，止下一律。當時房庶力辟其説，以爲照以縱黍累尺，管空徑二分，容黍千七百三十，固失之長；瑗以横黍累尺，容黍一千二百，而空徑三分四釐六豪，又失之短。夫截竹嶰溪，元音斯得，實葭緹室，中氣自應。漢制累黍之法，特以較絜度量，執黍求律，本乖古義。然而倫瑄、房準樂府失傳，周鬴漢尺，法物滋僞。今欲撤黍求度，釋度審律，辟之策杖索涂，扣槃捫燭已。夫以竹作管，而竹之巨細失均，以黍定分，分定而管之徑圍自得。今按所造，原本《周官》，兼采漢制。尺寸不詭乎度數，形模悉協乎禮圖。唯大黍累尺，小黍實籥，未免矛盾，而較之庶說，欲以千二百黍，亂實管中，長短隨之，縱横莫辨者，孰有當乎！夫范蜀公以律生尺，而太府樂尺，實下舊樂三律矣。魏漢律以指布度，而大晟樂器工人不能成齊量矣。故知師心愈巧，準施彌失。累黍之法，猶爲近古。雖亡咼、咸之精徽，尚尋峴、朴之墜緒，未可執義叟害金之論，遽訾大安子穀之制也。沈約云：『《樂經》亡於秦。』《隋志》：『《樂經》四卷，蓋新莽時所立，今亦不傳。雖有竇常令、言文收之徒，著述罕覯。』則是書實爲《樂經》之繼別矣。向無序而刊行之者，余家有舊抄本，僅載陳直齋、吴壽民、趙清常三《跋》，因並著之。謹錄《四庫提要》冠於顛，以昭是書之定論云。時在嘉慶甲子首夏，張海鵬若雲序於養真齋。」

案：張《跋》謂《皇祐新樂圖記》實爲《樂經》之繼別，對此《圖記》可算推崇備至。誠如張《跋》所言，《皇祐新樂圖記》可上繼《樂經》，是則直齋當年於「每見承平故物，輒慨然起敬，恨生不於其時」之餘，乃借虎邱寺本錄而藏之，固爲直齋應有事也。

第九節　《易林跋》

喬衍琯《陳振孫學記》第三章《著述》第三節《詩文》云：

「《易林跋》，《經義考》卷六引陳氏又曰，與《解題》卷十二《卜筮類·易林》條有出入。末署淳祐辛丑（元年，一二四一），疑爲振孫之題跋。」

案：衍琯之疑是也。茲先迻錄《解題》卷十二《卜筮類》云：

「《易林》十六卷，漢小黃令梁焦延壽贛撰。又名《大易通變》。唐會昌丙寅越五雲谿王俞序。凡四千九十六卦，其辭假出於經史，其意雅通於神祇。蓋一卦可以變六十四也。舊見沙隨程迥所記，南渡諸人以《易林》筮國事，多奇驗。求之累年，寶慶丁亥始得之莆田，皆韻語古雅，頗類《左氏》所載《繇辭》，或時援引古事。間嘗筮之，亦驗。頗恨多脫誤，嘉熙庚子從湖守王寺丞侑借本兩相校，十得八九。其中亦多重複，或諸卦數爻共一繇，莫可考也。」

至朱彝尊《經義考》卷六《易林變占》條，則載：

「陳振孫曰：『又名《大易通變》。唐會昌景寅越五雲谿王俞序。凡四千九十六卦，蓋一卦可以變六十四也。』又曰：『舊見沙隨程氏所紀：紹興初，諸公以《易林》筮時事，奇驗。求之多年，寶慶丁亥始得其書於莆田，錄而藏之。皆韻語古雅，頗類《左氏》所載《繇辭》。間嘗筮之，亦驗。獨恨多脫誤，無他本是正。嘉熙庚子自吳門歸霅川，偶爲鄉守王寺丞侑道之，因以家藏本見假，雖復多脫誤，而用兩本參互相校，十頗得八九，於是兩家所藏，皆成全書。其間亦多重複，或數爻共一繇，莫可稽究。校畢，歸其書王氏，而誌其校正本末於此。淳祐辛丑五月。』」

案：將《解題》之《易林》條與《經義考》之《易林變占》「陳振孫曰」諸語相較，二者有所出入，而後者記載則較詳明。從文章之撰作體裁觀之，《經義考》所載，明顯爲一校讎後之跋文，故文末有「校畢，歸其書王氏，而誌其校正本末於此」之語，則此《跋》當誌於《易林變占》一書上。陳樂素則稱此《跋》爲「識語」，樂素所撰《略論陳振孫直齋書錄解題》八《解題的傳本》，於文中徵引《解題．易林》條之後，亦迻錄《經義考．易林變占》條，惟樂素於「獨恨多脫誤」後，竟抄脫三十七字，亦可謂失慎之至矣。樂素於其後續曰：

「這是一篇識語。《經義考》引自《解題》，還是朱彝尊有《易林變占》這部書，書中有陳振孫這篇識語？不易斷定。但《通考．經籍考》和現行武英殿本《解題》所載，顯然是一篇節文，不如識語詳明。」

樂素疑朱彝尊有《易林變占》一書，上有直齋識語；此與愚見不謀而合；庶幾是也。至其謂《解題》所載爲節文，故不如識語詳明；此說則未盡然。蓋《解題》之撰作，自有其體例，與題跋顯有不同。如題跋文末可明署寫成年月，《解題》則大可不必，否則即爲蛇足矣。是故《解題》此條，盡符其應有之體例，內容甚適當，殊非節文；樂素所言，未甚愜也。

據《易林跋》文末之署年，直齋此《跋》蓋撰於宋理宗淳祐元年辛丑（一二四一）五月，其時直齋剛離浙西提舉任未久，故《跋》有「嘉熙庚子自吳門歸霅川」之語。案：嘉熙庚子，即嘉熙四年（一二四〇）；吳門即平江府，乃浙西提舉治所之地。霅川，即吳興，直齋故里也。余前於第三章第九節中曾疑振孫離浙西提舉任不遲於淳祐元年二月；依此《跋》，則精確之年應爲嘉熙庚子。是則余前所疑直齋之離任歲月，猶幸與事實相距匪遙也。至《易林跋》中「嘉熙庚子自吳門歸霅川，偶爲鄉守王寺丞侑道之，因以家藏本見假，雖復多脫誤，而用兩本參互相校，十頗得八九」諸句，《解題》僅寫作「嘉熙庚子從湖守王寺丞侑借本兩相校，十得八九」，文辭自較簡潔；獨惜所刪去「自吳門歸霅川」六字，遂使直齋離任後曾返霅川一事隱沒無聞。是又《解題》文字之簡潔，反不若此《跋》記述詳明之爲愈也。

綜《解題》與《經義考》「陳振孫曰」所記，是《易林》又名《大易通變》，乃漢焦延壽撰。《易林》，北京圖書館藏有元刊殘本，稱《焦氏易林》。書首有費直《焦氏易林序》，較之《經義考》卷六所載「陳振孫曰」所記爲詳。費直，字長翁，東萊人。其《序》曰：

「《六十四卦變占》者，④王莽時建信天水焦延壽之撰也。夫易，廣矣，大矣。以言乎遠則不禦，以言乎邇則靜而正，以言乎天地之間則備矣。然《易》者，謂六十四卦也；推此言之，則《繇文》、《說卦》之所未盡也。故《連山》、《歸藏》、《周易》，皆異辭而共卦，雖三家並行，猶舉一隅耳。贛善於陰陽，復造此以致《易》未見者，其射存亡吉凶，遇其事類則多中；至於糜碎小事，非其事類則亦否矣。贛云：『通達隱幾，聖人之一隅也。』延壽獨得隱士之說。《後漢書．京房傳》云：『房明治《易》，事梁人焦延壽，字贛。□□貧，少以好學，得幸梁王，王供其資，令掾，意學既成，爲郡吏察舉，補小黃令以伺候。先知奸邪，盜賊不得發。愛養吏民，化行縣中，舉最當遷。三老、官屬上書，願留贛；有詔許增秩留，卒於小黃令。贛嘗曰：「得我道以亡身者，京生也。」其說長於災變，分六十四卦，更直日用事，以風雨寒温爲候，各有占驗，房用之尤精。』孟康曰：『分卦直日法，一爻主一日，六十卦爲三百六十日，餘四卦震、離、兑、坎爲方伯。監司之官所以用震、離、兑、坎者，是二至二分，用事之日，又是四時，各專主之氣，各卦上一日。其占法，各以其日觀善惡也。』

據費直《序》中所言，是《易林》又名《六十四卦變占》矣。《解題》及《經義考》「陳振孫曰」均謂《易林》有王俞序，今《焦氏易林》費直《序》後，即有《漢焦小黄周易變卦筮叙》，署名「靈越五雲谿王俞」撰，其《叙》曰：

「大凡在變化象數之中者，莫逃乎《易》。唯人之情僞，最曰難知。《繫》稱卜筮尚占，憂患興慮。彼山上有火，明入地中，周、孔之情，《繇》是觀變。自三古以降，雜説歧分，矧卜筮多門，亡羊殆盡。雖京、郭中奇，然皆不免其身。夫自知知人，乃曰明哲；則隗炤《易》數於龔使，焦贛發誠於君明；炤既没不顯其占，贛明且哲乃留其術。俞，農耕東鄙，自前困蒙，客有枉駕蓬廬，以焦辭數軸相示。俞嘗讀班史《列傳》，及歷代名儒系譜、諸家雜説之文，咸稱自夫子授《易》於商瞿，僅逾十輩；延壽傳《經》於孟喜，固是同時。當西漢元、成之間，凌夷厥政，先生乃或出或處，外比苞蒙，輒以《易》道上干梁王，遂爲郡察舉，詔補小黄令；而邑中隱伏之事，皆預知其情，得以尤異當遷，尋亦卒於官。次所著《大易通變》，其卦揔四千九十六題。事本彌綸，同歸簡易。其辭假出於經史，其意雅合於神祇。但率潔精專，事無不中；而言近意遠，易識難詳，不可瀆蒙，以爲辭費。後之好事如君山者，則子雲之書爲不朽矣。以聖唐會昌景寅歲周正五日敘。」

案：此《敘》蓋作於唐武宗會昌六年（八四六）丙寅，王俞亦其時人也。《解題》及《經義考》「陳振孫曰」亦記及沙隨程氏謂：紹興初，諸公以《易林》筮時事，奇驗。考程氏名迥，字可久，號沙隨，應天寧陵人，避亂徙居餘姚。宋孝宗隆興元年（一一六三）癸未進士，歷宰泰興、德興、進賢、上饒諸縣，政寬令簡，所至有異績，卒官朝奉郎。《宋史》卷四百三十七《列傳》第一百十六《儒林》七《程迥傳》謂：

「迥嘗授經學於崑山王葆、嘉禾聞人茂德、嚴陵喻樗。所著有《古易考》、《古易章句》、《古占法》、《易傳外編》、《春秋傳顯微例目》、《論語傳》、《孟子章句》、《文史評》、《經史說諸論辨》、《太玄補贊》、《户口田制貢賦書》、《乾道振濟錄》、《醫經正本書》、《條具乾道新書》、《度量權三器圖義》、《四聲韻》、《淳熙雜志》、《南齋小集》。」

觀是，則迥固精於《易》，而博極群書者也。《迥傳》又曰：

「朝奉郎朱熹以書告迥子絢曰：『敬惟先德，博聞至行，追配古人，釋經訂史，開悟後學，當世之務，又所通該，非獨章句之儒而已。曾不得一試，而奄棄盛時，此有志之士所爲悼歎咨嗟而不能已者。然著書滿家，足以傳世，是亦足以不朽。』」

是朱文公之於沙隨程氏，亦可謂揄揚不絕於口矣。文公於沙隨爲後輩，然二人生前彼此推重。王柏《魯齋集》卷十一《題跋》有《跋沙隨易雜記贈賈師父》，其辭曰：

「文公朱先生著《易本義》，謂《易》本卜筮書，而當時學者皆疑焉。惟沙隨程先生好以卜筮說《易》，有《雜編》一册，蓋親筆也。其門人得之，以呈文公。公以所疑書於後，俾歸以此說質之沙隨先生，不審以爲如何也？可以見先生待前輩之禮，其恭如此。沙隨亦稱劉公曰元城先生，稱喻公曰玉泉先生，稱汪公曰玉山先生，稱文公則曰南恭公。爲序於後：『《易》道之淵源，經傳之因革，殆無餘蘊。念是書考核之精，辨析之詳，疏其美文缺字之相承，訂其分章絕句之或異，精神粹密，盡在音訓。不敢以既退而累後人。』越明年，遂用紫陽書堂本足成之，敬識其歲月云。」

是又程、朱二人之治《易》，見解一致，志同道合，故文公讀程氏《雜編》雖有所質疑，而執禮仍甚恭；沙隨亦盛譽朱子《易本義》考核精而辨析詳也。直齋《解題》卷一《易類》載：

「《沙隨易章句》十卷、《外編》一卷、《占法》一卷、《古易考》一卷，沙隨程迥可久撰。其論占法，雜記占事尤詳。迥嘗從玉泉喻樗子才學，登隆興癸未科，仕至邑宰。及與前輩名公交游，多所見聞，故其論說頗有源流根據。《古易考》十二篇，闕《序》、《雜卦》。」

案：《解題》此條，固可與《經義考》「陳振孫曰」所記及《宋史．程迥傳》互爲補足，共相發明矣。

據上引《解題》及《經義考》「陳振孫曰」所記，直齋之求得《易林》在宋理宗寶慶三年（一二二七）丁亥，時正任興化軍通判職，而興化軍之治所則在莆田也。直齋既於莆田求得《易林》，「獨恨多脫誤」，故於嘉熙庚子（一二四〇）自吳門歸霅川，即借王寺丞侑之家藏本相校。考王侑，乃王淮之孫，號玩易老人，婺州金華人，曾知廬陵。侑，《宋史》無傳，王柏《魯齋集》卷五《記》有《靜觀堂記》，頗載侑之生平事蹟。該《記》云：

「予之宗人，廬陵史君，平生嗜《易》，自號玩易老人，晚於所居之西偏，敞堂一區，扁曰『靜觀』。予時得從容於其間，而思得其義。蓋《易》之道，陰陽、動靜兩端而已。靜而觀萬物之理，是靜涵乎動；動而順萬物之情，是動主乎靜也。周子曰：『動而無靜，靜而無動，物也。動而無動，靜而無靜，神也。故又曰：非不動不靜也。』朱子曰：『惟聖人全乎天理，其動也，靜之理，未嘗忘其靜也。動之機，未嘗息，此周子所謂神妙萬物者也。』史君學有淵源，講動靜之理熟矣，觀萬物之情精矣。故出而試郡安吉也，當嘉熙庚子歲，以歉告禱雨，盡其瘁，嗇其用，廣其儲，梳剔獄訟，動卹民隱，凡可自盡者，皆得於理之所當然。惟此郡，苗額悉隸上供，歲仰和糴，例責牙儈。是時價日昂，用日窘，轉糴於大家，亦理也。豪猾訴於漕臺，使者嚴止之，告於朝廷，都曹不恤也。內有兵食之憂，外有餓莩之責，郡復可爲乎？於是再乞祠，三自劾而歸矣。動靜者，進退之機也；進退審，則動靜之見，定可以無媿。淳祐乙巳，再守建昌。未兩月，盜發廣昌之管下，蓋頑民蟠據山谷，家植戈矛；平時擅私販之利，生長於寇略，爲患且久矣。一旦因憲司保伍之令太嚴，激其嘯呼，勢漸猖獗。侯亟作運調，爲捕招並行之計。糾合諸塞，請兵諸司，款賊，謀散徒黨，結內應，利器械，峙糗糧，應變轇轕，疾如風雨，卒能平盪八千之凶孽，無延蔓之禍，見於諸公之言者，尤可證也。有曰：侯謂彼衆我寡，法當款之，計以取之，使之不敢遠離巢穴，吾事濟矣。此制勝第一機也。有曰：不動聲色，密運籌策，張聲勢，倡隅總，設招誘，解脅黨，郡賴安堵；皆由深沉果斷，應接得宜，不失事機故也。有曰：子不聞比歲漳浦之盜乎？此其徒也。譬之養疽，不潰決不止。侯能款以計，一舉勦之，除數歲醞釀之禍根於旬月間，四境無相煽以動者，功不偉歟！夫平寇之策，不過招與捕二說。招所以捕，捕所以招，應機者神，執方則泥。己丑之失，必於招也；今日之得，招而捕也。且招且捕，不足以相病故也。其後，鄭公逢辰之奏，尤爲慷慨，皆未足以得侯之心。蓋其靜觀乎世道久矣，故能以一靜獨立於群動之表，應倉卒而不懇者，此也。至於盧陵之功，尤爲敏捷。始兵鈐挾驕卒，劫制郡將，一日號呶，侯叱之，氣讋而退。鈐乃密申諸司，謂卒爲亂。卒知之，不平，碎其車蓋，罵辱之。侯聞於朝，逐去卒。憤平而懼生，慮憲司之追捕，始謀作亂。闔郡惴惴。一日刻期，縱火，伺者密告，侯止以夜直之卒，出其不意，悉擒之。天風雷雨，以助其威。侯入教場，施行如法，民不知也。歸理簿書、獄訟如平時，人咸復其從容。兵鈐竟媒孽以罪，罷。邦之人士冤之，方建靖亂大碑以紀其實，作爲歌謠以頌焉。寓公歐陽守道爲之序，至今人德之。凡此三郡之設施，皆以靜制動之效，觀其動而用者不失其當，知其靜觀乎萬物之理，豈不精哉！侯以靜而觀，予獨觀夫靜而有感焉。周子《通書》，以《蒙》、《艮》二卦終之，何也？山下出泉靜而清，所以養其未發之善；艮其背者靜而止，所以全其已發之善。一敬湛矣，萬想不搖，山光凝而夜月白，野水空而庭草翠，悠然自得，表裏俱融；此不特靜觀也，而深造乎主靜之地。果能如是，有何事業之不可爲？夫子曰：『精義入神，以致用也；利用安身，以崇德也。其勉之哉！』史君名侑，實予之族姪云。」

讀王柏此《記》，乃知侑之宦歷，蓋以嘉熙庚子（一二四〇）試郡安吉，淳祐乙巳（一二四五）再守建昌，其後又出知廬陵，所至任皆卓有建樹。嘉熙庚子，侑試郡安吉，正值直齋自吳門歸霅川。侑平生嗜《易》，自號玩易老人，故其家藏有《易林》，殊無足異也。後經直齋借其書以相校，「兩家所藏，皆成全書」，誠幸事矣。

至《易林》此書，費直、王俞皆謂焦延壽撰，直齋亦無異辭。然顧炎武《日知錄》卷之十八《易林》條則疑之，曰：

「《易林》，疑是東漢以後人撰，而託之焦延壽者。延壽在昭、宣之世，其時《左氏》未立學官。今《易林》引《左氏》語甚多，又往往用《漢書》中事。如曰：『彭離濟東，遷之上庸。』事在武帝元鼎元年。曰：『長城既立，四夷賓服，交和結好，昭君是福。』事在元帝竟寧元年。曰：『火入井口，陽芒生角。犯歷天門，窺見太微，登上玉床。』似用《李尋傳》語。曰：『新作初陵，踰陷難登。』似用成帝起昌陵事。又曰：『劉季發怒，命滅子嬰。』

又曰：『大蛇當路，使季畏懼。』則又非漢人所宜言也。」

案：亭林所舉諸例證，均足說明《易林》一書乃東漢以後之人所撰，焦氏既生西漢昭、宣之世，固應無法預知元、成時事；至書中逕呼高祖爲「劉季」，更非事之所宜。是《日知錄》所言可信，而費直、王俞及直齋《解題》謂焦氏撰《易林》，所言皆不免失考矣。

第十節 《吳興張氏十詠圖跋及詩》

直齋所撰《吳興張氏十詠圖跋及詩》，均載見周密《齊東野語》卷十五《張氏十詠圖》條。此條周公瑾所記資料甚爲繁富，可資研治直齋此《跋》與《詩》之參考。此《跋》與《詩》，已見載第三章第十一節中，不煩再行贅引。茲僅論述與此《跋》及《詩》有關之人物行事，並吳興諸名勝於後，俾便考覽。

案：直齋此《跋》及《詩》，皆與張氏《十詠圖》相涉。張氏，即吳興張維、張先父子。父子二人，《宋史》均無傳。惟《宋史翼》卷三十六《列傳》第三十六《隱逸》，及《湖州府志》卷八十《人物傳·隱逸》，均有《張維傳》，所記全同。其《傳》曰：

「張維，吳興人。少年學書，貧不能卒業，去而躬耕以爲養。善教其子，至於有成。平居好詩，以吟詠自娛；浮游閭里，上下於溪湖山谷之間，遇物發興，率然成章，不事雕琢，而辭意自得。徜徉閒肆，往往與異時處士能詩者爲輩。年九十一卒。子先。」

厲鶚《宋詩紀事》卷十二及陸心源《吳興詩存》二集卷之一亦有《張維小傳》，內容略同，而可互相補充。《小傳》曰：

「張維，烏程人。子野之父。仁宗朝，衛尉寺丞，贈尚書刑部侍郎。子野曾取維平生所自愛詩，寫之縑素，號《十詠圖》。」

案：上所迻錄之《傳》與《小傳》，幾全取材於《齊東野語》及孫覺所撰《序》，而增補甚少，殊可惋也。余檢胡宿《文恭集》卷十三《外制》有《張維可秘書丞制》，《制》曰：

「敕：某賓興奮藻，膚敏牽絲。服士規而尤修，賦縣條而畢振。治成遠服，課進有司。稽功令以當遷，念弦歌之維慎。用擢丞於本省，仍臨長於舊封。有著在廷，勿懈於邑。」

又《宋人傳記資料索引》一書，其「張維」條云：

「張維，烏程人，先父。仁宗時官衛尉寺丞，有《曾樂軒集》。」

據《文恭集》及《宋人傳記資料索引》所載，是張維又曾任秘書丞，且著有《曾樂軒集》，惜此集今已不之見耳。維子張先之傳，亦載《宋史翼》卷二十六《列傳》第二十六《文苑》一，其《傳》曰：

「張先，字子野，烏程人，天聖八年進士。詩格清麗，尤長於樂府。《談志》。客有謂先曰：『人皆謂公張三中，即心中事、眼中淚、意中人也。』先曰：『何不目爲張三影？』客不曉。先曰：『雲破月來花弄影，嬌柔懶起、簾櫳捲花影，柳徑無人、墜絮飛無影。此余平生所得意也。《古今詩話》。李公擇守吳興，招先及楊元素、陳令舉，與蘇子瞻、劉孝叔集於郡圃，號六客。《談志》。先作《一叢花》詞云：『沈恨細思，不如桃杏，猶解嫁東風。』一時盛傳。歐陽永叔尤愛之，恨未識其人。先至都，謁永叔。閽者以通，永叔倒屣迎之，曰：『此乃桃杏嫁東風郎中。』子瞻守杭，先尚在，嘗預宴席，有《南鄉子》詞，《過庭錄》。卒章云：『也應旁有老人星。』蓋以自謂，是時年八十餘矣。子瞻數與倡酬，聞其買妾，爲之賦詩，皆用張姓事。《書錄解題》。東坡詩云：『詩人老去鶯鶯在，公子歸來燕燕忙。』詩人謂張籍，公子謂張祜。見《侯鯖錄》。晚歲優游鄉里，常泛扁舟垂釣爲樂。至今號『張公釣魚灣』，仕至都官郎。案：張先曾知虢州、渝州、鹿邑，見《梅宛陵詩集》。卒年八十九，葬卞山多寶寺之右。有《文集》一百卷，唯《樂府》傳於世。《談志》。子文剛，字常勝，好學能文，再舉進士不第。《王臨川集·張常勝墓誌》。」

《宋史翼》此《傳》記張先生平事頗詳。余又見蘇軾《東坡文集》卷九十一《祭文》有《祭張子野文》，其辭曰：

「子野郎中張丈之靈曰：『仕而忘歸，人所共蔽。有志不果，日月其逝。惟余子野，歸及强銳。優游故鄉，若復一世。遇人坦率，真古愷悌。厖然老成，又敏且藝。清詩絕俗，甚典而麗。搜研物情，刮發幽翳。微詞宛轉，蓋詩之裔。坐此而窮，鹽米不繼。歗歌自得，有酒輒詣。我官於杭，始復擁篲。歡欣忘年，脫略苛細，送我北歸，屈指默計。死生一訣，流涕挽袂。我來故國，實五周歲。不我少須，一病遽蛻。堂有遺像，室無留嬖。人亡琴廢，帳空鶴唳。酹觴再拜，淚盈兩眥。尚饗。』

讀此祭文，可知張、蘇二人乃爲忘年交，張先「一病遽蛻」，軾則「淚盈兩眥」，其間固有無限哀痛也。今人夏承燾所撰《張子野年譜》，收入《唐宋詞人年譜》一書中，資料詳備，研治張先事蹟者，可參閱。

張維《十詠詩》第一首爲《太守馬太卿會六老於南園》，直齋此《跋》於六老及馬太卿會六老之年均有所考，獨於太守馬太卿生平，則付之闕如，殊可怪也。案：太守馬太卿即馬尋，《宋史》卷三百《列傳》第五十九有傳，附於《陳太素傳》後。其《傳》曰：

「同時有馬尋者，須城人。舉《毛詩》學究，累判大理寺，以明習法律稱。歷提點兩浙、陝西刑獄，廣東、淮南、兩浙轉運使，知湖、撫、汝、襄、洪、宣、鄧、滑八州。襄州饑，人或群入富家掠囷粟，獄吏鞫以强盜。尋曰：『此脱死爾，其情與强盜異。』奏得減死論，著爲例。終司農卿。」

《吳興備志》卷五《官師徵》引《姑蘇志》亦有《馬尋傳》，與《宋史》可互爲補足。其《傳》云：

「馬尋，字子正。祥符初進士，授吳江簿。兄彝戒之曰：『到任半載，可誦《律書》，爲治民之本。』後彝至縣詰之，答曰：『治在孔道，疲於賓餞，未暇及也。』彝不悅。尋曰：『少緩期諷之。』至冬，果精律學。繼登朝籍，久參法寺，有平允之譽，累著治聲，彝之力也。《姑蘇志》。」

觀二傳所記，則維之詩所言「賢侯美化行南國」、「政績已聞同水薤」，固非虛譽，乃實錄也。余又檢王珪《華陽集》卷二十一《詔》有《賜司農卿知滑州馬尋賀皇子加恩進絹詔》，曰：

「敕：比以旌賢上嗣，疏爵近封。檻列土之飛章，充大庭而備用。有懷欽藎，良積褒嘉。」

同卷另有《賜外任臣寮馬尋等進賀壽聖節絹詔》，曰：

「敕：卿茂服朝聯，肅祇邦委。屬元春之今序，紀誕日之休符。列上慶函，旅陳珍貢。載循忠嚮，良集寵嘉。」

至宋庠《元憲集》卷二十三《外制》又有《尚書虞部員外郎馬尋可尚書比部員外郎太常博士張泌可尚書屯田員外郎制》，曰：

「敕：具官馬尋等。夫臺郎始於墾田，省書總於鈎比，皆一時之俊選也。以爾尋效智肅給，持法敏詳；而嚮守軍牙，有緣飾之政。以爾泌屬辭辨麗，秉操廉約；而游腰懸組，有撫字之勤。並見考歲，成來結官。最宜階承務之劇，且勸敘才之規。往服寵嘉，毋怠祇飭。可。」

觀上引之詔與制，是馬尋曾以司農卿知滑州，又曾任虞部及比部員外郎，則其宦歷，固不止《宋史》及《吳興備志》所記者矣。故此數詔與制，殊足補《史》、《志》之未及。

張先既將其父維所爲詩，以爲《十詠圖》，孫覺乃爲之《序》。直齋此《跋》謂其時蓋在宋神宗熙寧五年（一〇七二）壬子。案：孫覺，字莘老，高郵人，《宋史》卷三百四十四《列傳》第一百三有傳，其傳頗長。而《湖州府志》卷六十二《名宦錄》一有《孫覺小傳》，茲僅引其《小傳》曰：

> 「孫覺，字莘老，高郵人。甫冠，從胡瑗學。瑗弟子千數，別其老成者爲經社，覺年最少，儼然居其間，衆皆推服。登進士第，歷知廣德軍。《宋史》本傳。熙寧四年知湖州，《談志》。松江隄爲民患，覺易以石，高一尋有奇，長百餘里，隄下悉爲良田。《東都事略》。凡守郡者，率以風流嘯詠爲事。覺至，而歲適大水，土田不登，郡人饑，覺大振廩勸分，躬自撫循勞來，出於至誠。富有餘者，爭出粟以佐官，所活不可勝計，民甚德之。又以其餘暇，網羅遺逸，得前人賦詠數百篇，爲《吳興詩集》。其他刻石尚存，而僵仆斷缺於荒陂野草之間者，皆集於墨妙亭。蘇軾《墨妙亭記》。六年移知盧州，《談志》。除龍圖閣學士兼侍講。《宋史》。」

案：讀上引《小傳》，是莘老熙寧四年（一〇七一）辛亥知湖州，次年撰《張氏十詠圖序》，其《序》記張維生平事蹟至詳，爲《宋史翼》及《湖州府志》所撰《張維傳》所取資。至六年（一〇七三）癸丑，莘老則移知廬州矣。

至直齋此《跋》，考證六老事蹟頗詳，然仍須略作補充及糾正此《跋》之微誤者。如於郎簡，《跋》謂：

> 「工部侍郎郎簡，年七十九。」

又謂：

> 「郎簡，杭人也，或嘗寓於湖。」

案：郎簡，《宋史》卷二百九十九《列傳》第五十八有傳，其《傳》曰：

「郎簡，字叔廉，杭州臨安人。幼孤貧，借書錄之，多至成誦。進士及第，補試秘書省校書郎，知寧國縣，徙福清令。縣有石塘陂，歲久湮塞，募民浚築，溉廢田百餘頃，邑人爲立生祠。調隨州推官。及引對，真宗曰：『簡歷官無過，而無一人薦，是必恬於進者。』特改秘書省著作佐郎，知分宜縣，徙知賓州。縣吏死，子幼，贅婿僞爲券冒有其貲。及子長，屢訴不得直，乃訟於朝，下簡劾治。簡示以舊牘曰：『此爾翁書耶？』曰：『然。』又取僞券示之，弗類也，始伏罪。徙藤州，興學養士，一變其俗，藤自是始有舉進士者。通判海州，提點利州路刑獄。官罷，知泉州。累遷尚書度支員外郎、廣南東路轉運使，擢秘書少監，知廣州，捕斬賊馮佐臣。入判大理寺，出知越州，復歸判尚書刑部，出知江寧府，歷右諫議大夫、給事中，知揚州，徙明州。以尚書工部侍郎致仕。祀明堂，遷刑部。卒，年八十有九，特贈吏部侍郎。簡性和易，喜賓客，即錢塘城北治園廬，自號武林居士。道引服餌，晚歲顏如丹。尤好醫術，人有疾，多自處方以療之，有集驗方數十，行於世。一日，謂其子絜曰：『吾退居十五年，未嘗小不懌，今意倦，豈不逝歟？』就寢而絶。幼從學四明朱頔，長學文於沈天錫，既仕，均奉資之。後二人亡，又訪其孫，爲主婚嫁。平居宴語，惟以宣上德、救民患爲意。孫沔知杭州，榜其里門曰德壽坊。然在廣州無廉稱，蓋爲絜所累。絜，終尚書都官員外郎。」

案：《宋史》所記郎簡事蹟及宦歷甚詳，然無及於其居湖事。其卒年爲八十有九，若以六老會南園之歲推之，蓋郎簡歿於嘉祐元年（一〇五六）丙申，則其生歲應在太祖開寶元年（九六八）戊辰矣。檢《吳興備志》卷十三《寓公徵》亦載：

「郎簡侍郎，慶曆間能吏，與杜岐公極相厚善，簡長岐公十餘年，以兄事之。既老謝事居里中，築別館徑山下，善服食，得養生之術。即徑山澗旁種菖蒲數畝，歲採以自餌。山中人目之菖蒲田。《蒙齋筆談》。張按：簡與吳興六老之會，《安吉志》亦以爲州人，與《宋史》小乖，或由臨安寓苕也。其子淑，馮京榜進士，載《郡志》，則簡之老於吳興，信矣。」

案：上引《吳興備志》所載，與《宋史》互爲表裏。《吳興備志》之撰者董斯張氏按語謂郎簡「由臨安寓苕」，「老於吳興」，與直齋《跋》中言郎「杭人，或嘗寓於湖」，所見相同。惟《吳興備志》於郎簡之子作「子淑」，而《宋史》作「子絜」，其名不同。或郎簡有二子，絜疑作潔，與淑爲伯仲，惜文獻無徵，僅存此疑以俟考。

郎簡亦能詩，《宋詩紀事》卷七載其《訪徐沖晦》云：

「湖上訪高士，徑深行綠苔。應聞山犬吠，知是野人來。岸幘出相接，柴門自爲開。林間清話久，薄暮榜舟回。《宋文鑑》。」

全詩既恬淡，又閒雅，風格頗近淵明，惜郎氏如是之詩已不多覯耳。

於范說，直齋《跋》謂：

「司封員外郎范說，年八十六。」

又謂：

「范說，治平三年進士，同學究出身。」

案：《跋》中所言之治平三年，爲宋英宗治平丙午（一〇六六），直齋此處記年有誤，殊不足據。蓋若范說此年始中進士，則年齡已一百零六歲，殊不合理。竊疑治平三年應作咸平三年（一〇〇〇）爲是，是年乃眞宗在位之第三年，歲次庚子。如慶曆六年（一〇四六）范氏年八十六，則其生歲應在太祖建隆二年（九六一）辛酉，而咸平三年庚子，范年恰四十，是范氏年登不惑，方以同學究出身成進士也。

宋庠《元憲集》卷二十五《外制》有《太常博士集賢校理知臺州范說可尙書祠部員外郎國子博士通判成德軍陳及可尙書虞部員外郎右贊善大夫知汝州梁縣呂師簡可殿中丞制》，其《制》曰：

「敕：具官范說等，尚書知曹，參知承務。鈞盾華省，咸率屬僚。因其寵階，式敘功次。以爾等早勤智效，祇服朝規。或預校中經，正簡編之謬；或往釐外職，成郡縣之勞。並考攸司，莫匪嘉績。疇其歲滿，易乃官聯。增秩以留，勉終來效。可。」

讀此《制》，固知范說致仕前之宦歷，蓋范氏曾任太常博士、集賢校理、臺州知府、尙書祠部員外郎等職。此皆直齋《跋》中所未道及，爰略事徵引，以作補證。

至劉維慶，《跋》云：

「劉維慶，年九十二。」

又曰：

「劉，殿中丞，述之仲父。」

惟《吳興備志》卷十八《選舉徵》第十四《以下封廕》云：

「劉餘慶，以從子述貴，贈殿中丞。周守中，以子頌貴。吳琰，以子知幾貴；俱贈大理丞。《癸辛雜識》。」

案：劉維慶，《吳興備志》據《癸辛雜識》作「劉餘慶」，頗疑作「餘慶」爲是。蓋《浙江通志》卷四十二《古蹟》四《湖州府》所載亦作「劉餘慶」，詳見後。考夏竦《文莊集》卷二《制》，有《屯田員外郎同判池州蕭玠可都官員外郎餘如故虞部員外郎知蔡州張用可比部員外郎餘如故虞部員外郎知慈州劉餘慶可比部員外郎餘如故殿中丞同判鎮戎軍田士亨可國子博士制》，其辭曰：

「敕：國家順天制官，敷求民瘼，量能授爵，崇屬時材。具官某等，吏事修明，風跡沉厚。允懷清約之節，不持刻敝之文。及此第勞，所宜差賞。勉圖堪副，無忝朕恩。可。」

觀是，則《文莊集》亦以劉維慶作劉餘慶，是直齋《跋》及《齊東野語》所記均誤；而《吳興備志》據周密《癸辛雜識》所載則不誤。至劉餘慶之宦歷，則其蓋曾任虞部員外郎，知慈州，又任比部員外郎，固不止贈殿中丞也。慶曆六年，餘慶九十二歲，由是上推，則其生年當在周世宗顯德二年乙卯（九五五）矣。

至餘慶之從子述，字孝叔，湖州歸安人。《宋史》卷三百二十一《列傳》第八十有其《傳》。該

《傳》記其任官之事甚詳，中有言：

「王安石參知政事，帝下詔專令中丞舉御史，不限官高卑。趙抃爭之，弗得。述言：『舊制，舉御史官，須中行員外郎至太常博士，資任須實歷通判，又必翰林衆學士與本臺丞雜互舉。蓋衆議僉舉，則各務盡心，不容有偏蔽私愛之患。今專委中丞，則愛憎在於一己。若一一得人，猶不至生事；萬一非其人，將受權臣屬託，自立黨援，不附己者得以中傷，媒蘗誣陷，其弊不一。夫變更法度，其事不輕，而止是參知政事二人，同書箚子。且宰相富弼暫謁告，曾公亮已入朝，臺官今不闕人，何至急疾如此！願收還前旨，俟弼出，與公亮同議，然後行之。』弗聽。」

觀此，則述固爲謹法飭行之吏矣。《宋人傳記資料索引》「劉述」條載有其小傳曰：

「劉述，字孝叔，一字叔孝，湖州歸安人。景祐元年進士。神宗時爲侍御史，王安石參知政事，述兼判刑部，與安石爭謀殺刑名，述執奏不已，復率御史劉琦、錢顗等疏論安石奸詐專權，願早罷逐，以慰天下。皆貶，知江州，踰歲提舉崇禧觀，卒年七十二。紹興初，贈秘閣修撰。」

是劉述一生蓋不附新黨者矣。

周守中，直齋《跋》謂：

「周守中，年九十五。」

又曰：

「周，大理丞，頌之父。……周頌，天聖八年進士。」

案：六老年齒，以守中居首。守中蓋生於後周太祖廣順二年（九五二）壬子，其大理丞之職，固封贈者也。其子頌，《宋史》無傳，依直齋此《跋》，知頌於仁宗天聖八年（一〇三〇）庚午歲，曾登進士第。余檢董史所撰《皇宋書錄》下則載：

「周頌，益公之後，能扁榜大字。嘗倅洪，士友間多得其書，清勁可觀。」

是頌亦以書法名家者也，又嘗任洪州通判矣。益公，即周必大，廬陵人；蓋守中亦廬陵人，必大之後，暮年乃流寓湖州者。

吳琰，直齋《跋》謂：

「吳琰，年七十二，皆有子弟列爵於朝。」

又曰：

「吳，大理丞，知幾之父也。」

案：吳琰，《宋史》無傳。惟宋人衛涇《後樂集》卷三《內制》有《保信軍節度使吳琰加食邑實封制》，《制》曰：

「門下，朕系隆景，命祇遹先。猷布政頒，常倣黃帝合宮之制；配天尊祖，□乘素商肅物之辰。百禮洽而熙事成，六樂諧而淳音暢。克相禋容之舉，實繄左戚之良。舍爵書勞，揚廷敷號。具官某，謙沖而自牧，和裕而不流。誦讀詩書，雅有游居之樂；制節謹度，不爲富貴之移。載念中興之母儀，孰踰憲聖之家法。擁立稟簾幃之訓，計安深社稷之功。肆爾一門，冠於四姓。仲叔季弟，交輝槐棘之聯；累將重侯，鼎列簪紳之盛。自涉齋壇之峻，退安珍館之熙。譽處寀休，典刑靡墜。適講嚴禋之禮，有來助祭之勤。載衍爰田，以華茂屬。於戲！賜文武之胙在周人，先異姓之封；褒湊濲之賢在唐室，有同日之拜。益綏吉履，勉迪殊徽。可依前保信軍節度使、提舉佑神觀、廣陵郡開國公加食邑五百戶食、實封二百戶主者施行。」

依是，似吳琰曾任保信軍節度使，且蒙加食邑實封矣。然慶曆六年，琰既七十二歲，則其生年蓋在宋太祖開寶八年（九七五）乙亥，而上引之《制》云：「載念中興之母儀，孰踰憲聖之家法。」則明用宋高宗憲聖慈烈吳皇后事，且此吳琰乃外戚，爲吳皇后之內侄，決非參與南園六老之吳琰也。是則有宋之時，不惟有二張先，且有二吳琰矣。

據直齋此《跋》，則吳琰未嘗任官，其大理丞乃封贈。然琰之子知幾則曾眞除此職。考歐陽修《文忠集》卷八十《外制集》二《前漣水軍判官吳知幾可大理寺丞制》曰：

「敕：具官吳知幾，士之飭躬勵行，以勤厥官，未有不知於人者。知而薦之，吾亦無所遺焉。惟爾之能，數有稱道。有司較最，於格當升。勉膺新恩，無廢其業。可。」

據是，則知幾確曾任前漣水軍判官及大理丞，且知幾亦爲一飭躬勵行、勤於厥職之能吏也。知幾有兄，名可幾，《宋人傳記資料索引》「吳可幾」條云：

「吳可幾，安吉人。景祐元年進士，仕至太常少卿。與弟知幾均好古博學，著《千姓編》，凡姓氏所出，悉有源委，時號二吳。父死，兄弟廬墓三年，忽平地泉出，因號孝子泉。」

是可幾不惟好古博學，且爲人至孝也。可幾亦能詩，陸心源《宋詩紀事補遺》卷九載可幾之《和孔司封題蓬萊閣》一詩云：

「皇唐舊相元才子，曾作蕃宣式燕遨。郛郭上當星紀分，軒甍全壓閬風高。賓僚會集簪裾盛，衙隊周環鼓吹豪。不出公庭得仙館，豈同徐福絶雲濤。《會稽掇英集》。」

全詩用典熨帖，得義山之遺。是則吳琰固不止一子，其長子可幾，論仕宦，論學行均不在乃弟之下，不意直齋之《跋》竟然漏記，亦可謂掛一漏萬矣。

至《跋》中提及之南園及卞山，亦不妨略考如左：

案：南園，《吳興備志》卷十五《巖澤徵》第十一《園第》載：

「吳興山水清遠，城據其會。狀其景者曰水晶宮，曰水雲鄉，曰極樂國。城之內，觸處見山，觸處可以引溪流。故凡爲園囿，必景物幽雅，雖近市，如在雲岩江村，所以爲貴也。唐開成中，白蘋洲有三園。錢氏時，清源門內有芳菲園。國朝寶元中，定安門內有南園，今廢爲庾廩矣，居宅矣。園之亭館，自『白蘋』外，俱不可見。鄉老、寓公多爲芳圃，亭宇相望，沼沚旁聯，花木蓊茂，遊者爭眩，物固不能兩盛也。《談志》。」

又《浙江通志》卷四十二《古蹟》四《湖州府》載：

「南園，《宏治湖州府志》：『定安門內，宋寶元中，知州事滕宗諒於此立五亭，鑿三沼，復楊漢公蘋州之舊。慶曆九年，知州事馬尋嘗宴六老於此。六老者：郎簡、范説、張維、劉餘慶、周守中、吳琰也。胡瑗作《序》，刻石園中。』《吳興掌故》：『即漢公所置三園之一。』梅堯臣《早春遊南園詩》：『東國春歸早，南園百卉宜。萱芽開翠穎，杏萼破煙姿。青鸛將鳴雉，喬林木轉鸝。石尤風莫起，芳物待君吹。』」

又載：

「白蘋洲三園，《宏治湖州府志》：『唐開成中，楊漢公置，爲一郡佳勝處。光啓中，李師悅改爲倉。』徐仲謀《白蘋洲三園詩》：『風流人物兩相逢，白傅高文紀漢公。三圃五亭裝郡景，千花萬卉媚春風。』」

觀《吳興備志》及《浙江通志》所載，是南園在湖州府定安門內，本爲唐開成中楊漢公所置白蘋洲三園之一，乃一郡之佳勝處。宋仁宗寶元中，知州滕宗諒即於此立五亭，鑿三沼以爲南園。讀上引梅、徐二人之詩，固知其地風景佳麗，美不勝收也。惟《浙江通志》所記，「慶曆六年」作「九年」，「劉維慶」作「餘慶」，與直齋所跋異，《浙江通志》作「餘慶」則是矣，而作「九年」則未是。南園，直齋《跋》謂：「牟存叟端平所居。」然牟巘《陵陽集》卷十七《題跋》中載《題東皋南園圖後》一文，曰：

「先父存齋翁以淳祐丙午卜居霅川定安門內馬公橋旁，乃慶曆間郡守馬尋宴六老於南園處也。越明年丁未冬，先父以言事忤時宰告歸，始奠居焉。嘗賦五絕，其一曰：『買家喜傍水晶宮，正在南園故址中。我欲築堂名「六老」，換回慶曆太平風。』蓋紀實也。門人馬廷鸞大書『南園』二字揭焉。陳直齋重修《郡志》，始書曰：『南園，今牟存齋所居，是其處也。』今年庚戌，施東皋攜《南園圖》相示，視直齋所書歲適同，豈偶然哉！把玩感慨，不能自已，輒書其末而歸之。庚戌清明日，陵陽牟某書，年八十有四。」

案：直齋《跋》中之存叟，即存齋，存齋名子才，牟巘乃其子也。讀牟巘此《題後》，則存齋卜居南園在淳祐六年丙午（一二四六），而其奠居乃在淳祐七年丁未（一二四七），殊非端平之年（一二三四至一二三六），直齋殆誤記矣。存齋之獲卜居南園，據《齊東野語》所載，實賴周密之父「爲經營得之」。密父名晉，字明叔，號嘯翁。直齋《跋》中謂：「當淳祐己酉，其《圖》爲好古博雅君子所得。」《跋》中之「好古博雅君子」，即指其人。淳祐九年己酉（一二四九），是存齋奠居南園約二年，其時明叔即獲得《張氏十詠圖》；故《齊東野語》謂「先世舊藏吳興《張氏十詠圖》一卷」，此先世，亦即指明叔也。周晉，紹定四年辛卯（一二三一）官富陽令，人稱之周佛子。《全宋詞》錄明叔詞三闋，其《點絳脣訪牟存叟南漪釣隱》云：

「午夢初回，捲簾盡放春愁去。晝長無侶。自對黃鸝語。　絮影蘋香，春在無人處。移舟去。未成新句。一硯梨花雨。」

其《清平樂》云：

「圖書一室。香暖垂簾密。花滿翠壺熏研席，睡覺滿窗晴日。　手寒不了殘棋。篝香細勘唐碑。無酒無詩情緒，欲梅欲雪天時。」

其《柳梢青楊花》云：

「似霧中花，似風前雪，似雨餘雲。本自無情，點萍成綠，却又多情。　西湖南陌東城。甚管定，年年送春。薄倖東風，薄情遊子，薄命佳人。」

案：明叔此三闋詞，其中第一闋固是賦南園景色。牟存叟忤時宰告歸後，號南漪釣隱，觀此詞之《序》意甚明，故此闋作年應在淳祐丁未後。第二闋寫家居閒情，明叔眞不愧「好古博雅君子」也。末闋詠楊花，有言外意，南宋諸賢之詠物詞多如此。周密《癸辛雜識》前集《吳興園圃》條云：

「牟端明園，本《郡志》南園，後歸李寶謨，其後又歸牟存齋。園中有碩果軒、大梨一株。元祐學堂、芳菲二亭、萬鶴亭、茶蘼。雙杏亭、桴舫齋、岷峨一畝宮。宅前枕大溪，曰南漪小隱。」

此條末處記南園中有「南漪小隱」，是乃牟存叟號南漪釣隱所本耶！

至卞山，《浙江通志》卷十二《山川》四《湖州府》載：

「卞山，《宏治湖州府志》：『在縣西北十八里，高六千尺。周處《風俗記》曰：「卞山，當作冠弁之弁，以山形似弁也。」唐顏真卿《石柱記》、韋明歇《登卞山詩》皆作卞字。其山，西北屬長興縣，山有黃龍洞，石壁峭立，巖竇陰沉，莫窮其底，旁有黃龍祠、祥應宮，郡有水旱禱焉。蘇東坡有詩刻，又有三賢祠；其沈家洞、避洞亦在焉。』《太平寰宇記》：『《郡國志》作卞和探玉處，非也。周處《風俗記》云：「當作冠弁之弁。」徐陵《孝義寺碑》云：「高弁蒼蒼，遙聞天語。」』《雲林石譜》：『弁山在郡最爲山嶜萃，產石奇巧，羅布山間。葉少蘊葢堂以就其景，故號石林。』范成大《與吳興薛士隆使君遊弁山石林先生故居詩》：『白蘋有嘉招，蒼弁得勝踐。會心不憚遠，乘興恐失便。籃輿犯窮臘，共作忍寒面。溟濛雲釀雪，浩蕩風落雁。松篁漸清幽，猿鶴或悲怨。英英文章公，作舍鎖葱蒨。嶢峰俯前榮，佳木秀諸院。窮搜發山骨，林立侍談讌。西巖踞龍虎，東巖峙屏案。履綦故彷彿，葢瓦已零亂。經營三十年，成毀一飛電。摩抄土花碧，小立爲三嘆。』趙孟頫《游弁山詩》：『我欲到斯境，歲月良已深。今晨爲茲游，酬我夙昔心。悠悠岡阪長，慘慘風雲陰。微雨迫短日，飄然灑衣襟。屢欲還吾駕，去意復難任。消搖得所止，林竹自蕭森。素琴不須彈，山水有清音。邈在樊籠外，塵想何由侵。況懷冥絕理，出此將焉尋。他山豈不好，聊爾非所欽。』」

晉張元之《吳興山墟名》亦云：

「卞山峻極，非清秋爽氣，不見其頂。《紀勝》四、《談志》。夏有積雪，多蝮蛇兔鹿怪獸。羅愫《烏程縣志》。」

又云：

「卞山有項王走馬埒、飲馬池、繫馬木石間。又有項王馬足。《石柱記箋釋》。」

《吳興備志》卷十五《巖澤徵》第十一載：

「烏程弁山，本名土山，有項籍廟，自號弁王，因名。山足有一石櫃，高數尺。陳郡殷康嘗往開之，風雨晦冥，乃止。《說苑》：『康，吳興太守。』」

綜上所引，是卞山本名土山，或名弁山者，蓋以山形似弁，或以山有項籍廟，籍自號弁王，故改名。卞山峻極，石壁峭立，巖竇陰沉，莫窮其底，非清秋爽氣，不見其頂，夏有積雪。山上多名勝，亦多蝮蛇兎鹿怪獸。《浙江通志》卷二百三十七《陵墓》三引《宏治湖州府志》謂：

「宋都官郎中張先墓，在卞山多寶寺西。」

則與直齋《跋》中所記相同矣。

直齋撰此《跋》後，繼附以詩。詩乃七律一首。此詩首二句及頷聯均寫張維、張先父子事。張三影指先，乃翁指維，《十詠詩》正維所作也。維、先父子，皆生逢北宋盛世；維卒年九十一，先卒年八十九，故乃有頷聯二句。頸聯「名賢」云云，固指胡瑗與孫覺作《序》事，惜胡所撰《序》已散佚，不可見矣。《十詠詩》後繪爲圖三幅，《跋》謂：「近周明叔史君得古畫三幅，號《十詠圖》者，乃維所作詩。」此即「勝事流傳繪素工」之意。末二句亦感慨系之，蓋直齋生値南宋戎馬倥偬之時，遙想承平，恨生之晚，故哀思無窮，乃不覺將其一腔幽恨流於楮墨間矣。

直齋此《跋》與《詩》之作年，蓋在淳祐十年庚戌（一二五〇）直齋致仕家居之後，《齊東野語》謂：

「會直齋陳振孫貳卿方修《吳興志》，討摭舊事，見之大喜，遂傳其《圖》，且詳考顚末，爲之《跋》云。」

是直齋致仕後，因修《吳興志》之故，須討摭舊事，乃得周晉所藏之《張氏十詠圖》，喜而跋之，且附之以《詩》也。淳祐十年，其時直齋亦年屆古稀矣。

第十一節 《律呂之説定於太史公考》

直齋此篇，本無篇名，篇名乃余所命定。直齋之有此《考》，自宋迄清，以至近人如陳樂素、喬衍琯二氏，皆不之知；而竟爲余所蒐獲，且能爲之命名，亦云幸事矣。此篇載見馬端臨《文獻通考》卷一百三十一《樂考》四《漢文帝令丞相北平侯張蒼始定律曆》條，馬氏於條末引「永嘉陳氏曰」，繼錄此文。此「永嘉陳氏」者，即直齋也。茲先將全文迻錄如左：

永嘉陳氏曰：「律呂之法，起於黃帝氏。律呂之説，定於太史公。知黃帝氏之法，而不知太史公之説，則難於制律。知太史公之説，而未知黃帝氏之法，則雖未能制律，而不害其爲律矣。何者？黃帝使伶倫取嶰谷之竹，制十二之宮，吹陽律以候鳳，吹陰律以擬凰；而十二律之法，由是而定，信乎起於黃帝氏者也。黃帝氏之法雖存，而太史公之説未出，則天下之人雖知律之不可闕於樂，而不知所以制律之本；雖知律之不可廢於度量衡，而不達所以制律之意。本不知而意不達，則雖斷竹鑄銅，定形穴竅，區區用上黨之黍，分其長短而較其合否，窮日夜之力以爲之，未見其能定也。然則，太史公之説果安在哉？蓋太史公之爲《律書》也，其始不言律而言兵，不言兵之用而言兵之偃，及言兵之偃，而於漢之文帝尤加詳焉。既曰：『陳武請伐朝鮮，而文帝以謂願且堅邊設候，結和通使；由是而天下富庶，鳴鷄吠狗，煙火萬里，可謂和樂者矣。』又曰：『文帝之時，能不擾亂，由是而百姓遂安，耆老之人不至市廛，游敖嬉戲，如小兒狀。』嗚呼！若太史公者，可謂知制律之時，而達制律之意者也。何則？當文帝時，偃兵息民，結和通使，而天下安樂，則民氣懽洽。陰陽協和，而天地之氣亦隨以正。苟制度以候之，其氣之相應自然，知吾律之爲是；其氣之不合自然，知吾律之爲非。因天地之正氣，以定一代之正律，律有不可定者乎？古人所謂天地之氣，合以生風；天地之風氣正，而十二律定，殆謂是歟！然則，律呂之說，豈非定於太史公者哉！」

案：馬端臨於《文獻通考》中引用宋人之說，有示作「致堂胡氏曰」，「山齋易氏曰」、「巽岩李氏曰」、「西山眞氏曰」者，此皆連用字號與姓氏以表人者。致堂胡氏者，胡寅也；山齋易氏者，易祓也；巽岩李氏者，李燾也；西山眞氏者，眞德秀也。亦有示作「東萊呂氏曰」、「山陰陸氏曰」、「江陵項氏曰」、「永嘉陳氏曰」者，此則連用籍貫與姓氏矣。東萊呂氏者，呂祖謙也；山陰陸氏者，陸游也；江陵項氏者，項安世也；是則永嘉陳氏者，其必陳振孫無疑矣。蓋直齋有所撰作，其序跋署名每作「永嘉陳振孫伯玉父」，或「永嘉陳振孫序」、「永嘉陳振孫伯玉書」，故馬端臨於《通考》中稱直齋爲「永嘉陳氏」，殊屬適當，是則此篇必屬直齋之文矣。又案：直齋此篇，幾全取材於《史記·律書》。考《史記》卷二十五《律書》第三有曰：

「高祖有天下，三邊外畔，大國之王雖稱蕃輔，臣節未盡。會高祖厭苦軍事，亦有蕭、張之謀，故偃武一休息，羈縻不備。歷至孝文即位，將軍陳武等議曰：『南越、朝鮮，自全秦時，內屬爲臣子，後且擁兵阻阨，選蠕觀望。高祖時，天下新定，人民小安，未可復興兵。今陛下仁惠撫百姓，恩澤加海內，宜及士民樂用征討逆黨，以一封疆。』孝文曰：『朕能任衣冠，念不到此。會呂氏之亂，功臣宗室共不羞恥，誤居正位，常戰戰慄慄，恐事之不終。且兵，凶器，雖克所願，動亦耗病，謂百姓遠方何？又先帝知勞民不可煩，故不以爲意。朕豈自謂能？今匈奴內侵，軍吏無功，邊民父子荷兵日久，朕常爲動心傷痛，無日忘之。今未能銷距，願且堅邊設候，結和通使，休寧北陲，爲功多矣。且無議軍。』故百姓無內外之繇，得息肩於田畝，天下殷富，粟至十餘錢，鳴鷄吠狗，煙火萬里，可謂和樂者乎！

太史公曰：『文帝時，會天下新去湯火，人民樂業，因其欲然，能不擾亂，故百姓遂安。自年六七十翁亦未嘗至市井，游敖嬉戲，如小兒狀。孔子所稱有德君子者邪！』」

案：漢文帝仁惠愛民，偃兵止戰，故太史公乃借孔子語而稱之爲有德君子。《史記》卷十《孝文本紀》第十亦載：

「太史公曰：『孔子言「必世然後仁。善人之治國百年，亦可以勝殘去殺」。誠哉是言！漢興，至孝文四十有餘載，德至盛也。廩廩鄉改正服封禪矣，謙讓未成於今。嗚呼，豈不仁哉！』」

是史公於此又以「德至盛也」、「豈不仁哉」二語以推譽文帝。竊意直齋此篇，雖名爲論史公律呂之說，惟史公所欲探求者，乃制律之本與制律之意，而其本旨則在乎說明制律以偃兵。蓋偃武修文，「而天下富庶，雞鳴狗吠，煙火萬里，可謂和樂者矣」。此史公探研律呂之意也。直齋此篇作論，乃不惜辭費詳引《史記・律書》之文，其於漢文帝之事尤加詳焉，其用意蓋在暗示偃兵息武之重要。考宋寧宗之世，權臣韓侂胄有伐金開邊之舉，《宋史》卷四百七十四《列傳》第二百三十三《姦臣》四略載：

「或勸侂胄立蓋世功名以自固者，於是恢復之議興。以殿前都指揮使吳曦爲興州都統，識者多言曦不可，主西師必叛，侂胄不省。安豐守厲仲方言淮北流民願歸附，會辛棄疾入見，言敵國必亂必亡，願屬元老大臣預爲應變計，鄭挺、鄧友龍等又附和其言。開禧改元，進士毛自知廷對，言當乘機以定中原，侂胄大悅。詔中外諸將密爲行軍之計。先是，楊輔、傅伯成言兵不可動，抵罪；至是，武學生華岳叩閽乞斬侂胄、蘇師旦、周筠以謝天下，諫議大夫李大異亦論止開邊。岳下大理劾罪編置，大異斥去。」

竊意直齋之撰此篇，固不單在論律呂，其用心乃在反對韓侂胄之妄開邊釁而塗炭生靈，故屢引漢文帝爲喻，以有德之君開導寧宗。惜寧宗非孝文比，故言者諄諄，而聽者藐藐耳。直齋此篇固足與楊輔、傅伯成之言兵不可動，及李大異之論止開邊同功。後楊、傅二人以抵罪聞，大異則遭斥去；然開禧改元，歲在乙丑（一二〇五），其時直齋年僅二十五，猶未出仕，故庶幸免於被懲。然則直齋偃武仁民之思，及此篇之作於開禧元年，或可因是而考知矣。

第十二節　《貢法助法考》

《文獻通考》卷一《田賦考》一《歷代田賦之制》條中又有引「永嘉陳氏曰」一段文字，此亦直齋之文也。惜無篇名，茲據其內容而爲此命名。此篇亦前人所未論及，乃余又有幸而蒐獲之也。《文獻通考》凡二百卷，引「永嘉陳氏曰」者僅得此二條，此條曰：

永嘉陳氏曰：「鄉遂用貢法，《遂人》是也。都人用助法，《匠人》是也。按《遂人》云：『百夫有洫，十夫有溝。』即不見得包溝洫在內，若是在內，當云百夫、十夫之間矣。《匠人》溝洫却在內，故以間言。方十里者，以開方法計之爲九百夫。方百里者，以開方法計之爲萬夫，《遂人》、《匠人》兩處，各是一法。朱子總其說，謂：『貢法十夫有溝，助法八家同井。』其言簡而盡矣，但不知其必分二法者，何故？竊意鄉遂之地，在近郊、遠郊之間，六軍之所從出，必是平原曠野，可畫爲萬夫之田，有溝有洫，又有途路方圓，可以如圖。蓋萬夫之地所佔不多，以井田一同法約之，止有九分之一，故以徑法攤算，逐一見其子數。若都鄙之地，謂之甸。稍縣都乃公卿、大夫之采地，包山林、陵麓在內，難用溝洫法整齊分畫，故逐處畫爲井田，雖有溝洫，不能如圖，故但言在其間。其地綿亘，一同之地爲萬夫者九，故以徑法紐算，但止言其母數。」

案：直齋此篇論貢法與助法，其撰作目的，固欲補朱子論此等法之所未及。《文獻通考》此條之前引有朱子《集註》之論曰：

「周時一夫授田百畝，鄉遂用貢法，十夫有溝；都鄙用助法，八家同井。耕則通力而作，收則計畝而分，故謂之徹，其實皆什一也。貢法固以十分之一爲常數，惟助法乃是九一，而商制不可考。周制則公田百畝中，以二十畝爲廬舍，一夫所耕公田，實計十畝，通私田百畝，爲十一分取其一，蓋又輕於什一矣。竊料商制亦當似此，而以十四畝爲廬舍，一夫實耕公田七畝，是亦什一也。」

是朱子此處所論者，不過考證貢法、助法、徹法三種田賦之制，皆同爲十取一耳。然於何以必須分貢、助二法之因由，則朱子未遑道及，故直齋乃撰此篇而詳言之。竊疑直齋此篇乃其讀《四書集注》之箚記也。嘗讀《直齋書錄解題》者，固應知直齋之於朱子，不惟拳拳服膺，且加以推崇備至。如《解題》卷三《孝經類》云：

「《孝經刊誤》一卷，朱熹撰。抱遺經於千載之後，而能卓然悟疑辨惑，非豪傑特起獨立之士，何以及此？後學不敢傚倣，而亦不敢擬議也。」

又同卷《語孟類》云：

「《論語集注》十卷、《孟子集注》十四卷，朱熹撰。大略本程氏學，通取注疏、古今諸儒之說，間復斷以己見。晦翁生平講解，此爲第一，所謂毫髮無遺憾者矣。」

然而朱子之著述，直齋亦非盲從而不敢置喙者。如《解題》卷十六《別集類》上則載：

「《校定韓昌黎集》四十卷、《外集》十卷，晦庵朱侍講熹以方氏本校定。凡異同定歸於一，多所發明，有益後學。《外集》皆如舊本，獨用方本，益大顛三書。愚案：方氏用力於此集勤矣，《外集》刪削甚嚴，而存此書，以見其邀速常語，初無崇信之說，但欲明世間問答之僞，而不悟此書爲僞之尤也，蓋由歐陽公跋語之故。不知歐陽公自以《易大傳》之名與己意合，從而實之，此自通人之一蔽，東坡固嘗深辨之，然其謬妄，三尺童子所共識，不待坡公也。今朱公決以爲韓筆無疑，方氏未足責，晦翁識高一世，而其所定者迺爾，殆不可解。今案：《外集》第七卷曰『疑誤』者，韓郁注云：潮州靈山寺所刻。末云：吏部侍郎潮州刺史者，非也。退之自刑部侍郎貶潮，晚乃由兵部爲吏部，流俗但稱韓吏部爾。其書蓋國初所刻，故其謬如此。又潮本《韓集》不見有此書，使靈山舊有此刻，集時何不編入？可見此書妄也。然其妄甚白，亦不待此而明。」

是朱子以韓昌黎《外集》爲「韓筆無疑」，其妄甚白，故直齋乃辨之，並斥其所定爲「殆不可解」。至此篇論貢法與助法，亦用以補朱子之所未及。然直齋此文仍有欠詳明者，故馬端臨於此條之後下案語曰：

「永嘉陳氏謂《遂人》十夫有溝，是以直度之；《匠人》九夫爲井，是以方言之。又謂《遂人》所言者積數，《匠人》所言者方法，想亦有此意，但其說欠詳明矣。然鄉遂附郭之地，必是平衍沃饒，可以分畫，宜行助法，而反行貢法。都鄙野分之地，必是有山谷之險峻、溪澗之阻隔，難以分畫，宜行貢法，而反行助法。何也？蓋助法九取其一，似重於貢。然地有肥磽，歲有豐凶，民不過任其耕耨之事，而所輸盡公田之粟，則所取雖多，而民無預。貢法十取其一，似輕於助。然立爲一定之規，以樂歲之數，而必欲取盈於凶歉之年，至稱貸而益之，則所取雖寡，而民已病矣。此孟子所以言莫善於助，莫不善於貢也。鄉遂迫近王城，豐凶易察，故可行貢法。都鄙僻在遐方，情僞難知，故止行助法。此又先王之微意也。然鄉遂之地少，都鄙之地多，則行貢法之地必少，而行助法之地必多。至魯宣公始稅畝。杜氏注：『以爲公無恩信於民，民不肯盡力於公田，故履踐案行，擇其善畝好穀者稅取之。』蓋是時公田所收，必是不給於用，而爲此橫斂。孟子曰：『《詩》云：「雨我公田，遂及我私。」惟助爲有公田。由此觀之，雖周亦助也。』則是孟子之時，助法之廢已久，盡胥而爲貢法矣。孟子特因《詩》中兩語，而想像成周之助法耳。自助法盡廢，胥而爲貢法，於是民所耕者私田，所輸者公租。田之豐歉靡常，而賦之額數已定，限以十一，民猶病之，況過取於十一之外乎！」

案：馬氏此段案語，分析貢、助二法於民之利弊，所言皆鞭辟入裏，又足補直齋之所未及矣。

第十三節　《重建碧瀾堂記》

直齋此《記》，今存者乃佚文，僅得八字，見錄於元人韋居安之《梅磵詩話》卷上。該《詩話》載：

「吾鄉地瀕具區，故郡以湖名。葉水心爲趙守希蒼作《勝賞樓記》，有『四水會於霅溪，鏡波藍浪』等語；然直齋爲吳守子明記重建碧瀾堂，亦云：『鏡波藍浪，萬頃空闊。』以是觀之，則水晶宮之稱，非浪得也。環城數十里，彌望皆菰蒲芰荷，城中月河、蓮花莊一帶亦然。余嘗愛楊廷秀《過霅川大溪》詩數語，形容最佳。詩云：『菰蒲際天青無邊，只堪蓮蕩不堪田。中有一溪元不遠，摺作三百六十灣。正如綠錦衣地上，玉龍盤屈於其間。』味此詩，則霅之勝概大略可見。」

讀《梅磵詩話》此條，是知直齋此《記》僅存者爲「鏡波藍浪，萬頃空闊」八字耳，而前四字則采自葉適之《勝賞樓記》也。

考碧瀾堂，《湖州府志》卷二十五《輿地略．古蹟》一載：

「碧瀾堂在府治南，館驛河上，唐大中四年刺史杜牧建並書額，宋嘉定三年知州事魏大中重修，明弘治中知府勞鉞再建。《栗志》。《書史會要》：『牧善行書，亦能大字，嘗分書「碧瀾堂」三字在湖州驛，徑二尺許，茂密滿榜，都欲滅縫，世少識之。』《湖錄》：『明嘉靖中，以碧瀾堂址賜宮保蔣瑶爲祠，今僅存坊柱，半爲民佔，堂館俱不可問。』《胡志》。宋梅堯臣詩：『虛雲臨滉瀁，橋勢對隆穹。環珮佳人去，汀洲翠帶空。橋船過砌下，蘭棟起雲中。欲問芳菲地，吳王一廢宮。』陳堯佐詩：『苕溪清淺霅溪斜，碧玉寒光照萬家。誰向月明終夜聽，洞庭漁笛隔蘆花。』元陳時中《碧瀾堂賦》：『滴天目之華滋，液蒼弁之雲英。漱金井之春蔡，消浮玉之寒冰。泛苕花而東走，濫餘英以北征。倒河道兮翠管，浸苕城兮玉繩。此玉湖之碧瀾所以暎天地而澄清也。若其玉宇無塵，金飆不驚。湛湛兮皺紋機之縠，漪漪兮拖冰繭之繒。躍錦鱗兮琉璃之影，點雪鷺兮雲母之屏。蕩流萍以分綠，疏文藻以涵青。挹荷香兮爽氣，橫林靄以輕氛。乍疑太液之雨霽，又疑積翠之春生。妙徐凝之筆，不足以圖其彷彿；琢謝公之句，未足以狀其儀刑。乃有貴介公子、縉紳處士，削清風以爲梁，斫明月以爲柱，架白雲以爲甍，疏輕煙以爲梠。審碧瀾之曲，面滄浪之勢。作堂洲渚之間，兼美山川之會。魚鱗搖碧瓦之參差，鰲首戴蓬壺之贔屭。佳氣晨夕乎軒墀，波光左右乎窗戶。恍若身在乎水晶之宮，又若神遊乎清都之府。是乃心怡目暢，神清氣舒，胸呑雲夢，量吸五湖。躡崑探璧，倒海搜珠，談霏雨露，筆吐虹霓。蘸碧瀾而灑墨，漱芳潤而研辭。晨寫珠璣之萬斛，夕哦瓊瑰之八廚。使清聲流碧，潤而無盡，直欲浸淫乎八區。』明張羽詩：『藹藹層城陰，瀰瀰溪流漫。問誰所構堂，軒窗傍高岸。答云唐刺史，文采當時冠。華筵勢獨高，賓佐俱才彥。吹簫橫落日，畫鷁如雲散。健兒簸旌旗，水戰逞奇玩。臨流賦新詩，意氣共稱歎。烽火幾荒殘，城郭多遷換。歌聲久矣滅，郵亭鎖溪畔。臺傾鳥雀下，闌壞鳧鷖亂。惟餘南山青，依然眼中見。』僧宏道詩：『碧瀾堂下湖水深，大樓俯瞰湖中心。畫船每載使者至，落日更送千山陰。林間何處訪白鹿，沙上向人啼翠禽。城居六月厭偪仄，安得好風吹我襟。』國朝吳綺《畫堂春詞並序》：『碧瀾堂在府治東南，杜牧所建，故蹟已湮，不復可考。然一灣綠水，故壘青山，尙可想見才人憑闌長嘯時也。「作畫堂，春淥波微漾。畫簾旌，縠紋欲動還平。雕梁亂燕忒多情，掠水輕盈。杏蕊爭開別苑，柳絲斜帶重城。仙郎一去事難憑，無限淒淸。」』按：明張睿卿《碧瀾堂考》云：『霅溪館，中堂名也。牧之佐宣城時，來遊吳興，爲書堂扁，作《霅溪館詩》。劉長卿南謫時，亦寓其中，有作。吳興自郡齋外，凡治中別駕之廳，俱名爲館。惟霅溪以待過從之客，歷千百年來，館名雖泯，而碧瀾名獨存，蓋重牧之也。張廉有《重修碧瀾堂記》，竟不知其爲霅溪館。』」

觀是，則碧瀾堂，原名霅溪館，或云杜牧所建並書額，又云牧之佐宣城時，來遊吳興，乃爲書堂扁。自是歷代文人雅士，過從賞覽，每多吟詠，以寄一時之感慨。堂凡重建者再矣，宋嘉定三年知州事魏大中又重修之；其後吳子明爲湖州守又重建之，故直齋有《記》；明弘治中，知府勞鉞又再建之，張廉又有《記》，張睿卿且有《考》；嘉靖中，堂址賜宮保蔣瑤爲祠；迄淸，則故蹟已湮，堂館俱不可聞問矣。

與直齋同時之湖州守吳子明，《宋史》、《宋史新編》、《宋史翼》均無傳，故生平事蹟不詳。惟其出任湖州守則屬事實，《浙江通志》卷一百十五《職官》五《宋》下《知湖州軍．知安吉州》條下所載官員凡二百一十四名，吳子明在第二百零一名上，約爲南宋後期。《浙江通志》同卷亦載有魏大中、王侑姓名。魏在第一百六十一名，時爲嘉定三年（一二一〇）；王在第一百八十八名，時爲嘉熙四年（一二四〇）；直齋自吳門歸，曾向侑借《易林》以參互相校。吳之任湖州守，固在魏、王之後，應爲直齋致仕家居之時（一二五〇）。魏、吳之爲湖守，相隔已四十年，碧瀾堂或再圮，故子明重建之。然則，直齋此《記》當撰於淳祐十年庚戌（一二五〇）後不久，可無疑也。

子明晚年事蹟，周密《癸辛雜識．續集》下《吳氏鳥卵》條記曰：

「吳子明居杭之橫塘，晚年閑步水濱，忽見泥中一物蠕動，疑爲虵類，細視之，乃一鳥卵，大可如拳，心異之，遂取歸，寘之聖堂淨水盂中，旋即漲大，忽發大聲，穿屋而出，或以爲龍卵云。然吳竟以此驚悸，成疾而殂。」

是則吳子明離湖州守任後，晚年居杭之橫塘，以驚悸死。公謹時亦居杭之癸辛街，故於子明暮年之事注意及之，《癸辛雜識》此處所記甚審，應爲實錄。

第十四節　直齋之佚書與佚文

直齋之佚書，今可考者，徧及經、史、集三部，尤以經、史爲多。周密《志雅堂雜鈔》卷下《書史》十云：

「直齋所著書，有言《書解》一冊、《易解》、《繫辭錄》、《史鈔》。」

是周密所見直齋所著之書有上述四種也，惜今已全部散佚矣。

直齋頗精於《書》，元人袁桷嘗論及之。《清容居士集》卷二十一《龔氏四書朱陸會同序》曰：

「五經專門之說不一，既定於石渠鴻都，嗣後，學者靡知有異同矣。《易》學以辭象變占爲主，得失可稽也。王輔嗣出，一切理喻，漢學幾於絕熄。宋邵子、朱子震始申言之，後八百餘年而始興者也。《春秋》家，劉歆尊《左氏》，杜預說行，《公》、《穀》廢不講。啖趙出，聖人之旨微見；劉敞氏、葉夢得氏、呂大圭氏，其最有功者也。尊王褒貶，則幾於贅，是千餘年而始著者也。《書》別於今文、古文，晉世相傳馴致後，宋時則有若吳棫氏、趙汝談氏、陳振孫氏疑焉，有考過千百年而能獨明者也。《詩》本於大小序，諸家《詩》已廢，毛公說獨尊，蘇轍氏始刪，鄭樵氏悉去之。朱子祖之，此又幾二千年而置議焉者。《三禮》守鄭玄氏，《正義》皆旁正曲附。唐趙匡氏始知其非，宋諸儒駁鄭，幾不能以立，甚者疑《周官》非聖人書，卓識獨見，雖逾千百世，亘萬古而不泯，是則寧能以一時定論爲是哉！……至治二年八月辛未袁桷序。」

又同書卷二十八《劉隱君墓誌銘》曰：

「五經之學，繇宋諸儒先緝續統緒，《詩》首蘇轍，成鄭樵；《易》首王洙，東萊呂祖謙氏後始定十二篇；胡宏氏辨《周官》，余廷椿迺漸次第。《書》有古文、今文，陳振孫掇拾援據，確然明白。言傳心者，猶依違不敢置論。至天台劉君正仲，諱莊孫，始憤然曰：『吾不能接響相附和，尊聞紹言，各爲論著，不沒其實，而先儒之傳益顯。』所爲書，曰：《易志》一十卷、《詩傳音旨補》二十卷、《書傳》上下篇二十卷、《周官集傳》二十卷、《春秋本義》二十卷，其論《春秋》爲魯史之舊，是則發揚先儒之遺旨。喜著書，能以詞藻達幽隱，復爲《論語章旨》、《老子發微》、《楚辭補注音釋》、《深衣考》，而其所爲詩文曰《芳潤藁》，凡五十卷，《和陶詩》一卷。噫！多矣哉。」

觀上《清容居士集》所載，則直齋頗疑《尚書》古文之僞，而其所著之《書解》，則「掇拾援據，確然明白」，「有考過千百年而能獨明者也」。直齋《書解》一書，周密、袁桷類能得而讀之。劉隱君莊孫之《書傳》上下篇二十卷中，想必其中亦有徵引直齋《書解》之材料，惜今已無法質正矣。所幸《解題》卷二《書類》猶保存直齋論《書》之意見，其文曰：

「《尚書》十二卷、《尚書注》十三卷，漢諫議大夫魯國孔安國傳。初，伏生以《書》教授，財二十九篇，以《舜典》合於《堯典》，《益稷》合於《皋陶謨》，《盤庚》三篇合爲一，《康王之誥》合於《顧命》，實三十四篇。及安國考論魯壁所藏，始出《舜典》諸篇，又定其可知者，增多二十五篇，引《序》以冠諸篇之首，定爲五十八篇。雖作《傳》既成，會巫蠱事作，不復以聞，故未嘗列於學官，世亦莫之見也。考之《儒林傳》，安國以《古文》授都尉朝，弟子相承，以及塗惲、桑欽；至東都，則賈逵作《訓》，馬融、鄭康成作《傳》、《注解》，而逵父徽實受《書》於塗惲，逵傳父業，雖曰遠有源流，然而兩漢名儒皆未嘗實見孔氏《古文》也。豈惟兩漢，魏、晉猶然，凡杜征南以前所注經傳，有援《大禹謨》、《五子之歌》、《胤征》諸篇，皆云：《逸書》；其援《泰誓》者則云：今《泰誓》者無此文。蓋伏生《書》亡《泰誓》，

《泰誓》後出，或云武帝末，民有獻者；或云宣帝時，河內女子得之，所載『白魚火烏之祥』，實僞書也。然則馬、鄭所解，豈真《古文》哉！故孔穎達謂：『賈、馬輩惟傳孔學三十三篇，即伏生《書》也，亦未得爲孔學矣。』穎達又云：『王肅注《書》，始似竊見孔《傳》，故於亂其紀綱以爲。太康時，皇甫謐得《古文尚書》於外弟梁柳，作《帝王世紀》往往載之。蓋自太保鄭沖授蘇愉，愉授梁柳，柳授臧曹，曹授梅頤，頤爲豫章內史，奏上其《書》，時已亡《舜典》一篇。至齊明帝時，有姚方興者，得於大航頭而獻之。隋開皇中搜索遺典，始得其篇。夫以孔注歷漢末無傳，晉初猶得存者，雖不列學官，而散在民間故耶？』然終有可疑者，余嘗辨之。」

此處直齋於《解題》自謂：《古文尚書》「然終有可疑者，余嘗辨之。」其所謂「余嘗辨之」者，或指其自撰之《書解》一書，以辨古文之僞耶？《解題》同卷同類又云：

「《晦庵書說》七卷，朱熹門人黃士毅集其師說之遺，以爲此書。晦庵於《書》一經獨無訓傳，每以爲錯簡脫文處多，不可彊通。呂伯恭《書解》，不可彊通者彊欲通之。嘗以語伯恭，而未能改也。又嘗疑孔安國《傳》恐是假，《書小序》決非孔門之舊，安國《序》決非西漢文章；至謂與《孔叢子》、《文中子》相似，則豈以其書出於東晉之世故耶？非有絕識獨見，不能及此。至言今文多艱澀，古文多平易，伏生倍文暗誦，乃偏得其所難，而安國考定於科斗古書，錯亂磨滅之餘，反專得其所易，此誠有不可曉者。今惟《二典》、《禹謨》、《召誥》、《洛誥》、《金縢》有解，及『九江』、『彭蠡』、『皇極』有辨，其他皆《文集》、《語錄》中摘出。」

讀《解題》此二條，猶可略見直齋論述《尚書》今、古文之一斑。陳樂素撰《直齋書錄解題作者陳振孫》二《述作》謂：

「《志雅堂雜鈔》卷一謂直齋有《書解》、《書傳》，朱彝尊《經義考》卷八三引作《書說》，未詳是否一書。今、古文之辨，當在其中；而袁清容獲睹是書，所謂『掇拾援據，確然明白』者也。」

案：樂素此處微有錯誤，《志雅堂雜鈔》卷一應作卷下，且其下無「《書傳》」二字也。至《經義考》卷八十三載：

「《陳氏振孫尚書說》，佚。袁桷曰：『《書》有今文、古文，陳振孫掇拾援據，確然明白。』周密曰：『直齋有《書說》二冊行世。』」

案：《志雅堂雜鈔》卷下作《書解》一冊；《經義考》卷八十三則作《陳氏振孫尚書說》，又引周密曰，謂直齋有《書說》二冊行世，惜彝尊並未明言其所依據。陳樂素則謂未詳二者是否一書。然清人宋慈抱《兩浙著述考．經術考．尚書類》則云：

「《尚書解》二卷，宋安吉陳振孫撰。振孫有《易解》、《繫辭錄》，已著錄。袁桷謂：『《書》有今文、古文，振孫掇拾援據，確然明白。』《經義考》云書佚。」

是慈抱固以《書解》、《書說》二書爲一書。竊意直齋治《易》既有《易解》，則其治《書》，宜有

《書解》。或此書應依《志雅堂雜鈔》作一册，而又依《兩浙著述考》分二卷。《經義考》引周密曰作《書說》二册，既無所據，疑有誤也。

直齋之治《易》，頗有其家學淵源。《解題》卷十八《別集類》下云：

「《濟溪老人遺藁》一卷，通判明州濟源李迎彥將撰。永嘉周浮沚先生之婿，與先大父爲襟袂。《集》中有送先君子赴戊子秋試詩，首句『籍甚人言《易》已東』，蓋先君治《易》故也。《集》序，周益公作。」

是直齋之尊翁亦以治《易》成家者也。陳樂素《直齋書錄解題作者陳振孫》二《述作》云：

「直齋父治《易》，見卷十八《濟溪老人遺稿》條；而《志雅堂雜鈔》卷一謂直齋著書有《易解》、《繫辭錄》，惜後來目錄家罕見著錄。」

案：此條所記《志雅堂雜鈔》「卷一」，應作「卷下」。考《兩浙著述考·經術考·易類》又云：

「《易解》、《繫辭錄》，宋安吉陳振孫撰。振孫，字伯玉，號直齋。博通古今。歷知台州、嘉興，後除國子司業、寶章閣待制致仕。《湖州志》有傳。此書佚。」

是直齋《易解》、《繫辭錄》二書，亦非後來目錄家罕見著錄者，樂素偶失檢矣。今《易解》、《繫辭錄》二書既不可見，然《解題》卷一《易類》仍著錄直齋論《易》之語，云：

「《周易注》六卷、《略例》一卷、《繫辭注》三卷，魏尚書郎山陽王弼輔嗣注上、下《經》，撰《略例》。晉太常潁川韓康伯注《繫辭》、《說》、《序》、《雜卦》。自漢以來，言《易》者多溺於象占之學，至弼始一切掃去，暢以義理。於是天下後世宗之，餘家盡廢。然王弼好老氏，魏、晉談玄，自弼輩倡之。《易》有聖人之道四焉，去三存一，於道闕矣。況其所謂辭者，又雜以異端之說乎！范甯謂其罪深於桀、紂，誠有以也。」

同書同卷同類又云：

「《古周易》十二卷，國子錄吳郡吳仁傑斗南所錄。以爻爲《繫辭》，今之《繫辭》爲《說卦》。其言《十翼》，謂《彖傳》、《象傳》、《繫辭傳》上、下、《說卦》上、中、下、《文言》、《序卦》、《雜卦》，並上、下《經》爲十二篇。案漢世傳《易》者，施、孟、梁邱、京、費。費最晚出，不得立於學官。其學亡章句，惟以《彖》、《象》、《文言》等解上、下《經》。自劉向校中古文《易經》，諸家或脫『無咎悔亡』，惟費氏與古文同，東京名儒馬、鄭皆傳之。其後，諸家皆廢，而費學孤行，以至於今。其合《彖》、《象》、《文言》於《經》，蓋自康成、輔嗣以來，展轉相傳，學者遂不識古文本經。甚至今世考官命題，或連《彖》、《象》、《爻辭》爲一，對大義者，志得而已，往往穿鑿傅會，而《經》旨破碎極矣。凡此諸家所錄，雖頗有同異，大較《經》自爲《經》，《傳》自爲《傳》，而於《傳》之中，《彖》、《象》、《文言》，亦各不相混，稍復古文之舊，均有補於學者，宜並存之。」

又同書同卷同類云：

「《周易玩辭》十六卷，太府卿松陽項安世平甫撰。當慶元中得罪時謫居江陵，杜門潛心，起居不出一室，送迎賓友未嘗踰閾。諸書皆有論說，而《易》爲全書。其《自序》以爲『讀程《易》三十年，此書無一字與之合，合則無用乎此書矣。世之君子以《易傳》之理觀吾書，則本末條貫無一不本於程氏者；以《易傳》之文觀吾書，則恐有「西河疑女」之誚』。大抵程氏一於言理，盡略象數，而此書未嘗偏廢；程氏於小象頗欠發明，而此書爻象尤貫通。蓋亦徧考諸家，斷以己意，精而博矣。」

讀《解題》此三條所述，則直齋解《易》、論《易》之湛深，略可知矣。

《史鈔》一書，亦直齋所編撰者也。直齋好鈔史，此事自其少時已然。《解題》卷五《詔令類》載：

「《東漢詔令》十一卷，宗正寺主簿鄞樓昉暘叔編。大抵用林氏舊體，自爲之《序》。帝王之制，具在百篇，後世不可及矣，兩漢猶爲近古。愚未冠時，無書可觀，雖二史亦從人借。嘗於班《書》志、傳錄出諸詔，與紀中相附，以便覽閱。既仕於越，乃得見林氏書，而樓氏書近出，其爲好古博雅，斯以勤矣。惟平、獻二朝，莽、操用事，如錫莽及廢伏后之類，皆當削去，莽時尤多也。」

是直齋於未冠之時，已曾抄錄《漢書》諸詔，以便覽閱；其好古博雅與樓暘叔同。此《史鈔》一書，當爲鈔諸史之材料而成。陳樂素《直齋書錄解題作者陳振孫》二《述作》云：

「又《志雅堂雜鈔》卷一所載尚有《史鈔》，未言卷數，而乾隆《安吉州志》卷十五作一百卷，不知何據；光緒《安吉縣志》因之。」

案：直齋《史鈔》是否如《安吉州志》所載多達百卷，固不可確悉，然其卷帙必甚繁富，則可無疑。惜此書今亦已全佚，無所蹤跡矣。

直齋佚書，乙部之著作尚有《吳興氏族志》與《吳興人物志》。韋居安《梅磵詩話》卷上曰：

「沈作喆字明遠，吳興人，守約丞相之姪，自號寓山。登紹興進士第，嘗爲江右漕屬。作《哀扇工》詩，擬怒洪帥魏道弼，捃深文劾之，坐奪三官。其後從人使虜，南澗韓無咎遺之詩曰：『但如王粲賦《從軍》，莫爲班姬詠《團扇》。』有旨哉！洪有士子與寓山往來相款洽，一日清晨來訪，寓山猶在寢，遂徑造書室，翻篋中紙，詩稿在焉，由是達魏之聽。陳直齋《吳興氏族志》云：『《哀扇工》詩，罵而非諷，非言之者罪也。』其詩不傳。」

是直齋《吳興氏族志》一書，韋氏曾見之，故載之於《梅磵詩話》。然《梅磵詩話》所記頗有誤。《解題》卷二十《詩集類》下云：

「《寓山集》三卷，吳興沈仲喆明遠撰。丞相該之姪。紹興五年進士，改官爲江西運管。嘗爲《悲扇工》詩，忤魏良臣，陷以深文，奪三官，不得志以卒。」

案：沈作喆之名，《解題》作仲喆，未知孰是。《哀扇工》，《解題》作《悲扇工》。此詩《梅磵詩話》以爲不傳，則誤甚矣。《宋詩紀事》卷四十四「沈作喆」條載《哀扇工歌》云：

「黃州竹扇名字著，織扇供官困追捕。史君開府未浹旬，欲戴綸巾揮白羽。新樸巧製旋剪裁，百中無一中程度。犀革鐫柄出蟲魚，麝煤熏紙生煙霧。蕺山老姥羞翰墨，漢宮佳人掩紈素。銜內白取知何名，帳下雄拏不知數。供輸不辦箠楚頻，一朝赴水將誰訴？史君崇重了不聞，嗚呼何以慰黎庶！聞道園家賣菜翁，又說江南打魚户。號令亟下須所無，官不與錢期限遽。歸來痛哭辭妻兒，宿昔投繯挂枯樹。一雙婉婉良家子，吏兵奪取名爲顧。弟兄號叫鄰里驚，兩家吞聲喪其嫗。死者已矣可奈何，冤魂成群空號呼。去聲。殺人縱欲勢位尊，貪殘無道天所怒。邦人蓄憤不敢言，君其拊馬章臺路。《清波別志》。」

觀此，是此詩《清波別志》猶載之，韋氏或偶失檢矣。至《梅磵詩話》所引直齋《吳興氏族志》云云諸語，恐即爲此《志》僅存之佚句耶！

至《吳興人物志》一書，直齋所撰《吳興張氏十詠圖跋》有曰：

「自慶曆丙戌後十八年，子野爲《十詠圖》，當治平甲辰；又後八年，孫莘老爲太守，爲之作《序》，當熙寧壬子；又復一百七十七年，當淳祐己酉，其《圖》爲好古博雅君子所得。會余方緝《吳興人物志》，見之如獲拱璧，因細考而詳錄之，庶幾不朽於世。」

是直齋之編撰《吳興人物志》，約在淳祐九年（己酉）之後，時正致仕家居也。其編輯此《志》，曾細考《十詠圖》，惜此《志》今亦不之見矣。惟直齋於《解題》書中，於吳興人物之事蹟特致詳焉。除前曾引《解題》卷十七《別集類》中「《丁永州集》三卷」、卷二十《詩集類》下「《寓山集》三卷」二條外，另如《解題》卷八《地理類》載：

「《吳興志》二十卷，樞密院編修郡人談鑰元時撰。嘉泰元年也。其爲書草率，未得爲盡善。」

又《解題》卷十九《詩集類》上載：

「《吳興集》一卷，唐僧吳興謝皎然清晝撰。康樂十世孫。顏魯公爲刺史，與之唱酬，其後刺史于頔爲作《集》序。所居龍興寺之西院，今天寧寺是也。又嘗居杼山寺。」

《解題》中如是記述吳興人物之材料實甚富贍，倘能彙而錄之，亦可作《吳興人物志》觀也。直齋佚書中，亦有屬集部之作，如《玄眞子漁歌碑傳集錄》是也。此書僅一卷，《解題》卷十五《總集類》載：

「《玄真子漁歌碑傳集錄》一卷，玄真子《漁歌》，世止傳誦其『西塞山前』一章而已。嘗得其一時倡和諸賢之辭各五章，及南卓、柳宗元所賦，通爲若干章。因以顏魯公《碑述》、《唐書》本傳，以至近世用其詞入樂府者，集爲一編，以備吳興故事。」

案：此書乃直齋所編撰，其內容大抵包括玄眞子《漁歌》「西塞山前」一章，倡和諸賢之辭各五章，南卓、柳宗元所賦共爲若干章，另顏眞卿之《碑述》及《唐書》玄眞子本傳，以至宋代用《漁歌》之詞以入樂府者；所錄亦至富也。考玄眞子即張志和，《解題》卷九《道家類》載：

「《玄真子外篇》三卷，唐隱士金華張志和撰。《唐志・玄真子》十二卷，今纔三卷，非全書也。即曰《外篇》，則必有《內篇》矣。志和事跡，詳見余所集《碑傳》。」

此條文末所言之《碑傳》，即指直齋所編此《碑傳集錄》也。張志和，《新唐書》卷一百九十六《列傳》第一百二十一《隱逸》有傳，其《傳》曰：

「張志和，字子同，婺州金華人。始名龜齡。父游朝，通莊、列二子書，爲《象罔》、《白馬證》諸篇佐其說。母夢楓生腹上而産志和。十六擢明經，以策干肅宗，特見賞重，命待詔翰林，授左金吾衛錄事參軍，因賜名。後坐事貶南浦尉，會赦還，以親既喪，不復仕，居江湖，自稱煙波釣徒。著《玄真子》，亦以自號。有韋詣者，爲撰《内解》。志和又著《太易》十五篇，其卦三百六十五。……善圖山水，酒酣，或擊鼓吹笛，舐筆輒成。嘗撰《漁歌》，憲宗圖真求其歌，不能致。李德裕稱志和『隱而有名，顯而無事，不窮不達，嚴光之比』云。」

是志和又著《太易》十五篇，而其所著之《玄眞子》則爲十二卷。倘《玄眞子》眞如《解題》所料，全書分《内》、《外》篇，則《内篇》必爲九卷，《外篇》必爲三卷矣。至《玄眞子漁歌碑傳集錄》，喬衍琯《陳振孫學記》第三章《著述》第四節《亡佚各書》云：

「按：今書雖佚，志和《漁歌》及《柳宗元集》等尚存，可輯出若干篇，以入《陳振孫全集》。」

案：如喬氏眞能輯出《玄眞子漁歌碑傳集錄》，以復原書之舊，則亦直齋之功臣也。《解題》中所載書籍，不乏爲由直齋所編理而成集者，若廣義而觀之，此類書籍亦振孫之著述也。如《解題》卷五《典故類》云：

「《長樂財賦志》十六卷，知漳州長樂何萬一之撰。往在鄞學，訪同官薛師雍子然，几案間有書一編，大略述三山一郡財計，而累朝詔令中明沿革甚詳。其書雖爲一郡設，於天下實相通。問所從得，薛曰：『外舅陳止齋修《圖經》，欲以爲《財賦》一門，後緣卷帙多，不果入。』因借錄之，書無標目，以意命之曰《三山財計本末》。及來莆田，爲鄭寅子敬道之，鄭曰：『家有何一之《長樂財賦志》，豈此耶？』復借觀之，良是。其間亦微有增損，末又有《安撫司》一卷。併鈔錄附益爲全書。」

是直齋於此處合二書爲一書，對鄭寅家藏之《長樂財賦志》有所增損，並附《安撫司》一卷於後。是則此書乃經直齋整治編理，庶可視爲直齋之著述矣。

又《解題》卷十九《詩集類》上載：

「《秦隱君集》一卷，唐處士秦系公緒撰。系自天寶間有詩名。藩鎮奏辟，皆不就。嘗隱越之剡、泉之南安，至貞元中，年八十餘，不知所終。此本南安所刻，余又嘗於宋次道《寶刻叢章》得其逸詩二首，書冊末。」

是《秦隱君集》一卷，亦經直齋增補逸詩二首以成書者也。

又同書同卷同類云：

「《柳宗元詩》一卷，唐柳宗元撰。子厚詩在唐與王摩詰、韋應物相上下，頗有陶、謝風氣。古律、絕句總一百四十五篇，在全集中不便於觀覽，因鈔出別行。」

是直齋曾精選柳詩一卷，鈔出別行，以便觀覽。是則此書之成，直齋亦頗費選采之苦心也。

又同書同卷同類載：

「《武元衡集》一卷，唐宰相武元衡伯蒼撰。初用莆田李氏本傳錄，後以石林葉氏本校，益以六首，及李吉甫唱酬六首。川本作二卷。」

是《武元衡集》一卷，直齋初以莆田李氏本爲底本，而校以石林葉氏之本，後且有所增益。綜上言之，即僅就《解題》所載，可知曾經直齋自行整理之書籍頗多，應不止上述四種。惜如是之書，今亦散佚無所蹤跡矣。

至直齋任國子司業時，因徐元杰暴亡，曾上疏論其事，周密《癸辛雜識》別集下《嵩之起復》條載此事始末甚詳，余已於第三章第十節已迻錄之，茲不贅引。所惜直齋所上之《疏》，今亦不可得而見矣。

附注：

① 《玉臺新詠箋註》一書，清吳兆宜注、程琰刪補，今人穆克宏有點校本，一九八五年由北京中華書局印行，收入《中國古典文學基本叢書》。惟穆氏參校之書，亦無直齋之宋刊本。

② 紀文今收入穆克宏點校本《玉臺新詠箋注》中。

③《序》首此條「樓」字下之□，疑作「公」字爲合。

④此處之《六十四卦變占》，乃《易林》之別稱，二者同書而異名耳。

附：陳振孫著述年表

中曆	西元	著述年月	年齡
寧宗開禧元年乙丑	一二〇五	《律呂之說定於太史公考》撰就於此年。	25
嘉定四年辛未	一二一一	《華勝寺碑記》撰就於此年十二月。	31
嘉定八年乙亥	一二一五	校理《玉臺新詠》，《玉臺新詠集後序》撰就於此年十月旦日。	35
嘉定十年丁丑	一二一七	《關尹子跋》撰就於此年夏日。	37
理宗寶慶二年丙戌	一二二六	《崇古文訣序》撰就於此年嘉平月既望。	46
寶慶三年丁亥	一二二七	《長樂財賦志》編就於此年或稍後。	47
紹定三年庚寅	一二三〇	《白文公年譜》撰就於此年孟夏十有二日。	50

紹定四年　辛卯	一二三一	《寶刻叢編序》撰就於此年小至日。	51
端平三年　丙申	一二三六	《陳忠肅公祠堂記》撰就於此年。	56
嘉熙三年　己亥	一二三九	《皇祐新樂圖記題識》撰就於此年良月。	59
淳祐元年　辛丑	一二四一	《易林跋》撰就於此年五月。	61
淳祐五年　乙巳	一二四五	《論徐元杰暴亡疏》撰就於此年六月。	65
淳祐十年　庚戌	一二五〇	《吳興張氏十詠圖跋及詩》、《重建碧瀾堂記》、《吳興氏族志》、《吳興人物志》撰就於此年或稍後。	70
寶祐六年　戊午	一二五八	《直齋書錄解題》約撰就於此年。	78

案：除上表所列之著述外，直齋尚撰有《書解》、《易解》、《繫辭錄》、《史鈔》諸書，及編有《玄真子漁歌碑傳集錄》、《秦隱君集》、《柳宗元詩》、《武元衡集》各一卷，書均散佚，無法考得其編撰確年。另有《貢法助法考》一篇，其文雖在，亦無法探悉其作年矣。

第七章　結論

第一節　本書撰寫之經過及蒐求資料之苦樂

韶光流逝，轉瞬三載。於此三歲之中，偶有工作餘暇，皆用之於此書之撰作；古人所謂「夙興夜寐」、「晨鈔暝寫」，庶幾近之，其間苦辛，殊不足爲外人道也。蓋撰作此書，非但揣摩成篇之爲艱，即蒐求資料亦戛戛其難矣。計余所得資料，香港以外方面，有借自台灣中央圖書館、故宮圖書館、中央研究院傅斯年圖書館者；有借自北京圖書館，北京大學圖書館、北京師範大學圖書館者；有借自日本京都大學圖書館者；亦有多方設法，到處請託而仍無所得者。於本港方面，除借用新亞研究所圖書館書籍外，更常利用市政局參考圖書館，而最多者乃經常使用香港大學馮平山圖書館。馮平山圖書館所藏中文古籍甚富，且獲故宮圖書館贈與台灣商務印書館影印之文淵閣本《四庫全書》全套，開架擺放館中。余每俟暇日，即奔赴該館，書城在擁，隨意取覽，心謀目驗，左右逢源，斯時之樂，雖南面王不之易也。

資料蒐求有得，則歸家燈下研讀，細意爬梳。偶有所悟，則依章節大綱撰寫，倚馬千言，片刻而就。其時內心之愉悅，故非筆墨所可形容。惟有時亦神思鬱結，百竅不通，當此之時，雖繞室徬徨，腐筆含毫，而難成錦章。靈感既捨我而去，是亦無可如何者矣。

所幸者，於余撰作此書期間，每獲王懷冰夫子之關懷與鼓勵，且常啓我困蒙，解我艱厄。師恩如海，誠令人沒齒而難忘者也。至於良師益友，助我亦多。台北之王叔岷教授、蘇瑩輝教授，北京之劉桂生教授、徐汝梅教授、榮新江副教授，上海之周啓付教授，及本港之饒宗頤教授、陳耀南教授、何沛雄教授，皆先後給予啓發與鼎助，甚或賜寄難得之資料。上述諸位教授之恩德，亦令人永矢弗諼者矣。

第二節　本書之成績及其突破之處

余以三載有餘之時光撰就此書，全編凡七章，除第一章爲《序論》及末章爲《結論》發明較少外，其餘五章均有所建樹，其間所述，多發前人之所未發，突破之處匪鮮。茲謹總結各章，略就余所考論突破前人之處，分段闡述如下。

有關直齋之先世，前人之撰著僅考及直齋之父、祖，其餘似無所聞。余因直齋既隸籍吳興，乃據《陳書·高祖本紀》以作蠡測，考出東漢陳寔爲直齋之遠祖，陳霸先乃其近祖，並詳徵史籍，作出《直齋先世及吳興陳氏世系表》。該表上起陳寔，下迄直齋之子陳造。倘所考論不遠於事實，此乃突破前人者一也。①

直齋之祖貫稱永嘉，後改籍吳興、湖州及安吉州。有關直齋里貫之建置、疆域、戶口、山川、教育、人物種種，前人均無詳細考及之者。余則據元人趙孟頫《吳興山水圖記》及《古今圖書集成》、《浙江通志》、《湖州府志》等書一一細考上述各項之具體情狀。蓋直齋之里貫，影響及其治學與繼後之任事，故細考之殊非繁瑣，而確有其必要。此又余之考論突破前人者二也。②

直齋之仕履與行誼，前人固有研治之者矣，惟皆差強人意，疏漏舛訛之處不少，且又往往缺乏叙述之條貫。余所考論，則始考直齋之出生，及其初仕溧水教授，繼而考及其出任紹興府教授、鄞學教官、南城宰、興化軍通判、軍器監簿、諸王宮大小學教授、朝散大夫知台州兼除浙東提舉常平茶鹽事，其後又考出其知嘉興府，升浙西提舉，任職郎省，除國子司業，終又考及其以某部侍郎、通奉大夫、寶章閣待制致仕，卒贈光祿大夫。上述之仕履與行誼，均依年代先後、極具條理而詳考推尋之，是亦爲本書所以能突破前人之三也。③

直齋之戚友，前人著述雖偶有道及之，然均缺乏系統之研究，更無設專章專節以考論之者。人之於世，與戚友日夕交往，耳濡目染，且其受戚友提攜協助之處殊多，直齋亦未能免，故於直齋之戚友實須詳考之。余乃據諸書，竟詳考出直齋之親戚有周行己等二十九人、同僚有湯詵等六十一人、學術上之友朋有薛師雍等二十二人、方外之士確知其名姓者有一人，亦云富且贍矣。噫！能考出直齋戚友人數如是之衆，庶幾可稱之爲突破前人者四也。④。

直齋之《解題》，自清代《四庫》館臣重輯之後，研治者乃層出疊見，成績亦較著。以迄近世，則以陳樂素、喬衍琯爲巨擘，二君之所考論，均較深入而全面，惟亦不免有所漏誤。余之研治直齋及其《解題》，旣繼陳、喬二氏之後，故本書之撰著，竊意須略二氏之所詳，以避雷同；而詳其所略，以補其闕失。故本書所考論《解題》之體例、分類、稱謂、卷數、成書、流傳與板本，發明至多；其中尤以考及板本一項，下細分底本、傳鈔本、批注本、舊鈔本、刊本、輯本、鉛印本、影印本、校本、重輯本、彙校本、點校本等十二類以徧考《解題》諸類板本，自信成績卓著，即此一端，已非陳、喬二氏所能及也。又余嘗設法影印得李盛鐸木犀軒傳鈔繆荃孫藏宋蘭揮舊藏殘鈔本及王懿榮手稿本《解題》，且考出嘉慶間閩縣陳徵芝亦藏有鈔本，斯三者亦皆非陳、喬二氏所及知。就此而論，此書突破前人之處固多，此其五也。⑤

直齋除《解題》外，尙有其他著作，惟蒐求輯佚之工作，仍須俟諸後人。陳、喬二氏於輯佚一事，頗有貢獻，然亦有所未盡，且於輯佚所得之著作，多未予以考釋，未知何故？余繼陳、喬之後，於直齋其他著述，皆詳加闡釋，無微不屆。其中如《白文公年譜》一書，不惟考及其內容之當否，且考及其板刻之情狀，殊爲翔實。《華勝寺碑記》一文，陳樂素撰文雖提及其篇名，惟此文之能再次揭示，表彰於世，爲研究直齋著述者所可得而閱讀，則不得不謂爲鄙人之功。余又應用此《碑記》，考出直齋初仕溧水縣敎授之歲月，及藉知直齋頗擅內典。至於《玉臺新詠集後序》、《關尹子跋》、《寶刻叢編序》、《陳忠肅公祠堂記》、《皇祐新樂圖記題識》、《易林跋》、《吳興張氏十詠圖跋及詩》諸篇，余亦多所研考，闡發固多，糾正陳、喬謬誤亦復不少。《律呂之說定於太史公考》、《貢法助法考》二文，更爲余個人輯佚之成績，雖博通如清儒盧文弨、繆荃孫，及當世陳、喬二子，亦未知直齋有此二文者也。於此二文，余亦考釋至詳。《重建碧瀾堂記》乃直齋佚文，今僅存者惟「鏡波藍浪，萬頃空闊」八字，余徧引周密《癸辛雜識》、韋居安《梅磵詩話》、《浙江通志》、《湖州府志》諸書有關資料，考以二千餘言，而揭其底蘊，並兼考及其時湖州守吳子明之生平事略，亦云博矣。至於直齋之佚書，如《書解》、《易解》、《繫辭錄》、《史鈔》、《吳興氏族志》、《吳興人物志》、《玄眞子漁歌碑傳集錄》諸書，陳、喬類能考之，而余則發其餘蘊，補正良多。檢讀《解題》，又悉經直齋整治而成之書至少有四種，此即《長樂財賦志》十五卷、《秦隱君集》一卷、《柳宗元詩》一卷及《武元衡集》一卷也。惜此類書籍，今已無所蹤跡，至可憾矣。綜上所述，余於直齋其他著作之考釋及輯佚之工作，爲功亦偉，此則余撰作此書突破前人之六也。⑥

以上所述，僅就其犖犖大者而言之，若連其小者微者而論之，則本書突破之處固不下百數十也。

第三節　本書懸而待決之問題

本書之成績及突破前人之處既已言之，然本書亦有瑕纇，懸而待決之問題不少。茲不妨縷述如後：

於本書第二章第一節中，余嘗據《陳書．高祖本紀》以作蠡測，初步考出直齋之遠祖乃東漢陳寔，而其近祖則爲陳霸先。惟此一新說究屬「大膽假設」，證據未見充分。又此節之後所附《直齋先世及吳興陳氏世系表》，隋代以迄南宋初葉，世系至爲不詳，實有待於拾遺補闕。⑦故本書懸而待決之問題，此其一也。

《解題》是否有宋槧本？對此問題，陳樂素與喬衍琯頗有爭議。陳氏據《湖錄》所載「常熟毛氏藏有半部宋槧本」一語，認爲「《解題》有宋槧本，不是不可能」；而喬氏則以爲《湖錄》所記殊「不可信」，否定有宋槧本之存在。⑧又《解題》是否有明萬曆間武林陳氏刊本？余檢邵懿辰《四庫簡明目錄標注》及莫友芝《郘亭知見傳本書目》，均著錄有此書，然喬氏則曰：「明末以來三百餘年間，公私收藏書目，未見有著錄此本者，未審邵、莫二家何所據而云有萬曆間武林陳氏刊本。」⑨余因是頗憾喬氏過於輕易坐實宋槧本與明萬曆間武林陳氏刊本之必無。惟宋槧本與明萬曆間武林陳氏刊本倘不再出，則亦無由確辨其間之是非。是以本書確有懸而待決之問題，此其二也。

《解題》有陳鱣校本，此本初藏國立清華大學圖書館，後則不知所蹤。惟昭和五十四年（一九七九）京都大學人文科學研究所編就之《漢籍目錄》，其《史部》第十四《書目類》二《家藏知見之屬》著錄有此書，是知此書已乘艫東渡，爲京都大學所擁有。⑩陳鱣此校本，其校讎《解題》之具體情況若何，今不可確曉，容有俟他日向京都大學申請影印或錄副，以求其明白。《解題》又有潘祖蔭批校本，此本原由北京人文科學研究所收藏，後歸國立中央研究院所有。去年夏間，余嘗親往中研院傅斯年圖書館查訪此書，然終無所得。⑪是潘祖蔭批校本之具體情況亦不可曉。本書懸而待決之問題，此其三也。

徐小蠻、顧美華點校之《解題》，其《點校說明》謂青海師範學院藏有繆荃孫批校本《解題》。余頗懷疑所謂繆氏批校本者，實則為宋蘭揮所藏之《解題》舊鈔殘本。前曾請託北京大學歷史系榮新江副教授代向青海師範學院申請影印，後以榮氏出國，不果行。此書是否眞為繆氏批校之本，今仍無法曉悉也。⑫又梁子涵《中國歷代書目總錄》五《藏書目錄》著錄有王國維手批清光緒九年江蘇書局刻本《解題》，此本前藏於國立北平圖書館，今則應改由北京圖書館收藏。華東師範大學周啓付教授曾託友人代查此書，惟北京圖書館善本部所藏據言原為王國維手批之《解題》，其上並無手批文字，殊可異也。⑬是則，繆批校本與王手批本之眞象若何，迄今亦無從確曉。本書懸而待決之問題，此其四也。

《白文公年譜》有劉師培所編《歷代名人年譜集成》本，現藏國立中央圖書館。喬衍琯謂此本有《補錄》，摘錄陳振孫、汪立名兩《譜》異同二十八事，「多係時事，而涉及白居易生平者甚少」。余嘗倩蘇瑩輝教授影印此本，獨缺《補錄》，故無法知悉此「異同二十八事」究竟若何？⑭是則本書懸而待決之問題，此其五也。

以上所述，均為本書懸而未決之問題，誠有待於今後仍力鑽研，以期能一一予以解決者也。

附注：

①參見第二章第一節。
②參見第二章第三節。
③參見第三章。
④參見第四章。
⑤參見第五章。
⑥參見第六章。
⑦同注①。
⑧參見第五章第四節。
⑨同注⑧。
⑩同注⑧。
⑪同注⑧。
⑫同注⑧。
⑬同注⑧。

⑭參見第六章第一節。

主要參考書籍及論文

一、經類

十三經注疏　清光緒十三年點石齋遵阮元重校石印本

經義考　清・朱彝尊撰　《四部備要》本

皇清經解　清・阮元編纂　清光緒九年刊本

二、史類

史記　漢・司馬遷撰　南朝宋・裴駰集解　唐・司馬貞索隱　唐・張守節正義　北京中華書局　一九六二年據金陵書局本分段標點排印

後漢書　南朝宋・范曄撰　唐・李賢等注　北京中華書局　一九七三年據宋紹興本、汲古閣及武英殿本校訂標點排印

三國志　晉・陳壽撰　南朝宋・裴松之注　陳乃乾校點　北京中華書局　一九五九年十二月第一版

三國志集解　盧弼集解　北京古籍出版社　一九五七年據商務印書館排校舊紙型新印

晉書　唐・房玄齡撰　北京中華書局　一九七四年據金陵書局本校訂排印

魏書　北齊・魏收撰　北京中華書局　一九七四年據武英殿本校訂標點排印

陳書　唐・姚思廉撰　北京中華書局　一九七二年據百衲本校訂標點排印

新唐書　宋・歐陽修、宋祁撰　北京中華書局　一九七五年據百衲本校訂標點排印

宋史　元・脫脫撰　北京中華書局　一九七七年據百衲本校訂排印

宋史新編　明・柯維騏撰　香港龍門書店　一九七二年據民國二十五年上海大光書局本影印

宋史翼　清・陸心源撰　台北文海出版社　民國五十六年據清光緒刊本影印

明書　清・傅維麟撰　《叢書集成》初編本

清史稿　趙爾巽等撰　柯劭忞總纂　北京中華書局　一九七七年據關外二次本點校增刪

清史列傳　王鍾翰點校　北京中華書局　一九八七年十一月第一版

續資治通鑑長編　宋・李燾撰　清・黃以周等輯補　上海古籍出版社　一九八六年據清光緒七年浙江書局本影印

文獻通考　元・馬端臨撰　台北商務印書館　民國七十五年景印文淵閣《四庫全書》本（以下簡稱「台北商務景印文淵閣本」）

宋大詔令集　司義祖點校　北京中華書局　一九六二年
宋會要輯稿　清・徐松輯　北平國立北平圖書館　民國二十五年據淸嘉慶十四年刊大興徐氏原稿本影印
南宋館閣錄　宋・陳騤撰　台北商務景印文淵閣本
南宋館閣錄續錄　不著撰人　台北商務景印文淵閣本
宋歷科狀元錄　明・朱希召撰　台北文海出版社　民國七十一年據明刊本影印
南宋制撫年表　清・吳廷燮撰　張忱石點校　北京中華書局　一九八四年據《二十五史補編》校訂標點
東都事略　宋・王偁撰　掃葉山房校刊本
吳興山墟名　晉・張元之撰　《雲自在龕叢書》本
洛陽名園記　宋・李格非撰　《學津討源》本
寶刻叢編　宋・陳思編　台北商務景印文淵閣本
圖繪寶鑑補遺　明・苗增撰　《叢書集成》初編本
十七史商榷　清・王鳴盛撰　《廣雅叢書》本
伊洛淵源錄　宋・朱熹撰　《叢書集成》初編本
閩中理學淵源考　清・李清馥撰　台北商務景印文淵閣本
宋元學案　清・黃宗羲輯　全祖望修定　淸光緒五年上海文瑞樓石印本
宋元學案補遺　清・王梓材、馮雲濠撰　張壽鏞校補　台北世界書局　民國五十一年

中國人名大辭典　臧勵龢主編　許師慎增補　台北商務印書館　民國六十六年本

宋人傳記資料索引　昌彼得等撰　台北鼎文書局　民國六十三年四月初版

南宋文範作者考　清・莊仲方撰　清光緒戊子年刊本

中國藏書家考略　楊立誠、金步瀛編　台北文海出版社　民國六十年十月初版

中國著名藏書家傳略　鄭偉章、李萬健著　書目文獻出版社　一九八六年九月北京第一版

宋代藏書家考　潘美月撰　台北學海出版社　民國六十九年四月初版

浙江藏書家藏書樓　顧志興撰　浙江人民出版社　一九八七年十一月第一版

明清藏書家印鑑　林申清撰　上海書店　一九八九年十月第一版

清代藏書家考　洪有豐、袁同禮等編著　香港中山圖書公司　一九七二年十二月初版

三、子類

齊東野語　宋・周密撰　台北商務景印文淵閣本

癸辛雜識　宋・周密撰　台北商務景印文淵閣本

志雅堂雜鈔　宋・周密撰　《學海類編》本

石林燕語　宋・葉夢得撰　《叢書集成》初編本

石林燕語辨　宋・汪應辰撰　《叢書集成》初編本
石林燕語考異　清・紀容舒撰　中華圖書館　據清光緒三十三年九思齋藏版石印本重印
少室山房叢談　明・胡應麟撰　台北商務景印文淵閣本
說郛　明・陶宗儀編　明鈔本
古夫于亭雜錄　清・王士禎著　趙伯陶點校　北京中華書局　一九八八年《清代史料筆記叢刊》本
午風堂叢談　清・周炳泰撰　嘉慶二年刻本　現藏北京師範大學圖書館　余有過錄本
橋西雜記　清・葉名澧撰　《滂喜齋叢書》本
曝書雜記　清・錢泰吉撰　清同治十一年刊本
日知錄　清・顧炎武撰　《皇清經解》本
日知錄集釋　清・顧炎武撰　黃汝成集釋　欒保群、呂宗力校點　花山文藝出版社　一九九〇年八月第一版
十駕齋養新錄　清・錢大昕撰　《皇清經解》本
群書拾補　清・盧文弨撰　《抱經堂叢書》本
盧抱經手校本拾遺　趙吉士輯　中華叢書編審會　一九五八年
鄭堂讀書記　清・周中孚撰　台北世界書局　民國四十九年十一月據吳興劉氏嘉業堂刊本影印
越縵堂讀書記　清・李慈銘撰　由雲龍輯　北京中華書局　一九六三年據商務印書館舊紙型重印

札迻　清・孫詒讓撰　清光緒二十年籀廎自刊本

郘園讀書志　清・葉德輝撰　民國十七年排印本

四部正譌　明・胡應麟著　顧頡剛校點　香港太平書局　一九六三年十一月

古今僞書考　清・姚際恆著　顧頡剛校點　香港太平書局　一九六二年

古今僞書考補證　黃雲眉撰　齊魯書社　一九八〇年新一版

僞書通考　張心澂撰　上海商務印書館　民國二十八年二月初版　又一九五七年十一月修訂本

四、集類

玉臺新詠　陳・徐陵編　趙均小宛堂覆宋本

玉臺新詠箋注　清・吳北宜注　程琰刪補　穆克宏點校　北京中華書局　一九八五年《中國古典文學基本叢書》本

玉臺新詠考異　清・紀容舒撰　《叢書集成》初編

玉臺新詠校正　清・紀昀撰　手稿本　現藏北京圖書館

崇古文訣　宋・樓昉編　台北商務景印文淵閣本

赤城集　宋・林表民編　台北商務景印文淵閣本

吳都文粹續集　明・錢穀編　台北商務景印文淵閣本
吳興詩存　清・陸心源編　清刊本
全宋詞　唐圭璋編　北京中華書局　一九六五年六月第一版　一九八六年五月北京第三次印刷
白氏長慶集　唐・白居易撰　明萬曆三十四年刻本
白香山詩集　清・汪立名編訂　一隅草堂本
白居易集箋校　朱金城箋校　上海古籍出版社　一九八八年十二月第一版
文忠集　宋・歐陽修撰　台北商務景印文淵閣本
東坡文集　宋・蘇軾撰　台北商務景印文淵閣本
元憲集　宋・宋庠撰　台北商務景印文淵閣本
止齋文集　宋・陳傅良撰　台北商務景印文淵閣本
文忠集　宋・周必大撰　台北商務景印文淵閣本
平園續稿　宋・周必大撰　《周文忠公全集》本
魯齋集　宋・王柏撰　台北商務景印文淵閣本
文恭集　宋・胡宿撰　台北商務景印文淵閣本
漫塘集　宋・劉宰撰　台北商務景印文淵閣本
攻媿集　宋・樓鑰撰　台北商務景印文淵閣本

平齋文集　宋・洪咨夔撰　台北商務景印文淵閣本
棋埜集　宋・徐元杰撰　台北商務景印文淵閣本
後村先生大全集　宋・劉克莊撰　《四部叢刊》本
文莊集　宋・夏竦撰　台北商務景印文淵閣本
尊白堂集　宋・虞儔撰　台北商務景印文淵閣本
水心集　宋・葉適撰　台北商務景印文淵閣本
東澗集　宋・許應龍撰　台北商務景印文淵閣本
蒙齋集　宋・袁甫撰　台北商務景印文淵閣本
鶴林集　宋・吳泳撰　台北商務景印文淵閣本
昌谷集　宋・曹彥約撰　台北商務景印文淵閣本
華陽集　宋・王珪撰　台北商務景印文淵閣本
海陵集　宋・周麟之撰　台北商務景印文淵閣本
後樂集　宋・衛涇撰　台北商務景印文淵閣本
絜齋集　宋・袁燮撰　台北商務景印文淵閣本
竹溪鬳齋十一藁續集　宋・林希逸撰　台北商務景印文淵閣本
碧梧玩芳集　宋・馬廷鸞撰　台北商務景印文淵閣本

陵陽集　元・牟巘撰　台北商務景印文淵閣本
清容居士集　元・袁桷撰　台北商務景印文淵閣本
通志堂集　清・納蘭成德撰　上海古籍出版社　一九七九年據上海圖書館藏康熙刻本影印
道古堂文集　清・杭世駿撰　清乾隆五十五年刻本
頤綵堂文集　清・沈叔埏撰　清光緒九年刻本
抱經堂文集　清・盧文弨撰　王文錦點校　北京中華書局　一九九〇年六月第一版
魯巖所學集　清・張宗泰撰　台北大華印書館　一九六八年據民國二十年模憲堂重刊本影印
甘泉鄉人稿　清・錢泰吉撰　清同治十一年刊本
簡莊綴文　清・陳鱣撰　杭州抱經堂書局補刻本
虛受堂書札　清・王先謙撰　台北文海出版社　民國六十年據清光緒丁未刊本影印
苕溪漁隱叢話　宋・胡仔撰　清・楊佑校刊　清乾隆五年刊本
梅磵詩話　元・韋居安撰　《讀畫齋叢書》本
吳禮部詩話　元・吳師道撰　清・丁福保訂　《歷代詩話》續編本
宋詩紀事　清・厲鶚編　上海古籍出版社　一九八三年六月第一版
宋詩紀事補遺　清・陸心源編　台北中華書局　民國六十年據中央研究院歷史語言研究所藏本影印

五、叢書類

知不足齋叢書　清・鮑廷博輯　鮑志祖續輯　清乾隆、道光間長塘鮑氏刊本

抱經堂叢書　清・盧文弨輯　北京直隸書局　民國十二年影印清抱經堂本

滂喜齋叢書　清・潘祖蔭輯　清同治、光緒間吳縣潘氏刻本

學海類編　清・曹溶輯　台北文海出版社　民國五十三年影印

讀畫齋叢書　清・顧修輯　清嘉慶四年刊本

學津討源　清・張海鵬輯　清嘉慶十一年刊本

廣雅叢書　清・徐紹棨輯　清光緒十九年刊本

雲自在龕叢書　清・繆荃孫輯　清光緒十七年雲自在龕刊本

四部叢刊　上海商務印書館　民國十一年影印本

四部備要　上海中華書局　民國二十三年聚珍倣宋版重印本

叢書集成　上海商務印書館　民國二十四年至二十六年排印本

四庫全書珍本別輯　台北商務印書館　一九三四至三五年據故宮博物院所藏文淵閣本影印

六、類書類

元和姓纂　唐・林寶編　台北商務景印文淵閣本

玉海　宋・王應麟編　台北商務景印文淵閣本

永樂大典　台北世界書局　民國五十一年二月影印

古今圖書集成　清・蔣廷錫等編　台北文星書店　民國五十三年影印

四庫全書（文淵閣本）　台北商務印書館　民國七十五年影印

七、方志類

赤城志　宋・陳耆卿撰　台北商務景印文淵閣本

嚴州府志　宋・方仁榮、鄭瑤合撰　台北商務景印文淵閣本

乾道臨安志　宋・周綜撰　台北商務景印文淵閣本

寶慶四明志　宋・羅濬撰　台北商務景印文淵閣本

會稽志　宋・施宿撰　台北商務景印文淵閣本

會稽續志　宋．張淏撰　台北商務景印文淵閣本
延祐四明志　元．袁桷撰　台北大化書局、民國六十九年影印
咸淳臨安志　元．潛説友撰　台北商務景印文淵閣本
吳興備志　明．董斯張撰　台北商務景印文淵閣本
姑蘇志　明．王鏊撰　台北商務景印文淵閣本
漳州府志　明．謝彬撰　台北學生書局　民國五十四年影印
寧波府志　清．曹秉仁撰　台北中華叢書委員會　民國四十六年據清道光二十六年沈氏重刊本影印
福建通志　清．陳壽祺撰　台北華文書局　一九六八年據清同治十年重刊本影印
湖州府志　清．宗源瀚等修　周學濬等纂　台北成文出版社　民國五十九年據清同治十三年刊本影印
莆田縣志　清．廖必琦等修　宋若霖等纂　潘文鳳補刊　台北成文出版社　民國五十七年據清光緒五年補刊本、民國十五年重印本影印
溧水縣志　清．傅觀光主纂　丁維誠纂輯　台北成文出版社　民國五十九年據清光緒九年刊本影印
江西通志　清．趙之謙撰　台北京華書局　民國五十六年據清光緒十年刊本影印
浙江通志　清．嵇曾筠總裁　沈翼機等總修　上海商務印書館　民國二十三年據清光緒二十五年浙江書局重刊本影印
台州府志　清．喻長霖總纂　柯華威等協纂　台北成文出版社　民國五十九年據民國二十五年鉛印本影印

八、目錄類

宋槧袁本昭德先生郡齋讀書志　宋・晁公武撰　上海商務印書館　民國二十二年四月初版《續古逸叢書》之三十五

郡齋讀書志　宋・晁公武撰　江蘇廣陵古籍刻印社　一九八七年三月據淸光緒十年王先謙校刊本影印

皇宋書錄　宋・董史撰《知不足齋叢書》本

宋史藝文志・補・附編　上海商務印書館　一九五七年十二月初版

宋史藝文志補　清・黃虞稷、倪燦撰《叢書集成》初編本

宋代書錄（Bibliographie des Sung） Par Yves Hervouet　台北南天書局有限公司　民國六十九年元月景印

宋代書目考　喬衍琯著　台北文史哲出版社　民國七十六年四月初版

文淵閣書目　明・楊士奇等編　台北廣文書局《書目三編》本

菉竹堂書目　明・葉盛編　台北藝文印書館《百部叢書集成》本

吳興藏書錄　清・鄭元慶撰《晉石厂叢書》本

湖錄經籍考　清・鄭元慶輯　北京文物出版社　一九八六年十二月據吳興劉氏嘉業堂刊本木板刷印

四庫全書總目　清・永瑢等撰　北京中華書局　一九六五年六月第一版

增訂四庫簡明目錄標注　清・邵懿辰撰　邵章續錄　北京中華書局　一九八九年十二月第一版

四庫採進書目　吳慰祖校訂　北京中華書局　一九六〇年

四庫提要辨證　余嘉錫撰　香港中華書局　一九七四年

景印文淵閣四庫全書目錄　台灣商務印書館　民國七十五年第一版

景印文淵閣四庫全書書名及著者姓名索引　台灣商務印書館　民國七十五年第一版

讀書敏求記　清・錢曾撰　丁瑜點校　書目文獻出版社　一九八四年據清乾隆十年沈尚傑雙桂堂刻本點校《文史哲研究資料叢書》本

千頃堂書目　清・黃虞稷撰　瞿鳳起、潘景鄭整理　上海古籍出版社　一九九〇年五月第一版

文選樓藏書記　清・阮元撰　李慈銘校訂　台北廣文書局　民國五十八年據國立中央圖書館藏會稽李氏越縵堂烏絲欄抄本影印

傳是樓宋元板書目　清・吳丙湘撰　台北文史哲出版社　民國六十年據孱守山莊刊《傳硯齋叢書》本影印

愛日精廬藏書志　清・張金吾撰　清道光丙戌活字刊本

拜經樓藏書題跋記　清・吳壽暘編　《拜經樓叢書》本

鐵琴銅劍樓書目　清・瞿鏞撰　清光緒丁酉年誦芬堂刊本

鐵琴銅劍樓藏書題跋集錄　瞿良士輯　上海古籍出版社　一九八五年四月第一版

蕘圃藏書題識　清・黃丕烈撰　繆荃孫等輯　台北廣文書局《書目叢編》本

帶經堂書目　清・陳徵芝撰　《風雨樓叢書》本

宋元舊本書經眼錄　清・莫友芝撰　清同治十二年刊本

郘亭知見傳本書目　清・莫友芝撰　民國十二年掃葉山房石印本

皕宋樓藏書志　清・陸心源撰　清光緒八年歸安陸氏十萬卷樓本

儀顧堂題跋　清・陸心源撰　清刊本

善本書室藏書志　清・丁丙撰　清光緒辛丑錢塘丁氏刊本

武林藏書錄　清・丁申撰　清光緒二十九年嘉惠堂刊本

藏書紀事詩等五種　清・葉昌熾等撰　台北世界書局　民國五十年三月初版

藏書紀事詩附補正　清・葉昌熾著　王欣夫補正　上海古籍出版社　一九八九年九月第一版

溫州經籍志　清・孫詒讓撰　浙江公立圖書館　民國十年據清光緒仁和譚氏家刻本校刊重印本

藝風堂藏書記　清・繆荃孫撰　自刊本（庚子九月刻、辛丑九月訖工）

書林清話　清・葉德輝撰　北京中華書局　一九五七年一月第一版

藏園群書題記　清・傅增湘撰　上海古籍出版社　一九八九年六月第一版

木樨軒藏書題記及書錄　清・李盛鐸著　張玉範整理　北京大學出版社　一九八五年十二月第一版

剛伐邑齋藏書志　袁榮法撰　國立中央圖書館　民國七十七年五月

兩浙著述考　清・宋慈抱撰　項士元審訂　浙江人民出版社　一九八五年
宋金元本書影　清・瞿鏞輯　民國十一年　影印本
中國歷史研究工具書敍錄　曾影倩編纂　一九六八年油印謄抄本
杭州葉氏卷盦藏書目錄　顧廷龍編　上海合衆圖書館　一九五三年
書目答問補正　范希曾編　瞿鳳起校點　上海古籍出版社　一九八三年四月第一版
中國歷代書目叢刊（第一輯）　許逸民、常振國編　現代出版社　一九八七年十一月第一版
目錄學研究　汪國垣撰　上海商務印書館　一九五五年據一九三四年初版重印
目錄學論文選　李萬健、賴茂生編　書目文獻出版社　一九八五年八月北京第一版
中國目錄學史論叢　王重民撰　北京中華書局　一九八四年十二月第一版
中國目錄學史　許世瑛撰　台北中華文化出版事業委員會　民國四十三年十月再版
中國目錄學　李曰剛撰　明文書局　民國七十二年八月初版
台灣公藏普通線裝書目書名索引　國立中央圖書館　民國七十一年元月初版
台灣公藏普通線裝書目人名索引　國立中央圖書館　民國七十一年八月初版
中國歷代書目總錄　梁子涵編　中華文化出版事業委員會　《現代國民基本知識叢書》第一輯
東北師範大學圖書館藏古籍善本書目解題　王繼祥等編　東北師範大學圖書館　一九八四年三月長春排印本
國立故宮博物院善本舊籍總目　台灣國立故宮博物院　民國七十二年四月初版

國立北平圖書館善本書目　國立中央圖書館　民國五十八年十二月初版
中央研究院歷史語言研究所善本書目　中央研究院歷史語言研究所　民國五十七年六月初版
國立中央圖書館善本書目　國立中央圖書館　民國七十五年十二月增訂二版
北京師範大學圖書館中文古籍書目　北京師範大學圖書館　一九八三年九月一日第一版
北京人文科學研究所藏書目錄　台北進學書局　民國五十九年八月據北京人文科學研究所民國二十七年五月編印本影印
國立台灣大學普通本線裝書目　國立台灣大學圖書館　民國六十年十二月
國立故宮博物院普通舊籍目錄　台灣國立故宮博物院　民國五十九年五月初版
江蘇省立國學圖書館現存書目目錄　江蘇省立國學圖書館　台北廣文書局　民國五十九年六月初版　收入《書目四編》
香港學海書樓藏書目錄　鄧又同編　一九八八年四月
中國版本目錄學書籍解題　日本·長澤規矩也編　梅憲華、郭寶林譯　書目文獻出版社　一九九〇年六月第一版
鈴木文庫目錄續編　京都大學文學部圖書室　昭和四十三年五月
奎章閣圖書中國本綜合目錄　李榮基編　一九八二年十一月十五日
東京大學東洋文化研究所漢籍分類目錄　東京大學東洋文化研究所　昭和四十八年二月十五日

普林斯頓大學葛思德東方圖書館中文舊籍書目　葛思德東方圖書館　民國七十九年九月初版

尊經閣文庫漢籍分類目錄　尊經閣文庫　昭和九年三月二十五日

誠庵文庫典籍目錄　誠庵古書博物館　一九七五年九月

靜嘉堂文庫漢籍分類目錄　靜嘉堂文庫　昭和五年十二月二十日

內閣文庫漢籍分類目錄　內閣文庫　昭和三十一年三月

東洋文庫所藏漢籍分類目錄（史部）　東洋文庫　昭和六十一年十二月二十五日

愛媛大學附屬圖書館漢籍目錄　大野盛雄編　昭和五十九年三月三十日

京都大學文學部漢籍分類目錄（第一）　京都大學文學部　昭和三十四年三月三十一日

京都大學人文科學研究所漢籍目錄（上冊）　京都大學人文科學研究所　昭和五十四年三月三十一日

京都大學人文科學研究所漢籍目錄（下冊）　京都大學人文科學研究所　昭和五十五年三月三十一日

天理圖書館圖書分類目錄　天理圖書館　昭和四十九年十月十八日

大阪府立圖書館藏漢籍目錄　大阪府立圖書館　昭和四十一年三月三十日

神田鬯盦博士寄贈圖書目錄　大谷大學圖書館　昭和六十三年九月三十日

九、陳振孫之著作

直齋書錄解題　二十二卷　《武英殿聚珍版叢書》本
直齋書錄解題　二十二卷　《四庫全書珍本別輯》本
直齋書錄解題　二十二卷　台北商務景印文淵閣本
直齋書錄解題　二十二卷　上海商務印書館　民國二十六年據《聚珍版叢書》鉛印《叢書集成》初編本
直齋書錄解題　二十二卷　上海商務印書館　民國二十八年《國學基本叢書》本
直齋書錄解題　二十二卷　徐小蠻、顧美華點校　上海古籍出版社　一九八七年十二月第一版
直齋書錄解題　二十卷　清李盛鐸木犀軒傳鈔繆荃孫藏宋蘭揮舊藏本　現藏北京大學圖書館　余有影印本
直齋書錄解題　一卷　清王懿榮手稿本　現藏國立中央圖書館　余有影印本
白文公年譜　一隅草堂本
白文公年譜　台北商務景印文淵閣本
白文公年譜　清稿本　《歷代名人年譜大成》之一　現藏國立中央圖書館　余有影印本

十、近人研究陳振孫及有關之論著

宋目錄家晁公武陳振孫傳　清・陳壽祺撰　《國粹學報》第六十八期
直齋書錄解題校記　清・傅增湘撰　北平圖書館編《圖書季刊》新第三卷第一期、新第三卷第四期　民國三十年

直齋書錄解題作者陳振孫　陳樂素撰　《大公報・文史周刊》　民國三十五年十一月二十日

略論陳振孫直齋書錄解題　陳樂素撰　《中國史研究》　一九八四年第二期

陳振孫及其直齋書錄解題　謝素行撰　台灣中國文化學院中國文學研究所碩士論文　民國五十八年五月　余有影印本

直齋書錄解題序　喬衍琯撰　台北廣文書局　《書目續編》　民國五十七年二月

直齋書錄解題札記　喬衍琯撰　《國立中央圖書館館刊》新第四卷第三期　民國五十九年九月

陳振孫對圖書分類的見解　喬衍琯撰　《國立中央圖書館館刊》新第五卷第三、四期合訂本　民國六十一年十二月

書錄解題之板刻資料　喬衍琯撰　《國立中央圖書館館刊》新第七卷第一、二期連載　民國六十三年三月、九月

書錄解題的辨偽資料　喬衍琯撰　《國立中央圖書館館刊》新第十卷第二期　民國六十六年十二月

陳振孫的學術思想　喬衍琯撰　《國立政治大學學報》第四十期　民國六十八年十二月

書錄解題佚文——論輯佚與目錄學之關係　喬衍琯撰　《國立中央圖書館館刊》新第十二卷第二期　民國六十九年二月

陳振孫傳略　喬衍琯撰　《國立政治大學學報》第四十一期　民國六十九年五月

陳振孫學記　喬衍琯撰　台北文史哲出版社　民國六十九年六月

試論直齋書錄解題在目錄學史上的影響　丁瑜撰　《寧夏圖書錄通訊》　一九八〇年第一期
直齋書錄解題點校商榷　曹濟平撰　《古籍整理出版與情況簡報》　一九八八年十月二十日第一九九期
白香山年譜　清・汪立名撰　一隅草堂本
元白詩箋證稿　陳寅恪撰　上海古籍出版社　一九七八年
白居易父母非舅甥婚配考辨及有關墓志試正　陳之卓撰　《蘭州大學學報》（社會科學版）　一九八三年第三期
甌海訪書小記　張崟撰　《浙江省立圖書館館刊》第三卷第四期
兩宋簿錄考略　梁子涵撰　東海大學《圖書館學報》第九期　一九六八年
宋代私家藏書考　潘銘燊撰　香港中文大學崇基學院　《華國》第六期
宋代家藏書目考佚　阮廷焯撰　《國立編譯館館刊》第十二卷第二期